国家出版基金项目
NATIONAL PUBLICATION FOUNDATION

湖北省公益学术著作
Hubei Special Funds
for Academic and Public Interest
Publications

中国话语体系建设丛书

丛书主编　沈壮海

▼ 余振　等　著

# 全球发展新论

## ——世界经济学科话语体系构建的理与路

WUHAN UNIVERSITY PRESS
武汉大学出版社

**图书在版编目（CIP）数据**

全球发展新论：世界经济学科话语体系构建的理与路／余振等著．
武汉：武汉大学出版社，2025.5. —— 中国话语体系建设丛书／沈壮海主
编. —— ISBN 978-7-307-25030-7

Ⅰ. F113

中国国家版本馆 CIP 数据核字第 2025VM6772 号

责任编辑:黄金涛　　　责任校对:杨　欢　　　版式设计:马　佳

出版发行:**武汉大学出版社**　（430072　武昌　珞珈山）

（电子邮箱：cbs22@ whu.edu.cn　网址：www.wdp. com.cn）

印刷:湖北恒泰印务有限公司

开本:720×1000　1/16　　印张:39.75　　字数:656 千字　　插页:2

版次:2025 年 5 月第 1 版　　2025 年 5 月第 1 次印刷

ISBN 978-7-307-25030-7　　　定价:199.00 元

# "中国话语体系建设丛书"编委会

# 作者简介

余振，武汉大学弘毅学堂院长，教授、博士生导师，全球发展智库（研究院）特聘高级专家，国家高端智库武汉大学国际法治研究院团队首席专家，武汉大学美加经济研究所所长，并担任中国美国经济学会副会长兼秘书长、中国世界经济学会副秘书长、中国亚洲太平洋学会副秘书长等。研究聚焦于世界经济、后发国家创新和中国对外开放等问题，主持国家社科基金重大项目招标课题、教育部重大课题攻关项目和重点基地重大项目等国家级与省部级科研项目。研究论文发表于《经济研究》《世界经济》《中国工业经济》、*The World Economy* 等中英文学术期刊，其中多篇论文被《新华文摘》《中国社会科学文摘》《人大复印报刊资料》等转载，并入选人大复印报刊资料重要转载作者。

# 前　　言

习近平总书记强调了以我国实际为研究起点，提出具有主体性、原创性的理论观点，构建具有自身特质的学科体系、学术体系、话语体系的重要性。这一论述为我国哲学社会科学的发展指明了方向。《国家"十四五"时期哲学社会科学发展规划》也明确提出了加快中国特色哲学社会科学学科体系、学术体系、话语体系建设的目标。按照突出优势、拓展领域、补齐短板、完善体系的要求，促进基础学科健全扎实、重点学科优势突出、新兴学科和交叉学科创新发展、冷门学科代有传承，打造具有中国特色和普遍意义的学科体系。世界经济学科是一个非常具有中国特色的新兴学科和交叉学科，很自然地也应该成为我们构建中国特色哲学社会科学话语体系的重要内容。

当今世界正经历百年未有之大变局，需要以宽广胸襟超越隔阂冲突，以博大情怀观照人类命运。中国愿与各国一道，做友好合作的践行者、文明互鉴的推动者、构建人类命运共同体的参与者。我们正在进一步全面深化改革，加速推进中国式现代化。中国开放的大门不会关闭，只会越开越大。我国正在实行更加积极主动的开放战略，并先后提出了全球发展倡议、全球安全倡议、全球文明倡议，形成了构建人类命运共同体的中国方案、中国智慧。中国是一个发展中国家，发展是我们所有工作的核心。放眼世界，不管是发达国家和发展中国家，还是世界整体，都面临着各种各样的发展问题。因此，亟待从发展的视角审视中国所处的外部环境，也亟需用发展的办法解决中国和世界所面临的各种问题。

## 一、世界经济理论体系的发展内涵

发展，始终是人类恒久不变的追求目标。然而，在世界各国的发展历程中，发展问题却始终是一道需要应对的难题。当前的世界经济发展正深陷于"四高一低"（高通胀、高利率、高债务、高失业以及低增长）的困境之中。国际货币基金组织（IMF）对2025年世界经济增速的最新预测仅为3.3%，这一数字相较于2000年至2019年期间的平均水平3.8%显著降低。而这一现象产生的根本原因，在于增长动能的缺失。发展中国家面临着诸多发展困境，与此同时，发达国家同样存在一系列发展问题。贫富分化日益严重、社会分裂愈发凸显、政治极化不断加剧，全球发展赤字现象也日益明显。

2021年9月21日，习近平主席在第七十六届联合国大会一般性辩论上郑重提出全球发展倡议。该倡议以六个坚持和八个合作领域为坚实支撑，旨在构建全球发展命运共同体，为推动国际社会携手合作、促进全球经济发展提供了极具价值的中国方案。全球发展倡议以及全球发展命运共同体理念精准把握时代发展的大势所趋，顺应历史演进的潮流方向，为各国共同迎接挑战、共同谋求发展明确了全新的路径。

全球发展的内涵是一个涵盖多个维度的综合体系，包括经济、社会、环境、国际合作等诸多领域的协同推进。其核心在于通过包容性、可持续性和创新驱动，实现全人类共同福祉的提升。

第一，全球发展强调发展优先以及以人民为中心。将发展置于全球议程的核心位置，着重强调各国应聚焦消除贫困、保障民生、应对气候变化等众多共同挑战，积极推动联合国2030年可持续发展目标的落实工作，并且关注人的全面发展，涵盖提升教育水平、医疗健康保障以及社会公平正义等多个方面，确保发展成果能够广泛地惠及全体人民，尤其是弱势群体。

第二，全球发展具备多维度的特征，包括经济全球化、社会进步、环境可持续性和科技创新驱动等多方面内容。具体而言，例如通过贸易、投资、技术流动等方式实现生产要素在全球范围内的优化配置，从而有效促进经济增长与产业升级；推动教育普及、性别平等、社会包容，减少区域和阶层之间的差距，构建更具韧性的社会结构；倡导绿色低碳发展模式，加强生态保护与资源的高效利用，平衡经济增长与生态承载力；依托技术革新和制度创新突破发展瓶颈，像清洁能源开发、数字技术应用等都是重要举措。

第三，全球发展需要动态性与合作性的框架。具体表现为普惠包容的国际合作，主张开放型世界经济，支持发展中国家探索符合自身国情的发展道路，通过"一带一路"倡议等机制推动技术、资金与经验的共享；安全与文明的有力支撑，强调通过对话来解决争端，维护和平稳定的局面；全球文明倡议倡导文明互鉴，为全球发展奠定坚实的文化包容性基础。

由此可见，全球发展问题不仅关乎世界经济增长的可持续性，更涵盖了世界经济结构性失衡、全球治理失效、资源环境约束以及地缘政治冲突等多重复杂挑战。

## 二、世界经济理论体系重构的必要性

在当今大变局的背景下，中国作为一个处于发展进程与经济转轨关键时期的社会主义国家，重构世界经济理论体系具有至关重要的意义。这一体系的构建不仅有助于我们深入洞察世界经济的总体形势、发展趋势及内在规律，而且对于学习和掌握分析世界经济问题的理论与方法、推动新时代中国特色社会主义实践的深入发展均具有深远影响。

第一，有助于我们洞悉世界经济总体形势与发展脉络。重构世界经济理论体系，意味着对世界经济的历史演进、当前现状及未来走向进行全面而系统的梳理与阐释。通过这一过程，我们能够揭示世界经济发展的内在逻辑与规律，为观察和理解世界经济问题提供更为宽广的视角。当前，世界正经历百年未有之大变局，重构该理论体系将助力我们深刻把握世界经济的总体态势与发展趋势，精准识别其内在规律。这使我们能够透过现象看本质，准确理解世界经济中不断涌现的新现象、新特征与新挑战，从而在复杂多变的经济环境中做出科学判断，实现趋利避害。

第二，有助于我们掌握分析世界经济的理论与方法。重构世界经济理论体系，需要坚持以马克思主义的理论和方法为指导，运用辩证唯物主义和历史唯物主义观察和研究世界经济的发展规律，有助于学习和掌握马克思主义分析和研究世界经济问题的理论和方法，使我们在纷繁复杂的世界经济现象和世界经济矛盾中抓住根本，在不断发展变化的世界经济形势中把握正确方向，进而不断提高认识和把握世界经济发展规律的能力。

第三，有助于我们推动新时代中国特色社会主义实践的深入发展。党的二十届三中全会通过了《中共中央关于进一步全面深化改革、推进中国式现代化的决定》，确定了进一步全面深化改革的总目标，明确提出："继续完善和发展中国特色社会主义制度，推进国家治理体系和治理能力现代化。到二〇三五年，全面建成高水平社会主义市场经济体制，中国特色社会主义制度更加完善，基本实现国家治理体系和治理能力现代化，基本实现社会主义现代化，为到本世纪中叶全面建成社会主义现代化强国奠定坚实基础。"要实现以上目标，必须坚持对外开放基本国策，坚持以开放促改革，依托我国超大规模市场优势，在扩大国际合作中提升开放能力，建设更高水平开放型经济新体制。完善高水平对外开放体制机制，必须研究和借鉴发达国家的经验，利用国外资金、技术、资源和市场，把握世界经济运行脉搏和规则，避免或减轻各种国际经济风险的冲击，积极参与全球经济治理，提高中国在世界经济中的作用和话语权。重构世界经济理论体系，有助于我们更好地把握世界经济运行的新特点和规律，研究和借鉴国外经济发展的经验和教训，更加积极地推动改革开放、更加主动地参与世界经济，更好地推动新时代中国特色社会主义实践的发展。

### 三、世界经济理论体系重构的可行性

世界经济是一个有机整体，其研究范畴广泛且深入，通常涵盖世界经济的整体运行状况（涉及形成的历史脉络、运行的内在机制以及未来的发展趋势等）、世界经济中的各类主体，以及将这些主体紧密联结为一个有机整体的多种关系。当前，世界经济大变局已成为最为鲜明的时代印记，这意味着世界经济学的每一个细分领域都将受到这一变局的深刻影响，或者与之存在着千丝万缕的紧密联系。从这个角度来看，世界经济的每一项议题都与大变局息息相关，百年未有之大变局为世界经济研究提供了极为广阔且富有现实意义的背景。

自世界经济学作为一门独立学科诞生以来，世界经济领域的研究者们便不懈努力，致力于构建一套完备的世界经济学理论体系。当今世界正处于文明形态转换、权力结构重组以及技术范式跃迁相互叠加的剧烈震荡时期。这场百年未有之大变局不仅对全球经济实践进行着深刻的重塑，更为世界经济学理论体系带来了前所未有的挑战与创新机遇。传统经济学理论大多建立在工业文明线性增长、西方中心主义单极秩序以及相对稳定的国际分工基础之上，然而在数字文明蓬勃崛起、多极化格局逐渐形成且系统性风险频发的时代背景下，世界经济学正迎来理论范式革命性突破的关键窗口期。

第一，经济全球化理论的重构与升级。传统全球化理论以"华盛顿共识"为核心思想，构建于要素自由流动、市场自发调节以及新自由主义制度框架之上。但当前全球化的深刻变革正在动摇这些理论的根基。数字技术的迅猛发展催生了"元全球化"（Meta-Globalization），使得实体与虚拟经济的边界变得模糊不清；地缘政治冲突引发的"选择性脱钩"现象打破了市场中性的传统假设；气候危机导致的"碳壁垒"则重新塑造了国际贸易规则。这些重大变革迫切要求世界经济学建立更具解释力和适应性的新理论框架。传统基于比较优势理论的全球化模型，已难以阐释美墨加协定（USMCA）中汽车产业 75% 区域价值含量规则背后的安全逻辑，也无法揭示欧盟《芯片法案》将地缘政治考量融入产业政策的深层原因。因此，经济全球化理论的重构势在必行，这需要将国家安全、技术主权、产业链弹性等非传统要素纳入理论体系。这种重构不仅仅是简单的变量权重调整，更是意味着经济学基本假设的重大革新——从完全理性转变为有限安全理性，从市场出清转向系统韧性阈值。

第二，技术革命驱动世界经济研究的范式革命。以人工智能、量子计算和生物技术为核心的第四次工业革命正在蓬勃兴起，这对经济学的基础假设构成了强有力的冲击。例如，生产要素理论得到了进一步拓展。数据作为一种新型生产要素，其非竞争性和可复制性等独特特征对传统生产要素稀缺性假设提出了挑战。区块链技术创造出的 DAO（去中心化自治组织），则促使我们重新审视企业边界理论。再如，市场均衡理论也面临着重大突破。算法定价模式（如 Uber 动态定价）和智能合约（如 DeFi 自动做市商）的出现正在改变传统的价格形成机制。传统供需曲线已无法解释 NFT 艺术品市场的非理性繁荣现象,因此需要引入复杂系统理论和行为经济学的新模型来进行深入分析。特斯拉自动驾驶订阅服务所引发的"软件定义产品"趋势,更是推动了从实物商品向服务化价值创造的范式转变。此外,通用人工智能(AGI)可能带来的"技术奇点"问题,要求我们发展包含智能爆炸可能性的经济增长模型,这使得经济增长理论也面临着深刻的革新需求。

第三,多极化发展范式的理论创新则要求突破"中心-外围"的二元结构。伴随着新兴经济体集体崛起所产生的协同效应,一系列崭新的理论命题应运而生。具体而言,金砖国家新开发银行所创设的"本币优先"融资机制,对长期以来国际金融领域占据主导地位的美元本位制理论构成了有力挑战;而由东盟主导的RCEP 区域价值链,展现出了与传统雁阵模式截然不同的网络化特征。为了更好地适应这些变化,我们亟待发展一种包含多节点、多层级的空间经济模型,并将基础设施互联互通程度、数字标准互操作性水平以及制度规则对接度等全新维度纳入到分析体系之中。与此同时,南南知识共享平台的蓬勃兴起(例如中国-东盟数字技术转移中心),为技术扩散理论中的"蛙跳效应"开辟了全新的实现路径。

第四,世界经济可持续发展理论也面临体系化构建。当前,全球可持续发展面临着诸多严峻挑战,其中气候治理和能源转型问题尤为突出,堪称最大的难题。在气候经济学范式的突破方面,传统外部性理论在应对气候系统的临界点效应时显得力不从心,因此,我们需要着力发展诸如"碳预算代际转移模型"以及"气候韧性评估框架"等新型理论工具。欧盟碳边境调节机制(CBAM)的实施引发了所谓的"绿色贸易战",这一现象促使我们将碳成本全面内生化到国际贸易理论之中。在循环经济理论的创新方面,新能源汽车电池的梯次利用以及光伏组件的再生制造等实践活动,要求我们构建一种能够将物质流、价值流与信息流紧密耦合在一起的新分析框架。宁德时代所推出的"电池银行"模式,通过对资源所有权与使用权进行创新性分离,正在不断拓展共享经济理论的应用边界。在能源经济领域,可再生能源具有边际成本趋近于零的独特特性,这彻底颠覆了传统的能源供需模型。德国在"能源转型 2.0"进程中所开展的电力系统"源-网-荷-储"协同优化实践,有力地推动着能源经济学从单纯的价格分析向系统动力学建模方向转变。

　　第五，全球经济治理理论正面临着全新的探索需求。国际秩序的深刻变革，催生了对全球经济治理理论进行创新的内在动力。在国际数字货币体系理论的创新方面，央行数字货币（CBDC）跨境支付网络（如多边央行数字货币桥项目）的出现，对蒙代尔不可能三角理论提出了严峻挑战；同时，稳定币所带来的"数字美元化"风险，也要求我们对国际货币理论进行重新审视和构建。在全球性危机应对方面，新冠疫情充分暴露了全球公共品供给机制存在的严重失灵问题，这就需要我们在"危机全球化"的大背景下，大力发展集体行动理论。世界卫生组织《大流行病协定》谈判过程中所呈现出的复杂利益博弈局面，为我们深入研究国际制度变迁理论提供了全新的分析视角和场景。在全球发展范式转换方面，全球发展倡议（GDI）所倡导的"去中心化"发展合作理念，要求我们突破传统的"中心-外围"理论框架。中国在非洲实施的"小而美"项目（如"万村通"数字电视工程），正积极推动着发展经济学朝着更加精准化、需求导向型的模式转型。

# 目　　录

# 第一章

# 全球经济发展与世界经济理论体系重构

当前，世界处于百年未有之大变局，全球经济格局正经历着深刻的调整，科技的迅猛发展和全球化的不断深入带来了前所未有的变革。这些变革对传统的世界经济学理论提出了新的挑战，同时也为理论的创新和发展提供了机遇。面对大变局，如何理解全球经济发展的新趋势，如何构建一个更加科学、系统、前瞻性的理论体系，成为了迫切需要解答的问题。这不仅关系全球经济的未来走向，也对各国的经济政策和发展战略产生深远影响。在这样的背景下，深入分析全球经济发展的历史与现状，探索世界经济学理论的重构路径，对于把握全球经济发展趋势、指导经济实践具有重要的理论和现实意义。

## 第一节　世界经济发展与世界经济学的学科体系构建

世界经济，作为全球范围内的复杂经济体系，其内涵丰富，涉及国际间的经济互动与合作。它的历史发展与资本主义生产方式的演变紧密相关，从产业革命到经济全球化，不断塑造着国际分工与经济发展的格局。当前，面对贸易保护主义、地缘政治冲突和气候变化等各种挑战，世界经济也迎来了新一轮科技革命带来的机遇。同时，政治格局变化和经济指标的波动等因素，共同影响着世界经济的走向。世界经济学作为一门研究这一现象的学科，在中国经历了从引入到理论体系构建的过程，旨在深入探讨和解释世界经济的运行和发展规律。

## 一、世界经济的内涵

世界经济是一个广泛而复杂的概念，它涵盖了世界各国经济之间的相互联系、相互依存以及由此构成的世界范围的经济整体，既包括国际经济关系，又包括构成这种经济整体的各国内部的经济关系。其涉及生产、分配、交换、消费等多个领域，以及商品交换、资金流动、技术转让等各个方面，既是一个经济范畴，也是人类社会发展到一定历史阶段的产物。

世界经济的形成和发展与资本主义生产方式的出现和发展紧密相连。18 世纪 60 年代开始的产业革命，将许多国家纳入以大机器生产为中心的国际分工体系，为世界经济的形成提供了必要条件。随着资本主义进入垄断阶段，资本输出使各国的生产、流通和消费密切联系在一起，最终形成了统一的资本主义世界经济。此后，随着社会主义国家的出现和民族独立国家的增多，世界经济格局进一步复杂化。世界经济进入全球化阶段之后，随着科技的进步和交通运输的便利化，各国经济之间的联系日益紧密，形成了一个不可分割的整体。与此同时，世界经济发展也存在较大的不均衡性。尽管世界经济在整体上呈现出增长的趋势，但不同国家和地区之间的经济增长速度存在显著差异，发达经济体与新兴市场和发展中国家之间的经济差距仍然较大。

影响世界经济发展的因素有很多，包括政治、经济、科技等。从政治因素来看，国际政治格局的变化、国家间的政治关系以及政策导向等都会对世界经济产生影响。从经济因素来看，经济增长速度、通货膨胀率、失业率等经济指标的变化会直接影响世界经济的运行状况。从科技因素来看，科技进步是推动世界经济发展的重要动力。新科技革命和数字经济等新兴领域的快速发展为世界经济注入了新的活力。总的来看，世界经济是一个多维度、多层次的概念，它涵盖世界各国经济之间的相互联系、相互依存以及由此构成的世界范围的经济整体。随着全球化的深入发展，世界经济的复杂性和不确定性也在不断增加。

## 二、世界经济发展的结构性特征

世界经济有其萌芽、形成和发展的过程。一般来说，世界经济萌芽于地理大发现至第一次产业革命之前，形成于 20 世纪初第二次产业革命结束及世界被资本主义列强瓜分完毕，经过 20 世纪上半叶的动荡，自 20 世纪下半叶开始进入比较稳定的发展阶段。

### (一)世界经济发展的时间结构

世界经济是一个特定的历史范畴，其萌芽、形成与发展都与世界市场密切相关。世界市场不是一个地理概念，而是一个历史性的经济范畴。狭义的世界市场是世界各国相互进行商品交换的场所，它突破了国界限制，把从事商品生产的国家和地区连在一起。广义的世界市场则还涵盖了资金、劳动力、信息以及技术等方面的交换。1500 年以后的人类社会历史是现代化的历史，因此现代化成为世界经济史的主线。16 世纪以前还不存在一个统一的世界经济，存在的仅仅是区域经济。15 世纪末地理大发现以后，欧洲人开始向西探索出美洲大陆。伴随着地理大发现，现代化浪潮逐渐从地中海转移到了大西洋沿岸。这个时期，引领世界经济发展的分别是英国和美国。

### (二)世界经济发展的空间结构

世界经济的地缘演变，也体现在技术的地缘传播方面。近代以来，西方的技术传到了东方，对世界格局产生了深远影响。技术在国家间的传播和转移，也是导致世界经济发展不平衡的重要原因。某些国家利用了世界先进技术的转移，可以快速实现发展阶段的跨越。而某些国家可能因为关闭国门或者孤立发展，长期陷于低水平的均衡陷阱之中。意味着只有在开放的条件下，这种低水平陷阱才可能被打破，使得某些国家发展阶段的跳跃成为可能。

发展的不平衡造成了世界经济中地位的差异，从而将世界经济分为中心区、边缘区和半边缘区。中心区主要利用边缘区提供的原材料和廉价的劳动力，并向边缘区提供工业制成品获得经济利润，从而控制着世界金融和贸易市场的运转。半边缘区介于两者之间，对于中心区而言是边缘区，对于边缘区而言是中心区。

### (三)世界经济中的国家形态

民族国家因商业而兴起。市场秩序的建立和维护、生命财产的安全保障是商业顺利进行的重要基础。由于贸易规模不断扩大，贸易范围日益超过了传统社会中基本的政治经济组织——庄园的管辖范围。贸易的发展要求政治单位在更大地理范围内规定、保护和实施所有权。丰厚的贸易收益决定了巨大的保护需求。传统政治单元中的国王或者贵族面对巨额的商业利益，也意识到更大规模的组织可以获得更大收益。因此，不断发展的贸易使得市场联合成一个整体，分割的特权越来越多地被"抛弃"。市场希望成立区域性或者全国性的政治单位，实现规模优化。在这种背景下，战争、争权夺利开始变得不可避免，民族国家也开始兴起。

### 三、世界经济学发展历程与研究对象

世界经济学是一个新兴学科，它的发展与完善需要几代理论工作者的努力。以下将从世界经济学在我国的发展历程回顾出发，利用当前的世界经济学教材分析世界经济学在我国的研究现状。

#### （一）世界经济学在我国的发展历程

世界经济作为一个客观事物，有自己的形成、发展的历程和特殊的运行规律，需要一门专门的学科对其进行研究，这就是世界经济学。世界经济学的建立与发展，如同世界经济的形成和发展，也经历了一个漫长的历史进程。

世界经济学作为一门经济学科，主要是在我国形成、发展并逐步完善的，但"世界经济学"这一术语却早在 20 世纪初就已经出现。1912 年，德国经济学家伯恩哈德·哈姆斯（Bernhard Harms）在《国民经济与世界经济》一书中首次提出世界经济学，并把世界经济定义为：由于高度发展的交通体系，由国际条约所规定、所促进的地球上的个别经济间的关系以及这种关系相互作用的全体。苏联的尼·哈布林在其所著的《世界经济与帝国主义》一书中对世界经济也做过一些分析，为以后的马克思主义政治经济学对世界经济问题的研究提供了重要的理论依据。1933 年，日本经济学家作田庄一出版了《世界经济学》一书，这是第一本以世界经济学命名的著作。第二次世界大战以后，苏联的瓦尔加和民主德国的库钦斯基等也对世界经济学的研究做出一定贡献，但他们的研究范围主要限于帝国主义战

争与经济危机等问题。1947 年，美国经济学家派特逊出版了《世界经济概论》，这是西方学者论述世界经济的著作中比较有代表性的一本。20 世纪 70 年代以后，匈牙利的热拉斯教授在世界经济学的研究对象和世界经济的发展规律方面也进行了大量的研究工作。

中国的世界经济研究可以追溯到 20 世纪的二三十年代。但是受限于当时的国内外经济政治环境，我国的世界经济学并没有成长为一门独立的经济学学科。中华人民共和国成立以后，以马克思主义为指导的世界经济研究工作已经开展，但 20 世纪 50 年代人们所研究的主要是世界上一些重要国家的经济和一些重要的世界经济问题，还没有提出建立世界经济学专门学科。20 世纪 60 年代初，有的学者提出建立马克思主义世界经济学问题，并就这一学科的对象、方法发表文章、进行讨论，但这一讨论在"文化大革命"时期中断。20 世纪 70 年代末，党的十一届三中全会召开以后，我国进入社会主义现代化建设新时期，开始实施改革开放政策，在这一背景下，世界经济的研究工作开始越来越受到人们的重视。1979 年，全国世界经济学科规划会议召开；1980 年，成立了组织学科队伍的中国世界经济学会，同年，钱俊瑞研究员发表了《为创建和发展马克思主义的世界经济学而奋斗》的文章，同时其他许多学者也纷纷发表了类似的关于世界经济学学科的对象、方法、体系的文章。由此，创建世界经济学提上了日程。

由以上世界经济学在我国的发展历程可以看到，世界经济学的发展与马克思主义政治经济学有着深刻的内在联系。20 世纪 80 年代，在我国学术界有一种占主要地位的看法是，世界经济是以马克思主义政治经济学理论为基础的，是政治经济学在世界经济领域的应用和延伸。由此可见，世界经济学在我国从一开始就是以不同于西方国际经济学的研究视角出现的一门学科，也不可能完全依托西方经济学的框架来实现自身的发展。但是在马克思主义经典作家那里，尚没有一个独立的世界经济学学科。他们的著作中有关于世界经济问题的思想、理论和观点，对于今天研究世界经济只具有理论指导性和基础性的意义，并不能为我们研究世界经济提供现成的范本。因此，构建世界经济学的理论体系只有依托中国自身的国情才可能完成。

有鉴于此，我国的世界经济研究者在 20 世纪 70 年代末就开始着手研究世界经济学的理论基础，力图使世界经济学成为一门真正的独立学科。中国研究世界经济理论的学者大致分为两派：一派可称之为马克思主义的演绎学派，另一派则可称为马克思主义的归纳学派。

演绎学派认为，在第二次世界大战之后，世界资本主义由自由资本主义、垄断资本主义进入了国家垄断资本主义的新阶段。在这一阶段，资本主义国家的国家机器不再仅仅是上层建筑，而且是具有自身利益的经济基础的一个组成部分（例如，美国的军事-工业综合体即是这种经济基础和上层建筑合而为一的突出事例）。国家（国家机器或国家政权）的"两重性"是这派学者的核心概念。马克思通过发现和分析商品的两重性推演出资本主义的生产资料私有制和生产社会化的矛盾以及资本主义制度灭亡的必然性。演绎派学者希望参照马克思《资本论》和列宁《帝国主义是资本主义的最高阶段》的"逻辑和历史相一致"的结构，遵循"历史和从抽象上升到具体"的原则，演绎出国家垄断资本主义产生的必然性和资本主义经过国家垄断资本主义走向灭亡的必然性。与演绎学派不同，归纳派学者并不把建立反映世界经济的沿某一方向发展的必然性的范畴体系作为研究目标。归纳派学者希望通过对世界经济的纷繁现象进行概括，从而总结出一些具有普遍性的规律，并力图说明马克思主义经典作家对资本主义和帝国主义基本规律的概括与世界经济的现实的无矛盾性。①

在计划经济年代，我国世界经济研究工作者的主要工作是收集、整理各主要国家的经济信息，为计划部门制定政策提供重要的决策参考。改革开放之初，许多世界经济理论工作者通过对诸如"国际价值"和"时代价值"等问题的讨论，为中国的开放政策提供了理论依据。世界经济理论工作者对外国经济制度和经济改革的介绍为中国经济改革提供了重要的思路。可以说，世界经济学的研究为我国经济建设做出了巨大贡献。

但是值得注意的是，随着改革开放的发展和深入，国际经济学被引进，并被国内学术界认可，使得尚未成形的世界经济学面临严峻的挑战，其作为一门独立的学科的存在也受到怀疑和冲击。这使加强世界经济学的理论研究、完善世界经

---

① 余永定：《我看世界经济》，生活·读书·新知三联书店，2004年第1版，第3页。

济学的理论体系显得尤为迫切。在 20 世纪末期，我国的世界经济研究者加强了对世界经济的研究，出现了一大批世界经济学专著，其中以"世界经济概论""世界经济""世界经济学"为题的世界经济学教材最引人注目。

## (二)我国世界经济学理论构建现状

近年来，我国以"世界经济概论""世界经济""世界经济学"为题，或与此内容相近的著作已不下二三十部。这些著作从不同角度展现了世界经济的历史和现状，并在探索形成自己的独特的、完整的理论体系方面做出了不懈的努力，推动了我国世界经济学科建设，也在一定程度上真实地反映出我国世界经济学的研究现状。以下将选取近年内出版的世界经济教材，对它们的研究出发点、结构体系以及内容设置做出介绍，以求对当前我国世界经济学研究的总体状况有一个初步的把握。

1. 程伟主编的《世界经济十论》①

该教材分为四个部分：第一部分是宏观总论。这一部分由第一、二、三章构成，主要从世界经济格局、经济全球化、知识经济时代三个方面论述世界经济领域出现的新现象和新问题。第二部分是世界经济的运行与国际协调。这一部分由第四、五、六章构成，主要从世界经济的发展在国际贸易、金融、生产等领域表现出来的经济运行问题入手，探讨国际贸易、国际货币金融、跨国生产投资三个方面的矛盾和国际协调机制等。第三部分是世界经济的制度演进，这一部分由第七、八、九章构成，分别对成熟型、赶超型和转轨型三类经济体的制度变革进行论述。第四部分是世界经济与中国，由第十章构成。这一部分，一方面从全球的视角对中国经济的经验教训作出历史的总结，另一方面，以全面建设小康社会为主线，分析 21 世纪中国经济发展的国际背景和对策。

2. 陶季侃、姜春明等主编的《世界经济概论》②

陶季侃教授、姜春明教授认为，世界经济学科的研究对象，是当代世界范围

---

① 程伟：《世界经济十论》，高等教育出版社，2004 年第 1 版。
② 陶季侃、姜春明：《世界经济概论》，天津人民出版社，2003 年第 4 版。姜春明、佟家栋：《世界经济概论》，天津人民出版社，2009 年第 6 版。

的国际经济关系及其运动规律。世界经济作为一个世界范围的经济整体是被各个国家经济所分开，由于各国的经济制度不同和经济发展水平存在差异，因而在客观上就要求在世界范围建立国际分工、商品交换和资本流动等各种经济联系。这种世界经济中的多方面的经济联系又集中表现为国际经济关系。世界经济学科就是要研究构成国际经济关系的各个方面及其运动规律，以及影响国际经济关系发展变化的各种经济条件和因素。构成国际经济关系的各个主要方面包括：经济全球化、国际商品交换关系、国际资本关系、国际货币关系、国际经济一体化。

因此，该书的体系结构包括三篇十三章的内容：第一篇着重论述了现代国际经济关系方面的几个基本问题，包括经济全球化、国际分工与国际贸易、国际直接投资与跨国公司、国际货币体系、世界通货膨胀、国际经济一体化。第二篇集中论述影响国际经济关系运行的动因、周期和机制等，包括科学技术革命、经济周期和经济危机、发达国家宏观经济调控和国际经济协调等。第三篇论述了国际经济关系中的三种不同类型的国家(地区)的经济关系，包括发达国家经济、发展中国家经济、向市场经济转轨的国家经济。

3. 池元吉等主编的《世界经济概论》①

池元吉教授认为，世界经济是世界各国和各地区经济在国际分工、世界市场的基础上，通过商品和各种生产要素的国际流动而相互联结、相互依赖和相互渗透的有机整体，是超越民族国家界限的全球经济体系。因此对于"世界经济"概念的明确，需要把握三点：其一，世界经济不是世界上各国国民经济的简单总和或机械合成，而是相互渗透的有机整体或结为一体；其二，世界经济不是凝固不变的，而是一个不断变动和发展的经济体系，是一个历史范畴；其三，不能将世界经济与国际经济等同，两者是既有联系又有区别的不同概念，在内涵上有很大区别。

池元吉教授认为，世界经济学是一门研究世界经济的特殊矛盾和运动规律的科学。它是马克思主义政治经济学的一门分支学科。马克思、恩格斯最早奠定了世界经济学的理论基础，对世界市场和国际贸易等问题进行了大量的论述和研

---

① 池元吉：《世界经济概论》，高等教育出版社，2003 年第 1 版。池元吉、李晓：《世界经济概论(第四版)》，高等教育出版社，2019 年 7 月。

究。列宁对帝国主义阶段的世界经济进行了分析，阐述了帝国主义的特征，进一步丰富了马克思主义的世界经济理论。而国际经济学是研究国际经济活动和国际经济关系的一门经济学分支学科。它是在传统的国际贸易学和国际金融学的基础上逐步发展起来的。

基于以上认识，池元吉教授认为，世界经济学应该研究以下四个方面的问题：第一，对世界经济形成和发展进程、生产要素的世界分布、世界经济结构和格局的变化进行研究。第二，对作为世界经济整体有机组成部分的各种经济制度、体制进行比较研究，揭示其发展不平衡的状况及其相互关系。第三，对将世界各国经济联系起来的渠道、形式和手段及其相互关系的变化进行研究。第四，对推动或阻碍世界经济的发展以及世界经济面临的全球性问题进行研究。通过以上几个方面的研究，我们可以阐述世界经济的发展过程、现状和未来趋势，揭示世界经济领域的特殊矛盾和特有规律，为国家制定经济发展战略特别是对外发展战略和政策提供客观依据，并为我国的改革开放和现代化建设事业提供可资借鉴的国外经验和教训。

与此同时，中国对世界经济发展的重要贡献不仅仅在于对世界经济增长发挥了重要作用，更在于中国正在为世界经济发展提供重要的理论基础。池元吉教授和李晓教授认为，习近平在中国共产党第十九次全国代表大会上的报告中所提出的新时代中国特色社会主义经济思想，以及有关世界经济发展、人类命运共同体和推动形成全面开放新格局等理论观点，在继承邓小平理论、"三个代表"重要思想以及科学发展观等重大战略思想的基础上，为新时代中国学术界对世界经济发展的研究提供了丰厚的理论基础。以下五个方面的内容也需要纳入世界经济学理论体系，具体包括：关于当今时代主题与世界经济发展的总体认知，关于构建人类命运共同体的新思想，以"一带一路"建设为重点推动形成全面开放新格局，新时代中国对外战略的新理念，为解决人类问题贡献中国智慧与中国方案等。

4. 庄宗明主编的《世界经济学》①

庄宗明教授认为，应该把世界经济作为一个有机整体来考察，该书分为"世

---

① 庄宗明：《世界经济学》，科学出版社，2007 年 8 月第 2 版。

界经济的运行"、"世界经济的发展趋势"和"世界经济的可持续发展"三篇共十一章。

第一篇"世界经济的运行"主要涉及国际经济关系方面的内容。在第二章,庄宗明教授论述了科技革命与世界经济发展,把它作为本书内容展开的起点,是基于马克思主义政治经济学的一个基本观点:生产力决定生产关系,而"科技是第一生产力"。科技进步的能动力量是推动世界经济演进发展的根本动力,它决定了世界产业结构的基本状况以及各产业在世界范围的分布,即国际分工。在第三章到第五章里,庄宗明教授分别从国际贸易与世界市场、生产国际化与生产要素的国际流动、金融自由化与国际货币体系这三个不同的方面探讨各国国民经济和地区经济之间相互联系的方式。

在第二篇第六章中,庄宗明教授首先探讨的是当代世界经济格局的状况,所谓世界经济格局,简单地说,就是指构成世界经济的各国民经济和地区经济在世界经济中的地位与所发挥的作用。由此得以对作为世界经济基础单位的国民经济和地区经济进行研究。在这里,庄宗明教授把构成世界经济的基础单位划分为发达国家、发展中国家、转型国家和新兴工业化国家(地区)四种类型。在第七章和第八章中,庄宗明教授对当代世界经济的两种重要的发展趋势——区域经济合作和经济全球化做出详尽分析。

在第三篇"世界经济的可持续发展"中,庄宗明教授论述了世界经济的整体性问题。之所以以"可持续发展"作为篇名,是为了强调世界经济可持续发展的重要意义。一定程度上说,对世界经济整体性问题的研究,都是为了实现世界经济的可持续发展。在具体的内容展开上,首先在第九章论述了在世界经济发展中所面临的全球性问题,包括全球性的资源、环境、人口与贫困化问题,世界经济发展失衡问题,以及世界经济增长与危机问题。在各民族、国家利益至上的世界经济中,各国和地区之间难免会产生利益上的矛盾和冲突,缺乏一种有效的国际经济协调机制,世界经济的可持续发展将难以实现,因此,在第十章着重论述了国际经济的协调机制。在本书的最后一章,庄宗明教授将落笔点放在了世界经济的可持续发展上,并指出了实现可持续发展的两条根本途径:在世界范围内合理配置生产要素和建立一个平等互利的国际经济新秩序。

庄宗明教授还专门论述了世界经济学科的性质。他认为，世界经济学属于经济学的一门基础性学科，它借用经济学的一般原理和分析工具，研究整体世界经济的内部结构及发展运动的过程和原因，并揭示其中的规律，帮助人们提高对世界经济的认识水平，为具体的经济学研究提供背景知识，为有关的政策决策提供理论依据。滕维藻先生在 20 世纪 60 年代初提出的"研究中国经济必须了解世界经济"正是从这个意义上说的。

对于世界经济学与国际贸易、国际投资、国际金融等应用经济学的关系，庄宗明教授认为世界经济学与这些学科之间是一般和具体、基础和应用的关系。作为一般性的基础学科，世界经济学试图全方位地探讨世界经济领域的有关问题，并揭示其发展运动的规律。一般来说，世界经济学并不为具体的经济操作提供方法与指导，而国际贸易、国际投资、国际金融等具体的应用经济学则必须承担这样的应用性研究的任务。正因为这些具体的学科是在各自相对狭小的领域里进行研究，从而在相关领域理论研究的深度上也会比注重整体性研究的世界经济学更深入一些。但这些应用学科把社会经济系统划分为一个个相对独立的领域，而这并非社会经济系统的常态。事实上，社会经济系统本身就是一个整体，其中的各个领域之间存在密切的、相互影响的联系。对这种联系的把握，具体的经济学科难以做到，而忽视这种联系，又会使具体的研究出现偏差。为了解决这一矛盾，客观上需要世界经济学为其提供一个总的理论背景。

5. 谷源洋、林水源主编的《世界经济概论》①

谷源洋、林水源研究员对当前世界经济教材的不足提出了自己的看法。他们认为，许多著作似乎有一些共同的弱点，那就是缺乏一个独立的、统一的理论体系。其中，有的著作以不同的社会制度的不同经济形态作为划分篇章的依据，因而使得世界经济失去了统一的基础，从而无法构筑统一的体系；有的著作偏重于地区国别的论述，使世界经济趋同于地区和国别经济；有的著作强调国际经济关系的研究，使作为一门独立学科的世界经济学大有和西方国际经济学相混同之虞；有的著作提出了世界经济学的独立研究对象，并把其抽象地归纳为"国际生

---

① 谷源洋、林水源等编著：《世界经济概论》，经济科学出版社，2002 年第 1 版。

产关系"，但当这种"国际生产关系"被解释为一种超越各国经济的"综合性"经济形态时，世界经济的许多现实问题则无从解释。

有鉴于此，谷源洋、林水源认为，世界经济要真正成为一门独立的学科，首先要找出世界经济的共同制度基础。世界经济是市场经济在世界范围内的扩展，因此，世界经济即世界范围内的市场经济。任何制度安排都不可能是绝对完美的，市场经济当然也不例外。市场经济也存在缺陷，但它的出现有其历史必然性。市场经济是人类社会迄今所能找到的发展生产和改善生活的最好的，也是无可替代的手段。世界经济既然是市场经济在世界范围的扩展，那么，推动市场经济发展的动力也就是推动世界经济发展的动力。这种推动世界经济发展的动力可以概括为市场经济自身的制度创新、社会分工和国际分工的发展以及科技进步。

基于以上认识，该书分为四篇：第一篇论述作为世界经济适度基础的市场经济制度的历史沿革，主要从制度变革方面说明市场经济是如何推动各国经济和世界经济发展的；第二篇分析市场经济在世界范围内的扩展，即世界经济的横向发展；第三篇通过对历次科技革命的分析，说明世界经济是如何在科技进步的推动下纵深发展的；第四篇涉及世界经济与世界政治的关系，主要分析了战后世界经济的发展与世界政治格局的变化。

6. 庄起善主编的《世界经济新论》①

庄起善教授认为，社会生产力是马克思主义经济学最基本的经济范畴，也是研究世界经济理论的出发点。科学技术革命作为社会生产力发展中质变的标志，推动了世界经济萌芽，并使其逐步形成和进一步发展。由于资本主义基本矛盾的始终存在，在资本主义国家里，社会生产力的增长具有起伏型的特点，同时，它又受到世界人口、自然资源和生态环境的制约。世界经济不是世界范围内各国国民经济的简单加总，而是各国国民经济通过各种方式和渠道连接起来的有机整体。

该教材把社会生产力作为研究世界经济的出发点，努力构筑世界经济学的理论框架。根据世界经济学的研究对象，将世界经济的主要问题分为五大篇，从生

---

① 庄起善：《世界经济新论》，复旦大学出版社，2001 年第 1 版。

产力入手，以市场经济为主线，以分析世界经济的传导机制和运行规律为主要内容来概括世界经济。根据世界经济的研究对象，该教材以概论的形式论述世界经济的现状、运行机制和规律以及发展趋势。该书除前言外共分五篇十八章。主要探讨社会生产力与世界经济的形成与发展、世界经济运行中的国际经济关系、世界经济发展的一般趋势和全球性问题、世界经济中不同类型国家经济发展模式的选择、世界经济与中国经济发展的相互关系等。

7. 李琮主编的《世界经济学新编》[1]

李琮研究员认为，世界经济是一个由几个主体(国别经济、跨国公司等)以一定关系结合而成的有机整体，因此，该书首先对这个"整体"的形成和发展、特点与实质，以及内部矛盾和规律等进行综合论述。在这以后，考虑到世界经济的基础是国民经济和国际分工，因此，该书对由国民经济构成的世界经济的体系和国际分工分别进行论述。接下来，对在此基础上进行的世界范围内再生产的各环节分别进行论述。如果依照马克思《资本论》的理论体系，把世界经济也按照生产过程、流通过程、再生产总过程来一一论述，自然是顺理成章的，因为生产是第一性的，它决定流通。但该书未采用这种方案，并认为这种体系是马克思在其《资本论》中建立的，更适合于政治经济学。世界经济学的理论体系应该另有其他的方案。

李琮研究员发现，在世界经济的形成与发展中，这个次序恰恰相反。世界经济是在国内生产水平大大提高，有商品输出、国际贸易和世界市场的扩大而形成的。对于世界经济的历史发展来说，世界交换(或流通)在先，世界生产在后。世界流通又先是商品流通的发展，其后是资本流动的扩大，在世界资本流动中，又先是货币资本和信贷资本的发展，后是产业资本，即直接投资的发展。这个次序既是历史实际，又是逻辑的必然。因此，该书依照历史和逻辑的统一的方法进行讨论，而且把它们都看作是世界经济的纽带进行讨论。在对世界范围的流通过程和生产过程分别论述以后，再对世界经济的总体进行论述。世界经济作为一个总体，自形成后，就依其自身的规律，从低级向高级不断发展，如今已进入全球

---

[1]　李琮：《世界经济学新编》，经济科学出版社，2000 年第 1 版。

化阶段，因此，该书在讨论世界经济总体状况时，着重对全球化的世界经济进行研究，并进而阐述世界经济的运行方式、内部机制和世界经济中的国际协调等问题。

李琮研究员还认为，世界经济学以国际生产关系为研究对象，但世界发展到今天，社会与自然界之间的关系（或可持续发展问题）已不能不纳入世界范围的再生产，包括物的再生产、人的再生产和生产关系的再生产之中，因而不能不包括在世界经济学研究的范围之内。当然，可持续发展问题也是一门独立学科的研究对象，该书只是从世界经济的发展角度对可持续发展问题进行必要的讨论。该书共分为八篇三十一章。总体脉络是从世界经济的总体论述到世界经济各个领域的分论，再到世界经济的总论。

8. 张幼文等编著《世界经济学》①

张幼文研究员认为，从 20 世纪 90 年代开始，世界经济一体化趋势的日渐增强，为学术界重新认识世界经济，转变视角研究世界经济问题提供了客观条件。这一变化体现在，可以将研究世界经济问题的视角从传统的政治经济学角度转变为世界经济一体化的角度，并据此重建该学科的体系。

张幼文研究员认为，世界经济一体化是世界经济研究的主线，从商品交换发展到资本交流，从劳动力流动发展到技术交流，从比较优势发展到经济合作，从外部经济联系发展到内部经济融合，从而使各国之间的经济联系日益密切和深化，以致我们不仅能够而且也必须从整体上研究和把握这种趋势。因此，研究世界经济一体化的发展模式、表现形式、运行特点以及相互依赖的关系等，应当成为世界经济研究的新视角、新基石，也应当是世界经济研究所能到达的新水平。

在世界经济一体化这一理论的指导下，该书兼顾了世界经济历史发展和现状表现，纵向与横向，国际关系和世界问题，理论性和实践性的结合，并设置了四大篇十四个章节，比较系统地概括了世界经济领域的基本原理和主要问题。第一篇为世界经济的形成、发展与一体化，从世界经济的形成与发展过程，尤其是从当代的一体化趋势说明世界经济是一个独立的符合宏观运行规律的经济体系。第

---

① 张幼文：《世界经济学》，立信会计出版社，1999 年第 1 版。

二篇为一体化世界经济的运行，从贸易、金融和生产三个基本层面上说明世界经济一体化的内容及其在各个横向层面上的运行规律。第三篇为世界经济的持续增长与平衡发展，从增长与发展这两个宏观经济的基本问题上分析一体化世界经济的运行特点。第四篇为一体化世界经济中的相互依赖与国际协调，从一体化世界经济的整体运行中分析国与国之间的相互依赖和协调关系。

9. 张伯里等著《世界经济学》①

张伯里教授认为，世界经济是全世界范围内各国国民经济，通过各种经济纽带紧密联结而成的有机整体。世界经济包含三大要素：一是各国国民经济，二是国际经济关系(经济纽带)，三是世界经济整体的问题和规律。世界经济作为一个客观事物，有自己形成、发展的历程和特殊的运动规律，需要一门专门的学科对其进行研究，这就是世界经济学。世界经济学的建立和发展同世界经济的形成和发展一样，也经历了一个历史的过程。

世界经济学的对象，简而言之，就是世界经济，它是致力于研究世界经济运动、变化及其发展规律的科学。张伯里教授认为，世界经济学的对象包括以下三个方面。第一，研究作为世界经济组成部分的各国国民经济。世界经济是由各国国民经济组成的。各国国民经济是世界经济的组成要素、基层单位、细胞，没有国民经济就谈不上世界经济。国民经济是一国范围内各地区、各部门经济相互联系、有机结合而成的总体。但是，世界经济学所研究的国民经济，是作为世界经济有机组成部分的国民经济，与研究各国国民经济自身不是一回事。世界经济学着眼于各种国民经济的特性及其在世界经济中的地位和作用，而这只需要对各国国民经济按照其生产力发展水平、经济体制和运行机制状况以及占统治地位的生产关系性质进行分类研究。至于单独地对一个国家的国民经济进行研究，则是国别经济学的任务。第二，研究世界经济中的国际经济关系。世界经济并非世界各国国民经济的简单相加，而是通过各种经济纽带联结起来的一个有机整体，这些联结各国的经济纽带自身体现的是某一领域的国际经济关系，它们构成了世界经济学所要研究的国际经济关系的一个方面。在当代世界经济中，把各国国民经济

---

① 张伯里：《当代世界经济(修订版)》，中共中央党校出版社，2015年第1版。

联结起来的经济纽带主要包括国际分工基础上的国际商品交换、国际资本运动、国际劳务流动和国际技术转让等。世界经济学所要研究的国际经济关系不仅限于经济纽带关系这一个方面。由于组成世界经济的各国国民经济分属于特性不同的类别，这样，通过经济纽带联结的不同类别国民经济之间以及类别内部不同国家之间，形成了不同类型的国际经济关系。这构成了世界经济学所要研究的国际经济关系的第二个方面。第三，研究世界经济整体。既然世界经济是一个有机的整体，那么世界经济学就不仅要研究组成这个整体的各类国民经济和整体的组成部分之间的经济关系，还要研究这个整体本身的问题和规律。这些问题和规律不是仅仅涉及世界经济某一部分或世界经济某一领域的问题或规律，而是关系到整个世界经济发展的总体性、全局性问题或规律。例如，世界经济的全球化趋势、区域化趋势、多极化趋势、知识化趋势，世界经济的周期发展问题，世界经济的可持续发展问题，世界经济与世界政治相互作用规律等。从以上对世界经济学研究对象的论述中可见，张伯里教授认为，世界经济学是具有理论性兼有应用性的一门学科。

该书共分十四章，除了第一章绪论和第二章叙述世界经济的历史发展外，第三章至第十四章实际上是三大块，分别对世界经济的三大要素（亦即世界经济学研究的对象的三个方面），即各类国民经济、国际经济关系、世界经济整体，依次展开论述。具体内容结构如下。第一块是世界各类国民经济，对作为世界经济有机组成部分的各类国民经济所进行的研究与分析。第二块是国际经济关系，对把世界各国国民经济联结为一个有机整体的那些国际联结纽带所进行的研究与分析。第三块是世界经济整体，对作为一个有机整体的世界经济本身的问题和发展规律所进行的研究与分析。

10. 杜厚文等著《世界经济学——理论·机制·格局》①

杜厚文教授认为，世界经济是一个广泛的概念，它主要着眼于探索世界范围内经济整体的基本特征和运动规律。第二次世界大战以后，随着科学技术革命以及国际分工和生产国际化的深入发展，世界经济作为一个整体出现了许多新的特

---

① 杜厚文：《世界经济学——理论·机制·格局》，中国人民大学出版社，1994 年第 1 版。

征和现象。社会经济资源的国内配置和国际配置的机制(包括运行机制和协调机制)发生了重大变化，以国内资源配置的主要方式——市场经济体制的广泛发展为基础，各国之间的经济往来日益频繁和复杂，各国经济被编织在一个横纵交错的网络中有机地运行着，市场化程度越来越高，经济运动的形式也更加丰富多彩。

杜厚文教授认为，战后世界范围内经济整体的基本特征和运行规律，构成了世界经济的研究对象。第一，世界经济发展的基础、条件的研究，具体包括：国际分工与世界市场的形成和发展；当代世界市场的基本特征；世界经济的形成、发展及当代的基本特征与发展趋势；战后各国资源配置的基本方式——市场经济机制的构成要素、基本特征及其对国际经济的影响等。第二，当代国际经济关系的研究。它构成了世界经济研究的主要部分，具体包括：国际经济关系各种表现形态(国际商品交换、国际货币流转与国际投资等)的运动规律及其对世界经济的影响，各种形态发生变化的条件、形式和机制；国际经济关系主体(即各种类型国家)与国际经济关系各种具体形态的关系；国际经济关系的类型及其相互影响作用；国际经济联合与国际经济组织的运行机制及其对世界经济的影响等。国际经济联合与国际经济组织的运行机制及其对世界经济的影响等。在当代国际经济关系的研究中，将重点放在运行机制与协调机制的分析上。从这种分析中，进一步探讨当代国际经济关系的内容及其变动规律。第三，第二次世界大战后世界经济发展的基本特征与运动规律的综合研究。主要包括各类国际经济关系主体的基本特征与运动规律，世界经济格局的变化及世界经济发展趋势等。

该书的结构大致为：导论主要对世界经济的形成基础及战后世界经济的基本特征作概括性分析。第一篇，着重对世界经济关系主体在资源配置主要方式——市场经济机制方面的特征、构成及基本模式进行具体分析。这一部分将为世界经济运行机制与协调机制的分析提供一个基础和出发点。第二篇，世界经济运行机制的研究。这一部分全面分析国际经济关系各种表现形态，重点是分析运行机制作用的内容、矛盾与其运动规律。第三篇：世界经济协调机制的研究。重点分析世界经济协调机制的组织形式及其协调作用。第四篇：世界经济总体的基本特征与运动规律的研究。重点放在世界经济格局的变化趋势、各类国际经济主体的基本发展规律的揭示，世界经济总体发展趋势的研究。

11. 李天德,《世界经济学》,四川大学出版社,2008 年第 1 版。

李天德教授认为,要说明世界经济学研究对象所具有的矛盾的特殊性,必须说明这门学科与其相关学科的区别与联系。第一,世界经济学与外国经济是紧密联系但又相互区别的两门学科。外国经济是研究第二次世界大战后外国国民经济,特别是关注外国经济的现状与动态。由于世界经济学是以外国国民经济同区域集团经济为基础,因此,对世界经济总体进行考察,必须以研究外国经济为前提。第二,从经济的各个部门来研究世界经济,将世界经济学的研究对象完全或主要放在世界部门经济上是不恰当的。世界经济学研究世界范围内经济规律的表现与作用,它并不以考察各经济部门的特殊规律作为主要对象,正如世界经济不是各国国民经济简单的、机械的总和,也不是世界各部门经济简单的总和,而是既综合世界各部门经济又超越世界各部门经济的。第三,世界经济学决不能撇开国民经济与区域集团经济,将世界经济完全等同于国际经济关系,也不能把世界经济学的主要研究对象放在国际经济关系的各个分支,如国际贸易与国际金融的特殊现象同特殊规律方面。第四,世界经济学与世界经济史的研究对象都是广义的国际生产关系,即国际生产力、国际生产关系及与其相适应的国际交换关系。就其区别来看,世界经济史同世界经济学在研究对象上又有不同的"质"的规定,是两门性质不同的经济学科。

由于世界经济学是一个客观存在的整体,它不是各国国民经济的简单总和,它的运动规律也不是各国国民经济运动规律的简单延伸,它有自己特殊的矛盾和特殊的运动规律,因此,李天德教授认为世界经济学的研究内容十分广泛,就其理论体系及内容来看,主要涉及五个方面。第一,世界经济学的基本理论。主要包括世界经济增长理论、世界经济周期理论、国际资本流动理论、国际贸易理论、国际金融危机理论等。第二,世界经济的历史。主要包括外国国别经济史、外国国别经济通史、世界部门经济史、近代与现代经济史、世界经济通史等。第三,世界经济的形势与现状。分析世界经济的形势主要包括:世界经济形势、主要发达国家经济形势与现状、发展中国家的经济形势与现状、转轨国家的经济形势与现状等。对世界经济形势与现状的分析,讨论世界经济及区域经济增长的潜力,寻找刺激世界经济新的增长点;认识与解决世界经济发展中出现的问题;把握经济全球化过程的新趋势和特点，可以不断提高在对外开放条件下推动我国经济发展的规律性认识，更好地找准我国在当今世界经济体系的定位。第四，世界经济的预测。从预测期限来看，世界经济预测主要包括世界经济的短期预测、世界经济的中期预测和世界经济的长期预测；从预测区域看，可以分为对美、日、欧洲等西方发达国家的经济预测，对发展中国家和新兴市场经济的预测；按部门划分可以分为对农业、工业、服务业的预测。第五，世界经济专题问题。主要包括国际经济组织、国际经济政策、国际经济法规、国际经济惯例、国际能源、世界环境保护、世界人口、世界科技革命、各国之间、各经济集团之间的经济关系及其发展趋势以及对当代资产阶级世界经济学理论的评论和借鉴等专题问题。世界经济的专题研究是对世界经济体系的某一构成方面的细致研究。总之，世界经济学是一门综合性学科。它所研究的内容和课题十分丰富，既包括许多基本理论问题，又涵盖大量的经济实际情况。

12. 崔日明，李丹，张欣：《世界经济概论》，北京大学出版社，2020 年第3 版。

崔日明教授等认为，世界经济是各国经济相互联系和相互依存而构成的世界范围的经济整体。它是在国际分工和世界市场的基础上，把世界范围内的各国经济通过商品流通、劳务交换、资本流动、外汇交易、国际经济一体化等多种形式和渠道以及生产、生活和其他经济方面有机地联系在一起的经济组织。世界经济是以人类为主体，以地球资源和环境为背景，以世界市场为枢纽，以生产、贸易、分配和消费为基本内容，以经济发展为基本动力和基本目标的经济范畴。因此，人类、自然资源和生态环境是世界经济的三个基本要素。当代世界经济研究的主题包括世界经济全球化发展、经济全球化背景下的国家与区域经济、连接各国经济的纽带以及经济全球化时代各国所面临的共同问题与挑战。

崔日明教授等用了十一章论述了世界经济的整体概况。第一章为世界经济概述，包括世界经济的主题与要素构成、世界经济的形成与发展、科技革命、技术创新与世界经济、世界经济格局变化及新动态。第二章为世界经济的周期与波动，包括经济周期及其类型、经济危机的国际传播渠道、世界经济危机的发展趋势与规避。第三章为经济全球化，包括经济全球化的定义与测量指标、经济全球化及其对世界经济的影响、经济全球化与全球经济失衡。第四章为区域经济一体化，包括区域经济一体化理论、区域经济一体化的动因、主要的区域经济一体化组织、区域经济一体化对世界经济的影响。第五章为国际贸易与国际贸易体制，包括国际贸易的发展与政策演变、国际贸易体制、自由贸易与保护贸易之争。第六章为国际货币体系与金融全球化，包括国际货币体系的演进、国际货币体系存在的问题与改革方向、金融全球化的利益与风险、国际金融危机与国际金融监管。第七章为国际直接投资与跨国公司，包括国际直接投资概述、国际直接投资传导机制、跨国公司的形成与发展、跨国公司的作用与影响。第八章为经济全球化中的世界各国经济。包括国家的分类、发达国家的经济体制模式、发展中国家的经济发展理论与战略、转型国家的经济改革与经济发展。第九章为中国经济改革及与世界经济融合，包括中国的经济成就与发展战略、世界经济变化中的中国经济、"一带一路"与中国经济展望。第十章为世界经济可持续发展，包括世界人口与人力资源、世界土地与农业资源、环境问题与经济发展、世界经济可持续发展的途径。第十一章为当代世界经济热点问题，包括欧盟与欧元区前景展望、"逆全球化"及对世界经济的影响、"一带一路"倡议与亚太区域经济合作、北极区域合作机制与"冰上丝绸之路"。

13.《世界经济概论》编写组：《世界经济概论》，高等教育出版社、人民出版社，2020 年第 2 版。

为了更系统地介绍世界经济基本理论和国别区域经济，马克思主义理论研究和建设工程(简称"马工程")组织编写了重点教材《世界经济概论》(简称"马工程教材")。编写始于 2007 年，由多所高校教师联合编写，包括中国人民大学、武汉大学、厦门大学、吉林大学、南开大学、复旦大学等拥有世界经济国家重点学科的骨干教师。

该教材认为，世界经济是在国际分工的基础上，通过世界市场将各国各地区经济联结成的相互作用、有机统一的经济体系。因此，世界经济学科主要研究世界经济发展的基本特点和规律，是经济学的一个独立的分支学科。就特征而言，世界经济是一个历史范畴、是各国各地区经济的有机结合。因此，世界经济学科既具有历史性又具有时代性，既要反映世界经济的整体性又要反映各国各地区经济的区域性。应当把世界经济作为一个发展运动的有机体来研究，着力揭示国际分工和世界市场条件下，各国各地区通过商品、服务和各种生产要素的国际流动，使生产、分配、交换、消费在世界范围内作为一个有机整体联系在一起的经济现象和经济规律。

世界经济的研究对象主要包括国别与地区经济、国际经济关系、全球性经济问题。第一，国别与地区经济。世界经济由各国各地区经济构成。没有对各国各地区经济的深入了解，就不可能形成对世界经济整体的科学认识。各个国家和地区都有自己特殊的经济制度和经济体制，形成了各具特色的经济体系，因而世界经济学科中对国别与地区经济的研究主要针对各国各地区经济的特点、彼此之间的关系及其对世界经济的影响的问题。第二，国际经济关系。相对独立的各国各地区经济相互联系、相互作用从而形成世界经济整体，对它们之间联系方式与途径的研究，自然也就成为世界经济学科研究的一个重要内容。各国各地区经济相互联系在一起的方式和渠道，主要包括国际贸易、国际金融、国际投资等。第三，全球性经济问题。作为有机整体的世界经济有其内在的矛盾、运行规律和面临的全球性问题，如世界经济格局、经济全球化、区域经济一体化、世界经济周期、世界经济的协调机制、世界经济发展不平衡、世界经济的可持续发展等。对这些问题的探讨和研究，是世界经济学科的重要内容。

总之，世界经济学科通过阐述和分析世界经济的形成过程、发展现状和未来趋势，揭示国际经济关系和世界经济的发展变化及其内在矛盾与运行规律。

## 第二节　当前世界经济面临的发展赤字

当今世界正面临百年未有之大变局。和平与发展仍然是时代主题，同时不稳定性不确定性更加突出，人类面临许多共同挑战。发展是解决一切问题的关键。因此，世界经济的发展赤字是当前全球经济面临的核心问题之一，对世界各国的经济增长、社会稳定以及国际合作等方面都产生了深远的影响。深入探讨世界经济发展赤字的表现、原因及其影响，对于理解全球经济现状、寻求解决方案以及推动全球经济的可持续发展具有重要意义。

## 一、世界经济发展赤字的主要表现

世界经济发展赤字主要表现在经济增长停滞、收入分配不均、就业市场困境、国际贸易与投资低迷四个方面。

### （一）经济增长停滞

世界经济增长停滞的表现主要包括全球增长率的显著下降和各国复苏进程的不均衡。根据多家国际组织报告指出，2023 年全球经济增长率仅为 2.1%，远低于 2022 年的 3.1%，并且在 2024 年和 2025 年将维持这一水准。[①] 这一低增长率主要归因于多重因素，包括新冠疫情的持续影响、全球供应链中断以及俄乌冲突引发的地缘政治紧张局势。这些因素导致许多国家的经济增长前景黯淡。例如，东亚和太平洋地区尽管在 2022 年实现了 3.5%的增长，但 2023 年预计仅能增长 4.8%，且主要依赖于中国的经济反弹。即使是经济较为强劲的地区，也面临外部和内部需求减弱的压力。

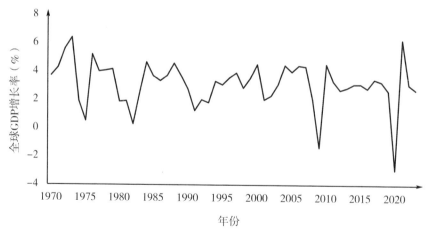

图 1-1　1970—2023 年全球经济增速

资料来源：GDP growth（annual %）| Datadata.worldbank.org

---

① International Monetary Fund. 2024. WORLD ECONOMIC OUTLOOK Steady but Slow: Resilience amid Divergence.

图 1-1 展示了 1970 年至 2023 年全球经济增长率的变化趋势，显示出全球经济经历了多次波动和几次显著的衰退，整体上呈现出增长放缓的趋势，尤其是近年来增长率趋于较低水平，反映出全球经济增长的停滞状态。

此外，很多发展中国家的债务水平创下新高，财政资源紧张，进一步限制了它们的经济增长潜力。这些国家中的一些极端贫困人口比例高达 50%，其中许多国家需要将近一半的政府收入用于支付员工工资和债务利息，而只有 3% 的政府收入用于最脆弱的国民。债务负担和财政资源紧张的双重压力，使得这些国家在应对全球挑战和投资于长期发展优先事项（如卫生、教育、社会保护和韧性）方面面临着巨大困难。

（二）收入分配不均与就业困难并存

收入分配不均是全球经济发展赤字的一个主要表现。尽管全球贫困率在过去几十年中有所下降（如图 1-2），但收入不平等现象并未显著改善，甚至在某些地区有所加剧。世界银行报告指出全球近一半人口每天生活费不足 6.85 美元，而在一些最贫困的国家，极端贫困人口比例高达 50%。这种不平等不仅体现在国家之间，还体现在国家内部的不同社会群体之间。许多发展中国家和中

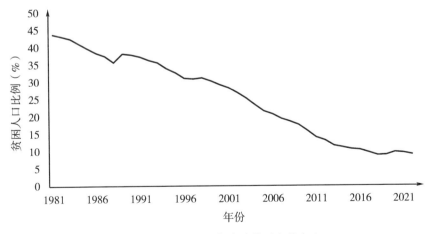

图 1-2　1981—2022 年全球贫困人数占比

资料来源：世界银行，《世界银行 2023 年年度报告》。

等收入国家的收入分配差距在扩大，特别是受疫情和经济衰退的影响，这些国家的中产阶级受到了严重冲击。与此同时，富裕阶层的财富不断增加，进一步拉大了收入差距。世界银行年度报告强调，需要通过政策干预来缩小收入不平等，例如，加强社会保护体系、提高税收透明度和效率以及投资于基础教育和职业培训。

此外，就业市场困境表现为高质量就业机会的严重不足和非正规就业的普遍存在。世界银行的报告指出，正规领薪就业岗位仅占全球就业岗位的三分之一，许多人仍从事非正规、低生产率、低收入和不稳定的工作。新冠疫情和气候变化进一步加剧了这些挑战，特别是对女性、年轻人和移民群体的就业机会造成了巨大冲击。

报告还指出，跨境劳动力流动虽然有助于缓解部分国家的劳动力短缺问题，但由于存在歧视和其他障碍，跨境劳动力流动的益处尚未充分发挥。例如，移民工人和难民往往难以获得稳定的就业和社会保障，其就业质量和收入水平普遍较低。此外，各国在提高就业质量方面面临巨大挑战，需要特别关注改善女性、年轻人和移民群体的就业机会，促进其获得可持续的优质就业岗位。

（三）国际贸易与国际投资持续低迷

国际贸易与投资低迷是全球经济发展赤字的另一个重要表现。尽管一些国家通过融入全球价值链实现了一定程度的经济复苏，但整体贸易和投资活动仍未恢复到疫情前的水平。世界银行的报告指出，持续的外部需求对一些融入全球价值链的国家，如东亚国家的复苏起到了重要作用，但那些融入程度较低的国家的复苏速度则显著滞后。

此外，全球贸易的不确定性也在增加。如图1-3所示近年来全球贸易增速波动较大。特别是由于俄乌冲突和地缘政治紧张局势，进一步抑制了国际贸易和投资活动。许多国家的国有企业在竞争性私营行业中占据了大量份额，这不仅可能导致效率低下，还可能抑制私人资本的投资积极性，阻碍贸易和投资的增长。报告强调，需要通过改善贸易物流和推动数字创新来提高发展中国家的竞争力，同时加强政策制定以支持全球贸易和投资的复苏。

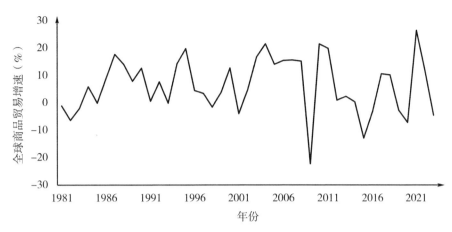

图 1-3　1980—2023 年全球商品贸易增速

资料来源：WTO ｜ World Trade Statistical Review 2023wto.org

## 二、世界经济发展赤字的原因

造成世界经济发展赤字的原因主要有技术进步的不均匀、突发事件的影响、保护主义政策三方面。

### （一）技术进步的不均衡

技术进步的不均衡是导致世界经济发展赤字的一个重要原因。世界知识产权报告指出，科技创新在全球范围内存在显著的区域差异。发达国家在技术进步方面远远领先于发展中国家，表 1-1 中的数据显示虽然非洲地区在 2012—2022 年期间专利申请数量增长率为 5.2%，但仍只占全球专利数量的 0.7%。这种差距主要体现在以下两个方面：

表 1-1　2012 年和 2022 年全球分地区的专利申请数量

| 地区 | 专利申请数量 | | 全球占比（%） | | 平均增长率（%） |
| --- | --- | --- | --- | --- | --- |
| | 2012 | 2022 | 2012 | 2022 | 2012—2022 |
| 非洲 | 14700 | 24300 | 0.6 | 0.7 | 5.2 |

续表

| 地区 | 专利申请数量 | | 全球占比(%) | | 平均增长率(%) |
|---|---|---|---|---|---|
| | 2012 | 2022 | 2012 | 2022 | 2012—2022 |
| 亚洲 | 1321300 | 2349200 | 56.1 | 67.9 | 5.9 |
| 欧洲 | 345800 | 355100 | 14.7 | 10.3 | 0.3 |
| 拉丁美洲和加勒比地区 | 63100 | 57000 | 2.7 | 1.6 | -1 |
| 北美洲 | 578100 | 632400 | 24.5 | 18.3 | 0.9 |
| 大洋洲 | 33500 | 39400 | 1.4 | 1.1 | 1.6 |
| 全球 | 2356500 | 3457400 | 100.0 | 100.0 | 3.9 |

资料来源：World Intellectual Property Report. 2024. Making Innovation Policy Work for Development.

　　第一，发达国家拥有更为丰富和多样化的技术能力，这使得它们能够在更复杂和先进的技术领域取得突破。以韩国和埃及为例，韩国在半导体、信息通信技术(ICT)和视听技术等领域具有高度的专业化和广泛的技术能力，而埃及则主要集中在农产品、矿物和燃料等生产能力较低的领域，且在技术能力上没有明显的专长。这种能力的差距导致了发展中国家在技术创新和应用上的限制，难以实现与发达国家相同的技术进步速度和广度。

　　第二，发达国家和发展中国家在技术进步上存在的巨大差距，还表现为互联网和移动网络的覆盖显著不同。根据《2023年数字发展测量报告》，[①] 全球高收入国家中89%的居民被5G网络覆盖，而低收入国家中这一比例仅为1%。在最贫穷的国家中，3G仍然是最普遍的移动宽带技术，有超过20%的人口没有任何形式的网络连接。这种数字鸿沟反映了基础设施投资和技术发展的巨大不平衡，使得低收入国家在全球科技进步中处于明显劣势。尽管在低连接国家中连接速度

---

① International Telecommunication Union Development Sector. Measuring digital development Facts and Figures 2023.

相对较快，但由于基数极低，其整体水平远远落后于高收入国家。

第三，自动化和人工智能（AI），正在迅速改变全球就业市场，导致传统劳动岗位的消失和结构性失业的增加。《2023 年数字发展测量报告》还指出，随着技术的进步，许多重复性和标准化的工作被自动化系统和 AI 取代，导致许多劳动者失去工作。这种现象在制造业和服务业尤为明显，机器人和自动化设备逐渐替代人工操作。同时，高技术岗位的需求增加，要求劳动者具备更高的技能和数字素养，造成了技能差距和就业市场的两极化。根据世界知识产权组织的报告，AI 的引入可能会在短期内提高生产力，但也会对劳动市场产生深远的影响。在发达国家，约 60% 的工作岗位容易受到 AI 技术的影响，其中一半可能会因为 AI 的高效性而被自动化系统取代，这将导致劳动需求和工资的下降，甚至导致某些工作岗位的消失。相比之下，发展中国家由于基础设施和技能水平的不足，AI 的应用和影响相对较小，但这也意味着它们在未来可能面临更大的技术落后风险，从而加剧全球不平等。AI 技术的普及和应用需要完善的基础设施和高技能劳动力，而这些恰恰是许多发展中国家所缺乏的，因而可能进一步扩大发达国家与发展中国家之间的经济和技术鸿沟。

（二）突发事件的影响

全球突发事件也是造成世界经济发展赤字的原因之一。

第一，疫情的冲击对全球经济造成了显著的负面影响。COVID-19 大流行不仅导致大量人员死亡和健康系统的压力，还对各国经济活动产生了广泛的负面影响。封锁措施、旅行限制和供应链中断导致生产力下降、失业率上升和经济衰退。新冠疫情的暴发也对国际贸易产生了剧烈的负面冲击。特别是对服务业、旅游业和制造业的打击最为严重。尽管各国政府和中央银行采取了大规模的财政和货币刺激政策以稳定经济，但全球经济复苏依然缓慢且不均衡。长期的疫情防控和不确定性增加了投资者和消费者的信心危机，进一步抑制了经济增长。许多国家不得不加大财政支出以应对医疗需求和经济救助，这进一步加重了财政赤字和债务负担。疫情还暴露了全球卫生系统的脆弱性，强调了加强公共卫生基础设施和国际合作的重要性。

第二，自然灾害给世界经济的发展也带来了巨大的挑战①。2023 年，全球共发生了 399 次与自然灾害相关的事件，造成 86473 人死亡，影响了 9300 万人，经济损失高达 2027 亿美元。例如，2023 年土耳其和叙利亚的地震是当年最具毁灭性的事件之一，造成 56683 人死亡，经济损失达 42.9 亿美元。印度尼西亚的干旱影响了 1880 万人，美国南部和中西部的干旱和热浪是 2023 年美国最严重的灾害，经济损失估计为 145 亿美元。此外，极端天气事件如热浪、洪水和飓风等也频繁发生，导致重大经济损失和人员伤亡。这些灾害不仅直接破坏了基础设施，还间接影响了农业生产和公共健康。

第三，地缘政治冲突也对全球经济造成了深远的影响。地缘政治紧张局势加剧了全球贸易的不确定性，影响了投资和市场信心。例如，俄乌冲突不仅导致能源价格飙升，还扰乱了粮食供应链，推高了全球粮食价格，增加了通胀压力。制裁措施和贸易限制也使得全球供应链更加脆弱，企业运营成本上升，国际贸易和投资环境更加复杂多变。中东地区的冲突不仅影响了当地的经济活动，也对全球能源市场产生了连锁反应。乌克兰危机等地缘政治事件加剧了国际紧张局势，影响了全球贸易和投资信心。

### (三)全球民粹主义和保护主义盛行

近年来的贸易保护政策也导致全球经济发展赤字，其主要体现在全球贸易摩擦增加、供应链中断和民粹主义兴起等方面。

第一，从全球贸易摩擦增加来看，近年来全球贸易摩擦呈现显著上升趋势，其中尤以中美贸易战为代表。自 2018 年开始，美国对中国进口商品加征关税，引发了中国的反制措施。两国互征关税的举措使得全球贸易格局发生重大变化，影响了多个行业的供应链和生产成本。此举不仅对中美两国经济产生了深远影响，也对其他国家和地区带来了连锁反应。贸易保护主义政策的推行导致国际贸易环境恶化，企业投资信心下降，全球经济增长放缓。此外，贸易争端还增加了市场的不确定性，导致企业在国际贸易和投资方面更加谨慎。世界贸易组织

---

① EDMAT Report. 2023 Disasters in Numbers.

（WTO）多次警告，全球贸易摩擦的加剧可能会破坏全球经济复苏，呼吁各国通过对话和合作解决分歧，以避免全球经济陷入更深的困境①。

第二，从供应链中断方面来看，新冠疫情暴发后，全球供应链的脆弱性被全面暴露。由于各国实施封锁措施和边境管控，许多跨国企业的生产和物流环节遭遇严重中断，导致供应链断裂。重要物资的生产和运输受阻，许多行业面临原材料短缺和生产延误的困境。疫情还暴露了过度依赖单一供应商或特定地区的风险，促使企业重新评估和调整其供应链策略。供应链的中断不仅导致贸易增速放缓，还加剧了全球市场的供需失衡，推高了商品价格，影响了消费者和企业的经济行为。世界银行指出，重建和优化全球供应链需要国际社会的合作，以提高供应链的韧性和灵活性，从而应对未来可能的冲击②。

第三，从民粹主义影响来看，民粹主义政治势力的崛起对国际贸易和合作带来了新的挑战。近年来，一些国家的民粹主义政党通过反全球化和保护主义的言论获得了广泛支持，影响了政府的贸易政策和国际合作意愿。这些政党通常强调国家主权和本土经济利益，反对多边贸易协定和全球化进程，主张采取更严格的贸易保护措施。这种政治氛围导致国家间合作困难，国际贸易谈判陷入僵局，全球经济一体化进程受阻。世界贸易组织 2023 年度报告指出，民粹主义的兴起不仅破坏了现有的国际贸易秩序，还可能导致全球经济分裂和地区冲突加剧。为应对这一趋势，国际社会需要加强沟通和协调，推动包容性增长和公平贸易，确保全球化的利益惠及更多国家和人民。

## 三、世界经济发展赤字的长期影响

世界经济发展赤字在未来会导致全球经济发展的长期停滞，社会矛盾加剧，国际合作与多边体系面临挑战，环境与可持续发展面临压力。

### （一）未来全球经济增长的长期停滞

未来全球经济增长的长期停滞主要表现在经济复苏乏力、长期低增长成为常

---

① WORLD TRADE ORGANIZATION ANNUAL REPORT 2023.
② 《世界银行 2023 年年度报告》。

态，资源错配与投资低迷以及创新和技术进步放缓。

第一，未来全球经济增长的长期停滞主要表现为经济复苏乏力。各大国际机构对未来全球增长的预测存在一定差异。国际货币基金组织（IMF）预计全球经济增长将逐步回升，尽管面临贸易紧张局势和地缘政治不确定性，预计 2024 年全球经济增长率约为 3.5%。经合组织（OECD）则强调绿色转型和数字化转型对经济增长的重要性①，预计全球经济增长将在 2024 年达到 3.3%。此外，联合国的预测显示，发展中国家的经济增长将显著高于发达国家，主要受益于基础设施投资和人口红利，全球整体增长率预计为 3.4%。总体而言，各大机构均认为全球经济将继续复苏，但前景仍充满挑战，需密切关注政策调整和结构性改革的进展。经济复苏乏力这一现象包括各国在经历了疫情、地缘政治冲突和供应链中断等冲击后，经济复苏的速度显著放缓，许多国家的经济活动无法恢复到疫情前的水平。债务水平的上升和财政资源的紧张使得各国在应对当前危机和投资于未来发展方面面临巨大挑战，经济增长乏力。此外，外部需求的减弱和内部市场的疲软也进一步限制了经济复苏的力度，使得各国难以实现持续的经济增长。

第二，长期低增长成为常态是全球经济增长长期停滞的另一个显著表现。全球经济增速持续低迷，各国经济增长率长期维持在低水平，成为一种常态化现象。结构性问题如生产率增长缓慢、人口老龄化和技术进步放缓，进一步拖累了全球经济的增长。同时，气候变化和环境压力增加，迫使各国投入大量资源应对这些长期挑战，进一步压缩了经济增长空间。政策的不确定性和贸易保护主义抬头也对全球经济产生了抑制作用，使得长期低增长成为常态。

第三，全球经济增长的长期停滞还表现为资源错配与投资低迷。许多国家的资本和劳动力资源未能有效配置到生产率高的部门，导致整体经济效率低下。此外，受地缘政治紧张局势、政策不确定性和贸易保护主义等因素的影响，私人部门投资意愿大幅下降，导致全球投资水平持续低迷。这种情况不仅影响短期经济增长，还对长期增长潜力构成威胁。

第四，全球经济增长长期停滞还会进一步导致创新和技术进步的放缓。尽管

---

① OECD Economic Outlook.

科技在某些领域取得了重大突破，但整体来看，技术扩散速度较慢，未能带来显著的生产率提升。特别是在发展中国家，创新能力和技术应用水平相对较低，进一步制约了这些国家的经济增长。全球范围内的科研投入和技术合作不足，使得新技术无法迅速转化为经济增长动力。

### （二）社会矛盾加剧

世界经济发展赤字还会导致社会矛盾加剧，其主要表现在贫困人口增加和社会阶级固化。

第一，社会矛盾加剧的一个显著表现是贫困人口的增加。随着全球经济的不稳定性加剧，许多国家的贫困人口数量持续上升。经济不平等是导致贫困人口增加的关键因素之一，全球财富分配极其不平衡，少数富有群体占据了大部分财富，而大量人口却生活在贫困线以下。此外，自20世纪80年代以来，许多国家的财政政策未能有效应对贫困问题，公共开支增长缓慢，特别是在教育和医疗方面，这限制了社会底层人口改善生活条件的机会。税收制度的不公平和逃税行为也削弱了政府通过再分配政策减贫的能力。

第二，社会阶层固化是另一个社会矛盾加剧的重要方面。这种现象表现在社会流动性的减少以及不同社会阶层之间差距的扩大。财富的不平等不仅体现在收入上，还体现在财富积累上，富人通过更高的储蓄率和投资回报率，能够在财富积累过程中不断扩大与贫困人口的差距。这种现象被称为资本积累的"滚雪球"效应，导致财富代际传递，进一步加剧社会阶层固化。此外，教育资源和职业机会的不平等也是社会阶层固化的主要原因之一。历史上教育支出的不平等对社会阶层的固化产生了深远影响，例如在殖民时期，阿尔及利亚穆斯林儿童的教育支出远低于欧洲定居者的子女。尽管这种特定的政治结构已经不复存在，但教育和其他资本投资的不平等仍然普遍存在。

第三，除了贫困人口增加和社会阶层固化外，社会矛盾加剧还表现为全球化和劳动市场变化以及环境变化和资源分配不均等方面。全球化和技术进步对劳动市场的影响使得低技能工人的工作机会减少，收入减少，因而进一步加剧了社会不平等。环境变化和资源分配不均也加剧了社会矛盾，贫困地区往往更容易受到环境恶化的影响，而资源丰富的地区则通过更好的环境管理和基础设施建设，减少了对环境变化的敏感性。

### （三）国际合作与多边体系面临挑战

世界经济发展赤字会导致国际合作和多边体系面临挑战，其主要体现在全球治理困难和多边贸易体系受冲击。

第一，国际合作与多边体系在当前环境中面临重重挑战，全球治理的困难尤为突出。WTO 年度报告指出，贸易保护主义和民粹主义的上升严重阻碍了国际合作与全球治理的进程。① 许多国家采取的贸易保护主义政策导致关税和非关税壁垒的增加，这不仅破坏了全球贸易的自由流动，也使得多边贸易协定的谈判变得更加复杂和困难。此外，民粹主义的兴起使得各国政府更加关注国内利益，忽视了国际合作的重要性，削弱了全球治理的有效性。这种趋势使得联合国等国际组织在协调和解决全球性问题方面的地位和作用逐渐下降，无法充分应对全球挑战。特别是在应对全球疫情、气候变化和其他跨国问题时，联合国的协调能力和执行力受到了显著的限制。比如俄乌冲突和巴以问题在联合国难以通过决议，主要由于安理会常任理事国之间的分歧。俄乌冲突中，俄罗斯作为安理会常任理事国，对任何不利于其立场的决议行使否决权，使得国际社会难以通过有效的制裁或干预措施。同样，在巴以问题上，美国一贯支持以色列，经常否决对以色列采取强硬措施的决议，而俄罗斯和其他一些国家则支持巴勒斯坦的立场。这种大国之间的对立和利益冲突，使得联合国在解决这些复杂的国际问题上面临巨大的挑战。

第二，多边贸易体系在当前国际环境中也面临着严峻的挑战。世界贸易组织（WTO）作为多边贸易体系的核心，其作用正在逐步减弱。世界贸易组织（WTO）自 2019 年以来陷入停摆，主要原因是其争端解决机制中的上诉机构因法官数量不足而无法正常运作。美国对上诉机构法官的任命进行阻挠，导致该机构无法审理新的案件，从而影响全球贸易争端的解决效率。这种情况使得 WTO 的调解和

---

① WORLD TRADE ORGANIZATION ANNUAL REPORT 2023.

仲裁功能大幅削弱，增加了国际贸易关系中的不确定性和风险，影响了全球贸易体系的稳定性和有效性。近年来，全球贸易规则受到越来越多的质疑和挑战，特别是在贸易争端解决机制方面，WTO 的效率和公正性频频受到质疑，许多成员对其裁决的执行情况表示不满。此外，一些国家为了避免 WTO 框架内的复杂谈判，转而寻求双边或区域贸易协定，这进一步削弱了 WTO 在全球贸易中的核心地位。全球贸易规则面临的挑战不仅局限于传统的关税和贸易壁垒，还包括数字贸易、电子商务和环境保护等新兴领域。这些复杂而敏感的问题增加了多边贸易体系应对的难度，使得 WTO 等多边贸易组织的改革和发展变得更加迫切和重要。

### （四）环境与可持续发展压力

全球发展赤字的一个重要影响是全球将面临环境与可持续发展压力，其主要体现在资源消耗加剧与可持续发展受阻两个方面。

第一，资源消耗将会加剧。根据联合国环境规划署 2023 年度报告指出，全球面临着资源消耗加剧的巨大压力，主要原因是经济发展赤字导致的资源过度利用和环境恶化。[①] 报告指出，温室气体排放量在 2023 年刷新历史纪录，全球气温再破新高，气候影响日益加剧。许多国家为了追求短期经济增长，过度开发自然资源，导致生态系统的退化和生物多样性的丧失。例如，环境署的报告显示，各国政府的化石燃料开采计划严重超过了实现《巴黎协定》目标所需的碳预算，进一步加剧了全球气候变化问题。此外，环境署还指出，发展中国家在应对气候变化和环境问题上的资金缺口比预想情况大出 50%，这些国家每年亟需 2150 亿至 3870 亿美元的资金以应对日益加剧的气候影响。

第二，可持续发展受阻。环境问题和资源紧张对实现可持续发展目标构成了重大威胁。联合国环境规划署在报告中强调，大多数可持续发展目标的相关工作偏离了轨道，主要原因是对气候变化、自然环境和生物多样性丧失、污染和废弃物的应对行动不够迅速。[②] 尽管全球在应对这些问题上做出了更强有力的努力，例如通过《全球化学品框架》和跨国保护海洋生物多样性的条约，但环境署警告，

---

① 《联合国环境规划署 2023 年度报告：信守承诺》。
② 《联合国环境规划署 2023 年度报告：信守承诺》。

如果不采取更为迅速和有效的行动，气候变化和资源短缺将继续对全球经济和社会发展构成严重威胁。特别是在能源领域，报告指出全球需要在 2030 年前将温室气体排放量减少 42%，才能将气温升幅控制在 1.5 摄氏度以内。这种迫切性反映了全球在实现可持续发展目标方面面临的巨大挑战和压力。

# 第三节　世界百年未有之大变局与世界经济理论体系重构

当前，我们正处于百年未有之大变局中，新一轮科技和产业革命加快塑造世界，经济全球化的深入发展推进全球治理加快变革，世界多极化深入发展使国际力量对比变得更加平衡，大国战略博弈加剧推动国际体系深刻变革。在百年未有之大变局之下，世界经济学面临着前所未有的挑战与机遇，其研究领域、理论框架及实践应用均发生了深刻变化。尤其是世界经济学的一些关键问题，例如世界经济格局的重塑、科技创新与产业变革以及国际经济关系的复杂性等，都将给世界经济以及世界经济学科的发展带来重要影响。

## 一、世界百年未有之大变局的提出及主要表现

2014 年 8 月 29 日，习近平总书记在中央政治局第十七次集体学习时的讲话中就提出了"前所未有的大变局"这个概念，他指出："当前，国际形势正处在新的转折点上，各种战略力量加快分化组合，国际体系进入了加速演变和深刻调整的时期。在这个前所未有的大变局中，军事领域发展变化广泛而深刻，是世界大发展、大变革、大调整的重要内容之一。"其后，特别是 2017 年以后，他还在若干重要场合对类似概念进行了阐述。2017 年 2 月 17 日，习近平总书记在国家安全工作座谈会上的讲话中提出"认清国家安全形势，维护国家安全，要立足国际秩序大变局来把握规律"，揭示了大变局在"国际秩序"层面的意蕴。2017 年 8 月 1 日，在庆祝中国人民解放军建军 90 周年大会上的讲话中，他指出："今天的世界，国际形势正发生前所未有之大变局；今天的中国，中国特色社会主义正全面向前推进。"2017 年 10 月 25 日，在党的十九届一中全会上的讲话中，他又强调"当今世界正面临着前所未有的大变局，中国特色社会主义进入了新时代"，这

都是从世界与中国的历史方位、相互关系的视角来定位大变局。在 2017 年 12 月 28 日接见回国参加 2017 年度驻外使节工作会议的全体使节时的讲话中，他进一步提出"放眼世界，我们面对的是百年未有之大变局。新世纪以来一大批新兴市场国家和发展中国家快速发展，世界多极化加速发展，国际格局日趋均衡，国际潮流大势不可逆转"。

2018 年 6 月，习近平在中央外事工作会议上，首次详细阐述世界百年未有之大变局。他指出："把握国际形势要树立正确的历史观、大局观、角色观。……当前，我国处于近代以来最好的发展时期，世界处于百年未有之大变局，两者同步交织、相互激荡。……从党的十九大到党的二十大，是实现'两个一百年'奋斗目标的历史交汇期，在中华民族伟大复兴历史进程中具有特殊重大意义。纵观人类历史，世界发展从来都是各种矛盾相互交织、相互作用的综合结果。我们要深入分析世界转型过渡期国际形势的演变规律，准确把握历史交汇期我国外部环境的基本特征，统筹谋划和推进对外工作。既要把握世界多极化加速推进的大势，又要重视大国关系深入调整的态势。既要把握经济全球化持续发展的大势，又要重视世界经济格局深刻演变的动向。既要把握国际环境总体稳定的大势，又要重视国际安全挑战错综复杂的局面。既要把握各种文明交流互鉴的大势，又要重视不同思想文化相互激荡的现实。"这段阐释，不仅交代了提出世界百年未有之大变局重大研判或命题的方法论，还对大变局中中国面临的外部环境主要特征进行了深刻分析。具体而言，世界百年未有之大变局的表现及内容包括以下几点。

## （一）世界经济格局变化

国家是世界经济重要的微观主体，其实力对比的变化在大变局中表现得尤为显著，例如主权国家内部以及国家之间的贫富差距正不断加剧，逆全球化和反全球化力量的崛起促进了民粹主义在全球范围内的流行等。当前，经济全球化所带来的问题包括经贸不平衡、经济失调和分配不公等，这些问题进一步扩大了不同群体和地区之间的贫富差距。在全球化的浪潮中，那些利益受损的群体逐渐联合起来，形成了反对全球化和逆全球化的力量。这种力量的增长进一步推动了民粹主义在全球的盛行，尤其在西方发达国家，民粹主义达到了自 20 世纪 30 年代以来的顶峰。民粹主义的兴起还使得各国政府更加聚焦国内问题，进一步侵蚀了国家间的政治互信基础。

### （二）全球治理体系变化

国际力量对比正在经历深刻的变化，全球治理体系及国际秩序的转型需求日益迫切。这一切源于 15 世纪的地理大发现，它开启了西方国家的对外扩张序幕。随后，18 世纪和 19 世纪的两次工业革命奠定了资本主义世界体系的基础，形成了以西方为主导的国际结构。尽管两次世界大战未能打破"西强东弱"的格局，但权力在西方国家之间实现了转移和交接。当前的全球秩序仍然体现出资本主义体系的全球扩展，特征是西方国家在政治和经济领域占据传统优势。这表现为以欧美为代表的西方国家在国际分工中处于较高层次，并在重要的全球治理机制中掌握主要话语权。然而自 21 世纪以来，经济全球化的深入发展为一些后发国家提供了发展的契机。特别是中国等新兴市场国家的群体性崛起，使得西方国家相对式微，国际力量对比发生了前所未有的变化。与此形成鲜明对比的是，全球治理体系及其对应的国际秩序显示出滞后性。全球治理面临的"参与赤字"和"责任赤字"不断扩大，其有效性受阻。因此，构建一个与当前全球权力格局相匹配的全球治理体系迫在眉睫。

### （三）全球发展面临的主要矛盾变化

当前世界正面临更加复杂和艰巨的挑战与风险，国际社会不仅需要解决长期未得到根治的传统政治问题，还需应对全球化带来的各种非传统安全风险。与传统的以军事冲突为主的政治问题相比，这些全球性问题的影响范围更广，涉及领域更多元，潜在危害性更大，单靠一个或几个国家难以有效解决。例如，新冠疫情的全球大流行不仅加剧了全球风险，还使全球多个议题交织在一起。在公共卫生危机初期，各国和相关国际组织普遍缺乏有效的应急措施，医疗物资严重短缺，全球产业链出现明显收缩。疫情导致全球内外需求急剧下降，全球经济陷入困境，经济衰退和失业率上升。同时，一些国家由于国内治理不力，试图将国内矛盾转嫁至外部，导致地缘政治竞争加剧。

### (四)大国博弈的焦点发生变化

科技在百年未有之大变局中扮演着关键角色,带来了新的变化因素。社交媒体的兴起使公众能够更广泛地获取来自世界各地的多元和最新信息,这些信息有时甚至能在政府决策之前影响公众舆论。面对这种广泛的公众意见,政府和政治精英不得不加以重视并作出回应。国家领导人和政治精英不仅可以通过互联网与公众直接互动,还能与其他国家的决策者进行直接对话,例如通过数字外交平台。现代科技催生的新型国内外互动模式不仅改变了传统的沟通方式,还迫使国家决策者在制定国内外政策时考虑更多因素。信息的广泛传播削弱了国家政府对议事日程的控制,限制了决策自由,降低了国家的控制能力。同时,网络技术降低了信息传递的成本并提高了速度,使得非国家行为体越来越多地掌握信息资源,参与国际事务,并与国家分享权力。

## 二、世界百年未有之大变局对世界经济研究的影响

马克思在《政治经济学批判》的序言中写道:"我考察资产阶级经济制度是按照以下顺序:资本、土地所有制、雇佣劳动;国家、对外贸易、世界市场。"[1]马克思之所以考察世界市场和对外贸易,是因为马克思认识到世界市场与世界经济对于资本主义制度的重要性。也正如马克思在《共产党宣言》中描述的:"不断扩大商品销路的需要,驱使资产阶级奔走于全球各地,它必须到处落户,到处开发,到处建立联系。资产阶级,由于开拓了世界市场,使一切国家的生产和消费都成为世界性的了。"[2]即便到了资本主义制度的高级阶段,世界市场和世界经济对资本主义制度同样起着极其重要的作用。列宁在《帝国主义是资本主义的最高阶段》中曾指出:"但是在资本主义制度下,国内市场必然是同国外市场相联系的。资本主义早就造就了世界市场……这些垄断同盟就'自然的'走向世界性的

---

[1] 马克思:《〈政治经济学批判〉序言》,《马克思主义经典著作选读》,人民出版社,1999年第1版,第96页。
[2] 马克思、恩格斯:《共产党宣言》,人民出版社,1997年第3版,第31页。

协议，形成国际卡特尔。"①不管是在资本主义制度的萌芽期间，还是在资本主义制度发展的高级阶段，世界市场对于资本主义制度都是至关重要的。因此，如果要弄清楚资本主义制度的发展现状和趋势，一定要弄清楚世界市场和世界经济的运行状况。当前，世界经济正经历着供应链重构、数字经济的快速发展、环境可持续性挑战以及国际政治经济不确定性的多重影响，这些变革不仅重塑了经济版图和产业格局，还对经济增长模式、社会问题、资源利用和环境保护政策提出了新的研究和应对要求。

第一，全球供应链的重构正在改变世界经济的版图。随着新兴市场国家的崛起和发达国家产业结构的调整，全球生产网络正在经历深刻的变革。这要求经济学家不仅要研究传统的国际贸易理论，还要深入探讨全球价值链的动态变化，以及这些变化对各国经济发展的影响。这种供应链的重构不仅改变了商品和服务的生产地，也重新定义了全球经济中的竞争优势和劣势。

第二，数字经济的迅猛发展正在重塑世界经济的运行方式。互联网、大数据、人工智能等新技术的应用，不仅推动了新兴产业的发展，也促进了传统产业的转型升级。这对世界经济学提出了新的研究课题，即如何评估数字经济对经济增长的贡献，以及如何应对数字鸿沟带来的社会问题。数字经济的兴起为传统经济模式带来了颠覆性的改变，同时也带来了新的经济活动形式和增长点。

第三，环境变化和可持续发展成为全球关注的焦点。气候变化、资源枯竭、环境污染等问题日益严峻，迫使世界各国寻求绿色低碳的发展道路。世界经济学需要研究如何在保障经济增长的同时，实现资源的可持续利用和环境的有效保护的问题。这包括研究绿色技术的创新，可再生能源的开发利用，以及环境保护政策的经济效益。

第四，国际政治经济的不确定性增加了世界经济的风险。贸易战、地缘政治冲突、国际治理体系的变革等因素，都对世界经济稳定构成了威胁。世界经济学的研究不仅要关注经济因素本身，还要考虑到政治、社会、文化等多方面的因素。这种多维度的研究可以帮助我们更全面地理解国际关系中的经济互动和其背

---

① 列宁：《帝国主义是资本主义的最高阶段》，人民出版社，1992 年第 2 版，第 58 页。

后的复杂动因。

　　总之，在这个百年未有之大变局的时代，世界经济学的研究意义更加凸显。它不仅关系到各国的经济发展和人民的福祉，也关系到全球的和平与稳定。因此，加强世界经济学的研究，对于理解和应对当前世界经济面临的挑战，推动构建人类命运共同体，具有重要的现实意义和深远的历史意义。通过深入研究和理解这些复杂的全球经济问题，我们可以更好地准备迎接未来的挑战和机遇，共同推动构建一个更加繁荣、公正和可持续的世界。

## 三、百年未有之大变局下世界经济的发展趋势

　　未来全球发展正面临四大变革趋势，即科技和产业革命的加速推进，国际力量对比的快速演变，全球治理体系的深刻重塑，以及全球价值体系的深刻重构。科技革命和产业变革正催生新产业和新业态，为缩短与发达国家的技术差距提供了机遇。新兴市场国家和发展中国家的群体性崛起正在重塑世界经济版图，增强了全球发展的均衡性和世界和平的基础。全球治理体系正经历重大变革，中国在其中的作用日益凸显。同时，全球价值体系的重构反映了不同社会制度和文化的竞争与合作，中国的发展模式为国际社会提供了新的选择。这些变革趋势共同塑造了全球发展的新格局，对我国既是挑战也是机遇。

### （一）未来科技和产业革命将加快重建

　　人工智能、大数据、量子信息、生物技术等新一轮科技革命和产业变革正在积聚力量，催生大量新产业、新业态、新模式，给全球发展和人类生产生活带来翻天覆地的变化。世界新一轮科技革命和产业变革与我国加快转变经济发展方式形成历史性交汇，充分利用广阔的国内市场和丰富的创新人力资源，可以更快缩短与发达国家的技术差距，在新技术创新浪潮中实现弯道超车甚至变道超车。

### （二）未来国际格局和力量对比将加速演变

　　新兴市场国家和发展中国家群体性崛起势不可当，对世界经济增长的贡献率

已经达到80%。按汇率法计算，这些国家的经济总量占世界的比重接近40%。保持现在的发展速度，10年后将接近世界总量一半。将使全球发展的版图更加全面均衡，使世界和平的基础更为坚实稳固。一些国家逆全球化思潮泛起导致我国外需增长放缓，但也带来倒逼我国转变发展方式的机遇，我国成功开启供给侧结构性改革、大力推动高质量发展，以我国为代表的新兴市场国家快速发展正使国际力量对比发生近代以来最具革命性的积极变化。

（三）未来全球治理体系将深刻重塑

世界多极化、经济全球化在曲折中前行，地缘政治热点此起彼伏，恐怖主义、武装冲突的阴霾挥之不去。单边主义、保护主义愈演愈烈，多边主义和多边贸易体制受到严重冲击。全球治理体系深刻重塑，为我国参与全球治理体系变革提供了新空间，中国的国际话语权正在得到提升，完善全球治理离不开中国的参与。

（四）未来全球价值体系将深刻重构

中美贸易摩擦，表面上是因贸易顺差引起，实质上是老牌的守成资本主义国家对新兴崛起的社会主义国家的扼制，是资本主义与社会主义两种制度和道路之争，是社会文化、意识形态和价值体系的话语权和重构之争。随着价值体系的重构变化，国际社会在自由贸易、经济全球化、移民、气候变化等问题上的看法越来越分化，一些西方发达国家内部贫富差距加大，为民粹主义和经济民族主义的滋生提供了丰富土壤，这些变化将导致各国之间的互信基础更加容易被侵蚀。中国取得工业化的成功仅仅用了70年时间，较西方国家的几百年少之甚少，可以说中国工业化的成功对人类工业化进程所作的贡献要大于欧美。因此，在价值观念及发展模式选择上，"西方模式"不再是现代化的唯一模式，中国特色社会主义道路可能提供了新的选择，在国际对话和价值选择上，中国可以提供更多的中国智慧、中国价值和中国模式。

**四、世界经济理论体系的重构路径**

通过对以上世界经济学的发展进行分析，我们可以清晰的意识到，世界经济学作为一门新兴和交叉学科，它的完善需要几代人的努力。对于未来世界经济理论体系的重构路径，需要注意以下几个方面。

## （一）关于世界经济理论体系的创新

就前面所提的世界经济学教材而言，它们共同之处在于它们总结的世界经济学需要研究的问题基本一致，即主要包括世界经济整体运行、世界经济中的主体以及联结世界经济主体的各种关系，所不同的是它们分别从不同的角度说明了这问题。这一点说明了两个问题：其一是当前的世界经济理论体系仍存在一定合理性，其二是打破当前的体系建立新体系的条件并未成熟。正如中国世界经济学会前会长余永定研究员在其著作《我看世界经济》的序文中写道："但积二十余年从事世界经济问题研究的经验，我深以为世界经济研究工作的主要任务应该是从世界经济的实际出发，为解决中国经济所面对的世界经济相关的实际问题提出具体答案。从本本到本本，坐而论道的研究方式必须要加以摒弃。此外，建立世界经济学体系的条件还远未成熟，当前世界经济研究的主要精力还应该放在具体问题的研究上。"[①]因此，既然难以在体系上有所创新，就可以从内容、研究着眼点、研究方法等方面实现创新。

## （二）关于内容、研究着眼点的创新

一个教材或者理论体系，如果希望读者能够较快地适应和接受，有三点非常重要：一是有着明确的出发点；二是有着清晰的演绎思路和逻辑框架；三是有着新颖简洁的内容体系。这三点是"点—线—面"的关系。上面提及的多本教材，在这方面做得比较成功。

程伟教授始终注意把握世界经济整体，简单明了地从世界经济格局、经济全球化、知识经济时代三个方面论述了世界经济领域的新现象和新问题；

陶季侃、姜春明教授依据政治经济学的研究思路，即政治经济学的研究对象是生产关系，研究重点是在生产关系中占主导地位的生产资料所有制关系，将世

---

[①]  余永定：《我看世界经济》，三联书店出版社，2004年第1版，第9页。

界经济定位为研究国际经济关系的学科，从研究了国际经济关系的基本面出发，阐述了影响国际经济关系运行的动因、周期和机制，最后还论述了国际经济关系中的各种经济主体以及它们之间的经济关系。

池元吉教授从世界经济总体出发，首先论述了世界经济形成与发展以及世界经济格局的变化，然后深入到世界经济各个组成部分中进行研究，比较它们的经济制度和经济体制，分析它们之间的联系渠道，最后就世界经济发展趋势和涉及世界经济整体发展的全球性问题做出论述。

庄宗明教授从一个有机整体的角度考察世界经济，通过对"世界经济的运行""世界经济的发展趋势"和"世界经济的可持续发展"的分析，分别就世界经济运行中科技和生产力的关系、国际分工、国际贸易、生产国际化、金融国际化、世界经济整体的发展特点与发展趋势、世界经济新秩序和可持续发展等问题进行研究。

谷源洋、林水源教授从分析世界经济发展的制度基础入手，找出世界经济发展的动力。通过该动力对世界经济各个问题的关联，分别就世界经济学涉及的主要问题进行了分析和论述。

庄起善教授利用"生产力——生产关系"原理，通过对世界经济中的生产力与生产关系的分析，论述了世界经济发展的一般规律和全球性问题。以此为基础，介绍了当前世界经济中的各个主体的发展模式，并对中国融入世界经济问题做出了总结和分析。

李琮教授非常全面地把握了世界经济学涉及的内容。他首先从世界经济整体出发，分析了世界经济整体的形成和发展、特点与实质，主要内容和主要矛盾。继而深入到世界经济的内部，研究世界经济的基础——国际分工，论述在国际分工基础上实现的世界范围内再生产的各个环节。最后回到世界经济整体，分析在全球化时期世界经济的运行方式、内部机制以及国际协调等问题。值得一提的是，李琮教授不仅将国际的生产关系作为世界经济的研究对象，并且还将社会与自然的关系也纳入到世界经济研究框架内，对世界经济学的研究范围从理论上进行了有益的拓展。

张幼文教授以世界经济一体化为研究世界经济的主线，将一体化渗透到世界经济学的各个领域，分别探讨了世界经济的形成和发展、一体化背景下世界经济中贸易、金融以及生产的运行状况、世界经济的持续发展以及一体化中的国际经济协调等问题。

张伯里教授始终把握世界经济的三大要素，即各类国民经济、国际经济关系、世界经济整体，分别就世界经济所涉及的具体问题进行了分析和论述。虽然这种方式的写作并没有很明显的着眼点，但是整体结构比较清晰明了，也是非常值得借鉴的。

杜厚文教授将世界经济作为一个整体来进行研究，重点把握了世界经济的机制（包括资源配置机制、运行机制和协调机制）和世界经济格局，通过这两点来覆盖世界经济中的主要问题。

以上教材通过对"点—线—面"的关系的把握，较好的实现了内容、研究着眼点的创新，这也是值得借鉴和学习的。

### （三）关于研究方法的创新

从世界经济学的发展历史可以看到，世界经济学是依托政治经济学理论发展起来的。它按照政治经济学的逻辑设计了理论体系，借用政治经济学的方法研究具体问题。此举不仅丰富了马克思主义政治经济学，而且推动了世界经济学自身的迅速发展。世界经济学的理论创新，是否能够在研究方法上取得创新呢？在百年未有之大变局的背景下，对这个问题可以重新审视。

大变局可以看作是一个矛盾的综合体。民族国家的独立性和全球经济的不断融合是其中的一对主要矛盾。在这种情况下，研究世界经济的最终落脚点应该是为中国谋求更多的经济利益服务。因此，研究世界经济的一个非常清晰的立场就应该是捍卫中国的国家利益。西方经济学研究对象有两种不同的说法，一种是新古典主义的定义，即（西方）经济学研究社会如何使用稀缺资源来生产有价值的商品，并把他们在不同人之间进行分配；[1] 另一种是古典主义的定义，即（西方）经济学研究的重点并非资源配置，而是资源稀缺性程度如何可以被人类活动所减

---

[1] 萨缪尔森、诺德豪斯：《经济学》，上册，首都经济贸易大学出版社，1996 年第 1 版，第 5 页。

少，或者国家如何富起来①。不管是哪一种定义，都可以在理论上为中国融入世界经济服务。一方面由于世界资源稀缺性的客观存在，需要中国采取措施，实现在更为合理的条件下获得更多的资源，最大限度的谋求国家利益，另一方面中国积极参与世界经济，可以借助自身的影响和措施减少资源的稀缺性，最终为维护中国的国家利益服务。而利用马克思主义政治经济学研究世界经济，从国际生产关系与生产力国际化来分析具体问题，最终也落脚在如何在不平等的国际经济关系中获得最大利益的问题之上。由此可见，不管是以马克思主义政治经济学的方法，还是以西方经济学的方法来研究世界经济，在维护中国国家利益的立场上是一致的。因此，本书在马克思主义政治经济学的指导下，设计的自身的理论体系，并合理的利用西方经济学的工具分析具体的世界经济问题，综合西方经济学和政治经济学各自的理论优势，谋求世界经济学自身的研究方法的创新。

（四）世界经济学理论重构的思路

根据上述研究内容、研究着眼点、研究方法等的创新路径，本书基于世界百年未有之大变局的现实背景，重点围绕全球经济发展的主线，兼顾整体规律和问题导向，试图推动世界经济学的理论重构。

第一，回顾全球经济发展的历史演变。历史是最好的教科书，面对世界百年未有之大变局的加速演进，更加需要以史为鉴、察往知来。本书将全球经济发展的历程划分为马尔萨斯陷阱时期、工业革命时期、大分流时期、大合流时期四个阶段，总结不同阶段世界经济的主要表现、产生原因及其对世界经济发展的影响，以此勾勒世界经济发展的规律和大势，明确当前世界经济研究的历史坐标。

第二，概括全球经济发展的基础与环境。人类的生产活动本质上是投入劳动和资本加工各类资源并产生环境效应的过程。其中，人口是全球经济活动的生产者和消费者，资源是全球财富积累和经济增长的物质基础，环境则是人类生存和发展的重要载体，三者共同构成了全球经济可持续发展的基本要素。本书通过总结人口、资源、环境影响世界经济的理论基础和历史经验，分析当前全球的人口

---

① 杨小凯：《经济学原理》，中国社会科学出版社，1998年第1版，第1页。

环境、资源与自然环境、政治经济与社会环境的演进现状，以此评估世界经济发展面临的现实基础。

第三，总结全球经济发展中的市场与国家的互动关系。世界市场和民族国家是世界经济中最重要的一对关系。世界市场的扩张在强化国家间经济纽带，促进资源与生产要素全球流动的同时，也要求民族国家让渡部分主权。在世界经济发展的历程中，经济全球化并非世界市场取代民族国家的线性过程，而是市场与国家反反复复的互动博弈。到目前为止，世界经济仍旧以国家为主导，民族国家仍是世界经济中最主要的国际行为体。对此，本书通过国际分工和世界市场、民族国家和全球发展、全球经济发展中的国家间关系三条主线总结市场和国家的互动关系，以此把握世界经济研究的主要矛盾。

第四，分析贸易联系、投资联系、货币金融联系、人力资本联系等全球经济发展的重点领域。商品、资本、技术、信息、人才等生产要素通过跨境流动实现资源的优化配置是经济全球化发展和世界经济增长的重要动力，国际贸易、国际投资、国际金融、国际人才流动的发展共同构成了世界经济发展的具体表现。本书旨在总结国家间贸易联系、投资联系、货币金融联系、人力资本联系的理论基础、演进历史、发展现状和经济影响，以此概括世界经济的联系机制及其现实特征。

第五，把握全球经济发展数智转型和绿色转型的最新趋势。当前，在全球化和技术飞速发展的背景下，技术进步、数字经济和人工智能等新兴科技力量正深刻影响并重塑全球经济格局。与此同时，可持续发展作为社会生产力发展和科技进步的必然产物，已经成为破解当前全球性问题的"金钥匙"。对此，本书结合新一轮科技革命的现实背景和可持续发展的现实要求，总结研判全球经济发展数智转型和绿色转型的最新趋势，以此展现世界经济研究的前沿方向。

第六，关注不平等与援助、突发事件与经济安全等重点问题。在当今全球化的经济格局下，不平等问题已成为影响全球经济发展与社会进步的关键因素，包括公共卫生事件、地缘政治事件、自然灾害事件等在内的突发事件则对全球经济安全构成严峻挑战。对此，本书坚持问题导向，对不平等和突发事件两大全球经济发展重点问题的基本概念、产生原因、经济影响和应对策略进行分析，以此展现世界经济研究的问题意识。

第七，研究中国开放发展与全球发展倡议。世界经济研究的最终目标，是要立足当代中国伟大变革和当今世界百年未有之变局加速演进的实际，聚焦实践遇到的新问题，在不断回答中国之问、世界之问、人民之问、时代之问的理论和实践双重探索中，实现当代中国哲学社会科学新的升华和学术跨越。对此，本书通过总结中国开放发展的理论基础和实践经验，分析新发展阶段中国高水平开放战略与体制改革、全球发展倡议与人类命运共同体等具体问题，最终将世界经济研究的研究视角落脚至中国对外开放、推动构建开放型世界经济的理论与实践。

# 第二章

# 全球经济发展的历史演变

在人类历史的长河中，世界经济发展经历了曲折的演变。在马尔萨斯陷阱时期，人口增长与资源限制的矛盾日益突出，人类社会一度陷入经济停滞的困境。但随着工业革命的到来，一场颠覆性的生产力变革打破了这一僵局。工业革命极大地提高了生产效率，同时促进了城市化进程、国际贸易的扩展以及社会关系的重塑。在 19 世纪至 20 世纪，东西方经济开始显著分流。西方国家凭借工业革命的红利迅速崭露头角，而东方国家则逐渐式微。20 世纪后半叶，随着经济全球化的推进和科技的持续进步，东西方经济开始呈现大合流的态势。新兴市场国家迅速崭露头角，与传统发达国家一道，共同推动了全球经济的深度融合与发展。

## 第一节　马尔萨斯陷阱

在工业革命之前，世界经济长期处于马尔萨斯陷阱时期，经济增长和生活水平的提高都受到人口增长的严峻制约。直到 1800 年左右，工业革命的到来，部分国家才逐渐克服了马尔萨斯陷阱，实现了生产力的大幅提升和生活质量的显著改善。这一概念最早由马尔萨斯在其 1798 年出版的《人口原理》中提出，由于人口增长速度快于粮食生产，社会最终会陷入贫困和饥荒，形成所谓的"马尔萨斯陷阱"。在这个时期，人口增长缓慢，资源和生产力的增长相对有限，经济增长和生活水平无法显著提高。

## 一、世界经济发展在马尔萨斯陷阱时期的表现

在马尔萨斯陷阱时期，世界经济发展陷入了一种低速增长和停滞的状态。在这一时期，世界人口的增长速度远低于现代标准，不同地区之间虽然存在一定的增长速度差异，但总体上差别并不显著。同时，各国经济发展普遍停滞，人均GDP 增长缓慢，各地区之间经济发展水平开始出现分化。居民的生活水平也普遍低下，劳工工资没有明显提升，消费结构也未得到显著改善。

### （一）世界人口增长缓慢

马尔萨斯陷阱时期，世界人口增长速度远低于现代水平，不同地区之间虽存在一定的增长速度差异，但整体上仍呈现缓慢的特征。

第一，世界人口增长速度远低于现代水平。表 2-1 显示，从公元 0 年至 1000 年，世界人口从 2.31 亿增长到 2.68 亿，增长幅度仅为 16.02%，年均复合增长率仅为 0.02。在公元 1000—1820 年，世界人口从 2.68 亿增长至 10.41 亿，增长幅度为 288.43%，年均复合增长率提升至 0.17。这一时期全球人口增长速度略有提高，但整体上仍呈现缓慢的特征。

第二，不同地区之间存在一定的增长速度差异。表 2-1 显示，A 组合计的人口从公元 0 年的 2890 万增长到 1820 年的 1.75 亿，0—1000 年、1000—1820 年两阶段的年均复合增长率分别为 0.02 与 0.20，均低于 1820—1998 年的 0.88。这进一步证实了在工业革命之前，人口增长速度极为缓慢。B 组合计的人口从公元 0 年的 2.02 亿增长到 1820 年的 8.66 亿，0—1001 年、1000—1821 年两阶段的年均复合增长率分别为 0.01 与 0.16，相较于 A 组增长率更低但差别不大。

第三，工业革命之后人口增长速度才显著加快。从 1820 年开始，随着工业革命带来经济发展和技术进步，全球人口增长显著加速。1820 年至 1998 年期间，世界人口从 10.41 亿增加到 59.08 亿，增长幅度为 467.53%，年均复合增长率提升至 0.98。这标志着马尔萨斯陷阱的突破，人口增长缓慢的特征逐渐消失，特别是在技术进步、医疗条件改善以及生活水平提高的推动下，世界各地人口增长开始步入快车道。

表 2-1　人口规模和增长率：世界和主要地区，0—1998 年

| 年份 | 人口规模（百万） | | | | 年均复合增长率 | | |
|---|---|---|---|---|---|---|---|
| | 0 | 1000 | 1820 | 1998 | 0—1000 | 1001—1820 | 1821—1998 |
| 西欧 | 24.7 | 25.4 | 132.9 | 388 | 0.00 | 0.20 | 0.60 |
| 西方衍生国 | 1.2 | 2.0 | 11.2 | 323 | 0.05 | 0.21 | 1.91 |
| 日本 | 3.0 | 7.5 | 31.0 | 126 | 0.09 | 0.17 | 0.79 |
| A 组合计 | 28.9 | 34.9 | 175.1 | 838 | 0.02 | 0.20 | 0.88 |
| 拉丁美洲 | 5.6 | 11.4 | 21.2 | 508 | 0.07 | 0.08 | 1.80 |
| 东欧 | 8.7 | 13.6 | 91.2 | 412 | 0.05 | 0.23 | 0.85 |
| 亚洲（除日本） | 171.2 | 175.4 | 679.4 | 3390 | 0.00 | 0.17 | 0.91 |
| 非洲 | 16.5 | 33.0 | 74.2 | 760 | 0.07 | 0.10 | 1.32 |
| B 组合计 | 202.0 | 233.4 | 866.0 | 5069 | 0.01 | 0.16 | 1.00 |
| 世界 | 230.8 | 268.3 | 1041.1 | 5908 | 0.02 | 0.17 | 0.98 |

资料来源：安格斯·麦迪森，《世界经济千年史》，伍晓鹰等译，北京大学出版社，2003。

## (二)各国经济发展停滞

马尔萨斯陷阱时期，世界各国经济发展普遍停滞，人均 GDP 增长缓慢，各地区之间经济发展水平开始出现分化。

第一，世界各地区的人均 GDP 增长普遍较为缓慢。表 2-2 显示，公元 0—1000 年，世界人均 GDP 基本保持不变，甚至还略有下降。尽管在随后的公元 1000—1820 年，世界人均 GDP 从 435 美元提升至 667 美元，但年均增长率仅为 0.05%。这表明在该时期，世界经济整体上没有实现显著的增长，人们的生活水平也没有得到明显的提升。这种缓慢的增长状况与当时的生产力水平密切相关。在工业革命之前，农业生产占据社会经济主导地位，而农业生产效率的提升空间有限，难以带动经济的快速增长。

第二，世界各地区经济发展水平存在差异。表 2-2 显示，在 0—1000 年间，

A 组与 B 组的人均收入水平是相近的，年均增长率均近乎于 0。但在 1001—1820 年间，A 组人均收入增长的幅度几乎是世界其他地区（B 组）的 4 倍，收入水平出现明显分化。这种差异的形成与地理位置、自然资源、政治制度以及科技水平等多种因素有关。例如，西欧地区拥有得天独厚的地理位置和丰富的自然资源，同时较早地建立了相对完善的政治制度和市场经济体系，这些因素共同推动了西欧地区的经济发展。

第三，社会生产以农业为主导。在马尔萨斯陷阱时期，全球经济以农业为主导，然而农业生产效率的提升十分有限，无法支持经济的快速增长。在没有大规模技术革新和生产工具改进的情况下，农业社会的经济增长受到土地、气候、资源等自然条件的制约。同时，人口增长导致人均资源减少，进一步加剧了经济停滞和贫困现象。因此，马尔萨斯陷阱时期，世界各国的经济发展普遍陷入停滞，直到工业革命带来生产力的提升，这一状况才有所改变。

表 2-2　人均 GDP 规模和增长率：世界和主要地区，0—1998 年

| 年份 | 人均 GDP 规模（美元） | | | | 年均复合增长率（%） | | |
|---|---|---|---|---|---|---|---|
| | 0 | 1000 | 1820 | 1998 | 0—1000 | 1001—1820 | 1821—1998 |
| 西欧 | 450 | 400 | 1232 | 17921 | -0.01 | 0.14 | 1.51 |
| 西方衍生国 | 400 | 400 | 1201 | 26146 | 0.00 | 0.13 | 1.75 |
| 日本 | 400 | 425 | 669 | 20413 | 0.01 | 0.06 | 1.93 |
| A 组合计 | 443 | 405 | 1130 | 21470 | -0.01 | 0.13 | 1.67 |
| 拉丁美洲 | 400 | 400 | 665 | 5795 | 0.00 | 0.06 | 1.22 |
| 东欧 | 400 | 400 | 667 | 4354 | 0.00 | 0.06 | 1.06 |
| 亚洲（除日本） | 450 | 450 | 575 | 2936 | 0.00 | 0.03 | 0.92 |
| 非洲 | 425 | 416 | 418 | 1368 | -0.00 | 0.00 | 0.67 |
| B 组合计 | 444 | 440 | 573 | 3102 | -0.00 | 0.03 | 0.95 |
| 世界 | 444 | 435 | 667 | 5709 | -0.00 | 0.05 | 1.21 |

资料来源：安格斯·麦迪森，《世界经济千年史》，伍晓鹰等译，北京大学出版社，2003。

## （三）居民生活水平低下

马尔萨斯陷阱时期，居民生活水平普遍低下，劳工工资没有明显提升，消费结构也未得到显著改善。

第一，劳工收入没有明显提升。如表 2-3 所示，一方面，工资水准与社会技术发展复杂度不直接相关。尽管英国公元 1800 年前后的技术水平较高，但其工资水平并不总是高于同时期技术相对落后的地区，如伊斯坦布尔、开罗。甚至英国在经历数千年的技术进步后，其工资水平仍只与古代文明如古巴比伦尼亚和亚述相当。另一方面，前工业时代人类农业社会的物质条件在长时间内未见显著进步。与古巴比伦尼亚、古希腊及罗马时代的埃及相比，公元 1800 年的东亚、南亚及南欧地区的物质条件甚至显得相对落后。

第二，整体生活水平的提升有限。在马尔萨斯陷阱时期，居民的生活水平整体上未能得到显著提升。如表 2-3 所示，虽然个别地区出现了一定的物质条件改善，但与古代文明相比，整体生活水平依然处于低位。例如，公元 1800 年，东亚、南亚及南欧地区的物质条件相较于古巴比伦、古希腊及罗马时代的埃及甚至显得更加落后。这种现象显示了人类在前工业时代的农业社会中，生活水平的提高极为有限，经济的增长未能有效转化为居民生活水平的改善。

表 2-3　各国以小麦重量换算的劳工工资

| 地点 | 时代 | 日薪(小麦重量/磅) |
|---|---|---|
| 古巴比伦尼亚 | 公元前 1800—前 1600 年 | 15 |
| 亚述 | 公元前 1500—前 1350 年 | 10 |
| 新巴比伦尼亚 | 公元前 900—前 400 年 | 9 |
| 古雅典 | 公元前 408 年 | 30 |
| 古埃及 | 约公元 250 年左右 | 8 |
| 英国 | 公元 1780—1800 年 | 13 |
| 阿姆斯特丹 | 公元 1780—1800 年 | 21 |
| 伊斯坦布尔 | 公元 1780—1800 年 | 18 |

续表

| 地点 | 时代 | 日薪(小麦重量/磅) |
|------|------|------------------|
| 开罗 | 公元 1780—1800 年 | 15 |
| 中国 | 公元 1780—1800 年 | 6.6 |
| 米兰 | 公元 1780—1800 年 | 5.6 |
| 南印度 | 公元 1780—1800 年 | 5.1 |
| 日本 | 公元 1780—1800 年 | 4.5 |

资料来源：格里高利·克拉克，《告别施舍：世界经济简史》，洪世民译，广西师范大学出版社 2020 年版。

第三，消费结构没有得到改善。表 2-4 列举了 18 世纪 90 年代英国农场工人在食物支出上各类别的分配比例，其中基本淀粉类消费仅占 61%，这一比例反映出当时农场工人的生活水准相对较高，甚至超过了 1950 年左右的印度农场工人，并且明显优于 18 世纪的日本工人。特别是在 1348 年"黑死病"后，实际工资的上涨使得农场工人的饮食结构发生了显著变化，其中基本谷物仅占饮食支出的 20%，其余 80% 则用于购买动物制品、油脂和啤酒，表明英国早期的生活水平较 18 世纪 90 年代更为优越。

表 2-4　农场工人食物消费在各种产品所占的比例

| 地区 | 年代 | 谷类及豆类(%) | 糖(%) | 动物制品及油脂(%) | 酒(%) |
|------|------|--------------|-------|------------------|-------|
| 英国 | 1250—1299 | 48.0 | 0.0 | 40.2 | 11.8 |
| | 1300—1349 | 39.7 | 0.0 | 43.0 | 17.0 |
| | 1350—1399 | 20.8 | 0.0 | 55.3 | 24.0 |
| | 1400—1449 | 18.3 | 0.0 | 46.4 | 34.3 |
| | 1787—1796 | 60.6 | 4.7 | 28.4 | 1.3 |
| 日本 | 1750 | 95.4 | 0.0 | 4.6 | 0.0 |
| 印度 | 1950 | 83.3 | 1.6 | 5.4 | 0.8 |

资料来源：格里高利·克拉克，《告别施舍：世界经济简史》，洪世民译，广西师范大学出版社 2020 年版。

## 二、马尔萨斯陷阱产生的原因

马尔萨斯陷阱的产生是多重因素共同作用的结果，其根本原因在于人口增长与资源供给之间的矛盾。在工业革命前，虽然人口增长相对缓慢，但资源供给却未能跟上人口增加的步伐，导致了资源的紧张和供需的不平衡。此外，科技创新的滞后、社会制度的落后，以及频繁的外部冲击等，也都在不同程度上制约了经济的发展，加剧了这一陷阱的形成。

### (一)人口增长与资源供给的失衡

工业革命前，人口增长与资源供给之间的动态关系失衡，表现为资源紧张且增长滞后于人口增长。这一供需不平衡，成为马尔萨斯陷阱产生的根本原因。

第一，人口增长方面，尽管工业革命前的人口增长速度相对缓慢，但整体上仍然呈现上升趋势。这一现象可以归因于农业社会生产力的局限性和医疗条件的落后，这导致了较高的人口死亡率。然而，由于农业社会对劳动力的大量需求，生育率得以维持在较高水平。因此，高出生率与高死亡率之间形成了一种微妙的平衡。但随着人口的逐渐增长，这种平衡开始受到挑战，人口的增加带来了对粮食等资源的更大需求。

第二，资源供给方面，工业革命前的社会主要依赖于农业生产，而农业生产受到了土地、水资源和气候条件的显著制约。土地资源是有限的，并且随着人口的增长和耕地的不断开发，肥沃的土地变得越来越稀缺。同时，由于缺乏现代的灌溉技术和水利设施，农业生产在很大程度上依赖于自然降水，这导致粮食产量波动较大。此外，农业技术的不足也限制了粮食产量的增长。这些因素共同导致了资源供给的紧张。

第三，供需平衡方面，工业革命前的人口增长与资源增长之间的动态关系明显失衡。人口的持续增加对粮食、土地和水资源的需求不断上升，而这些关键资源的增长却远远跟不上人口增长的速度。尤其是在遭遇自然灾害或是在战乱时期，资源的紧张状况更为突出。在这种环境下，即使人口有所增长，也难以转化为有效的劳动力，反而可能造成资源更加匮乏而导致生活水平下降。这种供需之间的不平衡，成为马尔萨斯停滞的根本原因。

### （二）科技创新缓慢

工业革命前，世界各国科技水平和创新能力相对较低，科技进步对生产力的影响有限，且科技发展存在较多制约因素，导致生产力进步缓慢。

第一，工业革命前的科技水平和创新能力相对较低。当时的生产技术主要依靠传统的手工技艺和农业技术，这些技术在长时间内没有显著的突破。由于缺乏现代化的机器设备和自动化技术，生产效率受到了严重的限制。例如，农业生产主要依赖人力和畜力，耕作效率低下；手工业制作也大多依赖工匠的个人技艺，难以实现规模化生产。这种科技水平的滞后直接影响了经济的增长潜力。

第二，科技进步对生产力的影响在工业革命前是有限的。虽然历史上也有一些科技创新，如水利灌溉、风车等，但这些创新并没有引发生产力的飞跃。科技创新在提高生产效率、降低生产成本等方面的作用并不显著。这主要是因为当时的科技创新往往局限于小范围内，缺乏广泛的推广和应用。同时，由于社会制度和经济结构的限制，科技创新的成果往往被少数人所垄断，无法普惠整个社会。

第三，工业革命前科技发展存在较多制约因素。教育水平和研发投入是影响科技发展的两个关键因素。然而，在工业革命前，教育普及程度较低，大多数人没有接受良好的教育，这限制了人们的创新思维和科技研发能力。同时，由于经济发展水平有限，社会对科技研发的投入也相对较少。缺乏足够的资金支持和人才储备，科技发展自然受到了制约。

### （三）社会制度的落后

工业革命前，土地制度导致了资源的不均衡分配，而财富分配的不平等导致了消费市场的萎缩，制约了经济的持续增长。

第一，土地分配的不平等。在农业社会，土地是最重要的生产资料。各国的土地制度因历史、政治和文化因素的不同而呈现出多样性。例如，在欧洲封建社会中，大量土地归属于封建领主，农民需要向领主支付地租以换取耕种权。而同时期的中国，土地所有权则较为分散，但富有地主通过地租剥削同样制约了农业生产。在印度等地，土地制度以村社公有制为基础，但随着殖民统治的引入，土地集中度也逐渐增加。总的来看，世界各国普遍存在土地资源分配不均的问题，导致了生产效率低下，大量农民无法积累足够的资本进行农业改良和技术创新。与此同时，地主阶级通过高额的地租进一步压榨农民，阻碍了生产力的提升，制约了经济的长期增长。

第二，财富分配不平等。在工业革命前的农业社会，社会财富主要集中在少数贵族、商人和地主手中，而广大劳动者则处于相对贫困的状态。这种财富分配的不平等导致了消费市场的萎缩，因为大多数人没有足够的购买力来消费更多的商品和服务。同时，贫富差距的扩大也加剧了社会矛盾和不稳定因素，进一步影响了经济的正常发展。例如，在英国工业革命前，上层阶级占据了大量的社会财富，而劳动者则生活在贫困线以下，这种巨大的贫富差距严重制约了经济的持续增长。

### （四）战争和疾病等外部冲击

工业革命前，战争和疾病等外部冲击频繁发生，使得社会经济难以稳定发展。

第一，外部冲击方面，战争、饥荒和瘟疫等外部冲击频繁且破坏力巨大，给社会经济带来了沉重的打击。例如，14世纪欧洲爆发的"黑死病"，导致大量人口死亡，社会经济结构遭受严重破坏。此外，地区性的战争也时有发生，如英法百年战争、三十年战争等，这些战争不仅直接造成了人员伤亡和财产损失，还破坏了农业生产、商业交流和文化发展，进一步加剧了经济的衰退。

第二，应对能力方面，当时社会的应对能力有限，无法有效抵御这些外部冲击。由于科技水平相对落后，人们对瘟疫等疾病的认知和防治能力有限，导致疫情往往迅速蔓延，造成大量死亡。同时，对于战争和饥荒等灾害，由于缺乏有效的救援和重建机制，使得灾害的影响往往持续很长时间。这种应对能力的不足，使得外部冲击对经济社会的破坏力被放大，进一步加剧了马尔萨斯停滞的现象。

## 三、马尔萨斯陷阱对世界经济发展的影响

马尔萨斯陷阱对世界经济发展产生了深远的影响。它不仅推动了全球化探索和殖民扩张，促使欧洲国家向外寻求资源和市场，还加剧了全球经济格局的固

化，导致富国与穷国之间的差距不断扩大。同时，马尔萨斯陷阱也促使各国调整经济发展政策，推动资源开拓与人口控制，以应对资源紧张和社会不稳定的挑战。这些变化不仅塑造了当时的世界经济格局，也为后来的全球经济发展奠定了基础。

（一）加剧全球经济格局固化

马尔萨斯陷阱通过凸显资源有限性、引发生存竞争和限制技术革新，加剧了全球经济格局的固化，导致贫富差距进一步扩大并难以打破。

第一，马尔萨斯陷阱凸显了资源有限性与人口增长的矛盾，加剧了全球经济格局的固化。在农耕时代，土地、水源等自然资源的有限性成为制约经济发展的关键因素。随着人口的持续增长，每个人所能分配到的自然资源不断减少，这导致贫富差距逐渐扩大。富人通过占有更多资源而愈发富裕，而穷人则因资源匮乏而陷入贫困。这种资源分配的不均衡加剧了全球经济格局的固化，使得富国与穷国之间的差距愈发明显。

第二，马尔萨斯陷阱引发生存挑战与战争，加剧了全球经济格局的固化。随着人口增长和资源紧张，人们为了争夺有限的资源而展开激烈竞争，甚至引发战争。战争不仅造成大量的人员伤亡和财产损失，还严重破坏了生产力和经济基础。这种破坏进一步加剧了贫富差距，使得经济格局更加难以改变。在战争和动荡的环境中，富国往往能够利用自身优势获取更多资源，而穷国则可能因战争而陷入更深的困境。

第三，马尔萨斯陷阱限制了技术革新，加剧了全球经济格局的固化。在资源有限和人口压力的背景下，人们往往更加注重短期内的生存问题，而忽视了长远的技术创新和发展。这种短视行为导致技术革新受到限制，生产力难以提升，进而使得经济格局难以发生根本性变化。缺乏技术创新和发展动力，使得穷国难以摆脱贫困，富国也难以实现更大的发展。因此，马尔萨斯陷阱通过限制技术革新进一步固化了全球经济格局。

（二）限制经济发展与人均收入提高

马尔萨斯陷阱限制了工业革命前经济发展的潜力，阻碍了人均收入的提升并加剧了贫困问题。

第一，马尔萨斯陷阱凸显了资源有限性与人口增长的矛盾，从而限制了经济发展的潜力。在工业革命前，生产资料如土地、水等自然资源是相对固定的，然而人口却持续快速增长。这种矛盾导致每个人所能分配到的资源日益减少，对经济发展构成了严重制约。随着人口密度的增加，对资源的竞争变得更为激烈，这不仅使得生产成本上升，还降低了生产效率。因此，在马尔萨斯陷阱的作用下，经济发展受到了资源短缺的限制，难以实现持续高速的增长。

第二，马尔萨斯陷阱凸显边际效益递减，进而阻碍了人均收入的提高。在经济发展初期，随着劳动力的增加，生产效益会相应提升。然而，由于资源的有限性，当人口增长到一定规模时，再增加劳动力反而会导致边际效益的递减。这意味着新增的劳动力所带来的产出增加不足以弥补其消耗的资源，从而导致整体经济效益的下降。这种情况下，经济的总体增长受到了限制，而人口的增加又稀释了每个人的平均收入。

第三，马尔萨斯陷阱加剧了经济停滞与贫困的循环。经济发展的停滞不仅使得人均收入难以提高，还进一步加剧了贫困问题。在资源紧张的情况下，贫困人口往往难以获得足够的生活资料和教育机会，从而陷入持续的贫困状态。这种贫困状态又反过来限制了他们提升自身经济地位的能力，形成了一个难以打破的恶性循环。因此，在工业革命前，马尔萨斯陷阱对经济发展产生了严重的限制作用，使得人均收入难以提高，并加剧了贫困问题。

### (三)促进各国经济发展政策的调整

马尔萨斯陷阱促使各国进行了政策调整，通过扩大资源基础和合理控制人口增长，以缓解资源压力，确保社会稳定与经济发展的可持续性。

第一，马尔萨斯陷阱推动各国转变资源开拓政策。由于人口增长迅速而资源供应相对有限，国家不得不积极寻求新的资源来源以满足人民的基本需求。这一陷阱促使国家加大力度开拓新的土地、开发矿产资源，甚至通过海外殖民等方式来扩大资源基础。国家政策在这一方面的调整，旨在确保资源的充足供应，以维护社会稳定和经济发展。这种政策转变不仅缓解了资源紧张的状况，还为国家的长期发展奠定了基础。

第二，马尔萨斯陷阱促使各国实施了人口控制政策。为了避免人口过快增长带来的资源压力和社会问题，各国开始重视人口数量的合理控制。通过推行计划生育、提供优生优育服务、改善医疗卫生条件等措施，国家力图实现人口的有序增长。这种政策调整有助于平衡人口与资源的关系，减轻马尔萨斯陷阱对社会经济发展的制约。同时，这也体现了各国对人口问题认识的深化，以及对人口与资源环境协调发展的追求。

第三，马尔萨斯陷阱推动了殖民扩张的进程。面对国内资源匮乏的困境，欧洲国家开始将目光投向海外，试图通过殖民扩张来获取更多的资源和土地。通过殖民，他们不仅能够获取丰富的原材料和资源，还能开辟新的市场和商业机会。这些资源和市场为欧洲国家带来了巨大的经济利益，进一步推动了其经济的繁荣和发展。同时，通过将部分人口迁移到殖民地，欧洲国家能够有效缓解本土的人口压力，为本土经济的发展创造更有利的条件。

## 第二节　工业革命

工业革命是指从 18 世纪中叶至 19 世纪末，在全球范围内发生的一系列深刻的经济、社会和技术变革。以英国为起点，工业革命逐步扩展到欧洲大陆和北美洲，并最终影响到全球。工业革命时期的核心技术突破包括蒸汽机的广泛应用、纺织工业的机械化以及铁路和航运技术的快速发展。这些技术大大提高了生产效率，推动了经济从以手工劳动和农业为主向以机器生产和工业为主的深刻转型。Solow(1956 年)的新古典增长模型认为，工业革命通过技术进步和资本积累推动了经济的长期增长。技术进步是工业革命后经济持续增长的关键驱动力，而资本的边际产出递减则限制了单纯依靠资本积累带来的增长。[1] Schumpeter(1942)提

---

[1]　Solow, Robert M. 1956. A Contribution to the Theory of Economic Growth. The Quarterly Journal of Economics. Vol. 70, No. 1, pp. 65-94. Frankel, J. A., E. Stein, and S-J. Wei. 1996. Regional Trading Arrangements: Natural orSupernatural?. American Economic Review. Vol. 86, No. 2.

出，工业革命中的创新是"创造性破坏"的典型案例，推动了经济的动态发展。[1]
Landes(1969)指出，工业革命不仅改变了生产方式，还通过全球贸易和殖民扩张
促进了世界经济一体化。[2] 总之，工业革命时期标志着现代工业社会的开端，奠
定了当代全球经济和社会结构的基础，世界经济发展逐渐走出马尔萨斯陷阱的
桎梏。

## 一、世界经济发展在工业革命时期的表现

工业革命时期，世界经济发展发生显著转变。传统的马尔萨斯式增长模式被
索洛式增长模式取代，推动了全球经济的快速发展，生产力大幅提升，机械化生
产和大规模生产成为可能。此外，民众的生活水平也在曲折中逐步改善，尽管收
入分配存在不均，但整体生活质量有所提高。这一时期的经济变革为现代社会奠
定了坚实的基础，开启了人类历史上经济和技术发展的新纪元。

### (一)经济增长效能提升

工业革命时期，世界经济增长模式发生了深刻的转变，增长速度大幅度提
升，经济结构发生根本性变化。

第一，世界经济增长模式发生转变。在工业革命之前，经济增长主要遵循马
尔萨斯式增长模式，其特点是人均 GDP 和人口数量长期维持在一个相对稳定的
水平。在这种增长模式下，经济总量的增加往往被人口增长所抵消，经济下滑则
可能需要通过人口减少来实现平衡。然而，工业革命的兴起打破了这一经济平
衡，推动了索洛式增长的新纪元，其显著特征是人均 GDP 的持续增长。卢卡斯
将工业革命界定为从马尔萨斯式增长向索洛式增长过渡的过程，这一转变不仅大
幅度提高了生产效率，还引发了经济结构的深刻变革。[3]

---

①　Schumpeter, Joseph A. 2013. Capitalism, socialism and democracy. routledge.

②　Landes D S. 2003 The unbound Prometheus: technological change and industrial development in
Western Europe from 1750 to the present. Cambridge University Press.

③　Lucas Jr, R. E. 1988. On the Mechanics of Economic Development. Journal of Monetary Economics,
Vol. 22. No. 1. pp. 3-42.

第二，世界经济增长速度大幅度提升。工业革命后，机械动力逐渐取代了人力，极大地提高了劳动生产率，使工业生产的增长速度远超机械化之前的水平。具体而言，18 世纪前 80 年，世界工业生产指数从 0.55 上升到 18，提高了近 23 倍，而在 1802—1870 年期间，该指数从 3.18 上升到 19.5，增长了 5.1 倍。以英国为例，在工业生产高涨的 1850—1870 年期间，其采煤量从 5000 万吨激增至 1.12 亿吨，生铁产量从 200 万吨增长到 600 万吨，棉花消费量也从 26 万吨增加到 48 万吨，同时铁路里程也从 1 万多公里扩展至 2 万多公里。[①]

第三，世界经济结构发生根本性变化，人类社会由农业时代向工业时代迈进。工业逐渐摆脱了农业的附属地位，崛起为国民经济中的核心部门，其重要性逐渐超越了传统的农业。工业的快速发展和高额利润吸引了大量的资本和劳动力流入。以英国为例，1688 年约有 75% 的劳动人口从事农业，而到了 1801 年这一比例降至 35%，到 1841 年更是减少到 23%。与此同时，农业在国民收入中的比重也从 1801 年的 32% 下降到 1841 年的 22%，而工业的比重则从 23% 提升至 34%。

### (二)民众生活水平改善

工业革命时期，尽管人均收入在不同阶段有所波动且分配不均，但整体上民众的生活水平逐步改善，表现为收入的提升和生活质量的提高。

第一，人均收入在曲折中逐步提升。以英国为例，其人口增长趋势一直持续到 19 世纪末。在 18 世纪的前 70 年里，英国的实际工资水平有所上升，但自 1770 年后，实际收入却出现下滑。然而，到了 19 世纪初，民众的实际收入开始缓慢回升，尽管在 19 世纪 40 年代有所停滞，但在 19 世纪 50 年代又进入快速增长阶段，并在 19 世纪末达到较高水平。这表明在工业革命初期，广大劳动者经历了生活水平的下降，直到工业革命后期，才逐渐享受到工业化的部分成果。

第二，人均收入在结构上分配不均。从地域角度看，工业化给城市和工业区带来的经济收益明显高于农村。例如，17 世纪末的英格兰南部地区相对富裕，

---

① 高德步、王珏：《世界经济史》，中国人民大学出版社，2016，第 186 页。

但工业化后的两个世纪里，英格兰北部和威尔士南部的富裕程度逐渐提升，其人均收入甚至超过了英格兰南部工业欠发达的农村地区。从人口分布来看，收入也存在着显著的不均衡。上层阶级的收入远超全国平均水平，商人和工业家的收入更是凌驾于社会其他群体之上，而广大的小农、工人和贫困人口的收入则大多低于或仅达到平均水平。

第三，生活质量逐渐提高。在工业化时期，不同社会阶层在满足基本生活需求方面的支出比例各不相同。贫困人口的大部分收入都用于食物支出。相比之下，富裕人群则能够将更多收入用于各种服务、奢侈品、娱乐等方面的消费。随着工业化的推进，工业国家的恩格尔系数普遍下降，同时食物的营养价值也得到了提升。在 19 世纪末，随着食物消费结构的变化，人们的住房支出呈上升趋势，一些现代化的生活设施如白炽灯、煤气灶和吸尘器逐渐进入家庭生活。

### (三)社会生产力大幅提升

工业革命时期，社会生产力的提升推动了商品价格的降低和市场的繁荣，从而显著改善了人们的生活水平。

第一，机械化生产得到广泛应用。工业革命的核心是机械化生产的广泛应用。在此之前，手工业是主要的生产方式，生产效率低下，产品质量也参差不齐。随着蒸汽机的发明和改进，以及后来电力的广泛应用，机械化生产逐渐取代了手工业。这种生产方式不仅大大提高了生产效率，还降低了生产成本，使得商品的价格更加亲民。机械化生产的广泛应用还带来了生产方式的标准化和规范化。在机械化生产的过程中，每一个生产环节都被精确地控制和优化，从而保证了产品质量的稳定性和可靠性。

第二，生产效率显著提高。机械化生产的广泛应用直接导致了生产效率的显著提高。在工业革命之前，手工业者的生产效率受到诸多因素的限制，如体力、技能、经验等。然而，在机械化生产的过程中，这些限制被大大突破。机器可以不知疲倦地连续工作，而且生产效率远高于手工业者。生产效率的提高不仅意味着单位时间内可以生产出更多的产品，还意味着生产成本的降低。这使得商品的价格更加具有竞争力，从而促进了市场的繁荣和消费者的福利。

第三，大规模生产得到实现。机械化生产和生产效率的提高为大规模生产提供了可能性。在工业革命之前，手工业者只能进行小规模的生产，而且产品质量和数量都难以保证。然而，在机械化生产的过程中，大规模生产成为可能。大规模生产不仅降低了生产成本，还使得商品更加普及和多样化。消费者可以以更低的价格购买到更多的商品，而且商品的种类和样式也更加丰富多样。这极大地提高了人们的生活水平和消费体验。

## 二、工业革命产生的原因

工业革命的产生是多种因素共同作用的结果。稳定的政治环境和政府的积极引导为工业革命奠定了坚实基础，资本积累和丰富的劳动力为工业革命提供了充足资源，长期的技术积累和科学知识的传播为工业革命提供了技术支撑，文化氛围和知识普及促进了创新和技术的广泛应用。这些因素的综合作用，使得工业革命能够在18世纪末至19世纪初迅速展开，改变了世界经济的发展轨迹。

### （一）政治环境与政策引导

英国的稳定政治环境、政府的积极引导和支持，以及海外扩张和殖民政策，为工业革命提供了坚实的政治基础和外部动力，促成了工业革命的迅速发展。

第一，英国稳定的政治环境为工业革命奠定了基础。在17世纪，英国通过资产阶级革命，推翻了封建专制制度，确立了君主立宪制。这一政治制度的变革为英国社会的发展奠定了稳定的基础，使得国家政权得以平稳过渡。在这种稳定的政治环境下，英国的工商业者得以安心从事生产和经营，从而推动了工业革命的发生。此外，英国政府通过不断完善法律制度，保障私有财产权，维护市场秩序。这些措施进一步增强了工商业者的信心和投资意愿，为工业革命提供了良好的法治环境。

第二，英国政府在工业革命过程中发挥了积极的引导和支持作用。英国政府通过出台一系列政策，为工业革命的发展提供了有力的政策支持。例如，政府设立奖项鼓励技术发明和创新，推动了纺织机、蒸汽机等关键技术的突破和应用。同时，政府还大力改善交通设施，修建公路、运河等基础设施，为工商业的发展提供了便利的交通条件。在政府的支持和引导下，英国的工商业得以蓬勃发展，为工业革命的发生奠定了坚实的基础。

第三，英国的海外扩张和殖民政策，也为工业革命提供了重要的政治条件。通过海外扩张和殖民统治，英国获取了大量的原材料和市场资源，推动了国内工业制品的需求增长，为工业革命的发生提供了外部动力。同时，海外扩张和殖民政策也加强了英国与世界各地的联系和交流，促进了技术和知识的传播，为英国工商业者提供了更多的商机和合作机会，进一步推动了英国工业的发展和创新。

### (二) 资本积累与人力解放

劳动力市场的形成和资本积累的完成为工业革命提供了充足的劳动力资源和资金支持，教育的普及则奠定了坚实的智力基础，共同促进了技术创新和市场需求的增长。

第一，劳动力市场形成提供了人力支持。在工业革命前夕，随着圈地运动的推进，大量的农民失去了土地，成为了无地的劳动者。这些劳动者聚集在城市，形成了一个庞大的劳动力市场，为工业革命提供了充足的劳动力资源。工厂制度的确立使得这些劳动力得以被有效组织和利用。在工厂中，劳动者们分工明确，各自负责不同的生产环节，大大提高了生产效率。此外，劳动力的聚集还促进了技术的传播和创新。工人们在生产过程中相互学习，不断改进生产技艺，为技术进步奠定了基础。此外，劳动力资源的聚集还带来了规模效应，进一步推动了工业革命的发展。

第二，资本积累的完成提供了资金基础。在工业革命前夕，欧洲的商业和贸易活动日益繁荣，这为资本家们积累了大量的财富，为其创办工厂、购买机器提供了资金。此外，资本积累还促进了技术的研发和创新。资本家们为了获取更多的利润，不断投资于新技术的研发，以期在生产效率和产品质量上取得优势。市场需求也是推动工业革命的关键因素。随着人们生活水平的提高，人们对各种工业制品的需求不断增加。这种需求不仅推动了工业生产的扩张，还促进了工业制品的多样化和质量的提升，成为工业革命的重要动力。

## （三）科技创新与技术进步

技术创新的积累和农业生产的变革提供了技术和物质支持，促进了劳动力释放和市场需求的增长，推动了工业革命的全面展开。

第一，工业革命建立在长期技术创新的积累上。在工业革命之前，各种技术和工艺已经历了数世纪的发展和完善。例如，纺织机械从最初的手工纺织到后来的珍妮纺纱机、水力纺纱机，再到后来的蒸汽动力纺织机，每一步的改进都是对之前技术的积累和超越。此外，科学知识的积累和传播也对工业革命产生了积极影响。18 世纪的欧洲，科学理性精神逐渐深入人心，科学家们不断揭示自然界的奥秘，为技术创新提供了理论基础。例如，牛顿力学的广泛应用，使人们对机械运动有了更深入的理解，这为后来机械设计和制造提供了科学指导。

第二，农业生产的变革为工业革命提供了重要的物质基础。在工业革命前夕，欧洲的农业生产经历了一系列的改进和创新，包括农具的改进、新作物的引进以及农业技术的提升等。这些变革使得农业生产效率大大提高，释放了大量的农村劳动力，为工业革命提供了丰富的人力资源。同时，农业生产的变革还带动了农机制造、化肥生产等相关产业的发展，为工业革命提供了必要的物质基础。此外，农业生产的变革改善了农村的经济状况，提高了农民的消费能力。农村市场逐渐成为了工业制品的重要消费地，进一步推动了工业生产的发展。

## （四）文化氛围与知识普及

西方国家的实利导向和创新精神，加上教育普及和知识传播的支持，为工业革命提供了坚实的文化和智力基础，推动了技术革新和经济发展的迅猛进步。

第一，西方国家具有重视实利和创新的特性。一方面，重视实利的民族特性使得人们更加注重经济效益和实用价值。在这样的文化氛围下，人们更倾向于投资于工业生产和技术研发等能够直接带来经济回报的领域，从而加速了资本的积累。另一方面，鼓励创新、宽容失败的社会环境，能够激发人们的创造力和探索精神。在这种环境下，科学家们勇于挑战传统观念，工程师们不断尝试新的技术路线，从而推动了纺织、冶金等各个领域的技术革新。

第二，教育的普及和知识的广泛传播为工业革命奠定了坚实的智力基础。一方面，在工业革命前夕，一些国家开始重视教育事业，通过建立学校、推广义务教育等方式，为工业生产提供了更多具备基础知识和技能的劳动力。另一方面，知识的传播促进了科学技术的进步。随着印刷术的发展，书籍、报刊等媒介使得知识得以更广泛地传播。科学家们的研究成果、技术创新的实践经验等能够迅速传播开来，为工业生产提供了源源不断的技术支持。

### 三、工业革命对世界经济发展的影响

工业革命对世界经济产生了深远的影响。农业经济逐渐被工业经济取代，推动了城市化进程并改变了经济结构。工业革命促进了国际贸易的激增和范围扩大，同时改变了贸易结构。生产方式的变革，特别是机械化生产和全球分工，提高了生产效率，推动了全球经济的互联互通。同时，这一进程也带来了资源消耗和环境污染的问题，对全球经济和环境提出了新的挑战。

#### （一）各国经济结构发生转变

工业革命推动了城市化进程并改变了经济结构，产业结构从农业主导转向工业和服务业主导，新兴工业部门也在迅速崛起。

第一，工业革命促进了农业经济向工业经济的转型。在工业革命之前，农业经济是主导的经济形态。人们主要依靠农业生产和手工业来维持生计。然而，随着机械化生产的广泛应用和生产效率的提高，工业经济逐渐取代了农业经济成为主导的经济形态。这种转型促进了城市化进程和人口流动，越来越多的人离开农村来到城市寻找工作机会和更好的生活条件，这为工业经济发展提供了源源不断的劳动力资源。

第二，工业革命促进了产业结构由第一产业向第二、第三产业的转变。随着工业革命的深入发展，经济结构发生了深刻的转变。第一产业（农业、林业、牧业等）的比重逐渐下降，而第二产业（工业、建筑业等）和第三产业（服务业、金融业等）的比重逐渐上升。这种转变反映了经济发展的趋势和方向。随着生产力的提高和技术的进步，人们越来越依赖于通过工业产品和服务业来满足自己的需求。

第三，工业革命促进了新兴工业部门的崛起，如钢铁、化工、电力等新兴行业。这些新兴工业部门不仅为经济发展注入了新的活力和动力，还为人们提供了更多的就业机会和收入来源。例如，钢铁工业的发展促进了建筑、交通、机械等行业的繁荣，化学工业的发展为人们提供了更多的化学品和材料，电力工业的发展则为其他行业提供了稳定可靠的能源支持。这些新兴工业部门的崛起反映了科技进步对经济发展的推动作用。

### （二）全球化与国际贸易兴起

工业革命促进了国际贸易的激增和范围扩大，同时改变了贸易结构，使工业制成品成为主要贸易商品。

第一，工业革命促进了贸易量的激增。这是由于机械化生产提高了生产效率，使得商品的生产成本降低，从而使得商品更加具有竞争力。同时，随着交通工具的改进和通讯技术的发展，国际贸易的物流成本也大大降低。贸易量的激增促进了全球经济的繁荣和发展。各国之间的经济联系更加紧密，资源得到了更加合理的配置和利用。这也为消费者提供了更多的选择和更好的消费体验。

第二，工业革命促进了国际贸易范围的扩大。在工业革命之前，由于交通和通信的限制，国际贸易主要局限于相邻的国家或地区之间。然而，随着蒸汽船、铁路和电报等交通工具和通信技术的发明和改进，国际贸易的范围逐渐扩大到了全球范围。全球市场的形成使得各国之间的经济联系更加紧密和多样化。这也为全球经济的繁荣和发展提供了坚实的基础和支撑。

第三，工业革命推动了国际贸易的结构的变化。在工业革命之前，农产品和手工业品是主要的贸易商品。然而，随着机械化生产的广泛应用和工业经济的崛起，工业制成品逐渐成为主要的贸易商品。工业制成品的贸易占比上升反映了工业革命的深刻影响，也为各国之间的经济合作和交流提供了更多的机会和可能。同时，随着科技的发展和创新，新型材料、高科技产品等逐渐成为国际贸易的重要商品。

### （三）生产方式发生重大变革

工业革命促进了生产方式的变革，特别是机械化生产和全球分工，提高了生产效率，推动了全球经济的互联互通。

第一，工业革命推动了机械化生产替代手工生产。此前，生产主要依赖人力和畜力，效率低下、成本高昂。蒸汽机的出现和机械技术的持续进步彻底改变了生产方式，大幅提升了效率，并降低了成本，推动了商品生产的加速和规模化。此外，机械化通过促进生产流程的标准化与专业化，既提升了效率也确保了产品质量的稳定性。这一变革更推动了国际贸易，各国依据资源和比较优势进行专业化生产，加强了全球经济的互联性。

第二，工业革命促进了分工与协作的国际化。技术进步让各国和地区能依据自身资源和技术优势进行专业化生产，构建了全球生产网络。在此网络中，各国承担不同的生产环节，实现了资源的最优配置和整体效率的提升。例如，原材料丰富的地区可能专注于矿产开采或农产品种植，而技术先进的地区则可能专注于高端制造业或研发创新。同时，全球协作在交通和通信技术的推动下日益加强，降低了贸易壁垒，促进了信息交流和资源共享，为企业提供了更广阔的市场和更多的机遇。

第三，工业革命还推动了生产组织形式的变革。在工业革命之前，手工作坊和家庭工场是主要的生产单位，生产规模较小且分散。然而，随着机械化生产的兴起和分工协作的国际化，大型工厂和企业逐渐成为主导。它们通过垂直整合和横向联合等方式不断扩大规模，形成了庞大的生产网络。这种生产组织形式的变革使得企业能够更好地应对市场变化，提高竞争力。同时，生产组织形式的变革也带来了管理方式的创新，提高了生产效率并降低了生产成本。

（四）资源与环境问题日益凸显

工业革命也带来了资源消耗和环境污染的问题，对全球经济和环境提出了新的挑战。

第一，工业革命加剧了资源的消耗，引发了全球资源危机。在工业革命之前，人类的生产活动对资源的需求相对有限。然而，随着工业革命的推进，机器生产逐渐取代了手工劳动，生产效率大幅提升，对资源的需求也急剧增加。煤炭、石油、铁矿等矿产资源成为工业生产的基石，被大量开采和消耗。这种高强度的资源开采模式导致了资源的迅速枯竭，破坏了生态平衡。全球范围内，许多地区因为过度开采而面临资源枯竭的危机，给世界经济发展带来了严峻挑战。

第二，工业革命带来了严重的环境污染问题，影响了人类的生存环境。随着工业生产的扩大和城市化进程的加速，大量废弃物被排放到空气、水源和土壤中，造成了严重的环境污染。工业废气、废水和固体废弃物的排放不仅破坏了自然环境，还对人类健康构成了严重威胁，降低了人类的生活质量，增加了医疗支出和社会负担。相关研究显示，如果英国能在 1851—1911 年这一时期减少燃煤使用 10%，31 个样本工业城市的人口将由历史上的 1160 万上升到 1300 万。

# 第三节　大　分　流

大分流是指 19 世纪以来西方世界克服增长限制，超越中国、印度等东方国家经济的一段历史时期。[1] 大分流造成的差距在 20 世纪初的第一次世界大战前达到顶峰，并一直持续到 20 世纪 70 年代早期。关于该理论，North & Thomas（1990）认为，西方国家建立的有效法律和经济制度促进了市场经济和技术创新，而非西方国家由于制度不完善而未能实现相同的经济增长。[2] Weber（1905 年）强调，西方国家的新教伦理和资本主义精神推动了经济发展，而非西方国家缺乏这种文化价值观导致经济滞后。[3] Wallerstein（1974 年）的世界体系理论指出，全球资本主义体系的不平等结构通过殖民扩张和全球贸易加剧了经济差距。[4] 总体而言，世界经济发展在这一时期呈现出显著的差异化和不平衡特点。西方国家借助工业革命的力量，经济迅速崛起，实现了从传统农业社会向现代工业社会的转

---

① Kenneth Pomeranz. 2000. The Great Divergence: China, Europe and the Making of the Modern World Economy. Princeton: Princeton University Press.

② North, Douglass Cecil. 1973. The rise of the western world: A new economic history. Cambridge University Press.

③ Weber, Max. 2013 The Protestant Ethic and the Spirit of Capitalism. Routledge.

④ Wallerstein, Immanuel Maurice. 2011. The Modern World-System I: Capitalist Agriculture and the Origins of the European World-Economy in the Sixteenth Century. Vol. 1. University of California Press.

型。与此同时，许多非西方国家仍停留在农业生产阶段，导致与西方的经济差距逐渐拉大。这一时期，国际贸易和资本流动逐渐加速，西方国家通过殖民扩张和不平等的贸易关系，进一步巩固了其在全球经济中的主导地位。

## 一、世界经济发展在大分流时期的表现

在大分流时期，全球经济发展呈现出显著的分化趋势。工业革命推动了国际贸易的蓬勃发展，工业制成品和重工业产品在国际贸易中的份额迅速增加，国际贸易结构发生了重大变化。发达国家凭借工业化优势，在全球工业生产、贸易地位和金融影响力上占据主导地位，而众多发展中国家则在这些方面明显落后，导致南北发展不平衡问题日益加剧。

### (一)国际贸易蓬勃发展

大分流时期，国际贸易额呈现出迅猛增长的态势，其增速不仅超过了同期世界工业生产的增长速度，成为推动全球经济发展的重要力量。

第一，国际贸易额呈现出迅猛的增长态势。随着工业革命的兴起和交通运输条件的显著改善，世界各地的商品交换变得日益频繁。这一时期，不仅欧美主要工业国家的经济大幅增长，推动了国际贸易的快速发展，而且亚洲、非洲和拉丁美洲等地区自然经济的解体和农业商品化也促进了国际贸易的增长。如表 2-5 所示，1800 年至 1870 年间，国际贸易额增长了数倍，远超过之前任何一个时期的增长速度，标志着世界经济正逐渐形成一个紧密相连的整体。

表 2-5　1800—1870 年国际贸易额及其增长速度

| 年份 | 按当年价格计算的贸易额(亿美元) | 增长指数(以1800 年为100) | 按 1870 年价格计算的贸易额(亿美元) | 增长指数(以1800 年为100) |
|---|---|---|---|---|
| 1800 | 14 | 100 | 10 | 100 |
| 1820 | 16 | 114 | 14 | 140 |
| 1830 | 19 | 136 | 19 | 190 |
| 1840 | 27 | 193 | 24 | 240 |

续表

| 年份 | 按当年价格计算的贸易额(亿美元) | 增长指数(以1800年为100) | 按1870年价格计算的贸易额(亿美元) | 增长指数(以1800年为100) |
|---|---|---|---|---|
| 1850 | 40 | 286 | 45 | 450 |
| 1860 | 72 | 514 | 62 | 620 |
| 1870 | 106 | 757 | 106 | 1060 |

资料来源：宋则行、樊亢，《世界经济史》，经济科学出版社，1998。

第二，国际贸易的增长速度超过了同期世界工业生产的增长速度（见表2-6）。这一现象表明，欧美工业国家的生产增加了对海外原料的进口需求，其生产的产品日益超过国内市场的容量，从而扩大了出口在国民生产总值中的份额。西方工业国家如英国、法国和德国的出口值占国民生产总值的比重都有显著上升。这种趋势反映了国际贸易在世界经济中的地位日益重要，成为推动全球经济发展的关键力量。

表 2-6　1720—1870 年世界工业生产和世界贸易的年均增长率

| 年代 | 世界工业生产(%) | 世界贸易(%) |
|---|---|---|
| 1720—1780 | 1.50 | 1.10 |
| 1780—1820 | 2.60 | 1.37 |
| 1820—1840 | 2.90 | 2.81 |
| 1840—1860 | 3.50 | 4.84 |
| 1860—1870 | 2.90 | 5.53 |

资料来源：宋则行、樊亢，《世界经济史》，经济科学出版社，1998。

(二)国际贸易结构发生变化

大分流时期，工业制成品和重工业产品在国际贸易中的份额迅速增加，同时初级工业原料成为殖民地的主要出口商品，推动了全球工业化进程。

第一，工业制成品，尤其是机器纺织品在国际贸易中的份额迅速增加。这一时期，机器纺织业以其高效的生产能力和低成本优势，迅速占领了国际市场，使得传统的印度、中国等手工棉纺织品出口国受到严重冲击。英国的机器纺织品不仅垄断了欧洲市场，还大规模出口到世界各地，成为国际贸易中最重要的工业制成品之一。1814 年，印度输往英国的棉布为 127 万码，到 1835 年骤减为 31 万码。同期，英国输往印度的棉纺织品从 818 万码骤增至 5177 万码，而 1818—1835 年，由英国输入印度的纱增加了 5200 倍。

第二，机器设备和金属制品等重工业产品在国际贸易中的地位也日益重要。最先建立起机器制造业的英国，为了保持它在世界工业中的优势地位，曾明令禁止机器设备的出口。英国在解除机器出口禁令后，随着工业革命的深入，欧洲和美国对机器设备的需求不断增长。机器设备的出口量激增。1825—1872 年，英国机器出口额从 21 万英镑猛增到 820 万英镑，增长了 38 倍。这些机器设备不仅销往正在进行工业化的欧洲大陆和美国，还逐渐扩展到殖民地和落后国家及地区，推动了全球工业化的进程。

第三，在初级产品贸易方面，大宗工业原料逐渐成为殖民地最主要的出口商品。随着欧美工业国对原料需求的增加，棉花、羊毛等原料的贸易量大幅增长。19 世纪原料贸易增长最快的是棉花和羊毛，以原料最大进口国英国为例，其在 1771—1775 年平均每年进口棉花 0.23 万吨左右，1869 年增至 55.5 万吨，增长了 240 倍。殖民地逐渐成为资本主义工业国的原料产地。这种趋势不仅加速了国际贸易中原料市场的发展，也进一步加深了工业国与农业国之间的经济联系和依赖。

### (三)南北发展不平衡加剧

工业革命加剧了全球经济的中心与外围国家之间的差距，具体表现在工业生产比重的悬殊、贸易地位的不平等以及金融影响力的差异，使得中心国家主导了全球经济的核心领域，而外围国家则处于全球经济链条的低端。

第一，工业生产比重的悬殊。中心国家如英国、法国、德国和美国等，凭借其率先完成的工业革命，迅速崛起为世界工业生产的主导者。如表 2-7 所示，这些国家的工业生产在世界工业总产值中占据了极大的比重，一度高达 70%，显示出其强大的工业实力。而与此同时，众多的亚洲、非洲和拉丁美洲国家，由于工业化进程滞后或未开始，其工业生产能力和产量远远落后于中心国家。

表 2-7　1820—1870 年主要工业国家在世界工业中的比重(%)

| 年份 | 英国 | 法国 | 德国 | 美国 |
|------|------|------|------|------|
| 1820 | 50 | – | – | 10 |
| 1840 | 45 | – | 12 | 11 |
| 1860 | 36 | 12 | 16 | 15 |
| 1880 | 28 | 9 | 13 | 28 |
| 1900 | 18 | 7 | 16 | 31 |

资料来源：库钦斯基，《资本主义世界经济史研究》，陈东旭译，三联书店，1955。

　　第二，贸易地位的不平等。如表 2-8 所示，中心国家在世界贸易中也占据了主导地位，掌控着全球贸易的重要份额。以英国为例，作为"世界工厂"和贸易中心，它不仅是世界各国工业消费品的主要供应者，还是生产资料的主要提供者。这种贸易地位的不平等，使得中心国家能够从全球贸易中获取更多的资源和利润，进一步巩固其经济地位。而外围国家则往往只能提供原材料或生产初级产品，处于全球贸易链的低端，难以享受到贸易带来的丰厚利润。

表 2-8　1820—1870 年主要工业国家在世界贸易中的比重(%)

| 年份 | 英国 | 法国 | 德国 | 美国 |
|------|------|------|------|------|
| 1820 | 18 | – | – | 8 |
| 1840 | 21 | 12 | – | 9 |
| 1860 | 21 | 11 | | 11 |
| 1880 | 20 | 11 | 11 | 11 |
| 1900 | 19 | 9 | 13 | 12 |

资料来源：库钦斯基，《资本主义世界经济史研究》，陈东旭译，三联书店，1955。

　　第三，金融影响力的差异。中心国家如英国，通过确立货币的金本位制度和强大的海运业，进一步增强了其在全球金融中的影响力。伦敦成为国际金融中心，英镑作为世界货币，在全球贸易结算中占据重要地位。这种金融影响力的差异，使得中心国家能够更灵活地运用金融手段来影响和掌控全球经济。而外围国家由于金融体系的不完善和货币的国际认可度低，其金融影响力微乎其微，难以在全球金融舞台上发声。

## 二、大分流产生的原因

　　世界经济的大分流是由多个因素共同推动的结果。首先，工业革命的不均衡扩散导致了科技应用和经济结构的差异。其次，殖民主义的掠夺与资源控制加剧了全球经济的不平等。最后，东西方国家在政治制度、国家政策和产权保护等方面的差异，也对经济发展产生了深远的影响。这些因素共同作用，导致了世界经济在工业革命后发生显著的南北发展不平衡。

### （一）工业革命的不均衡扩散

　　工业革命的不均衡扩散导致了科技应用和经济结构的差异，不同国家在面对技术革新和经济变革时的适应能力差异，造成了经济发展水平的显著差距。

　　第一，科技发展与应用的不均衡。工业革命起源于英国，随后逐渐扩散到其他国家。在这个过程中，各国对科技成果的吸收和应用能力存在显著差异。美国、德国等国家，由于具备较好的科技基础和创新环境，能够迅速引进并改进新技术，从而实现了经济的飞速发展。相反，中国、印度等一些科技基础薄弱的国家，则难以有效吸收和应用新技术，导致经济发展相对滞后。这种科技发展与应用的不均衡，导致了各国经济发展水平的差距逐渐拉大。

　　第二，经济结构与社会制度的差异。不同国家在面对工业革命，其应对方式和适应能力各不相同。当一个国家的经济结构和社会制度无法与工业革命的要求相匹配时，其经济发展必然受到制约。例如，俄国和日本在 19 世纪 60 年代同时实现了向资本主义的过渡，并且几乎同时开展了两次工业革命。然而，由于两国都保留了大量封建残余，加之经济基础相对薄弱，其工业化进程虽然迅速，但仍落后于美、德、英、法等国。

第三，国际政治与经济环境的复杂性。工业革命后，国际政治与经济环境发生了深刻变化。国际贸易和资本流动日益频繁，世界市场逐渐形成。这为一些国家提供了难得的发展机遇，但同时也加剧了国际竞争和利益冲突。在这种复杂的国际环境中，一些国家由于政治动荡、社会不稳定、外部侵略等原因，错失了发展机遇，甚至陷入了长期的衰退和动荡之中。这种国际政治与经济环境的复杂性，也是导致世界经济出现大分流的重要原因之一。

### （二）全球经济体系的不平等

殖民主义的掠夺和依附经济体系的形成，强化了工业化国家对资源和市场的控制，加剧了全球经济的不平等。

第一，殖民主义的掠夺与资源控制。工业革命后，欧洲列强凭借其先进的工业技术和强大的军事实力，开始对全球进行殖民扩张。这种殖民掠夺为工业化国家提供了源源不断的原材料和倾销市场，促进了其工业化的快速发展。被殖民国家则因为资源被掠夺、市场被侵占，经济发展受到严重制约。这种不平等的经济关系，使得世界经济在工业革命后出现了明显的分流。此外，殖民主义还通过金融控制来加强对依附国家的经济剥削。例如，殖民国通过设立银行、发行货币等手段，控制依附国家的金融市场，进一步加深了对其经济的控制。

第二，依附经济体系的形成与固化。在依附经济体系下，被殖民国家主要出口初级产品并进口工业制成品，在经济结构上高度依赖工业化国家。初级产品的价格通常受到国际市场的波动影响较大，工业制成品的价格则相对稳定，因此被殖民国家在国际贸易中处于不利地位。同时，依附经济体系还限制了被殖民国家的产业升级和技术创新。由于长期依赖初级产品出口，这些国家缺乏发展高端制造业和服务业的动力和能力。即使有一些国家尝试进行产业升级，也往往因为缺乏资金、技术和市场等条件而失败。

第三，国际政治经济秩序的不平等。在这个秩序中，工业化国家占据着主导地位，掌握着制定国际规则和标准的话语权。被殖民国家则处于弱势地位，难以在国际事务中发挥影响力。这使得工业化国家能够继续维持其对被殖民国家的经济剥削和压迫。同时，该秩序还限制了被殖民国家的发展空间和机会。例如，在国际贸易中，工业化国家通过设置关税壁垒、非关税壁垒等手段来保护本国产业和市场，而被殖民国家则往往面临更高的市场准入门槛和更严格的贸易条件，这种不平等的贸易关系进一步加剧了世界经济的不平衡发展。

### (三)东西方国家政策与制度的差异

东西方国家在政治制度、国家政策及产权保护等方面存在明显差异，影响了资源配置的效率和经济发展的质量，进一步加剧了全球经济发展的不平衡。

第一，政治制度的差异。西方国家在 19 世纪逐渐形成了相对稳定的民主政治制度，政府权力受到制约，市场机制在资源配置中发挥基础性作用。这种政治制度为经济发展提供了良好的环境，促进了市场的繁荣和企业的壮大。而在东方国家，专制主义和官僚主义的影响较为深远，政府在经济活动中往往扮演着主导角色，市场机制的作用受到限制。政治制度的差异导致了资源配置效率的不同，进而影响了经济发展的速度和质量。

第二，国家政策的导向差异。19 世纪，英、法、德等西方国家积极拥抱工业革命，通过政策扶持和技术创新，迅速确立了工业强国的地位。这一政策极大地刺激了工业生产和技术创新，推动了经济的快速增长。相比之下，东方国家如中国，在 19 世纪中后期虽然也尝试了一系列改革，但由于内部政治动荡和传统经济结构的束缚，政策执行力度有限，未能形成持续、稳定的经济发展环境。同时，封闭自守的对外政策也限制了外部资源的引入和先进技术的吸收，从而影响了经济的现代化进程。

第三，产权保护与激励机制的差异。西方国家在经济发展过程中，注重产权保护，建立了完善的法律体系来保障企业和个人的财产权利。这种法律保障为企业家精神和技术创新提供了强大的激励，促进了资本的积累和生产的扩大。例如，美国通过宪法和法律确立了私有财产不可侵犯的原则，为市场经济的蓬勃发展奠定了坚实的法律基础。而在东方国家，由于历史原因和制度缺陷，产权保护往往得不到有效执行，这在一定程度上抑制了企业家精神和技术创新的活力，从而影响了经济的持续发展。

### 三、大分流对世界经济发展的影响

大分流对世界经济的发展产生了深远的影响。它加速了西方国家的经济增长和工业化进程，使这些国家成为全球经济的中心，并推动了全球化的进程。大分流重塑了全球经济格局，西方国家通过控制资源和市场，改变了经济力量对比，并推动了全球产业结构的调整与优化。它促进了国际经济交流，推动了国际贸易和资本流动，但也带来了经济周期的波动。这些变革提升了全球经济效率，同时也带来了更多的不确定性和挑战。

#### （一）推动经济增长与工业化进程

大分流推动了西方国家的经济增长和工业化，使其成为全球经济中心，并加剧了全球经济的不平衡。

第一，大分流促进了西方国家的飞速发展。大分流时期，西方国家通过数次工业革命实现了生产力的飞跃，生产效率显著提高，商品经济得到了空前的发展，英、美等国逐渐成为世界经济的中心。与此同时，工业化在产业结构、就业结构以及社会经济关系等方面带来了深刻的变化。例如，工业化带来了城市化进程的加速，进一步促进了消费市场的扩大，还为经济发展提供了必要的人力资源支持。这一过程中，西方国家的社会结构也发生了显著变化，中产阶级逐渐崛起，成为了推动社会进步和经济发展的重要力量。

第二，大分流加剧了全球经济的不平衡发展。西方国家凭借工业化带来的优势，迅速占领了全球市场，并通过殖民扩张和国际贸易进一步巩固了其经济地位。与此同时，东方国家则陷入了相对落后的境地。这种不平衡发展导致了全球范围内的贫富差距扩大，加剧了国际间的经济矛盾与冲突。然而，这也激发了全球范围内的经济合作与交流。欠发达地区开始积极引进西方国家的先进技术和管理经验，努力提升自身的经济实力。同时，国际组织和多边贸易体系的建立也为全球经济的平衡发展提供了一定的保障。

第三，大分流为全球化进程奠定了基础。随着西方国家工业化的深入推进，国际贸易和资本流动日益频繁，全球市场逐渐形成。这为后来的全球化浪潮提供了必要的物质基础和制度保障。在全球化进程中，各国之间的经济联系日益紧密，资源配置效率得到了显著提高。同时，全球化也促进了技术创新和知识传播，推动了世界经济的持续发展。但与此同时，全球化带来了环境污染、资源枯竭等诸多挑战和问题。

## （二）重塑世界经济格局

大分流重塑了全球经济格局，西方国家通过技术优势控制了全球资源和市场，加速了全球产业结构的调整。

第一，大分流重塑了全球经济力量的对比。西方国家凭借工业革命的先机，实现了生产力的巨大飞跃，从而在全球经济中占据了主导地位，实现了对全球资源和市场的高度控制。东方国家，尤其是中国，在这一时期却由未能跟上工业化的步伐，导致经济实力相对下降。这种经济力量的对比变化，改变了全球经济的重心，使得西方国家成为世界经济增长的主要引擎。同时，这种变化也加剧了全球经济的不平衡性，使得资源、技术和市场更加向西方国家集中。

第二，大分流加速了全球产业结构的调整与优化。西方国家凭借技术创新和资本积累的优势，逐渐将传统产业向发展中国家转移，而自身则专注于高技术、高附加值的产业发展。这种产业结构的调整与优化，不仅提高了西方国家的经济效率和竞争力，也为发展中国家提供了发展的机遇。这种产业结构调整对世界经济发展的影响是显著的。它促进了全球资源的合理配置和有效利用，推动了世界经济的持续发展。同时，这种调整也加剧了全球经济的竞争和合作，使得各国之间的经济关系更加复杂多变。

第三，大分流改变了经济周期的驱动因素。在大分流之前，经济周期的驱动因素可能更多地与农业收成、自然灾害等自然因素相关。然而，随着大分流的出现，经济周期的驱动因素发生了显著变化。技术创新、资本投资、市场需求等成为影响经济周期的重要因素。这使得经济周期更加复杂多变，难以预测。同时，这也要求各国更加注重科技创新和资本投资，以适应新的经济周期驱动因素。此外，这种变化还加剧了全球经济的竞争，各国需要不断提升自身的经济实力和创新能力，以在全球经济中占据有利地位。

### （三）促进全球化与国际经济交流

大分流带来了经济周期与波动的加剧，改变了经济周期的驱动因素，使全球经济更加复杂和互联。

第一，大分流推动了国际贸易的蓬勃发展。大分流时期，西方国家凭借强大的工业实力，大量出口工业品，进口原材料和农产品。在这一过程中，大分流实际上为国际贸易的发展提供了强大的动力和基础。国际贸易的蓬勃发展促进了全球资源的合理配置和有效利用，从而提高了全球经济的整体效率；加强了各国之间的经济联系和合作，为全球经济的稳定和发展提供了有力保障；推动了全球文化的交流和融合，促进了人类文明的进步和发展。

第二，大分流带动了资本的全球流动与投资机会的增多。随着大分流带来的全球化和国际贸易的发展，资本也开始在全球范围内流动。西方国家为了寻求更高的投资回报和市场机会，开始将资本投向海外。资本的全球流动促进了全球经济的均衡发展，使得资本能够流向更具发展潜力的地区和行业；加强了各国之间的金融联系和合作，为全球经济的稳定增长提供了重要支撑；激发了全球范围内的创新和创业热情，推动了世界经济的持续发展和繁荣。

# 第四节　大　合　流

大合流时期是指自 20 世纪 80 年代起，在全球化和科技进步的推动下，世界经济逐渐进入一个各国和地区间经济与生活水平差距缩小的时期。关于该理论，Sachs（2005 年）认为，贸易自由化和全球化是大合流的主要推动力，发展中国家能够通过出口导向型增长模式实现经济快速增长，逐步缩小与发达国家的差距。[1] Freeman（2008 年）强调，大合流时期的发展中国家受益于技术转移和创新扩散，这些国家通过吸收和适应发达国家的先进技术，大幅提高了生产率，促进了经济增长。[2] Acemoglu & Robinson（2012 年）指出，许多发展中国家在大合流时

---

[1] Sachs, Jeffrey D. 2006. The end of poverty: Economic possibilities for our time. Penguin.

[2] Freeman, R. B. 2008. The New Global Labor Market. Focus. Vol. 26, No. 1, pp. 1-6.

期实施了广泛的制度改革和经济政策调整，如加强产权保护、改善治理结构和促进市场化改革，为经济增长提供了重要的制度基础。[①]  总体而言，在这一时期，科技进步和全球化推动了各国经济联系的日益紧密，贸易壁垒逐渐减少，资本流动更加自由，技术和知识得以更广泛地共享。同时，发展中国家经历了快速工业化进程，与发达国家的经济差距逐渐缩小，全球经济因此呈现出快速增长和繁荣的态势。

## 一、世界经济发展在大合流时期的表现

在大合流时期，世界经济展现出诸多重要变化。首先，南北经济差距有所缩小，发展中国家的经济增长速度普遍高于发达国家，但产业结构的发展仍存在差异。其次，国际贸易持续增长，且商品结构发生了显著变化，制成品和服务贸易的比重逐渐上升。最后，国际直接投资的来源国和产业结构经历了深刻变革，发展中国家的投资影响力显著提升。这些变化表明，全球经济在大合流时期经历了深刻的调整与重组，各国间的经济联系日益紧密，推动全球经济的进一步发展。

### （一）南北发展经济差距缩小

大合流时期，尽管发展中国家的经济增长速度明显高于发达国家，但产业结构的发展却不平衡：发达国家已从工业向服务业转型，而发展中国家仍以工业为主，服务业比重较低。

第一，经济增长速度不平衡。20 世纪 60 年代以来，发展中国家的经济增长速度高于发达国家。1961—1970 年，发展中国家工业生产的年均增长率为 7%，而同期发达国家工业生产的年均增长率仅为 5.8%。20 世纪 70 年代以后，发达国家和发展中国家的经济增长率虽然都有所下降，但是发展中国家的经济增长速度仍然高于发达国家。1980—1989 年，发达国家和发展中国家 GDP 的年均增长率分别为 3.0% 和 4.3%，1990—1999 年该数值分别为 2.6% 和 3.2%。进入 21 世

---

① Robinson J A, Acemoglu D. 2012. Why nations fail: The origins of power, prosperity and poverty. London: Profile.

纪，发展中国家经济的增长速度更明显地高于发达国家。1999—2008 年，发展中国家 GDP 的年均增长率为 6.2%，比发达国家的 2.5% 高出 3.7 个百分点；2009—2018 年，发展中国家 GDP 的年均增长率为 5%，比发达国家的 1.45% 高出 3.55 个百分点。

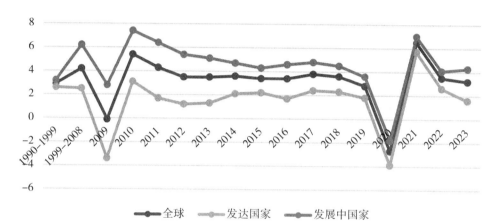

图 2-1　1990 年以来发达国家和发展中国家 GDP 年均增长率(%)

资料来源：IMF：World Economic Outlook 2024, p.138; IMF：World Economic Outlook 2019, p.156; IMF：World Economic Outlook 2017, p.242; IMF：World Economic Outlook 2008, p.209.

第二，产业结构发展方向趋同。第二次世界大战之后，发达国家经济结构的重心由工业迅速向服务业转移。1970—2021 年，发达国家工业在 GDP 中的比重由 38.0% 下降到 23.3%，而服务业的比重则由 57.0% 上升到 75.2%。可见，发达国家的经济结构明显体现出以服务业为主导的特征，已经进入后工业化社会时期。第二次世界大战之后，多数发展中国家经济结构的重心实现了由农业向工业的转移。发展中国家农业在 GDP 中的比重由 1970 年的 38.4% 下降到 2021 年的 9.1%，工业在 GDP 中的比重同期内由 27.4% 上升到 36.2%。同时，与发达国家相比，发展中国家服务业在 GDP 中的比重仍然较低。总体上看，工业成为发展中国家经济结构的主体，由工业向服务业转移的特征还没有明显体现。

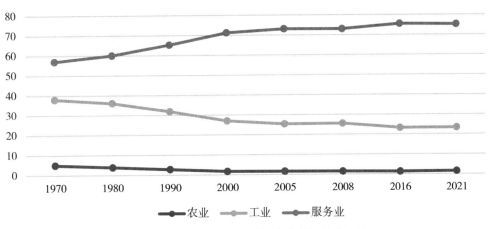

图 2-2　1970—2021 年发达国家的经济结构(%)

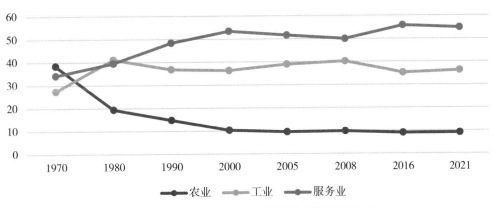

图 2-3　1970—2021 年发展中国家的经济结构(%)

资料来源：UNCTAD：Handbook of Statistics，December 2023；UNCTAD：Handbook of Statistics，December 2017；e-Handbook of Statistics，2018.

## (二)国际贸易持续增长

大合流时期，国际贸易展现出强劲的增长势头，其增速经常超过世界生产的增长速度，并且商品结构发生了显著变化，制成品和服务贸易的比重显著上升。

第一，国际贸易展现出其独特的增长态势。国际贸易的增长速度往往超过了世界生产的增长速度。例如，在 1948—1973 年期间，世界贸易的年均增长率高达 7.8%，明显超过了同期世界生产 6.1% 的年均增长率。然而，受经济危机与能源危机的影响，20 世纪 70 年代，国际贸易的增长速度有所放缓。但自 20 世纪 80 年代中期开始，尤其是 90 年代以来，国际贸易再次进入了快速发展的新阶段，其增长速度重新超过了世界生产的增长速度。例如，1991 年至 1995 年间，国际贸易年均增长 6.2%，远超世界生产 2.7% 的增长率。新世纪以来，尽管 2008 年的国际金融危机、2020 年的新冠疫情等事件对全球贸易造成了严重冲击，导致其后几年的增长速度大幅下滑，但整体上保持着恢复与增长趋势。

第二，国际货物贸易的结构调整明显。20 世纪 80 年代以来，初级产品在货物贸易中的比重逐渐下降，而制成品的比重则相应上升。以 1980 年与 2022 年的数据对比为例，初级产品在国际货物贸易中的占比从 37% 降至 34.1%，而制成品则从 63% 升至 65.9%。这一趋势在发达国家和发展中国家均有所体现，反映了全球制造业的快速发展和贸易全球化的深入推进。

第三，国际服务贸易占比迅速提高。自 20 世纪 70 年代以来，服务贸易的增长速度大体与货物贸易持平，但自 80 年代起，其增长速度明显快于货物贸易。进入 20 世纪 90 年代后，服务贸易依然保持快速增长的势头，其年均增长率甚至超过了同期货物贸易的增长率。到 2022 年，服务贸易在国际贸易中的占比已从 1970 年的 10% 提升至 22%，显示了其在全球经济活动中的日益重要性。

## （三）国际直接投资结构调整

大合流时期，国际直接投资的来源国和产业结构经历了显著变化，从发达国家主导逐渐转向发展中国家，同时投资领域从初级产业向制造业和服务业转移，反映了全球经济结构的升级和高技术含量产业的崛起。

第一，国际直接投资来源国的结构发生了显著变化。长期以来，发达国家是国际直接投资的主要来源，然而，随着全球经济的演变，投资格局也在逐渐转变。第二次世界大战前，英国作为国际直接投资的主导者，其投资份额虽在 1914—1938 年间有所下降，但仍稳居全球首位。同期，美国的投资份额则呈现出稳步上升的趋势，特别是在第二次世界大战后，凭借战争中积累的资本、新技术及美元的国际货币地位，美国迅速扩大了其对外直接投资规模，一度成为世界最大的投资国。但自20世纪80年代起，随着美国经济的相对衰落，其国际投资地位相对下滑，而日本和西欧国家的国际直接投资开始崭露头角。至20世纪90年代中期，美国经济恢复强劲增长，其全球投资大国的地位再次得到巩固。值得注意的是，发展中经济体在21世纪后的投资流出量大幅增加，至2014年达到历史新高，占全球总投资流出量的近一半，这表明发展中国家在全球投资领域的影响力正在逐步增强。

第二，国际直接投资的地区分布逐渐趋于多元化。第二次世界大战后初期，国际直接投资的流向主要集中在发达国家之间，如美国、欧洲和日本之间的相互投资。然而，随着全球化的深入推进，尤其是20世纪80年代后，越来越多的国际资本开始流向新兴市场和发展中国家。亚洲的崛起尤为明显，尤其是中国自加入世界贸易组织（WTO）以来，吸引了大量的外资，成为全球最大的外资流入国之一。此外，拉丁美洲、非洲等地区的吸引力也逐步提升，这些地区不仅资源丰富，且劳动力成本低廉，成为国际资本寻求新的投资机会的重要目标地。新兴市场和发展中国家在全球投资版图中扮演着越来越重要的角色。

第三，国际直接投资的产业结构也经历了深刻的变革。20世纪50年代前，国际直接投资主要集中在初级产业，如矿产和资源开发等。然而，自20世纪50年代至70年代中期开始，制造业逐渐成为了发达国家对外直接投资的主导产业，特别是在70年代中期以后，投资重点从劳动密集型制造业向资本和技术密集型产业转移。此外，服务业的投资也从20世纪80年代开始迅速增长，至90年代初已占对外直接投资总额的一半。到20世纪90年代后期，每年有超过半数的国际直接投资流向了服务业，特别是在发达国家，与金融和贸易相关的服务业投资更是占据了绝对的主导地位。这一转变不仅反映了全球经济结构的升级，也预示着未来国际直接投资将进一步向高技术含量和高附加值产业转移。

## 二、大合流产生的原因

世界经济发展大合流可归因于多个因素的综合作用。首先，全球化推动了市场的深度融合，各国之间的经济联系变得更加紧密，促进了资源的优化配置和跨国公司的全球布局。其次，经济政策和金融市场的开放为世界经济的合流提供了制度支持，推动了商品、资本、技术和服务的自由流动。最后，科技创新在推动生产力发展、引领产业升级和完善全球经济治理体系方面发挥了关键作用，进一步加快了世界经济的整合进程。这些因素共同推动了全球经济的互联互通和协同发展，使世界经济进入了一个新的大合流阶段。

（一）全球化推动下的市场融合

全球化进程带来了市场的深度融合，各国通过政治合作、资源优化配置以及跨国公司推动了经济的全球一体化，进而促进了世界经济大合流。

第一，和平与发展成为了新的时代主题。20世纪80年代开始，世界范围内的政治氛围逐渐缓和。各国政府普遍认识到，经济发展是国家繁荣稳定的基石，也是提升国际地位的关键。因此，各国纷纷将发展经济作为首要任务，致力于提高生产力和科技水平。这种转变为全球经济的融合奠定了坚实的政治基础，使得国际合作与交流变得更加频繁与深入。随着"冷战"的结束，阻碍经济交流的政治壁垒逐渐消除，市场经济体制在全球范围内得到确立。这一转变极大地促进了商品、资本、技术和人员的跨国流动，为市场融合提供了制度保障。

第二，全球化促进了资源优化配置。20世纪80年代起，全球化进程显著加速，各国经济开始更加紧密地连接在一起。随着国际贸易壁垒的逐渐降低，以及信息通讯技术的飞速发展，企业开始在全球范围内寻找最优的资源组合，以实现成本的最小化和利润的最大化。企业不再局限于某一国家或地区进行生产和销售，而是根据各地的资源优势、市场需求和政策环境，灵活地调整生产布局和市场策略。这种全球化的产业链整合，不仅提高了生产效率，还使得各国经济更加紧密地联系在一起，共同应对市场波动和风险挑战。

第三，跨国公司成为合作纽带。跨国公司凭借其强大的资本实力、先进的技术和管理经验，在全球范围内开展业务活动，推动了各国经济的深度融合。跨国公司通过建立全球生产网络、销售网络和研发网络，将不同国家和地区的经济紧密地联系在一起。跨国公司的崛起还促进了技术的全球传播和应用。这些公司通常拥有先进的生产技术和管理经验，通过在全球范围内推广和应用这些技术，不仅提高了生产效率，还推动了各国经济的共同发展和进步。

## (二)经济政策与金融市场开放

经济政策和金融市场的开放,降低了国际贸易和投资的障碍,为全球经济的紧密联系奠定了基础,进而促进了世界经济大合流。

第一,经济政策的转变为世界经济大合流奠定了基础。在20世纪70年代后期,西方发达国家普遍出现了经济滞胀现象,这些国家开始采取减少国家干预、放松经济管制的自由化政策。这一转变不仅促进了国内市场的竞争和活力,还为国际贸易和投资提供了更加宽松的环境。发展中国家,特别是新兴工业化国家,也纷纷调整经济发展战略,实行市场经济体制,从而进入经济振兴时期。这些经济政策的调整极大地推动了商品、服务和生产要素在全球范围内的自由流动,为世界经济大合流创造了有利条件。

第二,金融市场的开放加速了世界经济大合流的进程。随着各国经济政策的放宽,金融市场也逐渐向全球化方向发展。一方面,各国纷纷放开了国内的金融市场,以吸引外资并促进本国金融机构向国际化发展;另一方面,国际金融市场的形成和资本流动的自由化使得资金可以在全球范围内寻找最佳投资机会,从而进一步加强了各国经济之间的联系。金融市场的开放不仅为投资者提供了更多的选择和机会,还促进了技术的传播和知识的共享,推动了全球经济的共同发展。

第三,国际经济组织在推动世界经济大合流中也发挥了重要作用。例如,世界贸易组织(WTO)通过制定和实施一系列国际贸易规则,促进了各国之间的贸易自由化和便利化。这些规则降低了贸易壁垒,提高了贸易的公平性和透明度,为各国经济的深度融合提供了有力的制度保障。此外,国际货币基金组织(IMF)和世界银行(WB)等金融机构通过提供贷款、援助和技术支持等方式,帮助发展中国家改善经济结构、提高生产效率和促进经济增长。这些举措不仅有助于缩小南北差距,还推动了全球经济的均衡和可持续发展。

## (三)科技创新引领产业升级

科技创新引领了产业的升级,推动了生产力的发展和产业结构的优化,促进了全球经济治理体系的完善,进而促进了世界经济大合流。

第一，科技创新推动生产力发展。20 世纪 80 年代，随着计算机技术的飞速发展，信息技术开始广泛渗透到各个产业领域。这一技术的创新和应用，极大地提高了生产效率，改变了传统产业的生产方式和经营模式。例如，制造业开始采用自动化生产线和机器人技术，大幅提高了生产效率和产品质量；金融业通过电子化交易和信息管理系统，实现了更快速、更准确的资金流转和风险管理。这些科技创新的应用，降低了交易成本和时间成本，为全球经济注入了新的活力，推动了世界经济的合流与融合。

第二，科技创新引领产业结构优化升级。科技创新对产业结构的优化升级起到了关键作用。一方面，科技创新推动了传统产业的转型升级。通过引入新技术、新工艺和新设备，传统产业得以焕发新的生机和活力。例如，制造业通过引入自动化、智能化技术，实现了从传统制造向智能制造的转变，提高了产品质量和生产效率。另一方面，科技创新也催生了大量高新技术产业和战略性新兴产业，如新能源、生物技术、新材料等。这种产业结构的优化升级，使得各国经济更加紧密地联系在一起，共同构成了一个多元化的全球经济体系。

第三，科技创新促进全球经济治理体系完善。新兴经济体的崛起和发达国家经济实力的相对下降，使得全球经济治理体系面临着新的挑战和机遇。在这一背景下，科技创新为全球经济治理提供了新的思路和手段。例如，大数据、云计算等技术的应用，使得全球经济监测和预警更加精准和及时；区块链技术的兴起，为跨境支付、供应链管理等领域提供了新的解决方案；人工智能的发展，为政策制定和决策支持提供了强大的智能辅助。这些科技创新成果的应用，提高了全球经济治理的效率和水平，推动了国际经济合作与共赢发展。

## 三、大合流对世界经济发展的影响

大合流时期对世界经济的发展产生了深远的影响。首先，全球化推动了市场的广泛扩张，不仅显著促进了全球经济的增长，还加剧了市场竞争态势。全球生产网络的建立，进一步推动了经济的融合。其次，大合流通过技术进步和产业升级提升了全球生产效率，新兴市场经济体的崛起，为世界经济注入了新的活力。然而，这一过程中也引发了全球经济的波动性和不确定性，全球治理体系的完善亟需进一步完善。综合来看，大合流不仅促进了全球经济的深度融合，也带来了新的挑战和机遇，为全球经济的可持续发展奠定了基础。

（一）加速全球化与市场扩张

大合流不仅显著促进了全球经济的增长，提高了生产效率和消费水平，同时也加剧了全球市场的竞争，推动了企业的国际化和市场整合。

第一，大合流显著促进了全球经济的增长。在全球化的推动下，国际贸易的规模和范围不断扩大，各国之间的经济联系日益紧密。这种密切的联系为商品、资本、技术和人员的自由流动创造了有利条件，从而极大地推动了全球经济的增长。一方面，企业可以更加便捷地获取全球范围内的资源和市场，实现规模经济，提高生产效率；另一方面，消费者也能享受到更加多样化的商品和服务，提升了整体消费水平。这种经济增长不仅体现在总量的提升上，更体现在质量的改善上，为全球经济的可持续发展奠定了坚实基础。

第二，大合流加剧了全球市场的竞争态势。随着市场的不断扩张，越来越多的企业开始涉足国际市场，寻求更广阔的发展空间。这使得全球市场的竞争日益激烈，企业为了获取全球市场份额，不得不加大研发投入，提高产品质量和服务水平。同时，跨国公司的崛起也加剧了市场竞争的复杂性。这些公司在全球范围内配置资源，通过并购、投资等方式不断扩大规模，形成了强大的市场竞争力。然而，这种竞争也带来了一定的负面影响，如价格战、贸易壁垒等，需要各国政府和国际组织加强监管和协调，以确保市场的公平竞争。

第三，大合流也带来了全球经济的波动性和不确定性。由于各国经济紧密相连，一旦某个重要经济体出现危机，其影响将迅速波及全球。例如，2008 年的全球金融危机就是从美国华尔街开始，迅速蔓延到世界各地的。这种经济的联动性使得任何一个国家的经济政策调整都可能对全球经济产生影响。因此，全球治理机构如国际货币基金组织（IMF）和世界银行等，在维护全球经济稳定方面扮演着越来越重要的角色。这些机构通过提供经济援助、政策建议和监督机制，帮助各国应对经济危机，促进全球经济的可持续发展。

### （二）推进技术进步与产业升级

大合流通过技术进步和全球产业链协同发展，显著提升了全球生产效率，推动了跨国企业的资源优化配置，并为消费者带来了更多优质的商品和服务。

第一，大合流通过技术进步促进了全球生产效率的提升。随着科技的飞速发展，新的生产技术和管理方法不断涌现，这些先进的技术和方法在全球范围内迅速传播和应用。在大合流的背景下，各国纷纷引进和借鉴这些先进技术，将其融入到本国产业中，从而极大地提高了生产效率。例如，自动化、人工智能等技术的广泛应用，使得生产线上的操作更加精准、高效，减少了人力成本，提高了产品质量。这种生产效率的提升，不仅增强了企业的竞争力，也为全球消费者带来了更多优质、价廉的商品和服务。

第二，大合流推动了全球产业链的协同发展。在全球化的推动下，各国经济体系不再是孤立的岛屿，而是相互联系、相互依存的网络。企业为了寻求更低成本的生产环境和更广阔的市场机会，开始在全球范围内进行资源配置。这种跨国的产业链整合，使得生产效率得到显著提升。例如，一家跨国公司可以在劳动力成本较低的国家设立生产基地，在技术研发实力雄厚的地区设立研发中心，在消费市场庞大的地区设立销售中心。这种全球化的生产布局，促进了国际间的技术交流和合作，推动了全球产业技术的共同进步。

第三，大合流促进了全球人才流动和知识共享，进一步推动了技术进步与产业升级。随着全球化的深入发展，人才和知识的跨国流动日益频繁，科研机构、高校以及企业之间的技术合作不断加强。高水平人才的国际交流和合作使得创新成果能够快速传播和共享，加速了全球科技创新的步伐。例如，许多跨国公司和科研机构通过全球范围内的研发合作，形成了技术创新的集群效应，加速了前沿技术的突破。这种知识和人才的流动，进一步推动了产业结构的优化和升级，增强了全球经济的竞争力。

### （三）赋予国际经济增长新动能

大合流丰富了经济增长模式，提高了世界经济的稳定性与抗风险能力，同时提升了全球经济的整体效率和竞争力。

第一，大合流促进了全球经济增长动力的多元化。在过去，西方国家特别是美国，一直是全球经济增长的主要引擎。然而，随着大合流时代的到来，新兴市场经济体如中国、印度等逐渐崭露头角，成为全球经济增长的新动力。这些国家通过吸收和借鉴西方国家的经济发展经验，结合自身的资源和市场优势，实现了经济的快速崛起。它们的加入不仅丰富了全球经济的增长模式，也使得世界经济增长的动力更加多元化。这种多元化的增长动力有助于减少全球经济对单一国家或地区的依赖，提高了世界经济的稳定性和抗风险能力。

第二，大合流加速了国际经济结构的优化升级。在全球化的背景下，各国之间的经济联系日益紧密，资源配置的效率得到了显著提升。大合流使得资本、技术、人才等生产要素能够在全球范围内更加自由地流动和配置，从而推动了国际产业结构的优化和升级。发达国家在高端制造业、科技创新等领域保持领先地位，而发展中国家则利用自身的劳动力和资源优势，在中低端制造业和服务业等领域取得了长足的发展。这种国际经济结构的优化升级有助于提升全球经济的整体效率和竞争力，为世界经济的持续发展注入了新的活力。

第三，大合流推动了全球经济治理体系的完善。随着新兴市场经济体的崛起，它们在全球经济治理中的地位和话语权逐渐提升。这些国家开始积极参与和推动全球经济治理体系的改革和完善，以更好地反映当前世界经济格局的变化。在大合流的推动下，全球经济治理体系正逐渐向着更加公平、合理和有效的方向发展。这不仅有助于维护世界经济的稳定和繁荣，也为各国提供了更加公平的发展环境和机遇。

# 第三章

# 全球经济发展的基础与环境

　　人类的生产活动本质上是投入劳动和资本加工各类资源并产生环境效应的过程。人口、资源和环境是影响全球经济发展的重要因素，人口是全球经济活动的生产者和消费者，资源是全球财富积累和经济增长的物质基础，环境则是人类生存和发展的重要载体，三者共同构成了全球经济可持续发展的基本要素。因而，从人口、资源与自然环境、政治经济与社会环境展开讨论，有助于更加全面深入地了解全球经济发展的基础与环境。

## 第一节　人　　口

　　人口是全球经济发展的核心要素，他们不仅是开展生产活动的基础，也是经济发展的最终受益者。人既是商品和服务的生产者，也是消费者，这种双重身份也使其对经济发展产生了复杂多变的影响。适度的人口规模为生产活动提供了必要的劳动投入，可以促进经济发展，而人口规模过大、人口质量不高、人口结构失衡，则会阻碍经济发展。所以，人口对全球经济发展的影响主要表现为人口数量、人口质量和人口结构三个方面。

### 一、人口数量

　　将人口作为一种经济资源来考察，往往先从人口数量展开分析。人口数量与经济发展之间的关系是社会经济学家探讨的核心议题之一。人口数量的定义与测算、经济发展与人口数量增长之间的联系、在全球范围内的现状,时至今日,对这些问题的研究仍在继续。

## (一)人口数量的测度

人口数量是以数量的形式表示人口的状态和变化程度。从狭义来看,人口数量是指人口的绝对量,衡量了人类生命个体的多少,即人口的总数。从广义来看,人口数量的统计还包括出生率和死亡率。

总人口数,是指一个国家或地区的所有居民的总和。出生率,又称粗出生率,是指一定时期内平均每一千人中出生的、有生命指征的活产婴儿数量占比,反映了一定时期内的出生水平。死亡率,又称粗死亡率,是指一定时期内平均一千人中死亡人数的占比。出生率和死亡率二者之间的差额,则是人口的自然增长率,即相当于不包括移民的人口变动率。假定某个地区在某一个给定年度的年初拥有 1000 万人口的数量,并在这一年中有 100 万活产婴儿出生,55 万人死亡,再假定期间的人口净迁移为 0(即人口的迁入数量与迁出数量相等),则在这一年度中,年末人口的数量将达到 1045 万。在这种情况下,统计测算的人口的出生率、死亡率和自然增长率就分别为 95.69‰、52.63‰和 43.06‰。

## (二)与经济发展的关系和理论

自 18 世纪末托马斯·罗伯特·马尔萨斯在其著作《人口原理》中首次提出"人口陷阱"概念以来,人口数量及其变化对经济发展的影响一直是社会科学领域中一个经典的研究问题。人口数量影响经济发展的渠道主要包括劳动力供给、消费和投资需求、技术进步和经济增长模式等因素。总体而言,人口数量及其变化对经济发展的影响具有双重性,取决于一国的社会环境和发展条件。以人口数量的增长为例,在劳动力资源短缺的国家,人口数量增长可能会带来消费需求增长、劳动力供给增多等积极影响,但在劳动力资源丰富的国家,人口数量增长可能会导致人均收入下降、劳动力就业状况恶化等负面影响。针对人口数量增长与经济发展之间的关系,众多学者根据自己所处的社会环境和经济发展阶段,提出了不同的理论。

1. 人口数量增长促进经济增长的理论

一部分理论认为人口数量增长促进了经济增长，这些理论从不同的角度分析了人口增长如何通过各种渠道促进经济的增长。

第一，劳动力市场的扩大。人口数量增长带来劳动力市场的扩大，这意味着更多的劳动力参与到生产活动中来，从而提高了总体的生产能力。亚当·斯密在《国富论》中强调，劳动是财富的源泉，人口数量的增加为社会经济活动提供了更多的劳动力资源，从而支持经济增长。[①] 劳动年龄人口的比重上升也带来了促进经济增长的人口红利，形成独特的经济增长源泉。[②]

第二，消费需求的增加。随着人口数量的增长，消费需求也会相应提升。这种人口增长带来的需求扩大，无论是对商品还是服务，都能刺激生产活动，从而推动经济的发展。这一观点在约翰·梅纳德·凯恩斯的宏观经济理论中得到了体现，他主张总需求的增加是经济增长的重要来源。[③]

第三，创新和技术进步。人口数量增长被认为是创新和技术进步的重要推动力。根据西蒙的人口理论，随着人口数量的增加，企业家和其他富有创新精神的人就越多，带来更多的创新思想和新颖观点。[④] 这些思想和观点可以转化为新的技术和产品，从而推动经济的增长。罗伯特·索洛的经济增长模型中详细阐述了这一点，他指出技术进步是长期经济增长的主要动力。[⑤]

2. 人口数量增长阻碍经济增长的理论

另一部分理论认为人口数量增长阻碍了经济增长，这些理论主要从资源分配、人均产出、公共服务和基础设施、劳动力市场等方面来解释人口增长如何成为经济增长的障碍。

---

[①] 亚当·斯密：《国民财富的性质和原因的研究》，郭大力和王亚南译，商务印书馆，2014年。

[②] Bloom, D. E. and J. G. Williamson. 1998. Demographic Transitions and Economic Miracles in Emerging Asia. The World Bank Economic Review. Vol. 12, No. 3.

[③] 约翰·梅纳德·凯恩斯：《就业、利息和货币通论》，张皓和窦新顺译，中国商业出版社，2009年。

[④] Simon, J. L. 1981. The Ultimate Resources. New Jersey：Princeton University Press.

[⑤] Solow, R. M. 1956. A Contribution to the Theory of Economic Growth. The quarterly journal of economics. Vol. 70, No. 1.

第一，资源分配压力。马尔萨斯在其著名的《人口原理》中提出了一个关于人口增长的悲观理论。他认为，随着人口数量的几何级数增长，生活资料将以算数级数增加，人口增长必然超过生活资料增长，导致资源的过度消耗和贫困的显著增加。马尔萨斯的理论强调了人口增长对资源和环境的潜在压力，尤其是在土地、水资源和能源等方面。[1]

第二，公共服务和基础设施的负担。人口数量的快速增长会对公共服务和基础设施造成巨大压力。教育、医疗和交通等公共服务可能因为人口增长而变得供不应求。这会影响到社会福利和经济发展的质量。此外，人口数量增长还可能导致住房短缺，增加城市贫民窟的数量，从而影响社会稳定和经济发展。[2]

第三，劳动力市场的失衡。人口数量增长可能导致劳动力市场的供需失衡。如果新增的劳动力得不到有效的就业，就会导致失业率的上升，进而影响到经济的稳定和增长。[3] 这一点在现代经济学中被广泛讨论，特别是在考虑到技术变革和全球化对劳动力市场的影响时。

虽然学者们对人口数量及其变化对经济增长的影响持有不同的看法，但这些看似矛盾的观点也恰恰揭示了一个事实：人口数量增长对经济增长的影响因地而异，取决于各国或地区的社会环境和发展条件。这些因素共同构成了一个复杂的影响网络，需要我们深入研究和理解。

### (三)人口数量的全球现状

当前，全球人口数量总体呈增长态势，但在各地区的绝对数量、相对占比、出生率和死亡率等方面的表现则有所不同。

#### 1. 全球人口的数量和分布

从表 3-1 可以看出，自 20 世纪 60 年代以来，各地区人口数量及其在世界总人口中的占比在不断变化。第一，从人口数量的变化来看，1960 年至 2023 年，世界各地区的人口数量都呈现出增长的趋势。其中，东亚与太平洋地区、南亚地

---

[1] 托马斯·罗伯特·马尔萨：《人口原理》，朱泱，胡企林和 朱和中译，商务印书馆，2009 年。

[2] 钟水映、简新华：《人口、资源与环境经济学》，科学出版社，2005 年。

[3] 李通屏、朱雅丽、邵红梅等：《人口经济学》，清华大学出版社，2023 年。

区和撒哈拉以南非洲地区的人口增长最为显著。例如，东亚与太平洋地区的人口从 1960 年的 10.43 亿增长到 2023 年的 23.81 亿，增长了 128.17%；南亚地区的人口从 1960 年的 5.71 亿增长到 2023 年的 19.39 亿，增长了 239.39%；撒哈拉以南非洲地区的人口从 1960 年的 2.28 亿增长到 2023 年的 12.42 亿，增长了 444.81%；第二，从人口占比的变化来看，1960 年至 2023 年，东亚与太平洋地区和欧洲与中亚地区的人口占比呈现下降趋势，而南亚地区和撒哈拉以南非洲地区的人口占比呈现上升趋势。例如，东亚与太平洋地区的人口占比从 1960 年的 34.42% 下降到 2023 年的 29.66%，欧洲与中亚地区的人口占比从 1960 年的 21.98% 下降到 2023 年的 11.51%；而南亚地区的人口占比从 1960 年的 18.84% 上升到 2023 年的 24.16%，撒哈拉以南非洲地区的人口占比从 1960 年的 7.52% 上升到 2023 年的 15.48%；第三，尽管所有地区的人口数量都在增长，但在世界总人口中的占比却有所不同，这主要是由于各地区的人口增长速度不同。例如，东亚与太平洋地区的人口增长速度虽然较快，但其在世界总人口中的占比却在下降，这可能是由于其他地区，如南亚地区和撒哈拉以南非洲地区的人口增长速度更快。此外，欧洲与中亚地区的人口占比下降最为显著，这可能是由于该地区的人口增长速度相对较慢。

表 3-1 按地区划分的世界人口数量及占比

单位：总人口数（亿人），占比（%）

| 地区 | | 东亚与太平洋地区 | 欧洲与中亚地区 | 拉丁美洲与加勒比海地区 | 中东与北非地区 | 北美地区 | 南亚地区 | 撒哈拉以南非洲地区 |
|---|---|---|---|---|---|---|---|---|
| 1960 | 数量 | 10.43 | 6.66 | 2.19 | 1.05 | 1.99 | 5.71 | 2.28 |
| | 占比 | 34.42 | 21.98 | 7.23 | 3.46 | 6.55 | 18.84 | 7.52 |
| 1970 | 数量 | 12.88 | 7.37 | 2.86 | 1.38 | 2.26 | 7.20 | 2.94 |
| | 占比 | 34.92 | 19.98 | 7.74 | 3.73 | 6.14 | 19.52 | 7.96 |
| 1980 | 数量 | 15.56 | 7.93 | 3.61 | 1.86 | 2.52 | 9.05 | 3.89 |
| | 占比 | 35.04 | 17.85 | 8.14 | 4.19 | 5.67 | 20.37 | 8.75 |

| 地区 | | 东亚与太平洋地区 | 欧洲与中亚地区 | 拉丁美洲与加勒比海地区 | 中东与北非地区 | 北美地区 | 南亚地区 | 撒哈拉以南非洲地区 |
|---|---|---|---|---|---|---|---|---|
| 1990 | 数量 | 18.18 | 8.42 | 4.42 | 2.56 | 2.77 | 11.41 | 5.17 |
| | 占比 | 34.35 | 15.91 | 8.34 | 4.84 | 5.24 | 21.56 | 9.76 |
| 2000 | 数量 | 20.48 | 8.63 | 5.21 | 3.21 | 3.13 | 14.07 | 6.71 |
| | 占比 | 33.33 | 14.04 | 8.48 | 5.22 | 5.09 | 22.90 | 10.92 |
| 2010 | 数量 | 22.10 | 8.89 | 5.89 | 3.98 | 3.43 | 16.61 | 8.80 |
| | 占比 | 31.71 | 12.76 | 8.45 | 5.71 | 4.93 | 23.82 | 12.62 |
| 2020 | 数量 | 23.64 | 9.23 | 6.51 | 4.80 | 3.70 | 18.83 | 11.51 |
| | 占比 | 30.22 | 11.81 | 8.32 | 6.14 | 4.73 | 24.07 | 14.72 |
| 2023 | 数量 | 23.81 | 9.24 | 6.64 | 5.01 | 3.75 | 19.39 | 12.42 |
| | 占比 | 29.66 | 11.51 | 8.28 | 6.24 | 4.67 | 24.16 | 15.48 |

资料来源：世界银行集团 World Bank Group。

注：人口数量以人口的实际定义为基础进行统计，包括所有居民，而不论其法律地位或公民身份。

## 2. 全球人口的出生率和死亡率

从表 3-2 中可以看出，自 20 世纪 60 年代以来，各地区的出生率和死亡率都在不断变化。第一，世界各地区的出生率普遍呈现下降趋势。其中，东亚与太平洋地区、欧洲与中亚地区、北美地区的出生率下降最为明显，而撒哈拉以南非洲地区的出生率下降幅度相对较小。此外，撒哈拉以南非洲地区的出生率始终处于较高水平，而欧洲与中亚地区、北美地区的出生率则相对较低。第二，从 1960 年到 2023 年，各地区的死亡率变化趋势并不一致。东亚与太平洋地区、拉丁美洲与加勒比海地区、南亚地区和撒哈拉以南非洲地区的死亡率呈现下降趋势，而欧洲与中亚地区、中东与北非地区、北美地区的死亡率则呈现上升趋势。在地区差异上，撒哈拉以南非洲地区的死亡率始终处于较高水平，而欧洲与中亚地区、北美地区的死亡率则相对较低。第三，总体来看，出生率的下降速度快于死亡率，导致全球各地区的人口增长速度放缓。特别是在欧洲与中亚地区，2020 年的死亡率就已经超过了出生率，这可能预示着该地区的人口将出现负增长。而在

表 3-2　按地区划分的世界人口出生率与死亡率

| 地区 | | 东亚与太平洋地区（‰） | 欧洲与中亚地区（‰） | 拉丁美洲与加勒比海地区（‰） | 中东与北非地区（‰） | 北美地区（‰） | 南亚地区（‰） | 撒哈拉以南非洲地区（‰） |
|---|---|---|---|---|---|---|---|---|
| 1960 | 出生率 | 26.30 | 22.09 | 42.04 | 47.48 | 23.97 | 43.45 | 47.39 |
| | 死亡率 | 20.89 | 10.06 | 13.28 | 21.47 | 9.35 | 20.01 | 23.24 |
| 1970 | 出生率 | 33.07 | 18.06 | 36.64 | 44.06 | 18.31 | 40.69 | 47.57 |
| | 死亡率 | 8.66 | 10.22 | 10.65 | 16.29 | 9.29 | 17.47 | 20.86 |
| 1980 | 出生率 | 21.55 | 16.60 | 32.23 | 41.61 | 15.85 | 37.83 | 46.92 |
| | 死亡率 | 7.09 | 10.46 | 8.48 | 11.18 | 8.63 | 13.80 | 17.60 |
| 1990 | 出生率 | 21.56 | 14.88 | 27.14 | 33.40 | 16.53 | 33.38 | 44.41 |
| | 死亡率 | 6.88 | 10.15 | 6.83 | 7.27 | 8.47 | 10.83 | 16.23 |
| 2000 | 出生率 | 15.78 | 11.67 | 22.18 | 24.83 | 14.04 | 28.40 | 41.60 |
| | 死亡率 | 6.65 | 10.69 | 6.06 | 5.52 | 8.36 | 8.57 | 14.49 |
| 2010 | 出生率 | 13.78 | 12.69 | 18.38 | 24.53 | 12.82 | 22.98 | 39.27 |
| | 死亡率 | 7.12 | 10.14 | 6.25 | 4.96 | 7.91 | 7.30 | 10.97 |
| 2020 | 出生率 | 10.84 | 11.09 | 15.10 | 20.60 | 10.76 | 18.52 | 35.01 |
| | 死亡率 | 7.38 | 11.28 | 7.77 | 5.29 | 10.05 | 7.17 | 8.83 |
| 2023 | 出生率 | 9.64 | 10.72 | 14.56 | 19.70 | 10.79 | 18.16 | 34.21 |
| | 死亡率 | 7.83 | 10.84 | 7.58 | 5.41 | 9.67 | 8.38 | 8.82 |

资料来源：世界银行集团 World Bank Group。

注：出生率为粗出生率，即一年内平均每千人中的活产婴儿数。死亡率为粗死亡率，即一年内平均每千人中的死亡人数。粗出生率减去粗死亡率就得出人口的自然增长率，即相当于不包括移民的人口变动率。

撒哈拉以南非洲地区，尽管出生率和死亡率都有所下降，但出生率仍然明显高于死亡率，这意味着该地区的人口仍将继续增长。这些变化可能会对全球人口结构、经济发展以及社会稳定等方面产生深远影响。

## 二、人口质量

考察人口与全球经济发展二者之间的关系，不仅涉及对人口数量的分析，而且需要强调人口质量的因素。人口质量，也称为人口素质，反映了人口总体认识世界和改造世界的自身条件和能力水平。从人口质量的统计测度、相关理论的简要回顾和全球现状的概括总结三个方面展开讨论，有助于初步认识人口质量与全球经济发展的关系。

### （一）人口质量的测度

衡量人口质量的指标主要包括人口的身体健康素质指标和人口的文化科学素质指标两个方面。人口的身体健康素质是指一个国家或地区的居民健康水平，可以反映出这个国家或地区生命质量的高低，直接衡量指标包括平均预期寿命、婴幼儿死亡率和人口死亡率等。人口平均预期寿命是指假定当前各年龄段的死亡率不变，同一时期出生的新生儿预期可能继续生存的平均年数。它是以当前分年龄死亡率为基础来进行测算的，但实际上死亡率是不断变化的，因此人口平均预期寿命是一个假定的指标。婴幼儿死亡率则是在以当前各年龄段死亡率为依据的情况下，每千名新生儿在年满不同岁数前死亡的概率，如婴儿死亡率即每千名活产儿中在年满一岁之前死亡的概率。

人口的文化科学素质是指一个国家或地区的人口群体的文化知识和科学技术水平，一般可以通过人口的识字率和各级各类学校入学率等指标反映出来。识字率是指能够理解、阅读和书写有关其日常生活的短文，并且年龄在 15 岁和 15 岁以上的人口所占的比例。人口的入学率是指无论年龄大小，各级各类学校的入学总人数与官方规定的学龄人口总数的百分比。入学率可能超过 100%，因为包含了较早或较晚及复读的超龄和小龄学生数。例如，某个地区在一个给定年度内小学的入学总人数为 150 万人，官方规定的小学适龄总人口为 100 万人，则小学入学率为 150%。

### (二)与经济发展的关系和理论

在有关人口质量与经济发展关系的理论研究中，主要集中于对人口数量与人口质量的关系、人口质量与经济增长的关系两个方面。

1. 人口数量与人口质量的关系

在经济发展的不同阶段，人口质量与人口数量之间的关系呈现出复杂的动态变化。这一问题的核心在于探讨人口的素质提升如何影响到人口的数量增长，以及这两者如何共同作用于经济发展，其中代表性的理论是数量——质量理论。这一理论最早由莱宾斯坦提出，后由贝克尔进一步发展。莱宾斯指出，在经济发展的早期阶段，人口数量的增长可以带来经济规模的扩大，从而促进经济增长。但随着经济的进一步发展，人口质量的提升，特别是教育和健康水平的提高，将成为推动经济增长的关键因素。[1]

贝克尔在其研究中进一步阐述了人口质量的重要性。他认为一个家庭的规模由其收入和对子女质量的期望所决定，这意味着在子女的质量和数量之间存在一定程度的替代性，高质量的子女可以充分满足家庭的需求，从而消除了生育更多子女的必要性。因此，提高人口质量可以帮助控制人口。这是由于以下几个原因：第一，在家庭收入不变的情况下，提高人口的质量意味着增加对家庭成员的娱乐、教育、健康和发展的投资。随着子女质量的隐性成本上升，家庭可能会在预算约束内限制子女的数量；第二，改善人口质量可以减轻由于人口质量低而驱动的多胎的倾向；第三，高质量的人口，以其独特的生活方式和经济参与为特征，追求高质量的生活并从中获得乐趣。考虑到抚养子女的相对较高的机会成本，他们倾向于生育较少的子女。[2] 在宏观层面，如果国民收入水平有限，则难以满足大规模的人口的基本教育、医疗卫生和健康营养等方面的需求，进而难以满足人口质量的提高。

---

[1]　Leibenstein, H. 1958. Underemployment in Backward Economies: Some Additional Notes. Journal of Political Economy. Vol. 66, No. 3.

[2]　加里·S·贝克尔：《人类行为的经济分析》，王业宇和陈琪译，上海人民出版社，2008 年。

2. 人口质量与经济增长的关系

在现代经济发展理论中，人口质量被视为推动经济增长的关键因素。人口质量高意味着一个国家或地区的劳动力具有更高的教育水平、更好的健康状况以及更强的创新能力。这些因素共同作用于经济体的生产力和创新能力，从而促进经济的持续增长。在人口质量与经济增长关系的研究中，最为核心的是人力资本理论，该理论认为个体教育和健康水平的提高能增强其生产力和创造力，从而推动经济增长。在这一领域，舒尔茨、罗默和卢卡斯的贡献尤为突出。

舒尔茨通过人力资本的概念阐释了人口质量的内涵，提出了人力资本，如教育和培训，是推动经济增长的关键因素，强调了对人力资本的投资能够提高劳动生产率、推动社会经济发展。在舒尔茨看来，教育是提高劳动力质量和经济发展水平的关键环节。[1] 罗默在其内生增长理论中提出，技术进步是经济增长的驱动力，而技术进步本身源于人力资本的积累和创新活动，他强调了知识、创新和人力资本在经济发展中的核心作用。[2] 卢卡斯在其模型中提出，人力资本的外部性是经济增长的关键因素。他认为一个人的知识和技能不仅能提高自己的生产力，还能通过各种机制影响他人的生产力。[3]

(三)人口质量的全球现状

当前，全球人口的身体健康素质和文化科学素质均有所改善，但各地区在性别差异、婴幼儿死亡率、识字率和分阶段入学率等具体指标上呈现出较大差异。

1. 全球人口的身体健康素质

从表 3-3 中可以看出，自 20 世纪 60 年代以来，各地区的出生时预期寿命都有所延长。第一，从 1960 年到 2022 年，所有地区的男性预期寿命都有所提高。其中，东亚与太平洋地区、南亚地区和撒哈拉以南非洲地区的增长最为显著，分别从 39.97 年、45.73 年和 39.94 年增长到 74.22 年、66.43 年和 58.81 年。相比

① Schultz, T. 1971. Investment in Human Capital: The Role of Education and of Research. New York: Free Press.

② Romer, P. M. 1990. Endogenous technological change. Journal of political Economy. Vol. 98, No. 5.

③ Lucas, R. E. 1989. On the Mechanics of Economic Development. Journal of Monetary Economics. Vol. 22, No. 1.

之下，欧洲与中亚地区、拉丁美洲与加勒比海地区、中东与北非地区和北美地区的增长较为平稳。在地区差异方面，北美地区的男性预期寿命始终领先，而撒哈拉以南非洲地区的男性预期寿命始终落后。第二，与男性预期寿命的趋势相似，所有地区的女性预期寿命从 1960 年到 2022 年也都有所提高。东亚与太平洋地区、

表 3-3　按地区划分的出生时的预期寿命　　　　　　　　单位：年

| 地区 | | 东亚与太平洋地区 | 欧洲与中亚地区 | 拉丁美洲与加勒比海地区 | 中东与北非地区 | 北美地区 | 南亚地区 | 撒哈拉以南非洲地区 |
|---|---|---|---|---|---|---|---|---|
| 1960 | 男性 | 39.97 | 64.49 | 53.03 | 43.55 | 66.75 | 45.73 | 39.94 |
| | 女性 | 43.48 | 70.64 | 57.46 | 46.08 | 73.19 | 44.43 | 43.02 |
| 1970 | 男性 | 55.82 | 65.44 | 56.83 | 50.09 | 67.31 | 48.91 | 42.80 |
| | 女性 | 60.39 | 72.60 | 61.47 | 52.67 | 74.84 | 47.62 | 46.02 |
| 1980 | 男性 | 62.32 | 66.46 | 60.97 | 56.64 | 70.16 | 53.67 | 46.88 |
| | 女性 | 67.21 | 74.33 | 66.60 | 60.68 | 77.53 | 53.89 | 50.36 |
| 1990 | 男性 | 65.81 | 68.45 | 64.80 | 63.19 | 72.05 | 57.89 | 47.80 |
| | 女性 | 70.84 | 76.21 | 71.02 | 67.10 | 78.99 | 59.35 | 51.94 |
| 2000 | 男性 | 69.17 | 69.30 | 68.03 | 67.32 | 74.35 | 61.98 | 49.77 |
| | 女性 | 74.07 | 77.21 | 74.56 | 71.40 | 79.55 | 63.88 | 52.76 |
| 2010 | 男性 | 72.12 | 72.58 | 70.32 | 70.08 | 76.50 | 65.08 | 55.33 |
| | 女性 | 77.51 | 79.61 | 76.52 | 74.30 | 81.25 | 68.60 | 58.36 |
| 2020 | 男性 | 73.99 | 73.83 | 69.67 | 70.81 | 74.75 | 68.04 | 58.90 |
| | 女性 | 79.70 | 80.27 | 76.60 | 75.32 | 80.32 | 71.61 | 62.83 |
| 2022 | 男性 | 74.22 | 74.80 | 70.65 | 71.12 | 75.25 | 66.43 | 58.81 |
| | 女性 | 79.71 | 81.06 | 76.93 | 75.52 | 80.55 | 70.06 | 62.77 |

资料来源：世界银行集团 World Bank Group。

注：出生时的预期寿命是指假定出生时的死亡率模式在一生中保持不变，一名新生儿可能生存的年数。

南亚地区和撒哈拉以南非洲地区的增长最为显著，分别从 43.48 年、44.43 年和 43.02 年增长到 79.71 年、70.06 年和 62.77 年。欧洲与中亚地区、拉丁美洲与加勒比海地区、中东与北非地区和北美地区的增长较为平稳。第三，无论是哪个地区，女性的预期寿命都普遍高于男性。这可能与生物学因素、社会环境和生活方式等多种因素有关。然而，随着时间的推移，男性和女性的预期寿命差距在缩小，反映了医疗条件的改善和生活质量的提高。

表 3-4 提供了世界各地区的婴儿及 5 岁以下幼儿的死亡率。第一，从初生婴儿死亡率的变化来看，从 1990 年到 2022 年，所有地区的婴儿死亡率都呈现下降趋势。其中，南亚地区和撒哈拉以南非洲地区的婴儿死亡率最高，但下降速度也

表 3-4　按地区划分的婴幼儿死亡率

| 地区 | | 东亚与太平洋地区（‰） | 欧洲与中亚地区（‰） | 拉丁美洲与加勒比海地区（‰） | 中东与北非地区（‰） | 北美地区（‰） | 南亚地区（‰） | 撒哈拉以南非洲地区（‰） |
|---|---|---|---|---|---|---|---|---|
| 1990 | 婴儿 | 43.6 | 24.9 | 43.5 | 50.4 | 9.2 | 89.1 | 106.9 |
| | 幼儿 | 56.6 | 30.9 | 54.8 | 66 | 10.9 | 130.2 | 178.9 |
| 1995 | 婴儿 | 38.7 | 22.8 | 35 | 42.5 | 7.7 | 79.1 | 101.6 |
| | 幼儿 | 49.7 | 28.1 | 43.1 | 54.3 | 9.2 | 112 | 169.9 |
| 2000 | 婴儿 | 31.3 | 17.6 | 27.5 | 34.7 | 7 | 68.7 | 91.2 |
| | 幼儿 | 39.8 | 21.3 | 33.1 | 43.4 | 8.3 | 93.5 | 150.8 |
| 2005 | 婴儿 | 23 | 13.2 | 21.8 | 28.1 | 6.6 | 59 | 76.6 |
| | 幼儿 | 28.8 | 15.6 | 26 | 34.3 | 7.8 | 76.9 | 123.6 |
| 2010 | 婴儿 | 17.2 | 10.1 | 18.6 | 22.7 | 6.1 | 49.9 | 65.1 |
| | 幼儿 | 21.5 | 11.9 | 22.8 | 27.2 | 7.2 | 62.4 | 101 |
| 2015 | 婴儿 | 13.4 | 8.3 | 15.7 | 19.8 | 5.7 | 40.8 | 57.5 |
| | 幼儿 | 16.8 | 9.6 | 18.4 | 24.2 | 6.7 | 49.4 | 86.4 |

| 地区 | | 东亚与太平洋地区(‰) | 欧洲与中亚地区(‰) | 拉丁美洲与加勒比海地区(‰) | 中东与北非地区(‰) | 北美地区(‰) | 南亚地区(‰) | 撒哈拉以南非洲地区(‰) |
|---|---|---|---|---|---|---|---|---|
| 2020 | 婴儿 | 12.1 | 6.9 | 14.2 | 17.1 | 5.4 | 33.2 | 51 |
| | 幼儿 | 15 | 8 | 16.6 | 20.3 | 6.3 | 39.1 | 75 |
| 2022 | 婴儿 | 11.7 | 6.4 | 13.5 | 16.2 | 5.3 | 30.7 | 48.6 |
| | 幼儿 | 14.5 | 7.5 | 15.8 | 19.3 | 6.1 | 35.9 | 70.7 |

资料来源：世界银行集团 World Bank Group。

注：婴儿死亡率是在一个特定年内每千例活产儿中在活到一岁之前死亡的婴儿数量。幼儿死亡率是在以当前分年龄死亡率为依据的情况下，每千名新生儿在年满五岁之前死亡的概率。

最快。北美地区的婴儿死亡率最低，且下降速度相对较慢。这与各地区的经济发展水平、医疗条件和公共卫生状况密切相关；第二，与婴儿死亡率类似，所有地区5岁以下幼儿的死亡率也都在下降。南亚地区和撒哈拉以南非洲地区的幼儿死亡率最高，北美地区的幼儿死亡率最低。值得注意的是，尽管所有地区的幼儿死亡率都低于婴儿死亡率，但下降速度却慢于婴儿死亡率。这可能说明，随着儿童年龄的增长，影响其生存的因素可能更多地与社会环境和生活条件有关；第三，总体来看，婴儿和幼儿的死亡率都在下降，这反映出全球公共卫生状况的改善和医疗技术的进步。然而，不同地区的婴儿和幼儿死亡率差异较大，这可能与地区间的经济发展水平、医疗资源分配、教育水平、营养状况等因素有关。此外，婴儿死亡率的下降速度快于幼儿死亡率，这说明在婴儿阶段，通过改善医疗条件和提高新生儿护理水平可以有效降低死亡率，而在幼儿阶段，需要通过改善社会环境和生活条件来进一步降低死亡率。

2. 全球人口的文化科学素质

表3-5显示了世界各地区从2017年至2021年的识字率变化。从表3-5中可

以看出，各地区的识字率存在显著的差异。其中，欧洲与中亚地区和北美地区的识字率最高，均接近100%，而撒哈拉以南非洲地区和南亚地区的识字率相对较低，分别为67.59%和73.42%，这与地区间的经济发展水平密切相关。从时间变换来看，2017年至2021年年间，各地区的识字率都呈现出上升的趋势。其中，撒哈拉以南非洲地区的识字率增长最为显著，从65.22%增长到67.59%，增长了2.37个百分点，反映出教育状况的改善和人口科学文化素质的提高。地区间的识字率差异可能源于各地区的经济发展水平、教育资源的分配以及政策倾斜等因素。发达地区如欧洲、北美的识字率较高，可能得益于其良好的教育环境和充足的教育资源。而发展中国家如撒哈拉以南非洲地区和南亚地区的识字率较低，可能是由于这些地区的经济条件限制、教育资源短缺等问题。

表 3-5　按地区划分的识字率

| 地区 | 东亚与太平洋地区（%） | 欧洲与中亚地区（%） | 拉丁美洲与加勒比海地区（%） | 中东与北非地区（%） | 北美地区（%） | 南亚地区（%） | 撒哈拉以南非洲地区（%） |
|---|---|---|---|---|---|---|---|
| 2017 | 95.21 | 98.28 | 93.59 | 81.51 | 98.72 | 71.79 | 65.22 |
| 2018 | 95.31 | 98.40 | 93.73 | 79.01 | 98.73 | 72.08 | 66.68 |
| 2019 | 95.71 | 98.43 | 94.17 | 79.34 | 98.73 | 71.94 | 67.41 |
| 2020 | 96.00 | 98.50 | 94.20 | 79.76 | 98.74 | 72.66 | 67.55 |
| 2021 | 96.04 | 98.52 | 94.45 | 80.01 | 98.74 | 73.42 | 67.59 |

资料来源：世界银行集团 World Bank Group。

注：识字率是指能够理解、阅读和书写有关其日常生活的短文，年龄在15岁和15岁以上的人口所占比例。

从表3-6中可以看出，自20世纪70年代以来，世界各地区教育情况都有所改善。第一，从1970年到2020年，所有地区的小学入学率都有所提高。其中，南亚地区和撒哈拉以南非洲地区的增长最为显著，分别从71.03%和53.52%增长到98.10%和99.62%。相比之下，其他地区的增长较为平稳。在地区差异方面，撒哈拉以南非洲地区的小学入学率在 2020 年达到最高，而东亚与太平洋地区的小学入学率相对较低；第二，与小学入学率的趋势相似，所有地区的中学入学率从 1970 年到 2020 年也都有所提高。值得注意的是，尽管所有地区的中学入学率都低于小学入学率，但上升速度却快于小学入学率。这可能说明，随着社会的发展和教育政策的改革，更多的孩子有机会接受中学教育。欧洲与中亚地区的中学入学率始终领先，而撒哈拉以南非洲地区的中学入学率始终落后；第三，所有地区的高等院校入学率从 1970 年到 2020 年都有所增长，但增速较慢。东亚与太平洋地区、南亚地区和撒哈拉以南非洲地区的增长最为显著，分别从 3.12%、4.15% 和 1.38% 增长到 53.30%、25.03% 和 9.56%。欧洲与中亚地区、拉丁美洲与加勒比海地区、中东与北非地区和北美地区的增长较为平稳。北美地区的高等院校入学率保持在相对较高的水平，而撒哈拉以南非洲地区的高等院校入学率始终落后；第四，总体来看，无论是哪个地区，所有阶段的入学率都在上升，反映出全球教育状况的改善和人口思想文化素质的提高。然而，不同地区和不同级别的入学率差异较大，这可能与地区间的经济发展水平、社会政策等因素有关。此外，高等院校的入学率上升速度慢于小学和中学，说明还需要进一步加大对高等教育的投入和改革以提高教育水平。

表 3-6　按地区划分的各阶段入学率

| 地区 | | 东亚与太平洋地区（%） | 欧洲与中亚地区（%） | 拉丁美洲与加勒比海地区（%） | 中东与北非地区（%） | 北美地区（%） | 南亚地区（%） | 撒哈拉以南非洲地区（%） |
|---|---|---|---|---|---|---|---|---|
| 1990 | 小学 | 108.93 | 105.08 | 105.08 | 71.65 | 93.15 | 71.03 | 53.52 |
| | 中学 | 32.86 | 81.36 | 27.70 | 26.63 | 86.96 | 22.64 | 13.31 |
| | 高等院校 | 3.12 | 24.59 | 6.89 | 5.50 | 49.63 | 4.15 | 1.38 |
| 1980 | 小学 | 107.38 | 102.60 | 116.59 | 84.83 | 101.04 | 76.02 | 76.40 |
| | 中学 | 43.58 | 86.93 | 50.10 | 42.05 | 95.63 | 26.77 | 18.54 |
| | 高等院校 | 5.73 | 27.87 | 13.43 | 9.98 | 54.88 | 4.38 | 2.00 |

| 地区 | | 东亚与太平洋地区（%） | 欧洲与中亚地区（%） | 拉丁美洲与加勒比海地区（%） | 中东与北非地区（%） | 北美地区（%） | 南亚地区（%） | 撒哈拉以南非洲地区（%） |
|---|---|---|---|---|---|---|---|---|
| 1990 | 小学 | 114.16 | 103.82 | 116.39 | 91.93 | 105.23 | 85.65 | 71.65 |
| | 中学 | 46.06 | 90.73 | 57.81 | 55.99 | 96.48 | 35.33 | 22.98 |
| | 高等院校 | 7.36 | 31.93 | 16.97 | 12.39 | 71.59 | 5.35 | 3.07 |
| 2000 | 小学 | 111.31 | 103.96 | 118.49 | 94.75 | 101.29 | 88.46 | 80.26 |
| | 中学 | 62.49 | 94.46 | 71.79 | 67.76 | 95.22 | 42.33 | 25.56 |
| | 高等院校 | 15.57 | 44.81 | 23.15 | 19.61 | 71.36 | 8.06 | 4.36 |
| 2010 | 小学 | 106.34 | 101.26 | 108.96 | 100.04 | 100.26 | 102.04 | 96.71 |
| | 中学 | 85.80 | 99.07 | 89.35 | 73.70 | 96.37 | 56.59 | 38.99 |
| | 高等院校 | 29.04 | 61.97 | 41.08 | 30.25 | 83.43 | 15.45 | 7.66 |
| 2020 | 小学 | 101.38 | 100.69 | 104.05 | 97.83 | 100.07 | 98.10 | 99.62 |
| | 中学 | 89.99 | 104.15 | 96.47 | 77.56 | 101.36 | 69.44 | 44.38 |
| | 高等院校 | 53.30 | 75.69 | 54.61 | 40.72 | 86.21 | 25.03 | 9.56 |

资料来源：世界银行集团 World Bank Group。

注：小学入学率是指无论年龄大小，小学的总入学人数，与官方规定的小学适龄总人口的百分比值，入学率可能超过 100%，因为包含了较早或较晚入及复读的超龄和小龄学生。中学入学率是指不论年龄大小，中学在校生总数占符合中学官方入学年龄人口的百分比，入学率可能超过 100%，因为包含了较早或较晚入学及复读的超龄和小龄学生。高等院校入学率是指不论年龄大小，高等院校在校生总数，占中学之后 5 年学龄人口总数的百分比。

## 三、人口结构

人口结构，也称人口构成，是指将某一国家或地区在给定某一时段内的人口总量按照不同划分标准进行分类的结果，划分标准主要包含人口学特征和相关外部条件等。了解人口结构的测度方式、相关理论的发展和全球范围内的现状，有助于深入认识人口结构与全球经济发展的关系。

（一）人口结构的测度

人口结构反映了一个国家或地区在某一个时点上人口总体内部各种不同特征下的数量比例关系，按照性质和特征划分，主要包括人口的自然结构、社会结构和地域结构三个大类，每一个大类下又涉及众多细分的反映人口结构某一方面特征的指标。人口的自然结构，是依据生物学上的年龄和性别，将人口总体区分为各个组成部分。人口的自然结构不仅是人口再生产的必然结果，也是其基础和起点，对人口发展的规模和速度具有重要影响，进而通过各种渠道作用于社会经济发展。人口的社会结构是依据人口的社会属性，将人口总体划分为各个组成部分，主要包括人口的民族结构、宗教结构、婚姻结构、家庭结构、职业结构、行业结构、文化结构、语言结构等。人口的社会结构由社会经济发展和社会生产方式所决定。人口的地域结构是依据人口长期居住的地区，将人口总体区分为各个组成部分，主要包括人口的自然地域结构和行政地域结构两个方面。人口的地域结构受地理环境和自然资源等因素的影响，和经济发展密切相关。

（二）与经济发展的关系和理论

随着经济学的发展，有关人口结构与经济发展之间关系的研究日益增多，主要集中于对人口年龄结构、性别结构、城乡结构和区域结构等方面对经济发展的影响。由于涉及的内容较多，这里我们聚焦于人口年龄结构与经济发展的关系进行说明。在人口年龄结构与经济发展关系的研究中，最为重要的是人口转变理论和生命周期理论。

1. 人口转变理论

人口转变理论由兰德里提出，这一理论的核心在于识别出生率和死亡率变化的模式，以及这些变化如何影响经济发展的过程。在经济发展的早期阶段，高出生率和高死亡率共存，导致人口数量相对稳定。然而，随着医疗条件和生活水平的提高，死亡率开始下降，而出生率仍然保持在较高水平，这导致了人口的快速增长。这一阶段通常被称为"人口爆炸"阶段。随着经济的进一步发展，教育水平的提高和家庭规模偏好的变化，出生率开始下降，人口增长率逐渐趋于稳定。

根据人口转变理论，人口年龄结构的变化对经济发展具有重要影响。年轻人口比例的增加带来了"人口红利"，因为劳动力市场上年轻劳动者的增加可以促进经济增长。然而，随着人口老龄化，这种红利可能会转变为"人口负担"，因为老年人口的增加会增加对社会保障和医疗保健的需求，这可能会增加政府的财政负担，影响经济的可持续发展。随着人口老龄化，养老金和医疗保健支出的增加可能会影响人们的储蓄和消费，进而影响经济增长。[1]

2. 生命周期理论

在探讨人口年龄结构对经济发展的影响时，莫迪利安尼和布伦贝格的生命周期理论提供了一个深刻的视角。该理论认为，个体的消费和储蓄行为不仅受到当前收入的影响，而且与其预期的整个生命周期收入密切相关，其核心在于个体会根据其一生的预期收入来安排消费和储蓄，以实现生命周期内的消费平滑。生命周期理论将人的一生分为三个阶段：青年期、中年期和老年期。在青年期，由于收入较低而未来收入预期较高，个体倾向于借贷消费，使得消费水平超过当前收入。进入中年期，随着收入的增加，个体开始储蓄，为退休后的消费做准备。到了老年期，由于退休和收入的减少，个体将之前的储蓄转化为消费，此时消费可能会超过收入。

根据生命周期理论，一个拥有较多青年人口的国家可能会经历较高的总体消费水平，因为这一群体倾向于借贷以支持其消费，相反，一个中年人口占比较高的国家可能会有更高的储蓄率，因为这一群体正处于积累财富的阶段。老年人口比例较高的国家则可能面临消费支出的增加，因为这一群体在使用积累的储蓄来维持生活水平。此外，生命周期理论还强调了信用市场的作用。在一个完善的信用市场中，个体可以根据其生命周期内的收入预期来平滑消费。然而，信用市场的不完善可能会限制个体的借贷能力，从而影响其消费和储蓄行为，进而影响经济增长和稳定。[2]

---

① Landry, A. 1909. On the Returns of Productive Agents and on the Productivity of Capital in Particular. The Quarterly Journal of Economics. Vol. 23, No. 4.

② Modigliani, F. and R. H., Brumberg. 1954. Utility Analysis and the Consumption Function: An Interpretation of Cross-Section Data. Post-Keynesian Economics, New Brunswick: Ruxtgers University Press.

### （三）人口结构的全球现状

表 3-7 反映了自 20 世纪 60 年代以来世界各地区的人口年龄结构状况。第一，从 1960 年到 2023 年，所有地区的 0~14 岁人口比重都有所下降。其中，东亚与太平洋地区、南亚地区和撒哈拉以南非洲地区的下降最为显著，分别从 39.68%、40.72% 和 42.97% 下降到 18.64%、26.77% 和 41.55%。相比之下，其他地区的下降较为平稳。在地区差异方面，撒哈拉以南非洲地区的 0~14 岁人口比重始终领先，而欧洲与中亚地区的 0~14 岁人口比重相对较低；第二，与 0~14 岁人口比重的趋势相反，所有地区的 15~64 岁人口比重从 1960 年到 2023 年都有所提高。东亚与太平洋地区、南亚地区和撒哈拉以南非洲地区的增长最为显著，分别从 56.39%、55.97% 和 53.91% 增长到 67.94%、66.63% 和 55.40%。欧洲与中亚地区、拉丁美洲与加勒比海地区、中东与北非地区和北美地区的增长较为平稳，且欧洲与中亚地区的 15~64 岁人口比重处于相对较高的水平；第三，所有地区的 64 岁以上人口比重从 1960 年到 2023 年都有所提高。东亚与太平洋地区、南亚地区和撒哈拉以南非洲地区的增长最为显著，分别从 3.93%、3.31% 和 3.11% 增长到 13.41%、6.60% 和 3.05%。欧洲与中亚地区、拉丁美洲与加勒比海地区、中东与北非地区和北美地区的增长较为平稳。其中，北美地区和欧洲与中亚地区的 64 岁以上人口比重最高，而南亚地区和撒哈拉以南非洲地区的 64 岁以上人口比重最低；第四，总体而言，0~14 岁的人口比重在下降，15~64 岁的人口比重

表 3-7　按地区划分的各年龄段人口比重

| 地区 | | 东亚与太平洋地区（%） | 欧洲与中亚地区（%） | 拉丁美洲与加勒比海地区（%） | 中东与北非地区（%） | 北美地区（%） | 南亚地区（%） | 撒哈拉以南非洲地区（%） |
|---|---|---|---|---|---|---|---|---|
| 1990 | 0~14 岁 | 39.68 | 28.09 | 43.01 | 42.97 | 31.08 | 40.72 | 42.97 |
| | 15~64 岁 | 56.39 | 63.50 | 53.69 | 53.27 | 59.83 | 55.97 | 53.91 |
| | 64 岁以上 | 3.93 | 8.41 | 3.30 | 3.76 | 9.09 | 3.31 | 3.11 |

续表

| 地区 | | 东亚与太平洋地区（％） | 欧洲与中亚地区（％） | 拉丁美洲与加勒比海地区（％） | 中东与北非地区（％） | 北美地区（％） | 南亚地区（％） | 撒哈拉以南非洲地区（％） |
|---|---|---|---|---|---|---|---|---|
| 1970 | 0~14 岁 | 39.94 | 26.95 | 42.71 | 44.04 | 28.46 | 41.62 | 44.33 |
| | 15~64 岁 | 56.10 | 63.15 | 53.62 | 52.21 | 61.91 | 54.84 | 52.61 |
| | 64 岁以上 | 3.96 | 9.91 | 3.67 | 3.75 | 9.63 | 3.54 | 3.06 |
| 1980 | 0~14 岁 | 35.87 | 24.11 | 39.59 | 43.76 | 22.50 | 40.41 | 45.19 |
| | 15~64 岁 | 59.46 | 64.40 | 56.17 | 52.66 | 66.40 | 55.72 | 51.75 |
| | 64 岁以上 | 4.67 | 11.49 | 4.24 | 3.58 | 11.09 | 3.87 | 3.06 |
| 1990 | 0~14 岁 | 29.78 | 22.68 | 36.31 | 42.45 | 21.47 | 39.08 | 45.53 |
| | 15~64 岁 | 64.65 | 65.74 | 58.95 | 54.03 | 66.35 | 56.96 | 51.45 |
| | 64 岁以上 | 5.57 | 11.58 | 4.74 | 3.52 | 12.18 | 3.97 | 3.02 |
| 2000 | 0~14 岁 | 25.60 | 19.88 | 32.16 | 36.36 | 21.20 | 36.31 | 44.61 |
| | 15~64 岁 | 67.23 | 66.81 | 62.19 | 59.65 | 66.46 | 59.38 | 52.44 |
| | 64 岁以上 | 7.18 | 13.31 | 5.65 | 3.99 | 12.33 | 4.30 | 2.95 |
| 2010 | 0~14 岁 | 20.67 | 17.56 | 27.66 | 30.44 | 19.54 | 32.48 | 43.69 |
| | 15~64 岁 | 70.45 | 67.93 | 65.47 | 65.40 | 67.33 | 62.68 | 53.38 |
| | 64 岁以上 | 8.87 | 14.51 | 6.87 | 4.15 | 13.13 | 4.83 | 2.93 |
| 2020 | 0~14 岁 | 19.61 | 17.96 | 23.87 | 30.22 | 18.24 | 27.93 | 42.30 |
| | 15~64 岁 | 68.26 | 65.23 | 67.33 | 64.60 | 65.35 | 65.84 | 54.65 |
| | 64 岁以上 | 12.13 | 16.82 | 8.80 | 5.18 | 16.41 | 6.23 | 3.06 |
| 2023 | 0~14 岁 | 18.64 | 17.75 | 22.90 | 29.47 | 17.43 | 26.77 | 41.55 |
| | 15~64 岁 | 67.94 | 64.66 | 67.65 | 64.94 | 64.77 | 66.63 | 55.40 |
| | 64 岁以上 | 13.41 | 17.59 | 9.45 | 5.60 | 17.80 | 6.60 | 3.05 |

资料来源：世界银行集团 World Bank Group。

注：人口根据实际存在的人口定义确定。

在上升，64 岁以上的人口比重也在上升，反映出全球人口结构的变化和社会发展的趋势。同时，不同地区的人口比重差异较大，这与地区间的经济发展水平、社会政策、医疗条件等因素有关。

从表 3-8 中可以看出，自 20 世纪 60 年代以来，各地区抚养比在不断变化。第一，从 1960 年到 2023 年，所有地区的抚养比都呈现下降趋势。其中，东亚与太平洋地区、南亚地区和撒哈拉以南非洲地区的变化最为显著，分别从 77.83%、78.69% 和 85.83% 下降为 47.42%、50.50% 和 81.25%。相比之下，其他地区的变化较为平稳。撒哈拉以南非洲地区的抚养比始终相对较高，而欧洲与中亚地区的总抚养比相对较低；第二，类似地，所有地区的少儿抚养比从 1960 年到 2023 年也都有所降低。东亚与太平洋地区、南亚地区和撒哈拉以南非洲地区的变化最为显著，分别从 70.36%、72.76% 和 79.70% 下降为 27.44%、40.18% 和 75.01%。欧洲与中亚地区、拉丁美洲与加勒比海地区、中东与北非地区和北美地区的变化较为平稳。在地区差异方面，撒哈拉以南非洲地区的少儿抚养比始终领先，而欧洲与中亚地区的少儿抚养比相对较低。这可能是由于，随着社会的发展和生育政策的改革，更多的家庭选择减少生育；第三，所有地区的老年抚养比从 1960 年到 2023 年都有所提高，但上升速度较慢。东亚与太平洋地区、南亚地

表 3-8　按地区划分的抚养比

| 地区 | | 东亚与太平洋地区（%） | 欧洲与中亚地区（%） | 拉丁美洲与加勒比海地区（%） | 中东与北非地区（%） | 北美地区（%） | 南亚地区（%） | 撒哈拉以南非洲地区（%） |
|---|---|---|---|---|---|---|---|---|
| 1990 | 抚养比 | 77.83 | 57.98 | 87.24 | 88.00 | 67.14 | 78.69 | 85.83 |
| | 少儿 | 70.36 | 44.23 | 80.11 | 80.68 | 51.94 | 72.76 | 79.70 |
| | 老年 | 6.98 | 13.24 | 6.15 | 7.06 | 15.19 | 5.92 | 5.77 |
| 1970 | 抚养比 | 79.10 | 59.12 | 87.47 | 92.00 | 61.52 | 82.44 | 90.48 |
| | 少儿 | 71.19 | 42.67 | 79.66 | 84.36 | 45.97 | 75.90 | 84.27 |
| | 老年 | 7.07 | 15.69 | 6.85 | 7.19 | 15.56 | 6.46 | 5.81 |

续表

| 地区 | | 东亚与太平洋地区（%） | 欧洲与中亚地区（%） | 拉丁美洲与加勒比海地区（%） | 中东与北非地区（%） | 北美地区（%） | 南亚地区（%） | 撒哈拉以南非洲地区（%） |
|---|---|---|---|---|---|---|---|---|
| 1980 | 抚养比 | 68.63 | 55.79 | 78.69 | 90.45 | 50.60 | 79.64 | 93.63 |
| | 少儿 | 60.33 | 37.44 | 70.49 | 83.10 | 33.89 | 72.52 | 87.33 |
| | 老年 | 7.86 | 17.84 | 7.55 | 6.79 | 16.71 | 6.94 | 5.92 |
| 1990 | 抚养比 | 55.21 | 52.48 | 70.10 | 85.71 | 50.73 | 75.82 | 94.74 |
| | 少儿 | 46.07 | 34.49 | 61.61 | 78.57 | 32.36 | 68.61 | 88.50 |
| | 老年 | 8.61 | 17.61 | 8.04 | 6.51 | 18.35 | 6.96 | 5.88 |
| 2000 | 抚养比 | 49.07 | 49.96 | 61.21 | 68.73 | 50.48 | 68.78 | 91.24 |
| | 少儿 | 38.08 | 29.75 | 51.72 | 60.96 | 31.91 | 61.15 | 85.07 |
| | 老年 | 10.68 | 19.93 | 9.09 | 6.69 | 18.56 | 7.25 | 5.62 |
| 2010 | 抚养比 | 42.39 | 47.43 | 53.07 | 54.50 | 48.54 | 59.94 | 88.20 |
| | 少儿 | 29.34 | 25.84 | 42.25 | 46.55 | 29.02 | 51.82 | 81.85 |
| | 老年 | 12.60 | 21.37 | 10.50 | 6.35 | 19.50 | 7.71 | 5.48 |
| 2020 | 抚养比 | 46.79 | 53.47 | 48.72 | 55.80 | 53.02 | 52.33 | 83.73 |
| | 少儿 | 28.73 | 27.53 | 35.45 | 46.78 | 27.91 | 42.43 | 77.40 |
| | 老年 | 17.77 | 25.78 | 13.06 | 8.02 | 25.11 | 9.46 | 5.59 |
| 2023 | 抚养比 | 47.42 | 54.83 | 47.96 | 54.81 | 54.39 | 50.50 | 81.25 |
| | 少儿 | 27.44 | 27.46 | 33.84 | 45.38 | 26.91 | 40.18 | 75.01 |
| | 老年 | 19.74 | 27.20 | 13.97 | 8.62 | 27.48 | 9.91 | 5.50 |

资料来源：世界银行集团 World Bank Group。

注：抚养比是被抚养人口（15 岁以下或 64 岁以上人口）与劳动年龄人口（15~64 岁人口）之比。少儿抚养比是被抚养少儿人口（15 岁以下人口）与劳动年龄人口（15~64 岁人口）之比。老年抚养比是被抚养老年人口（64 岁以上人口）与工作年龄人口（15~64 岁人口）之比。数据体现为每百名劳动年龄人口中被抚养人口所占的比例。

区和撒哈拉以南非洲地区的增长最为显著，分别从 6.98%、5.92% 和 5.77% 增长到 19.74%、9.91% 和 5.50%。欧洲与中亚地区、拉丁美洲与加勒比海地区、中东与北非地区和北美地区的增长较为平稳。其中，北美地区和欧洲与中亚地区的老年抚养比最高，而南亚地区和撒哈拉以南非洲地区的老年抚养比最低；第四，总体来看，少儿抚养比在下降，老年抚养比在上升，总抚养比也在下降，反映出全球人口老龄化的趋势。

## 第二节　资源与自然环境

资源，是指自然环境和人类社会中可被人类开发和利用的物质、能量和信息的总称，是人类财富积累和经济增长的重要源泉。从广义来看，资源主要包括人力资源和自然资源两个部分。在讨论人口与经济发展关系的基础上，进一步从自然资源的视角探讨资源与自然环境和经济发展的关系，有助于揭示经济发展与环境之间的内在联系，进而为实现经济可持续发展提供理论依据和实践指导。

### 一、资源的种类

根据联合国环境规划署（United Nations Environment Programme，UNEP）对自然资源的定义，自然资源是指在一定时间和一定条件下，能产生经济效益，以提高人类当前和未来福利的自然因素和条件。自然资源是人类生存和发展的物质基础和社会物质财富的源泉，是可持续发展的重要依据之一。自然资源一般可分为土地资源、矿产资源、森林资源、水资源、生物资源、农业资源、气象资源等。其中，土地、能源和食物三类自然资源与人类活动的联系最为密切。

### （一）土地

土地是由地球陆地部分一定高度和深度范围内的岩石、矿藏、土壤、水文、大气和植被等要素构成的自然综合体，是人类生存和发展的载体。土地分为多种类型，不同类型的土地有其特定的用途和功能。

1. 土地的分类

根据用途和功能，土地可以分为耕地、林地、草地、建设用地和未利用地五大类。耕地是土地中的重要部分，主要包括旱地和水田，是粮食、蔬菜和其他农产品的主要生产基地。林地是指被森林和树木覆盖的土地，其不仅为人类提供木材、纸浆等林产品，还具有重要的生态功能，如涵养水源、保持水土、防风固沙和调节气候等。草地是指被天然草本植物覆盖的土地，主要用于畜牧业生产，同时，草地具有保持水土、防止荒漠化和保护生物多样性的重要生态功能。建设用地是指用于城市、乡村建设和基础设施建设的土地。未利用地是指暂时没有开发利用的土地，包括荒地、盐碱地、沙地等。未利用地虽然未被开发，但通过科学的规划和改造，也可以转化为其他类型的土地类型，发挥其潜在价值。

2. 土地的特点

土地具有稀缺性、区域性、多功能性的特点。合理利用土地资源，协调各类土地用途，是实现经济发展的重要途径。稀缺性是指土地是有限的，不可再生的资源。区域性是指土地的分布具有明显的区域差异。不同地区的土地类型、数量和质量存在较大差异，决定了不同地区的土地利用方式和经济发展方向。多功能性是指土地具有多种用途和功能，可以用于农业、工业、居住、交通、生态保护等多种用途。随着人类社会的发展，土地利用的科学化、合理化和可持续化将成为未来经济发展的重要方向。通过加强土地的保护和合理利用，提高土地利用效率，能够有效协调经济发展与环境保护之间的关系，促进经济可持续发展。

（二）能源

能源是指能够提供能量并用于各种生产活动的自然资源。能源为人类活动提供外部动力，是人类社会发展的基础，也是推动经济增长和科技进步的关键动力。

1. 能源的分类

能源可根据其形态和可再生性等特征进行分类。根据能源的基本形态，能源主要分为一次能源和二次能源两大类。一次能源是自然界直接存在的能源资源，未经过任何加工和转换，包括化石能源、核能和可再生能源。其中，化石能源包括煤炭、石油和天然气等资源，是目前世界上使用最广泛的能源。它们属于不可再生资源，储量有限，且使用过程中会产生大量的二氧化碳等污染物。核能是通过核裂变或核聚变反应释放的能量，其发电效率高，且在正常运行情况下不会产生温室气体。可再生能源包括太阳能、风能、水能、生物质能和地热能等。这些资源具有可再生性，利用过程中对环境影响较小，是未来能源发展的重要方向。二次能源则是通过加工和转换一次能源而得到的能源形式，如电力和汽油等。

2. 能源的特点

能源具有多样性、有限性、可再生性、地域性等特点。多样性是指能源资源种类繁多，不同的能源资源适用于不同的应用场景。有限性是指化石能源是有限的，是不可再生的资源。可再生性是指可再生能源具有可持续性，可以源源不断地提供能量，是未来能源供应的主要趋势。地域性是指不同能源资源在地理分布上存在显著差异。例如，中东地区石油资源丰富，中国煤炭储量较大，北欧和中国的风能资源充足，热带地区的太阳能资源丰富。地域性的差异决定了各国的能源开发和利用策略。能源在现代社会中扮演着至关重要的角色，随着科技进步和环境保护意识的增强，能源的开发和利用方式也在不断演变。未来，合理利用现有的能源资源，积极开发可再生能源，推动能源技术创新，实现能源的可持续发展，将是全球能源战略的核心目标。

（三）食物

食物是指能够满足机体正常生理和生化能量需求，并能延长正常寿命的物质。食物的生产、获取和分配对人类社会的发展和稳定至关重要。食物不仅为人类活动提供内在能量，是人类赖以生存的基本需求，也是文化、经济和社会活动的重要组成部分。

1. 食物的分类

根据来源和生产方式，食物可以进行多种分类。从来源来看，食物主要分为植物性食物和动物性食物两大类。植物性食物来源于各种农作物，是重要的农业资源。其主要包括谷物、蔬菜、水果、豆类和坚果等。动物性食物则源于各种家畜、家禽和水产品，是重要的生物资源。其主要包括肉类、奶制品、蛋类和鱼类等。此外，食物还可以按生产方式分为传统食物、现代食物和有机食物。传统食物是指利用传统种植和养殖方法生产的食物资源，通常依赖于自然条件和人力劳动，生产规模较小。现代食物是指采用现代科技和机械化手段大规模生产的食物资源，通常具有更高的生产效率和产量。有机食物是指不采用农药、肥料和转基因技术等方式生产的食物，强调生态平衡和环境保护。

2. 食物的特点

食物具有多样性、地域性、易腐性、营养性等特点。多样性是指食物资源种类繁多，不同地区和文化有各自独特的食物资源和饮食习惯。地域性是指食物的生产受自然环境影响显著，不同地区的食物供应存在差异。例如，热带地区水果种类丰富，寒带地区则以根茎类蔬菜为主。易腐性是指大多数食物资源容易腐烂和变质，需要通过冷藏、干燥、腌制、罐装等方式进行保存。食物保存技术的发展对食物资源的稳定供应和减少浪费具有重要意义。营养性是指不同的食物含有不同的营养成分。植物性食物通常富含纤维素、维生素和矿物质，动物性食物则提供高质量的蛋白质和脂肪。总之，食物资源是人类生存和发展的基础。随着全球人口增长和生活方式的变化，食物的生产和分配面临越来越大的挑战。未来，需要通过科技创新、政策支持和国际合作，推动食物的可持续供给，确保全球的食物安全和营养健康。

## 二、资源的供给和需求

资源的供给和需求是经济学中的重要议题。全球资源在不同国家和地区间的分布极度不均。某些资源如石油、稀有金属等高度集中于少数国家，而发达国家和新兴经济体对这些资源往往需求量巨大，全球资源供需局面日渐紧张。在此背景下，明晰当前全球资源供需现状，梳理资源供需的经济学理论，对于理解全球范围内资源供需的复杂互动关系，进而制定有效的资源管理政策具有重要意义。

### （一）全球资源供需现状

当前，全球资源供需受到经济增长、人口增长、技术进步、地缘政治和气候变化等多重因素的影响。土地、能源、粮食等资源在全球范围内的分布和利用情况各不相同，呈现供需不平衡的局面。

1. 全球土地供需现状

当前全球土地总面积约为 149.4 亿公顷，其中人类赖以生存的耕地面积约为 14.8 亿公顷，占全球总土地面积的 10%。这些耕地主要分布在美国、中国、印度、巴西等少数国家和地区，对应耕地面积分别为 1.6 亿公顷、1.2 亿公顷、1.8 亿公顷和 6000 万公顷。① 在非洲和拉丁美洲部分地区，虽然土地面积广阔，但土壤肥力较低，制约了耕地开发和农业生产。此外，全球每年约有 1300 万公顷的耕地因城市扩张和基础设施建设而转为非农用途，耕地供应面积进一步减少。

随着人口不断增长和城市化进程加速，全球对耕地、城市建设用地等土地资源的需求正不断增加。据联合国预计，2050 年全球人口将达到约 98 亿。② 为了满足未来新增人口的粮食需求，需要进一步扩大耕地面积和提高农业生产力。与此同时，不断加速的城市化进程同样需要更多的土地进行住宅、商业和基础设施建设。因此，当前全球土地资源供需现状呈现出供不应求的紧张局面。

2. 全球能源供需现状

当前全球能源供给主要依赖于化石燃料、可再生能源和核能。根据国际能源署（International Energy Agency，IEA）的数据，2022 年全球一次能源供应结构为石油占 31.8%，煤炭占 26.8%，天然气占 24%，可再生能源占 7.5%，核能占 4%。③ 其中，石油仍是全球最重要的能源来源，主要产油国包括沙特阿拉伯、俄罗斯和美国。煤炭在能源中同样占据重要地位，主要由中国、印度和美国生产。天然气作为重要清洁能源，供给也在持续增加，主要生产国包括美国、俄罗斯和卡塔尔。太阳能和风能等可再生能源发展迅速，近年来装机容量显著增加。核能则在少数国家如法国和美国占有重要地位。

与此同时，全球能源需求也在持续增长，尤其是在新兴经济体。根据 IEA 的数据，2022 年全球能源需求增长近 1.1%，其中电力需求增长最快，达到 2%。

---

① 各国耕地面积数据来自世界银行数据库。

② United Nations, Department of Economic and Social Affairs, https://www.un.org/zh/desa/world-population-prospects-2017, July 8, 2024.

③ IEA. 2023. World Energy Outlook 2023. Paris.

中国作为全球最大的能源消费国,2022 年的能源消费量约为 54.5 亿吨标准煤当量。美国作为全球第二大能源消费国,2022 年的能源消费量约为 32.8 亿吨标准煤当量。印度的能源需求也在快速增长,预计到 2030 年,其能源需求将翻一番。总的来看,当前全球能源供需现状展示了化石燃料主导但可再生能源快速增长的局面。未来全球能源需求将进一步增长,对能源供给提出了更高的要求。

3. 全球食物供需现状

当前全球食物供给主要依赖于农业生产。根据联合国粮农组织(Food and Agriculture Organization of the United Nations, FAO)的数据,全球主要粮食作物产量在过去几十年稳步增长。2022 年,全球谷物总产量达到 27.65 亿吨,其中小麦产量约 7.76 亿吨,玉米产量约 12.05 亿吨,稻谷产量约 5.08 亿吨。主要粮食生产国包括中国、印度、美国和巴西,其中中国是世界上最大的粮食生产国。2022 年,中国粮食总产量约为 6.87 亿吨,印度粮食总产量约为 3.24 亿吨,美国粮食总产量约为 5.7 亿吨。[1] 全球粮食生产也面临着诸多挑战,包括土地退化、水资源短缺、气候变化和极端天气事件等。根据 FAO 的数据,全球每年约 3000 万吨粮食因自然灾害而减产。[2]

与此同时,随着全球人口持续增长和生活水平提高,对食物的需求正不断增加。联合国预计,到 2050 年,全球人口将达到约 98 亿,这将导致粮食需求增加50%。[3] 除了数量需求增长,饮食结构变化也影响着全球食物需求。全球生活水平提高导致对肉类、乳制品和水果等高价值食物的需求显著增加。根据 OECD-FAO 的预测,到 2029 年全球肉类消费量将增加 12%。[4] 总的来说,尽管全球粮食生产能力有所提高,但受人口增长、饮食结构变化等因素的影响,食物需求快速增加。未来需要在全球范围内加强农业技术创新、改善粮食分配体系和应对气

① FAO. 2023. The State of Food and Agriculture 2023. Moving forward on food loss and waste reduction. Rome.

② FAO. 2023. The Impact of Disasters on Agriculture and Food Security 2023-Avoiding and reducing losses through investment in resilience. Rome.

③ United Nations, Department of Economic and Social Affairs, https://www.un.org/zh/desa/world-population-prospects-2017, July 8, 2024.

④ OECD/FAO. 2023. OECD-FAO Agricultural Outlook 2023-2032. Paris.

候变化带来的影响，确保粮食安全和可持续发展。

## (二) 资源供给的经济学理论

资源供给理论的演变反映了经济学家对自然资源与经济增长关系的认识不断加深。从古典经济学对土地稀缺性与经济增长的初步探讨，到新古典经济学对资源稀缺性的经济影响的细致分析，再到新经济增长理论将技术进步与资源供给紧密结合，自然资源在经济发展中的地位和影响力不断加深。

### 1. 古典经济学的资源供给理论

对于资源供给和经济增长的关系，最早可追溯到古典经济学的相关理论。早期古典经济学对资源供给与经济增长的研究大多集中在土地资源的研究上。他们认为，土地供给是经济增长的主要影响因素之一。这个时期的经济学家虽然没有明确自然资源对经济发展的重要作用，但通过"土地"这一概念充分肯定了自然资源在经济发展中的重要性。例如，亚当·斯密认为，土地资源具有稀缺性，在一定的时期内土地资源供给无法满足所有人的需求，经济的持续发展要求稀缺资源的合理配置。马尔萨斯从人口论的角度提出了"人口必然为生活资料限制"的观点，他注意到了自然资源在经济发展中的约束作用，但是忽略了技术进步的积极作用。大卫·李嘉图提出了资源的相对稀缺论，认为随着人口和资本的积累，土地供给表现出边际报酬递减的趋势，这会减缓经济的增长速度。

从这些古典经济学家的理论可以看出，他们从土地与经济发展的关系切入，强调土地是一切财富的源泉，并取得了一系列具有重要意义的成果。然而，在古典经济学之后的一段时间里，经济学家忽视了自然资源对经济发展的影响。他们将自然资源视为一种生产成本，认为资源供给不会对技术、劳动、资本产生影响，资源对经济的影响是中性的。同时，他们还认为，随着技术的发展，资源对经济发展的作用可以由劳动和资本替代。

### 2. 新古典经济学的资源供给理论

新古典经济学则将自然资源供给看作一个影响经济增长的外生变量，把自然资源的稀缺性作为分析的前提。资源的稀缺性可以表现为绝对稀缺和相对稀缺。绝对稀缺通常指数量上的稀缺，而相对稀缺则是相对资源需求的稀缺。在经济学分析中，自然资源的"稀缺"主要指相对稀缺，即在现有自然资源的约束下人们对资源的需求与供给不匹配，资源表现出供不应求的状态。新古典经济学派认为，自然资源稀缺对经济发展的制约作用可以通过技术进步、人力资本积累、对外开放等其他因素缓解。

新古典经济学派的主要代表人物马歇尔认为，生产要素一般包括土地、劳动和资本。马歇尔定义的"土地"主要是指一切自然力量，具体包括大自然在各方面赋予的物质力量。他认为土地的边际报酬递减并非任何时候都会发生的。随着技术进步、知识积累以及新技术应用，在生产过程中产生的边际报酬递增会减弱资源在生产上所表现的边际报酬递减倾向。他对"马尔萨斯陷阱"提出了质疑，认为一国可以通过对外贸易弥补资源短缺。但是，马歇尔这一观点仅基于一个国家，在全球视野下这个观点存在偏误。全球的自然资源的存量是有限的，对外贸易通常会改变资源的配置，并不能从总量上缓解资源短缺。

3. 新经济增长理论中的资源供给

随着 20 世纪 70 年代石油危机的爆发，几乎所有工业化国家的经济增长都出现了明显停滞，经济学家再次认识到自然资源对经济增长的约束作用。在 20 世纪 80 年代中期，以罗默、卢卡斯等人为代表的经济学家，在对新古典增长理论重新思考的基础上，将知识和人力资本引入经济增长模式，提出了以内生技术变化为核心的新经济增长理论，重新探讨了经济增长的根本原因。罗默认为，知识积累促进了技术进步，技术进步的溢出效应减弱了生产活动中资源的边际报酬递减倾向。罗默基于自然资源是影响经济增长的前提，在 C-D 生产函数中引入了自然资源。他发现虽然自然资源的稀缺约束了经济增长，但是技术进步可以弥补资源与土地限制对经济造成的不足。

总的来说，内生经济增长理论注意到了可耗竭资源给经济增长带来的约束，强调发展中国家应重视人力资本积累和技术进步，并将这些因素视为经济持续增长的动力源泉。这一时期的经济学家不仅从理论上解释了日益稀缺的资源供给对经济增长的影响，同时明晰了技术进步对经济增长的内在作用机制。

(三)资源需求的经济学理论

在新经济增长理论中，资源需求与经济增长的关系得到了广泛的探讨。在此基础上发展出的环境库兹涅茨曲线理论，提出了技术进步下经济发展与资源需求的"倒U"形关系。然而，回弹效应理论对此提出了不同的观点，认为技术进步可能导致资源需求增加，为理解经济增长与资源需求之间的关系提供了新的视角。

1. 新经济增长理论中的资源需求

对于资源需求和经济增长的关系，同样可追溯到新经济增长理论。新经济增长理论认为，技术进步和经济发展能够提高资源利用效率，进而减少资源需求。在此基础上进一步衍生出了环境库兹涅茨曲线理论。该理论将经济增长、资源需求和环境污染置于统一框架下进行分析。他们认为，在一国经济发展初期，对资源的需求和投入往往较高，作为经济发展副产品的环境污染也会随之增加；随着该国经济发展到一定阶段，就会进行技术创新和产业结构升级，以资源密集型为主的工业向以技术和服务为主的第三产业转型，此时对资源的需求减少，环境污染也会随之减少，因此经济增长与资源需求和环境污染呈"倒U"形曲线。

2. 回弹效应理论中的资源需求

虽然新经济增长理论认为技术进步带来的资源效率提高会降低资源需求，但是也有理论认为资源效率提高会增加资源需求，即资源效率改进中的回弹效应理论。回弹效应理论最早于1865年由杰文斯提出。该理论认为，资源效率的提高，往往伴随更广泛的技术进步，而技术进步则会促进整个社会的变革和经济的快速增长，进而导致资源需求快速增加。此外，资源效率的提高也会引起资源的使用成本降低，进而增加资源需求，两者共同作用引致资源消费增加。此后，Brookes（1990）进一步验证了回弹效应理论，他们发现技术进步虽然有利于资源效率的提高，但因资源效率提高而释放的资金将会毫不延迟地用于经济的进一步增长，因而会使资源需求进一步增加，大大加快资源的耗竭速度。[1] 回弹效应的提出为研究技术进步、资源效率与资源需求之间的关系提供了一种全新的视角，它促使政策制定者重新审视依靠技术进步改善资源效率进而降低资源需求的政策思路。

---

[1]　Brookes，L. 1990. The greenhouse effect：the fallacies in the energy efficiency solution. Energy policy. Vol.18，No.2.

### 三、资源诅咒与经济发展

工业革命以后，西欧和北美国家凭借丰富的自然资源大力发展重工业，推动国家快速崛起，并逐步实现全球霸权。自然资源已经成为经济发展的"福音"。随着经济全球化和世界市场一体化程度不断加深，全球经济发展方式也发生了转变。日本和亚洲四小龙等一些资源匮乏的国家和地区快速实现了后工业化和现代化，而中东、非洲、拉美等一些传统的资源丰裕的发展中国家开始出现资源开发抑制经济发展的"奇怪"现象，即所谓的资源诅咒现象。因此，明晰资源诅咒现象的具体表现，探讨其成因和治理，有助于更好地理解资源利用和经济发展的内在联系。

#### （一）资源诅咒的表现

20 世纪 90 年代，经济学家在研究一些资源丰富的发展中国家的经济增长时，发现随着这些国家资源产业的逐步发展，其经济增长速度反而放缓，与其他国家的经济差距反而加大，国民收入和社会福利水平逐渐下降，社会制度混乱，似乎存在资源开发与经济发展的悖论，他们将这一现象命名为资源诅咒。反之，若一国资源产业发展对经济具有正向促进作用，这一现象被称为资源福音。

根据现有研究，资源诅咒现象主要表现为以下几个方面：其一是资源开发对整体经济发展的抑制作用，即资源产业通过抑制其他产业发展而降低总体经济发展水平；其二是资源开发会加剧国内收入差距，即容易造成资源丰裕地区和资源贫瘠地区的收入差距、资源所有者和资源非所有者的贫富差距等，这种分配不平等制约了经济发展；其三是资源开发降低了社会福利水平，即资源产业开发将大量利润让与他国，或资源产业发展挤占了用于社会福利的资金，从而导致社会整体福利水平降低；其四是资源开发对社会制度存在弱化现象，即资源产业容易造成贪污、腐败甚至动乱和战争的现象。

#### （二）资源诅咒的成因

20 世纪下半叶以来，资源诅咒已成为世界范围内广泛存在的经济现象。学界对资源诅咒现象的成因和传导机制持以下三种观点。①

1. 资源诅咒与资源产业的产业关联度

资源诅咒现象与资源产业本身的产业关联度较低有关。资源产业是一种初级产品产业，专业化分工程度与制造业相比较为简单，产业的前后向关联程度低。如果一国将经济资源过度集中于资源产业，则将难以对整个经济产生较强的拉动力。在这种情况下，过度发展自然资源行业不仅不能有效带动关联行业发展，反而会出现"去工业化"的现象。

2. 资源诅咒与资源产业的挤出效应

资源诅咒现象与资源产业的挤出效应有关。一般来说，教育、科技、医疗、政府公共服务等是决定一国竞争力的关键因素。经济资源过度集中于资源产业，将会挤占这些有竞争力产业的资源，从而不利于经济增长。关于资源诅咒的挤出效应，现有研究主要认为资源诅咒会通过挤出制造业部门的资本、人们对未来的储蓄、对教育的投资和企业家创新行为，导致资源丰裕国家的经济发展出现停滞。

3. 资源诅咒与"荷兰病"效应

资源诅咒现象与"荷兰病"效应有关。"荷兰病"效应主要包括资源转移效应和价格效应。一方面，在资源丰裕国家，劳动和资本会更多地转向资源出口部门，导致制造业劳动力成本上升，不利于制造业发展。同时，资源出口带来外汇收入的增加也会造成本币升值，也会削弱制造业的出口竞争力。另一方面，资源出口带来本国收入增加，提高了对制造业相关产品的需求，但这个需求增加主要通过进口国外相对更便宜的同类制成品来满足，同样不利于本国制造业发展。因此，资源产业发展会恶化制造业发展降低经济总体发展水平。

（三）资源诅咒的治理

在一些国家的现代化进程中，出现了一批资源型地区或城市，它们对这些国家的经济发展做出了重要贡献。但随着资源枯竭、替代技术涌现、自身产业结构

---

① 张复明、景普秋：《资源型经济及其转型研究述评》，《中国社会科学》2006 年第 6 期。

单一等问题的出现，一些资源型地区和城市面临衰退，呈现出资源诅咒现象。针对这一问题，不同国家采取了不同的治理手段并取得了较好的效果。总的来看，对于资源诅咒的治理手段主要分为三个方面。

### 1. 政府主导的治理模式

工业革命最早发生在欧洲，期间欧洲国家大规模开发自然资源，实现了经济的快速增长。但长时期的大规模开采，一些自然资源丰裕的地区逐渐出现了资源枯竭的状况，以资源密集型的重工业为主的经济结构开始阻碍地区经济发展，资源诅咒效应凸显。欧洲国家开始探讨这些资源型地区的转型之路，其中较为成功的有德国鲁尔、法国洛林和英国伯明翰等地区。这些国家强调以政府为主导，从区域差异性着手，以产业为媒介，发挥政府对经济的调节作用。政府的作用主要体现在纠正产业发展思路与方向、提供优惠政策引导市场投资、完善基础设施和相关配套建设等方面。

### 2. 市场主导的治理模式

北美一些资源型地区如美国、加拿大等也面临着资源诅咒的问题。与欧洲国家不同，这些国家具有完善的自由市场经济制度，政府在经济活动中的直接参与较少，走出资源诅咒主要依靠市场和企业的力量。资源型产业的退出和新兴产业的进驻均由企业自主决定，政府主要负责监督和保障等工作。但随之而来的后果是这些国家走出资源诅咒的成功率相对较低。资源型地区的产业转型需要投入大量的资本和劳动力，而北美地区地广人稀，转型成本通常较高，在市场机制下一些地区可能直接放弃转型。因此，相较于欧洲的政府主导模式，北美这些国家的转型速度较慢且成功率较低。

### 3. 政府与市场结合的治理模式

日本在经济发展中也曾面临资源诅咒问题，日本则是走出了一条以产业为媒介、政府与市场相结合的独特的发展道路。在这个过程中日本政府主要采取了结构性的产业政策。对于传统的煤炭产业，欧洲的普遍做法是采用衰退产业援助机制，使其逐步从市场退出，避免其突然性衰落对区域经济带来的巨大冲击。而日本政府则是逐渐放弃对传统煤炭产业的保护政策，在市场机制作用下逐渐淘汰这些产业。同时，日本政府通过兴建开发区、实行财税减免及补贴、产学研合作等方式，重点扶持汽车、高端机械、信息通信、新能源等新兴产业，进而实现经济转型。

## 四、资源依赖下的自然环境与经济发展

自然环境与经济发展以资源为媒介，两者间存在着复杂且紧密的互动关系。自然环境中的土地、能源、食物等资源为经济发展提供了基础，但经济发展过程中资源的过度开发和不合理利用也导致了一系列环境问题，其中全球气候变化问题最为突出，正持续威胁着全球经济和社会的稳定。因此，了解全球自然环境现状，理清自然环境与经济发展的关系，认识气候变化的实质和治理，是保护自然环境、实现经济可持续发展的关键。

### （一）全球自然环境现状

全球自然环境正面临着复杂而严峻的挑战。当前全球自然环境现状主要表现在气候变化、生物多样性减少、森林退化和土地荒漠化等方面。这些环境问题往往相互交织、影响深远，严重威胁到全球生态系统的稳定。

1. 气候变化

气候变化是当前全球自然环境面临的最大挑战之一。联合国政府间气候变化专门委员会（Intergovernmental Panel on Climate Change，IPCC）发布的《气候变化2023》的数据显示，自工业革命以来，全球平均气温已经上升了约1.1℃。[1] 温室气体排放是导致气候变化的主要原因，特别是二氧化碳排放。根据国际能源署（IEA）的数据，2023年全球二氧化碳排放量已达到374亿吨。[2] 极端天气事件频发是气候变化的直接后果之一。《气候变化2023》的数据同样显示，过去50年中，热浪、干旱、洪涝等极端天气事件的频率和强度显著增加。气候变化不仅对生态系统造成了破坏，也对人类社会和经济活动产生重大影响。

2. 生物多样性减少

---

[1] IPCC, AR6 Synthesis Report, https://www.ipcc.ch/report/ar6/syr/, July 8, 2024.
[2] IEA. 2024. $CO_2$ Emissions in 2023. Paris.

生物多样性减少是另一个严重的环境问题。根据《全球生物多样性展望》报告，自 1970 年以来，全球野生动物种群数量平均减少了 68%。其中，淡水物种的减少幅度最大，达到 84%。① 主要原因包括栖息地丧失、污染、气候变化和过度捕捞等。国际自然保护联盟（International Union for Conservation of Nature and Natural Resources，IUCN）发布的红色名录显示，全球约 41% 的两栖动物、26% 的哺乳动物、12% 的鸟类面临灭绝威胁，共计 4.5 万个物种濒临灭绝。② 亚马逊雨林、非洲大草原等重要生态系统正面临前所未有的压力。

3. 森林退化和砍伐

森林退化和砍伐是全球环境的重大问题。森林不仅是生物多样性的宝库，还在调节气候和维护水土方面起着重要作用。根据联合国粮农组织的数据，过去 20 年间，全球森林覆盖面积减少了近 1 亿公顷，尽管减少的速度低于以往，但仍在持续减少。巴西亚马逊雨林是全球最重要的森林之一，但近年来由于农业扩张和非法采伐等原因，森林砍伐问题严重。

4. 土地荒漠化

土地荒漠化是全球环境恶化的另一个表现。根据《联合国防治荒漠化公约》秘书处的数据，全球约有 25% 的土地受到不同程度的荒漠化影响，涉及约 30 亿人口。撒哈拉以南非洲和中亚地区是荒漠化问题最严重的地区。荒漠化不仅导致土地生产力下降，还影响到当地居民的生计和粮食安全。

（二）自然环境与经济发展的互动关系

自然环境与经济发展之间的互动关系复杂且深远，两者相互依存、相互影响。自然环境提供了经济发展的基础资源，而经济活动又对自然环境产生了正面和负面的双重影响。理解二者之间的关系，对于实现可持续发展具有重要意义。

1. 自然环境对经济发展的影响

自然环境是经济发展的基石，自然环境为各个行业提供了必要的原材料和生

---

① Convention on Biological Diversity, Global Biodiversity Outlook, https://www.cbd.int/gbo, July 8, 2024.

② IUCN, https://www.iucnredlist.org/, July 8, 2024.

态服务。农业、工业、建筑业和服务业等各行各业都依赖于自然环境提供的资源。农业生产依赖于肥沃的土壤和充足的水资源；工业生产需要矿产资源和能源供应；旅游业则依赖于优美的自然景观和健康的生态环境。此外，自然环境通过生态系统服务支持经济活动。生态系统服务包括气候调节、水源涵养、土壤保持和生物多样性维护等，这些服务在维持人类生活和生产活动中起着关键作用。健康的生态系统有助于减少自然灾害的风险，提高农作物产量，促进渔业发展，从而支持经济的持续增长。

2. 经济发展对自然环境的影响

然而，经济发展对自然环境的影响更像一柄双刃剑。一方面，在经济增长过程中，资源的过度开发和环境污染是常见现象。工业化和城市化导致大量能源消耗和废弃物排放，这些活动会产生大量的温室气体、废水、废气和固体废物，进而污染空气、水体和土壤，破坏生态环境。农业集约化也带来了土地退化、森林砍伐和水资源过度利用等问题。经济活动对自然环境的破坏不仅影响生态系统健康，还给人类自身带来诸多负面影响。空气污染和水污染会导致人类健康问题，增加医疗成本，降低劳动生产率。气候变化带来的极端天气事件、海平面上升和气候模式改变，会影响农业、渔业、旅游业等多个经济部门。另一方面，经济发展也可以为环境保护提供技术支持。基于环境库兹涅茨曲线，随着经济增长和技术进步，社会有能力投入更多的资源用于环境治理和生态恢复。通过推广清洁能源和绿色技术，实施严格的环境法规，也能一定程度上减缓经济活动对自然环境的破坏。

（三）气候变化与治理

气候变化是当今世界面临的最严峻的挑战之一。它不仅影响生态系统的健康，还对人类社会的经济发展、公共健康和全球安全构成了重大威胁。因此，正确认识气候变化的影响和当前的国际气候治理，对于实现全球可持续发展具有重要意义。

1. 气候变化的影响

气候变化主要是温室气体的过度排放引起的。工业革命以来，化石燃料大量使用、森林砍伐、农业扩张等人类活动，显著增加了大气中的温室气体浓度，导致全球气温上升，气候系统发生显著变化。气候变化带来了诸多负面影响。全球气温升高导致极端天气事件频发，如热浪、干旱、洪水和暴风雨等。海平面上升威胁沿海地区和小岛屿国家的生存，导致海水入侵和土地损失。气候变化还影响农业生产，威胁粮食安全，破坏生态系统，导致生物多样性下降。此外，气候变化对公共健康也构成威胁，增加了热相关疾病和传染病的传播风险。

2. 气候变化的国际治理

国际社会已经认识到气候变化这一问题的紧迫性，并采取了一系列行动。联合国气候变化框架公约（United Nations Framework Convention on Climate Change，UNFCCC）是全球气候治理的基石，其目标是将全球平均气温升幅控制在工业化前水平以上 2 摄氏度以内，并努力将升温控制在 1.5 摄氏度以内。《巴黎协定》是应对气候变化的重要国际协议，于 2015 年达成并于 2016 年生效。该协议规定，各缔约方应提交国家自主贡献（NDCs），制定并实施减排目标和措施。巴黎协定还强调加强适应气候变化的能力，支持发展中国家应对气候变化的行动，以及推动气候资金的筹集和分配。当前，气候变化是全球共同面临的严峻挑战，只有各国共同努力，大力推动能源转型和发展低碳经济，才能实现气候变化的有效治理，推动全球可持续发展。

# 第三节　政治经济与社会环境

全球发展的政治、经济与社会环境正经历深刻变化，政治不确定性、地缘政治博弈、全球多极化趋势以及发达国家内部政治极化问题日益加剧，构成了复杂的政治局势。与此同时，全球经济面临经济增长乏力、贸易摩擦频发以及供应链重构等挑战，社会环境则遭遇经济不平等和环境压力等多重考验。这些政治、经济和社会的变化相互交织、相互影响，推动着全球各国在经济竞争与全球治理中的互动关系不断演变，并重塑全球合作与竞争格局。

## 一、全球发展的政治环境

全球发展的政治环境正面临深刻的变化，主要表现为政治不确定性加强、地缘政治博弈加剧、全球多极化趋势显现，以及发达国家内部政治极化问题的日益严重。这些因素共同构成了当前全球政治环境的复杂局面，影响着各国之间的合作与竞争格局，并对全球经济、贸易和安全产生深远影响。

（一）政治不确定性加强

全球范围内的政治不确定性对经济、贸易和社会稳定构成了重大挑战，具体体现在政权更替频繁、政策方向多变和国际关系复杂化等方面。

第一，领导层更替频繁。全球范围内，政权更替频繁，尤其是在发展中国家，政治领导人更替常伴随大规模的政策变动。这种频繁的政权更替使得政策持续性和连贯性难以保障，国家间的外交关系和合作往往面临突然变化。例如，拉美和非洲的部分国家经历了多次领导更替，这些变动往往直接影响到外交政策的制定和执行，使得原本稳定的国际合作关系变得脆弱。此外，欧洲国家如意大利和西班牙等国的领导更替频繁，增加了市场的不确定性，特别是欧盟在应对内外挑战时，常常面临政治分歧和合作障碍。

第二，政策变化的不确定性。随着国内外形势的变化，许多国家的政策方向逐渐不确定。在大国之间，政策的波动尤其显著。例如，近年来美国推行的"美国优先"政策和单边主义策略，使得全球化进程中的国际合作面临更多变数。此类政策的推行不仅使得全球治理机构的合作难度加大，还使得跨国合作和国际协议执行的稳定性受到影响。

第三，国际关系的不稳定。全球各国之间的关系紧张，区域内和区域间的竞争加剧。这种紧张关系导致各国的对外政策更加保守，也使得国际合作变得困难。特别是在气候变化和公共卫生等全球议题上，各国在谈判和协作上的分歧阻碍了问题的有效解决，增加了全球治理的复杂性。

（二）地缘政治博弈加剧

全球地缘政治紧张局势持续加剧，尤其在大国之间的竞争和战略冲突上更为显著。这一趋势主要体现在大国对抗、区域冲突、资源和能源安全争夺等方面。

第一，大国间竞争加剧。目前，大国间的战略竞争加剧，尤其是在军事、科技和资源等领域的博弈愈发显著。这种竞争不仅体现在经济领域，还包括对国际规则和秩序的塑造权争夺。例如，美国和中国在5G技术、人工智能等关键领域的博弈，已不仅仅是经济竞争，更涉及国家安全和全球科技主导权的问题。这种大国竞争使得全球政治局势更加紧张，并影响到其他国家的外交战略选择。

第二，地区性冲突频发。全球多个地区的冲突加剧，导致局部地区的政治不稳定性增加，尤其是中东、东欧等热点地区。例如，俄罗斯与乌克兰的冲突不仅加剧了欧亚地区的紧张局势，也对全球能源供应链产生了深远影响，全球天然气供应受限，推高了欧洲地区的能源成本，加剧了通货膨胀问题。这些地区性冲突不仅加剧了国际政治紧张局势，还对全球治理和国际合作构成了严峻挑战。

## （三）全球多极化趋势显现

全球政治逐渐从单一中心向多极化格局转变，这一趋势表现在新兴国家崛起、区域组织重要性提升、多边主义和非西方模式日渐兴起等方面。

第一，新兴国家的崛起。中国、印度等新兴经济体不仅在全球经济中的地位不断提升，它们在全球政治中的影响力也逐渐增强。新兴国家通过参与国际治理，提出与西方国家不同的政策主张，推动全球政治秩序的重构。例如，中国提出的"一带一路"倡议和在联合国等国际组织中的积极作用，展现了新兴国家在全球政治体系中的新影响力。新兴国家的崛起使得全球治理不再由传统的大国主导，推动了多极化的全球政治格局的形成。

第二，区域性合作组织的崛起。除了大国的崛起，区域性合作组织的角色也日益突出。欧盟、东盟等区域组织不仅在促进成员国间的合作方面发挥了重要作用，还在全球政治治理中占据了越来越重要的位置，尤其是在应对全球性挑战，如气候变化、全球安全等方面，这些区域性组织逐步成为国际政策制定和协调的关键平台。例如，东盟在东南亚地区的政治、经济协调方面发挥了重要作用，推动了区域内国家的稳定与发展。欧盟推动"绿色新政"，引领了全球绿色经济转型的进程，体现了区域组织在全球治理中的影响力。

第三，多边主义和非西方模式的崛起。随着全球多极化的加速，非西方国家主导的全球治理模式逐渐获得国际社会的关注。中国提出的"全球治理观"和南南合作的理念，体现了非西方国家在推动全球治理中逐步发挥着更大作用。随着这些国家在国际事务中的地位提升，全球治理的议程也开始逐步多元化。这一趋势标志着全球政治治理从单一的西方主导模式向更加多元化、平等的格局转变。

（四）发达国家内部政治极化问题

许多发达国家内部政治极化现象加剧，影响政策稳定性和全球合作意愿。政治极化带来的社会分裂和政策僵局问题突出，主要表现在政党对立、民粹主义抬头等方面。

第一，政党分裂与政策僵局。在美国、英国等发达国家，左右翼政党之间的分歧不断加剧，导致政策僵局频发，政策决策效率低下。政策僵局不仅影响国内社会的和谐，也使得外部合作和国际责任的履行受到影响。例如，美国国会因党派分歧导致预算拨款难以达成一致，甚至多次面临政府关门危机；英国的"脱欧"进程也引发了社会和政党的深层次分裂，使其在国际事务中举步维艰。

第二，民粹主义与极右翼政治的崛起。近年来，民粹主义政治和极右翼政党的崛起进一步加剧了发达国家内部的政治分裂。民粹主义政党通过煽动民族主义和反移民情绪，获得了大量选民支持，推动了反全球化、反国际合作的议程。这种政治趋势导致全球化进程中的逆转，尤其是在贸易和气候变化等全球性问题上，国家间的合作遭遇更多阻力。民粹主义的抬头，限制了全球性问题的协商和解决，也加剧了全球政治环境的分裂。

## 二、全球发展的经济环境

全球经济环境正面临一系列深刻变化，经济周期的波动、经济问题的政治化和安全化、以及供应链的重构和区域化趋势，均在重新塑造国际经济格局。

（一）经济停滞风险加大

全球经济正处于一个较为复杂的周期性波动阶段，增长乏力和停滞的现象在多个地区同时出现，尤其是在疫情后复苏过程中，经济复苏的步伐较为缓慢。

第一，经济增长放缓。世界经济增速普遍放缓，主要经济体的增长预期不断下调。发达经济体由于高债务负担和低通胀压力，面临经济增长动力不足的问题。与此同时，新兴经济体虽然在某些领域展现出活力，但仍受到外部环境的压力，经济增长普遍较为脆弱。这种增长乏力导致了全球经济的不确定性，增加了投资者的风险偏好和市场的不稳定性。

第二，通缩压力。一些发达国家和地区面临通缩风险，而不是传统的通货膨胀问题。尤其是欧洲和日本，由于长期的低需求和消费萎缩，导致价格水平和生产活动处于低迷状态。这种经济停滞不仅限制了政府的货币政策空间，还使得全球经济增长的潜力受限。

第三，结构性挑战。除了短期的经济波动外，长期的结构性问题也加剧了经济的停滞。劳动力市场的变化、技术进步的不均衡影响、以及全球市场需求的不平衡，都在影响经济体的整体增长潜力。许多国家的经济模式需要进行深度调整才能适应未来的全球经济形势。

### （二）经济问题泛政治化和泛安全化

全球经济问题正日益与政治安全问题相交织，经济政策不仅仅是为了经济增长和发展，还深深植根于国家安全和国际战略的考量之中。

第一，贸易战与经济制裁。近年来，国际经济关系中贸易战和经济制裁频繁发生，尤其是美国与中国之间的贸易摩擦，已不仅仅是经济层面的争端，而且是国家间地缘政治博弈的一部分。国家通过对外经济政策的调整，旨在保护本国的产业和安全，甚至在某些情况下，将经济手段作为政治工具。例如，针对俄罗斯的经济制裁不仅影响了全球能源市场，也直接加剧了全球的政治紧张局势。

第二，资源安全与经济竞争。能源、稀土资源等战略资源的争夺，已经不再仅仅是经济竞争的问题，更是国家安全的核心议题。特别是在全球能源转型的背景下，如何保障能源安全、如何应对资源依赖问题，成为各国政策的重要议题。资源的控制权直接影响到国家的经济安全，尤其是对发展中国家而言，资源的争夺也往往意味着政治博弈。

第三，全球化逆潮流。随着全球化进程的反向推进，一些经济问题日益被政治化。国家在实施经济政策时更多地考虑到国家利益和安全因素，例如"脱钩"

政策和贸易保护主义的抬头。这些政策不仅影响全球贸易流动性，也加剧了各国之间的经济竞争，使得国际经济合作变得更加困难。

（三）供应链重构与区域化合作加强

全球供应链正经历重构，许多国家和企业为了应对不确定性和降低对单一市场的依赖，逐步推动区域化和双边合作的模式。

第一，供应链的分散化与重构。随着新冠疫情暴露出全球供应链的脆弱性，许多国家和企业开始重新审视其供应链结构。全球化的供应链正逐步走向本地化和区域化，特别是在高科技产业和医药行业，许多企业开始将生产线迁回本国或迁至友好国家。这种供应链的重构旨在减少对外部风险的依赖，并增强对全球经济波动的适应能力。

第二，区域化与区域贸易协定的崛起。随着全球供应链的重组，区域性贸易协定变得愈加重要。区域一体化进程加快，诸如《区域全面经济伙伴关系协定》（RCEP）和《美墨加协定》（USMCA）等区域贸易协议的签署，推动了区域经济一体化的发展。这些协定不仅促进了区域内部的贸易流动，也加强了成员国间的经济联系，为应对全球经济的不确定性提供了更大的灵活性。

第三，双边合作的增加。随着全球化的某些趋势放缓，国家间的双边合作逐渐增多。各国在面对全球经济停滞和贸易争端时，更多依赖于双边协议和个别合作来保障本国经济利益。无论是在贸易、投资，还是在科技合作方面，双边关系成为了各国应对全球经济变局的关键手段。这种合作模式使得各国能够在保护本国经济利益的同时，最大限度地减少全球性经济波动带来的冲击。

## 三、全球发展的社会环境

全球社会环境正在经历深刻的变革，多重因素交织影响着全球社会的稳定与发展。贫富差距的扩大、公共卫生危机、突发性事件的增多、文明冲突的加剧、人工智能的迅速发展以及社交媒体和互联网的双重影响，正塑造全球社会的动态与未来走向。

## （一）全球贫富差距的扩大

全球贫富差距正以令人担忧的速度扩大。根据国际货币基金组织（IMF）的数据，全球超过 2/3 的总人口正面临着收入和财富不平等的加剧，这直接影响到社会的可持续发展和社会稳定。最富有的 10% 人群拥有全球 2/3 的财富，而世界上最贫困的 50% 人群几乎没有任何积累。这种贫富悬殊不仅体现在收入差距上，还表现在财富积累、教育机会、医疗资源等多方面的不平等上。在一些发达国家，经济不平等已成为社会矛盾的根源之一，底层民众的生活水平停滞甚至倒退，而高收入群体的财富却持续膨胀。社会的不满情绪加剧，民众对政府政策的不满和抗议情绪不断上升。例如，法国的"黄背心"运动和美国的"占领华尔街"运动便是对经济不平等和机会不公的反映。这种贫富差距不仅削弱了社会的凝聚力，还可能对国家的经济增长潜力和政治稳定构成严重威胁。长期来看，这一趋势可能破坏全球经济体系的稳定，影响社会的可持续发展。

## （二）全球公共卫生危机与健康保障挑战

全球公共卫生问题日益严重，尤其是在新冠疫情暴发后，全球卫生体系的脆弱性暴露无遗。疫情不仅给全球经济带来了前所未有的冲击，还揭示了世界各国在公共卫生基础设施、应急响应和传染病防控方面的巨大差距。随着全球人口老龄化的加剧，许多国家尤其是低收入国家，面临着前所未有的健康保障挑战。疫苗和医疗资源的不均衡分配使得全球公共卫生的不平等问题更加突出，尤其是南北差距的加剧。与此同时，全球疾病防控能力的差异化也暴露出各国在应对突发公共卫生事件方面的脆弱性。公共卫生挑战不仅威胁着人民的健康，也对全球社会的稳定性产生深远影响，影响国际合作与协调的效果。

## （三）气候变化与全球生态挑战

气候变化已成为全球社会无法忽视的重大挑战。全球变暖带来的极端天气、海平面上升、干旱、洪水等自然灾害频繁发生，严重影响了生态系统、农业生产和人类的生存。尤其是发展中国家，由于基础设施薄弱和应急能力不足，气候变化对这些国家的威胁尤为严重。许多国家的农业、渔业和水资源面临着巨大压力，而贫困人口则成为气候变化最直接的受害者。尽管国际社会已认识到气候变化的严峻性，并提出一系列应对措施，如《巴黎气候协议》等，但在实际执行过程中，由于各国经济结构和发展阶段的差异，全球应对气候变化的步伐依然缓慢。

（四）突发性事件与全球社会不确定性增加

自然灾害、恐怖袭击、国际冲突等突发性事件的频繁发生，日益加剧了全球社会的不确定性。气候变化引发的极端天气事件（如暴雨、干旱、洪水等）对全球多地产生了毁灭性影响，不仅造成了大量的人员伤亡，还导致了巨大的经济损失。此外，恐怖主义、地缘政治冲突、战争等因素，尤其是中东地区的战争、俄乌冲突等，进一步动摇了全球政治经济格局。诸如难民潮、能源危机和资源争夺等问题，也在不断加剧全球社会的不稳定性。这些突发性事件不仅挑战各国政府的应急响应能力，也给国际合作带来了巨大的挑战。

（五）全球文明冲突的加剧

全球化促进了不同文明和文化的交流与碰撞，但也加剧了文明冲突的风险。特别是西方价值观与非西方文化之间的差异，成为全球社会矛盾的根源之一。近年来，移民潮的涌入、民族主义情绪的抬头以及文化认同危机的加剧，凸显了文明冲突对社会稳定的威胁。移民危机引发了欧洲社会对文化认同的焦虑，民族主义的崛起和排外情绪的蔓延加剧了社会的内部矛盾。而全球范围内，诸如美国与伊朗、欧洲与俄罗斯等地区性冲突，也反映了不同文化、意识形态和价值体系之间的摩擦。这些文明冲突不仅影响国际关系的稳定，也加剧了社会内部的分裂与对立，可能威胁到全球社会的长远稳定。

（六）人工智能的深远影响

人工智能（AI）的迅猛发展正在从根本上改变全球社会的各个方面。AI 技术推动了生产力的提升和服务效率的优化，特别是在医疗、教育、金融等行业，AI

的应用已取得显著成效。然而，AI 的广泛应用也带来了一系列社会问题，尤其是对于劳动力市场的深刻冲击。低技能岗位可能会被自动化取代，导致部分劳动者失业或收入减少，而高技能人才的需求却不断增加，进一步加剧了就业市场的不平衡。此外，AI 的伦理问题、隐私保护问题以及技术滥用等社会风险，已成为各国政府和学术界关注的焦点。

（七）社交媒体的双刃剑效应

互联网和社交媒体的普及彻底改变了全球的信息传播和社交模式。社交媒体平台为个人和集体提供了发声的平台，推动了社会运动、政治改革和全球性交流，成为民主与自由表达的强大工具。例如，"阿拉伯之春"和"占领华尔街"运动，得益于社交媒体的传播，形成了广泛的社会动员。然而，社交媒体的双刃剑效应同样显现，信息的快速传播、虚假新闻、网络暴力等问题日益严重。社交媒体上的极化现象加剧了社会分裂，政治对立和舆论的两极化现象越来越显著。社交媒体的开放性和匿名性使得负面信息的传播迅速，给全球社会带来了前所未有的挑战。

# 第四章

# 全球经济发展中的市场与国家

国际分工与世界市场之间存在着密不可分的关系。国际分工是世界市场形成和发展的基础，其发展水平决定了国际交换活动的深度、广度和方式，推动了世界市场的发展。世界市场则为国际分工搭建了桥梁，强化了国家间的经济纽带，促进了资源与生产要素的全球流动。在经济全球化背景下，民族国家利益跨越国界引发无政府状态下的利益冲突，给全球治理带来挑战。但民族国家仍在全球治理中扮演核心角色，努力克服全球性难题。在全球经济格局中，南南经济合作兴起，南北经济合作则经历了从受殖民主义、意识形态束缚到全球化推动下的平等互利、规模扩大和内容多样化的转变。

## 第一节　国际分工与世界市场

国际分工是世界市场的基础，其发展水平决定了国际交换活动的深度、广度和方式，也决定了世界市场的规模和内容。同时，世界市场为国际分工的实现提供了平台和载体，加强各国之间的经济联系，促进了资源和生产要素的跨国流动。但市场机制在某些情况下，无法有效地分配资源，最终导致市场失灵。

### 一、国际分工的基础与发展历程

工业革命通过技术革新、提高社会生产率、扩大贸易范围，推动国际分工的发展。第二次世界大战结束后，以英国主导的世界殖民体系分崩瓦解，国际分工朝产业间、产业内以及产品内方向深化发展。在全球化背景下，国际分工展现出发达国家主导、国际分工形式多样化以及区域经济集团内部分工趋势加强等特点。

### （一）工业革命与初步的国际分工

工业革命通过技术的革新和生产效率的提升，为初步国际分工提供了技术支持和物质基础，同时它也扩大了国际贸易的范围，将更多国家纳入世界市场，最终促进了国际分工的形成与发展。

第一，工业革命促进技术革新。工业革命通过引入机器生产代替手工劳动，使用化石燃料作为稳定的能源供应，极大地提高了生产效率，降低了生产成本。大机器工业可以在更短的时间内以更低的成本生产出产品，例如蒸汽机的发明和使用，使得纺织业产品制造的速度和数量都得到了质的飞跃。煤炭等化石燃料替代了木材和水力等传统能源，为工厂运转提供了稳定的能源供应，保证了工厂生产的稳定性与持久性。此外，蒸汽机同样也被应用于交通运输领域，例如蒸汽火车和蒸汽轮船的应用，进一步降低了产品的运输成本，并提高了运输效率，原材料和产品可以在更短的时间内被运输到更远的地方。

第二，工业革命提升生产效率。工业革命极大推动了社会生产力的提高，使得社会生产能力和生产规模迅速扩大。国内市场需求的饱和以及原材料供给的短缺，促使英国等率先进行工业革命的国家开始在全球范围内寻求原材料资源和产品销售市场。从供给角度来看，大机器工业通过提升社会生产力，促使产品供给数量的大幅增加，使得国内市场趋于饱和。过剩的产品供给要求扩大国外市场，为产品提供更广阔的销售空间——国际产品市场。从需求角度来看，率先开始工业革命的国家对产品原材料的需求急剧增加，国内原材料的供给市场已经无法满足现有生产需求，工业化生产要求获取丰裕的、廉价的原材料——国际原材料市场。工业革命通过寻求国际产品市场和国际原材料市场，推动了国际贸易的发展，各国开始寻求与其他国家的合作和贸易往来。这种贸易活动促进了各国之间的经济联系，为国际分工的形成提供了条件

第三，工业革命扩大贸易范围。19世纪中叶，英国最早完成了工业革命，

在工业化方面取得了显著成就，成为"世界工厂"。英国的生产力水平和竞争能力远超于世界其他国家，因此初步形成了以英国为中心的国际分工格局。主要的工业生产活动发生在英国本土，处于国际分工的"生产端"，主导整个世界的国际分工情况，其余大部分国家处于国际分工的"资源端"和"消费端"。英国在其本土生产工业产品，将产品销售至国际产品市场，同时从国际原材料市场进口原材料至英国。第二次工业革命的发展，使得"美英德法"四雄并立。欧美资本主义国家强行推进资本主义国际分工，越来越多的国家进入国际分工体系，亚、非、拉美国家对外出口产品单一，并且高度依赖工业发达国家的市场，因此形成以欧美国家为中心的国际分工格局。

### （二）第二次世界大战后国际分工的深化

第二次世界大战结束后，以英国主导的世界殖民体系分崩瓦解，产业间分工开始得到发展，同一产业产品的差异性促进了产业内分工，跨国公司的崛起促使国际分工朝产品内分工方向深化。

第一，产业间分工开始得到发展。在殖民体系下，国际分工往往表现为宗主国对殖民地的单向剥削和掠夺，形成了所谓的"垂直分工"格局。第二次世界大战结束后，原有的殖民地与附属国在政治独立后纷纷走上经济发展的道路，产业间分工逐渐替代了殖民体系下的国际分工，每个国家根据其不同的生产要素禀赋以及技术差异，专注于生产其具有比较优势的产业，强调的是国家在不同产业的专业化。具体表现为，欧美等发达地区专注于技术密集型产业或资本密集型产业，而亚、非、拉美等地区的发展中国家专注于劳动密集型产业。

第二，产业内分工逐渐得到加强。随着全球化和科技革命的深入发展，出现同一产业的产品差异，市场对产品需求更加多样化。受产品差异、消费者偏好、规模经济等因素的影响，不同国家生产同一产业的不同产品或服务，或者生产相同产品的不同品种、规格、质量等级等，强调的是在相同产业内部不同产品或服务的专业化。这种产业内分工，在服装业、汽车制造业、化工行业等表现突出。具体表现为，在汽车行业，高档汽车主要来自英国、瑞典、德国，大马力汽车主要来自美国，赛车主要来自意大利等，而日本主要生产小型、省油的汽车。

第三，产品内分工逐渐得到深化。跨国公司凭借其在资本、技术、管理等方面的优势，迅速崛起成为全球经济的重要力量。受跨国公司的全球战略、生产成本、技术进步等因素的影响，跨国公司将同一产品的不同生产阶段分布在不同国家完成，每个国家或地区的工厂可能只负责产品生产链中的一个或几个环节，如设计、组装、测试等，强调的是在同一产品生产过程中不同阶段的专业化。福特公司是实现产品内分工的典型例子，该公司汽车的零部件分别来自法国、英国、荷兰、德国、挪威、丹麦、日本等国家，美国本土只生产汽车的车轮和雨刷，最后汽车是在英国组装。

### (三)当代全球化下的国际分工特点

第二次世界大战后发达国家在国际分工中占据主导地位，国际分工内容形式多样化，区域经济组织内部分工趋势逐步得到加强。

第一，发达国家成为国际分工主导力量。发达国家在国际分工中占据主导地位，通过自身的技术、资本和管理优势，引领全球产业链和价值链的发展方向。发达国家通常拥有强大的研发能力和技术创新体系，在全球市场上保持竞争优势，推动全球技术进步和产业升级。发达国家拥有庞大的资本储备和强大的金融市场，通过跨国公司的形式，在全球范围内进行产业布局和资源整合，进一步巩固了其在全球产业链和价值链中的核心位置，成为全球化背景下国际分工的主导力量。

第二，国际分工内容形式多样化发展。第二次世界大战结束后国际分工进入了深化阶段，国际分工形式、国际分工主体、国际分工内容呈现多样性、多元性、深化和细化的特点。国际分工已经从传统的垂直型分工向混合型分工转变，表现出产业间分工、产业内分工与产品内分工并存的多层次格局。传统的国际分工主要以国家为主体，而现在则出现了跨国公司、区域组织、城市等多种分工主体。随着科技的进步和产业链的延伸，国际分工的领域由货物扩展到服务领域，服务业与工业、农业生产的国际分工开始形成，金融、信息、研发等成为国际分工的重要内容。

第三，区域经济集团内部分工趋势加强。自20世纪80年代中期以来，区域经济组织显著增加，如欧盟、北美自由贸易区、亚太经济合作组织等，这些集团组织内部的国家之间形成了更加紧密的经济联系和分工合作。区域经济组织内部的国家通过优化资源配置、共同研发和生产等方式，加强了产业链和供应链的整合，安排区域经济组织内部的经济联系与分工合作。这使得各国能够根据自身优势和特点，在特定产业或产品领域形成核心竞争力，同时实现与其他成员国的优势互补。以欧洲联盟为例，欧盟内部的国家在航空航天、汽车制造、电子信息等领域形成了紧密的产业链和供应链合作关系。

## 二、世界市场的形成与深化

世界市场的形成与发展是一个长期的历史过程，经历萌芽、形成、发展三个阶段，它伴随着人类社会的进步和科技的发展，逐渐演变为一个全球性的经济体系。

### （一）区域性市场的萌芽

受制于社会生产力低下以及高昂的交通运输成本，人类早期的跨国贸易活动，商品流通数量少且范围较小。随着国家与城市的发展，推动形成了区域性国际市场，但尚未建立起世界范围的国际市场。

第一，欧洲地区市场的萌芽。中世纪西欧城市兴起后，手工业和商业开始得到发展，欧洲国家之间的贸易有所增长。到 14 世纪，西欧已出现四个区域性贸易区，主要包括有：以威尼斯、热那亚和比萨为中心的地中海贸易区；以佛兰德尔城市为中心的北海和波罗的海贸易区；以德意志北部城市汉堡、律伯克为中心的汉萨同盟以及以英国为中心的不列颠贸易区。欧洲国家之间商品交易日益频繁，其商品交易不再局限于相邻城市之间，而是逐渐扩展到更远的地区，形成了特定区域的贸易市场。

第二，东亚地区市场的萌芽。9 世纪开始唐王朝与朝鲜半岛政权、日本政权之间主要盛行朝贡-回赐贸易，后期则活跃地开展着由新罗和唐朝商人先后主导的海运贸易。新罗商人以及唐朝商人完成了从中国运送货物至日本，再购买日本货物贩至中国的三角贸易全部环节，此时东亚三国间的贸易已扩展为区域性整体贸易。10—13 世纪中国宋朝经济大转型，南方稻米经济的兴起和丰富资源的开采提高了农业生产力，促进了人口大爆炸，刺激了新技术和产业的面世，催化形成了东亚海上贸易世界。茶叶、瓷器、丝绸、铁制品、纸张、书籍、糖以及大米、大豆和小麦等主食成为该区域的主要商品。

第三，南亚地区市场的萌芽。7 世纪到 12 世纪时期，印度的贸易规模不断扩大，与东南亚、中国等地区的贸易联系更加密切。商业和贸易活动主要由海上商人掌控，海上商人在印度洋上航行，将印度的物品运到东南亚和中国等地，并从这些地区进口物品返回印度。印度的出口物品包括棉花、丝绸、香料、贵金属、玻璃器皿、珠宝等，进口物品包括丝绸、瓷器、武器、铁制品等，形成了以印度为中心的南亚贸易区。

## (二)世界市场的形成

地理大发现打破了世界各地相对隔绝的状态，工业革命则提高了社会生产力并改善了交通运输条件，资本主义制度取得世界统治地位，亚、非、拉许多国家被卷入资本主义世界市场，最终形成了统一的世界市场。

第一，新航路加强世界各地联系。15 世纪到 17 世纪，欧洲船队在世界各地的海洋上寻找新的贸易路线和贸易伙伴，极大促进了世界各地之间的联系。探险家们发现了绕过非洲好望角到达印度的航线，以及横渡大西洋到达美洲的航线，这些新航路极大地缩短了欧洲与亚洲、非洲和美洲之间的距离。此外，哥伦布在寻找通往亚洲的新航路时意外发现了美洲大陆，新大陆也随之开启与世界的联系。地理大发现打破了各大洲之间的相对孤立状态，建立起欧洲、亚洲、非洲和美洲之间的联系。

第二，殖民地与半殖民地国家卷入世界贸易体系。新航路的开辟打破了原有的贸易格局，使欧洲与亚洲、非洲和美洲之间的直接贸易成为可能。西欧资本主义生产方式的萌芽以及殖民主义的发展，加强了欧洲国家对全球经济的控制，促使西欧各国前往非洲、亚洲以及美洲开展"自由贸易"，把不发达国家、民族和地区变成自己的商品市场、原料产地、投资场所等。率先完成工业革命的英国，接连打败西班牙、荷兰、法国等竞争对手，到世界各地抢占商品市场和原料产地，把许多殖民地国家和半殖民地国家和地区卷入资本主义贸易体系，封建自足经济开始瓦解，世界市场初步形成。

第三，工业革命推动世界市场最终形成。第二次工业革命极大地推动了社会生产力的发展，而内燃机的创新使用以及通讯技术的革新，为交通工具的革命性变化提供了可能。社会生产力进一步的提高以及交通工具革命性创新，在全球范围内推动了商品的生产和贸易规模的扩大，进一步密切了世界各地的经济联系。资本主义制度取得世界统治地位，资本主义国家利用第二次工业革命带来的技术优势和经济实力，在全球范围内争夺殖民地和划分势力范围，更多国家被卷入资本主义世界市场，20世纪初世界市场于是形成。

（三）世界市场的深化

当代世界市场呈现出市场范围显著扩大、商品结构发生转变、国际贸易方式数字化的发展特点，这些特点不仅反映了全球经济结构的调整和升级趋势，也为世界市场的发展提供了新的机遇和挑战。

第一，世界市场范围扩大。随着新兴的民族独立国家作为主权国家加入世界市场，参与主体数量显著增加。东南亚、拉美、中东及非洲等地，为全球市场注入了新的活力，这些地区的人口红利、消费活力以及不断优化的营商环境，吸引了众多跨国公司和投资者的目光。全球商品市场的范围不断扩大，涵盖了从原材料到制成品、从消费品到资本品的各个领域。随着技术的进步和消费者需求的多样化，新型商品和服务不断涌现，进一步丰富了全球市场的产品线。此外服务贸易在全球经济中的地位日益提升，其中信息技术、文化创意等新兴服务领域增长势头强劲。

第二，世界市场商品结构发生转变。随着全球工业化和制造业的发展，工业制成品在国际贸易中的比重持续增加，其贸易年均增长速度远超初级产品，初级产品在世界贸易中的比重有所下降。而技术的发展与应用，使得工业制成品中高技术产业和高技术含量产品在国际贸易中比重上升，微电子技术产品、生物技术产品、新材料技术产品等成为世界商品市场的热点。此外，世界市场中第三产业服务商品比重上升，服务贸易快速增长，金融服务、保险、运输等传统服务贸易得到进一步发展，国际租赁、国际咨询和管理服务、技术贸易、国际旅游等新兴服务贸易发展迅速。

第三，世界市场贸易方式数字化发展。随着互联网的普及和信息技术的发展，电子商务的兴起改变了传统的商业模式和交易方式。电子商务通过互联网平台实现了在线交易，消费者可以随时随地浏览商品、比较价格、下单购买。电子支付、移动支付等支付方式的创新，大大简化了交易过程，提高了交易效率。企业对企业(B2B)、企业对消费者(B2C)、消费者对消费者(C2C)等多种商业模式的兴起，为企业贸易发展提供了更多的空间。

### 三、国际分工与世界市场的关系

国际分工与世界市场之间存在着密不可分的关系。国际分工是世界市场形成和发展的基础，其发展水平直接决定了国际交换活动的深度、广度和方式，推动了世界市场的发展。世界市场为国际分工的实现提供了平台和载体，促进国际分工的深化和发展。但在一定程度上，国际分工和世界市场之间也存在着相互制约的关系。

#### (一)国际分工推动世界市场的发展

国际分工是推动世界市场发展的重要力量，其通过增加贸易往来、优化资源配置、重塑产业链等方式，扩大世界市场规模，加深世界市场的利益联系，并加强区域经济一体化发展。

第一，国际分工扩大世界市场规模。国际分工通过促进商品流通的全球化以及生产过程的国际化，显著扩大了世界市场规模。从生产端来看，随着国际分工的深入发展，商品的生产和销售不再局限于某一城市或某一国家，而是扩散至全球范围。各国依据自身的资源禀赋、技术水平，进行专业化的分工合作，再被统一运送到专门的组装车间进行最后的组装，最终将更多国家纳入世界市场。从销售端来看，商品在产地生产后，销往世界各地不同地方，形成世界销售市场，又进一步推动了世界市场规模的扩大。

第二，国际分工加深世界市场利益联系。国际分工的深化使得各国在产业链中的位置更加明确，加深了各国之间利益关系，形成了一个相互依存、相互影响的世界市场，这种经济依存度的提升推动了世界市场的深化发展。此外，国际分工也促进了全球贸易的繁荣，通过国际贸易实现国际分工活动中的资源和产品互补，加深了各国之间的经济联系，进一步推动了世界市场的深化发展。

第三，国际分工加强区域经济一体化。传统的区域经济合作往往局限于地理位置相近的国家或地区之间，但随着国际分工的深入发展，这种合作模式已经无法满足各国对于资源、市场和技术的需求。国际分工实现了资源的互补和优化配置，促使区域经济合作突破地理位置的界限，朝着跨区域、多层次、多体制方向发展。

## （二）世界市场为国际分工深化提供了更广阔的空间

世界市场的竞争压力促使各国不断追求技术进步和创新，推动了国际分工的细化和深化，新兴经济体加入世界市场后正改变传统的国际分工格局，加剧了国际分工的竞争性。

第一，推动国际分工的深化和细化。世界市场的竞争压力促使各国不断追求技术进步和创新，以提高产品的竞争力。技术进步和创新不仅推动了新产品的开发和生产，也促进了生产过程的改进和效率的提升。随着技术的发展和全球化的深入，国际分工逐渐由垂直型分工，转变为以现代技术和工艺为基础的工业部门之间的水平型分工，产业内部的分工逐步增强。在同一产业内部，不同企业可以专注于不同的生产环节和零部件的生产，国际分工朝着细化与深化方向发展。

第二，重塑国际分工的格局。随着世界市场的发展和变化，中国、印度等新兴经济体利用自身的优势资源、低成本劳动力以及技术引进与创新，建立了强大的制造业和出口体系。新兴经济体的崛起和发展中国家在全球价值链中地位的提升，使得发展中国家不再仅仅从事原料生产或初级加工，而是积极参与到更复杂的生产环节中，甚至主导某些新兴产业的国际分工，改变了发达国家主导的传统国际分工格局。

第三，提升国际分工的竞争力。世界市场不断扩大，各国之间的经济联系日益紧密，不仅为各国提供了更多的机会和可能性，而且也带来了更加激烈的竞争。新兴经济体国家逐渐在全球价值链中占据重要位置，与发达国家争夺市场份额。

### (三)国际分工与世界市场的相互制约

国际分工与世界市场不仅相互影响、相互促进，而且还存在相互制约的关系。国际分工不平衡发展加剧世界市场的不平等，各国之间日益紧密的产业链增加了世界市场的风险。同时，世界市场的需求波动也会影响国际分工的稳定性。

第一，国际分工加剧世界市场不平等。国际分工中发达国家往往占据技术、资本等高端要素的优势地位，而发展中国家则可能被迫陷入低附加值、劳动密集型的生产环节。这种分工不平衡加剧了国际市场中的不平等现象，使得发展中国家在全球价值链中处于不利地位，难以获得公平的市场机会和利益分配。

第二，国际分工增加世界市场风险。国际分工的深化发展，促使各国之间的产业链紧密相连，形成了一个错综复杂而又相互依存的全球经济网络，但这种紧密联系也增加了市场风险。一旦某个环节出现问题，如供应链中断、原材料价格上涨等，都可能对整个产业链造成冲击，进而影响世界市场的稳定和发展。

第三，世界市场需求波动影响分工稳定性。世界市场需求剧烈变化，可能导致某些产业或产品的生产过剩或短缺，进而影响国际分工的平衡和稳定。一方面，市场需求的急剧增长可能导致某些产品的短缺，引发跨国界的资源争夺，破坏原有的生产合作关系，影响国际分工的稳定运行；另一方面，市场需求的突然下降则可能引发某些产业或产品的生产过剩，引发国家间对市场份额的争夺，打破基于比较优势形成的国际分工。

## 四、全球经济发展中的市场失灵

市场失灵是指市场机制在某些情况下无法有效地分配资源，导致资源配置效率低下。国际公共品的缺失、世界市场信息不对称、跨国企业在世界市场的垄断等因素都会造成市场失灵，其主要表现形式包括全球资源配置效率低下、世界收入分配不公平以及全球经济波动与失衡，最终导致全球贸易壁垒增加、全球投资机会减少、世界经济增长速度放缓等负面影响。

### （一）世界市场失灵的原因

公共品因其非排他性和非竞争性的特性难以通过市场机制进行有效供给，信息不对称等问题凸显市场的不完全性，市场垄断突出市场势力不均衡。这些问题导致市场无法完全有效地传递信息、匹配供需，进而导致资源配置的扭曲和浪费，造成市场失灵。

第一，国际公共品缺失。国际公共品具有公共品的基本特性，即受益的非排他性和消费上的非竞争性。然而，国际公共品的生产和提供可能涉及巨大的经济成本，部分强国根据经济考量或政策优先级的权衡，不愿再提供国际公共品，这也导致了在部分关键领域国际公共品供给的缺失，例如：全球气候治理、全球卫生安全等。即便在有限的供给情况下，也可能因为政治、经济、地理等因素导致国际公共品分配不均。

第二，世界市场信息不对称。信息不对称可能导致市场价格失真，无法准确反映商品或服务的真实价值。在信息不对称的情况下，市场参与者往往无法基于完全信息做出决策，例如：逆向选择和道德风险。逆向选择是指由于信息不对称，市场参与者基于有限信息做出的选择可能不是最优的，导致市场出现次品驱逐良品的情况。道德风险则是指由于信息不对称，拥有信息优势的一方可能利用这一优势做出损害另一方利益的行为。这种信息的不平等分布会影响市场的有效运作和资源的优化配置。

第三，跨国企业在世界市场的垄断。跨国垄断企业利用其市场支配地位，对弹性需求小的消费者群体收取高价，而对需求弹性大的消费者群体降低价格，造成价格歧视。垄断者可能会将资源用于维护其垄断地位，而不是用于提高生产效率或满足市场需求，导致资源配置的失衡以及市场的低效运行。此外，市场垄断会破坏公平竞争的环境，阻碍其他竞争者进入市场，垄断者缺乏动力推动技术创新和产品改进，更倾向于维持现有的产品和生产方式，抑制世界市场创新的发展。

### （二）世界市场失灵的表现形式

市场失灵将会导致资源浪费、加剧贫富差距，主要表现为资源配置效率低下以及收入分配不公平。此外，市场调节的滞后性和局限性使得经济易受外部冲击，出现周期性波动和结构性失衡。

第一，全球资源配置效率低下。由于垄断、公共物品信息不对称等原因，世界市场无法准确反映资源的真实价值和成本，进而使得资源得不到最有效的利用和分配。垄断企业控制了市场，为确保其自身利益的最大化，可能导致资源在低效的生产方式中被浪费。公共物品由于其非排他性和非竞争性的特点，造成资源浪费。信息不对称则可能导致逆向选择和道德风险问题，使得市场参与者无法做出基于完全信息的决策，进而降低资源配置效率。

第二，世界收入分配不公平。世界市场机制和世界市场竞争主要追求效率，收入按要素索赋分配，促进资源的优化配置。在世界市场失灵的情况下，资源可能被少数资本拥有者操控，通过垄断、不正当竞争等手段，获取超额利润，而普通劳动者和中小企业则难以分享到市场增长的果实，加剧了社会贫富差距的扩大。收入分配的不公平不仅影响社会的稳定和和谐，还会阻碍经济的可持续发展。

第三，全球经济波动与失衡。世界市场失灵可能引发商品价格的剧烈波动，在供需关系失衡时，供求双方通过价格的上升或下降来重新达到平衡，这些价格波动直接影响到企业和消费者的预期和行为，加剧了经济的不稳定。此外，世界市场失灵还可能导致金融市场的过度波动，如股市的暴涨暴跌、汇率的大幅波动等，进而扭曲世界市场机制，阻碍效率提高和技术进步，对全球经济波动产生影响。

(三)世界市场失灵对全球经济发展的影响

市场失灵对全球经济的影响显著，投资贸易环境明显恶化，阻碍国际资本流动与贸易合作，全球贸易壁垒增加，投资机会减少，抑制经济增长潜力。

第一，全球贸易壁垒增加。世界市场失灵可能导致市场集中度过高，导致价格操纵、低质量产品和服务以及消费者权益受损。在世界市场中，这种垄断行为可能阻碍贸易自由化进程，影响全球贸易的稳定发展。此外，世界市场无法提供完善的信息，导致买卖双方无法充分获取有关产品和服务的信息，从而采取更加保守的贸易决策。此外，政府可能通过增设贸易壁垒来纠正市场扭曲，以保护本国产业免受外部冲击。

第二，全球投资机会减少。世界市场失灵会导致资源配置效率的降低，使得全球范围内的投资机会减少。跨国公司在寻求投资机会时可能面临更加复杂的政策环境、更高的市场准入门槛以及更多的不确定性。资本可能无法流向最需要资金的项目和行业，导致资源浪费和效率低下。同时，市场失灵还可能引发资本过度集中于某些行业或地区，导致投资结构失衡。

第三，世界经济增长速度放缓。世界市场失灵可能引发国际贸易和投资环境的不稳定，增加投资风险。这使得投资者在做出投资决策时更加谨慎，甚至可能减少投资，从而抑制了经济增长的潜力。在世界市场失灵的情况下，企业的创新动力可能受到削弱，由于市场环境的不确定性和投资风险的增加，企业可能减少在研发和创新方面的投入，这限制了新技术和新产品的诞生，进而抑制了经济增长的潜力。

### (四)世界市场失灵的治理

加强国家间合作，维护以联合国为核心的国际体系；改革传统国际治理机构，强化世界贸易组织的作用；增强非政府组织的参与度，提高问题响应的灵敏度。

第一，加强国家间合作。各国政府维护以联合国为核心的国际体系、以国际法为基础的国际秩序、以联合国宪章宗旨和原则为基础的国际关系基本准则。通过外交手段推动地区冲突的降温，如俄乌冲突、以色列-巴勒斯坦冲突等，减少冲突对全球经济的冲击。建立更有效的全球危机应对机制，应对地缘政治冲突带来的经济后果。

第二，改革传统国际治理机构。强化世界贸易组织(WTO)的核心作用，减少单边主义和贸易保护主义，维护公平、开放、透明的国际贸易环境。加强与有关各方在国际货币基金组织、世界银行、世界贸易组织等机制内的协调和配合，推动改革国际金融机构。

第三，增强非政府组织的参与度。非政府组织(NGO)作为民间社会的重要力量，借助灵活性与贴近基层的优势，能够迅速响应世界市场失灵的问题，通过与国际组织的紧密协作，NGO 能够将这些基层声音有效传达至国际舞台，促进政策制定的包容性与实效性。

# 第二节 民族国家与国家主义视角的全球发展

经济全球化背景下，各民族国家的利益已超越自身边界，民族国家的发展推动了全球的发展。在无政府状态下，民族国家内与民族国家之间的利益冲突，又给全球治理发展带来挑战，但民族国家仍在全球治理中扮演重要角色。

## 一、民族国家及其在全球化中的角色

居民、领土和主权是构成民族国家的三个基本要素。民族认同与国家主权之间存在密切的联系，民族认同是国家主权的基础与支撑，而国家主权对民族认同起到保障作用。在全球化大背景下，民族国家仍在政治权力核心、全球经济治理、国际法规制定等方面扮演重要角色。

### （一）民族国家的基本构成要素

民族国家的基本构成要素包括居民、领土和主权。居民构成其社会基础，领土是国家存在的地理基础，主权则是国家的核心权力体现。这三个要素相互依存、相互作用，共同构成了民族国家的核心和基础。

第一，国家居民。居民是构成国家的基本条件，是国家的主体。每一个国家都由定居的居民组成，这些居民通常具有共同的语言、文化和心理特征，这些共同点使得他们能够在同一个政治实体内形成共同的认同感和归属感。在国家的初始状态，一个国家内人口的民族性可能比较单一，但随着国家的演进，可能会有更多不同民族、种族、宗教或文化背景的人口迁移到同一个地方定居下来，共同生活在同一个国家。

第二，国家领土。领土是形成国家的物质基础，是国家行使主权的空间。有些领土是历史上自然形成的，比如一个民族在长期的生活中逐渐形成的聚居地。

而有些领土则是通过法律、条约等方式确定的，如国际条约中的领土划分或国家间的领土交换等。民族国家需要一定的地理范围作为其领土基础，其不仅是国家行使主权的范围、民族成员生活和活动的场所，也是国家政治、经济、文化等方面发展的基础。

第三，国家主权。主权是国家独立自主地处理其内外事务的权力，国家在其边界内拥有完全的控制权和自主权，可以自主决定其政治、经济、文化和社会制度，以及对外政策和国际关系，不受其他国家的干涉。在国际交往与合作中，国家可以自由平等地与其他国家建立外交关系、参与国际事务，不论国家大小、强弱都享有相同的国际权利和国际义务，具有独立的地位。

### (二)民族认同与国家主权的相互关系

民族认同与国家主权之间存在密切的联系，民族认同为国家主权提供了基础与支撑，两者共同追求国家统一、稳定和繁荣的目标，同时国家主权的稳固和行使也可以进一步促进民族认同。

第一，民族认同是国家主权的基础与支撑。民族认同有助于形成国家统一的意识形态和文化基础。一个民族对其所组成国家的认同，是基于对该民族自身历史、文化、语言和宗教信仰等方面的认同感和归属感。这种认同感为国家主权的存在提供了心理和文化上的支撑，激发国民的凝聚力。民族认同可以激发国民的爱国情感，在面临外部威胁时，国民团结一心共同抵御外敌入侵，捍卫国家的独立和主权。此外，民族认同有助于消除民族间的隔阂和矛盾，加强多民族国家各民族之间的认同感和归属感，提高彼此之间的联系和合作。

第二，民族认同和国家主权追求共同目标。民族认同与国家主权共同追求国家的统一、稳定以及繁荣等目标。民族认同通过促进民族团结和凝聚力，为国家的统一提供了坚实的基础；而国家主权的核心就是确保国家的领土完整和政治统一，不容忍任何分裂国家的行为。民族认同的强化有助于减少民族间的矛盾和冲突，促进社会的和谐稳定；而国家主权通过维护国家的独立性和自主性，为国家的稳定提供了保障，应对内外各种挑战。民族认同的增强可以激发民族成员形成合力，共同推动国家的繁荣；而国家主权的行为使国家的发展和繁荣提供了政治和法律保障，推动经济的快速增长和社会的全面进步。

第三，国家主权对民族认同具有保障作用。国家主权通过保护国家的完整性和独立性，为民族的生存和发展提供了安全保障，确保民族在自己的领土上享有自由、尊严和安全。这种安全保障能够促使民族国家在稳定的环境中发展经济、文化和科技，促进民族的繁荣和进步。此外，国家主权也有助于稳固和深化民族认同，加强对民族文化的保护和传承，推动民族文化的创新和发展，从而增强民族成员的自豪感和归属感。

### (三)民族国家在全球化中的角色

在全球化浪潮中，民族国家作为政治权力的核心、经济治理的关键主体及国际规则制定的主导者，不仅维护国内的稳定与秩序，还积极参与全球经济治理与国际合作，推动国际规则的制定与修订，以应对全球性挑战，实现共同发展与繁荣。

第一，政治权力的核心地位。民族国家在全球化时代中仍是最重要的政治权力主体，尽管国际组织和跨国公司等非国家行为体的影响力在增强，但民族国家的主权地位并未被削弱。民族国家拥有立法权和行政权，能够制定和执行国家政策，管理公共事务。这种权力使得民族国家能够有效地应对全球化带来的挑战，如经济波动、移民问题、环境保护等。此外，民族国家依旧是国际法和国际事务的核心参与者，其通过外交手段维护国家利益，与其他国家在世界市场中竞争合作。

第二，经济治理的重要主体。全球经济治理体系虽然呈现出多边化、复杂化的新特征，但民族国家仍然是这一体系的核心，国际市场治理形式和经济活动仍然与民族国家直接相关。各民族国家通过协商沟通、参与国际组织等方式，对全球贸易体系、金融体系、投资体系产生深远的影响。民族国家通过参与世界贸易组织(WTO)等多边贸易机制，加强与其他国家的经济合作与贸易往来，推动全球贸易的扩大和深化；通过参与国际货币基金组织(IMF)、世界银行等国际金融组织，加强国际金融合作与协调，共同应对金融危机和金融风险；通过签署双边或多边投资协定，加强与其他国家的投资合作与保护，为投资者提供更加稳定和安全的投资环境。

第三，国际规则制定的主导者。民族国家是国际社会的基本构成单位，在国际关系中占据主体地位。尽管有非国家行为体参与国际事物，但这一事实并不改变民族国家的核心地位，其仍然是国际规则制定的核心力量。在气候变化、贸易、人权等全球性问题上，民族国家通过参与国际会议、签署条约和公约、国际组织等方式，协商制定国际法或是全球治理规则，共同推动相关国际规则的制定和执行。此外，民族国家之间的互动和外交政策可以影响国际规则的形成和发展，强大的民族国家往往在国际规则制定中拥有更大的话语权。

## 二、国家主义的理论发展、现实表现及其对全球发展的影响

国家主义强调国家利益、国家主权和国家统一的重要性，在不同国家中的表现因其历史、文化和政治背景的不同而有所差异，并对国际贸易、对外直接投资以及全球供应链等方面产生一定的负面影响。

### （一）国家主义的理论发展

国家主义是一个涵盖广泛的理论概念，它强调国家利益、国家主权和国家统一的重要性，主要包括有早期国家主义理论、民族国际理论以及现代国家主义理论。

第一，早期国家主义理论。国家主义的早期理论主要体现在对国家主权的强调上，法国政治思想家让·博丹（Jean Bodin）在 16 世纪首次在《国家六论》中系统地提出和论述了国家主权学说，认为主权是一国享有的、统一而不可分割的、凌驾于法律之上的最高权力，对内具有至高无上的权威，对外则表现为独立和平等的地位。18 世纪的欧洲经历了工业革命、政治革命和社会变革，民族意识逐渐觉醒，国家主义在德国与意大利等欧洲国家开始流行。这一思想主张国家至上，个人要完全服从国家，奉行民族和国家的自由，限制个人的意志和自由。国家主义作为一种政治学说，适应了当时欧洲民族国家独立和统一的需要，成为德国和意大利完成统一的理论武器。

第二，民族国家理论。民族国家理论的形成和发展与欧洲的历史进程密切相

关，其起源于中世纪晚期，并在资产阶级革命和民族独立运动时代普遍形成。民族国家理论强调民族与国家的统一性、民族自决原则、政治整合与统一、民族平等与团结以及国家主权与独立等核心内容。民族国家理论主张国家与民族应当紧密结合，国家应当基于一个或多个民族建立，而民族则应当拥有独立建国的权利。该理论还强调每个民族都有权决定自己的命运和前途，每个国家应当拥有独立的主权，都能够自主选择自己的政治制度、经济制度、文化发展道路以及对外政策等。

第三，现代国家主义理论。现代国家主义理论是一个强调国家主权、国家利益、国家安全以及国民利益的政治学说。该理论强调在其领土范围内国家拥有最高的权力，不受任何其他实体的干涉；主张国民通过契约法律授权政府管理国家事务，并要求国家通过法律和政策等手段来维护国家利益和保护国民权益。此外，现代国家主义理论也关注社会公平和弱者保护，反对资本主义的过度自由化和市场化，致力于实现社会的公正与和谐。

### (二) 国家主义的现实表现

国家主义在不同国家的表现因历史、文化、政治和经济背景的差异而各异，但普遍强调国家利益的重要性，并倾向于强化政府在各方面的作用。从美国的罗斯福新政，到德国强烈的民族认同，均体现了国家主义在不同国度的具体实践。

第一，国家主义在美国的表现。南北内战和新国家主义思想推动了美国国内政治、经济的深刻变革，强化了联邦政府的角色，并促进了民主化进程。在经济领域，国家主义要求政府适度干预市场，保护国民利益。罗斯福提出主张联邦政府干预自由市场，保护劳工权利、保护自然资源等。在社会层面，它关注社会公平和弱者保护，推动教育、医疗等领域的普及与进步，这种国家主义不仅体现在国家的政治和经济决策中，也深深植根于美国人民的日常生活和文化传统之中，形成了美国独特的国家认同感和民族精神。

第二，国家主义在中国的表现。在中国，国家主义强调国家作为公共利益的最大维护者，应通过强有力的政策执行和资源调配，确保经济、政治、文化等多领域的协调发展。国家主义还激发了国民的爱国主义情感，将个人命运与国家命运紧密相连，形成了强大的民族凝聚力和向心力。同时，国家主义还关注社会公平与正义，通过社会保障、扶贫等政策，努力缩小社会差距，保护弱势群体的权益。此外，国家主义还体现在对媒体的严格监管和舆论的正确引导上，以确保信息的真实性和公正性，维护社会稳定和公共利益。

第三，国家主义在德国的表现。国家主义在德国的表现深刻而多元。政治上，德国通过强化国家权力和中央集权，建立了统一而强大的民族国家，形成了强烈的民族认同和凝聚力。经济上，国家主义推动了工业化进程，通过国家干预和国有化等手段促进了经济发展，并建立了完善的社会保障体系，保护了劳工权益。在文化教育领域，国家主义强化了德国文化的独特性，形成了具有鲜明特色的民族文化和精神。

### （三）国家主义对全球经济发展的影响

国家主义对国际贸易、对外直接投资以及全球供应链等方面造成一定的负面影响。其可能加剧贸易壁垒、影响贸易协定与伙伴关系的稳定性，增加外国投资的风险与限制，并加剧供应链的碎片化和割裂化趋势。

第一，阻碍国际贸易的发展。国家主义对国际贸易的影响主要体现在保护主义政策的实施以及多边贸易体系的动摇。国家主义强调国家贸易与产业的安全，为保护本国产业和市场，可能会导致国家采取提高关税、设置非关税壁垒等贸易保护措施，阻碍国际贸易自由化和全球化的进程。在国际贸易协议与规则谈判中，国家主义强调本国的贸易利益，促使国家倾向于根据自身利益解释规则与协议，导致多边贸易谈判更加复杂和困难，影响全球贸易的稳定和发展。此外，国家主义还可能引发贸易战，部分国家为追求绝对的贸易公平，对其余国家采取报复性制裁措施，导致全球贸易环境恶化。

第二，增加对外直接投资的限制。受国家主义的影响，一些投资可能会被视为具有政治色彩，这无形中加剧了东道国政府对外资的审查和限制力度，从而显著提升了政治风险，给投资项目的顺利推进带来了不小挑战。具体来看，东道国政府可能会限制外国投资者进入某些被视为战略性或敏感性的行业和领域，设置更多市场准入条件，如限制外国公司参与政府采购或对外国投资者施加额外的监管要求特别是涉及国家安全的领域。这会直接延迟或阻止一些投资项目的实施，压缩了投资国对外直接投资的潜在空间以及预期收益。

第三，威胁全球供应链的安全与稳定。国家主义可能导致国家更加重视供应链的安全和风险管理，在全球供应链中采取更加独立和自主的策略，各国可能更倾向于建立独立的供应链体系，这导致全球供应链出现碎片化趋势。此外受国家主义的影响，某些国家还可能会寻求与盟国的合作，建立起关键物资、技术的供应链"朋友圈"。这会导致技术合作受阻，减少与非盟友国之间的交流与合作，影响全球供应链中关键技术与关键物资的正常传播与供应。

## 三、国家内政与对外经济政策

国内政治与国际对外经济关系紧密相连，政治领导人的决策、公众舆论导向及利益集团博弈共同塑造国家对外经济政策，影响国际经济舞台上的表现与合作竞争态势。同时，国际经济关系的变化反馈于国内政治，影响经济利益分配、劳动力市场及政治稳定。

### （一）国家内政对其对外经济政策的影响

国内政治对国际对外经济关系的影响是深刻和多层面的，其中政治领导人的政治决策、公众的舆论导向以及利益集团的利益诉求与影响力，共同构成了影响国家对外经济关系的复杂网络，决定了国家在国际经济舞台上的表现、合作与竞争态势。

第一，政治领导人影响对外经济政策的决策。政治领导人的意识形态、政治目标和个人信念会直接影响对外政策的制定和执行。意识形态是政治领导人看待世界和事物的基本观念，它决定了领导人在国际事务中的基本立场和价值取向。具体来看，持有自由主义意识形态的领导人可能更倾向于国际合作与自由贸易。政治目标是领导人希望国家实现的具体外交成果，其将直接影响他们在外交谈判中的策略选择，以及他们愿意为达成目标而付出的代价。个人信念是政治领导人个人的价值观和信仰，其可能使领导人在处理国际事务时具有独特的视角和偏好，从而影响对外政策的制定和执行。

第二，公众影响对外经济关系的舆论。国内公众对外交政策的看法和需求可以通过选举、媒体等途径影响政府的对外政策。公众可以通过选举投票来选择那些与自己外交政策立场相一致的政党或候选人，从而间接地影响政府的对外政策方向。随着互联网的普及，社交媒体平台为公众提供了一个开放的、互动的讨论空间，使得公众能够公开表达自己的观点和看法。公众声音能够更直接地传达到政府和社会各界，从而形成舆论压力，促使政府更加关注和回应公众的需求和关切，对政府的外交政策产生影响。

第三，利益集团影响对外经济关系的政策。各种利益集团，如商业组织、劳工团体和非政府组织，通过游说、政治动员、公众宣传等多种手段，积极参与并试图影响对外政策，以维护自身的利益。商业组织通常关注国际贸易、市场准入和投资环境等问题，他们努力推动政府签订有利于本国企业利益的贸易协定，同时抵制可能对本国产业造成负面影响的贸易政策。劳工团体则更关注劳动权益、工资水平和工作环境等问题，支持政府采取保护国内劳动市场的对外政策，并反对可能导致工作机会流失的国际贸易协定。非政府组织则关注人权、环境保护和可持续发展等议题，推动政府将这些问题纳入对外政策考量之中。

### (二)对外政策对国家内部政治的影响

对外政策不仅影响国内经济利益的分配格局、劳动力市场的供求状况，还可能导致国内政治联盟的形成、重组或冲突，关系国内政治的稳定性和政策走向。

第一，加剧国内经济利益分配不平等。对外经济关系直接影响国内不同产业和利益群体的经济利益，例如，出口导向政策可能使制造业和出口型企业所在的地区或社会群体获得更多经济利益，而进口限制政策则可能使受保护的产业所在地区或群体受益。这种利益分配可能加剧社会不平等和阶层分化，导致资源分配的不均衡，受到政策影响的不利群体可能会产生不满情绪，从而引发社会不满和政治动荡。

第二，影响国内劳动力市场就业。对外经济关系对就业和劳动力市场有显著影响，在开放的市场环境下，企业能够更自由地参与国际贸易，进而扩大生产规模，创造更多的就业机会。这种趋势不仅使得劳动力需求增加，还促进了劳动力的流动和优化配置，有助于提升整个社会的生产效率。在封闭的市场环境下，可能导致某些行业萎缩，提高国内失业率，对劳动力市场造成负面影响，进而引发社会政治动荡。

第三，重组与分化国内政治联盟。根据社会联盟理论，对外经济关系会导致不同社会集团在利益基础上的分化和聚合，形成不同的政治联盟，影响国内政治力量的平衡。政治联盟的形成进一步加剧了国内政治力量的分化与重组，支持自由贸易的政治联盟可能强调市场的效率和活力，推动经济全球化和一体化；而支持贸易保护主义的政治联盟则可能强调民族利益和国家安全，推动国家主义和保护主义。这两种力量的平衡与较量，将直接影响到国内政治的稳定和发展方向。

### (三)国内政治决策与对外经济政策制定的互动关系

国内政治决策与对外经济政策制定是一个相互影响的过程，国内政治决策影响对外经济政策制定的方向，对外经济政策制定反作用于国内政治决策，二者相互影响、相互制约。

第一，国内政治决策影响对外经济政策制定的方向。国内政治制度决定了政府制定对外经济政策的基本框架和价值取向，这不仅体现在政策制定的过程和机制上，还体现在政策的价值取向和实施效果上。追求经济增长和国家竞争力的政治制度可能更注重贸易和投资自由化，而强调国家安全和独立的政治制度可能更注重保护国内市场和产业。此外，国内政治制度的稳定性和连续性也会影响对外经济政策的连贯性和有效性，执政党的交替可能会因政策理念、执政目标和优先事项存在差异，导致政策连续性的中断。

第二，对外经济政策制定反作用于国内政治决策。对外经济政策的成功或失败将直接影响国内政治的稳定性。成功的经济政策能够促进经济增长、增加就业机会、改善民生福祉，从而增强国内政治的稳定基础。相反，经济政策的失败或外部冲击可能导致经济下滑、社会不满增加，进而威胁国内政治的稳定。此外，通过加入国际经济组织、签订自由贸易协定等方式，可以推动国内法律制度的改革、市场机制的完善以及政府职能的转变等，进一步塑造国内政治环境。

第三，国内政治决策与对外经济政策制定相互促进。国内政策决策与对外经济政策制定之间相互依存、相互促进。一方面，国内政治环境的稳定性和连续性为对外经济政策的制定和实施提供了保障；另一方面，对外经济政策的成功实施又可以促进国内政治的稳定和发展。同时，国内政策决策的调整和变革也会为对外经济政策提供新的机遇和挑战，而对外经济政策的反馈和调整也会为国内政策决策提供新的思路和方向。

## 四、全球经济发展中的无政府状态与全球治理

在全球经济发展中，各国独立自主地参与国际经济交往，但在国际无政府状态下的治理难题日益凸显。各国对外政策的自主性导致国际行动难以统一，全球公共产品供给捉襟见肘，国际规则执行也常现差异。无政府状态下，全球治理面临机制碎片化、国际利益与全球利益冲突、全球问题的复杂性和跨国性等挑战。但民族国家仍在全球治理中扮演着重要角色，既是规则的制定者与执行者，也是国际合作的推动者，努力克服全球性挑战。

### （一）国际无政府状态的表现

在全球经济发展过程中，没有一个凌驾于民族国家之上的超国家权威，各国在其各自领土内拥有主权，在独立和自主的基础上参与国际经济交往。国际无政府状态的表现主要体现在各国对外政策的自主性、全球公共产品供给不足以及国际规则执行的差异性。

第一，各国对外政策的自主性。国家在政治上具有自主性，能够自主决定国内政治制度、外交政策、经济和社会发展等事务，不受外部势力的干涉和影响。各国在制定对外政策时更加关注自身的国家利益，并根据本国的利益来制定对外政策。然而，由于各国之间的利益诉求存在差异，这可能导致对外政策产生一定的冲突，主要包括有经济利益冲突、政治利益冲突以及安全利益冲突等，这种冲突可能源于资源争夺、地缘政治竞争、意识形态分歧等多个方面。

第二，全球公共产品供给缺失。由于缺乏统一的政府机构和权威，全球公共产品的供给难以得到协调和统一，各国往往更关注自身的利益，导致全球公共产品的供给难以形成合力，难以满足全球性的需求。例如，在应对全球气候变化这

一重大问题上，各国需要共同努力减少温室气体排放、保护生态环境，但由于缺乏一个统一的国际政府来强制执行减排政策，许多国家往往出于自身经济利益的考虑，难以充分履行减排承诺，导致全球气候变暖的趋势难以得到有效遏制。

第三，国际规则执行的差异性。在无政府状态下，各国在执行国际规则时往往根据自身的利益和需求进行权衡和选择。不同国家在国际社会中的利益诉求各不相同，有的可能侧重于经济发展和贸易自由化，有的则更关注国家安全和地区稳定；同时，各国在执行国际规则方面的能力也各不相同，从经济实力、技术水平到管理能力都存在显著差异；此外，各国对国际规则的认同程度和遵守意愿也各不相同，这取决于其对国际规则的价值和意义的认知。各国因利益、能力、认知的不同，导致执行国际规则时也存在差异。

### （二）无政府状态下全球治理面临的挑战

在无政府状态下，全球治理面临着多重挑战。全球治理机制碎片化，导致多元行为体间缺乏共识与合作；国家利益与全球公共利益间存在冲突，各国在追求自身安全与发展时难以平衡全球共同利益；全球问题的复杂性和跨国性，要求综合协同策略却往往受制于合作障碍与利益分歧。

第一，面临全球治理机制碎片化的挑战。在无政府状态下，缺乏全球性的权威机构来制定和执行统一的规则和政策，全球治理机制往往呈现出碎片化的特征。不同的国际组织、论坛和机制在各自领域内制定和执行规则，在面对全球性挑战时，往往需要在多个不同的机制之间寻求合作，难以形成统一有效的全球性解决方案。由于各国之间的政治、经济和文化差异，以及利益冲突和矛盾，国际合作往往难以达成共识和取得实质性进展。虽然国际组织独立存在，但它们的权威和执行力有限，依赖于成员国的自愿合作和遵守。全球治理机制的碎片化不仅增加了合作的难度和成本，也降低了应对全球性挑战的效率。

第二，面临国家利益与全球公共利益冲突的挑战。民族国家在制定和执行政策时，往往首先考虑本国利益，这可能与全球公共利益发生冲突。例如，在环境保护、气候变化等问题上，某些国家可能因为短期经济利益而忽视长期全球利益。此外，一些大国凭借其强大的经济、军事实力，试图在国际舞台上发挥主导作用，推动符合自己利益的全球治理议程。然而，这种"单边主义"的做法往往忽视了其他国家的利益，导致全球治理的失衡和冲突。同时，国家间发展不平衡也加剧了这种冲突，发展中国家和发达国家在全球治理议题上的立场和利益可能存在显著差异。

第三，面临全球问题复杂性和跨国性的挑战。全球问题的复杂性体现在多个方面，其不仅关乎众多利益主体，而且涵盖经济、政治、社会等多个领域，还涉及自然环境、资源分配、人权保障等广泛议题。此外，全球问题不仅存在于某一个国家或地区，还会迅速扩散到全球范围，影响各国的经济、社会和环境，例如气候变化、金融危机、传染病疫情等。

### (三)全球治理中的民族国家角色

民族国家在全球治理中扮演着重要的角色，是国际规则的制定者与执行者，又是国际组织的参与者，也是国际公共品的提供者。其通过制定全球治理基本的法律框架、参与国际组织的活动、提供国际援助等方式，共同应对全球性挑战。

第一，国际规则的制定者与执行者。民族国家作为主权国家，在国际体系中拥有独立的地位，是国际法的主要制定者，其通过国际会议、外交谈判等双边和多边渠道，共同协商并达成国际规则，为全球治理提供基本的法律框架。同时，民族国家也是国际规则的执行者与监督者，其通过国内的立法、行政和司法机构，将国际人权法、环境法、国际贸易法等国际规则转化为国内法，确保这些规则在国内得到有效实施。在国际规则执行监督过程中，民族国家还通过外交途径和国际组织等渠道，对违反国际规则的行为进行谴责、制裁和追责，维护国际法的权威性和有效性，确保各国遵守并履行自己的国际义务。

第二，国际组织的参与者。民族国家通过加入国际组织，如联合国、世界贸易组织、世界卫生组织等，成为其成员国或观察员国，参与国际组织的活动，共同推动全球治理的进程。作为成员国或观察员国，民族国家需要严格遵守国际组织制定的国际规则、条约和公约。这些规则涵盖了贸易、环境、人权等多个领域，对各国行为具有普遍的约束力和指导意义。通过遵守这些规则，各国共同维护国际秩序的稳定和公正，参与全球治理。以世界贸易组织(WTO)为例，民族国家作为 WTO 的成员，需要遵守 WTO 的规则和协议，参与全球贸易自由化治理，共同促进全球经济的繁荣和发展。

第三，国际公共产品的提供者。国际公共产品是能使不同地区的多个国家乃至全球所有人口受益的公共产品，民族国家通过提供物资、资金、技术援助，为受灾地区提供国际援助，推动发展中国家实现可持续发展目标。长期以来，中国国际救援队已积累了丰富的救援经验，参与了多次国际人道主义救援行动，如阿尔及利亚、伊朗、印度尼西亚等地的地震救援。同时，中国还积极参与全球环境治理，提供绿色发展技术，持续推动应对气候变化、保护生物多样性等全球性问题的合作。此外在维护国际和平方面，民族国家还通过派遣军队、警察等人员参与国际安全事务，为维护国际和平与安全做出了贡献。

# 第三节　全球发展中的国家间经济关系

全球经济格局中，南北经济差异显著。近年来，北北经济合作既有利益一致之处，又存在一系列矛盾和对立。南南经济合作兴起，规模与影响力显著增强，内容多样化，涵盖经济、技术、知识等领域。南北经济合作则经历了从受殖民主义、意识形态束缚到全球化推动下的平等互利、规模扩大和内容多样化的转变，如今双方通过资源共享与优势互补，在经贸金融技术等领域深化合作，共同推动经济增长，数字经济和绿色科技合作成为新亮点，展现出互利共赢、共同发展的良好态势。

## 一、北北国家间的经济关系

北方国家则指的是那些经济较为发达、技术水平较高、生活水平较高的国家，这些国家大多位于北半球，包括美国、日本、欧洲各国等。在贸易、投资、金融等经济领域，发达国家相互间既有利益一致之处，又存在一系列矛盾和对立。

### （一）北北国家间经济合作的历史演变

第二次世界大战后，美国通过马歇尔计划对欧洲进行经济援助，加强了美欧经济合作；随后，欧洲通过实施一体化政策，促进了成员国间的经济联系与合作，推动了欧洲经济的快速增长；同时，美国也与亚洲的韩国、日本等发达国家，建立起紧密的经济合作关系。

第一，战后美国与欧洲国家的经济合作。二战结束后，欧洲几乎所有的国家都遭受了巨大的破坏，特别是德国、法国、英国等，它们的工业基础和城市都被摧毁殆尽。此时，欧洲各国面临着严峻的经济危机和社会动荡，需要重建并恢复稳定。美国正式推出马歇尔计划，对被战争破坏的西欧各国进行经济援助、协助重建。在这段时期内，西欧各国通过参加欧洲经济合作与发展组织总共接受了美国包括金融、技术、设备等各种形式的援助合计131.5亿美元。通过马歇尔计划，美国与欧洲之间的经济联系和合作得到了加强。

第二，欧洲区域经济一体化。欧盟通过实施统一的贸易政策、关税制度、引入欧元作为单一货币，以及促进资本与劳动力的自由流动，极大地促进了成员国间的经济一体化，降低了贸易与投资成本，提高了市场效率与竞争力，同时增强了区域经济对外部冲击的抵御能力，并在全球范围内提升了其经济影响力与地位。欧洲各国之间加强了经济联系与合作，消除了贸易壁垒，促进了商品、服务、资本和人员的自由流动，推动了欧洲经济的快速增长和繁荣。

第三，美国与日韩的经济合作。美国与日韩在贸易、投资、技术合作等领域有着广泛的合作。美国投资者对日韩的市场和潜力持乐观态度，纷纷在日韩设立企业或扩大投资规模。同时，日韩投资者也在美国寻找投资机会，特别是在科技、金融、制造业等领域。这种双向投资合作不仅促进了三国经济的互补性发展，还加强了它们之间的经济联系。此外，美日韩三国还致力于在半导体、人工智能、网络安全等领域加强合作，共同建设有韧性的供应链。

（二）北北国家经济合作的新特点

科技创新合作日益紧密，共同推动产业优化升级；可持续发展成为合作重点，致力于绿色经济和环保合作；数字经济合作成为新热点，推动全球数字经济的健康发展。

第一，科技创新合作日益紧密。随着全球科技革命的深入发展，发达国家之间的科技创新合作日益紧密。它们共同投入资金、人才和技术资源，开展前沿科技研究和应用，推动产业结构的优化升级和经济增长方式的转变。这种合作不仅提升了各自国家的科技创新能力，还促进了全球科技资源的优化配置和共享。例如，美欧在人工智能、量子计算等领域的合作，以及日本与韩国在半导体技术研发方面的合作，都体现了发达国家之间在科技创新合作方面的新趋势。

第二，可持续发展成为经济合作的重点。面对全球气候变化和环境问题的挑战，发达国家之间的经济合作开始更多地关注绿色经济和可持续发展。它们通过共同制定环保标准、推广清洁能源技术、加强环境治理和生态保护等领域的合作，推动全球经济的绿色转型和可持续发展。这种合作不仅有助于缓解全球气候变化和环境问题，还促进了各国经济的可持续发展和人民福祉的提升。

第三，数字经济合作成为新热点。随着数字技术的快速发展和应用，数字经济已成为全球经济增长的新引擎。发达国家之间的数字经济合作日益频繁，包括数据流动、网络安全、电子商务等领域的合作。它们通过共同制定数字规则、加强数字基础设施建设、推动数字技术创新和应用等方式，促进数字经济的健康发展。这种合作不仅提升了各国数字经济的竞争力，还推动了全球数字经济的融合和发展。

### (三) 北北国家经济合作趋势

合作领域不断拓展，从传统的贸易和投资领域延伸至科技创新、数字经济、绿色经济等新兴领域；区域经济一体化程度加深，强化了成员国间的经济合作；尽管合作日益紧密，但在多领域的产业竞争中，发达国家间的利益冲突也在不断加剧。

第一，合作领域不断拓展。随着全球经济的不断发展，发达国家之间的经济合作领域也在不断拓展。除了传统的贸易和投资领域外，还涉及科技创新、数字经济、绿色经济等新兴领域。这些领域的合作不仅有助于推动全球经济的创新发展，还能为发达国家带来新的经济增长点。

第二，区域经济一体化程度加深。发达国家之间通过签订区域经济一体化协定，加强经济合作，实现资源共享、优势互补。例如，欧盟作为典型的北北型区域经济合作组织，其成员国之间通过实施统一的贸易政策、关税制度、引入欧元作为单一货币等举措，极大地促进了成员国间的经济一体化。这种区域经济一体化不仅降低了贸易与投资成本，提高了市场效率与竞争力，还增强了区域经济对外部冲击的抵御能力，并在全球范围内提升了其经济影响力与地位。

第三，利益冲突日益加剧。发达国家在多领域的产业竞争已成为常态，特别是在汽车、航空、数字经济、高新技术、绿色能源等领域，利益竞争都在加剧。美国和欧盟之间的利益冲突在《通胀削减法案》中表现得尤为明显，该法案对欧洲新能源汽车、可再生能源、电池和能源密集型产业构成歧视，变相鼓励欧洲新能源产业向美转移，进一步加速欧洲"去工业化"趋势。

## 二、南南国家间的经济关系

南方国家主要指位于南半球的发展中国家和地区，这些国家通常经济较为落后，人均收入较低。南南合作自 1955 年万隆会议确立基础原则以来，经历了蓬勃发展。进入 21 世纪，南南合作深化至基础设施、能源、中小企业等多个领域，通过贸易与投资合作共同应对全球化挑战。近年来，南南经济合作规模与影响力显著增强，内容多样化，涵盖经济、技术、知识等领域，合作机制也不断完善、创新。

### （一）南南国家经济合作的历史演进

南南合作始于 1955 年万隆会议，会上发展中国家确立了经济合作的基本原则。随着全球经济一体化，1978 年《布宜诺斯艾利斯行动计划》推动南南合作蓬勃发展，注重经济互利与技术合作。进入 21 世纪，南南合作进一步深化，涵盖基础设施、能源、中小企业、人才及健康教育等多个领域，通过贸易促进与投资合作，共同应对全球化挑战。

第一，南南合作的开端。在印度尼西亚万隆召开的亚非会议（又称万隆会议）上，与会的发展中国家代表共同商讨了如何在平等互利和互相尊重主权的基础上加强彼此之间的经济合作。会议期间，各国代表围绕经济合作展开了深入讨论，并最终在《经济合作》决议中明确提出，发展中国家应在资金和技术等领域开展合作，以共同应对经济发展中的挑战。这一重要历史事件标志着南南合作的正式形成，为后来发展中国家之间的经济合作与发展奠定了坚实基础。

第二，南南合作的发展。随着全球经济一体化的加速和全球化趋势的加强，发展中国家开始更加积极地参与全球经济合作与竞争。随着 1978 年《布宜诺斯艾利斯行动计划》的通过，联合国开始支持、引导南南合作，南南合作蓬勃发展。此阶段的南南合作开始注重经济互利共赢，技术合作和经济合作成为主要内容。发展中国家通过技术转让、技术培训和联合研发等方式提升技术水平，推动产业升级和经济发展。

第三，南南合作的深化。21 世纪全球化进程进一步加速，发展中国家面临着更多的机遇和挑战。此阶段的南南合作更加深入和广泛，涵盖了基础设施建设、能源与环境、中小企业发展、人才资源开发、健康教育等多个领域。发展中国家通过减免关税、建立共同市场等方式促进贸易往来，相互吸引投资共同开发资源、建设基础设施等。

### (二)南南国家经济合作的新特点

南南经济合作近年来蓬勃发展，规模和影响力显著增强，贸易与投资持续增长。同时，合作内容也日益多样化，涵盖经济、技术、知识等多个领域。此外，合作机制不断完善、创新，为南南合作提供了更加坚实的制度保障，推动南方国家间经济联系更加紧密。

第一，规模和影响力的扩大。南南合作自 20 世纪 60 年代起逐渐兴起，随着发展中国家的经济快速发展和相互间贸易、投资活动的增加，南南合作的规模和影响力日益增强。自 20 世纪 80 年代以来，南南贸易和经济一体化进程日益推进，截至目前，发展中国家的出口量增长了近 5 倍，而同期世界经济总量增长了3 倍。南方国家出口总额的一半以上由南南贸易构成的，到 2014 年，南南贸易额接近 5.5 万亿美元，几乎与南北贸易规模相当。面对全球经济复苏的困难和挑战，中国、印度等南方国家的经济增长速度远超发达国家，南南合作的重要性更加凸显，成为推动全球经济增长和发展的重要力量。

第二，合作内容的多样化。南南合作的内容从最初的经济和技术合作逐渐扩展到包括基础设施建设、能源与环境、人才资源开发、健康教育等多个产业领域。基础建设是南南合作的重要领域之一，中国通过"一带一路"倡议，参与沿线国家的基础设施建设，改善了部分南方国家的基础设施条件。此外，人才资源开发也是南南合作的长期任务之一，中国设立南南合作与发展学院（南南学院），为来自不同国家的学员提供深入了解和学习中国发展经验的机会。随着全球气候变化的影响愈加明显，南方国家通过技术转移、签署合作谅解备忘录、设立气候变化合作基金等方式，参与全球气候治理。截至 2023 年 6 月，中国已累计安排超过 12 亿元人民币用于开展气候变化南南合作，与 39 个发展中国家签署了 46 份气候变化南南合作谅解备忘录。

第三，合作机制的完善和创新。随着南南合作规模的扩大和复杂性的增加，南南合作在机构建设上取得了显著进展。例如，非洲联盟、东南亚国家联盟、南亚区域合作联盟、经济合作组织、上海合作组织等区域组织，以及金砖国家、IBSA 对话论坛、中非合作论坛等多边机制，为发展中国家之间的经济合作提供了重要平台。其中"金砖+"机制是南南合作机制的新典范，其通过扩大金砖国家的"朋友圈"，将更多新兴市场国家和发展中国家纳入合作范围，推动南南合作的广度和深度不断拓展。2023 年金砖国家领导人第十五次会晤特别记者会宣布，沙特、埃及、阿联酋、阿根廷、伊朗、埃塞俄比亚正式成为金砖大家庭成员。

### （三）南南国家经济合作趋势

区域合作不断深化显著促进了成员国间的贸易增长、资源优化配置、生产效率提升及政治互信，数字化与科技创新成为南南经济合作新动力，绿色与可持续发展也备受南南国家经济合作的重视。

第一，区域合作的深化。近年来，发展中国家之间的区域合作也在不断加强。由阿根廷、巴西、巴拉圭和乌拉圭四国组成的区域经济合作组织，是南美地区最大的经济一体化组织，也是世界上第一个完全由发展中国家组成的经济合作组织。南方市场的成立显著促进了成员国之间的贸易增长，实现了资源的优化配置和生产效率的提升，促进了成员国之间的政治互信和稳定，为区域和平与发展奠定了坚实基础。

第二，数字化与科技创新的推动。数字化和科技创新成为南南经济合作的新动力。发展中国家在电子商务、云计算、大数据、人工智能等领域开展了一系列数字化合作项目，旨在提升数字经济的创新能力和竞争力。同时，科技创新也被视为推动南南经济合作的重要手段，通过共享科技资源、加强科技研发合作等方式，提升发展中国家的科技创新能力。

第三，绿色与可持续发展的重视。随着全球对环境保护和可持续发展的日益重视，南南经济合作也更加注重绿色和可持续发展。发展中国家在能源、交通、农业等领域开展了一系列绿色合作项目，旨在推动经济的绿色转型和可持续发展。这些绿色合作项目不仅有助于提升发展中国家的环保意识和能力，还有助于推动全球绿色经济的发展。

### 三、南北国家间的经济关系

南北经济合作经历了从受殖民主义影响、意识形态束缚到全球化推动下的平等互利、规模扩大和内容多样化的转变。如今，南北经济区域合作加强，双方通过资源共享与优势互补，在贸易、投资、金融、技术等领域深化合作，共同推动经济增长。同时，数字经济成为新蓝海，绿色科技合作成为亮点，南北国家携手推进数字经济的繁荣发展和绿色科技的研发应用，呈现出互利共赢、共同发展的良好态势。

#### (一)南北国家经济合作的历史演进

"冷战"前，南北经济合作受殖民主义影响，北方国家主要掠夺南方资源；"冷战"期间，合作虽有发展但受意识形态影响，北方国家提供经济援助和技术转让常附政治条件；"冷战"后，随着全球化，南北经济合作在贸易、投资、金融、技术等多领域加强，双方互利共赢，共同推动经济增长。

第一，"冷战"前的南北经济合作。在"冷战"前，南北国家之间的经济合作相对较少，主要受到殖民主义和帝国主义的影响。南方国家大多是北方国家的殖民地、半殖民地，受北方国家的统治与剥削，长期处于贫穷落后的状态。此时，南北经济合作主要体现为北方国家对南方国家的资源掠夺和廉价劳动力利用。

第二，"冷战"期间的南北经济合作。"冷战"期间，南北国家之间的经济合作开始有所发展，但仍受到"冷战"格局和意识形态斗争的影响。此时，南北经济合作主要体现为北方国家对南方国家的经济援助和技术转让，但往往附带政治条件，旨在维护北方国家的地缘政治利益。

第三，"冷战"后的南北经济合作。"冷战"结束后，随着全球化的深入发展，南北国家之间的经济合作进一步加强。此时，南北经济合作主要体现为贸易、投资、金融、技术等多个领域的合作。北方国家通过向南方国家提供资金、技术和管理经验，推动南方国家的经济发展；而南方国家则通过向北方国家提供原材料、劳动力和市场，促进北方国家的经济增长。

（二）南北国家经济合作的新特点

南北经济合作呈现出平等互利、规模扩大和内容多样化的特点。双方更加重视平等和互利共赢的原则，建立了多种协调机制，合作的规模不断扩大，合作的内容不断丰富。

第一，追求平等与互利共赢。在"冷战"期间，南北经济合作往往受到政治和意识形态的干扰，导致合作的不平等性。然而，在当今世界，南北国家都更加重视平等和互利共赢的原则。双方通过协商和谈判，寻求在合作中实现共赢，而不是一方对另一方的剥削或控制。这种平等和互利共赢的合作模式有助于增强双方的信任，推动合作的深入发展。

第二，扩大经济合作规模。南北国家之间的贸易额持续增长，显示出双方在经济合作方面的积极态势。随着关税壁垒的降低和贸易自由化进程的推进，南北贸易更加活跃，北方国家对南方国家的投资也在不断增加。为加强南北国家间的政策对话，南北国家间建立了多种协调机制，如联合工作组、论坛等，就经济发展、贸易投资、环境保护等议题进行深入交流，增进双方的理解和信任。

第三，扩大经济合作内容。南北经济合作的内容还深远地扩展到基础设施建设、能源与环境、科技创新等多个关键领域。欧洲与中国双方通过技术转移、联合研发等方式，共同推动清洁能源技术的发展和应用，为全球能源结构的转型和应对气候变化做出了贡献。美国与印度在信息技术、生物技术等领域开展了深入合作，不仅促进了新技术的产生和应用，也为全球经济的可持续发展提供了新动力。

### （三）南北国家经济合作趋势

亚太地区与美洲地区南北经济区域合作进一步加强，实现了资源共享与优势互补；数字经济成为南北合作的新蓝海，共同推动数字经济的繁荣发展；绿色科技合作成为亮点，南北国家携手推进清洁能源、环保技术等绿色科技的研发与应用。

第一，南北区域合作加强。通过加强区域合作，南北国家可以实现资源的共享和优势互补，推动区域内经济的协调发展。区域全面经济伙伴关系协定由中国、日本、韩国、澳大利亚、新西兰和东盟十国共 15 方成员共同制定，促进了亚太地区南北国家的经济合作。北美自由贸易区由美国、加拿大和墨西哥三国组成，是美洲地区最重要的区域经济合作组织之一，促进了美洲地区南北国家的经济合作。

第二，数字经济成为南北合作的新领域。随着数字技术的快速发展，数字经济已成为推动全球经济增长的重要引擎。南北国家在数字经济领域的合作具有巨大的潜力。北方国家拥有先进的数字技术和丰富的数字资源，而南方国家则拥有庞大的市场和丰富的应用场景。通过合作，双方可以实现数字技术的共享和应用，推动数字经济的繁荣发展。

第三，绿色科技成为南北合作的新亮点。随着全球环境问题的日益严重，绿色科技合作成为南北经济合作的新亮点。双方通过合作，共同推动清洁能源、环保技术等绿色科技的发展和应用，为全球可持续发展做出贡献。这种合作不仅有助于减少环境污染和生态破坏，还有助于推动经济结构的优化和升级。

# 第五章
# 贸易联系与全球经济发展

在全球经济发展中，自由贸易倡导降低贸易壁垒，促进资源高效配置；而保护贸易则旨在保护本国产业，短期内或有助于国内发展，但长期可能抑制全球贸易，加剧冲突，影响消费者福祉。全球多边贸易合作通过 WTO 等平台，推动商品、服务、资本等自由流动，促进经济繁荣，但当前面临维护多边体制、应对单边主义等诸多挑战。贸易制裁作为国际经济手段，其影响日益广泛，对受制裁国经济构成压力。在此背景下，后发经济体面临经济赶超的机遇与挑战，贸易政策成为其连接国内外市场、推动经济增长、产业升级和技术创新的关键。

## 第一节 全球经济发展中的自由贸易与保护贸易

在全球经济发展中，自由贸易与保护贸易是两种截然不同的贸易政策取向。自由贸易政策主张降低或取消贸易壁垒，促进商品和服务的自由流动，以实现全球资源的有效配置。保护贸易政策则主张通过设定贸易壁垒，保护本国的产业和就业，防止外国商品的过度涌入。尽管保护贸易政策在短期内可能有助于国内产业的成长，但其也可能会抑制全球贸易发展，加剧贸易摩擦，降低消费者福利，甚至与经济全球化趋势背道而驰。

### 一、国际贸易理论的历史演变

国际贸易理论的发展大致经历了古典、新古典、新贸易理论以及新兴古典国际贸易理论四个阶段。古典和新古典国际贸易理论以完全竞争市场等假设为前提，强调贸易的互利性，主要阐释了产业间贸易的原则。第二次世界大战后，以全球贸易的新态势为契机，新贸易理论应运而生。新兴古典国际贸易理论则以专业化分工来解释贸易，力图将传统贸易理论和新贸易理论统一在新兴古典贸易理论的框架之内。

## （一）古典贸易思想

18 世纪中叶，亚当·斯密在生产分工理论的基础上提出了国际贸易的绝对优势理论，并批判了重商主义思想。古典贸易思想主要包括亚当·斯密的绝对优势理论和大卫·李嘉图的比较优势理论，从劳动生产率的角度说明了国际贸易产生的原因、结构和利益分配。

第一，绝对优势理论。18 世纪末，重商主义的贸易观点受到古典经济学派的挑战，亚当·斯密（Adam Smith）在生产分工理论的基础上提出了国际贸易的绝对优势理论。亚当·斯密在《国民财富的性质及原因的研究》中认为，在国际分工中每个国家应该专门生产自己具有绝对优势的产品，并用其中一部分交换其具有绝对劣势的产品，这样会使各国的资源得到最有效率的利用，更好地促进分工和交换，使每个国家利益最大化。各国商品之间存在劳动生产率和生产成本的绝对差异，促进了国际贸易的发展。

第二，比较优势理论。鉴于绝对优势理论的局限性，大卫·李嘉图（David Ricardo）在《政治经济学及赋税原理》中继承和发展了亚当·斯密的理论。大卫·李嘉图认为国际贸易分工的基础不限于绝对成本差异，即使一国在所有产品的生产中劳动生产率都处于全面优势或全面劣势的地位，只要有利或不利的程度有所不同，该国就可以通过生产劳动生产率相对较高的产品参加国际贸易，从而获得比较收益。

## （二）新古典贸易思想

19 世纪末 20 世纪初，新古典经济学逐渐形成，在新古典经济学框架下对国际贸易进行分析的新古典贸易理论也随之产生。

第一，要素禀赋理论。1919 年，瑞典经济学家埃利·赫克歇尔（Eil F. Heckscher）提出了要素禀赋论的基本观点，指出产生比较优势差异必备的两个条件。此后，这一论点被他的学生伯尔蒂尔·俄林（Beltil G. Ohlin）所充实论证，其代表作《地区间贸易和国际贸易》进一步发展了生产要素禀赋理论，因而这一理论又称为 H-O 理论（赫克歇尔-俄林模型）。与古典贸易模型的单要素投入不同，H-O 模型以比较优势为贸易基础并有所发展，在两种或两种以上生产要素框架下分析产品的生产成本，用总体均衡的方法探讨国际贸易与要素变动的相互影响。其核心内容为：在两国技术水平相等的前提下，产生比较成本的差异有两个原因：一是两国间的要素充裕度不同；二是商品生产的要素密集度不同。各国应该集中生产并出口那些充分利用本国充裕要素的产品，以换取那些密集使用其稀缺要素的产品。这样的贸易模式使参与国的福利都得到改善。

第二，要素价格均等化定理。20 世纪 40 年代，保罗·萨缪尔森（Palua A. Samuelson）用数学方式演绎了 H-O 模型，指出国际贸易对各国收入差距的影响，必然使不同国家间生产要素相对价格和绝对价格均等化，这也被称为生产要素价格均等化定理或 H-O-S 定理（赫克谢尔-俄林-萨缪尔森模型）。这一定理潜在地认为，在没有要素跨国流动的条件下，仅通过商品的自由贸易也能实现世界范围内生产和资源的有效配置。

第三，里昂惕夫悖论。按照 H-O 理论，美国是一个资本丰裕而劳动力相对稀缺的国家，其对外贸易结构应该是出口资本、技术密集型产品，进口劳动密集型产品。20 世纪 50 年代初，美籍苏联经济学家里昂惕夫（Leontief）根据 H-O 理论，用美国 1947 年 200 个行业的统计数据对其进出口贸易结构进行验证时，结果却得出了与 H-O 理论完全相反的结论，这一难题称为里昂惕夫悖论。里昂惕夫悖论虽没有形成系统的理论观点，但它对原有国际分工和贸易理论提出了严峻的挑战，引发了对国际贸易主流思想的反思，推动了二战后新的国际贸易理论的诞生。

### （三）新贸易思想

第二次世界大战后，国际贸易的产品结构和地理结构出现了一系列新变化。

同类产品之间以及发达工业国之间的贸易量大幅增加，产业领先地位不断转移，跨国公司内部化和对外直接投资兴起，这与传统比较优势理论认为的贸易只会发生在劳动生产率或资源禀赋不同的国家间的经典理论是相悖的。古典与新古典国际贸易理论都假定产品市场是完全竞争的，这与当代国际贸易的现实不相吻合，在这样的国际环境下，新贸易理论应运而生。

第一，偏好相似理论。1961 年林德(S. B. Linder)在《论贸易和转变》一书中提出了偏好相似理论，这是他第一次从需求方面寻找贸易的原因。他认为，要素禀赋学说只适用于解释初级产品贸易，工业品双向贸易的发生是由相互重叠的需求决定的。偏好相似理论的基本观点有：产品出口的可能性决定于它的国内需求；两国的贸易流向、流量取决于两国需求偏好相似的程度，需求结构越相似则贸易量越大；平均收入水平是影响需求结构的最主要因素。

第二，产品生命周期理论。雷蒙德·弗农(Raymond Vernon)将市场营销学中的产品生命周期理论与技术进步结合起来阐述国际贸易的形成和发展。1966 年他在《产品周期中的国际投资与国际贸易》一文中指出，美国企业对外直接投资与产品生命周期有密切关系。这一产品生产的国家转移理论，假设国家间信息传递受到一定的限制、生产函数可变以及各国的消费结构不同，指出产品在其生命周期的不同阶段对生产要素的需要是不同的，而不同国家具有的生产要素富饶程度决定了该国的产品生产阶段和出口状况。产品生命周期理论将比较优势论与资源禀赋论动态化，很好地解释了战后一些国家从某些产品的出口国变为进口国的现象。

第三，产业内部贸易理论。产业内贸易理论又称差异化产品理论，以不完全竞争市场和规模经济为前提，从动态角度考虑需求情况，更符合实际。由于产业内贸易规模的不断扩大，80 年代以来许多经济学家陆续建立模型对这一问题从不同角度进行探讨。在产业内贸易理论的发展过程中，克鲁格曼(Krugman)的模型具有开创性作用，他将迪克西特(Dixit)和斯蒂格利茨(Stiglitz)提出的将差异产品和内部规模经济考虑在内的垄断竞争模型推广到开放条件下，创立了"新张伯伦模型"。模型证明了当市场结构从完全竞争变为不完全竞争，达到规模报酬递增阶段的时候，即使两国间没有技术和要素禀赋差异，产品水平差异性和规模经济也可推动国际贸易，增加两国的福利。

### （四）新兴古典贸易思想

新兴古典经济学是 20 世纪 80 年代以来新兴的经济学流派，新兴古典贸易理论依托新兴古典经济学的新框架，将贸易的起因归结为分工带来的专业化经济与交易费用两难冲突的结果，从而对贸易的原因给出了新的解释思路。以杨小凯为代表的一批经济学家用超边际分析法将古典经济学中关于分工和专业化的经济思想形式化，将消费者和生产者合二为一，发展成新兴的古典贸易理论。

第一，技术与经济组织的互动演进。该理论使研究对象由给定经济组织结构下的最优资源配置问题，转向技术与经济组织的互动关系及其演进过程，力图将外生的比较利益因素引入到基于规模报酬递增的新兴古典经济学的贸易理论模型中，把传统贸易理论和新贸易理论统一在新兴古典贸易理论框架之内。

第二，内生的比较优势。此理论的内生分工和专业化新兴古典贸易模型（Sachs，Yang and Zhang，1999）表明，随着交易效率从一个很低的水平增加到一个很高的水平，均衡的国际和国内分工水平从两国都完全自给自足增加到两国均完全分工，在转型阶段，两种类型的二元结构可能出现。

第三，综合比较优势。贸易的开展取决于一种综合优势，既要考虑生产上的内生优势或劣势，也要考虑交易效率优势或劣势。即内生的生产率和交易效率的综合比较优势决定了贸易的发生。

## 二、自由贸易理论观点及政策主张

自由贸易是指国家取消对进出口贸易的限制和阻碍，取消对本国进出口商品的各种特权和优惠，使商品自由地进出口，在国内外市场上自由竞争。自由贸易理论自古典政治经济学以来持续发展，以绝对成本论、比较成本论和资源禀赋论为基石，阐释了其优越性与必要性。自由贸易政策通过减少贸易壁垒，促进全球商品、服务、资本及技术流动，优化资源配置，提升产业竞争力与社会福利，同时深化全球经济合作。

## (一) 自由贸易主要理论观点

自由贸易理论的代表起始于古典派政治经济学,后来又不断加以丰富和发展。其中,亚当·斯密的绝对成本论、大卫·李嘉图的比较成本论以及赫克歇尔-俄林的资源禀赋论是其三大重要理论。这些理论从不同角度阐述了自由贸易的优越性和必要性,为自由贸易政策的制定和实施提供了理论依据。

第一,形成互相有利的国际分工。在自由贸易下,各国可以根据自身在生产某些产品上的绝对优势、比较利益,以及要素的相对丰富程度,专注于生产那些对自己最有利、收益最大或成本最低的产品,促成各国的专业化分工。这种国际分工可以带来多种利益,如提高各国各专业的特殊生产技能,使生产要素得到最优化的配置。分工范围越广、市场越大、生产要素配置越合理,一国获取的利益越多。

第二,提高国民真实福利。自由贸易环境下,每个国家都以自己的条件发展最擅长生产的部门,劳动和资本就会得到充分有效的使用。通过贸易以较少的花费换回较多的东西,能增加国民财富。同时,可进口廉价商品,减少国民消费开支,从而提高国民真实福利。

第三,阻止垄断可以提高经济效益。自由贸易可以阻止垄断,加强市场竞争,从而提高经济效益。在自由竞争的市场环境中,企业为了生存和发展,必须不断提高生产效率,降低成本,以满足市场需求。

第四,促进资本积累。随着社会的发展,工人的名义工资会不断上涨,这可能会引起利润率的降低。自由贸易理论认为,通过自由贸易,企业可以获得更多的利润来源,从而有利于资本积累和投资扩张。

## (二) 自由贸易政策主张

自由贸易政策通过废除关税壁垒、减少与取消非关税壁垒以及取消特权与优待,旨在降低贸易成本,促进商品和服务的自由流动,从而推动全球贸易自由化进程,促进各国经济的融合与发展。

第一,废除关税壁垒。国家通过立法或行政手段,取消对进口商品征收的关税或大幅降低关税税率，以减少或消除关税对贸易的阻碍作用，促进商品和服务的自由流动。关税是进口商品成本的重要组成部分，废除关税壁垒可以直接降低进口商品的价格，有助于消除贸易壁垒，推动贸易自由化进程，促进全球经济的融合发展。欧盟成立之初，各成员国之间存在着较高的关税壁垒，严重阻碍了欧盟内部贸易的发展。为了推动欧盟内部市场的形成和发展，欧盟通过签署一系列条约和协议，逐步降低并最终废除了成员国之间的关税，实现了欧盟内部市场商品和服务的自由流动。

第二，非关税壁垒的减少与取消。非关税壁垒是指除提高关税以外的限制贸易措施，它们可能包括禁令、配额、非自动许可、国家垄断、关税限额、自动出口限制、进口储存计划、技术标准、卫生条例、海关手续等。在关税及贸易总协定（General Agreement on Tariffs and Trade，GATT）以及世界贸易组织（World Trade Organization，WTO）框架下，各国都承诺减少或取消非关税壁垒，不得设立或维持除关税以外的其他限制措施，如配额、进出口许可证等，应给予其他成员国最惠国待遇，并在贸易政策上保持透明度。GATT 和 WTO 通过制定和实施一系列协定和原则，有效地推动了纺织品和服装领域的进口数量限制等非关税壁垒的取消。

第三，取消特权与优待。自由贸易政策的核心内容之一是取消对本国进出口商品的各种特权，使商品在国内外市场上自由竞争。取消特权与优待可以确保所有参与国际贸易的国家和企业都处在同一起跑线上，避免某些国家或企业因享有特殊待遇而占据不公平的优势，使市场机制更好地发挥作用，从而实现资源的优化配置。在北美自由贸易协定（NAFTA）框架下，美国与加拿大对汽车贸易协议进行了调整，取消了部分针对特定车型的特别规定与特权，确保所有汽车制造商都能在北美市场上根据市场规则和消费者需求进行公平竞争。

### （三）对全球经济发展的影响

自由贸易通过降低贸易壁垒，促进了全球商品、服务、资本和技术的流动，扩大了市场并优化了资源配置，提升了各国产业竞争力和社会福利水平。同时，自由贸易还深化了全球经济合作关系，加强了各国之间的政策协调和制度对接，有助于共同应对全球性挑战。

第一，优化全球市场的资源配置。自由贸易的核心是降低或取消贸易壁垒，包括关税、非关税壁垒等。这些壁垒的减少或消除使得各国之间的交流和贸易成本大大降低，极大地促进了商品、服务、资本和技术的跨国流动，世界市场因此得到扩大，形成了一个更加紧密联系的全球经济体系。自由贸易为各国带来了丰富的贸易机会，使得各国企业能够更容易地进入新市场，寻找新的合作伙伴，并拓展业务范围。并且在自由贸易环境下，各国能够根据自身的资源禀赋和比较优势进行专业化生产，实现世界范围内的分工与合作。资源丰富的国家可以专注于资源密集型产品的生产，如矿产、农产品等；而技术先进的国家则可以集中精力发展高科技、高附加值的产品和服务。

第二，推动全球经济的增长。贸易壁垒的降低使得各国能够更便捷地获取外部资源和市场，促进跨国资本流动，为各国提供了更多的投资机会和资金来源，从而推动各国产业的发展，为全球经济增长注入强大的动力。此外，自由贸易还有助于提升各国的国际竞争力，增加企业的出口收入。同时进口商品的价格下降也使得消费者能够以更低的价格购买到更多的商品和服务，从而提高各国的总体社会福利水平。

第三，深化全球经济合作关系。通过签署自由贸易协定、建立自由贸易区等方式，加速了区域经济一体化和全球化进程，各国之间的经济联系更加紧密，合作领域更加广泛。这些区域性的经济合作组织不仅推动了区域内贸易和投资的自由化便利化，同时加强了成员国之间的政策协调和制度对接，为全球经济合作提供了重要的制度保障。此外，在面对气候变化、环境污染等全球性挑战时，各国之间通过绿色贸易、环保技术、清洁能源等领域的贸易合作，共同应对全球性挑战，深化了各国之间绿色经济合作关系。

## 三、保护贸易的理论观点及政策主张

保护贸易主张国家通过一系列措施，如关税、限制进口数量、发给补贴以及更广泛的非关税壁垒，来阻止外国竞争，扶植、加强和保护国内工业。这些措施的目的是在国内市场上为本国产业创造更有利的竞争环境，从而推动本国产业的发展和壮大，但这也会抑制全球贸易发展，引发贸易摩擦并降低消费者福利，与经济全球化趋势相悖。

## （一）保护贸易主要理论观点

保护贸易理论的历史发展经历了从早期重商主义的金银积累观，到近代以李斯特为代表的幼稚工业保护论，再到 20 世纪凯恩斯提出的超贸易保护理论，新贸易保护主义的非关税壁垒策略，普莱维什对国际经济体系中心与外围的划分及其保护贸易主张，最后提到战略性保护贸易理论对不完全竞争和规模经济下政府角色的强调。这些保护贸易理论随着时代变迁和国际贸易形势的发展而不断演进。

第一，重商主义。重商主义产生于 15—17 世纪，经历了两个发展阶段，早期为重金主义，或称为货币差额论；晚期为重工主义，或称为贸易差额论。早期的货币差额论认为商品输入会减少本国财富，只有尽可能在对外贸易中多输出少输入，才能积累财富。晚期的贸易差额论则强调，增加财富的方法是发展对外贸易，主张国际贸易中应尽量争取贸易顺差，以增加金银财富，生产和消费都应当服从于发展对外贸易的需要。重商主义认为对外贸易只能对单方面有利，其主张的限制性贸易政策阻碍了国际贸易的自由发展。

第二，幼稚的工业保护理论。保护贸易理论最早由美国的汉密尔顿提出，然后由德国的李斯特发展成为保护幼稚工业论。以李斯特为代表的保护贸易理论以生产力理论为前提，保护关税制度为核心。他认为，国家的强弱不在于现有的财富多少，而在于将来能创造多少财富。而能创造未来财富的是生产力，因此生产力比财富本身更重要。在对外贸易方面，他主张在国家干预下实行保护贸易政策，通过关税等手段来保护本国产业，特别是那些具有发展潜力但尚未成熟的幼稚工业。这样做可以促进本国产业的发展，提高其生产力水平，进而增强国家的经济实力。

第三，超保护贸易理论。1929—1933 年大危机，主要资本主义国家经济倒退若干年，市场经济遭受重创，以保护国内市场和扩张国外市场为目的的超保护理论由此产生并迅速发展起来。超保护贸易理论是建立在对外贸易乘数理论基础上，从增加就业、提高国民收入角度说明保护贸易的重要性。该理论主张不仅要保护幼稚产业，而且更多地保护国内发达或出现衰退的产业，巩固加强对国内外市场的垄断，削弱国际贸易自由竞争的环境。

第四，新贸易保护主义。新贸易保护主义又被成为"超贸易保护主义"或"新重商主义"，是 20 世纪 80 年代初兴起的一种贸易政策。与传统的贸易保护主义不同，其主要通过绿色壁垒、技术壁垒、反倾销和知识产权保护等非关税壁垒，来实现保护本国产业和就业的目的。发达国家利用自身在环保和科技方面的优势，制定更高的环保、技术、商品和劳工标准，以削弱发展中国家凭借低廉的劳动力成本而获得的出口竞争力。因此，新贸易保护主义具有名义上的合理性、形式上的隐蔽性、手段上的欺骗性和战略上的进攻性等特点。

第五，普莱维什的保护贸易新论。普莱维什认为国际经济体系实际上被分成了两个部分，即少数工业化国家处于国际经济体系的中心，而广大的非工业化发展中国家处于外围地带。中心国家享受着国际分工带来的绝大部分好处，而外围国家则几乎享受不到。普莱维什主张利用保护贸易政策改善外围国家的被动处境，包括利用高关税和数量限制等措施降低进口工业制成品的需求弹性，以及利用出口补贴、出口退税等措施提高初级产品的需求弹性。他还主张建立区域性共同市场，以利于外围国家的工业化发展，并主张中心国家向外围国家开放市场。

第六，战略性保护贸易理论。战略贸易政策是指一国政府在不完全竞争和规模经济下的情况下，通过生产、出口补贴或保护国内市场等措施和手段，扶持本国战略性产业的成长，从而获取规模经济效益，增强其在国际市场上的竞争力，夺取它国的市场份额。布郎德—斯潘塞认为，政府可以通过对本国厂商生产和出口该产品进行补贴，使本国厂商实现规模经济，使产品在国内外竞争中占有较大的市场份额和获得垄断利润。

### (二)保护贸易政策主张

保护贸易政策的主要目标是保护本国的产品和服务在本国市场上免受外国产品和服务的竞争，同时促进本国出口，增强本国产业的国际竞争力。关税与非关税壁垒用于保护国内市场免受外国商品冲击，出口鼓励措施旨在提升国内企业的国际竞争力并推动出口增长，而国内产业扶持与保护则通过政策手段促进产业升级、转型，并为弱势产业提供必要的市场保护。

第一，关税壁垒与非关税壁垒。关税是保护贸易政策中最直接且常用的手段之一。通过对进口商品征收关税，提高进口商品的市场价格，从而削弱其在国内市场的竞争力，保护国内同类产业免受外国商品的冲击。非关税壁垒包括进口配额、进口许可证、技术壁垒、绿色壁垒等多种形式。这些措施通过限制进口数量、提高进口门槛等方式，达到保护国内市场的目的。2024 年 5 月 14 日，美国白宫宣布将大幅提高中国进口医疗耗材产品的关税，直接导致中国医疗耗材企业的出口成本增加，进而可能影响其在美国市场的竞争力。这一举措被视为美国保护国内产业、应对所谓"不公平贸易"的一部分。

第二，出口鼓励措施。出口鼓励措施是国家为促进出口增长而采取的一系列政策措施，旨在通过提供财政补贴、出口信贷、税收优惠及市场拓展支持等手段，降低出口企业的成本，增强其国际竞争力，从而推动国内产品走向国际市场，带动经济增长和就业增加。美国长期以来推行了一系列农产品出口支持政策，主要包括有：出口信用担保计划、技术壁垒计划、出口补贴计划等。这些政策计划的实施，有效提升了美国农产品在国际市场上的份额，帮助美国农产品应对了国际市场上的技术性贸易壁垒，提升了其国际竞争力。

第三，国内产业扶持与保护。政府根据国内产业发展的实际情况和战略目标，制定相应的产业政策，促进国内产业的转型和升级。此外，政府对处于初创阶段、竞争力较弱但具有发展潜力的产业进行保护，为这些产业提供必要的市场空间和时间，确保这些产业能够在激烈的国际竞争中生存下来，并逐步成长为具有国际竞争力的产业。2024 年 6 月 6 日，美国商务部宣布对进口自中国的一次性铝制容器、平底锅、托盘和盖子发起反倾销和反补贴调查。若美国国际贸易委员会裁定涉案产品的进口对美国国内产业构成了实质性损害或威胁，其将会对来自中国的相关产品作出反补贴、反倾销制裁，以扶持和保护国内产业。

（三）对全球经济发展的影响

保护贸易政策虽意在保护国内产业，却也抑制了全球贸易发展，与经济全球化趋势相悖；同时，易引发贸易摩擦，破坏国际贸易秩序，减少全球贸易量和资金流动；此外，还降低了消费者福利，影响内需释放，特别是在资源依赖型国家可能加剧通胀压力，其长期负面影响不容忽视。

第一，抑制全球贸易发展，阻碍经济全球化进程。保护贸易政策通过提高关税、实施进口配额、采取反倾销和反补贴措施等手段，限制外国商品和服务的进口，从而抑制了全球贸易的发展。这种政策违背了经济全球化的趋势，阻碍了商品、服务、资本和技术等要素在全球范围内的自由流动。经济全球化是推动世界经济增长的重要引擎，而保护贸易政策则削弱了这一引擎的动力，不利于国际专业化分工和生产效率的提升。

第二，引发全球贸易摩擦，破坏国际贸易秩序。保护贸易政策往往导致贸易伙伴之间的贸易摩擦和报复性措施。当一个国家采取保护贸易政策时，其贸易伙伴可能会采取反制措施，从而引发贸易战。这种贸易争端和报复措施不仅破坏了国际贸易秩序，还可能导致全球贸易的减少和资金流动的受限，对各国经济增长造成显著冲击。

第三，降低全球消费者福利，影响内需释放。保护贸易政策限制了外国商品的进口，导致国内市场上商品供应减少，相应地提高了商品价格。消费者需要花更多的钱来购买商品和服务，从而降低了购买力，影响了内需的释放。特别是在一些资源依赖型国家，保护贸易政策还会导致相关资源价格上涨，进一步加剧通货膨胀的压力。

# 第二节　全球多边贸易合作的经济学

全球多边贸易合作是指多个国家或地区之间，在遵循共同规则的基础上，通过降低或消除关税和非关税壁垒，促进商品、服务、资本和技术等要素的自由流动，以实现共同经济发展和繁荣的一种合作方式。WTO 成立以来，其成员国、管辖范围及规则制定方面均得到显著扩展，为全球经济的繁荣稳定做出了贡献。然而，WTO 当前面临维护多边贸易体制、应对单边主义及上诉机构停摆等挑战。WTO 未来改革重点在于恢复争端解决机制、保障发展中成员待遇及推进新贸易议题，以促进全球贸易包容性增长和增强贸易政策透明度。

## 一、全球多边贸易合作的历史发展

第二次世界大战后，各国为打破贸易限制僵局，合作推动成立了关税及贸易总协定（GATT），其旨在促进贸易自由化。GATT 经历了从成立到扩张与深化的过程，显著体现在成员国增加、贸易自由化深化及争端解决机制完善上。乌拉圭回合谈判更是标志了国际贸易体系新阶段的开始，并奠定了世界贸易组织（WTO）成立的基础。自 1995 年 WTO 成立以来，其在成员、管辖范围和规则制定上显著扩展，同时在贸易争端解决、服务贸易和知识产权等领域实现了深化，为全球经济的稳定和繁荣做出了重要贡献。

### （一）GATT 的成立与初期阶段

在二战的硝烟逐渐散去之际，为打破各国之间贸易相互限制的僵局，各国政府开始寻求合作与协调。关税及贸易总协定（GATT）旨在促进国际贸易的自由化与合作，以克服贸易保护主义带来的弊端。在美国的推动下，各国通过谈判达成了一系列削减关税和贸易限制的协议，最终形成了 GATT 这一多边贸易体系。

第一，启动多边贸易谈判。GATT 为各国政府提供了一个平等对话的平台，各国可以通过这一机制，就关税削减、贸易规则等问题进行协商，达成互惠互利的协议。初期阶段，GATT 组织了多轮关税削减谈判，达成了大量的关税减让协议。除关税之外，GATT 还关注非关税壁垒对国际贸易的阻碍，通过谈判，各国承诺减少或消除各种非关税壁垒，如配额、许可证制度、进口限制等，以促进贸易的自由化。1947 年，美国等 23 个国家在日内瓦签订了《关税及贸易总协定》（GATT），该协定于 1948 年 1 月 1 日开始临时适用。

第二，确定多边贸易的基本原则。GATT 成立初期确定了多边贸易的一系列基本原则，包括非歧视原则、关税减让原则、透明度原则、公平贸易原则等，其中非歧视原则和关税减让原则是 GATT 中最主要与基础的原则。非歧视原则主要体现在最惠国待遇和国民待遇两个方面，要求成员国给予来自其他成员国的产品、服务或利益与本国同类产品、服务或利益相同的待遇。关税减让原则成功降低了成员国之间的关税水平。

第三，建立国际贸易争端解决机制。争端解决机制最初起源于《1947 年关税与贸易总协定》(GATT)的相关条款，特别是第 22 条和第 23 条。第 22 条规定了缔约方之间进行磋商的权利，而第 23 条则规定了提出磋商请求的条件、多边解决争端的主要程序及授权报复等内容。GATT 设立了争端解决机制，为各成员国之间的贸易争端提供了解决途径。1952 年挪威与德国关于进口沙丁鱼的纠纷案标志着第三方组成的"诉讼专家组"调查审理方式的出现，这是争端解决机制向更专业化、司法化方向发展的一个转折点。此后，1979 年达成的《关于争端解决规则与程序的谅解》对 GATT 解决争议的程序作了较为详细的规定，尽管其法律地位并不明确，但对争端解决产生了重大影响。

### (二)GATT 的扩张与深化

GATT 的发展与扩张经历了从成立到初步发展、再到扩张与深化的过程，其扩张与深化主要体现在成员国数量的显著增长、贸易自由化程度的不断深化以及争端解决机制的完善和发展等方面。

第一，成员国数量显著增长。GATT 自 1947 年成立以来，其成员国数量经历了显著的增长。最初，GATT 的创始成员国包括美国、英国、法国等 47 个国家。然而，随着国际贸易的不断发展以及全球经济一体化的推进，越来越多的国家意识到加入 GATT(及其后续组织 WTO)对于促进本国经济发展、加强国际合作的重要性。因此，GATT 的成员国数量不断增加，到 1995 年 WTO 成立时，GATT 的缔约方和观察员已经达到 128 个国家和地区。

第二，贸易自由化程度的不断深化。GATT 通过多轮谈判，包括日内瓦回合、狄龙回合、肯尼迪回合、东京回合和乌拉圭回合等，逐步降低关税水平，减少非关税壁垒，推动国际贸易的自由化。其中，东京回合谈判首次将非关税壁垒纳入谈判议题，而乌拉圭回合谈判则达成了历史上最为广泛的贸易自由化协议，涵盖了货物贸易、服务贸易、知识产权等多个领域。

第三，争端解决机制的不断完善。随着国际贸易的不断发展，贸易争端也日益增多。GATT 通过建立争端解决机制，为各成员国之间的贸易争端提供了解决途径。这一机制最初以双边磋商为主，后来逐渐发展为多边磋商和专家组审理相结合的方式。在乌拉圭回合谈判中，GATT 对争端解决机制进行了重大改革，建立了上诉机构，并明确了争端解决程序的时限和规则。这些改革使得争端解决机制更加公正、高效和权威，为国际贸易的顺利进行提供了有力保障。

### （三）乌拉圭回合与 WTO 的诞生

乌拉圭回合是 GATT 主持下的第八轮多边贸易谈判，也是其历史上最为重要和成果最为丰硕的一轮谈判。它不仅标志着国际贸易体系进入一个全新的发展阶段，也为 WTO 的诞生奠定了坚实的基础。

第一，乌拉圭回合的背景与启动。乌拉圭回合于 1986 年 9 月在乌拉圭的埃斯特角城启动，历时七年半，最终在 1994 年 4 月于摩洛哥的马拉喀什落下帷幕。这一轮谈判的启动，正值全球贸易保护主义抬头、多边贸易体制面临严峻挑战之际。为了遏制贸易保护主义，避免全面的贸易战，建立一个更加开放、持久的多边贸易体制，美国、欧洲共同体、日本等发达国家共同倡导了这轮多边贸易谈判。

第二，乌拉圭回合谈判议题广泛。乌拉圭回合的谈判议题广泛，涵盖了传统货物贸易、服务贸易、知识产权以及与贸易有关的投资等多个领域。在货物贸易领域，乌拉圭回合进一步降低了关税水平，扩大了市场准入。通过这一轮谈判，发达国家和发展中国家平均降税三分之一，发达国家制成品平均关税税率降至3.5%。此外，农产品和纺织品等敏感商品也纳入了自由化轨道。在服务贸易领域，乌拉圭回合达成了《服务贸易总协定》（The General Agreement on Trade in Services，GATS），将服务贸易纳入多边贸易体制。在知识产权领域，乌拉圭回合达成了《与贸易有关的知识产权协定》（Agreement on Trade-Related Aspects of Intellectual Property Rights，TRIPS），加强了知识产权的国际保护。

第三，乌拉圭回合谈判与 WTO 的诞生。乌拉圭回合达成的多项协议为 WTO 提供了法律基础和工作指南，并且各成员意识到需要建立一个更加权威、更加有效的国际组织来管理全球贸易。因此，在 1994 年 4 月 15 日，各成员在摩洛哥的马拉喀什签署了《关于建立世界贸易组织的马拉喀什协议》，正式宣告了 WTO 的诞生，并于 1995 年 1 月 1 日开始正式运作。

## （四）WTO 的扩展与深化

自 1995 年世界贸易组织成立以来，它已经成为全球经济中不可或缺的支柱。随着时间的推移，WTO 不仅在其成员数量、管辖范围和规则制定方面得到了显著的扩展，而且也在贸易争端解决机制、服务贸易、知识产权等领域实现了深化。

第一，成员数量的增加与管辖范围的扩大。自 WTO 成立以来，其成员数量持续增长，截至 2023 年，WTO 的正式成员已增至 164 个，涵盖了全球绝大多数国家和地区。这不仅体现了 WTO 在全球经济治理中的广泛代表性，也反映了各国对多边贸易体制的普遍认可和支持。同时，WTO 的管辖范围也不断扩大，从最初的货物贸易扩展到服务贸易、知识产权、投资等多个领域，为全球经济的全面发展提供了有力支持。

第二，贸易争端解决机制的完善。自 WTO 成立以来，争端解决机制不断完善，解决了大量的贸易争端，有效地维护了多边贸易体制的权威性和有效性。截至 2023 年底，WTO 争端解决机制已处理了超过 600 起贸易争端，为全球贸易的稳定发展提供了有力保障。考虑到发展中国家的特殊情况，WTO 争端解决机制还为发展中国家提供了特殊与差别待遇。例如，在争端解决过程中，发展中国家可以获得技术援助和法律咨询等支持，以确保其能够充分参与争端解决过程。

第三，制度制定的深化与拓展。随着全球经济的不断发展和变化，WTO 不断修订和完善其规则体系，以适应新的贸易形势和需求。同时，WTO 还积极拓展新的议题领域，如电子商务、投资便利化等，为全球经济的未来发展提供了新的方向和动力。在电子商务方面，WTO 电子商务联合声明倡议（JSI）成员就若干全球数字贸易规则达成实质结论，这些规则涵盖了数字贸易便利化、开放的数字环境以及企业和消费者信任等三大领域。在投资便利化方面，WTO 成员达成了《促进发展的投资便利化协定》（IFD），旨在改善投资监管环境，促进全球经济的可持续发展。

## 二、全球多边贸易合作的经济效应

全球多边贸易合作的经济效应主要包括关税减免推动国际贸易发展、对发展中国家的特殊和差别待遇以及争端解决机制维护国际贸易秩序。

### (一)关税减免推动国际贸易发展

关税是国家对进出口商品所征收的税费，其目的在于保护国内产业、调节贸易差额等。然而，过高的关税往往成为国际贸易的障碍，增加了商品的成本，限制了市场的拓展。关税减免政策显著降低了贸易成本，提升了出口商品的国际竞争力；同时促进了贸易自由化，减少了因关税壁垒导致的市场分割和贸易扭曲；并且改善了国家间的贸易关系，促进了跨国经济合作与全球经济的协调发展。

第一，降低贸易成本，提高竞争力。关税是商品在跨国交易时需要支付的一种税费，它增加了商品从生产到最终消费者手中的总成本。当进口国实施关税减免政策时，意味着出口商品在进入他国市场时不再需要支付或仅需支付较低的关税，这直接降低了商品的出口成本。商品成本的降低，不仅使得出口企业的出口商品在国际市场上的价格更具有竞争力，吸引更多国际买家；而且也提高了出口企业的盈利能力，提供了更大的价格调整空间，使其能够更灵活地应对国际市场的价格竞争。

第二，促进贸易自由化，减少贸易扭曲。关税减免是贸易自由化的重要体现，有助于推动全球贸易自由化进程，减少因关税导致的市场分割和贸易扭曲。当一国降低或取消对另一国商品的进口关税时，降低了商品流通的成本，这些商品将能够更顺畅地进入目标市场，有助于形成更加统一和开放的国际市场，从而减少了因关税壁垒造成的市场分割。此外，关税减免还能够减少因关税差异而导致的贸易扭曲现象。在高关税的环境下，进口商品的价格可能会高于国内市场上的同类产品，这可能导致消费者转向购买价格更高的国内产品，造成贸易扭曲。关税减免能够降低出口商品的成本，使其价格与国内产品相比更具有竞争力，从而减少贸易逆差。

第三，改善贸易关系，促进经济合作。关税减免有助于改善国家之间的贸易关系，减少贸易摩擦和争端，扩大贸易规模。降低关税使得各国商品在国际市场上以更加平等的地位竞争，有利于资源的有效配置和全球经济的协调发展。在关税减免的推动下，企业可以更加便利地进行跨国投资、生产、销售等活动，更加充分地利用各自的资源禀赋和比较优势，实现资源的优化配置和全球范围内的产业分工，促进全球产业链和供应链的形成和发展。

### (二)发展中国家享受特殊和差别待遇

在 WTO 的框架下，发展中国家享有特殊和差别待遇，平衡发达国家与发展中国家之间在经济、技术和贸易能力上的差异，确保发展中国家能够更公平地参与国际贸易并从中受益。

第一，增加市场准入与贸易机会。WTO 通过给予发展中国家更优惠的市场准入条件，如降低关税、减少非关税壁垒等，让发展中国家的产品和服务能够更容易地进入国际市场。这有助于扩大发展中国家的出口规模，增加外汇收入，促进经济增长。优惠的市场准入条件增加了发展中国家的贸易机会，这不仅为发展中国家带来了更多的商业机会，还促进了它们与发达国家之间的贸易往来，推动了全球贸易的繁荣。

第二，促进产业发展与保护。在农业、纺织品等敏感产业领域，WTO 允许发展中国家采取较长的过渡期、关税配额等措施来保护其国内产业。较长的缓冲期，使发展中国家能够在逐步开放市场的同时，有足够的时间来调整产业结构、提升竞争力，从而确保国内产业的稳定和发展。发展中国家还能够利用关税配额措施来控制进口规模，避免外部市场冲击对国内市场造成过大的压力。这些措施有助于发展中国家保护其农民和纺织工人的利益，确保他们在国际竞争中获得公平待遇，实现可持续的产业发展。

第三，支持技术援助与培训。WTO 通过提供技术援助和培训，帮助发展中国家提高其生产效率和产品质量，增强其在国际市场上的竞争力。这种支持有助于发展中国家实现技术进步和创新，推动经济的可持续发展。此外，WTO 还支持发展中国家开展各种培训项目，以提高其政府官员和企业家的国际贸易知识和能力。这些培训项目有助于发展中国家更好地参与和影响国际经济规则的制定，维护自身利益和发展权益。

### (三)争端解决机制维护国际贸易秩序

WTO 的争端解决机制在促进合作与友好贸易关系、确保公平公正贸易环境以及推进全球经济一体化方面发挥着关键作用。该机制通过一系列明确的规则和程序，为成员国提供了一个公平、透明和可预测的争端解决平台，有效地减少了贸易摩擦，保护了成员国的合法权益，推动了国际贸易的稳定和可持续发展。

第一，促进合作与建立友好的贸易关系。争端解决机制提供了一个中立、公正的平台，使得各国在发生贸易争端时能够通过对话和协商来和平解决分歧，从而避免了贸易争端的升级和恶化。这种机制鼓励各方采取合作而非对抗的态度，增进两国之间的相互理解和信任，有助于减少贸易摩擦、构建长期稳定的贸易关系，从而促进了全球贸易的和谐与繁荣。

第二，确保公平公正的贸易环境。争端解决机制通过明确的规则和程序，为各国解决贸易争端提供了清晰的指导，降低了贸易争端的发生率，减少了因不确定性而引发的贸易风险。同时，它确保所有成员在争端解决过程中受到平等对待，避免了任何形式的歧视或偏袒。此外，争端解决机构通常由独立的专家组成，能够基于事实和法律进行公正裁决，确保了裁决的公正性和权威性，从而维护了国际贸易的公平性和公正性。

第三，推进全球经济一体化的进程。争端解决机制通过解决贸易争端，减少了贸易壁垒和歧视性措施，促进了商品和服务的全球流动。这种流动性的增强有助于各国更好地融入全球经济体系，促进了全球经济一体化的深入发展。同时，争端解决机制的高效性和权威性增强了市场信心，降低了贸易不确定性，为全球经济一体化提供了稳定的环境。此外，它促进了各国之间的合作与协调，增进了相互之间的了解和信任，为全球经济一体化提供了坚实的基础。

## 三、全球多边贸易合作的未来展望

WTO 正面临着维护多边贸易体制的有效性、应对单边主义和保护主义冲击以及上诉机构停摆等挑战。这些挑战不仅削弱了其运作效能，还对全球贸易的平稳运行与可持续发展构成了严峻威胁。当前，WTO 改革关键在于争端解决机制的改革、发展中成员特殊与差别待遇的保障以及数字经济新贸易议题的推进等。WTO 未来宜恢复并改革上诉机构，强化并细化特殊与差别待遇原则，促进全球贸易包容性，并增强贸易政策透明度与合规性。

### （一）WTO 当前面临的主要挑战

WTO 作为全球贸易治理的重要机构，近年来面临着多方面的挑战。这些挑战不仅影响了 WTO 自身的运作和有效性，也对全球贸易的稳定和可持续发展构成了威胁。

第一，单边主义和保护主义的冲击。近年来单边主义和保护主义抬头，一些国家单方面采取了一系列贸易限制措施，如提高关税、设置非关税壁垒等，对全球贸易造成了严重冲击，这不仅违反了 WTO 的贸易自由化原则，也破坏了多边贸易体制的稳定性和可预测性。当成员国频繁采取保护主义和单边主义措施时，WTO 的裁决和规则执行的有效性会受到影响，甚至失效。这削弱了 WTO 作为多边贸易体制核心机构的权威性和有效性，使得多边贸易体制难以发挥应有的作用。例如，美国特朗普总统在其执政期间采取了多项贸易保护主义措施，包括对中国等国家的商品加征关税、退出 TPP（跨太平洋伙伴关系协定 Trans-Pacific Partnership Agreement）等区域贸易协定等，引发了全球贸易紧张局势，这也加剧了 WTO 的困境。

第二，多边贸易谈判的停滞。自 2001 年启动的多哈回合谈判至今未能完成，这是多边贸易谈判停滞的显著标志。多哈回合旨在通过全面改革 WTO 规则，促进全球贸易的进一步自由化和便利化。然而，由于成员国在农业、非农产品市场准入、服务贸易等关键议题上的分歧，谈判进程受阻，至今未能取得实质性进展。除了多哈回合的遗留问题外，随着全球贸易形势的变化，新的议题如电子商务、数字贸易、投资便利化等也逐渐被纳入多边贸易谈判的议程。然而，由于这些议题涉及的技术复杂性和成员国之间的利益分歧，谈判进展缓慢，难以形成共识。

第三，上诉机构的停摆。自 2017 年以来，美国频繁动用其在 WTO 中的一票否决权阻挠上诉机构新法官的任命程序，并以多种理由将上诉机构裁决与遴选挂钩。由于美国的阻挠，上诉机构法官人数逐渐减少，至 2019 年 12 月 11 日，由于法官人数不足，上诉机构无法继续受理新案件，被迫宣布停摆。上诉机构停摆导致 WTO 争端解决机制无法正常运转，许多贸易争端无法得到及时、公正的解决。

### （二）WTO 改革的关键议题

WTO 当前面临三项紧迫议题：争端解决机制改革陷入僵局，核心法律问题未解，未来谈判充满变数；发展中成员特殊与差别待遇的界定引发争议，发达国家与发展中国家间利益冲突加剧；数字经济等新贸易议题推进中，虽取得部分共识，但在跨境数据流动等关键领域仍存在显著分歧。

第一，争端解决机制的改革。WTO 争端解决机制是 WTO 的重要组成部分，也是多边贸易体系的支柱。它具有统一性、效率性和强制性的特点，对于维护多边贸易体制的稳定和发展具有至关重要的作用。在 2022 年 WTO 第 12 届部长级会议后，WTO 争端解决机制改革谈判进入新阶段。从改革的情况来看，争端解决机制的核心法律问题至今仍未得到解决。美方提出 WTO 争端解决机制默认将只有专家组一审程序，而中方、欧盟始终坚持多方临时上诉仲裁安排（MPIA），坚定执行两审制，争端解决机制未来谈判仍存在很大的不确定性。

第二，发展中成员特殊与差别待遇的保障。WTO 协定中并没有对"发展中成员"和"发达成员"给出明确的定义或划分标准，而是采取"自我认定"方式来确定是否为"发展中成员"。成员国可以自行选择是否宣称为发展中成员，但这一选择可能会受到其他成员国的质疑，并且发达国家和发展中国家在国际贸易中的利益冲突加剧了认定问题的复杂性。发达国家倾向于采用更严格的标准来限制发展中成员享受特殊与差别待遇的资格，而发展中国家则坚持认为应继续保留并扩大这些待遇。美国曾提出以人均国民总收入、全球贸易份额等因素作为认定标准，并据此将中国等一些新兴经济体排除在发展中成员之外。

第三，数字经济等新贸易议题的推进。随着数字经济的迅猛发展，WTO 成员国之间的贸易形态和规则需求发生了深刻变化。自 2019 年 1 月 25 日，76 个

WTO 成员共同发起电子商务诸边谈判以来，该谈判已进行了多轮密集讨论，旨在更新贸易规则以推动数字经济发展。截至 2023 年 12 月 20 日，包括中美欧在内的 90 个 WTO 成员已实质性结束部分全球数字贸易规则谈判。其议题内容涵盖了数字贸易便利化、开放的数字环境以及企业和消费者信任等多个方面，并就电子签名和认证、在线消费者保护、无纸贸易等 13 个议题形成基本共识，但是在跨境数据流动和本地化要求、源代码及算法规制、电子传输的免关税及数字税征收等方面仍存在争议。

### (三)WTO 未来改革方向

为应对当前挑战，WTO 需采取四大改革战略：首先，恢复并改革上诉机构，确保争端解决高效运行；其次，坚定维护发展中国家权益，强化并细化特殊与差别待遇原则；再次，促进全球贸易包容性，深化南南合作与南北对话；最后，增强贸易政策透明度与合规性，构建有效监督机制，以维护多边贸易体系的公正与稳定。

第一，推动上诉机构的恢复与改革。鉴于当前上诉机构因成员遴选问题而陷入瘫痪的现状，WTO 成员国应共同努力，恢复上诉机构的正常运作。这包括推动美国等关键成员国放弃阻挠，启动并完成上诉机构成员的遴选程序。同时，对现有上诉机构进行改进，如增强其透明度和公正性，缩短案件处理时间，以确保争端解决机制的高效运作。在上诉机构恢复之前，WTO 可以探索替代性的争端解决方案，以持续为成员国提供争端解决的途径。

第二，维护发展中国家的利益。WTO 应坚定不移地维护并强化特殊与差别待遇原则，给予发展中国家在贸易规则、市场准入、技术援助和能力建设等方面的优待，并确保这些条款得到有效的执行。此外，目前发达国家和发展中国家在 SDT(特殊差别待遇，Special and differential treatment)的适用上存在争议，WTO 应始终坚持"自我认定"方式，并对现有的 SDT 条款进行细化，明确其适用范围、条件和具体措施，以增强其可操作性和可执行性。这有助于减少发达国家对 SDT 条款的滥用和误读，确保发展中国家能够真正受益。

第三，促进全球贸易的包容性。WTO 应鼓励并促进发展中国家之间的南南合作，通过经验分享、技术转移和联合谈判等方式，增强它们在全球贸易体系中的集体议价能力。同时，WTO 还应加强南北对话，推动发达国家与发展中国家之间的互利合作，共同应对全球贸易面临的挑战和机遇。通过加强沟通和协调，增进相互理解和信任，为构建更加公正、合理和包容的全球贸易体系贡献力量。

第四，加强贸易政策的透明度与合规性。WTO 应继续加强成员在贸易政策上的透明度要求，包括及时通报贸易措施、公布相关数据等。同时，应建立有效的监督机制，确保成员国履行 WTO 义务和遵守规则。对于不合规行为，应采取必要的措施进行纠正和处罚，以维护多边贸易体系的公平性和稳定性。

## 第三节　贸易制裁及其对全球经济发展的影响

早期贸易制裁多因政治、经济因素而起。"冷战"时，美国以战略性禁运制裁苏联等社会主义国家，后转向限制高新技术转让。冷战后，联合国制裁增多，多受美国操控。贸易制裁通过进口抵制和出口禁运制约双边经贸关系，涉及管制清单、国家组别及实体清单，限制出口。进口抵制则通过关税、配额及反倾销税限制进口。贸易制裁影响被制裁国出口、劳动力市场和投资环境，加剧市场不确定性，提高失业率，恶化投资条件。

### 一、贸易制裁的历史演变

早期的贸易制裁通常是指在历史上较早时期，国家或地区之间由于政治、经济等因素，采取贸易限制措施。"冷战"期间，美国以战略性禁运为核心的贸易制裁成为重要对外政策工具，全面禁运苏联等社会主义国家所需商品和技术，后转向限制高新技术转让。冷战后，联合国制裁数量增多、内容扩大，但受美国操纵，主要针对"无赖"国家和有"反美情绪"的国家。

### （一）早期的贸易制裁

雅典在公元前 5 世纪对麦加拉实施贸易制裁，通过切断其市场准入来打击对手。罗马帝国则在地中海地区维护其贸易霸权，对挑战者或违规者实施包括贸易限制、高额关税、军事和外交施压在内的多种制裁措施。清朝乾隆年间，为应对与俄国的贸易争端和领土问题，实施了多次贸易制裁，如停止贸易、关闭互市和禁止关键商品出口等。

第一，雅典对麦加拉的贸易制裁。据史料记载，最早的制裁案例发生在公元前 5 世纪。公元前 432 年，为应对与斯巴达日益紧张的霸权争夺，雅典颁布了《麦加拉法令》，出台经济制裁措施，禁止麦加拉人进入雅典帝国的市场，并阻止其商品流通。这一制裁措施迅速切断了麦加拉的经济命脉，导致麦加拉人陷入饥饿困境，进一步加剧了双方的政治紧张局势。

第二，罗马帝国对贸易伙伴的制裁。罗马帝国为了维护其在地中海地区的贸易霸权，对挑战其地位或违反其贸易规则的贸易伙伴进行制裁，包括限制或禁止与特定贸易伙伴的贸易往来，征收高额关税作为惩罚，以及采取军事手段或外交施压来维护帝国利益。例如，在公元 369 年，罗马帝国皇帝瓦伦提尼安与哥特人达成协议，限制日耳曼商人在多瑙河两岸的贸易活动，以此作为对特定部落的控制手段。此外，罗马帝国还通过法律和政策调整，如《克劳迪乌斯法》禁止元老从事商业活动，以及设立关税势力圈和征收转口税等措施，间接影响贸易伙伴的经济利益。

第三，清朝对俄罗斯的贸易制裁。清朝对俄罗斯的贸易制裁主要发生在乾隆年间，是乾隆帝为应对与俄国的贸易争端、领土纠纷等问题而采取的外交手段。乾隆帝曾先后于 1762 年、1778 年、1784 年三次实施贸易制裁，这些制裁措施包括停止与俄国的贸易活动、关闭恰克图互市、严禁茶叶和大黄等商品的出口等，旨在通过经济手段迫使俄国屈服。这些贸易制裁对俄国造成了严重的经济损失，迫使俄国在贸易问题上作出让步，与清朝进行谈判并签订条约。

### (二)"冷战"时期美国的战略性禁运

随着"冷战"的爆发和美国遏制战略的实施，以战略性禁运为核心的贸易制裁成为美国重要的对外政策工具。美国商务部先是宣布限制对苏联及其欧洲盟国的出口，此后还对其他社会主义国家经济发展所需的商品、技术、原料和设备实行全面禁运。直到 20 世纪 60 年代后期，美国对苏联经济制裁才有所缓和，主要集中于对高新技术转让的限制。

第一，美国对苏联的战略性禁运。1948 年 3 月，美国商务部宣布限制对苏联及其欧洲盟国的出口，正式发起了对苏联的经济制裁。1949 年，美国国会通过《出口管制法》，决定对苏联及其他社会主义国家经济发展所需的商品、技术、原料和设备实行全面禁运。并且，美国还领导成立了"共产党国家输出管制统筹委员会"（COCOM，又称巴黎统筹委员会），协调确定和实施对社会主义国家的战略性禁运。20 世纪 60 年代后期，美国对苏联经济制裁有所缓和，主要集中于对高新技术转让的限制。1969 年《出口管理法》取代 1949 年《出口管制法》，出口管制的范围有所收窄。

第二，美国对南美洲与非洲国家的战略性禁运。在美苏两大阵营斗争的过程中，美国常常对亲苏联的美洲或非洲国家实施贸易制裁，破坏或颠覆其政权。如，美国对多尼米加、古巴、巴西、智利、秘鲁、尼加拉瓜、巴拿马等国家实施制裁，迫使许多国家政府政权颠覆。此外，为了对抗苏联的影响，美国在 20 世纪 70 年代也对安哥拉和埃塞俄比亚等非洲国家实行了制裁。

### （三）"冷战"后联合国的"制裁 10 年"

"冷战"后联合国在制裁问题上不仅数量增多，并且内容扩大，其制裁问题的双重标准，主要是集中反映了美国对联合国的操纵和利用。美国把旨在维护美国国家利益的制裁标准强加给联合国，所谓的"无赖"国家及有"反美情绪"的国家，是这十年来主要受制裁对象。

第一，联合国制裁数量大幅上升。联合国成立的前 45 年，仅实行过两次制裁行动：一次是 1966 年 12 月 15 日对罗德西亚实行强制性的经济制裁；另一次是 1977 年 11 月 4 日对南非实行强制性的武器禁运。进入 20 世纪 90 年代，联合国制裁次数激增，其频率超过以往任何时候。10 年间安理会共对 12 个国家实施了全面或部分制裁行动，它们是：伊拉克、南斯拉夫、利比亚、利比里亚、索马里、柬埔寨部分制裁、海地、安哥拉部分制裁、卢旺达、苏丹、塞拉利昂和阿富汗。

第二，联合国实施制裁的依据和内容扩大。按《联合国宪章》第七章规定，联合国的制裁制度是针对威胁和平、破坏和平或有侵略行为的国家的"应付办法"，采取武力以外的办法，即断绝经济关系和外交关系以实行制裁。但"冷战"后除了制止一国对另一国的侵略外，把恢复民选领导人地位、促进人权以及制止和惩罚恐怖主义等均列入其中。在这种情况下，联合国的经济制裁已成为"冷战"后联合国处理国际问题时经常使用的外交工具，"冷战"后的 10 年也因此被称为联合国"制裁 10 年"。

第三，联合国制裁制度的双重标准。联合国制裁制度的双重标准问题早在"冷战"时期就已存在，而"冷战"结束后这一现象更加突出，主要是集中反映了美国对联合国的操纵和利用。美国把旨在维护美国国家利益的制裁标准强加给联合国如北方方国家不受制裁，盟国也不在制裁之列。美国要制裁的是那些所谓的"无赖"国家及有"反美情绪"的国家。近 10 年来联合国制裁的国家名单充分体现了美国的这一制裁标准。

## 二、贸易制裁的类型

贸易制裁是一国或数国政府通过法令对另一国采取强硬措施，以制约相互之间的经济和贸易关系的行为。出口禁运是一个复杂的体系，它涵盖了明确的商业管制清单、国家组别清单以及实体清单，从出口物项、目标国家及目标实体三个维度限制本国产品的出口。与此同时，进口抵制则通过增加关税或关税税率来限制特定产品的进口，具体手段包括关税增加以减少进口量、关税配额以设定进口上限，以及以反倾销关税为由对外国产品施加额外的关税负担。

### （一）出口禁运

出口禁运是一个复杂的体系，其主要包括明确各类出口产品和技术的管制清单、国家组别清单以及实体清单，从出口物项、出口目标国家以及出口目标实体三个方面限制本国产品的对外出口。

第一，商业管制清单。商业管制清单（CCL）明确列举了原产于美国的产品或技术，这些产品和技术共分为十大类别，每个类别下又细分为不同的功能组和具体的出口管制分类编码（ECCN）。例如，3A090 代表高性能芯片，4A090 代表包含该等芯片的计算机、电子组件和部件。根据商业管制清单，高性能芯片、软件和技术、量子计算、半导体制造等产品已落入出口管制范围。

第二，国家组别清单。美国出口管制中的国家组别清单是美国根据《出口管理条例》（EAR）对不同国家实施出口控制的一个重要工具。国家组别清单根据八项管制理由对不同国家的出口实施不同程度的限制，这些管制理由包括生化武器（CB）、防核扩散（NP）、国家安全（NS）、导弹技术（MT）、区域稳定（RS）、武器条约（FC）、治理犯罪（CC）和反恐（AT）。国家组别清单将除美国以外全球国家划分为 A/B/D/E 四类，不同组别对特定物项的管控要求不同，获得许可证例外的优待程度也不同。从 A 到 E 优待程度从高到低不等。

第三，实体清单。它是美国商务部工业安全局根据《出口管理条例》维护的一个名单，用于列出那些因参与或可能参与违反美国国家安全或外交政策的活动而被限制出口的外国实体。被列入实体清单的实体，向其出口、再出口或国内转移受《出口管理条例》管辖的物项需要遵守额外的许可证要求和政策。对于被列入实体清单的中国实体，其许可证要求基本为"适用于所有受《出口管理条例》管辖的物项"，许可证申请审查政策基本为"推定拒绝"，且基本不适用许可证例外。

## （二）进口抵制

进口抵制通过增加关税或关税税率来限制特定产品的进口，主要可以细分为关税增加、关税配额以及反倾销关税。关税增加通过提高进口商品价格来减少进口量，关税配额则通过设定进口数量上限来控制市场供应，而反倾销关税则是依据外国产品的倾销行为对出口施加关税的压力。

第一，关税增加。它是国家常用的一种贸易限制手段，通过提高特定产品的进口关税，使其价格上涨，从而降低进口量。自 2024 年 9 月 27 日起，美国将对中国电动汽车的关税税率上调至 100%，太阳能电池的关税税率将上调至 50%，关键矿产、钢铁、铝、口罩和起重机的关税税率将上调至 25%。此外，还保留了特朗普执政时期对超过 3000 亿美元中国商品征收的关税。

第二，关税配额。它是一种限制特定产品进口数量的措施。国家可以设定特定产品的进口关税配额，并要求超出配额的进口支付更高的关税，从而限制进口量。这种措施既可以保护本国产业，又可以控制市场供应和需求。许多国家都实行农产品进口关税配额制度，对规定配额内的进口农产品给予低税、减税或免税待遇，而对超过配额的进口农产品则征收较高关税或附加税。中、日两国在农产品贸易上发生了激烈的争端，日本政府曾对超过限额的中国大葱、鲜蘑菇和蔺草席等农产品分别征收了 256%、266% 和 106% 的关税。

第三，反倾销关税。它是一种用于应对倾销行为的贸易制裁手段。当国家认为某个国家的产品以低于公平市场价的价格倾销到本国市场时，可以对这些产品征收反倾销关税。2024 年年初，澳大利亚反倾销委员会发布公告，对进口自中国、韩国、马来西亚的焊缝管进行反倾销豁免调查，并同时对中国的焊缝管发起反补贴豁免调查。美国也曾对中国钢铁产品、太阳能电池板等征收高额反倾销税，其中美国将对中国制造的太阳能电池的关税税率上调至 50%，对中国出口到美国的钢铁产品和太阳能电池板施加额外的关税。

## 三、贸易制裁的经济影响

贸易制裁不仅对被制裁国家的出口和劳动力市场产生影响，也恶化了被制裁国家的投资环境。在对外贸易方面，制裁加剧了市场不确定性，显著收缩了出口市场，被制裁国家贸易偏转效应显现，企业国内市场的竞争压力加剧。在劳动力市场，依赖出口企业的失业率显著上升，同时加剧了就业结构的区域差异，贸易出口经济结构转型，增加了结构性失业。此外，贸易制裁还恶化了被制裁国的投资环境，增加了市场与政治的不确定性，限制了跨境资本的自由流动，跨国公司因生产效率和竞争力下降，可能选择撤离被制裁国家。

### （一）贸易制裁的出口抑制效应

贸易制裁加剧了被制裁国对外贸易的不确定性，导致被制裁国家出口市场显著收缩，其出口量大幅下降；被制裁国积极寻求新的出口市场以弥补损失，贸易偏转效应显现；出口受阻导致产品回流国内市场，加剧企业国内市场的竞争压力。

第一，出口市场的收缩。贸易制裁直接限制或禁止被制裁国家或地区的产品出口到制裁发起国家的市场，特别是那些高度依赖制裁发起国家市场的产品，会直接减少被制裁国的产品出口量。它不仅直接减少了被制裁国在这些关键市场上的产品出口量，还可能导致出口企业面临库存积压、资金链紧张等困境。

第二，贸易偏转效应。在受到贸易制裁后，被制裁国或地区为了弥补因制裁而失去的出口市场，会积极寻求将原本计划出口到制裁发起国的产品转向其他第三方国家市场，不仅改变了制裁发起国家的进口来源，也影响了被制裁国家的出口流向。被制裁国家可能会随着出口市场转移增加对第三方国家市场的出口量，弥补制裁带来的损失；但制裁的严厉程度过高时，被制裁国出口市场转移的难度加大，使被制裁国面临对外贸易风险。

第三，企业竞争压力增加。由于出口受阻，大量原本用于出口的产品被迫回流到国内市场，国内市场的供应量显著增加，而市场需求在短期内可能无法相应增加。为了争夺有限的市场份额，企业可能会采取降价策略来吸引消费者，加大研发投入提高产品的创新能力，被制裁国企业的竞争压力加剧。

## (二)贸易制裁的就业损失效应

贸易制裁对被制裁国的劳动力市场造成影响，失业率显著上升，尤其冲击了依赖出口的企业，导致裁员与倒闭，进而引发连锁失业。同时，制裁加剧了就业结构的区域差异，依赖外贸地区失业率攀升，而多元化经济地区相对稳定。此外，制裁还推动了经济结构转型，加剧了技能与岗位需求的不匹配，提高了结构性失业的比例，使失业工人面临严峻的就业挑战。

第一，失业率上升。贸易制裁限制了被制裁国家企业的出口活动和国际市场准入，这直接冲击了那些高度依赖出口和外国市场占比较大的企业的原有市场份额，这些企业面临订单锐减、销售收入大幅下降的困境。为了应对这种经济压力，企业往往不得不通过减少生产规模、降低运营成本以及缩减员工数量来减轻财务负担。一些企业甚至可能因无法承受长期的经济压力而被迫关闭，导致员工失业。这种连锁反应不仅影响直接受制裁影响的行业，还可能通过供应链和市场关联效应波及到其他相关行业和地区，进一步扩大失业率上升的范围和程度。

第二，就业结构区域差异扩大。由于不同地区的产业结构、经济发展水平和市场环境存在显著的差异性，贸易制裁的波及效应在地理空间上呈现出不均衡的特点，扩大了就业结构的区域差异。高度依赖对外贸易的单一产业结构地区，往往首当其冲地受到贸易制裁的冲击。这些地区的企业因出口市场受限，订单锐减，不得不缩减生产规模甚至停产，直接导致大量劳动力失去工作岗位，失业率攀升。相比之下，产业结构相对多元化、经济体系较为完善的地区，往往拥有较为活跃的内需市场，能够为企业提供一定的市场缓冲空间，从而在一定程度上抵消了制裁带来的负面影响，维持了相对较低的失业率。

第三，结构性失业占比提高。传统行业由于制裁导致的市场准入限制、成本增加等原因，面临生产下降、订单减少等困境，最终可能走向衰退。为了应对制裁带来的挑战，受制裁国家往往会寻求新的经济增长点，从而推动新兴产业的发展。随着经济结构的变化，劳动力市场对劳动者的技能和素质提出了更高的要求。传统行业失业工人具备的技能，往往与新兴产业的岗位需求之间存在较大的差异。因此，失业工人在面对新兴产业的就业机会时，往往会遇到技能与岗位需求不匹配的问题，加剧了他们的就业难度。贸易制裁不仅造成了失业率的上升，还引发了技能与岗位需求之间的不匹配。

## （三）贸易制裁的投资退缩效应

贸易制裁不仅增加了市场波动和不确定性，还加剧了政治环境的不稳定，导致被制裁国投资环境恶化。同时，制裁措施限制了跨境资本的自由流动，使得受制裁国在融资和资金运作上遭遇重重困难。此外，跨国公司在面对贸易制裁带来的生产效率和竞争力下降时，可能因无法承受制裁带来的负面影响而选择撤离被制裁国家。

第一，跨境投资环境恶化。贸易制裁会导致受制裁国家的经济环境恶化，包括经济增长放缓、失业率上升、货币贬值等，引发市场波动和不确定性，使得投资者更加谨慎和保守。贸易制裁往往也伴随着政治紧张局势的升级，增加了被制裁国政治环境的不确定性。投资者对于政治不稳定的担忧会促使他们重新评估投资风险，甚至选择撤离投资。此外，贸易制裁的实施还可能伴随着被制裁国政策和法律的调整。投资者需要面对不稳定的政策环境和法律风险，例如贸易政策的变化、法律诉讼的增加等。这些风险使得投资者在决策时更加慎重，甚至可能放弃投资计划。

第二，跨境资本流动受到限制。贸易制裁往往也会阻止或限制资金在受制裁国家与其他国家之间的自由流动。受制裁国家的企业和个人在跨境融资方面可能会遇到更大困难，其难以从国际金融机构或投资者那里获得贷款，并且在国际市场上发行债券也将变得困难重重，跨境融资的困难直接限制了受制裁国家获取外部资本的能力。为了应对贸易制裁带来的经济压力，受制裁国家可能会加强外汇管制，限制本国货币的兑换和使用，但这一措施往往会进一步加剧资本的跨境流动限制，形成恶性循环。

第三，跨国公司的撤离。贸易制裁通过限制商品、服务及技术的进出口，直接影响被制裁国企业的生产效率和竞争力，使得原本在被制裁国家投资的跨国企业重新评估其投资回报率和风险承受能力。被制裁国家相关企业成本的增加和利润的下降，使得跨国公司的运营不再具有经济可行性，可能会选择撤离被制裁国家以减少进一步的经济损失。此外，跨国公司面临严格的国际法和国内法约束，必须遵守贸易制裁的相关规定，一旦受到制裁，公司可能面临高额罚款、资产冻结甚至被排除出国际市场等严重后果。为了避免这些风险，一些跨国公司可能会选择撤离受制裁国家。

# 第四节  后发经济体的经济赶超与贸易政策

在全球化的大潮中，后发经济体正站在历史的十字路口，面临着前所未有的发展机遇与挑战。经济赶超不仅是这些经济体追求的目标，更是它们在全球经济舞台上提升自身地位的必由之路。贸易政策，作为连接国内市场与国际市场的桥梁，对后发经济体的经济增长、产业升级和技术创新具有深远的影响。

## 一、出口导向型政策

出口导向型政策最早出现在 20 世纪 50 年代，当时一些发展中经济体为了摆脱经济落后的困境，采取以出口为导向的发展战略。这种战略在亚洲四小龙①的经济腾飞中发挥了重要作用，被认为是上述经济体取得快速发展的重要原因之一。②

## （一）出口导向型政策的概念

出口导向型政策是一经济体以出口为主要方式的经济发展战略，该战略的核心在于通过出口来获取外汇，促进经济增长。这一模式通常涉及生产商品和服务，主要目的是在海外市场上销售，而不是仅仅满足本土需求。此外，出口导向型政策通常也会与贸易自由化、外商直接投资、产业政策和技术进步等措施相结合，以提高出口竞争力。③

## （二）政策形式

出口导向型政策是政府为了促进出口而采取的一系列政策措施，主要包括出口优惠政策、汇率政策、贸易政策、产业政策、投资政策、技术创新政策、出口促进服务等。该政策目标在于通过各种政策措施，促进出口产品的生产和销售，提高出口竞争力，从而推动经济发展。此外，上述政策形式是出口导向型经济体在推动经济发展和增加出口的过程中采取的主要措施，具体形式和实施方式也会因经济体情况、产业结构和国际环境而有所不同。

第一，出口优惠政策和汇率政策是出口导向型政策的主要形式。政府通过出口退税、出口信贷、出口补贴等出口优惠政策，降低企业的出口成本，还可以通过调整汇率水平，使本土货币相对贬值，从而提高出口产品价格的竞争力。例如，20世纪60年代，韩国政府实施了出口信贷、出口补贴、汇率调整等一系列的出口导向型政策，大幅提高了出口产品价格的国际竞争力，促进了经济快速发展。

---

① 亚洲四小龙是指韩国、中国台湾、中国香港和新加坡。

② 慕海平：《亚洲"四小"的利率、汇率政策与出口导向型经济发展》，《亚太经济》1991年第4期。

③ Krueger, A. O. 1998. Why Trade Liberalisation is Good for Growth. Economic Journal. Vol. 108, No. 450, pp. 1513-1522.

第二，贸易政策、投资政策和技术创新政策也是实施出口导向型政策的重要方式。政府通过降低关税、放松进口管制等贸易政策，扩大出口市场，增加出口收入，也通过投资政策来吸引外资进入，提高出口能力，还通过增加科研投入、人才培养等技术创新政策提高企业的技术水平和产品质量，增强出口竞争力。[1]例如，改革开放以来，中国通过建立出口加工区、吸引外资、引入创新人才等出口导向型政策，推动了中国贸易的快速发展。

第三，产业政策、出口促进服务为出口导向型政策的实施提供必要的支撑。政府通过产业补贴、税收优惠、基础设施建设等产业政策，重点扶持出口导向型产业的发展，还通过建立出口信息平台、提供出口咨询等出口促进服务，帮助企业开拓国际市场。例如，马来西亚政府通过实施税收优惠、基础设施建设等出口导向型政策，大力发展电子等出口导向型产业，取得了良好的经济成果。

## (三)政策效果

出口导向型政策是政府为了促进出口贸易而采取的一系列政策措施，在提高出口竞争力、扩大出口规模、促进经济增长、改善贸易收支、促进技术进步等方面发挥重要作用。上述效果是出口导向型政策的预期目标，但实际效果会受经济结构、国际市场环境、政策实施的方式和时机等多种因素的影响。因此，政策制定者需要综合考虑各种因素，制定出口导向型政策，并密切监测政策效果，方便及时调整政策措施。

第一，出口导向型政策有利于扩大出口规模和提高出口竞争力。[2]通过出口优惠、汇率调整等措施，企业降低生产成本，提高出口竞争力，进一步拓展国际市场和扩大出口规模，增加出口收入。然而，出口导向型政策过于强调出口，会导致经济过度依赖国际市场，极易受外部经济环境的影响，增加经济的不稳定性。

---

[1]　Lall, S. 2000. The Technological Structure and Performance of Developing Country Manufactured Exports, 1985-1998. Oxford Development Studies. Vol. 28, No. 3, pp. 337-369.

[2]　Greenaway, D., and Milner, C. 1993. Trade and Industrial Policy in Developing Countries: A Manual of Policy Analysis. London: Palgrave macmillan UK.

第二，出口导向型政策会促进经济增长。[1] 出口的增加可以带动生产、投资、就业等相关领域的发展，为本土创造更多的就业机会，提高生产效率，从而带动经济的整体增长。然而，出口导向型政策侧重于追求经济增长，可能会导致对环境保护的忽视，进一步加剧环境污染。

第三，出口导向型政策也会改善贸易收支。[2] 出口的增加也会增加外汇收入，有效改善贸易收支状态，还可以吸引先进国家的资金、技术和管理经验。然而，出口导向型战略会引发其他经济体的贸易保护主义，从而加剧贸易摩擦，影响经济的持续性发展。

第四，出口导向型政策还会促进技术进步。出口导向型政策要求企业不断提高自身竞争力，不断引入先进技术和管理经验，提高产品质量和技术水平，从而带动整个产业的技术进步。然而，过度依赖出口也会导致本土产业结构失衡，过度发展外向型企业和出口行业，而忽视其他行业发展，进一步加剧社会收入分配的不平等现象。

## 二、进口替代型政策

进口替代型政策源自对发展中经济体发展模式的探讨。20 世纪中叶，许多发展中经济体采取进口替代型政策，试图通过保护本土产业，减少对进口商品的依赖，实现经济独立和自给自足。这种政策在一定程度上推动一些经济体的工业化和经济增长，但也存在一些争议和负面影响。

### (一)进口替代型政策的概念

进口替代型政策是指经济体采取一系列措施，鼓励本土生产替代进口商品，以减少对海外商品的依赖。这种政策通常包括对进口商品征收高关税、限制进口数量、提供对本土生产的补贴等手段，刺激本土产业的发展，以减少对海外商品的依赖。进口替代型政策的目标是促进本土产业的发展，减少对进口商品的依

---

[1]　Edwards, S. 1998. Openness, Productivity and Growth: What Do We Really Know? The Economic Journal. Vol. 108, No. 447, pp. 383-398.

[2]　夏先良：《当前中国外贸战略转型研究》，《国际贸易》2014 年第 9 期。

赖，提高经济的自给自足能力。①

## （二）政策形式

进口替代型政策是一种经济政策，旨在通过一系列措施来鼓励本土生产替代进口商品，以减少对海外商品的依赖。这种政策形式包括关税和贸易限制、补贴和支持、技术转移和产业发展等多种措施，旨在提高本土产业的竞争力，减少对海外商品的依赖，从而促进经济发展。此外，进口替代型政策的形式和实施方式主要取决于经济体的经济发展阶段、产业结构、国际贸易环境等因素，在不同经济体和不同时期会有所不同。

第一，关税和贸易限制是进口替代型政策的主要形式。经济体可以对进口商品征收高额关税，或者通过配额和进口许可证等手段限制进口数量，提高进口商品的成本，以减少对海外商品的依赖。这种措施可以保护本土产业，提高本土产品的竞争力，促进本土产业的发展。

第二，政府可以通过补贴和支持来推动本土产业的发展。政府会向本土产业提供财政补贴、税收优惠、低息贷款等支持，降低生产成本，以提高本土产品的竞争力。这种措施可以帮助本土产业在国际市场上取得竞争优势，减少对进口商品的依赖。

第三，技术转移和产业发展也是进口替代型政策的重要形式。政府会鼓励本土企业引进先进技术，发展本土产业，以替代进口商品的生产。通过技术转移和产业发展，本土产业可以提高生产效率和产品质量，从而减少对海外商品的依赖，提高经济的自给自足能力。

## （三）政策效果

进口替代型政策是一种旨在减少对海外商品依赖，促进本土产业发展的经济政策。该政策的实施会对经济发展产生一系列的效果，包括对本土产业、就业、

---

① Krueger, A. 1980. Trade Policy as an Input to Development. American Economic Review. Vol. 70, No. 2, pp. 288-292.

国际贸易、经济增长等方面的影响。上述效果既包括积极的一面，也包括一些负面效果。因此，在实施进口替代型政策时，需要综合考虑各种因素，合理制定政策，以实现经济的可持续发展。

第一，进口替代型政策对本土产业的影响是最主要的效果之一。通过对进口商品征收高额关税、限制进口数量、提供对本土生产的补贴等手段，政府可以刺激本土产业的发展，提高其竞争力。已有研究表明，进口替代型政策可以在一定程度上促进本土产业的发展，特别是在初期阶段，这种政策可以帮助本土产业建立起一定的生产能力和技术积累。[1] 然而，进口替代型政策也存在一些负面效果。由于对本土产业的保护，这种政策会导致产业内部的效率低下，从而限制经济发展。[2] 此外，对进口商品征收高额关税也会导致本土消费者面临更高的市场价格，从而降低其购买力，对本土市场产生一定的压力。

第二，进口替代型政策对就业的影响也是一个重要的方面。通过保护本土产业，政府可以创造更多的就业机会，促进本土就业水平的提高。然而，也有学者指出，这种政策会导致劳动力在低效率的产业中得不到合理的配置，从而影响整体的劳动力效率。[3]

第三，进口替代型政策对国际贸易的影响也是一个值得关注的方面。通过对进口商品征收高额关税、限制进口数量，政府可以减少对海外商品的依赖，提高本土产业在国际市场上的竞争力。然而，这种政策也会引发贸易摩擦，导致与其他经济体的贸易纠纷，对国际贸易体系造成一定的冲击。[4]

第四，进口替代型政策对经济增长的影响也至关重要。已有研究表明，进口替代型政策在一定程度上可以刺激本土产业的发展，促进经济增长。然而，这种政策也会导致资源配置效率低下、商品质量低劣、国际竞争力不足等问题，从而

---

[1] Balassa, B. 1965. Trade Liberalisation and Revealed Comparative Advantage. The Manchester School. Vol. 33, No. 2, pp. 99-123.

[2] Prebisch, R. 1959. Commercial Policy in the Underdeveloped Countries. American Economic Review. Vol. 49, No. 2, pp. 251-273.

[3] Bhagwati, J. N. 1978. Foreign Trade Regimes and Economic Development: Anatomy and Consequences of Exchange Control Regimes. NBER Books. Vol. 46, No. 2, p. 681.

[4] Caves, R. E. 1982. Multinational Enterprise and Economic Analysis. Cambridge: Cambridge University Press.

制约经济发展。

## 三、贸易政策的最新动态

全球化浪潮中，贸易自由化政策、外资促进政策与数字贸易政策正成为推动经济发展的关键力量。随着世界经济联系的日益紧密，上述政策不仅可以促进商品、资本和技术的跨境流动，还可以加速数字经济的蓬勃发展。同时，各地政府正通过降低贸易壁垒、优化投资环境、制定数字贸易规则等一系列措施，以期在全球竞争中占据有利地位，并为企业和消费者带来更多机遇与便利。

### (一)贸易自由化政策

自由贸易理论是贸易自由化政策的理论基础，其认为通过取消贸易壁垒，各地可以根据自身的比较优势，专业化生产并进行国际分工，从而提高生产效率，扩大市场，增加消费者福利。

1. 贸易自由化政策的概念

贸易自由化政策是指政府通过关税、配额、补贴等方式减少或取消各种贸易壁垒，促进商品和服务的自由流动，从而提高资源配置效率的政策措施。该政策目标在于形成相互依赖和互利共赢的贸易关系，促进全球资源的优化配置，促进经济的进一步发展。

2. 政策形式

贸易自由化政策是推动经济全球化的重要手段，包括关税减免和取消、非关税壁垒的消除、区域贸易协定的签订、加入 WTO 等国际组织以及单方面的贸易自由化等多种形式。上述政策措施共同推动全球贸易自由化的进程，促进世界经济的发展。

第一，关税减免和取消是贸易自由化政策的核心内容。关税是最主要的贸易壁垒之一，通过逐步降低和取消关税，可以促进贸易自由化。关税减免通常采取分阶段的方式进行，即在一定时间内逐步降低关税水平。例如，在 WTO 框架下，发达经济体通常承诺在 10 年内将工业品关税降至 5% 以下，发展中经济体则可以在 15 年内完成关税减让，一些经济体还可以通过双边或多边自由贸易协定，相互给予关税优惠。此外，关税取消则意味着完全消除关税，实现货物贸易的自由流动，通常会出现在一些区域性的自由贸易协定中，如欧盟内部的关税同盟。

第二，各种非关税壁垒也是影响贸易自由化的重要因素。通过取消或简化配额、许可证、技术标准等非关税壁垒，可以进一步推动贸易自由化发展。在WTO框架下，各成员承诺消除或减少非关税壁垒，如取消进口配额、简化进口许可证、统一产品标准等。同时，一些自由贸易协定也包含相关条款，要求各方消除非关税壁垒。

第三，经济体之间签订自由贸易协定，相互减让关税和非关税壁垒，也是推动区域贸易自由化的重要手段。区域贸易协定的签订可以加快贸易自由化进程，促进区域经济一体化。例如，欧盟内部实现了货物、服务、资本和劳动力的自由流动，形成了统一市场，而且东盟经济体也签订了东盟自由贸易区协定，逐步实现关税和非关税壁垒的消除。

第四，加入WTO等国际经济组织，接受其规则和纪律，也是一种贸易自由化的重要形式。WTO的核心原则包括最惠国待遇、国民待遇、关税减让承诺等，要求各成员逐步消除贸易壁垒。加入WTO不仅要求本土法律法规与WTO规则接轨，还需要接受WTO的监督和仲裁机制，这种外部约束有利于推动本土贸易自由化改革。此外，加入WTO还可以为本土企业进入国际市场提供更多机会。

第五，某些经济体还会单方面采取降低关税、取消配额等措施，推动本土的贸易自由化。该措施通常出现在发展中经济体，目的是提高本土企业的国际竞争力，促进经济发展。例如，在改革开放初期，中国大幅降低了关税水平，取消了许多非关税壁垒，这促进了中国的对外贸易和经济发展。然而，单方面的贸易自由化也会带来一些负面影响，还需要政府采取相应的配套政策加以应对。

3. 政策效果

贸易自由化政策的实施，不仅有利于国际贸易的增长，也有利于提高资源配置效率、促进技术创新和产业升级，还有利于提高消费者福利，最终进一步推动经济的持续性增长。上述积极效果使得贸易自由化政策成为世界各地广泛采用的经济政策之一。

第一，贸易自由化政策可以有效降低贸易成本，提高货物和服务的流动效率，从而促进国际贸易的增长。已有研究表明，在加入 WTO 后，各成员的货物贸易额平均增长约 22%。[1] 同时，区域贸易协定的签订也显著提高了成员之间的贸易量。例如，美墨加协定的实施促使美国、加拿大和墨西哥之间的贸易额增加约 80%。[2] 贸易自由化不仅推动货物贸易的增长，也带动服务贸易的发展。服务贸易自由化促使各地企业能够更好地利用彼此的比较优势，提高服务贸易效率。[3]

第二，贸易自由化有助于各地根据自身的比较优势，合理配置生产要素，提高资源利用效率。通过开放市场，企业可以获得更多的原材料、技术和资金，从而提高生产效率，同时也面临更大的竞争压力，必须不断提升自身的生产和管理水平。[4] 同时，贸易自由化还有利于促进资本和劳动力的跨境流动，进一步优化全球范围内的资源配置。

第三，贸易自由化为企业提供了获取先进技术和管理经验的机会。贸易自由化促使企业面对更为激烈的国际竞争，使其不得不增加研发投入，进行技术创新和产业升级，不断提高自身的竞争力。[5] 此外，贸易自由化还可以促进产业结构的优化调整。一些传统产业会面临较大的冲击，但也会催生新产业和就业机会，从而有利于提高整体的生产效率和国际竞争力。

第四，贸易自由化促使消费者可以享受到更多、更优质的商品和服务，且会以更低的价格获取。已有研究发现，贸易自由化促使美国消费者的福利增

[1]　Subramanian, A., and Wei, S. J. 2007. The WTO Promotes Trade, Strongly but Unevenly. Journal of International Economics. Vol. 72, pp. 151-175.

[2]　Caliendo, L., and Parro, F. 2015. Estimates of the Trade and Welfare Effects of NAFTA. The Review of Economic Studies. Vol. 82, pp. 1-44.

[3]　Mattoo, A., Rathindran, R., and Subramanian, A. 2006. Measuring Services Trade Liberalization and its Impact on Economic Growth: An Illustration. Journal of Economic Integration. Vol. 21, No. 1, pp. 64-98.

[4]　Pavcnik, N. 2002. Trade Liberalization, Exit, and Productivity Improvements: Evidence from Chilean Plants. Review of Economic Studies. Vol. 69, No. 1, pp. 245-276.

[5]　Bustos, P. 2011. Trade Liberalization, Exports, and Technology Upgrading: Evidence on the Impact of MERCOSUR on Argentinian Firms. The American Economic Review. Vol. 101, No. 1, pp. 304-340.

加约 7.5%,① 这不仅是因为价格下降，还是由于消费者拥有更加多样化的产品选择。同时，贸易自由化还可以促进本土市场竞争，迫使企业提高产品质量和服务水平，从而进一步提高消费者的满意度。

第五，贸易自由化通过提高资源配置效率、促进技术创新和产业升级以及提高消费者福利等途径，共同促进经济的整体增长。② 此外，贸易自由化还可以促进就业机会的增加。虽然会造成一些传统行业的就业减少，但新兴产业的发展也会创造大量的就业机会，有利于提高经济活力和国际竞争力。

## （二）外资促进政策

外资促进政策源于新古典经济增长理论、内生增长理论、产业组织理论和国际贸易理论等四大理论。具体而言，新古典经济增长理论认为外商直接投资可以补充本土资本存量，提高劳动生产率，从而促进经济增长;③ 内生增长理论认为，外商直接投资可以带来先进的技术和管理经验，促进技术溢出和知识外溢，提高本土企业的生产效率，从而推动经济长期增长;④ 产业组织理论认为外商直接投资可以增加市场竞争，促进本土企业提高效率，从而提高整个产业的竞争力;⑤ 国际贸易理论认为外商直接投资可以促进出口，改善贸易平衡，增加就业和税收。⑥

1. 外资促进政策的概念

外资促进政策是政府为吸引和鼓励海外投资者在本土投资而制定的各种优惠

---

① Broda, C., and Weinstein, D. E. 2006. Globalization and the Gains from Variety. The Quarterly Journal of Economics. Vol. 121, No. 2, pp. 541-585.

② Wacziarg, R., and Welch, K. H. 2008. Trade Liberalization and Growth: New Evidence. The World Bank Economic Review. Vol. 22, No. 2, pp. 187-231.

③ Solow, R. M. 1956. A Contribution to the Theory of Economic Growth. The Quarterly Journal of Economics. Vol. 70, No. 1, pp. 65-94.

④ Romer, P. M. 1986. Increasing Returns and Long-run Growth. Journal of Political Economy. Vol. 94, No. 5, pp. 1002-1037.

⑤ Caves, R. E. 1971. International Corporations: The Industrial Economics of Foreign Investment. Economica. Vol. 38, No. 149, pp. 1-27.

⑥ Helpman, E., and Krugman, P. 1985. Market Structure and Foreign Trade: Increasing Returns, Imperfect Competition, and the International Economy. Massachusetts: The MIT press.

政策和措施，主要目的在于通过为海外投资者创造良好的投资环境，吸引更多的外商直接投资，从而推动经济发展和产业升级。

2. 政策形式

外资促进政策的主要形式包括税收优惠、土地使用优惠、市场准入优惠、金融支持、行政审批简化、基础设施建设以及人才引进等一系列政策。

第一，税收优惠、土地使用优惠和市场准入优惠等一系列优惠政策是外资促进政策中最常见和最主要的形式。其一，税收优惠政策可以减免企业所得税，如对外商投资企业给予较低的企业所得税税率，或是给予一定年限的免税期，也可以减免增值税和关税，如对外商投资企业的进口设备和原材料实行免税或减免，还可以提供特殊税收优惠，如对外商投资企业的研发投入、利润再投资等给予税收优惠。其二，土地使用优惠政策可以提供优惠价格的工业用地，如在工业园区内提供优惠价格的土地使用权，也可以免费使用国有土地，如对外商投资企业免费提供一定期限的国有土地使用权，还可以简化土地使用审批，如对外商投资项目实行"一站式"审批，缩短审批时间。其三，市场准入优惠可以放宽外资准入限制，如扩大外资准入领域，降低外资准入门槛，也可以实行国民待遇，如对外商投资企业在市场准入、经营活动等方面给予与本土企业同等的待遇，还可以建立投资负面清单，如制定外商投资负面清单，明确哪些领域限制或禁止外资进入。

第二，金融支持和行政审批简化也是外资促进政策的重要形式。一方面，金融支持政策可以提供优惠贷款，如由政府出资设立专项贷款基金，为外商投资企业提供优惠贷款，也可以提供政策性担保，如由政府出资设立担保基金，为外商投资企业提供政策性担保，还可以支持股权融资，如鼓励外商投资企业在资本市场上市融资。另一方面，行政审批简化政策可以设立外商投资服务中心，如设立"一站式"服务中心，为外商投资企业提供全程服务，也可以简化审批流程，如对外商投资项目实行"先建后验"的审批制度，缩短审批时间，还可以提供便利的工作许可，如为外籍员工提供便利的工作许可和居留许可。

第三，基础设施建设和人才引进则是外资促进政策的必要保障。一方面，基础设施建设政策鼓励建设工业园区，如政府出资建设高标准的工业园区，为外商投资企业提供配套设施，也可以提供公共服务，如为外商投资企业提供电力、水、气、通讯等公共服务，还可以改善区域基础设施，如加大对交通、物流等基础设施的投入，提高区域的综合竞争力。另一方面，人才引进政策可以提供居留许可，如为外籍高端人才提供长期居留许可，也可以支持子女教育，如为外籍员工的子女提供优质的教育资源，还可以提供生活补贴，如为外籍员工提供住房补贴、医疗补贴等。

3. 政策效果

外资促进政策的实施对吸引外商直接投资、促进经济增长、带动出口和改善贸易平衡、促进技术进步和产业升级以及创造就业和增加税收等方面均产生重要影响，这不仅有利于提高东道国的整体竞争力，也为其实现高质量发展提供重要支撑。

第一，外资促进政策的出台有助于提高一地对外商直接投资的吸引力。研究发现，税收优惠、土地使用优惠、金融支持等政策措施可以显著增加海外投资者的投资意愿。[1] 同时，优质的基础设施建设和便利的行政审批制度也是海外投资者考虑的重要因素。[2]

第二，外资促进政策能够有效地吸引外商直接投资，从而带动经济增长。研究表明，外商直接投资通过资本形成、技术溢出、出口带动等途径，对东道国经济增长产生积极影响。[3] 特别是对于发展中经济体而言，外商直接投资是推动其经济发展的重要引擎。同时，外资促进政策还能促进产业结构的优化升级。一些经济体通过引导外资投向高技术、高附加值的产业，带动本地产业向中高端迈进，提高整体经济的竞争力。[4]

第三，外资促进政策有助于吸引出口导向型外资，从而带动出口的增长，这

① Blomström, M., and Kokko, A. 1996. The Impact of Foreign Investment on Host Countries: A Review of the Empirical Evidence. World Bank Policy Research Working Paper, No. 1745.

② Dunning, J. H. 2009. Location and the Multinational Enterprise: A Neglected Factor? Journal of International Business Studies. Vol. 40, No. 1, pp. 5-19.

③ Morisset, J., and Pirnia, N. 2000. How Tax Policy and Incentives Affect Foreign Direct Investment: A Review. Policy Research Working Paper Series, pp. 1-34.

④ Oman, C. 2000. Policy Competition for Foreign Direct Investment: A Study of Competition among Governments to Attract FDI. Paris: OECD.

不仅有利于改善贸易顺差，也有助于提高东道国在全球产业链中的地位。研究表明，外资企业通常具有较强的出口能力，其出口额占外商投资总额的比重较高。[1] 同时，外资企业的出口还能带动本地中小企业参与全球价值链，提高整体出口竞争力。

第四，外资促进政策能够吸引先进技术密集型外资，从而推动东道国的技术进步和产业升级。外资企业通常具有较强的研发实力和先进的生产工艺，其技术溢出效应有助于提升本地企业的技术水平。[2] 此外，外资企业还可以通过人才培养、供应链协作等方式，带动本地企业的管理水平和创新能力的提升，促进整个产业链的升级，这对东道国实现从"制造大国"向"制造强国"的转变具有重要意义。

第五，外资促进政策能够带动就业增长，提高财政收入。一方面，外资企业的进入为东道国创造了大量的就业机会，特别是对于一些劳动密集型产业而言。[3] 另一方面，外资企业的税收优惠也为东道国带来可观的财政收入。

（三）数字贸易政策

数字贸易政策的制定和实施需要依托一定的理论基础，主要包括新自由主义理论、新增长理论、网络经济理论、数据经济理论和制度经济学理论等，为数字贸易的自由化、数字基础设施建设、数据安全保护和产业结构优化等提供了理论支撑。具体而言，新自由主义经济理论主张政府应该最大限度地减少对市场的干预，通过市场机制来实现资源的有效配置，即政府应该降低关税、取消贸易壁垒，为数字产品和服务的跨境流动创造良好环境；[4] 新增长理论认为知识和技术创新是经济增长的核心驱动力，数字技术的发展为经济注入新动力；[5] 网络经济

---

[1] Morisset, J., and Pirnia, N. 2000. How Tax Policy and Incentives Affect Foreign Direct Investment: A Review. Policy Research Working Paper Series, pp. 1-34.

[2] Blomström, M., and Kokko, A. 1996. The Impact of Foreign Investment on Host Countries: A Review of the Empirical Evidence. World Bank Policy Research Working Paper, No. 1745.

[3] Dunning, J. H. 2009. Location and the Multinational Enterprise: A Neglected Factor? Journal of International Business Studies. Vol. 40, No. 1, pp. 5-19.

[4] Rodrik, D. 2011. The Globalization Paradox. New York: Norton.

[5] Romer, P. M. 1990. Endogenous Technological Change. Journal of Political Economy. Vol. 98, No. 5, pp. 71-102.

理论指出数字技术的应用导致网络效应和规模效应，有利于提升数字贸易的竞争力；① 数据经济理论认为数据已经成为新的生产要素，数据的流动和应用将推动经济发展；② 制度经济学理论强调良好的制度环境是经济发展的基础，建立健全的法律法规体系可以为数字贸易活动提供明确的规则和保障。③

1. 数字贸易政策的概念

数字贸易政策是针对数字经济时代下跨境数据流动、数字产品贸易等新兴领域的政策，其目标包括促进数字贸易自由化、保护数据隐私安全、建立公平竞争环境等。同时，政策制定需要平衡不同利益相关方的诉求，还要兼顾本土发展和国际规则的协调，而且数字贸易政策的实施也会影响跨国企业的经营策略、数字产业的发展以及消费者权益的保护。

2. 政策形式

数字贸易政策涉及面广、形式多样，需要政府、企业和公众等多方利益相关者的共同参与，主要包括数据流动、数据安全和隐私保护、数字产品贸易、数字贸易规则、数字支付、数字基础设施和数字人才培养等多种形式。

第一，数据流动政策、数据安全和隐私保护政策是数字贸易政策的重要前提。数据作为数字贸易的关键要素，其跨境流动会受到各地政策的影响。例如，一些经济体出台限制数据出境的政策，要求数据在境内存储和处理，以确保数据安全和主权，另一些经济体则采取更加开放的数据流动政策，鼓励数据的自由流动，以促进数字经济的发展。此外，数据安全和隐私保护也是数字贸易发展的基础。各地出台相关法律法规，如《通用数据保护条例》《网络安全法》等，进一步规范数据收集、使用和跨境流动。

第二，数字产品贸易政策、数字贸易规则是数字贸易政策的主要形式。各地在关税征收、监管等方面对数字产品贸易制定了不同的政策。例如，有的经济体

① Shapiro, C., and Varian, H. R. 1998. Information Rules: A Strategic Guide to the Network Economy. Cambridge, MA: Harvard Business Press.

② Mayer-Schönberger, V., and Cukier, K. 2013. Big Data: A Revolution that will Transform How We Live, Work, and Think. Boston: Houghton Mifflin Harcourt.

③ North, D. C. 1990. Institutions, Institutional Change and Economic Performance. Cambridge: Cambridge University Press.

会对软件、电子书、音乐、视频等数字产品实行零关税或征收一定的关税，而在监管方面，一些经济体则要求数字产品提供商获得许可，并对其内容进行审查。此外，各地也正积极推动制定数字贸易规则，如WTO的《电子商务协议》等，包括数据流动自由、数字产品无歧视待遇、电子签名认证等。

第三，数字支付政策、数字基础设施政策和数字人才培养政策是数字贸易政策的必要保障。跨境数字支付是数字贸易的重要环节之一。例如，一些经济体出台政策限制海外支付服务商进入本土市场，以保护本土支付产业，也有一些经济体鼓励本土支付产业"走出去"，参与国际数字支付市场。同时，高速宽带网络、5G等数字基础设施是推动数字贸易发展的关键。各地政府出台相关政策，鼓励基础设施投资，并制定数字基础设施标准和监管措施。此外，数字贸易发展还需要大量的IT、数据分析等专业人才。各地政府通过教育改革、职业培训等政策，培养数字技能型人才，以满足数字经济发展的需要。

3. 政策效果

数字贸易政策的实施已经取得一定的成效，但也面临一些挑战，如政策协调、技术标准等。各地仍需进一步完善政策体系，加强国际合作，共同推动数字贸易的可持续发展。

第一，数字贸易政策会促进数字经济发展。数字贸易政策的实施为数字经济的发展创造了良好的环境，通过降低关税、取消贸易壁垒等措施，促进数字产品和服务的跨境流动，为数字经济注入了新的发展动力。例如，中国实施的"互联网+"行动计划，推动了数字技术与传统产业的深度融合，促进了数字经济的快速发展。

第二，数字贸易政策可以促进国际合作，提升国际竞争力。各地通过建立数字贸易规则、加强数字贸易合作等措施，促进国际数字贸易的发展。例如，中国积极参与国际数字贸易规则的制定，以加强与各地的数字贸易合作。此外，各地也通过培育数字平台合作，充分发挥网络效应和规模效应，提升数字贸易的国际竞争力。例如，通过实施数字贸易政策，美国培育了亚马逊、谷歌等一批具有全球影响力的数字平台企业，提升了其在全球数字贸易中的地位。

第三，数字贸易政策会优化产业结构，促进就业。各地通过投资数字基础设施、培养数字人才等措施，促进数字产业发展，推动产业结构的优化升级。例如，韩国实施的"数字新政策"，通过加大数字基础设施建设的投资力度、加强数字技术人才培养等，促进数字产业的进一步发展。此外，数字经济发展还能为就业市场提供新的机会，以及为劳动者提供更多的就业选择。

# 第六章

# 投资联系与全球经济发展

在当今全球化日益深化的背景下，国际投资已成为推动全球经济发展的重要动力。跨国企业的扩展与全球生产网络的构建，不仅改变了传统的经济格局，也为各国经济带来了深远的影响。本章旨在探讨国际投资如何通过技术转移、资本流动以及生产效率提升等途径，促进东道国与母国的经济增长，并分析这些投资活动对全球经济发展的影响。

## 第一节 跨国企业与全球生产网络

随着全球化的不断深入，跨国企业已经成为连接不同国家和地区经济活动的纽带。它们通过构建全球生产网络，将生产过程分散到世界其他各地，实现了资源的最优配置和成本的最小化。这些网络不仅促进了全球经济的互联互通，也为跨国企业提供了前所未有的发展机遇。

### 一、全球经济发展中的跨国企业

跨国企业是在两个或多个经济体拥有资产、生产设施或销售网点的企业，具体表现为有全球化的生产布局、在不同经济体设有子公司或分支机构以及在全球范围内进行资源配置和业务活动。[1][2] 同时，跨国企业可以通过利用全球资源和

---

① Bartlett, C., and Ghoshal, G. 1989. Managing Across Borders: The Transnational Solution. Boston: Harvard Business School Press.

② Dunning, J. H. 1993. Multinational Enterprises and the Global Economy. Wokingham, UK: Addison-Wesley.

市场优势，实现规模经济，从而提高竞争力和盈利能力。[①]

## (一)跨国企业的发展现状

当前全球经济格局正在发生深刻变革，跨国企业在这一过程中扮演着愈加重要的角色。凭借雄厚的资金实力、先进的技术和管理经验，跨国企业已成为推动全球经济一体化的重要力量。同时，跨国企业也正处于全球经济发展的前沿，在推动全球经济一体化、优化资源配置、促进技术创新等方面均发挥着关键作用。

第一，全球投资的主要载体。近年来，跨国企业不断加大对海外市场的投资力度，通过兼并收购、投资等方式进入新兴市场，以获取更多的市场份额。以苹果公司为例，其在中国市场的投资不断增加，先后在中国建立多家生产基地和研发中心，现已成为中国智能手机市场的领军企业之一。

第二，全球价值链的主导者。随着生产环节的全球化，跨国企业通过在不同经济体设立分支机构，逐步构建起覆盖全球的生产网络，实现资源的优化配置。以可口可乐公司为例，其将生产、销售、物流等环节分布在世界各地，最大限度地发挥了各地的比较优势，大幅提高了其生产效率。

第三，全球技术创新的领先者。为了保持竞争优势，跨国企业不断加大研发投入并通过兼并收购等方式获取先进技术。例如，通用电气公司在航空发动机、医疗设备等领域持续创新，已经成为行业内的技术领导者。

## (二)跨国企业的主要特点

通过跨越国界的经营活动，跨国企业可以获取规模经济、技术创新、市场多样性等优势，其主要特点有全球化的生产布局、资源配置和业务活动的全球化、跨国经营策略以及跨国组织结构和管理等。

第一，通过在不同经济体设立子公司或分支机构，建立全球化的生产网络。依托生产网络，跨国企业可以在全球范围内开展业务活动，利用不同经济体的资源和市场，并与不同经济体的供应商、合作伙伴和客户建立联系。

---

① Porter, M. E. 1986. Competition in Global Industries. Boston：Harvard Business School Press.

第二，通过在全球范围内进行资源配置和业务活动，实现规模经济和范围经济。凭借全球资源和市场多样化优势，跨国企业将生产、研发、销售等环节分布在不同经济体，从而降低成本、提高效率，并满足不同经济体的市场需求。

第三，根据不同经济体的市场环境、法律法规、文化差异等因素，制定适应性强的经营策略。基于不同经济体的差异性，跨国企业会采取本地化策略，在不同经济体生产适应当地需求的产品，亦或是采取标准化策略，将统一的产品或服务推向全球市场。

第四，建立适应全球化经营的组织结构和管理体系。为了赋予子公司较大的决策权和自主性，跨国企业会采用分权化管理，或是为了确保全球范围内的协调和一致性而采用统一的全球管理模式。

### (三)跨国企业在全球经济发展中的地位和角色

跨国企业在全球经济发展中的地位和角色是复杂多样的，既是经济增长和发展的推动者，也是责任的承担者和挑战的应对者。在全球经济发展中，跨国企业还需要积极履行社会责任，遵守各地的法律法规，以维护社会公平公正和推动经济可持续发展。

第一，跨国企业可以创造就业机会，促进经济增长和发展，从而推动经济全球化进程。通过在不同经济体开展业务活动，跨国企业会投资于不同经济体的生产设施，雇佣当地员工并为其提供就业和培训机会，从而在全球范围内创造大量的就业机会，以提供经济活动所需的产品和服务，进一步促进全球经济的增长和发展。同时，跨国企业也是全球化进程的重要推动者，其通过在全球范围内建立供应链、跨境合作和生产网络，加强不同经济体之间的经济联系和合作，而且跨国企业的全球化经营模式还会加速商品、资金、技术和人员的流动，持续推动全球经济的一体化进程。

第二，跨国企业可以推动国际贸易和投资，促进技术创新和知识转移。作为国际贸易和投资的主要推动力，跨国企业会在全球范围内进行商品和服务的交易，促进国际贸易的增长，也会通过直接投资和并购等方式，推动资本的国际流动和跨境投资的增加。此外，跨国企业也会在全球范围内开展研发活动，推动技术进步和创新，还会通过在不同经济体之间共享知识和经验，促进技术和管理经验的跨境传播，以增强其在全球经济中的竞争力。

## 二、跨国企业与全球生产网络

全球生产网络是跨国企业在全球范围内组织生产活动的网络体系，主要涉及原材料供应、制造、物流、营销等整个生产价值链的全球布局和协调。① 跨国企业在全球范围内分散生产活动，利用各地的比较优势，实现生产要素的优化配置。同时，跨国企业通过建立复杂的供应链网络，整合全球范围内的原材料供应、制造、物流等环节，形成高度协同的生产体系。

### （一）全球生产网络的形成与演变

从早期的"中心—外围"格局，再到如今更加复杂的网络化组织模式，全球生产网络的发展历程不仅折射出跨国企业全球生产布局的不断优化，还体现出新兴经济体在全球价值链中地位的不断攀升。

首先来看全球生产网络参与者的变化。20 世纪后期，随着贸易自由化、信息技术进步以及跨国企业活动的不断扩张，生产活动日益趋于跨境化和全球化。早期的全球生产网络主要体现为跨国企业在发达经济体和发展中经济体之间的生产分工。发达经济体主要负责设计、研发、营销等高附加值环节，而发展中经济体则承担劳动密集型的制造环节，形成"中心—外围"的全球生产格局。进入 21世纪以后，全球生产格局发生了进一步变化。一方面，中国、印度等新兴经济体迅速崛起，在全球生产网络中扮演了日益重要的角色，这些经济体不仅承担了制造环节，还逐步延伸至设计、研发等高附加值活动。另一方面，全球生产网络的内部分工也日趋细化和复杂化，覆盖更多的经济体，一些发展中经济体不再局限于简单的加工制造，还会参与到更加高端的生产环节。②

---

① Henderson, J., Dicken, P., Hess, M., Coe, N., and Yeung, H. W. C. 2002. Global Production Networks and the Analysis of Economic Development. Review of International Political Economy. Vol. 9, No. 3, pp. 436-464.

② Coe, N. M., and Yeung, W. C. 2016. Global Production Networks: Theorizing Economic Development in an Interconnected World. Journal of Economic Geography. Vol. 34, No. 12, pp. 2621-2624.

再来看全球生产网络组织模式的演变与发展。与此同时，全球生产网络的形成与演变还体现在组织模式上。起初，跨国企业主导全球生产网络的运作，通过直接控制下级企业实现全球生产。但随着市场竞争加剧，跨国企业逐步采取了更加灵活的网络化组织模式，即通过外包、合作等方式与供应商、合作伙伴建立紧密的联系。网络化的组织模式提高了跨国企业的响应速度和灵活性，增强其在全球生产网络中的主导地位。全球生产网络的演变也带来了一些重要的经济社会影响，例如全球生产网络的发展促进了技术转移和产业升级，为发展中经济体提供了进入全球经济的机会，但也加剧了全球经济的不平等性，产业空心化问题日益凸显。

（二）当前全球生产网络的主要特点

当前全球生产网络呈现出更加网络化、多中心化、细分化和可持续化的特点，这些变化不仅反映出全球经济格局的深刻转型，也为世界各地参与全球生产网络带来新机遇和新挑战。

第一，组织模式的网络化不断加强。近年来，跨国企业在组织全球生产网络时，更加倾向于采取网络化的模式。与早期单一企业主导的垂直一体化模式不同，目前跨国企业更多地通过外包、合作等方式，与供应商、合作伙伴建立紧密的联系，形成复杂的水平和垂直联系网络。[①] 这种网络化组织模式能提高其全球生产网络的灵活性和响应能力，有利于跨国企业在激烈的市场竞争中保持优势。

第二，新兴经济体的地位提升，更加多中心化。中国、印度等新兴经济体迅速崛起，在全球生产网络中发挥着愈发重要的作用。上述经济体不仅会参与加工制造环节，还会逐步向设计、研发等高附加值环节发展，成为全球生产网络的重要参与者。[②] 这也标志着全球生产网络的深刻变化，从简单的"中心—外围"结构转为更加复杂的多种新格局。同时，随着信息技术发展和物流成本下降，全球生

---

[①] Gereffi, G., Humphrey, J., and Sturgeon, T. 2005. The Governance of Global Value Chains. Review of International Political Economy. Vol. 12, No. 1, pp. 78-104.

[②] Kawakami, M., and Sturgeon, T. J. 2012. The Dynamics of Local Learning in Global Value Chains: Experience from East Asia. London: Palgrave Macmillan.

产网络中的生产活动日益分散化。跨国企业不再将生产集中在少数地区，而是将不同生产环节分布在全球各地，充分发挥各个经济体的比较优势。① 这种地理分散化促使全球生产网络覆盖的经济体更加广泛，促进经济体之间的分工协作。

第三，价值链不断升级，更加细分化。随着全球生产网络的不断发展，全球价值链也呈现出更加细分化和复杂的特点。一些发展中经济体既会承担制造环节，也会参与到更加高端的设计、研发等环节，这意味着全球生产网络内部的分工也日趋细化，涉及更多的经济体。同时，部分发展中经济体还通过全球生产网络实现了产业升级，提高了其在全球价值链中的地位。

第四，重视绿色发展，更具可持续性。近年来，全球生产网络中的环境保护、劳工权益等可持续发展议题越来越受到关注。一些跨国企业开始重视在全球生产网络中实施社会责任和环境标准，以提升自身的品牌形象和竞争力。这也要求全球生产网络参与者更加关注可持续发展，在追求经济利益的同时，兼顾社会公平和环境保护。

### (三)跨国企业在全球生产网络中的角色与作用

作为全球生产网络的主导者，跨国企业在组织管理、生产布局、技术转移、产业发展以及可持续发展等方面发挥着关键作用。

第一，主导全球生产网络的组织与管理。在全球生产网络中，跨国企业负责整合和协调全球范围内的生产、采购、销售等各个环节，通过建立复杂的供应链关系网络，将不同经济体的生产要素有机结合在一起，形成跨境生产体系。同时，跨国企业还制定和实施全球生产网络的各项管理政策，如供应商选择、产品标准、物流配送等，在全球生产网络中发挥着主导作用。

第二，推动生产活动的全球化布局。跨国企业凭借自身的资金、技术、管理经验等优势，将生产活动大规模地分散到全球各地。根据不同经济体的比较优势，跨国企业会选择最合适的生产基地，形成复杂的地理分工格局。这种全球化的生产布局，不仅能提高企业的生产效率和竞争力，也会带动东道国经济的

---

① Dicken, P. 2015. Global Shift: Mapping the Changing Contours of the World Economy. New York: Guilford Press.

发展。

第三，促进技术和知识的跨境转移。通过在东道国建立分支机构、合资企业等方式，跨国企业将先进的技术、管理经验等向当地企业转移，不仅有助于提升东道国企业的生产能力和产品质量，促进产业升级，而且有助于东道国企业参与全球生产网络，学习和掌握跨国企业的先进技术，提升自身的技术水平。

第四，带动当地产业发展。跨国企业在东道国设立生产基地，不仅会直接创造就业机会，还能带动当地配套产业的发展。一方面，跨国企业的投资会带动基础设施建设、物流服务等相关产业的就业机会增加；另一方面，跨国企业还有大量的原材料、零部件等需求，从而促进当地相关配套产业的成长。

第五，推动可持续发展目标的实现。近年来，跨国企业越来越重视环境保护、劳工权益等可持续发展议题。一些跨国企业开始在全球生产网络中实施社会责任和环境标准，以提升自身形象和竞争力，这不仅有利于企业自身的长期发展，也有利于推动参与全球生产网络的经济体实现可持续发展目标。

### 三、全球产业链、供应链与价值链

经济全球化浪潮下，跨国企业扮演着日益重要的角色，通过构建和参与全球产业链、供应链和价值链，实现生产、采购、销售等环节的跨境联动，提高自身的生产效率和竞争力。凭借丰富的资源和广泛的市场网络，跨国企业可以充分利用各地的比较优势，优化全球资源配置，不仅能够获取低成本的原材料和劳动力，将产品销往全球各地的消费市场，还能够通过技术、资金和管理经验的跨境流动，带动当地经济发展。

#### （一）全球产业链、供应链与价值链的现实特点

随着跨国公司在全球经营活动的日益活跃，全球产业链、供应链和价值链也受到越来越多的关注。全球产业链（Global Industrial Chain）是指以特定产业为核心，跨越国界形成的从原材料供应、生产制造到市场销售的全流程网络。其核心在于不同国家或地区基于资源禀赋和比较优势的分工协作，形成纵向或横向的产业关联网络。例如，汽车产业链可能涉及日本的电子元件、德国的精密制造和中

国的组装环节。全球供应链(Global Supply Chain)则聚焦于产品或服务从原材料到终端消费者的跨地域流动,涵盖物流、信息流和资金流的高效管理。其核心目标是降低成本、提高响应速度,并确保交付的可靠性。例如,手机供应链可能涉及美国芯片设计、韩国显示屏生产和东南亚组装等多个方面。而全球价值链(Global Value Chain, GVC)从企业视角出发,分析各环节(研发、生产、营销等)的价值创造与分配。其核心在于通过优化活动组合实现差异化竞争或成本优势。例如,苹果通过设计和技术研发占据价值链高端,而将组装环节外包。这三者的相同点在于,都强调企业在全球环境中的位置和角色,关注企业与外部环境和合作伙伴的关系,有助于企业分析竞争优势、降低成本、提高效率。但是三者也存在明显的不同,产业链关注整个产业的合作与竞争关系,供应链强调企业与外部合作伙伴的协同,价值链则侧重于企业内部活动的优化和价值增值。当前,全球产业链、供应链与价值链的发展呈现出以下特点。

第一,全球化与区域化并存。随着全球化的深入发展,全球产业链、供应链和价值链都在不断延伸和拓展,但同时也出现了区域化的趋势。一些国家和地区为了降低风险、提高效率和保护本国产业安全,开始构建区域性的产业链和供应链体系。

第二,数字化转型加速。信息技术的快速发展推动了全球产业链、供应链和价值链的数字化转型。通过大数据、云计算、物联网等技术的应用,企业可以实现更加精准的市场预测,更加高效的资源配置和更加智能的生产管理。

第三,绿色可持续发展日益受到关注。随着全球对气候变化和环境保护问题的日益关注,绿色可持续发展已成为全球产业链、供应链和价值链发展的重要趋势。企业需要采取更加环保的生产方式、推广绿色产品和服务、加强供应链的碳足迹管理等措施来实现可持续发展目标。

第四,供应链韧性的重要性日益凸显。近年来,全球突发事件频发给供应链带来了巨大冲击,使得供应链韧性成为各国和企业关注的焦点。为了应对未来可能出现的风险和挑战,企业需要加强供应链的韧性建设,提高供应链的抗风险能力和自我修复能力。

因此,全球产业链、供应链与价值链虽各有侧重,但共同构成了全球经济的复杂网络。在全球化与区域化并存的背景下，数字化转型、绿色可持续发展及供应链韧性成为其发展的关键特点。

### （二）全球产业链、供应链与价值链的重构趋势

当前，全球产业链、供应链与价值链正处于深度调整期，其重构趋势受到地缘政治、技术革新、绿色转型等多重因素驱动。

第一，地缘政治驱动下的短链化布局。当前，地缘政治博弈日益加剧，正在加速推进产业链的区域化重组。地缘政治冲突推动主要经济体加速构建区域性经济合作框架。例如，《区域全面经济伙伴关系协定》（RCEP）通过降低关税和统一规则，促进亚洲区域内产业链整合。这种"区域化替代全球化"的趋势，使得中间品贸易逐渐向区域内集中。另外，企业为降低断链风险，也开始缩短供应链地理跨度并转向垂直整合模式。例如，特斯拉从电池原材料到整车制造的全链条自控，以及福特计划垂直整合电池产业链至矿山开采环节，均体现了从"效率优先"到"安全优先"的转变。

第二，AI与数字化正在重塑价值链的权力分配。人工智能与大数据正在重构全球价值链的底层逻辑。AI在供应链中的应用已从辅助工具演变为核心驱动力，可提升效率20%～30%，例如联邦快递的AI监测系统优化物流路径，IBM通过数据孪生技术模拟供应链场景。技术主导权成为国家间竞争焦点，发达国家希望通过掌控技术标准，强化价值链高端垄断，而发展中国家则借助技术应用实现局部突破，但面临数字鸿沟扩大风险。

第三，气候压力倒逼产业链低碳重塑。全球气候变化正从外部约束转变为产业链重构的内生变量。欧盟碳边境调节机制（CBAM）等政策迫使企业将碳排放成本纳入供应链管理，新能源产业链（如光伏、电动汽车）的全球扩张加速绿色技术扩散。领先企业通过零排放物流、循环材料应用等方式构建绿色供应链，例如阿根廷风电项目每年减排120万吨，中国"一带一路"绿色能源合作成为范例。可持续性指标（ESG）逐渐与成本、效率并列成为供应链决策的核心维度。

第四，全球价值链呈现"多极化创新"格局。发达国家通过技术壁垒（如半导体出口管制）巩固高端环节控制权，而中国等新兴经济体在新能源汽车、数字基

建等领域实现全产业链突破，挑战传统分工模式。这种博弈体现为两类路径分化：发达国家强化"规则主导权"，发展中国家则通过区域协作构建备份体系。技术红利的分配失衡可能加剧"中心—边缘"结构，但也为部分新兴国家提供弯道超车机遇。

第五，全球治理面临制度性合作与冲突并存。在全球经济治理重构过程中，开放合作与保护主义形成张力。一方面，链博会等多边机制推动供应链协同，中国政府通过"双循环"战略促进内外产业链融合；另一方面，美国单边关税和"近岸化"政策导致全球贸易成本上升15%～20%。未来治理需平衡三重矛盾，技术自主性与全球化分工的效率需求、国家安全与产业链开放性、短期保护主义与长期可持续发展。

### （三）跨国企业在全球产业链、供应链与价值链重构中的角色

当前，全球产业链、供应链与价值链正经历深刻重构，跨国企业作为全球化资源配置的核心主体，在应对地缘政治、技术变革、区域化趋势中扮演着多重角色。

第一，应对地缘政治风险的"缓冲器"与"重塑者"。跨国企业在全球布局中通过多元化策略缓解地缘政治冲击。例如，美国加征关税、欧盟《关键原材料法案》等政策迫使企业重新评估供应链安全。TCL等中国企业通过在全球建立38个制造基地和46个研发中心，将生产本地化，规避贸易壁垒并提升区域市场适配性。苹果、辉瑞等跨国企业则通过深化与中国供应链合作，平衡成本与安全需求，既利用中国完备的产业配套，又分散单一市场风险。地缘政治导致企业投资决策更注重"友岸化"（friend-shoring），例如美国企业加大对墨西哥、加拿大的投资，形成区域化供应链网络。

第二，技术变革与效率提升的"引领者"。跨国企业凭借其全球化布局、资源整合能力以及对创新生态的深度参与，正在成为技术变革与效率提升的核心推动者。跨国企业的技术引领作用源于其资源聚合能力（资金、数据、人才）与创新生态构建能力（管理机制、全球化场景）。依靠技术研发的规模化投入、全球化数据资源的整合应用以及管理机制的持续创新，跨国企业持续投资于AI、区

225

块链、新能源等前沿技术研发，整合海量数据进行算法和模型优化。未来，随着AI与新能源技术的深度融合，跨国企业将进一步推动行业范式变革。例如，AI驱动的能源管理技术将帮助企业实现碳排放降低与成本节约的双重目标。对于其他企业而言，可借鉴跨国企业的敏捷管理与技术生态整合经验，在局部领域实现效率突破。

第三，区域化与本土化战略的"实践者"。跨国企业作为区域化与本土化战略的"实践者"，其核心在于通过深度融入目标市场的文化、经济与消费需求，实现全球化布局与本地化运营的有机统一。这种战略不仅要求企业在产品和服务上适应本土需求，还需在供应链、管理机制、品牌传播等维度构建灵活的本土化生态。例如肯德基在中国的本土化深耕，不断推出油条、豆浆、老北京鸡肉卷等中式餐点，甚至开发区域限定产品（如四川麻辣风味炸鸡），并通过供应链整合与本土供应商合作建立鸡肉养殖基地，实现食材本地化采购，成本降低20%以上，结合春节、中秋节推出"全家桶"套餐，门店装饰融入传统元素，强化节日场景消费。目前，肯德基中国门店数量已经超8000家，成为其全球第二大市场，本土化产品贡献超过30%的营收。

第四，绿色转型与可持续发展的"矛盾体"。跨国企业作为全球经济的重要参与者，在推动绿色转型与可持续发展中扮演着复杂角色。它们既是技术革新和低碳实践的引领者，又因自身利益、政策环境及全球供应链的复杂性面临多重矛盾。跨国企业作为全球绿色转型的"矛盾体"，其核心矛盾体现在"推动可持续发展的技术能力"与"商业利益、政策限制之间的冲突"。一个典型例子是特斯拉（Tesla）在中国市场的发展，其既加速了中国电动汽车产业的低碳转型，又因本土化生产与全球供应链的碳足迹问题陷入争议。

第五，全球价值链治理的"参与者"与"挑战者"。跨国企业作为全球价值链治理的核心主体，其角色具有显著的矛盾性：既是推动价值链重构的积极参与者，又是引发治理挑战的主要矛盾体。这种"参与者"与"挑战者"的双重身份源于其在全球化进程中的资源整合能力、战略分化选择以及外部环境约束的相互作用。作为参与者，跨国企业通过技术创新、全球资源优化配置及区域化布局推动价值链升级与韧性建设。作为挑战者，跨国企业的战略分化加剧价值链碎片化，技术脱钩与供应链垄断推高全球治理风险。

# 第二节　国际资本流动与全球经济发展

国际资本流动对全球经济发展极为重要，不仅有助于优化全球资源配置，而且也有利于跨国企业扩大规模和技术转移，促进全球产业链整合与升级，提升全球生产效率。

## 一、全球经济发展中的国际资本流动

全球资本流动是现代经济中重要的组成部分，直接影响着各国的经济发展和国际金融市场的稳定。国际资本流动不仅包括直接投资、证券投资和国际贷款等形式，还呈现出不同的特点和趋势，深刻影响着全球经济格局的变化。

### （一）国际资本流动的类型

国际资本流动可以按照资本流动的具体方式可分为国际直接投资（FDI），国际证券投资（FPI）和国际贷款。

第一，国际直接投资是跨国公司或投资者在国外设立分公司、子公司或直接购买国外企业的大量股份，从而获得对管理控制权的行为。FDI 通常具有长期性和较高的风险，同时伴随技术、管理经验的转移。它不仅促进资本流入，还推动了东道国的技术进步、产业升级和就业增长，是国际资本流动中最为重要和具有经济影响力的一类资本。

第二，国际证券投资是指通过购买国外发行的证券，如股票、公司债券和政府债券，来获取金融收益。此类投资通常不涉及对企业的控制权，因此相较于直接投资，证券投资更为灵活，回报周期较短。FPI 主要用于追求资本增殖或获取利息，容易受到市场变化的影响，因而其流动性强且波动较大，对市场敏感性也较高。

第三，国际贷款是指一个国家或国际金融机构对另一国家提供的资金支持，通常通过银行贷款或官方援助方式进行。国际贷款多用于基础设施建设、国家经济发展项目或救济金融危机等目的。它既可以是短期的流动性支撑，也可以是长期的经济发展资金，其接待条件通常取决于国际经济环境和接待国的偿还能力。国际借贷在国际资本流动中起着缓解国家资金缺口、促进国际经济合作的重要作用。

## （二）国际资本流动的特点

国际资本流动具有高流动性、政策敏感性、不对称性以及收益性和风险性等特点，这些特点共同影响着国际资本的流动方式、规模与速度，对全球经济发展、各国经济政策以及市场的稳定性产生重要影响。

第一，高流动性。国际资本流动高流动性使得资本可以快速地在不同国家和市场之间转移，特别是短期资本，它可以根据市场变化、经济政策或政治局势的变化快速进出市场。这一点既有正面影响，也带来了显著的风险。其正面影响在于高流动性使得资金能在不同市场间迅速流动，促进全球资源的最优配置。它能够帮助一个国家在遭遇经济困境时快速获得外资援助，从而解决资金短缺的问题。但这种迅速的进出可能引发市场的过度波动。例如，外资的大量流入可以推高本地资产价格，但当外资迅速撤出时，又可能导致资产价格暴跌和市场恐慌，增加金融体系的不稳定性。

第二，政策敏感性。国际资本流动对各国的经济政策高度敏感，尤其是利率、汇率、税收等方面的政策。这使得各国在制定宏观经济政策时不得不考虑到资本的反应。例如，当一个国家提高利率时，通常会吸引更多的资本流入，因为投资者希望通过较高的利率获得更好的回报。然而，政策的变化如果不够稳定和连贯，可能导致资本的快速流出，加剧金融动荡。此外，资本的流动也受到税收政策和总体投资环境的影响。优惠的税收政策、稳定的政治环境和透明的监管框架都可能吸引国际资本的长期投资，而政策的不确定性则可能导致资本的撤出。因此，国际资本流动的政策敏感性要求各国在制定政策时需谨慎考虑其对资本流动的潜在影响，以确保金融稳定。

第三，不对称性。国际资本流动在发达国家和发展中国家之间存在显著的不对称性。这种不对称性不仅反映在资本的流入和流出规模上，也体现在资本流动的影响和依赖程度上。其一，在资本输出和输入上，发达国家通常是资本的主要输出国，它们拥有强大的资本储备、完善的金融体系，也有着寻找全球投资机会的需求。而发展中国家则往往是资本的输入国，需要外资来促进本国的经济发展。其二，在依赖和风险上，这种不对称性使得发展中国家对外资具有较强的依赖性，使其面临着较大的风险。当国际资本因政策变化或市场预期而大规模撤出时，发展中国家可能面临汇率贬值和金融体系不稳定等冲击。

第四，收益性与风险性。资本跨国流动的主要目的是获取回报，这包括直接投资所带来的长期收益，或者证券投资所带来的短期财务回报。然而，收益越高的投资通常伴随着越大的风险。国际资本流动涉及跨国界的投资，面临的风险不仅包括经济和市场风险，还包括政治风险、汇率风险和法律监管风险等。高收益的投资吸引了大量国际资本流入，但是这些快速流入的资本也会因为某些政策的变动而快速流出，形成"资本逃逸"现象，从而对金融市场的稳定性构成威胁。

### （三）国际资本流动的趋势

当前，全球经济在经历疫情、地缘政治冲突与供应链重塑的多重冲击后，资本跨境流动呈现出复杂而深刻的变化。国际资本流动不仅反映了经济复苏的差异化特征，更受到政策调整、技术革新与风险偏好重塑的驱动。

第一，国际直接投资放缓，区域与国家分化加剧。根据联合国贸发会议（UNCTAD）发布的《Word Investment Report 2024》[①]数据显示，2023 年国际直接投资（FDI）流量下降至 1.33 万亿美元，比 2022 年减少 2%。这一下降主要受发达经济体金融重组和发达国家跨境并购大幅减少的影响。从区域来看，发达经济体的 FDI 流量下降了 15%，而发展中经济体的 FDI 下降了 7%。在发展中亚洲地区 FDI 下降了 8%。最不发达国家（LDCs）在 2023 年逆势增长，FDI 流量增加了 17%。尽管如此，新兴市场和发展中经济体在绿地投资方面显示出一些积极趋势，2023 年宣布的制造业相关投资项目数量增长了 15%。金融条件趋紧以及对全球经济分裂趋势的担忧继续抑制了国际项目融资和基础设施领域的投资。2023 年，全球

---

① UNCTAD, Word Investment Report 2024，2024. https://unctad.org/publication/world-investment-report-2024.

国际项目融资数量和金额分别下降了 23% 和 26%。

　　第二，国际证券投资呈现出发达市场主导和新兴市场波动加剧的趋势。美国和欧洲的证券市场继续吸引大量国际资金，特别是美国投资级公司债券因对冲汇率风险后的高收益率，吸引了包括日本在内的全球投资者。欧洲的绿色债券发行量显著增长，进一步巩固了其在可持续投资领域的领先地位。新兴市场表现出一定韧性，但其证券投资的波动性较高，例如拉丁美洲的美元债券利差有所扩大，反映了市场对地区政策不确定性的担忧。同时，亚洲部分国家，如印度和印尼，因经济基本面稳健，吸引了持续的证券投资流入。

　　第三，流入可持续发展领域的投资有望进一步增加。全球可持续金融市场持续增长，如图 6-1 所示，2023 年包括债券和基金在内的可持续投资产品的价值将超过 7 万亿美元，较 2022 年增长 20%。可持续金融市场的总体积极趋势表明，投资者信心持续向好，可持续债券是可持续资本市场产品增长的主要推动力。全球可持续债券的发行量攀升至 8720 亿美元，比 2022 年增长 3%，自 2018 年以来的市场累计价值超过 4 万亿美元。

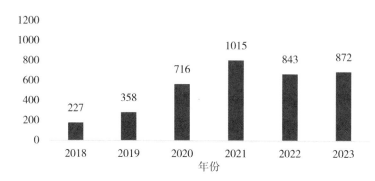

图 6-1　2023 年全球可持续债券发行量（十亿美元）

数据来源：联合国贸发会议（UNCTAD）

　　第四，科技创新与产业重构将进一步改变全球资本配置格局。在技术迭代与供应链重构的双重驱动下，全球资本加速向高附加值领域集聚。根据 CVSource 投中数据显示，2023 年 7 月—2024 年 6 月间，中国科技与制造领域共发生融资事件 9791 起，总融资金额约 14567.18 亿元。全球资本配置的逻辑已从"风险折价"转为"技术溢价"。在中国 A 股市场上，全球投资者采用"杠铃策略"，既配置黄金等避险资产，又重仓 AI 等高波动科技股，反映出在逆全球化背景下对技术创新确定性的押注。这种结构性转变表明，资本正通过"技术-产业-金融"的闭环，重构全球经济权力图谱。在此背景下，中国科技企业的崛起尤为突出，其"创新溢价"推动全球资本再平衡。宁德时代、比亚迪等企业通过技术输出主导全球新能源产业链，而 AI 企业深度求索( DeepSeek)以算法突破推动全球产业智能化升级。

第五，地缘冲突、碳关税与货币政策分化正形成"三重叠加效应"，显著推高全球市场不确定性，驱动投机性资本会加速流动。在地缘冲突方面，俄乌冲突与红海危机持续扰乱全球供应链，2024 年欧盟对俄能源制裁导致天然气价格波动率大幅增加，胡塞武装袭击迫使亚欧航线绕道非洲，推升航运成本，迫使资本涌入黄金与美元等避险资产。在碳关税方面，欧盟碳边境调节机制(CBAM)覆盖钢铁、铝等高碳行业，预计 2025 年对中国出口成本增加超 50 亿美元，迫使企业将产能转移至东南亚。在货币政策分化方面，美国和中国等大国货币政策调整的不一致，利差驱动的套利资本也会大量增加。投机性资本活跃度在不确定性中攀升，全球资本正从"价值投资"转向"波动套利"，市场脆弱性进一步放大。

## 二、国际资本流动理论分析

国际资本流动理论的发展经历了三个阶段。第一阶段的国际资本流动理论主要运用逻辑方法对国际资本流动的原因和影响进行解释。第二阶段的国际资本流动理论运用模型数理工具方法着重揭示国际资本流动的规律和层次。第三阶段的国际资本流动理论则重点研究了经济全球化下国际资本流动引发金融动荡的内在原因。

### (一)第一阶段的国际资本流动理论

国际资本流动理论的第一阶段，主要采用逻辑推理方法，对资本流动的动因及其效应进行了探讨。研究表明，资本流动的根本动力在于追求投资利润的最大化同时实现风险规避。在这个框架下，早期学者对资本流动进行了分类，提出了

"单动因理论"与"复动因理论"。

单动因理论侧重于利率差异和利润最大化，如李嘉图和维克塞尔所述，资本流动旨在追求更高的投资回报，但受限于投资环境和文化差异等因素①。复动因理论则更加复杂，纳入了政治稳定性、风险规避等因素，如马可罗普的"资本外逃"理论，强调资本流动的多元动因②。

马克思、马歇尔、俄林和金德尔伯格等学者对国际资本流动对经济影响进行了深入分析。马克思揭示了资本外流与信用危机的关联③，而马歇尔和俄林分别探讨了资本逆转和黄金外流对金融市场的冲击④。金德尔伯格进一步阐述了短期资本流动对货币供给和经济周期的影响，指出资本流动对国际收支平衡的作用在不同汇率制度下有所差异⑤。

第一阶段国际资本流动理论的研究，为后续探讨奠定了基础，揭示了资本流动与投资利润、风险规避以及国际经济关系的基本规律。该理论不仅阐释了资本流动的动因和机制，还分析了其对国际收支均衡的影响，为理解国际资本流动提供了重要视角。在此基础上，后续研究可进一步探讨资本流动的动态变化及其在全球化背景下的新特征。

## （二）第二阶段的国际资本流动理论

第二阶段的国际资本流动理论随着布雷顿森林体系的建立和国际金融市场的发展而兴起，更多运用模型和数理分析工具，对国际资本流动的规律性进行了系统性研究，重点分析了资本流量理论、资本存量理论、货币分析理论以及发展中国家资本流动理论。

第一，国际资本流量理论的深化与发展。随着布雷顿森林体系的建立和国际金融市场的发展，国际资本流量理论得到了进一步的深化。该理论继承并发展了

---

① 彼罗·斯拉法：《李嘉图著作和通信集（第一卷）政治经济学及赋税原理》，郭大力、王亚南译，商务印书馆，2013。

② Machlup, F., 1932. Die Theorie der Kapitalflucht. Weltwirtschaftliches Archiv, pp. 512-529.

③ 马克思：《资本论》，郭大力、王亚南译，人民出版社，2012 年。

④ 马歇尔：《货币、信用与商业》，叶元龙、郭家麟译，商务印书馆，1997。

⑤ Kindleberger, C. P., 1937. International short-term capital movements. Columbia University Press

19世纪金本位时期的经济思想，强调利率差异在资本流动中的驱动作用。蒙代尔和弗莱明的研究揭示了不同汇率制度下资本流动对利率的敏感性差异①，而费尔德斯坦等研究者通过模型量化了资本流动的规模和方向②。这些成果突出了利率在资本流动调控政策中的核心地位。

第二，国际资本存量理论的创新与拓展。资本存量理论在流量理论的基础上，引入了风险因素，关注投资者资产组合决策对资本流动的影响。马克维茨和托宾的资产组合模型，以及布兰逊的存量调整模型，为理解资本流动的动态性和风险性提供了新的视角。存量理论指出，资本流动可能是资产组合调整的暂时现象，为资本市场的均衡和风险分析奠定了理论基础。

第三，货币分析理论在资本流动中的应用。货币分析理论将国际资本流动视为货币现象，强调国际储备和国内货币供需关系的作用。哈里·约翰逊的货币需求与供给模型，以及后续研究者的一般均衡模型，为分析经济政策对资本跨境流动的影响提供了工具。货币分析理论将资本流动与货币政策相结合，为国际经济政策制定提供了新思路。

第四，发展中国家资本流动理论的探讨。第二次世界大战后，发展中国家资本流动理论应运而生，关注发展中国家与发达国家之间的经济不平衡。缪尔达尔和纳克斯的研究揭示了发展中国家资本流动的阻碍因素，并为其合理利用外资提供了理论指导。这些理论强调了政治环境、政府效率、社会稳定等因素对资本流动的影响。

第二阶段的国际资本流动理论的研究，通过运用模型和数理分析工具，对资本流动的规律性进行了系统性探讨。这一阶段的理论成果不仅为全球金融监管和政策制定提供了理论依据，而且为理解国际资本流动的复杂性和动态性提供了多维视角。在此基础上，未来研究可进一步探讨国际资本流动在全球化背景下的新趋势和挑战。

---

① Mundell, R. A., 1960. The monetary dynamics of international adjustment under fixed and flexible exchange rates. The Quarterly Journal of Economics, Vol. 74, No. 2, pp. 227-257.

② Frankel, J. A., 1992. Measuring international capital mobility: a review. The American Economic Review, Vol. 82, No. 2, pp. 197-202.

### （三）第三阶段的国际资本流动理论

第三阶段的国际资本流动理论，重点关注其在经济全球化和金融市场自由化背景下的新发展，结合微观与宏观视角，分析了交易成本理论、国际收支危机模型、货币危机预期模型、金融恐慌模型及道德风险模型，旨在揭示资本流动中突发逆转和系统性风险的内在机理。

第一，国际资本流动交易成本理论。金（Hak-Min Kin）提出的交易成本理论认为，交易成本是影响国际资本流动的关键因素。该理论指出，资本流动不仅受利率差异驱动，还受信息搜寻、谈判、监督等交易成本的制约。技术进步、金融创新和监管放松等因素降低了交易成本，从而提高了资本的国际流动和配置效率。

第二，国际收支危机模型。克鲁格曼基于前人研究提出的国际收支危机模型，阐述了扩张性政策对资本逆转的推动作用。模型揭示了投资者预期、投机行为、外汇储备削减与金融市场不稳定性的连锁反应，为理解资本流动的突发逆转提供了理论依据。

第三，货币危机预期模型。奥伯斯特菲尔德等学者发展的货币危机预期模型，强调了投机性资本流动的触发机制。该模型在固定汇率制度下，分析了市场参与者与政府政策之间的博弈，以及多重均衡状态下货币危机的成因。

第四，金融恐慌模型。戴蒙德和狄布威格的金融恐慌模型被扩展至国际资本流动领域，解释了资本流动中的"羊群效应"和快速撤离现象。拉德莱特和萨克斯应用该模型分析了亚洲金融危机，强调了金融恐慌对资本流动稳定性的影响。

第五，道德风险模型。克鲁格曼在分析亚洲金融危机时提出的道德风险模型，揭示了金融机构在政府隐性担保下的行为及其对资本流动逆转的影响。该模型强调了监管缺位对资本流动稳定性的破坏，并提出了防范道德风险的重要性。

第三阶段国际资本流动理论的研究，不仅深化了对资本流动突发性和系统性风险的理解，而且为应对全球化背景下的金融风险提供了新的理论框架。这些理论综合考虑了行为特征和制度因素，为国际金融市场的稳定性和政策制定提供了重要的理论支持。未来的研究应继续探讨这些理论在新兴市场和发展中国家的适用性，以及在全球金融一体化过程中的新挑战。

### 三、资本流动与全球投资治理

随着全球经济一体化的推进，国际投资日益成为推动经济增长和技术创新的关键力量。全球投资治理的有效性直接影响各国经济的可持续发展、金融稳定及国际合作。然而，现行的国际投资治理体系仍面临多重挑战，包括投资协议体系的复杂性、国家与投资者之间的权利与义务不平衡以及可持续发展议题的缺失。通过探讨全球投资治理的重要性，分析当前全球投资治理的现状，尤其是发展中国家面临的治理挑战，对于突出国际投资规则的改革需求以及如何通过政策创新引导投资流向可持续发展领域，从而推动全球经济的稳定与繁荣具有重大意义。

#### （一）全球投资治理的重要性

在全球经济一体化的背景下，全球投资治理的重要性日益凸显，对于维护国际投资秩序和推动全球经济发展具有关键作用。

第一，全球投资治理体系的建设有助于全球经济的持续稳定增长。随着经济全球化的深入发展，国际投资规模不断扩大，投资活动日益频繁。全球投资作为经济增长的引擎，发挥着关键作用。全球投资不仅促进了各国经济的增长，还推动了技术的传播和创新。其一，国际投资带来大规模的资本流入，推动东道国经济增长，新投资项目创造就业机会，提高了当地居民生活水平。其二，国际投资能为东道国带来先进技术和管理经验，促进产业升级。跨国公司往往将先进技术和管理经验引入投资国，提高当地产业水平和生产效率。其三，国际投资还能为东道国带来市场渠道，拓展国际市场。吸引国际投资有助于东道国企业更好地融入全球产业链和供应链，提高产品的市场竞争力。

第二，全球投资治理体系的建设对于降低金融风险至关重要。通过规范国际投资行为，建立开放、非歧视的投资条件，全球投资治理维护了金融市场的稳定性。在国际投资领域，缺乏有效的治理体系可能导致投资行为不规范，从而增加金融风险。建立健全的投资治理体系，能够加强对国际投资的监管，规范国际投资行为。此外，国际投资政策协调的加强，有助于减少不确定性，合理引导国际资本流向，避免金融市场动荡。国际资本的无序流动可能导致资本过度集中或突然撤离，从而引发金融市场的动荡。通过建立健全的全球投资治理体系，可以合理引导国际资本流向，避免资本市场的动荡。

第三，全球投资治理体系的建设有助于引导投资流向可持续发展领域。全球投资治理可以通过政策引导和激励机制，促使投资流向环保、能源、社会福利等可持续发展领域，推动全球经济的可持续发展。其一，引导资金流向环保产业，推动跨国投资在可持续领域的发展。通过提供绿色债券、绿色基金等金融工具，为跨国企业提供便利的融资渠道，加速绿色产业的发展。其二，引导资本流向可持续发展领域，在数字经济领域，国际规则制定和税收政策合作，应对全球性挑战。其三，推进跨国投资合规体系的建设，如海外经营合规风险管控，对于维护全球金融市场稳定和推动可持续发展具有重要意义。

总之，全球投资治理在促进经济增长、降低金融风险和引导可持续发展方面具有深远的意义。为了应对全球经济一体化的挑战，需要进一步完善全球投资治理体系，加强国际政策协调，促进公平、透明的投资环境，以实现全球经济的稳定与可持续发展。这不仅要求各国政府采取行动，还需要国际组织和企业界的积极参与，共同推动全球投资治理体系的完善和发展。

### (二)全球投资治理现状

根据联合国贸发会议(UNCTAD)发布的《World Investment Report 2024》报告①，2023年，73个国家共出台了137项影响FDI投资的政策措施，与2022年相比减少25%(如图6-2所示)，但与近5年平均水平持平。其中大多数(72%)都是投资利好政策，且投资利好政策和投资限制政策的比例大致回到疫情前水平。

第一，世界各国投资政策出现严重分化。发展中国家与发达国家在投资政策上存在显著差异。发展中国家的政策以吸引外资为主，而发达国家则倾向于实施限制性措施。先来看发展中国家的投资利好政策。自2014年以来，发展中国家的投资利好政策比例持续高于80%，2023年达到86%。这些政策主要通过简化

---

① UNCTAD, Word Investment Report 2024, 2024. https://unctad.org/publication/world-investment-report-2024.

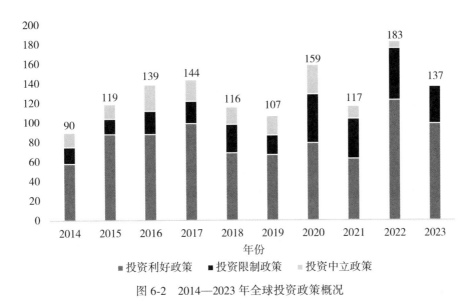

图 6-2  2014—2023 年全球投资政策概况

数据来源：联合国贸发会议(UNCTAD)。

行政程序和实施奖励措施来促进国际投资。非洲和亚洲国家在此方面表现最为积极，制定了大量投资利好政策。再来看发达国家的投资限制政策。发达国家的投资利好政策比例在 2010 年左右已不足一半，并在疫情前呈下降趋势。2023 年，发达国家的投资限制政策占全球总数的三分之二，其中许多政策涉及关键基础设施、核心技术和其他敏感资产。

第二，全球投资利好政策主要侧重于投资便利化和投资激励。如图 6-3 所示，2023 年，各国继续推动吸引投资的政策，其中使用最多的是投资便利化政策，占比达到 39%。例如，埃及实施了"一站式审批"制度，简化投资项目的各类许可手续，并计划推出在线平台来支持企业注册。乌拉圭也建立了在线"一站式窗口"来整合投资相关服务。同时，激励措施的比重也显著上升，占有利政策措施的 33%，特别是支持服务业、制造业和农业的投资。例如，意大利和南非为可再生能源投资提供税收和非税收激励。这些利好的投资政策也会产生积极的影响，包括提高了投资者的信心，鼓励更多的跨国投资；促进了特定行业的发展，如服务业、制造业和农业，从而推动经济多元化；通过提供税收优惠和财政补贴，降低了企业的运营成本，增强了投资回报率。

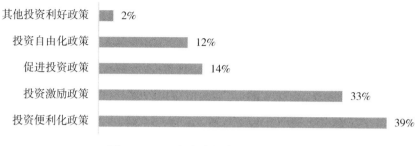

图 6-3　2023 年全球投资利好政策分类

数据来源：联合国贸发会议（UNCTAD）。

第三，全球投资限制政策主要跟外资审查有关。发达国家在 2023 年加强了对外国投资的审查机制，近一半的不利政策措施与投资筛查相关。全球实施全面筛查的国家总数达到 41 个。这些政策通常针对关键基础设施和敏感技术领域的外资。此外，一些国家实施了外资领域的新限制措施，如加拿大限制外国投资者购买住宅物业，美国限制外资在特定地区的土地持有。这些投资审查和限制措施也会对国际投资产生深远影响，包括：增加了外资进入的门槛，保护了国内市场和敏感产业；可能导致国际贸易摩擦，影响全球投资环境的稳定性；促使跨国公司调整投资策略，寻求更为友好的投资目的地。

### （三）全球投资治理不足之处

国际投资作为组织国际化生产、进入国际市场的关键方式，在全球经济发展中扮演着日益重要的角色。然而，相较于国际贸易和国际金融领域已建立起较为完善的体制架构，国际投资的国际政策协调却相对滞后，缺乏全面权威的规则与制度安排以及全球性的协调机构，且现行体制面临着诸多严峻挑战。尽管几乎所有的国家都签署了数量不等的投资协定，但几乎没有哪个国家对现行国际投资体制感到满意。① 总的来看，当前国际投资体制面临着三大挑战。

第一，国际投资协定体系冗杂。旧一代协定占据主导地位是突出的问题之

---

① 詹晓宁. 全球投资治理新路径——解读《G20 全球投资政策指导原则》[J]. 世界经济与政治，2016，（10）：4-18，155.

一。截至 2023 年年底，旧一代国际投资协定(IIAs)覆盖全球近一半的 FDI 存量，发展中国家和最不发达国家受其影响尤甚。例如，发展中国家约 65% 的 FDI 存量受旧协定保护，最不发达国家这一比例高达 71%。这些协定条款设计宽泛，使东道国深陷投资者—国家争端解决机制(ISDS)高风险困境。自 2012 年以来，虽有部分 IIAs 终止或替换，但少部分的全球 FDI 存量受影响，且旧协定仍是绝大多数 ISDS 案件的基础，严重损害其财政能力与吸引外资信心。新协定改革力度不足也制约了行业发展。过去四年新协定虽多数包含促进投资条款且半数改革 ISDS 机制，但仍存在大量协定未排除投资者过度使用争端解决机制可能，导致发展中国家难以适应新经济与政策需求。

第二，国家与投资者权利义务失衡。投资者—国家争端解决机制(ISDS)风险持续攀升，相关案件的数量近十年翻倍，并且大多数针对发展中国家。如缅甸、塞内加尔和坦桑尼亚等最不发达国家成为被诉方，加剧其在全球投资治理中的不利处境。此外，众多 ISDS 案件涉及关键基础设施、能源、通信等战略行业与技术，反映发达国家投资者在国际争端解决中的优势地位，发展中国家因法律专业与经济实力劣势而处于被动，凸显旧协定漏洞被滥用，也加剧其全球经济治理不对称性。

第三，未能有效解决可持续发展问题。旧一代国际投资协定(IIAs)覆盖了全球近一半的外国直接投资存量，其中大多数协定的条款缺乏针对可持续发展的考量。这些协定的内容更多聚焦于投资保护，而非促进可持续发展或赋予国家应对气候变化和保护环境的能力。新协定中虽然包含更多可持续发展条款，例如明确投资者责任或支持绿色经济的措施，但在实际覆盖的投资存量方面贡献有限。超过一半的全球 FDI 存量仍受旧协定保护，使得改革影响被显著削弱。此外，新旧协定并存导致国际投资体制愈发复杂，不同协定之间的条款往往存在重叠和矛盾，尤其在涉及环境保护、气候行动等可持续发展领域时更为突出。这种情况增加了发展中国家在政策实施和争端解决方面的难度。例如，最不发达国家在改革后的协定中受到的保护仍然较少。尽管一些新签协定尝试引入投资者义务，例如透明度、反腐败、环境管理等，但其执行力度和约束力有限，未能显著改变投资者在东道国的行为模式。

当前国际投资体制面临的挑战对全球经济治理尤其是发展中国家产生诸多负面影响。为完善国际投资体制，需加快协定体系整合与改革，平衡国家与投资者权利义务，强化可持续发展考量，提升发展中国家在国际投资规则制定中的话语权与参与度，推动建立更加公平、公正、可持续的国际投资新秩序，促进全球经济的平衡发展与共同繁荣。

## 第三节　发达国家的资本流动与经济发展

在全球化经济格局中，资本作为关键纽带，深度联结各国经济。发达国家凭借其优势地位，资本流动特征显著，趋势鲜明且政策导向明确，其资本流动对自身产业结构、贸易、汇率、增长、就业及技术等经济维度影响深远。

### 一、发达国家的资本流动政策

近年来，全球投资政策呈现出明显的分化，发达国家的投资政策呈现出更加强调国家安全、监管严格以及在战略领域促进投资的特点。然而，发达国家在特定领域仍提供激励措施，以促进可持续增长和技术发展。这些趋势表明，全球投资政策正朝着更加复杂和精细化的方向发展。

第一，发达国家的投资政策重心已从吸引外资转向保护国家安全和经济利益。2023 年，发达国家 67% 的政策被认为不利于投资者，而发展中国家这一比例仅为 14%。发达国家更倾向于通过限制性政策来管理外国投资，尤其是在技术、能源和数据等敏感行业。

第二，发达国家普遍加强了外国投资筛查机制，特别是在国防、关键基础设施和战略技术领域。2023 年，全球有 41 个国家实施了投资筛查制度，其中 26 个位于欧洲。这些机制旨在保护关键技术优势，限制敏感技术和数据外流。例如，美国扩大了对前沿技术的外资审查范围。

第三，发达国家对本国企业的对外投资实施更严格的监管，以防止关键技术外流。美国和欧盟分别通过行政命令和统一框架来监控涉及国家安全技术的OFDI，这反映了发达国家在全球价值链中强化自身地位的战略考量。

第四，尽管总体政策趋于保守，发达国家仍通过税收优惠和财政支持来吸引外资，特别是在可再生能源和高科技产业。意大利、加拿大和英国等国家通过减税和优惠政策鼓励特定领域的投资，表明发达国家在严格管控外资的同时，仍致力于推动经济增长和技术创新。

## 二、资本流出对发达国家经济发展的影响

随着全球化进程的加速，资本流动已成为国际经济互动中的重要现象，尤其是在发达国家，资本的外流不仅涉及传统的投资和资金转移，还可能影响国内经济的稳定与发展。

### (一)发达国家资本流出与产业结构

发达国家的资本流出对母国产业结构产生了深远的影响。一方面，它通过产业转移和技术扩散促进了产业升级和优化，增强了母国产业的国际竞争力。另一方面，过度的资本流出可能引发产业"空心化"风险，导致国内产业链的断裂。同时，资本流出也推动了要素资源的全球化配置，提高了资源利用效率。

第一，促进产业升级与优化。发达国家的资本流出通过产业转移和技术扩散，对母国产业结构的升级起到了推动作用。邓宁的所有权优势、内部化优势和区位优势理论指出，跨国企业通过对外投资，能够将资源集中于国内高附加值产业，实现产业结构的高端化。赤松要的产业生命周期理论进一步说明，发达国家通过外迁夕阳产业，不仅优化了母国产业结构，还促进了新兴产业的兴起。

第二，引发产业结构"空心化"风险。虽然对外投资有助于产业升级，但其过度依赖可能导致母国产业结构的"空心化"。资本外流可能导致母国重要产业过快外迁，造成国内产业链断裂，尤其是当核心支柱产业尚未成熟时。

第三，推动要素资源的全球化配置。对外投资通过促进要素资源的全球化配置，优化了母国产业结构。资本流出使得资本和技术等要素资源能够配置到全球最优区域，提高了母国的资源利用效率。有研究表明，OFDI不仅可以优化了母国的资源配置，还可以通过调整中间品和资本流动结构，促进了产业链的进一步完善和升级。

## （二）发达国家资本流出与进出口

发达国家的资本流出对母国进出口产生了复杂的影响。一方面，资本流出通过进口替代效应减少了母国的进口需求，尤其是在资本密集型行业。另一方面，资本流出通过促进效应增加了母国的出口，尤其是在高端机械和技术密集型商品领域。同时，资本流出的类型、动机和东道国特征导致了进出口影响的差异化。

第一，进口的替代效应。发达国家的资本流出能够减少母国的进口需求，产生进口替代效应。企业通过在资源丰富或劳动力成本较低的地区进行对外投资，可以在东道国直接进行生产，减少对高成本母国产品的依赖，从而降低进口规模。在资本密集型行业，这种进口替代效应尤为明显。

第二，出口的促进效应。与进口替代效应相对，资本流出通常通过加强母国与东道国的产业链联系，促进母国出口。例如，美国在发展中国家的投资显著提升了母国对东道国的出口，尤其是在高端机械和技术密集型商品领域。日本对美国的对外投资产生了明显的出口效应，尤其是在需要从母国提供关键部件和原材料的情况下。

第三，进出口影响的差异化。资本流出对母国进出口的影响存在显著差异，这取决于投资类型、动机和东道国的市场特征等因素。水平型对外投资通过在东道国直接生产成品，可能会削弱母国出口规模并减少进口需求。而垂直型对外投资则通过母国提供中间产品来促进出口，并可能增加对高端技术或特殊原材料的进口需求。此外，投资区位也会影响进出口关系，例如，对资源型经济体的投资可能增加出口，而对高技术东道国的投资可能减少进口。

## （三）发达国家资本流出与汇率稳定

发达国家资本流出对汇率稳定性的影响，包括汇率波动的增强、汇率超调现象的推动以及外汇市场压力的增强。

第一，资本流出与汇率波动的增强效应。资本流出通过金融市场渠道放大汇率波动，在金融开放程度高的发达国家尤为显著。资本流出通过影响金融机构的资产负债表，引发汇率剧烈波动。此外，资本流出的规模和频率增加市场不确定性，加剧货币贬值压力。

第二，资本流出对汇率超调现象的推动作用。资本流出与汇率超调现象紧密相关，在资本管制较低的发达国家中尤为明显。郑平和胡晏的研究表明，资本流出程度较高时，汇率调整速度可能过快，导致短期内汇率超调。这种现象可能削弱本币稳定性，对宏观经济产生不利影响。

第三，资本流出对外汇市场压力的间接影响。资本流出不仅直接导致汇率波动，还通过加剧外汇市场压力间接影响汇率稳定性。资本流出对外汇市场压力的影响强于资本流入，表现为发达国家货币贬值压力的增加。资本流出规模与外汇储备的关系影响中央银行干预的有效性，进而影响汇率的动态调整。

### 三、资本流入对发达国家经济发展的影响

资本流入作为推动发达国家经济增长的重要力量，其影响深远且多维。外资的流入不仅为本国市场注入了急需的资金，还促进了技术创新、产业升级和就业创造。通过分析资本流入对发达国家经济的正面影响，探讨其如何改善资本市场、增强国际竞争力以及带动相关产业发展，对于揭示资本流入对发达国家经济发展的影响路径提供理论依据。

#### （一）发达国家资本流入与经济增长

资本流入通过资本积累、市场竞争和消费市场的刺激，全面推动了发达国家的经济增长。这些效应相辅相成，不仅直接改善了东道国的经济基础设施，还通过间接方式优化了当地市场环境与经济结构。

第一，资本流入通过资本积累直接促进经济增长。资本的流入为发达国家提供了大量的资本资源，有助于缓解国内资本不足的问题。外资流入通常集中在高价值产业，通过增加资本存量，直接支持新项目的启动和现有项目的扩展。资本积累效应是资本流入促进经济增长的关键路径之一。尤其是高附加值的资本密集型产业，FDI 的进入大幅度提高了东道国的资本形成率，为经济增长提供了坚实的物质基础。

第二，助推市场竞争，优化资源配置。跨国企业的进入通常伴随着先进的商

业模式和管理经验，这在发达国家形成了强大的竞争压力，迫使本土企业提升竞争力。此外，资本流入引发的市场化改革使资源配置更加高效，提升了经济运行效率。尽管在短期内资本流入可能会对部分本土企业产生挤出效应，但从长期来看，它通过提升行业竞争水平，优化了资源配置结构，促进了整体经济效益的提升。

第三，刺激消费市场扩大。资本流入进入后通常伴随着就业机会的创造和收入水平的提高，这进一步推动了东道国消费市场的扩张。发达国家由于消费能力较强，外资企业的进入不仅满足了多样化的消费需求，还通过市场需求的增加吸引了更多投资。资本流入带来的新产品和服务有效提高了消费者福利，同时刺激了本地企业和跨国企业间的合作与竞争，为经济注入了新的活力。

（二）发达国家资本流入对就业的影响

FDI 对发达国家就业的影响是复杂且多方面的，它在直接创造高质量就业岗位的同时，通过上下游产业链带动了本地就业增长。然而，FDI 也可能对低技能岗位产生替代效应，特别是在资本和技术密集型领域。

第一，直接创造就业岗位。资本流入通过引进跨国公司直接推动了就业岗位的增加，尤其是在高技术和服务密集型行业中表现显著。跨国企业进入东道国后，通常会通过投资建厂或设立子公司创造大量的新就业机会。这些岗位通常集中在资本和技术密集型行业，与发达国家劳动力市场高技能岗位需求相契合。此外，由于跨国公司倾向于使用更高效的生产方式和管理模式，这些新增岗位的工作条件和薪资水平也普遍优于本地企业，进一步提升了劳动者的福利。

第二，通过产业链效应间接带动就业。资本流入的进入不仅直接增加了就业，还通过上下游产业链的延伸和配套需求间接带动了其他方面的就业增长。发达国家由于产业链配套完善，跨国企业的投资能够显著刺激本地供应链的发展。例如，跨国公司的高端制造和服务业投资推动了物流、咨询和技术服务等相关行业的就业扩张。这种间接效应往往比直接效应更加深远，因为它通过带动本地企业发展进一步巩固了经济活力，增加了长期就业的稳定性。

第三，本地就业岗位的替代效应。尽管资本流入通常会增加就业，但其技术密集型特征可能对低技能岗位产生替代效应。发达国家的劳动力市场在面对资本和技术密集型资本流入时，低技能岗位可能因自动化和生产效率提升而受到挤压。此外，外资企业的进入还可能通过收购和兼并方式重组本地企业，导致部分冗余岗位的消失。这种替代效应的规模通常取决于东道国劳动力市场的灵活性及劳动力再培训政策的实施效果。

(三)发达国家资本流入对技术溢出的影响

在发达国家，资本流入的技术溢出效应主要表现为通过高技术复杂度的匹配、竞争驱动的扩散以及行业和地域集聚效应等多种机制实现生产率的提升。

第一，技术复杂度和吸收能力的匹配。发达国家的企业具备较高的吸收能力，包括成熟的研发体系、先进的生产设施和高水平的劳动力。这种能力使得它们更容易从跨国公司引进的高质量技术中获益。例如，在英国制造业中，技术溢出效应在本地企业的生产率与行业前沿生产率之间差距较小时尤为显著。

第二，竞争驱动的技术扩散。跨国公司的进入增加了发达国家市场中的竞争压力，这种竞争通常会激励本地企业优化技术和提高生产效率。这种竞争效应是技术溢出的重要机制之一。此外，跨国公司通过与本地企业的竞争推动了新技术的采用和效率的提高。在发达国家，市场机制的健全和本地企业较强的应变能力进一步强化了这种正向竞争效应。

第三，行业和地域集聚的溢出效应。在发达国家，跨国公司往往集中于高科技和先进制造业等具有较高技术含量的领域。这种集聚不仅直接推动了相关行业技术水平的提升，还通过上下游产业链的合作和竞争促进了更广泛的技术扩散。例如，进入爱尔兰的跨国公司通过供应链关系为本地企业提供了技术支持，从而提升了整个行业的生产率。此外，与跨国公司地理位置接近的企业更容易从中获益，因为知识溢出的传递成本会随着距离的增加而发生显著上升。

## 第四节　发展中国家的资本流动与经济发展

在全球资本流动的背景下，发展中国家的经济发展面临着与发达国家截然不同的机遇与挑战。资本流动对这些国家的影响既复杂又多元，既有可能加速其经济增长，也可能加剧其发展不平衡或带来金融不稳定问题。通过深入分析资本流动对发展中国家经济发展的作用，重点探讨外资流入如何影响产业结构、技术转移和就业市场等方面，并与发达国家的经验进行对比，对于梳理发展中国家如何在全球资本流动中更好地把握机会，规避潜在的风险，从而实现可持续的经济增长具有重要显示意义。

## 一、发展中国家的资本流动政策

随着全球资本流动的加剧，发展中国家的资本流动呈现出不同于发达国家的独特特点。发展中国家的资本流动具有资源依赖性、波动性和外资主导等显著特点。这些国家的资本流动主要集中于资源开发和基础设施建设领域，但由于金融体系不成熟和经济政策透明度较低，其资本流动容易受到国际市场波动和外部冲击的影响。此外，外资在资本流动中占据主导地位，且资金流入多集中于少数经济较发达的地区，导致区域间发展不平衡的问题。近年来，发展中国家的投资政策以促进经济增长和吸引外资为核心，体现出对投资便利化和激励措施的高度重视。同时，部分国家也采取了新的政策手段，以保护关键产业并加强对外投资（OFDI）的管理。

第一，投资政策的总体趋势。发展中国家的投资政策高度侧重于吸引外资，以支持经济增长和基础设施发展。2023年，发展中国家出台的政策中有86%被认为是有利于投资者的，这一比例远高于发达国家的43%。这些政策主要集中在通过激励措施、投资便利化和基础设施支持等方式吸引外资。例如，非洲和亚洲的发展中国家积极推出促进投资的措施，这些地区的投资政策中大部分属于有利于投资者的类型。

第二，投资便利化和激励措施。发展中国家通过简化投资流程、提供财政激励和税收优惠，来改善投资环境。2023年，这些投资便利化措施在发展中国家的总政策中占比为38%，显示出发展中国家政府在提升投资环境效率方面的努力。此外，许多发展中国家还推出了特别经济区（SEZs）和税收减免政策，以吸引特定行业的外资，例如绿色能源和制造业。

第三，针对重点行业的政策。发展中国家的政策往往关注特定行业的优先发展，特别是服务业、制造业和农业。例如，2023年，尼日利亚和南非通过税收和非税收激励措施促进可再生能源投资，支持绿色经济发展；同时，印度开放了法律服务领域，允许外国律师和律师事务所为国内企业提供国际法律支持。这些政策体现了发展中国家希望通过吸引外资提升本地产业竞争力的目标。

第四，对外直接投资（OFDI）政策。随着经济的持续增长，发展中国家在对外投资政策上也表现出更高的积极性和更强的管控能力。2023年，至少19个发展中国家已经建立了正式的OFDI促进机制，主要集中在亚洲和非洲。例如，中国的"走出去"政策为本国企业提供贷款支持和政治风险保险；与此同时，南非对外汇流出设置了额度限制，加强了对资本转移的审查。此类政策既支持了国内企业的国际化，又有效避免了资本外流带来的潜在风险。

## 二、资本流出对发展中国家经济发展的影响

随着全球经济一体化进程的加速，发展中国家的资本流动愈发频繁且具有复杂性。与发达国家相比，发展中国家的资本外流在推动产业结构优化、促进贸易发展和影响汇率稳定性方面展现出不同的特点和挑战。尽管资本流出有助于提升产业竞争力和技术创新，但也面临产业"空心化"和外部风险带来的不稳定性。

### （一）发展中国家资本外流与产业结构

与发达国家的资本流出相比，发展中国家的资本流出对母国产业结构的影响有其独特性。发达国家的跨国公司通常通过对外直接投资推动产业的全球化扩展，转移过剩的"夕阳产业"并将资源集中于新兴产业，促进母国产业升级。而发展中国家则更多通过资本流出的方式实现产业结构的优化与调整，尤其是在劳动密集型行业的转移上，同时，技术积累和创新也成为推动产业结构升级的重要因素。然而，发展中国家的资本流出在推进产业结构升级的同时，也可能面临"空心化"现象，特别是在支柱产业尚未完全升级的情况下。

第一，产业结构优化与升级。发展中国家的资本流出通过实现国内产业的国际化转移和资源优化配置，对母国产业结构的优化和升级起到了积极的推动作

用。研究表明，对外投资能够促进母国落后产业的对外转移，为国内资源向高附加值产业流动创造条件。对外投资为发展中经济体提供了赶超发达国家的重要机遇，显著促进了母国产业层次的升级。同时，通过投资东道国的资源和市场优势，发展中国家可以借助区域性产业合作推动自身制造业与服务业的结构升级。

第二，技术溢出效应和创新能力增强。对外投资为发展中国家带来了显著的技术溢出效应，通过吸收东道国的先进技术和管理经验，有助于母国产业技术水平的提升。发展中国家通过对外投资积累并再创新国外技术，逐步形成比较优势，促进母国产业技术进步。

第三，产业空心化的潜在风险。尽管对外投资对产业结构优化具有显著促进作用，但部分研究指出，其可能导致母国产业结构空心化的风险。对外投资可能加速传统产业的外迁，使母国新兴支柱产业尚未完全形成前便出现产业上的空缺。

（二）发展中国家资本流出与进出口

与发达国家相比，发展中国家资本流出对母国进出口的影响存在显著差异，反映了两类经济体在资本禀赋、技术水平和投资动机上的本质区别。总体而言，发展中国家的资本流出更多促进出口规模增长，并倾向于减少进口需求，而发达国家的资本流出更聚焦于推动高端产品和技术服务的双向贸易扩展。

第一，促进出口规模。发展中国家的资本流出通常集中于劳动密集型或资源密集型产业，通过将低端制造业或基础生产环节转移至东道国，显著扩大了母国对东道国中间品和资本品的出口。例如，中国对外投资在机械零部件、中间品等出口领域表现出明显的促进作用。这种效应突出体现在垂直型投资中，通过在东道国建立生产基地或分销网络，母国企业能够依托全球供应链提升其出口规模。相比之下，发达国家的对外投资更多体现在高端技术和服务的输出上，出口促进效应主要集中于高附加值产品、知识产权和专业服务。

第二，进口替代。发展中国家的对外投资往往通过市场导向型或资源获取型投资减少对母国进口的依赖。例如，中国的对外投资通过在东道国开展本地化生产和资源开发，减少了对进口原材料的需求。这种进口替代效应在资源禀赋差异较大的东道国更为显著，尤其是以东盟国家为目标的投资中，母国对进口初级产品的依赖显著下降。发达国家的对外投资对进口的影响则更复杂。水平型对外投资可能通过本地化生产减少贸易壁垒和运输成本，从而替代进口商品。然而，垂直型对外投资更多依赖于东道国的生产网络和供应链扩展，可能增加母国对高端零部件或技术产品的进口需求。

第三，进出口效应的不确定性。发展中国家的对外投资对进出口的影响受投资动机、行业特征和东道国经济条件的多重影响，表现出显著的异质性。例如，以技术获取为目标的对外投资通常推动制造业内贸易的双向扩张，而以资源获取为目标的对外投资可能减少初级产品出口并增加资源进口。此外，投资于发达经济体的对外投资一般具有替代效应，而投资于发展中经济体的对外投资则更显著地促进母国出口。发达国家的对外投资对进出口的复杂影响更多体现在全球价值链的深度整合上。例如，发达国家企业通过技术密集型对外投资将生产外包至东道国，同时增加对高端零部件和中间产品的进口依赖。此外，发达国家企业往往通过对外投资推动跨国技术合作，增强母国出口的技术含量和市场竞争力。

### (三)发展中国家资本流出与汇率市场

资本流出对发展中国家的汇率稳定性具有显著影响，通常表现为汇率贬值压力的加剧、外汇市场的波动性增加以及货币政策的被动调整。与发达国家相比，发展中国家的金融体系相对脆弱，资本流出对汇率的影响更为明显，且政策调整空间有限。发达国家通常拥有更强的经济基础和外汇储备，能够通过多元化的政策手段缓解资本流出带来的冲击，从而更好地维护汇率稳定。因此，发展中国家在面对资本流出的冲击时，需要加强金融市场的建设和外汇市场的稳定机制，以减少外部风险对汇率的负面影响。

第一，资本流出导致货币贬值压力。资本流出通常对发展中国家货币带来较大的贬值压力，特别是在资本市场开放程度较高的国家。当资本大量外流时，外汇市场中的外汇需求增加，推动本币对外币的贬值。这种压力可能进一步加剧外汇市场的不稳定性。

第二，资本流出加剧汇率波动性。资本流出对汇率的影响不仅表现在趋势性贬值，还可能显著增加汇率波动性。资本流动的不确定性会导致市场参与者的避险情绪升温，从而放大汇率的波动幅度。跨境资本流出还会提高汇率在高波动区间内的持续时间和转换概率。这种波动性对发展中国家而言尤为突出，因为这些国家的外汇储备相对较低，难以应对资本流动的突然逆转。

第三，资本流出导致货币政策的被动调整。资本流出的扩大可能对发展中国家的汇率形成机制提出更大的挑战。一些国家采用固定或部分浮动的汇率制度，资本流出会导致外汇储备的快速流失，增加了维持汇率稳定的成本。同时，资本流出也可能迫使发展中国家在短期内政策。

### 三、资本流入对发展中国家经济发展的影响

资本流入在发展中国家经济发展中的作用不可忽视，尤其在促进经济增长、就业增加、技术进步和产业结构优化方面展现出巨大的潜力。与发达国家相比，发展中国家通常更加依赖外资来弥补资金缺口、推动基础设施建设并融入全球价值链。因此，外资不仅在金融市场的稳定性、基础设施的提升以及进出口结构优化方面发挥了重要作用，还在推动就业和技术转移方面具有深远的影响。然而，资本流入带来的效益也伴随着潜在风险，特别是在就业结构不平衡和技术吸收能力不足的背景下，可能影响本地企业的竞争力。

#### （一）发展中国家资本流入与经济增长

资本流入对发展中国家经济增长的影响在资本市场发展、基础设施建设和国际贸易结构优化方面尤为显著。与发达国家相比，发展中国家更依赖外资来弥补资金缺口、改善基础设施和融入全球价值链。由于起点和需求的不同，外资在发展中国家的作用更具基础性和广泛性。

第一，促进资本市场发展和金融稳定。外资的流入为发展中国家带来了外汇储备的增加和资本市场的活跃，增强了金融体系的稳定性。跨国公司在东道国设立业务时，通常会为资本市场注入外资资金，并促进银行贷款、股票交易等金融活动的增长。外资在发展中国家不仅改善了外汇流动性，还降低了因国内资金匮乏导致的投资风险。与发达国家相比，发展中国家更加依赖外资来缓解金融市场

的脆弱性，为长期经济增长提供资金保障。

第二，推动基础设施建设。外资经常集中于发展中国家的基础设施领域，包括能源、交通和通讯等关键行业，从而改善了整体经济运行环境。跨国公司的项目投资不仅提高了基础设施的质量，还为经济活动提供了更高效的支持。基础设施的改善对发展中国家提升经济竞争力至关重要。例如，外资对电力和交通网络的投入显著降低了企业和居民的运行成本，为其他行业创造了更加有利的发展条件。

第三，外资带来的跨国企业往往参与全球供应链，通过出口导向型生产提升了发展中国家在国际贸易中的地位。这种国际化生产模式不仅增加了出口收入，还使发展中国家融入了全球价值链。外资对贸易结构的优化主要表现在提升产品附加值和扩大贸易范围方面。通过与跨国公司的合作，发展中国家能够出口更多高附加值产品，而不是单纯依赖原材料出口，进而提高其贸易竞争力。发达国家在全球价值链中占据高端位置，外资更多用于优化其贸易结构，而发展中国家则通过外资实现从初级产品出口向更高附加值产品出口的转变，增强了其国际贸易竞争力。

(二)发展中国家资本流入与就业增长

资本流入对发展中国家就业的影响既有显著的正面作用，也存在潜在的负面效应。一方面，它通过劳动密集型产业直接创造了大量就业岗位，并通过技术转移和培训间接提高了就业质量；另一方面，外资可能导致就业结构的不平衡甚至挤出本地企业的就业贡献。与发达国家相比，外资在发展中国家对低技能劳动者的直接影响更大，但在技术岗位的创造和就业结构优化上仍需进一步提升。

第一，通过劳动密集型产业直接增加就业。外资在发展中国家通常集中于劳动密集型产业，如制造业和基础服务业，从而直接增加了大量就业岗位。跨国企业倾向于将劳动密集型生产环节转移到发展中国家，以降低成本并利用当地的廉价劳动力。这不仅为低技能劳动者提供了就业机会，还改善了他们的收入水平。在发展中国家，早期外资对就业的促进作用尤为显著，因为其进入的产业对劳动力需求较大，直接带动了地方经济发展和就业增长。

第二，通过技术转移和培训间接提高就业质量。虽然外资在发展中国家主要提供低技能岗位，但其伴随的技术转移和培训机制对就业质量有积极的间接影响。跨国企业通常会为本地员工提供职业培训和技能提升机会，使他们能够适应现代化生产流程并在职业发展中受益。尽管初期创造的岗位较为基础，但随着外资企业的本地化程度提高，其技术密集型岗位数量逐步增长，为本地劳动者提供了晋升和转型的机会，间接提升了就业质量。

第三，可能造成本地就业结构的不平衡。尽管外资带来就业增长，但其在发展中国家的作用也可能导致就业结构的不平衡。一方面，跨国公司通常倾向于集中投资于特定区域或行业，导致其他区域或行业的就业机会受到限制；另一方面，其可能通过资本替代劳动或挤出本地企业，削弱本地企业对就业的贡献。

（三）发展中国家资本流入与技术溢出

在发展中国家，FDI 的技术溢出效应受到多重因素的限制，其表现形式和机制与发达国家显著不同。首先，本地企业普遍存在吸收能力不足的问题，尤其当与跨国公司的技术差距过大时，技术扩散的效果有限。只有当技术差距适中时，本地企业才可能通过模仿和学习实现技术提升。其次，跨国公司带来的竞争压力在发展中国家常常对本地企业产生负面影响，迫使其缩减生产规模甚至退出市场，从而限制了技术扩散的广度。最后，尽管横向溢出效果较弱，但垂直供应链中的技术扩散却较为显著，跨国公司通过技术指导和质量要求，有助于提升本地供应商和客户的技术水平。因此，发展中国家的技术溢出更依赖政策支持和跨国公司主动参与，以弥补技术吸收能力的不足。

第一，技术转移的局限性与低技术吸收能力。发展中国家技术溢出的一个主要限制在于本地企业的低吸收能力。许多发展中国家的企业缺乏足够的技术基础和研发能力，难以有效吸收跨国公司带来的复杂技术。，当本地企业与跨国公司之间的技术差距过大时，溢出效应显著降低，只有技术差距适中时，本地企业才可能从跨国公司的存在中获益。因此，发展中国家的技术溢出更依赖跨国公司提供的基础性和简单化技术，而高端技术往往难以成功扩散。

第二，竞争效应的负面影响。在发展中国家，跨国公司的进入可能对本地企业造成负面影响，特别是在竞争激烈的行业中。以委内瑞拉为例，跨国公司由于具有技术和资本优势，往往能够以更低的边际成本生产，从而吸引市场需求，削弱本地企业的竞争力。这种竞争效应可能迫使本地企业缩减生产规模，从而导致效率降低，甚至可能增加行业集中度，进一步抑制技术扩散。

第三，上下游供应链中的垂直溢出。尽管横向溢出在发展中国家较为有限，但跨国公司通过上下游供应链关系产生的垂直溢出效应却较为显著。跨国公司通过向本地供应商提供技术指导或设定严格的质量要求，促进了本地供应链企业的技术升级和效率提高。然而，这种效应的实现需要跨国公司主动支持本地企业，且依赖于本地企业的基本技术能力和供应链整合能力。

# 第七章

# 货币金融联系与全球经济发展

货币金融在全球经济发展议题中占据核心地位，其影响力深远且多维度。货币国际化凭借其独特的机制与强大的驱动力，在全球经济版图的重新塑造中扮演了至关重要的角色。国家间货币金融联系的日益紧密，不仅加速了资本跨国界的自由流动，还促进了全球资源的优化配置，为经济繁荣注入了新的活力。全球金融市场的蓬勃发展态势，是全球经济增长的强劲引擎，为各国经济发展提供了源源不断的动力；但同时，其波动性与传染性也暗藏风险，可能成为全球经济不稳定的潜在源头。这三点共同构成了货币金融在全球经济发展中不可替代的核心地位。

## 第一节　货币金融联系对全球经济发展的影响

在全球经济高度交流合作的大背景下，货币金融关系扮演了重要角色并产生了广泛而深远的影响。随着各国经济日益交融，货币金融联系的紧密程度不断加深，成为促进经济增长、优化资源配置以及深化国际合作的重要推手。货币国际化、国际金融机构的角色以及国家间货币金融联系如何多维度地影响全球经济值得探究。

### 一、货币国际化与国家间货币金融的联系

在全球化日益加深的今天，货币国际化与国家间的货币金融联系已成为推动全球经济发展的重要引擎。随着国际贸易的蓬勃发展和资本流动的日益频繁，各

国货币不仅在国家内部发挥着价值尺度、流通手段等基本功能，更在国际舞台上扮演着至关重要的角色。货币国际化不仅体现了该国经济实力的增强和国际地位的提升，更促进了全球经济的深度融合与协同发展。国家间的货币金融联系，通过汇率安排、金融市场互联以及国际金融机构与多边合作等多种机制，确保了国际贸易的顺畅进行，促进了全球资本的有效配置，共同维护了国际货币体系的稳定与金融市场的健康发展。这一系列紧密联系与互动，为全球经济的稳定增长与可持续发展奠定了坚实基础，也为深入理解货币金融在全球经济中的重要性提供了独特视角。

## （一）货币职能

货币的起源可追溯至古代社会，最初作为交换的媒介物，如贝壳、金属等，用以简化物物交换的复杂性。随着商品经济的发展，货币价值尺度、流通手段、贮藏手段、支付手段以及世界货币的五大职能逐步形成。

1. 价值尺度

价值尺度指货币是衡量和表现其他一切商品和劳务价值大小的工具，是货币最基本且最重要的职能。当货币执行价值尺度这一职能时，货币只需要以想象中的或观念上的形式存在即可，不需要现实的货币。

2. 流通手段

流通手段指的是货币在商品流通中充当交换媒介的职能。货币作为流通手段，必须是现实的货币，不能是观念上的货币或想象中的货币。货币在发挥流通手段职能时打破了商品直接交换在时间、空间上的限制，提高了交换的效率，促进了商品经济的发展。

3. 贮藏手段

贮藏手段指的是货币在不被直接用于商品流通时，作为独立的价值储存或财富积累的形式被持有的职能。人们倾向于贮藏那些能够保持或增加其价值的资产，以确保未来经济安全或满足特定需求。现如今市面上的货币以纸币为主，各国使用的货币以其国家的信用为担保，购买能力会受到通货膨胀、货币政策调整等多种经济因素的影响。

4. 支付手段

支付手段是当货币作为价值的独立运动形式进行单方面转移时执行的职能。这一职能起源于赊买赊卖，后续广泛运用于大宗交易、清偿债务、支付劳务报酬和国家财政与银行信用领域。

5. 世界货币

世界货币是指货币在国家之间流动，在世界市场上执行一般等价物的职能。世界货币是政治经济学赋予的，有别于西方经济学的货币的第二个基本职能，是世界市场上其他货币职能的集合。① 货币在世界市场上执行价值尺度的职能，就是国际价值尺度；货币在世界市场上执行流通手段的职能，就是国际流通手段；货币在世界市场上执行支付手段的职能，就是国际支付手段；货币在世界市场上执行贮藏手段的职能，就是国际贮藏手段。

（二）国家间货币金融联系的主要内容

国际贸易的不断发展使得国家间货币金融联系持续加深，其主要内容涵盖汇率安排、金融市场互联以及国际金融机构与多边合作等。这些联系不仅确保了国际贸易的顺畅进行，促进了全球资本的有效配置，还共同维护了国际货币体系的稳定与金融市场的健康发展，是全球经济一体化不可或缺的基石。

1. 汇率安排

汇率安排又被称为汇率制度，指各国对本国货币汇率变动的基本方式所做的一系列安排或规定。它决定了货币之间的相对价值，以及市场参与者如何在外汇市场上进行交易。汇率安排包括固定汇率制和浮动汇率制两大类型。在固定汇率制下，各国货币受汇率平价的制约，市场汇率只能围绕平价在很小的幅度内上下波动，这有助于减少汇率波动带来的不确定性，但也可能导致国际收支失衡的调整过程较为缓慢。与固定汇率制度相反，浮动汇率制度没有汇率平价的制约，市场汇率随着外汇供求状况变动而变动。各国可以自行安排其汇率，形成多种汇率安排并存的国际汇率体系。这种制度有助于市场及时反映经济基本面变化，但也

---

① 李汶泳：《基于货币职能浅析人民币国际化》，《时代经贸》2024 年第 6 期。

可能加剧汇率波动。汇率安排的选择受到多种因素的影响，包括经济开放程度、经济规模、国内金融市场的发达程度及其与国际金融市场的一体程度、进出口贸易的商品结构和地域分布，以及相对的通货膨胀率等。

2. 金融市场互联互通

金融市场互联是指各国金融市场通过某种机制或平台实现相互连接，使得资本、金融工具、金融信息等能够自由或受监管地跨境流动。这种互联有助于提高资本流动性和市场连通性，促进金融市场的共同繁荣。以外汇市场为例，外汇市场是全球最大的金融市场之一，它是各国货币进行买卖和兑换的场所，也是国际货币金融联系的重要纽带。外汇市场汇聚了来自世界各地的交易者，包括中央银行、商业银行、投资机构及个人投资者等，通过买卖不同国家的货币来满足各自的需求或进行投机活动。外汇市场的运作高度电子化，交易 24 小时不间断，具有高度的流动性和透明度。市场价格的波动不仅反映了各国经济基本面的变化，还受到市场情绪、政策预期及突发事件等多种因素的影响。因此，外汇市场不仅是各国货币价值交换的场所，也是全球经济信息的重要集散地，其动态变化对全球经济走势具有重要影响，此外，金融市场互联的主要形式还包括如支付清算系统、证券托管结算系统、信用评级机构等金融基础设施的互联以及金融市场准入与开放的互联等。

3. 国际金融机构与多边合作

国际金融机构通过制定规则、提供融资、加强政策协调等方式，深刻影响着国家间的货币金融关系，为全球经济的稳定增长与可持续发展奠定了坚实基础。

第一，国际金融机构，如国际货币基金组织（IMF）、世界银行集团等通过制定国际货币金融规则和标准，为各国货币政策的制定与实施提供了重要的参考依据。这些规则和标准有助于减少国家间货币金融交往中的不确定性和风险，促进国际资本的有序流动和资源的合理配置。

第二，国际金融机构在提供融资支持方面发挥着关键作用。它们通过向成员国提供贷款、赠款和技术援助，帮助那些面临经济困境或发展瓶颈的国家渡过难关，推动其经济恢复与增长。[1] 这种融资支持不仅有助于缓解国家间的经济不平

---

[1]　黄汉民：《国际经济合作》，上海财经大学出版社，2007。

衡，还促进了国际贸易和投资的发展，加深了国家间的经济联系与依赖。

第三，国际金融机构还通过加强政策协调与合作，促进国家间货币金融关系的和谐与稳定。在全球经济一体化的背景下，各国货币政策的制定与实施已不再是孤立的行为，而是需要考虑到其他国家的反应和影响。国际金融机构通过定期召开会议、发布政策报告等方式，为各国提供了一个交流和协商的平台，有助于增进相互理解和信任，减少政策冲突和误解。

总之，多边合作框架下的国际金融机构与机制，如二十国集团（G20）等，是国家间货币金融联系中的重要推动力量。它们通过汇聚世界主要经济体的智慧和力量，共同应对全球性经济金融挑战，推动国际经济治理体系的改革与完善。这些多边合作机制不仅促进了国家间货币金融政策的协调与一致，还推动了全球金融市场的开放与融合，为全球经济的繁荣发展注入了新的动力。

### （三）货币国际化与国际货币

根据国际货币基金组织（IMF）的定义，货币国际化指某国货币越过该国国界，在世界范围内自由兑换、交易和流通，最终成为国际货币的过程。这一过程不仅涉及货币本身，还与国际货币发行国的综合国力、贸易水平、汇率体制、金融体系等社会因素密切相关。发行国必须具备强大的经济实力、发达的金融市场和稳定的政治环境以保证该货币的价值可以保持相对稳定且在国际市场得到广泛认可。

货币国际化通常会经历三个阶段。在货币国际化的初级阶段，货币主要履行国际贸易结算职能，得益于发行国大量的国际贸易活动，该国货币在跨境贸易结算中被广泛使用。在货币国际化的中级阶段，该货币不仅用于贸易结算，还开始作为金融资产计价货币和国际投资货币。在这一阶段中，国家的金融体系的重要性凸显，频繁的贸易往来增加了各国持有该国货币的数量，完善的金融体系为持有该货币的投资者提供投资机会，形成贸易与金融相互促进的机制。在货币国际化的高级阶段，该货币在国际储备和全球货币锚定中占据主导地位。深度、广度与流动性兼备的金融市场是支持国际货币流通、吸引外国持有者最主要的因素。目前人民币处于货币国际化的初级阶段，日元处于初级向中级阶段的过渡时期，欧元处于中级阶段，而美元则处于国际货币化的高级阶段。

国际货币是货币国际化这一动态过程的结果。① 与世界货币不同的是，国际货币是指为国际经济活动服务的货币。一般而言，世界货币高于国际货币，即国际货币不一定成为世界货币。② 国际货币具有可兑换性、价值相对稳定性和普遍接受性三个基本特征。它通常是某个国家的主权货币，在国际市场上延伸了其在国内的职能。现阶段的主要国际货币包括美元、欧元、日元、人民币、英镑等，这些货币在国际市场上具有较高的流通性和接受度。

### (四) 国家间货币金融联系的经济影响

国家间货币金融联系的增强，促进了国际贸易和投资的发展，加速了资本、商品和服务的跨国流动，为全球经济注入了强劲动力。这种联系也显著增强了全球经济的互动性与合作性，加深了各国经济的相互依存，促进了政策协调与资源共享。国家间货币金融联系的深化还推动了全球经济治理体系的不断完善，通过加强金融监管合作、完善国际金融规则等方式，共同应对全球性经济挑战，维护全球金融稳定与繁荣。

1. 促进国际贸易和投资的发展

国家间货币金融联系极大地促进了国际贸易和投资的发展。第一，国家间货币金融联系通过构建稳定而透明的汇率机制，为国际贸易提供了坚实的基础。汇率作为两国货币之间的相对价格，直接影响着商品和服务的国际竞争力。当国家间的货币金融联系紧密时，汇率波动相对可控，有助于降低国际贸易中的不确定性和风险，使得企业能够更准确地预测成本、安排生产和出口计划。同时，稳定的汇率环境也促进了国际贸易合同的签订与执行，增强了国际贸易的可信度和可靠性。

第二，国家间货币金融联系还通过促进资本的跨国流动，为国际投资提供了便利条件。在全球化背景下，资本跨国流动已成为推动经济增长的重要动力之

---

① 韦亚婷、于亚楠：《浅析影响货币国际化发展的因素》，《中国商界(下半月)》2010 年第 8 期。

② 韩文秀：《国际货币、国际语言与国家实力》，《管理世界》2011 年第 6 期。

一，国家间货币金融联系的深化，使得资本能够更加自由地跨越国界，寻求更高的回报率和更好的投资机会。这不仅促进了跨国公司的海外扩张和并购活动，还推动了新兴市场和发展中国家的经济发展。通过吸引外资流入，这些国家能够获得急需的资金支持和技术，从而提升自身的产业结构和竞争力。

第三，国家间货币金融联系还通过促进金融市场的互联互通，为国际贸易和投资提供了更加丰富的融资渠道和风险管理工具。随着金融全球化的深入发展，各国金融市场之间的联系日益紧密。这一变化为企业和投资者提供了融资便利，使其能够跨越国界，接入全球资本市场，获取多样化的融资渠道。同时，金融市场的互联互通也为风险管理提供了更为丰富的手段与工具。企业可以灵活运用外汇衍生品等金融工具，有效对冲汇率波动风险，确保国际贸易与投资活动的稳定与可持续，进一步增强了全球经济的韧性与抗风险能力。

2. 增强全球经济的互动性与合作性

国家间货币金融联系的深化增强了全球经济的互动性与合作，不仅促进了各国经济政策的协调与同步，还推动了全球经济体系的整体发展与繁荣。

第一，在全球化背景下，国家间的经济联系日益紧密，货币金融作为经济交往的桥梁和纽带，其联系的强化进一步加速了这一进程。各国通过货币兑换、跨境支付、国际融资等方式，实现了经济资源的全球配置与优化。这种互动不仅提高了资源利用的效率，还促进了商品、服务、资本、技术等生产要素在全球范围内的自由流动。各国企业因此能够更容易地进入国际市场，开展跨国经营，同时也能够更方便地获取国际资本和先进技术，推动自身产业升级和竞争力提升。

第二，国家间货币金融联系的紧密还推动了全球经济的进一步合作。为了应对全球经济挑战、维护金融稳定和促进共同繁荣，各国需要加强政策协调与合作。各国可以通过国际金融机构、多边合作机制等渠道，就货币政策、汇率政策、金融监管等问题进行广泛深入的对话与协商，不仅有助于减少政策冲突和不确定性，还能够共同应对全球性经济风险和挑战，维护全球经济的稳定与发展。

3. 推动全球经济治理体系的完善

国家间货币金融联系的日益增强，成为了推动全球经济治理体系不断完善的重要驱动力。在全球经济一体化背景下，各国经济相互影响，传统的经济治理框架逐渐显露出其局限性，难以有效应对复杂多变的全球经济挑战。因此，加强国际合作，共同推动全球经济治理体系的改革与完善，成为了各国面临的共同课题。国家间货币金融联系的深化，为全球经济治理体系的改革提供了坚实的基础和有力的支持。

第一，金融合作的加强促进了各国在货币政策、金融市场监管、国际金融标准等方面的协调与配合。通过共享信息、交流经验、联合制定政策，各国能够更好地应对跨境金融风险，维护金融稳定，为全球经济治理提供稳定的金融环境。

第二，国家间货币金融联系的增强推动了金融监管的跨国协调。在全球化的背景下，金融风险跨境传染的风险显著增加。为了有效防范和应对这种风险，各国需要加强金融监管的跨国协调与合作。通过建立健全的国际金融监管机制，加强监管标准的统一与互认，各国能够共同打击跨境金融犯罪，维护国际金融秩序的稳定与安全。

第三，国家间货币金融联系的加强还促进了国际金融规则的完善。在全球经济治理体系中，国际金融规则是各国共同遵守的行为准则和制度基础。随着全球经济一体化的深入发展，国际金融规则也需要不断与时俱进，以适应新的经济形势和治理需求。各国可以通过加强国际合作，共同制定和完善国际金融规则，推动全球经济治理体系的现代化和规范化。

## 二、全球金融市场与全球经济发展

全球金融市场是一个涵盖了全球范围内进行货币、证券、商品、衍生品及各类金融资产交易的高度互联且动态的系统。全球金融市场的发展历经五个主要阶段：第一阶段，从 17 世纪英国崛起至一战前，伦敦成为金融中心，标志着现代金融市场的初步形成；第二阶段，两次世界大战间，布雷顿森林体系确立，美元成为国际货币，纽约逐渐崛起为世界金融核心；第三阶段，第二次世界大战后到布雷顿森林体系瓦解，全球经济复苏，纽约、伦敦、东京共同构成国际金融市场的"金三角"；第四阶段，体系瓦解至 2007 年金融危机前，金融创新与技术革新推动市场快速发展，但也埋下了风险隐患；第五阶段，金融危机后至今，各国加强金融监管，市场趋于稳定，但复苏之路充满挑战。

## （一）全球金融市场的主要类型

全球金融市场的主要类型丰富多样，每个市场都有其独特的功能和特点，共同构成了全球金融体系的基石。通过高效的资金配置和风险管理机制，为全球经济的繁荣和发展提供了强有力的支持。

第一，根据交易标的物的不同，全球金融市场可以分为货币市场、资本市场、外汇市场、金融衍生品市场、保险市场和黄金市场等。货币市场主要关注短期资金的融通，包括同业拆借、票据贴现、回购协议等交易，其特点在于期限短、流动性高。资本市场则专注于长期资金的筹集与运用，包括股票市场、债券市场和基金市场等，这些市场为企业和政府提供了重要的融资渠道，同时也为投资者提供了多样化的投资选择。外汇市场作为全球最大的金融市场之一，其交易规模远超其他市场，主要进行不同国家货币之间的买卖交易。外汇市场具有高杠杆、双向交易、极高流动性和 24 小时交易等特点，使得投资者能够灵活应对国际汇率波动，实现资产的保值增值。金融衍生品市场是基于基础金融工具如股票、债券、外汇等派生出来的金融产品交易市场，包括期货、期权、互换等。这些衍生品为投资者提供了更多的风险管理工具和投机机会，同时也增加了市场的复杂性和风险性。保险市场是专门经营保险商品的场所，通过集合大量风险单位来分摊少数单位所遭受的损失，从而实现风险转移和损失补偿，保险市场为经济社会的稳定运行提供了重要的保障。黄金市场是专门经营黄金买卖的金融市场，黄金作为一种避险资产，在全球经济不确定性增加时往往受到投资者的青睐。伦敦、苏黎世、纽约和中国香港等地的黄金市场是全球最重要的黄金交易中心。

第二，根据融资方式的不同，全球金融市场还可以划分为直接融资市场和间接融资市场。直接融资市场允许资金供求双方直接进行交易，如股票市场中的 IPO；而间接融资市场则通过金融中介机构(如银行)进行资金融通，如银行贷款市场。

## （二）全球金融市场的发展现状

现阶段全球金融市场的发展现状呈现出复杂多变、挑战与机遇并存的态势。

全球经济在经历了一系列波动后，正逐步缓慢复苏，但复苏进程仍面临诸多不确定性。主要经济体如美国、欧元区、英国等展现出不同的增长韧性，美国经济持续温和增长，欧元区缓慢复苏，而英国增长则显得韧性不足。新兴经济体如巴西、泰国等则受益于经济增长动能，表现相对较好。

金融市场方面，股票、债券、外汇等市场均表现出不同的走势。股市方面，美股持续上涨，但波动性也在增加，投资者需警惕市场调整的风险。债券市场则受到利率变动和通胀预期的影响，收益率波动较大。外汇市场则因各国货币政策和经济增长差异而波动加剧，汇率变动成为影响国际贸易和投资的重要因素。

金融科技的发展也为全球金融市场带来了新的变革。区块链、人工智能、大数据等技术的应用，提高了金融交易的效率和安全性，降低了成本。智能投顾、数字货币、去中心化金融（DeFi）等新兴业态的兴起，为投资者提供了更多元化的投资选择。然而，这也带来了新的监管挑战和风险。

此外，全球金融市场还面临着地缘政治风险、贸易摩擦、气候变化等多重挑战。俄乌冲突、中美贸易战等地缘政治事件对全球金融市场产生了深远影响，加剧了市场波动和不确定性。同时，气候变化等全球性问题也促使金融机构更加关注绿色金融和可持续发展，推动经济向低碳模式转型。

总体而言，现阶段在经济复苏、货币政策分化、金融科技发展以及地缘政治风险等多重因素的作用下，金融市场呈现出波动加剧、机遇与挑战并存的特点。各国政府和监管机构需加强合作与协调，共同维护全球金融市场的稳定。

### （三）全球金融市场对全球经济发展的影响

全球金融市场作为现代化经济体系的核心组成部分，扮演着推动经济增长与抵御潜藏风险的双重角色。一方面，它通过促进资本高效流动和优化资源配置，为全球经济注入了强劲的增长动力；另一方面，其内在的波动性和传染性特征，以及加剧全球经济不平等的趋势，又使之成为经济不稳定的潜在源头。

第一，全球金融市场是推动全球经济增长的重要引擎，通过促进资本自由流动、优化资源配置、提供融资渠道以及传导宏观经济政策，为全球经济的发展注入了动力。金融市场的高效运作，使得资本能够跨越国界，寻找最优的投资机会，不仅加速了跨国企业的成长，也促进了新兴市场的崛起，为全球经济增长提供了多元化的动力源泉。

第二，全球金融市场也是全球经济不稳定的潜在风险源。金融市场的波动性和传染性，使得任何局部的经济问题都可能迅速蔓延至全球，引发全球性的金融危机。历史上，多次金融危机如 1997 年亚洲金融危机、2008 年美国次贷危机等，都对全球经济造成了巨大冲击，导致全球经济衰退、贸易下滑，此外，全球金融市场动荡还加剧了全球经济的不平等性。金融市场的全球化使得部分资本流向发展中国家的同时，也让发展中国家的资本更易流向发达国家，因为发达国家的金融市场相较于发展中国家而言更加成熟且稳定，拥有相对较高的投资回报率。这一现象加剧了全球贫富的差距。金融市场发展带来的金融创新和不断更新迭代的金融工具在提升效率的同时增加了金融监管的难度和风险。总体看来，全球金融市场既为经济增长提供了强大的动力和支持，也可能成为经济不稳定的风险源。

### 三、金融结构与全球经济发展

金融结构是一国以金融市场为主的直接金融与以商业银行为代表的间接金融的比例。从本质上看，金融结构是金融资源流转至实体经济的供给结构和供给方式，根据比较金融体系理论，金融结构可划分为银行导向和市场导向两大类。[1]

#### （一）银行主导型金融结构与政策性金融

银行主导型金融结构以银行为中心，其核心特征在于银行在金融资源配置中占据主导地位。在银行主导型金融结构下，银行作为储蓄与投资间的桥梁，通过贷款、支付结算等多种方式参与经济活动，将资金引导至具有发展潜力的企业和项目，促进资源的优化配置。银行主导型金融结构在传统上被视为稳健可靠，因为银行在进行贷款决策时通常会进行全面的信用评级，确保资金能够回流。但对于银行的过度依赖会使得整个经济体系在遇到金融危机时变得脆弱，银行出现问题后，其影响将迅速传导至整个经济体系。

---

[1]　马微、杨贺、徐璋勇：《金融风险视角下金融结构调整与企业稳杠杆——基于影响机制和企业异质性的研究》，《人文杂志》2024 年第 1 期。

政策性金融是国家为实现特定经济和社会发展政策目标采取的一种金融手段。不同于商业性金融以盈利为主要目的，政策性金融更加注重社会效益和政策效果。政策性金融通过提供优惠的贷款条件、担保、保险等金融服务，支持农业、基础设施建设、科技创新等关键领域和薄弱环节的发展。这些领域往往因为投资周期长、风险高、回报低而难以获得商业性金融的支持。政策性金融的介入，弥补了市场机制的不足，促进了资源的均衡配置和社会的平衡发展，此外，政策性金融还通过引导社会资本流向国家政策鼓励的领域，推动了经济结构的优化和转型升级。

银行主导型金融结构与政策性金融之间存在紧密的联系和互动。第一，政策性金融需要借助银行体系来实现其政策目标。政策性银行通过与商业银行的合作，共同为符合政策导向的企业和项目提供融资支持。二者合作有助于扩大政策性金融的覆盖范围和影响力，提高资金使用效率和风险控制能力。第二，银行主导型金融结构也需要政策性金融的补充和支持。在经济下行或特定行业风险暴露时，政策性金融可以通过提供风险补偿、增信等措施，帮助银行降低不良贷款率并提高资本充足率，从而维护金融体系的稳定和安全。

### （二）市场主导型金融结构与多元化金融

与银行主导型金融结构不同，市场主导型金融结构强调金融市场的作用，通过股票、债券等多样化的金融工具，为资本的供需双方提供更为灵活和开放的平台。市场主导型金融结构通过市场机制引导金融资源的流动与分配，强调供求关系对资产价值的决定。在此结构下，金融机构如银行、证券公司等虽然仍将发挥重要作用，但仅作为市场参与者而非传统意义上的"资方"。此外，市场主导型金融结构强调信息的透明度、竞争的充分性以及金融产品的创新，能够迅速响应市场变化，满足多元化的投融资需求，促进金融资源的优化配置和经济的动态平衡。市场主导型金融结构鼓励如股票市场、债券市场等直接融资的发展，使得企业能够更直接、高效地获取资金，同时也为投资者提供了更多样化的投资渠道和风险管理工具。但市场主导型金融结构也有相应的缺点，股票价格的波动、利率的不确定性以及投资者和市场的情绪变化都会带来较银行主导型金融结构更高的市场风险。

多元化金融是金融创新及金融普惠的结果。它体现在金融机构类型的多元化、金融产品的多样化以及金融服务对象的普及化三个方面。多元化金融不仅意味着传统银行、证券、保险等行业的并存与发展，还涵盖了如互联网金融、绿色金融、普惠金融等新兴金融业态的兴起。这些新兴业态利用技术创新，降低了金融服务的门槛，拓宽了服务边界，使得以往难以获得正规金融服务的群体也能享受到便捷、高效的金融服务。同时，多元化金融还促进了金融产品的不断创新，从简单的存贷款、股票债券到复杂的衍生品、结构性产品，满足了不同风险偏好和收益需求的投资者。此外，多元化金融还强调金融服务的普惠性，致力于消除金融服务的地域、群体差异，推动金融资源的均衡分布，促进社会经济的全面发展。

市场主导型金融结构与多元化金融相辅相成，共同推动了金融体系的现代化和高效化。市场主导型金融结构为多元化金融提供了广阔的发展空间和灵活的市场机制，使得金融机构和金融产品能够不断创新，满足市场多元化需求。而多元化金融则进一步丰富了金融市场的层次和内涵，增强了金融体系的韧性和稳定性，为经济社会的全面发展提供有力的金融支持。

### (三)金融结构变革对全球经济发展的影响

戈德史密斯在其著作《金融结构与金融发展》中提出：金融发展本质上就是金融结构的变化，世界各国的金融发展方向是一致的。他提出金融结构是一个国家的金融工具与机构的形式、性质与相对规模，金融相关率(FIR)与经济发展水平呈正相关关系。FIR 不仅反映了一个国家金融机构的规模、金融市场的活跃程度及金融对经济的作用，还是衡量国家金融市场发达程度的一种重要指标。金融结构的不断优化与创新提升了金融服务的覆盖面、深化金融市场的层次、丰富金融工具的种类，以及优化金融机构的职能与布局，提高了国家的金融相关率，间接提高了国家的经济发展水平。以全球范围来看，金融结构变革作为全球经济发展的重要驱动力，其影响不仅重塑了资本配置的方式与效率，还促进了产业升级、国际贸易的深化以及全球经济的融合与平衡，为全球经济增长注入强劲动力。

第一，金融结构变革加速了资本从低效领域向高效领域流动，提高了资本配置的效率。随着直接融资市场的壮大和间接融资渠道的多元化，企业获得融资的渠道更加畅通，融资成本有效降低，为创新创业活动提供了充足的"血液"，促进了新兴产业的快速发展和传统产业的转型升级。同时，金融科技的兴起，如区块链、大数据、人工智能等技术的应用，进一步推动了金融服务的智能化、个性化，提高了金融服务的可获得性和便利性，为全球经济的微观主体注入了新的活力。

第二，金融结构变革还深刻地影响了国际贸易与投资格局。随着跨国金融服务的深化，国际支付体系更加便捷高效，跨境融资和投资的壁垒逐步降低，为全球贸易和投资活动提供了强有力的支持。金融结构变革不仅促进了商品和服务的跨国流动，还加速了技术、知识和人才的国际传播，增强了全球经济的一体化程度。此外，金融市场的开放与合作，如股票市场的互联互通、债券市场的国际化等，为国际资本提供了更多的投资选择和风险分散机会，促进了全球资本的有效配置和经济的稳定增长。

第三，金融结构变革促进了经济的平衡与包容性增长。通过发展普惠金融、绿色金融等新型金融服务模式，金融结构变革帮助扩大金融服务的覆盖范围，确保所有经济主体特别是弱势个体和国家能够享受到平等的金融服务机会，有助于缩小贫富差距、促进社会公平与和谐，进一步激发更广泛的经济增长潜力，推动全球经济实现更加均衡、可持续的发展。

## 四、金融压抑与金融深化

麦金农和 E. S 肖从金融抑制和金融深化两个角度，对发展中国家的金融发展和经济发展的关系进行分析。他们认为金融抑制是发展中国家在金融领域的不合理管制。而金融深化指的是政府在金融活动方面放宽限制，减少干预，以便实现金融的自由化、市场化发展。

### (一)政府干预抑对全球资本流动及经济增长的制约

政府干预经济与市场运行，虽旨在促进国内产业发展和维护经济稳定，但其潜在的风险与挑战亦不容忽视。过度或不恰当的干预措施不仅可能扭曲市场机制，降低资源配置效率，还可能引发一系列连锁反应，对国际贸易、资本流动乃至长期经济增长产生深远影响。

第一，政府干预可能导致市场扭曲。过度的贸易保护政策如高额关税和贸易壁垒，不仅阻碍了国际贸易的顺畅进行，还可能引发贸易伙伴国的报复性措施，加剧全球贸易紧张局势，影响资本在全球范围内的自由流动。这种市场扭曲不仅降低了资源配置的效率，还可能阻碍技术进步和创新，从而影响长期经济增长。

第二，政府干预的不透明性和不确定性也是制约因素之一。政府的决策过程往往复杂且难以预测，这增加了市场参与者的信息不对称和决策难度。对于国际投资者而言，缺乏透明的政策环境和稳定的制度框架，可能导致其风险偏好降低，投资意愿减弱，进而减少跨境资本流动。

第三，政策的不稳定性还可能引发市场恐慌和资本外逃，对经济增长造成负面影响。以汇率干预为例，当政府试图通过干预外汇市场来稳定汇率时，如果干预力度不足或时机不当，可能无法有效遏制汇率的波动，反而会加剧市场的不稳定。此外，干预行为还可能引发投机活动，大银行资本和外汇经纪商可能利用政策漏洞进行套利交易，进一步扰乱市场秩序。

## （二）金融深化对国际投资与贸易的积极影响

金融深化作为全球经济一体化进程中的重要推动力，其在促进跨境资本流动、国际贸易繁荣以及国际投资与贸易深度融合方面发挥着举足轻重的作用。

第一，金融深化通过提高金融市场的效率与透明度，降低了跨境资本流动的成本与风险，为国际投资提供了更加便利的环境。随着金融市场的不断开放和深化，国际投资者能够更容易地获取融资、进行资产配置和风险管理，增强了其参与国际投资的动力。这种趋势不仅促进了发达国家之间的资本流动，也加速了新兴市场国家融入全球经济体系的步伐。

第二，金融深化促进了国际贸易的繁荣。其一，金融深化改善了企业的融资环境，提高了企业的创新能力和竞争力，使得企业能够更好地参与国际市场竞争，扩大出口规模；其二，金融深化还促进了贸易融资的发展，为国际贸易提供了更加多样化的融资工具和风险管理手段，降低了贸易过程中的融资成本和风险。这种支持作用不仅促进了传统贸易的发展，还推动了跨境电商、服务贸易等新兴贸易模式的兴起。

第三，金融深化促进了国际投资与贸易的深度融合。随着金融市场的不断开放和深化，国际资本流动与国际贸易之间的联系日益紧密。跨国公司通过金融市场进行资本配置和风险管理，同时也通过国际贸易实现商品和服务的交换。这种深度融合促进了全球产业链的优化布局，推动了全球经济的共同发展。

### （三）金融压抑到金融深化的转型路径

金融压抑向金融深化的转型路径，关键在于放松金融管制，推进利率、汇率等市场化改革，让市场机制在金融资源配置中发挥决定性作用；加强金融监管，构建完善的法律与监管框架，有效防范金融风险，确保金融稳定；推动金融机构改革创新，提升其服务实体经济的能力与效率；促进金融市场多元化发展，拓宽融资渠道，满足多样化的融资需求；重视金融人才培养，提升公众金融素养，为金融市场的持续健康发展提供坚实的人才支撑与良好的社会环境。

#### 1. 放松金融管制，推进市场化改革

从金融压抑到金融深化需要政府逐步放松对金融市场的管制，包括存贷款利率的管制、资本流动的限制等，让市场机制在金融资源配置中发挥决定性作用。这一过程要求政府逐步减少对金融市场的直接干预，转而通过法律、监管等手段维护市场秩序，保障金融稳定。

第一，在存贷款利率的管制方面，政府应逐步扩大利率浮动区间，直至最终实现完全的利率市场化。这意味着金融机构将能够根据资金成本、风险水平、市场供求状况以及自身经营策略，自主决定存贷款利率。利率市场化不仅能够增强金融机构的自主定价能力，提升其服务实体经济的效率，还能有效促进资金从低效部门向高效部门流动，优化金融资源配置。同时，利率市场化也有助于形成合理的利率期限结构和风险溢价机制，为金融市场提供更为准确的定价基准。

第二，针对资本流动的限制，政府应逐步放宽或取消跨境资本流动的管制，促进国内外资本的自由流动。这包括放宽对外直接投资的限制，简化外汇管理程

序，提高资本项目可兑换程度等。资本流动的自由化不仅能增强金融市场的开放性和包容性，还能吸引更多国际资本参与国内经济建设，为经济发展提供充足的资金支持。同时，它也有助于提升国内金融机构的国际竞争力，推动其走向国际化发展道路。

2. 加强金融监管，防范金融风险

政府在放松管制的同时，必须加强金融监管，防止金融市场出现过度波动和风险积累。这要求建立健全金融监管体系，完善监管法规，提高监管技术和水平，确保金融机构稳健经营，维护金融市场的稳定和安全。同时，还需要加强对跨境资本流动的监管，防止国际金融风险传导至国内金融市场。

第一，建立健全金融监管体系意味着要完善监管法规框架，确保法律法规能够及时反映金融市场的最新发展动态，覆盖新兴业务与风险点，为监管行动提供坚实的法律支撑。同时，监管法规还应具备足够的灵活性和前瞻性，以应对未来可能出现的新挑战。

第二，随着金融科技的迅猛发展，金融机构的业务模式、风险特征日益复杂，传统监管手段已难以满足需求。因此，监管部门需要积极采用大数据、人工智能、区块链等先进技术，以提高监管效率与精准度，实现对金融机构的全方位、穿透式监管。

第三，加强跨境资本流动的监管也是不可忽视的一环。在全球化背景下，资本流动的自由化促进了国际贸易与投资的繁荣，但同时也带来了国际金融风险跨境传播的风险。为此，政府应建立健全跨境资本流动监测预警机制，加强与国际金融监管机构的合作与协调，共同防范和化解跨境金融风险。

3. 推动金融机构改革创新

金融机构是金融市场的主体，其改革与创新是金融深化的重要推动力量。需要推动金融机构完善公司治理结构，提高经营管理水平，增强风险抵御能力。同时，鼓励金融机构进行产品和服务创新，满足多元化的金融需求。此外，还需要培育多元化的金融机构体系，包括商业银行、证券公司、保险公司、信托公司等，形成良性竞争的市场格局。

第一，推动金融机构完善公司治理结构是确保其长期健康发展的重要基石。

这要求金融机构建立健全的决策、执行、监督体系，明确股东、董事会、监事会及管理层之间的权责关系，形成相互制衡、有效监督的治理机制。同时，加强信息披露透明度，提高公司治理的公开性和透明度，增强市场信心。

第二，提高金融机构的经营管理水平是应对复杂多变市场环境的重要保障。金融机构应持续优化业务流程，提升运营效率，降低运营成本。加强风险管理，建立健全的风险识别、评估、监控和应对机制，确保在风险可控的前提下开展业务。注重人才培养和引进，打造一支高素质、专业化的金融人才队伍，为金融机构的持续发展提供有力支撑。

第三，鼓励金融机构进行产品和服务创新是满足多元化金融需求、推动金融市场繁荣的关键。金融机构应紧跟时代步伐，积极运用金融科技手段，开发符合市场需求、具有竞争力的金融产品和服务。通过创新，不仅能够拓宽金融机构的收入来源，还能够更好地服务实体经济，促进经济转型升级。

第四，培育多元化的金融机构体系是构建良性竞争市场格局的必然要求。除了传统的商业银行外，还应大力发展证券公司、保险公司、信托公司等多元化金融机构，形成功能互补、错位竞争的金融市场格局。这种多元化的金融机构体系，不仅能够提高金融市场的整体效率和活力，还能够更好地满足不同层次、不同需求的金融消费者。通过竞争机制的引入，促使金融机构不断提升服务质量，降低服务成本，从而推动整个金融行业的健康发展。

4. 促进金融市场发展，拓宽融资渠道

金融市场的发展是金融深化的重要标志。需要推动股票市场、债券市场、外汇市场等金融市场的健康发展，拓宽企业的融资渠道。通过发展多层次资本市场体系，满足不同企业的融资需求，促进实体经济的发展。同时，还需要加强金融市场的互联互通，提高金融市场的开放度和国际化水平。

第一，股票市场、债券市场、外汇市场等作为金融市场的重要组成部分，其健康发展对于拓宽企业融资渠道、优化资源配置具有不可替代的作用。股票市场作为直接融资的重要平台，应进一步完善发行、交易、退市等制度，提高市场透明度，保护投资者权益，激发市场活力。债券市场则应丰富债券品种，完善信用评级体系，降低企业融资成本，支持国家重大战略和基础设施建设。外汇市场则需加强监管，保持汇率稳定，促进国际贸易与投资便利化。

第二，构建多层次资本市场体系是满足不同企业融资需求、促进实体经济发展的关键举措。这包括主板、中小板、创业板、科创板以及新三板等市场板块的协同发展，形成各有侧重、相互补充的市场格局。通过多层次资本市场的建设，可以为企业提供更加多样化的融资渠道和更加灵活的融资方式，满足不同发展阶段、不同规模企业的融资需求，从而推动实体经济的转型升级和高质量发展。

第三，加强金融市场的互联互通也是提升金融市场开放度和国际化水平的重要途径，其中包括加强国内各金融市场之间的互联互通，例如推动股票、债券等金融产品的跨市场发行与交易，提高市场效率；同时，也要加强与国际金融市场的互联互通，如扩大跨境资本流动规模，参与国际金融市场规则制定，提升我国金融市场的国际影响力和竞争力。通过金融市场的互联互通，可以促进资本、技术、信息等要素在全球范围内的自由流动和优化配置，推动全球经济一体化进程。

5. 培育金融人才，提升金融素养

金融深化离不开高素质金融人才的支撑。需要加强对金融人才的培养和引进工作，提高金融从业人员的专业素养和职业道德水平。同时，还需要加强金融知识的普及和教育工作，提升全社会的金融素养和风险意识。

第一，在金融全球化的背景下，金融市场的复杂性日益增加，对金融人才的专业素养要求也越来越高。因此，加强金融人才的培养显得尤为重要。这包括在高校设立更加完善的金融学科体系，注重理论与实践相结合的教学模式，培养具有扎实理论基础和实际操作能力的复合型人才。同时，金融机构也应加大内部培训力度，通过定期举办专业培训、研讨会等方式，提升员工的专业技能和创新能力。引进国际一流的金融人才也是提升我国金融竞争力的重要途径。政府和企业应制定更具吸引力的政策，吸引海外优秀金融人才回国工作或创业，为金融市场注入新鲜血液。

第二，金融行业的特殊性要求从业人员不仅要有过硬的专业素养，还要具备高尚的职业道德。金融机构应建立健全的职业道德规范体系，加强对员工的职业道德教育和监督，确保员工在执业过程中始终遵循诚实守信、勤勉尽责的原则。同时，还应建立有效的激励机制，鼓励员工自觉遵守职业道德规范，形成良好的行业风气。

第三，政府、金融机构以及社会各界应共同努力，加强对金融知识的普及和教育工作。这可以通过举办金融知识讲座、开展金融知识竞赛、发布金融知识手册等多种形式来实现。特别是要关注青少年和农村地区等金融知识相对薄弱的群体，通过有针对性的教育和培训，提高他们的金融素养和风险意识，为金融市场的健康发展奠定坚实的基础。

# 第二节　全球经济发展中的国际货币体系

在国际货币体系演进的不同阶段，货币可兑换和汇率制度存在显著差异。伴随着金融全球化程度提升，资本流动和汇率波动对全球经济发展的影响日益加深。战后，美元取代英镑在国际货币体系中占据主导地位，美元霸权问题持续存在，有必要继续推行国际货币体系改革，减少对单一货币的过度依赖。

## 一、国际货币体系的历史演进

过去两个多世纪以来，国际货币体系处于动态演进过程，先后经历了金本位制、布雷顿森林体系和牙买加体系三个阶段，不同阶段的货币体系各有特点。

### （一）国际金本位制

金本位制是指以黄金为本位币、本位币与若干重量的黄金保持等价关系的货币制度。1816 年，英国通过《金本位制法案》，1821 年正式启用金本位制。1867年在巴黎召开的国际货币会议为金本位制的普及铺平道路，此后许多国家包括德国、法国、俄国、日本、美国等先后规定本国货币的含金量，确立了金本位制，该制度成为历史上首个国际货币体系。由于金本位制下货币必须能够兑换成黄金，对流通的货币数量有严格的限制。然而，1914 年第一次世界大战爆发之后，参战国开始大量发行货币以支付战争费用，黄金兑换日益困难，迫使各国政府暂时中止金本位制。

第一次世界大战结束后，货币制度改革是欧洲经济复兴的前提条件，当务之急是恢复金本位制。为了解决黄金不足与分配不均问题，战后金本位制弱化为金块本位制和金汇兑本位制。英国政府为了维护英镑地位，将英镑汇率水平恢复至战前黄金平价，严重偏离第一次世界大战战后英国经济基本面。以英镑过度高估为基础勉强恢复的金本位制岌岌可危。1929 年大萧条爆发后，主要国家开始采取以邻为壑的汇率政策，金本位制名存实亡。最终英国于 1931 年被迫放弃金本位制，此后其他国家也纷纷放弃金本位制。至此，国际金本位制彻底终止。到第二次世界大战结束之前，国际货币体系陷入混乱状态。

### （二）布雷顿森林体系

为了尽早结束国际货币体系动荡局面，在英国和美国主导下开始了重建国际货币体系的努力。经过多轮谈判之后，1944 年 4 月，英美两国发布了以"怀特计划"为蓝本的《关于建立国际货币基金组织的专家联合声明》。同年 7 月，44 国代表参加了在美国新罕布什尔州的布雷顿森林镇召开的联合国国际货币与金融大会，会议通过了《国际货币基金组织协定》和《国际复兴开发银行协定》，由此诞生了布雷顿森林体系。

布雷顿森林体系主要内容包括，赋予基金组织监督、磋商和提供资金援助等职能；实施"双挂钩"制度，即美元与黄金挂钩、其他货币与美元挂钩，一盎司黄金等于 35 美元，各国货币对美元汇率只能在法定汇率±1% 的幅度内波动；建立国际收支调节机制；取消经常项目下的货币兑换限制。该体系基本实现了汇率稳定，促进了战后世界经济的恢复和发展，会议上成立的 IMF 也为各成员国之间的货币金融协助与合作作出了巨大贡献。但该体系存在的根本性缺陷是面临"特里芬难题"，即美国不可能既向全世界提供充足的美元，又维持足够的黄金储备以随时兑现美元兑换黄金的承诺。

20 世纪 50 年代，美国国际收支状况逐渐恶化，美元流动性增多，导致人们对美元币值的信心开始动摇，此后多次出现抛售美元、抢购黄金的情况。1961年成立的伦敦黄金总库也未能救美元于水火。随着黄金挤兑压力逐渐增强，1971年 8 月，美国总统尼克松宣布终止美元与黄金的可兑换性，此后十国集团签订的《史密森协议》也未能实现汇率固定，主要发达工业国家先后转为浮动汇率制度，布雷顿森林体系最终崩溃。

## (三) 牙买加体系

为了重建国际金融秩序，1976 年 1 月，IMF 二十个选区执董组成的"二十人委员会"在牙买加首都举行会议，达成了《牙买加协定》，主要内容包括：正式认可浮动汇率制的合法地位，允许各国自由选择汇率安排；黄金非货币化，取消黄金官价；提高特别提款权(SDR)国际储备资产的地位；将基金组织总份额从 292 亿 SDR 增加至 390 亿 SDR；增加对发展中国家的资金援助。1978 年 4 月，IMF 理事会通过了《国际货币基金组织协定》第二修正案，在法律上确认了《牙买加协定》主要内容，自此国际货币体系进入牙买加体系并延续至今。

牙买加体系的主要特征表现为：一是国际储备资产多样化，非美货币和 SDR 储备地位上升，但美元仍然占据主导地位；二是汇率制度多元化，浮动汇率制度和固定汇率制度并存，各国选择汇率制度的空间扩大，同时也加剧了汇率波动；三是国际收支调节手段多样化，汇率对于国际收支调节作用得以发挥。由于美元不再与黄金挂钩，缺乏对美元发行的约束机制，牙买加体系也被称为"浮动汇率美元本位"。[1]

## 二、货币可兑换和汇率制度

20 世纪 80 年代之后，受新自由主义思潮影响，主要货币可兑换程度明显提高，国际汇率体系灵活性显著增强，但随着全球经济波动加剧、金融危机频发，社会各界对于货币可兑换和汇率制度的看法发生重大变化。

## (一)货币可兑换分类与发展趋势

货币可兑换含义随着国际货币体系的演进而不断变化。金本位时期，货币可兑换的概念是以固定汇率无限制地将一种货币兑换成黄金的权利。当前，如果一国货币可以按照市场汇率(固定或者浮动汇率)自由兑换为主要国际储备货币，

---

[1]　McKinnon R I. 1993. The rules of the game: international money in historical perspective. Journal of Economic Literature. Vol. 31, No. 1.

这种货币被视为"完全可兑换"。① 货币可兑换包括经常项目可兑换和资本项目可兑换，其中，经常项目可兑换通常被视为实现货币完全可兑换的过渡步骤。

《国际货币基金组织协定》第八条第2、3、4款明确规定了成员国在经常项目可兑换方面承担的义务，包括不对国际经常性交易的支付和资金转移实行限制，不采取歧视性货币安排或多重货币做法，兑换外国持有的在经常性交易中获得的本国货币。在成员国向 IMF 提出官方声明，宣布接受《基金组织协定》第八条款规定，并经过 IMF 的评估认可后，该国货币才算真正实现经常项目可兑换。二战后初期，实现经常项目可兑换的进程较为缓慢，1946—1953 年共有 9 个国家接受《基金组织协定》第八条款规定，此后新增国家数量迎来两次高峰，第一次高峰出现在 1961 年，新增 11 个国家，第二次高峰出现在 1993—1996 年，累计新增 66 个国家。② 1997 年亚洲金融危机爆发后，经常项目可兑换进程再次放缓。如图 7-1，截至 2021 年，共有 178 个国家接受《基金组织协定》第八条款规定，占基金组织成员国数量比重为 91%。

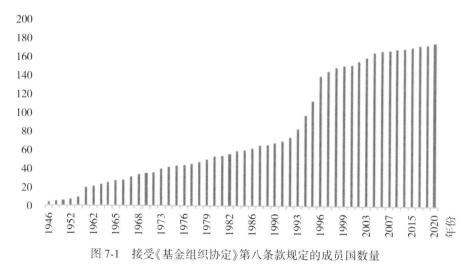

图 7-1　接受《基金组织协定》第八条款规定的成员国数量

资料来源：国际货币基金组织（International Monetary Fund，IMF）

---

① Greene J E, Isard P. 1992. Currency convertibility and the transformation of centrally planned economies. Journal of Multinational Finance Management. Vol. 1, No. 4.

② 中国于 1996 年 12 月 1 日接受《基金组织协定》第八条款，人民币实现经常项目自由兑换。

　　20 世纪 80 年代之后，新自由主义思潮盛行。随着全球化程度的提高，各国政府逐渐认识到资本管制的无效性，许多发达国家在 20 世纪 80 年代和 90 年代初期加速实现资本项目可兑换，新兴市场和发展中国家的资本项目可兑换进度相对滞后( 见图 7-2-2) 。不同于经常项目可兑换，《基金组织协定》没有关于资本项目可兑换的明确定义，IMF 未充当裁判员，① 但其在推动新兴市场和发展中国家资本项目可兑换进程中发挥重要作用。如 20 世纪 80 年代之后，IMF 在外汇制度领域的技术援助涉及对采用经常账户和资本账户完全可兑换提供建议，汇率制度改革经常与完全可兑换的建立联系在一起。② 1997 年 4 月，IMF 理事会临时委员会同意修订《基金组织协定》，将促进资本账户自由化作为基金组织的具体目标，并赋予基金组织对资本流动的适当管辖权。③ 此后，亚洲金融危机蔓延导致该提

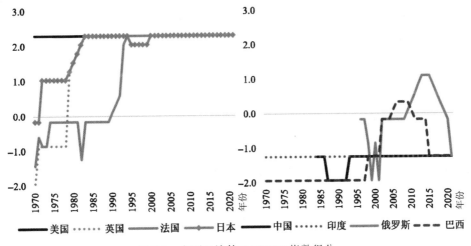

图 7-2　主要经济体 KAOPEN 指数得分

资料来源：Chinn 和 Ito( 2006) 。④

---

　　①　周小川：《人民币资本项目可兑换的前景和路径》，《金融研究》2012 年第 1 期。

　　②　Quirk P J, Evens M O. 1995. Capital account convertibility: Review of experience and implications for IMF policies.

　　③　International Monetary Fund, Press Release: Communiqué of the Interim Committee of the Board of Governors of the International Monetary Fund, https://www.imf.org/en/News/Articles/2015/09/14/01/49/pr9722, April 28, 1997.

　　④　Chinn M D, Ito H. 2006. What matters for financial development? Capital controls, institutions, and interactions. Journal of development economics. Vol. 81, No. 1.

议被搁置。2008 年全球金融危机前后，发达国家货币政策变化导致发展中国家频繁遭受跨境资本流动冲击。IMF 不得不改变看法，承认资本管制的正当性，①在跨境资本流动政策框架中引入了资本流动管理措施（Capital Flow Management Measures，CFMs）。②

## （二）汇率制度分类与发展趋势

汇率制度是指一国货币当局对该国汇率水平的确定、汇率变动方式等问题所作的一系列安排或规定。金本位制和布雷顿森林体系下的汇率制度均为固定汇率制度。布雷顿森林体系瓦解后，世界进入固定汇率制度和浮动汇率制度并存时代。20 世纪 80 年代之前，汇率制度选择理论主要关注固定汇率制度和浮动汇率制度对经济的影响，代表性理论是蒙代尔-弗莱明模型。20 世纪 80 年代之后，随着金融全球化程度加深，全球范围内爆发了一系列金融危机，如 20 世纪 80 年代拉美债务危机，20 世纪 90 年代英国、墨西哥和俄罗斯的货币危机等，特别是 1997 年发生的亚洲金融危机与汇率制度的安排密切相关，因此汇率制度选择再次成为各国政府需要面临的重要议题。③

由于货币危机发生国多采取中间汇率制度，因此学术界涌现了关于角点汇率制度和中间汇率制度的争论。"两极汇率制度论"或"中间制度消失论"认为在存在投机攻击的情况下，只有自由浮动汇率制度或硬钉住汇率制度可以持续，中间汇率制度会逐渐消失，④ 但该理论并未持久。IMF 的汇率制度分类数据显示，20 世纪 90 年代，成员国汇率制度分布呈"两极化"趋势，尤其是选择更加灵活汇率制度的成员国数量明显增加，表明国际汇率体系灵活性明显提高。不过，1999 年之前 IMF 对成员国汇率制度的分类是基于法定（de jure）分类法，并不能反映各

---

① Qureshi S, Reinhardt D B S. 2010. Capital inflows：The role of controls. International Monetary Fund.

② Moghadam R. 2011. Recent Experiences in Managing Capital Inflows Cross-Cutting Themes and Possible Policy Framework. Strategy, policy, and review department, International Monetary Fund,

③ 易纲：《汇率制度的选择》，《金融研究》2000 年第 9 期。

④ Eichengreen, Barry. 1994. International Monetary Arrangements for the 21st Century（Washington：Brookings Institution）. Obstfeld M, Rogoff K. 1995. The mirage of fixed exchange rates. Journal of Economic perspectives. Vol. 9, No. 4.

国真实的汇率制度。由于各国对于汇率大幅波动的恐惧普遍存在，特别是新兴市场和发展中国家，① 因此大多数声称采用浮动汇率制度的国家实际上并没有实行浮动汇率制度。②

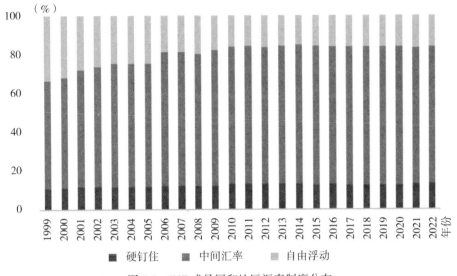

图 7-3　IMF 成员国和地区汇率制度分布

资料来源：国际货币基金组织（International Monetary Fund，IMF）

注：1999—2005 年 IMF 将货币联盟都划为硬钉住汇率制度，为与 2006—2022 年分类方法保持一致，将 1999—2005 年欧元区汇率制度划为自由浮动汇率制度，将非洲法郎区汇率制度划为中间汇率制度。

1999 年以来，IMF 开始采用事实（de facto）分类法对成员国的汇率制度进行分类。2008 年，IMF 将成员国的汇率制度类型由此前的八类调整为十类。③ 据此

---

① Calvo G A, Reinhart C M. 2002. Fear of floating. The Quarterly journal of economics. Vol. 117, No. 2.

② Frankel, J. A. and Wei, S. J., 2008. Estimation of de facto exchange rate regimes：Synthesis of the techniques for inferring flexibility and basket weights （No. w14016）. National Bureau of Economic Research.

③ 包括无独立法定货币、货币局制度、传统钉住、稳定化安排、爬行钉住、类爬行钉住、水平区间钉住、有管理浮动、自由浮动、其他有管理制度。

可以将无独立法定货币的汇率安排、货币局制度归为硬钉住汇率制度，将自由浮动归为浮动汇率制度，将其他汇率制度归为中间汇率制度。从汇率制度分布看，1999—2021 年，实行两极汇率制度和中间汇率制度的国家和地区数量此消彼长，实行自由浮动和硬钉住汇率制度的国家和地区合计占比由 44.3% 降至 29.4%，①实行中间汇率制度的国家和地区占比则由 55.7% 提升至 70.6%，因此现行国际货币体系常被评价为"肮脏浮动"。关于汇率制度选择的共识是，没有一种汇率制度在所有时候适合所有国家。②

### （三）对全球经济发展的影响

20 世纪 80 年代开始，全球范围出现了强烈且广泛的新自由主义倾向。新自由主义尤其强调不能对资本进行控制，要让资本在全球范围内自由流动。然而，迄今为止，关于资本自由流动是否可以改善各国福祉，现有研究尚未达成共识。一方面，资本自由流动有利于实现国际储蓄在全球范围内的流动，提高资源配置效率。跨境资本流入有助于缓解新兴市场和发展中国家经济发展过程中面临的资本短缺问题，通过技术外溢效应提高东道国全要素生产率。另一方面，由于跨境资本可以实现大规模快进快出，尤其是短期资本投机属性较强，如果东道国在金融监管体系不完善、金融市场缺乏深度广度的情况下，过早开放本国金融市场，跨境资本流动会对该国经济金融体系造成巨大冲击，限制宏观政策调控空间。2016 年，IMF 在评估特定新自由主义政策时指出，虽然金融开放对经济增长的益处有待商榷，但是经济波动加剧和危机频发造成的损失却显而易见，金融开放不仅会增加经济崩溃的可能性，还会加剧不平等，尤其是经济崩溃发生时，金融开放对于不平等的影响更为严重。③

国际经验表明，金融开放与汇率僵化是危险的政策组合。汇率选择不当是许多新兴经济体金融开放以危机收场的重要原因。20 世纪 90 年代以来，随着资本

---

① 自由浮动汇率制度占比下降 17.5 个百分点，硬钉住汇率制度占比则上升 2.6 个百分点。

② Frankel J A. 1999. No single currency regime is right for all countries or at all times.

③ 国际货币基金组织，《新自由主义：被高估了吗?》，《金融与发展》2016 年 6 月号，https://www.imf.org/external/chinese/pubs/ft/fandd/2016/06/pdf/ostry.pdf.

项目自由化程度提升，国际汇率体系灵活性增强。关于汇率制度对全球经济发展的影响，"三元悖论"和"二元悖论"的争论不可避免。"三元悖论"认为，资本自由流动、汇率稳定和独立的货币政策不可兼得，只能取其二。换言之，在资本自由流动的情况下，一国实施弹性汇率制度，有助于缓解外部冲击，发挥减震器作用，增强货币政策独立性。然而，国际金融危机之后出现的"二元悖论"则认为，只要存在跨境资本流动，一国就不能保持货币政策独立，弹性汇率制度对缓解外部冲击无效。除了一国汇率制度外，全球经济发展还受到汇率波动的影响，影响渠道主要包括国际贸易渠道、资本流动渠道。但理论界关于汇率波动的贸易效应和投资效应均未达成共识，部分研究认为汇率波动能够促进国际贸易规模增长和跨境资本流动，但另有研究则得出相反的结论，认为汇率波动不利于国际贸易，会减少国际投资活动。[1]

### 三、货币国际化的测度、发展与影响

储备份额是测度货币国际化功能的常用指标。布雷顿森林体系崩溃之后，美元储备份额波动下行，国际体系多极化趋势加剧，但美元处于主导地位的事实并未改变，导致全球经济被迫承受美联储货币政策的溢出效应，美元"武器化"趋势也严重影响国际金融秩序。

#### （一）货币国际化功能测度

货币国际化水平主要有两种测度方法，即单项指标法和构建货币国际化综合指数。单项指标法是指围绕国际货币功能选择关键衡量指标。例如，环球银行金融电信协会（SWIFT）发布的国际支付份额可以反映货币的国际支付功能，国际清算银行（BIS）发布的国际银行业负债、国际债务证券币种构成可以反映货币的投融资功能，国际货币基金组织（IMF）发布的全球外汇储备币种构成可以反映货币的储备功能等。由于单一指标无法全面反映一国货币国际化程度，大量研究构建了货币国际化综合指数，如中国人民银行选取了与支付货币、投资货币、融资货

---

① 戴金平、黎艳、刘东坡：《汇率波动对世界经济的影响》，《国际金融研究》2017年第5期。

币和储备货币功能相关的九个关键指标，构建了美元、欧元、英镑、日元、人民币等主要国际货币国际化指数。[①]

此外，作为一项国际储备资产，特别提款权（SDR）货币篮子权重也是衡量一国货币国际化程度的重要指标。根据 2015 年 IMF 重新审查后的 SDR 货币篮子权重确定方法，SDR 权重计算公式中，一国出口份额和综合性金融指标分别被赋予 1/2 的权重，以反映该国货币在全球贸易和金融交易中的作用。综合性金融指标由正式部门衡量指标（即储备份额）、外汇交投量和私营部门国际金融活动货币使用指标（即国际银行负债和国际债务证券之和）构成，三者分别被赋予 1/3 的权重。[②]

### （二）货币国际化发展趋势

第二次世纪大战后，美国经济实力的绝对优势和布雷顿森林体系的建立，分别从经济层面和制度层面为美元霸权地位的确立提供了重要保障，促使美元取代英镑成为主导货币。20 世纪 70 年代初布雷顿森林体系崩溃，美元的国际地位出现渐衰式变化。美元储备份额在 70 年代下半期快速回落，1979 年沃尔克就任美联储主席，开启大幅加息以遏制高通胀，高利率政策下美元大幅升值，美元储备份额在 1981—1984 年止跌企稳，但 1985 年开始继续转为下行，1990 年降至 50.6%。期间，德国马克和日元储备份额均有所上升，二者先后于 1989 年、1991 年达到峰值 18.0%、8.5%。20 世纪 90 年代初，由于欧洲货币体系（EMS）动荡叠加日本泡沫经济崩溃，德国马克、日元储备份额开始下行，美元储备份额下降趋势得以扭转（见图 7-4）。

1999 年欧元正式创立。在其诞生初期，欧元外汇储备份额较为稳定，1999—2001 年基本围绕 18% 窄幅波动，2002 年开始转为上行并于 2009 年三季度末达到峰值 28.0%。欧债危机爆发以来，欧元区经济低迷叠加政治不确定因素增

---

① 中国人民银行，《2022 年人民币国际化报告》，http://www.pbc.gov.cn/goutongjiaoliu/113456/113469/4666144/2022092318284744050.pdf.

② 国际货币基金组织，《特别提款权定值方法审查》，https://www.imf.org/zh/Publications/Policy-Papers/Issues/2016/12/31/Review-of-the-Method-of-Valuation-of-the-SDR-PP5002.

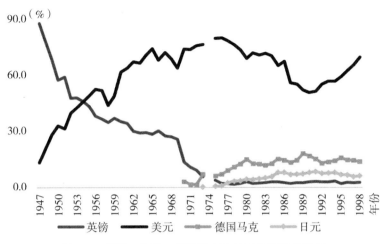

图 7-4　英镑、美元、德国马克和日元外汇储备份额

资料来源：Eichengreen et al. (2014)①

加，导致欧元外汇储备份额下行。同期，美元外汇储备余额除了在 2014 年出现短暂上升外，其他大部分时期均处于下行态势。2010—2023 年，欧元和美元外汇储备份额累计分别回落了 7.8 个、3.7 个百分点，日元和英镑分别仅回升 2.8、0.6 个百分点，包括人民币在内的非传统货币是最大受益者，储备份额累计上升了 8.1 个百分点(见图 7-5)。

2008 年国际金融危机之前，人民币国际化进展较为有限。但危机之后中国经济快速恢复、贸易规模明显扩大，国际上对人民币使用的需求增加。并且，2009 年以来，在有关部门推动下，人民币跨境使用范围不断扩大，从货物结算到投资结算，从直接投资到证券投资，从离岸市场先行到在岸市场开放。得益于市场需求和政策引导"双轮驱动"，人民币在国际上的接受和认可程度明显提高。2023 年末，人民币外汇储备份额为 2.3%，较 2016 年末②上升 1.2 个百分点，跻身世界第六大储备货币(见图 7-5)。

---

① Eichengreen B, Chiţu L, Mehl A. 2016. Stability or upheaval? The currency composition of international reserves in the long run. IMF Economic Review.

② 人民币 2016 年 10 月正式加入特别提款权(SDR)货币篮子，IMF 自 2016 年末开始公布人民币外汇储备份额。

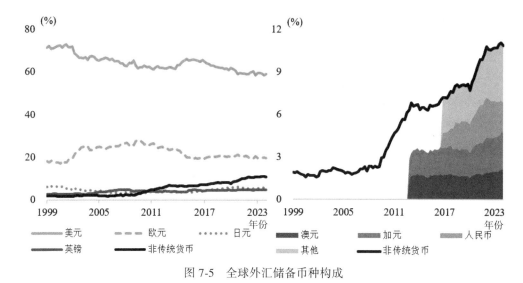

图 7-5　全球外汇储备币种构成

资料来源：国际货币基金组织（International Monetary Fund，IMF）①

　　虽然国际货币体系多极化趋势加剧，但网络效应和路径依赖导致新兴国际化货币存在后发劣势，而且在四大传统货币"比丑"时代，由于美国经济实力在发达经济体中保持相对强势，加之美国拥有全球最具深度、广度和流动性的金融市场，因此美元在国际货币体系中处于主导地位的事实仍未改变。截至 2023 年，美元国际支付份额为 47.5%。根据 BIS 三年一次的外汇市场交易调查，2022 年 4 月，美元在外汇交易中占比为 88.5%（所有货币买卖合计为 200%）。2022 年 5 月，IMF 执董会完成了新一轮 SDR 定值重估，将美元权重上调 1.65 个百分点至 43.38%，大于人民币上调幅度 1.36 个百分点。

## （三）货币国际化对全球经济发展的影响

　　现行国际货币体系延续"中心—外围"结构。美元的中心货币地位赋予了美

① International Monetary fund，Dollar Dominance in the International Reserve System：An Update，https：//www. imf. org/en/Blogs/Articles/2024/06/11/dollar-dominance-in-the-international-reserve-system-an-update，June 11，2024.

国对全球经济发展的巨大影响力，一方面美国货币政策溢出效应随着金融全球化程度提高而不断加强；另一方面美元也日渐沦为美国的政治工具，对全球经济金融稳定构成严重威胁。

第一，美国货币政策对全球经济溢出效应显著。作为中心货币发行国，美国货币政策是全球金融周期的重要驱动因素。而由于美国货币政策制定主要基于本国的经济金融状况，而较少考虑其他国家状况，导致其他国家被动承担美国经济金融状况调整负担，传导渠道主要包括风险承担渠道、汇率的金融渠道和风险溢价渠道等。由于新兴经济体普遍存在货币错配问题，这会通过汇率的金融渠道放大全球金融周期的冲击，因此新兴经济体受到全球金融状况的影响更大。例如，2008 年国际金融危机爆发后，美联储实施极度宽松的货币政策，导致大量资本流入新兴经济体。2013 年，美联储的"缩减恐慌"导致许多新兴经济体遭遇了大规模资本外流。

第二，美元"武器化"行为严重影响国际金融秩序。凭借美元在国际货币体系中的主导地位和美国在全球金融领域的不对称优势，美国成为对目标方实施金融制裁次数最多、手段最多、范围最广的国家。随着金融全球化程度加深，叠加金融制裁具有直接精准、影响范围大、效果明显等特点，金融制裁越来越成为美国解决国际争端的常规手段。如 2005 年以来，美国先后对朝鲜、伊朗、俄罗斯等政府、企业、机构及个人采取多种金融制裁措施，尤其是 2022 年俄乌冲突爆发后，美国联合其他西方国家对俄罗斯采取了更广泛、更强烈的金融制裁措施，严重动摇了现行国际货币体系的信用基础，加速国际储备资产多元化配置。2020 年第四季度至 2024 年第一季度，除 2022 年第三季度外，其他各季全球美元储备份额均低于 60%。

## 四、国际货币体系改革

世界上不存在完美的国际货币体系。[①] 国际金融危机爆发之后，国际社会对于国际货币体系改革的呼声高涨，并提出了不同的改革方案。国际货币基金组织和二十国集团在促进国际货币体系改革方面发挥了重要推动作用。

---

① 李晓、冯永琦：《国际货币体系改革的集体行动与二十国集团的作用》，《世界经济与政治》2012 年第 2 期。

### (一)国际货币体系弊端丛生

金本位制的问题在于黄金供应有限，无法满足世界经济发展需求。布雷顿森林体系的固有缺陷是存在"特里芬难题"。作为 G7 主导的国际货币体系改革产物，牙买加体系是以主权信用货币作为主要国际储备货币，其面临的内在缺陷是，储备货币发行国的国内政策目标与储备货币本身所应该具有的性质(如币值稳定、供应有序、总量可调)相矛盾。① 美国依靠财政赤字为世界提供安全资产，但美国债务可持续问题可能引发信心危机，被称为"新特里芬难题"。

而且，虽然金本位制、布雷顿森林体系和牙买加体系同为"中心—外围"结构，但区别于金本位制和布雷顿森林体系时期，20 世纪 80 年代以来，金融自由化程度明显提高，国际货币体系"中心—外围"结构不平衡性导致外围国家金融危机频发。在金融全球化程度日益加剧的背景下，外围国家金融危机可以通过贸易、金融或者心理等渠道向中心国家扩散、传染，国际货币体系面临着均衡被打破的危险。②

### (二)国际货币体系改革方案

2008 年国际金融危机爆发之后，美国货币政策负外部性加剧，国际社会对现行国际货币体系改革的呼声高涨。一种方案是建立超主权储备货币。2009 年周小川提出在扩大 SDR 货币篮子基础上创造世界货币，与斯蒂格利茨此前的观点类似，认为应该增加对 SDR 的发行和使用，使储备货币供应与美国经常项目逆差分离，并且满足成员国对储备资产需求的增加。但短期内该方案不具有可操作性。一方面，SDR 不能用来干预外汇市场和用于市场交易，吸引力不足；另一方面，创造超主权货币意味着不同国家和地区间之间的利益调整，谈判成本会非常高。③

另一种方案是建立"三元"国际货币体系。基于 Mundell 提出的美元、欧元和

---

① 　周小川：《关于改革国际货币体系的思考》，《中国金融》2009 年第 7 期。
② 　何帆、张明：《国际货币体系不稳定中的美元霸权因素》，《财经问题研究》2005 年第 7 期。
③ 　李晓、冯永琦：《国际货币体系改革的集体行动与二十国集团的作用》，《世界经济与政治》2012 年第 2 期。

日元构成的"金融稳定性三岛"（Three Islands of Stability）,① 金融危机之后，中国
学者提出未来可能出现美元、欧元和某个亚洲货币的"三元"国际货币体系，关
键在于亚洲国家能否推出本地区关键货币。② 虽然该方案仍然不能解决"特里芬
难题"，但该方案比建立超主权储备货币更加现实，有助于减轻国际金融体系的
系统性风险、约束关键货币国家的政策制定者不负责任的行为。

## （三）国际货币体系改革方向

当前国际货币体系仍然属于"一超多强"格局，美元主导地位并未从根本上
发生动摇。历史经验表明，国际货币体系改革往往以霸权更替为前提。③ 这意味
着，现行美元占据主导地位的国际货币体系仍会持续相当长的时间。近年来国际
货币体系多极化态势已经处于持续推进过程，短期国际货币体系改革应通过促进
国际金融机构改革、加强国际金融监管合作等方式，进一步减少对单一货币的过
度依赖以及由此带来的风险。

国际货币基金组织成立之后，为成员国的货币合作、贸易发展和经济增长做
出重大贡献。但亚洲金融危机尤其是 2008 年国际金融危机爆发之后，基金组织
治理困境进一步凸显，因此不得不启动治理模式改革，份额和投票权分配是基金
组织改革重点。2008 年，IMF 执行董事会决定采纳新的份额分配公式。④ 2010
年，IMF 理事会在第十四次份额总检查中，宣布将份额增加一倍，并将超过 6%
的份额比重转移到新兴市场和发展中经济体，以及从代表性过高的成员国转移至
代表性不足的成员国。2023 年，IMF 完成了第十六次份额总检查，批准增加成员
国份额，并对成员国进行实施等比例增资，不涉及份额重新分配、份额公式调

---

① Mundell R A. 2000. A reconsideration of the twentieth century. American Economic Review.
Vol. 90, No. 3.

② 张宇燕：《人民币国际化：赞同还是反对?》，《国际经济评论》2010 年第 1 期。

③ 李晓、冯永琦：《国际货币体系改革的集体行动与二十国集团的作用》，《世界经济与政治》
2012 年第 2 期。

④ 2008 年以 PPP 汇率计算的 GDP 被首次纳入 IMF 份额分配公式。IMF 份额是 GDP、开放度、
经济波动性和国际储备的加权平均值，其中 GDP 是基于市场汇率计算的 GDP 和基于 PPP 汇率计算
的 GDP 的加权平均值，分别被赋予 60%、40% 的权重。由于发展中经济体 PPP 汇率往往低于市场汇
率（直接标价法），在公式中加入 PPP 汇率计算的 GDP 会提高发展中经济体份额。

整。然而，2010—2023 年期间，新兴市场和发展中经济体 GDP 在全球占比仅提升 5.1 个百分点（见图 7-6），相关成员国份额分配与其在全球经济中的相对地位不匹配矛盾进一步加剧。

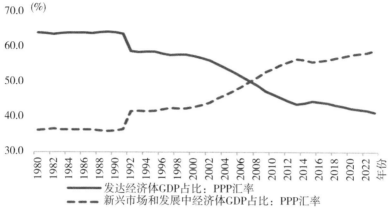

图 7-6　发达经济体、新兴市场和发展中经济体 GDP 占比

资料来源：国际货币基金组织（International Monetary Fund，IMF）

在国际金融监管合作方面，二十国集团（G20）为发达国家和发展中国家提供了沟通平台，尤其是国际金融危机之后，在促进金融监管政策协调、国际货币体系改革中发挥重要作用。如 2008 年 G20 华盛顿峰会决定吸纳新兴经济体加入金融稳定论坛（FSF），2009 年 G20 伦敦峰会将金融稳定论坛（FSF）扩大为金融稳定委员会（FSB）。IMF 的份额改革能够在短期内顺利实现，很大程度上得益于 G20 峰会推动。作为国际经济政策协调的重要平台，G20 有望继续发挥国际货币体系改革的推动作用。

## 第三节　全球经济发展中的失衡问题

国际货币体系安排的制度特征深刻地影响着全球失衡演变。① 布雷顿森林体

① 杨盼盼、徐建炜：《"全球失衡"的百年变迁——基于经验数据与事实比较的分析》，《经济学（季刊）》2014 年第 1 期。

系瓦解之后，全球失衡规模逐渐攀升，尤其是进入 20 世纪 90 年代之后，失衡问题日益严重，反映了多种因素的共同影响。由于过多失衡不利于全球经济发展，因此解决全球经济失衡问题已成为各界共识。

## 一、全球经济失衡的特征事实

测度全球经济失衡可以分为规模维度和分散维度、流量视角和存量视角。国际金融危机之后，全球流量失衡问题改善，其中顺差国和逆差国的经济再平衡贡献基本相当，但全球存量失衡问题较为突出，其中债务国贡献大于债权国贡献。

### （一）全球经济失衡的测度指标

全球经济失衡，通常是指全球范围内普遍存在经常账户失衡问题。因此，衡量全球经济失衡涉及两个维度：规模维度和分散维度。[①] 从规模维度看，全球各个国家经常账户差额绝对值之和占全球 GDP 的比重超过 4%，则认为全球经济处于失衡状态。从分散维度看，经常账户失衡要在主要国家普遍存在，否则如果经常账户失衡只集中在少数国家，就难以将其称之为全球经济失衡状态。

由于国际投资净头寸与经常账户密切相关，前者为存量概念，后者为流量概念，因此包括 IMF 等在内的机构和学者会从流量视角和存量视角分析全球经济失衡状况，将经常账户差额占全球 GDP 比重作为流量失衡的衡量指标，将国际投资净头寸（各国对外资产和负债净额）绝对值之和占全球 GDP 比重作为存量失衡的衡量指标。

2013 年，国际货币基金组织（IMF）推出了外部平衡评估法（External Balance Assessment，EBA），据此测算出成员国的经常账户合意值，并将经常账户实际值与之进行对比，由此得出各个成员国经常账户是否过度失衡的判断。2018 年，IMF 发布的《对外部门报告》称，2017 年全球经常账户仍存在 40%~50% 的过度失衡，认为中国是过度失衡的主要贡献者。但 EBA 方法及其指向的政策含义方法上均存在不可回避的硬伤。[②] 因此下文会从流量和存量指标观察全球经济失衡与

---

① 杨盼盼、徐建炜：《"全球失衡"的百年变迁——基于经验数据与事实比较的分析》，《经济学（季刊）》2014 年第 1 期。
② 杨盼盼、常殊昱、熊爱宗：《危机后全球失衡的进展与国际协调思路》，《国际经济评论》2019 年第 4 期。

再平衡进程。

## (二)全球经济失衡与再平衡进程

20 世纪 90 年代之后，全球经济失衡问题备受关注，经常项目差额占 GDP 比重明显上升，2006 年达到峰值 5.5%。国际金融危机后，全球经济转为再平衡，经常账户差额占 GDP 的比重明显下行，2009 年回落 1.6 个百分点至 3.6%，次年该占比再次回升至 4.0%，不过此后基本稳定在 4% 下方，2019 年降至 2.8%，创1999 年以来新低，较 2006 年高点累计回落 2.7 个百分点。其间，顺差国和逆差国经济再平衡贡献基本相当，经常账户差额占 GDP 比重累计分别回落 1.3 个、1.4 个百分点，中国和美国分别回落了 0.3 个、1.1 个百分点。2020—2022 年，全球经常账户差额占 GDP 比重连续三年回升，累计上升 1.2 个百分点至 4.0%。其间，顺差国和逆差国占比均上升 0.6 个百分点，其中中国和美国占比分别上升了 0.3 个、0.5 个百分点(见图 7-7)。

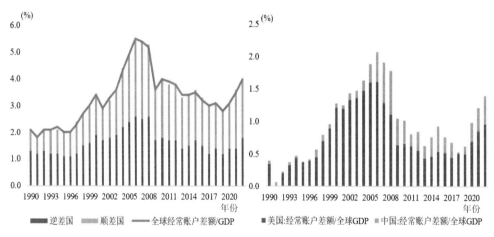

图 7-7　全球经常账户余额占 GDP 比重

资料来源：国际货币基金组织(International Monetary Fund，IMF)

从存量角度看，2021 年之前，全球存量失衡持续加剧，国际投资头寸占GDP 比重持续上行，从 2015 年的 37.9% 升至 51.9%，达到历史峰值，累计上升14.0 个百分点，期间债务国占比上升 7.9 个百分点，大于债权国占比升幅 6.1 个百分点。2021—2022 年，全球国际投资头寸占 GDP 比重连续两年回落，累计回落 6.7 个百分点至 45.2%，其中债务国和债权国占比分别回落 3.5 个(美国占比 1.4 个百分点)、3.2 个百分点(见图 7-8)。作为最大债务国，2015—2020 年，美国国际投资头寸占全球 GDP 比重上升 7.4 个百分点，是全球存量失衡加剧的主要贡献国。

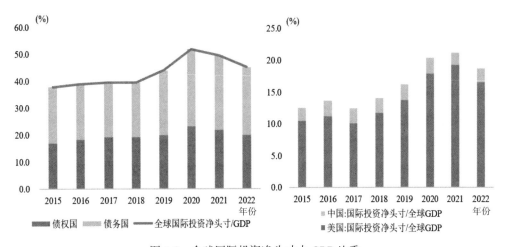

图 7-8　全球国际投资净头寸占 GDP 比重

资料来源：国际货币基金组织(International Monetary Fund，IMF)

## 二、全球经济失衡的驱动因素

关于全球经济失衡现象成因的研究颇为丰富，研究视角包括储蓄投资缺口的内部视角、汇率和国际分工的外部视角等。根据已有研究的分类方法,① 可以将全球失衡的驱动因素分为结构性因素、周期性因素和政策性因素。

### (一)结构性因素

结构性因素主要包括人口特征和金融市场的发展程度。

---

①　刘瑶、张明：《全球经常账户失衡的调整：周期性驱动还是结构性驱动?》,《国际金融研究》2018 年第 8 期。

1. 人口特征

人口特征会通过经济体中微观主体的储蓄和投资行为影响经常账户余额。有研究表明，少年抚养比对不同国家经常账户的影响不同，对发展中国家经常账户影响显著，对发达国家和新兴经济体影响并不显著，而老年抚养比则对所有国家经常账户影响均不显著。[①] IMF 在使用 EBA 方法对成员国经常账户进行评估时会纳入多个指标，以人口增速、老年抚养比和黄金年龄储蓄者占总劳动年龄人口比重反映人口特征对储蓄决策的静态影响(即人口年龄结构对储蓄的影响)，以黄金年龄储蓄者的预期寿命及其与二十年后老年抚养比的交叉项反映人口特征对储蓄决策的动态影响(即寿命对储蓄的影响)。[②]

2. 金融发展

金融市场的发展程度会影响国内储蓄向投资的转化能力。美联储前主席伯南克曾指出，之所以美国经常账户赤字率上升，是因为东亚国家金融部门不健全，倾向于将储蓄投放在美国，进而转化为美国投资。[③] 国内也有学者指出，中国相对发展落后的金融市场，降低了储蓄向投资转化的效率，迫使高于国内投资水平的储蓄大量外流，客观上导致了中国对外净资产的累积规模与经济发展阶段不相匹配[④]。另有研究指出，以美国、英国为首的部分发达国家在金融服务业具有比较优势，以德国、日本和中国为首的后起之秀在制造业具有比较优势，这种国际分工格局决定了全球失衡问题。[⑤]

(二)周期性因素

周期性因素包括产出缺口、大宗商品贸易条件以及实际有效汇率指数。

---

①　Chinn, Menzie M. 2017. The Once and Future Global Imbalances? Interpreting the Post-Crisis Record. In Jackson hole conference, August.

②　International Monetary Fund, 2022 Update of the External Balance Assessment Methodology, https://www.imf.org/en/publications/wp/issues/2023/03/02/2022-update-of-the-external-balance-assessment-methodology-530509, March 3, 2023.

③　Bernanke, B. 2005. The Global Saving Glut and the US Current Account Deficit. Sandridge Lecture Speech.

④　肖立晟、王博:《全球失衡与中国对外净资产：金融发展视角的分析》,《世界经济》2011 年第 2 期。

⑤　徐建炜、姚洋:《国际分工新形态、金融市场发展与全球失衡》,《世界经济》2010 年第 3 期。

1. 产出缺口

国内经济状况通常反映在经常账户余额中，例如需求疲软（表现为负产出缺口）通常会导致储蓄增加、投资减少。IMF 在使用 EBA 方法对成员国经常账户进行评估时会纳入产出缺口占潜在 GDP 比重，估计结果显示，产出缺口占比增加 1% 会导致经常账户余额占 GDP 比重下降约 0.35 个百分点。[1]

2. 大宗商品贸易条件

大宗商品价格波动会影响经常账户。在其他条件相同的情况下，贸易条件变化对经常账户余额的影响预计会随着贸易开放度的提高而增加。IMF 在评估时纳入大宗商品贸易条件缺口，估计结果显示，开放度为 0.5 的国家的贸易条件改善 1% 会导致经常账户余额占 GDP 比重增加 0.15 个百分点。

3. 实际有效汇率指数

实际有效汇率指数（REER）暂时性变化可以反映短期因素的影响。IMF 在评估时纳入年度 REER 滞后值，估计结果显示，在其他因素保持不变的情况下，REER 升值 1% 会导致经常账户余额占 GDP 比重下降 0.02 个百分点。

## （三）政策性因素

政策性因素包括政府发展战略和财政政策。

1. 政府发展战略

国外有研究指出，全球失衡是发展中国家经济战略的一部分，有利于其实施出口导向的策略，[2] 出口导向性政策、抑制货币升值是顺差国积累大量顺差的重要原因。[3] 国内也有学者指出，改革开放初期，中国选择了出口导向发展战略，在推行优惠政策大量引资的同时，限制进口、鼓励出口，力图保持经常项目顺

---

[1]　International Monetary Fund, 2022 Update of the External Balance Assessment Methodology, https://www.imf.org/en/publications/wp/issues/2023/03/02/2022-update-of-the-external-balance-assessment-methodology-530509, March 3, 2023.

[2]　Dooley Michael P, David F L, Peter G. 2004. The Revived Bretton Woods System. The Effects of Periphery Intervention and Reserve Management on Interest Rates and Exchange Rates in Center Countries. NBER Working Paper. No. 10332.

[3]　Bayoumi T., Gagnon J. and Saborowski C. 2015. Official Financial Flows, Capital Mobility, and Global Imbalances. Journal of International Money and Finance. Vol. 52, No. 4.

差，汇率政策对贸易顺差的形成也发挥了重要作用。① 国际金融危机之前，由于中美经常账户失衡问题较为突出，西方指责中国操纵汇率的论调广泛流传，认为中国通过操纵汇率导致本币低估，进而造成了美国贸易失衡。

2. 财政政策

根据"孪生赤字"理论，财政政策是影响经常账户余额的重要因素。财政政策对经常账户的影响不止局限于发达国家，对于发展中国家而言，财政政策同样是解释经常账户余额不可忽视的因素，财政政策和经常账户的关系在统计上显著，但经济效应相对有限。② 不过，另有研究得出与理论预测相反的结论，即认为美国财政政策会在中短期改善经常账户余额。③ 除了财政余额总量外，财政余额结构对于解释经常账户同样关键。因为社会保障支出增加有助于降低居民部门预防性储蓄需求，进而对经常账户起到负向抑制作用。国内学者研究显示，医疗支出占 GDP 比重对发达国家和发展中国家经常账户余额均有显著影响。④

### 三、全球经济失衡的影响与调整

根据驱动因素不同，全球经济失衡可分为"好的失衡"和"不好的失衡"。⑤因此，对于全球经济发展而言，全球失衡不一定都是坏事，但如果全球失衡程度过高，会助长保护主义情绪、影响本国发展和全球金融稳定。从全球视角看，IMF 和 G20 在全球经济再平衡过程中发挥了重要作用但存在局限性。从国别视角看，主要经济体的调整路径存在较大差异。

---

① 余永定：《见证失衡——双顺差、人民币汇率和美元陷阱》，《国际经济评论》2010 年第 3 期。

② Chinn M D, Prasad E S. 2003. Medium-term determinants of current accounts in industrial and developing countries: an empirical exploration. Journal of international economics. Vol. 59, No. 1.

③ Kim S, Roubini N. 2008 Twin deficit or twin divergence? Fiscal policy, current account, and real exchange rate in the US. Journal of international Economics. Vol. 74, No. 2.

④ 刘瑶、张明：《全球经常账户失衡的调整：周期性驱动还是结构性驱动?》，《国际金融研究》2018 年第 8 期。

⑤ Blanchard O J, Milesi-Ferretti G M. 2010. Global imbalances: in midstream?. Available at SSRN 1525542.

## （一）对全球经济发展的影响

全球经济失衡加剧了贸易保护主义情绪，威胁了国家发展和全球金融稳定，亟需采取有效措施以实现经济的平衡发展。

第一，过度失衡助长保护主义情绪。国际金融危机之后，主要国家经济遭受严重冲击，国内失业率高企，引发贸易保护主义抬头。虽然 2009 年 G20 伦敦峰会和匹兹堡峰会均做出共同反对贸易保护主义的承诺，但为了保护国内市场和就业，欧盟、俄罗斯等国采取大量贸易保护措施。作为经常项目顺差大国以及全球化的受益者，中国成为贸易保护主义的主要对象国。2009 年，中国的出口仅占全球约 9.6%，但遭受的反倾销案例却占全球 40% 左右，反补贴案例占全球 75%，贸易救济调查数约占同期全球案件总数的 43%。[1] 从中美双边贸易看，2000 年以来，中国替代日本成为美国贸易逆差的主要来源国，因此也成为美国发起贸易摩擦的主要对象国。尤其是特朗普 2017 年上台之后，在"美国利益优先"的战略理念下，美国以削减对华贸易逆差为由挑起贸易摩擦，并在 2019 年 8 月人民币兑美元汇率破七之际贸然指责中国为"汇率操纵国"。

第二，过度失衡不利于本国发展。作为资本输入国，长期保持大规模经常账户逆差的国家可能面临资本流动突然逆转的冲击。随着经常账户逆差持续，对外净负债规模继续上升，增加了未来本币汇率和资产价格大幅调整的可能，影响本国甚至全球经济增长。作为资本输出国，长期保持大规模经常账户顺差的国家则会受困于"美元陷阱"，持有的美元储备要被动承受美国经济调整和政策变化带来的风险。亚洲金融危机后，中国成为世界上最重要的资本输出国，但投资收益却是长期逆差，这意味着中国必须保持贸易顺差以对冲投资收益逆差。这不仅造成巨大的福利损失，还导致了一系列的发展难题。[2]

第三，过度失衡影响全球金融稳定。进入 21 世纪，全球经济失衡伴随着全

---

[1]　中央人民政府，易小准：中国坚决反对形形色色的贸易保护主义，https://www.gov.cn/jrzg/2010-09/09/content_1699549.htm，2010 年 9 月 9 日。

[2]　余永定：《国际收支结构变动的理论和实践及其对中国的政策含义》，《科学发展》2014 年第 7 期。

球流动性过剩,主要发达经济体实际利率显著下行。伯南克提出的"全球储蓄过剩假说"认为,新兴市场国家积累了大量的经常项目盈余和外汇储备,全球储蓄过剩导致资本大量流入美国,压低了美国和全球市场的长期利率,是金融危机爆发的重要原因。① 这一观点存在较大争议,但不可否认的是危机前全球失衡加剧意味着脆弱性累积。

## (二)全球范围内的调整路径

进入 21 世纪,全球对于经常账户失衡担忧逐步加深。2004 年,IMF 提出了促进全球失衡有序调整的中期战略。年初开始,国际货币与金融委员会(IMFC)在各项公报中阐述了促进全球失衡有序调整所需的政策,② 但实际效果有限。2006 年 6 月,IMF 宣布启动首次多边磋商,参与方包括中国、欧元区、日本、沙特阿拉伯和美国,③ 重点是维持全球强劲增长、解决全球失衡。2007 年 4 月,五个参与方与 IMF 就多边磋商结果联合发表报告,概述了每一参与方的政策进展和计划(见表 7-1)。但由于 IMF 只有监督提议权,与升级为首脑峰会的 G20 相比,该磋商的影响力和执行力略显不足。④

金融危机之后,G20 成为全球经济失衡调整政策协调的重要平台。2009 年匹兹堡峰会上,全球经济再平衡是核心议题,各国领导人提出"强劲、可持续和平衡增长框架",承诺采取国家和国际层面的行动,如"持续拥有大额对外赤字的成员承诺,将实施提高私人储蓄,进行财政整顿的政策,同时保持市场开放,加强出口部门""持续拥有大额对外盈余的成员承诺,将增强增长的内在动力"。2010 年首尔峰会就全球经济失衡制定"参考性指南"达成原则共识。2011 年在 G20

---

① Bernanke, B. 2011. Global Imbalances: Links to Economic and Financial Stability : Remarks at the Banque de France Financial Stability Review Launch Event, Paris, France.

② 国际货币与金融委员会战略的内容有:美国需采取措施促进国民储蓄,其中包括进行财政整顿;欧洲需继续推进改革,以促进增长;日本需进一步开展结构性改革,其中包括财政整顿;亚洲新兴市场需进行改革,以促进内需,若干顺差国还需增强汇率灵活性;产油国需在维持宏观经济稳定的情况下根据其吸收能力增加支出。

③ 五个参与方要么是因本国的经常账户逆差或顺差而直接面临失衡问题的国家,要么是因占全球产出的份额很大而在调整需求和储蓄格局过程中可以促进全球经济持续增长的国家。

④ 黄薇:《全球经济治理之全球经济再平衡》,《南开学报(哲学社会科学版)》2012 年第 1 期。

**表 7-1　五个参与方政策进展和计划**

| | 过去一年与 IMFC 战略相关政策进展 | 未来的政策计划 |
|---|---|---|
| 中国 | (1)提高居民收入，稳定收入预期；(2)促进对外经济部门平衡发展；(3)深化金融改革；(4)人民币汇率弹性不断增强 | (1)政府把缩小对外不平衡作为 2007 年经济社会发展的重要目标；(2)扩大内需特别是消费需求，促进投资和消费平衡；(3)进一步促进对外经济平衡发展；(4)加快金融改革；(5)进一步完善汇率形成机制 |
| 欧元区 | 产品市场、劳动力市场和金融市场结构性改革 | 进一步改革产品市场、劳动力市场和金融市场 |
| 日本 | (1)鼓励年轻人和女性劳动力参与的激励措施；(2)加强竞争的措施；(3)推进财政整顿 | (1)劳动力市场改革；(2)促进外国直接投资(FDI)的流入；(3)加强关键行业的竞争；(4)进一步推进财政整顿 |
| 沙特阿拉伯 | (1)公共支出增加；(2)石油生产和炼油能力扩张计划仍按计划进行； | (1)增加对社会和基建设施投资以及扩大石油部门产能的支出；(2)实施一项投资计划；维持与美元挂钩的汇率制度 |
| 美国 | (1)预算赤字继续缩减；(2)通过以储蓄为重点的税收改革 | (1)中期内进一步巩固财政；(2)改革预算程序，控制开支增长；(3)改革福利制度，加强长期财政可持续性；(4)进一步提供税收优惠政策以支持私人储蓄；(5)提高能源效率；(6)实施有利于增长的开放投资政策 |

资料来源：国际货币基金组织(International Monetary Fund，IMF)[1]

框架下共举办 3 次财长会议，先后确定"参考性指南"中的指标、确认失衡程度的

---

[1] International Monetary fund, Press Release: IMF's International Monetary and Financial Committee Reviews Multilateral Consultation, https://www.imf.org/en/News/Articles/2015/09/14/01/49/pr0772, April 14, 2007.

量化方法、宣布失衡国家名单，11 月戛纳峰会上宣布"促进增长与就业的戛纳行动计划"，在"巩固中期经济增长基础"的六点计划中，包括"经常账户盈余国承诺扩大私人需求，经常账户赤字国承诺视情况将需求从公共部门向私人部门转移"。2016 年杭州峰会重申全球失衡问题。

此后，有研究发现 G20 在全球经济再平衡方面进展有限，尤其是发达经济体在全球失衡行动不足的影响更大，并对此提供三种解释：一是 G20 重点已经从被动应对危机转向应对长期结构性挑战，在经济和政治上面临的阻力更大且相关举措见效时间更长；二是 G20 变得更加专注于履行承诺，而在早期的重点是做出承诺和建立框架；三是 G20 的审议越来越多地在"和平时期"而不是在危机中进行，可能降低了紧迫性和合作的动力。[①] 此外，G20 机制具有非正式性（不设常务秘书处、不签订宪章、不搞会议投票、不达成有法律约束力的国际协议），好处是议题和讨论形式灵活，但不足之处是缺乏约束力，这决定了承诺面临的无效性。

### （三）主要经济体的调整路径

美国、中国和日本在应对经济失衡问题上采取了不同的策略，美国通过贸易和金融渠道调整实现了经常项目逆差的收窄，中国依靠贸易渠道调整促进了经济的内外平衡，而日本则通过持续的贸易顺差和投资收益顺差保持了经济的基本平衡。这些国家的调整策略反映了它们各自的经济结构和政策取向。

1. 美国：贸易渠道+金融渠道调整

美国长期保持经常项目逆差。2006 年美国经常项目逆差占 GDP 比重在 2006 年达到 5.9%，此后明显收窄，2009 年开始持续低于 4%。从经常项目构成看，货物和服务贸易逆差收窄是金融危机之后美国经济失衡状况改善的主要原因，得益于奥巴马政府推出的一系列增加出口、重振美国制造业的经济政策，如"出口倍增计划""再工业化战略"等。美国投资收益顺差增加也在一定程度上改善了经济失衡状况，即存量调整缓解了流量失衡压力。从储蓄-投资缺口看，金融危机

---

① Triggs A. 2018. Macroeconomic policy cooperation and the G20. The World Economy. Vol. 41, No. 5.

后，美国经济再平衡过程，伴随着美国储蓄投资缺口收窄。2008—2015 年，美国储蓄率上升和投资率下降分别贡献了储蓄投资缺口降幅的 54%、46%，尤其是家庭部门储蓄率上升明显，主要反映了财富效应的提振作用和居民部门的预防性储蓄动机增强。①

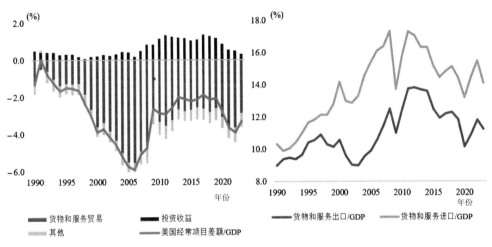

图 7-9　美国经常项目差额占 GDP 比重

资料来源：国际货币基金组织（International Monetary Fund，IMF）

### 2. 中国：贸易渠道调整

20 世纪 90 年代至 2011 年，中国国际收支基本保持经常项目和资本项目双顺差格局，外汇储备增长较快。2007 年中国经常项目顺差占 GDP 比重高达 9.9%，远超 4% 国际认可的合理范围，此后经常项目顺差占 GDP 比重转为下行，2009 年骤降至 4.4 个百分点至 4.8%，2010 年之后持续维持在 4% 以下。国际货币基金组织（IMF）自 2012 年起不再认为人民币汇率存在明显低估，2015 年更是近十年来首次作出人民币汇率不再低估的评估。

从经常项目构成看，中国经济从失衡向基本平衡的调整路径主要是贸易渠

---

① 刘瑶、张明：《全球经常账户再平衡：特征事实、驱动因素与有效路径》，《世界经济研究》2018 年第 7 期。

道，得益于中国政府实施"扩内需、调结构、减顺差、促平衡"的一揽子政策，增加人民币汇率弹性，促进中国经济从外需拉动转为内需拉动。2006 年，中央经济工作会议就强调"必须把促进国际收支平衡作为保持宏观经济稳定的重要任务"。2010 年，十二五规划建议提出"我国经济社会发展的主要目标之一是国际收支趋向基本平衡"，并指出"发挥进口对宏观经济平衡和结构调整的重要作用，促进贸易收支基本平衡"。从储蓄-投资缺口看，金融危机后，中国投资率明显回升，是储蓄投资缺口收窄的主要贡献项，反映了四万亿财政计划和信贷扩张政策对基建投资、地产投资的拉动作用。

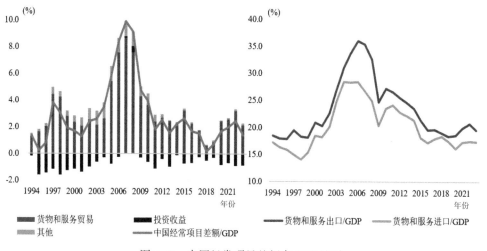

图 7-10　中国经常项目差额占 GDP 比重

资料来源：国家外汇管理局，国家统计局

3. 日本：贸易渠道调整

1996 年以来，日本经常项目差额占 GDP 比重除 2007 年、2017 年超过 4%（分别为 4.6%、4.1%）以外，其他年份均位于 4% 以下，表明日本经济基本处于平衡状态。同美国类似，金融危机后，日本投资收益顺差增加。但与美国不同的是，日本经常项目持续保持顺差，因此投资收益顺差增加意味着存量调整加剧了流量失衡调整压力。不过，2011 年之后，日本货物和服务贸易大多数时间均为逆差，是日本经济保持平衡的主要贡献项。

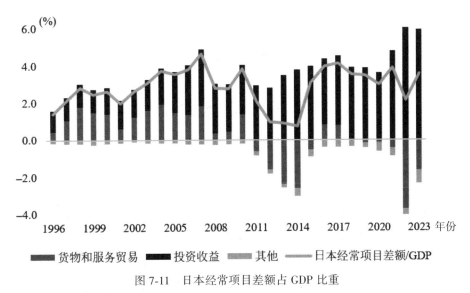

图 7-11　日本经常项目差额占 GDP 比重

资料来源：国际货币基金组织（International Monetary Fund，IMF）

# 第八章

# 人力资本与全球经济发展

　　人力资本是推动经济增长的关键因素，它涵盖了个人的知识、技能、健康等多维度素质。通过教育体系的完善、健康保障的提升以及在职培训的强化，社会能够积累丰富的人力资本，进而提高劳动生产率、促进技术创新和产业升级。在全球化背景下，劳动力的跨国流动不仅改变了全球劳动力市场的结构，还促进了文化多样性和社会经济的融合，对输出国和接收国均产生了复杂的经济和社会效应。此外，高端人才的全球流动和知识网络的构建，加速了知识的传播和创新活动的开展，为全球经济的繁荣和可持续发展提供了新的动力。这些现象共同勾勒出人力资本在全球经济发展中的核心作用及其多层面的影响。

## 第一节　人力资本与经济发展

　　人力资本是指劳动者在生产过程中所拥有的知识、技能、健康等特征的综合体。人力资本对经济发展具有重要意义，而厘清人力资本的测算方式和影响人力资本的因素是探讨人力资本与经济发展关系的重要基础与前提，进而才能明确人力资本以何种方式对经济发展产生影响。

### 一、人力资本的测算

　　自从关于物质资本的研究方法被引入到与人相关的领域中，人力资本的测算逐渐成为一个重要研究领域，通过量化劳动者的知识、技能、健康等特征，评估其对经济增长和社会发展的贡献。在测算维度上，人力资本的测算涉及国家层面、企业层面和个体层面，每个层面的方法和侧重点都有所不同。

## (一) 国家层面的人力资本测算

国家层面的人力资本测算旨在评估一个国家或地区的整体人力资本储备，以便为宏观经济政策制定提供依据。常用的方法包括教育年限法、收入法和成本法。[1]

### 1. 教育年限法

教育年限法是通过计算劳动者平均受教育年限来估算人力资本的总量的方法。[2] 这一方法的核心假设是，受教育年限越长，代表人力资本积累越多。具体包括以下几个测算步骤：收集全国不同年龄段人口的受教育年限数据；将不同年龄段人口的受教育年限进行加权平均，得到全国人口的平均受教育年限；通过设定每年受教育年限对应的经济价值，如某一受教育年限增加劳动者的生产率或收入的比例，估算出全国人力资本的总量。

### 2. 收入法

收入法是基于人力资本收益的假设，认为个人收入与其人力资本成正比。[3] 通过分析不同教育水平、技能等级的劳动者收入差异，可以推算出整体人力资本水平。具体包括以下几个测算步骤：收集全国不同教育水平、技能等级劳动者的收入数据；应用统计方法，建立收入与教育、技能之间的关系模型；利用模型预测不同人群的人力资本总量，并汇总得到全国人力资本总量。

### 3. 成本法

成本法通过计算国家在教育、医疗等方面的总投入，来估算人力资本。[4] 高

① 李富强、董直庆、王林辉：《制度主导、要素贡献和我国经济增长动力的分类检验》，《经济研究》2008 年第 4 期。
② 李福柱、周立群：《基于区域经济差异的人力资本结构研究——以东、中、西部地区为例》，《科学管理研究》2008 年第 6 期。
③ 李海峥、贾娜、张晓蓓、Barbara Fraumeni：《中国人力资本的区域分布及发展动态》，《经济研究》2013 年第 7 期。
④ 姚洋、崔静远：《中国人力资本的测算研究》，《中国人口科学》2015 年第 1 期。

投入通常意味着较高的人力资本水平。具体步骤如下：收集国家在义务教育、高等教育、职业培训、医疗保健等方面的财政投入数据；将这些投入进行加总，得到国家在人力资本建设方面的总成本；考虑教育和健康投资的时间折旧和人力资本的市场溢价，调整总成本，估算出人力资本总量。

## （二）企业层面的人力资本测算

企业层面的人力资本测算关注企业内部员工的知识、技能和健康等因素对企业绩效的影响。常用的方法包括人力资本核算模型、绩效评估法和人才评估工具。

### 1. 人力资本核算模型

人力资本核算模型通过计算员工的教育、培训成本、工龄和工作经验，来估算员工的价值。[①] 具体包括以下几个测算步骤：收集员工的教育背景、培训记录、工作年限等数据；计算企业在招聘、培训、员工福利等方面的支出；结合员工的工龄和绩效，估算员工的人力资本价值。

### 2. 绩效评估法

绩效评估法是一种通过员工的绩效表现来评估其人力资本的方法。具体包括以下几个测算步骤：收集员工的绩效数据，如销售额、生产率、客户满意度等；通过统计分析，建立绩效与员工教育、技能、工作经验之间的关系模型；利用模型预测员工的人力资本价值，并汇总得到企业人力资本总量。

### 3. 人才评估工具

人才评估工具包括360度反馈、能力评估中心等，通过多角度评估员工的技能、知识和潜力。具体包括以下几个测算步骤：收集员工的自评、上级评估、同事反馈等多方面评价数据；结合绩效数据，对员工的综合素质进行全面评估；通过评估结果，结合员工的绩效数据，估算出员工的人力资本价值。

## （三）个体层面的人力资本测算

个体层面的人力资本测算相比于前两个层面将更加细致，主要包括教育背

---

[①]　曹裕、陈晓红、马跃如：《基于企业生命周期的智力资本与企业绩效关系》，《系统工程理论与实践》2010年第4期。

景、职业技能、健康状况和工作经验等方面的评估。

1. 教育背景

教育背景是个体人力资本的重要组成部分。具体包括以下几个测算步骤：收集个人的学历、专业、受教育年限等信息；结合教育对个人收入和职业发展的影响，评估教育背景的人力资本价值。

2. 职业技能

职业技能包括专业技术资格证书、语言能力、计算机技能等。具体包括以下几个测算步骤：收集个人的专业技术资格证书、语言能力、计算机技能等信息；结合这些技能对个人收入和职业发展的影响，评估职业技能的人力资本价值。

3. 健康状况

健康状况直接影响个体人力资本的价值。具体包括以下几个测算步骤：收集个人的健康状况、医疗记录等信息；结合健康状况对工作能力和生产率的影响，评估健康状况的人力资本价值。

4. 工作经验

工作经验是个体人力资本的重要组成部分。具体包括以下几个测算步骤：收集个人的工作年限、曾从事的岗位、取得的业绩等信息；结合工作经验对个人收入和职业发展的影响，评估工作经验的人力资本价值。

## 二、影响人力资本的因素

人力资本的积累和提升是经济增长和社会发展的重要推动力。影响人力资本的因素主要包括教育、在职培训和健康。这些因素通过不同途径和机制作用于人力资本，进而影响劳动生产率、技术创新和产业结构。

### （一）教育

教育是人力资本积累的基础，通过系统的教育，个体可以获得基本知识和专业技能，提高其劳动生产率。教育水平的提升对个体和社会的人力资本积累都有重要影响，主要体现在基础教育、职业教育和高等教育等方面。

1. 基础教育

基础教育是指小学和中学阶段的教育，是教育体系的根基。① 提高基础教育质量是提高全民人力资本的重要手段。基础教育可以提高个体的基本素质，如读写算能力、逻辑思维能力和基本科学知识，高质量的基础教育注重德智体美劳全面发展，有助于培养个体的综合素质和适应社会的能力。同时，普及基础教育可以提高社会公平性，减少贫困和不平等现象。通过提供平等的教育机会，更多的人可以通过教育改变命运，提升人力资本。

2. 职业教育

职业教育旨在为学生提供从事特定职业或行业所需的技能和知识。这包括技术学校、职业学校、职业高中、中专、大专以及应用技术大学等。职业教育和培训是提高劳动者技能水平的重要手段。② 职业教育强调实践操作和专业技能的培养，可以提高劳动者的专业技能和职业素养，学生毕业后通常可以直接进入特定行业工作，提升其就业能力和生产率。通过职业培训，劳动者可以适应技术进步和市场需求变化，提高竞争力和职业发展空间。例如，德国的"双元制"职业教育体系通过学校教育和企业培训相结合的方式，为劳动市场提供了大量高素质的技术工人，支持了德国制造业的持续发展。③

3. 高等教育

高等教育包括大学本科、硕士和博士教育，是培养高素质专业人才的重要途径。高等教育可以传授专业知识和技能，提高个体的专业水平和工作能力。高素质的专业人才是技术创新和产业升级的重要力量。④ 同时高等教育特别是研究生教育注重科研能力和创新意识的培养。通过科学研究和技术创新可以推动知识经济的发展和技术进步。此外高等教育机构通常拥有丰富的社会资源和广泛的校友

---

① 王小鲁、樊纲、刘鹏：《中国经济增长方式转换和增长可持续性》，《经济研究》2009 年第 1 期。

② 王小鲁、樊纲、刘鹏：《中国经济增长方式转换和增长可持续性》，《经济研究》2009 年第 1 期。

③ 景琴玲、王革：《德国职业教育体系透析与展望》，《国家教育行政学院学报》2012 年第 2 期。

④ 彭国华：《我国地区全要素生产率与人力资本构成》，《中国工业经济》2007 年第 2 期。

网络，这有助于学生在毕业后获得更多的就业机会和职业发展支持。

（二）在职培训

在职培训是指劳动者进入劳动市场后，企业或社会机构提供的继续教育和技能培训。根据在职培训的方式不同可以将其分为在岗培训、离岗培训和远程培训。不同的培训方式特点和形式有所不同。

1. 在岗培训

在岗培训是指员工在日常工作过程中接受的培训，是一种在实际工作场所中进行的培训方式，通过实际操作和日常工作任务来学习新技能或提升现有技能。在岗培训方式包括由经验丰富的员工或上级直接指导新员工或需要提升技能的员工的一对一指导、员工在不同的岗位上接受培训的交叉培训、员工定期在不同的部门或岗位上工作的工作轮换培训等。在岗培训的目的是使员工能够更加熟练地完成工作，快速准确地提升个人职业技能，提高工作效率和质量，同时增强其对工作流程和企业文化的理解。

2. 离岗培训

离岗培训是指员工暂时离开其日常工作岗位，参加由企业组织的培训活动。这种培训可以是短期的，也可以是长期的，旨在提升员工的专业技能、管理能力或更新知识结构。离岗培训的内容和方式可以多种多样，包括提升特定技能的专业技能培训、为管理层或有潜力进入管理层的员工提供管理能力培训、为员工提供最新的行业趋势信息的行业最新知识培训。通过离岗培训在一定时期内提升员工能力和效率，有助于企业在市场中保持竞争力。

3. 远程培训

远程培训是现代企业培训的重要组成部分，可以通过互联网技术提供灵活的学习方式，使学习者不受时间和地点的限制。在线和远程培训具体包括学习者通过视频与教师等人互动的直播课程、预先录制课程视频的录播课程、模拟工作环境下学习者联系技能的虚拟实验室等。通过在线培训，员工可以提高自己的专业技能和知识，从而提高工作效率和质量，而且与传统培训手段相比，在线培训通常成本更低，时间和地点更具灵活性，使得更多的员工能够参与培训。

### （三）健康

健康是影响人力资本的关键因素。[①] 身体健康的劳动者更能胜任工作，具备更高的生产率。根据其内涵不同，健康可分为身体健康、心理健康和社会健康。对于提升人力资本效率来说，上述维度的健康管理缺一不可。

1. 身体健康

身体健康是指一个人在生理上没有疾病和不虚弱，能够正常进行日常活动。身体健康是人力资本的基础，因为一个健康的身体能够确保个人能够参与劳动和生产活动，从而为经济增长做出贡献。健康状况良好的劳动者具有更高的工作能力和生产率，拥有充足的体力和精力可以承受较高的工作强度和压力，完成更多的工作任务，在工作中保持高效，减少因疲劳和疾病造成的工作中断和失误。

2. 心理健康

心理健康涉及一个人的情感和心理状态，包括情绪稳定、自我认同、应对压力的能力以及是否患有心理疾病。心理健康对于人力资本至关重要，心理健康良好的劳动者具备更强的抗压能力和情绪稳定性，能够更好地应对工作中的挑战和压力，可以保持积极的工作态度和团队合作精神，提高工作效率和绩效。

3. 社会健康

社会健康指的是一个人在社会关系和社交活动中的健康状况，包括与他人建立和维持积极关系的能力、社会参与度以及社会适应能力。社会健康的劳动者具备更强的团队合作能力和沟通能力，能够更好地参与团队合作和创新活动，可以在团队中发挥积极作用，与同事共同完成创新项目，提高团队的创新能力和绩效。

## 三、人力资本对经济发展的影响

人力资本作为生产要素之一，对经济发展的作用不可忽视。它不仅影响劳动生产率，还在技术进步和产业结构调整中起到关键作用。高质量的人力资本能够

---

① 蔡昉、都阳：《中国地区经济增长的趋同与差异——对西部开发战略的启示》，《经济研究》2000 年第 10 期。

带来更高的生产率，推动技术创新，并促进产业升级和优化，进而推动经济的全面、协调和可持续发展。

## （一）提高劳动生产率

劳动生产率是指在一定时间内，劳动者或劳动集体在生产过程中创造的劳动成果与其劳动消耗之间的比率，是衡量经济效率的重要指标。人力资本主要通过提升知识和技能、改进生产流程、提高管理效率，进而对劳动生产率产生影响。

1. 提升知识和技能

高质量的人力资本通常具备较高的知识和技能水平，这直接影响劳动生产率。[1] 受过良好教育和专业训练的劳动者具备更高的技术熟练度和操作技能，能够熟练操作复杂的机器设备，完成工作任务，提高生产效率。高质量的人力资本具备较强的问题解决能力，能够快速应对生产过程中出现的问题，减少生产中断和效率损失，拥有工程背景的工人能够在生产设备出现故障时迅速进行维修，避免长时间停工。

2. 改进生产流程

人力资本不仅在日常生产中提高效率，还能够通过创新和改进生产流程和技术，进一步提升劳动生产率。高素质劳动者能够通过不断改进生产工艺和流程，降低生产成本，减少材料浪费和时间浪费，提高生产效率。高质量的人力资本具备较强的创新能力，能够通过技术创新提升生产率，提高企业的运营效率和生产力。

3. 提高管理效率

有效的管理是提高劳动生产率的关键因素之一。高素质的管理人员能够通过科学管理和合理规划，提高劳动生产率。高质量的人力资本具备较强的组织协调能力，能够优化人力资源配置，提高团队合作效率，通过合理分配任务和资源，管理人员能够确保每个员工在最适合的岗位上工作，提高整体生产效率。高素质的管理人员能够通过有效的绩效管理，激励员工提高生产率，通过制定科学的绩

---

[1] 李海峥、贾娜、张晓蓓、Barbara Fraumeni：《中国人力资本的区域分布及发展动态》，《经济研究》2013 年第 7 期。

效考核标准和激励机制，管理人员可以激发员工的工作热情和积极性，提高生产效率。

## （二）促进技术进步

技术进步是指在生产和生活中应用的技术和方法的改进和创新。技术进步是经济增长的重要动力，而高质量的人力资本是技术进步的主要推动力。人力资本在提高创新能力、扩散技术、促进创业等方面促进技术进步。

1. 提高创新能力

高质量的人力资本具备较强的创新能力，能够通过科学研究和技术开发推动技术进步。[1] 受过高等教育和专业培训的劳动者通常参与科研和技术开发，通过持续的研发投入推动技术进步。高质量的人力资本不仅能够开发新技术，还能够将新技术应用到生产过程中，推动技术进步。科学家和工程师在实验室中进行基础研究和应用研究，开发出新的技术，推动行业技术进步。

2. 促进技术扩散

技术进步不仅依赖于创新，还依赖于技术的扩散和应用。[2] 高质量的人力资本能够促进技术的扩散和应用，提高整个行业的技术水平。高素质劳动者具备较强的学习能力和知识传播能力，通过讲座、培训班和技术交流会，将新技术和新方法传播给其他劳动者，提高整个行业的技术水平。高质量的人力资本能够通过技术转移促进技术扩散。科研机构的技术人员可以将研究成果转移到企业，帮助企业应用新技术，提升生产力。

3. 推动创业活动

高质量的人力资本具备较强的创业能力，能够通过创业推动新兴产业的发展，促进技术进步。[3] 受过高等教育和专业培训的劳动者通常具备较强的创业能力，能够通过技术创业推动新兴产业的发展。科研人员通过创办高科技企业，将

---

① 钱晓烨、迟巍、黎波：《人力资本对我国区域创新及经济增长的影响——基于空间计量的实证研究》，《数量经济技术经济研究》2010 年第 4 期。

② 李婧、谭清美、白俊红：《中国区域创新生产的空间计量分析——基于静态与动态空间面板模型的实证研究》，《管理世界》2010 年第 7 期。

③ 林强、姜彦福、张健：《创业理论及其架构分析》，《经济研究》2001 年第 9 期。

创新技术转化为商业产品，推动产业发展和技术进步。高质量的人力资本可以促进产业集群的形成和发展，提高技术创新能力和竞争力。硅谷集聚了大量高素质的技术人才，通过技术创新和产业合作，形成了强大的技术创新能力和产业竞争力。

### （三）助力产业结构调整

产业结构是指一个国家或地区在一定时期内，不同产业部门之间在数量、规模、比重和相互关系等方面的构成状况。它反映了经济体系中各产业部门之间的相对重要性和相互依赖性。产业结构的优化和升级是经济发展的重要内容，而人力资本在产业结构调整中发挥着重要作用。人力资本通过优化劳动资源配置、产业升级、发展新兴产业从而实现产业结构的调整。

1. 优化劳动资源配置

高质量的人力资本能够促进劳动资源的优化配置，提高产业结构的合理性和效率。[1] 高质量的人力资本能够促进产业的合理转移，推动传统产业向新兴产业转移。通过职业培训和教育，劳动者可以从低技术含量的传统产业转移到高技术含量的新兴产业，提高劳动生产率和产业竞争力。高素质的劳动者具备较强的流动性和适应能力，能够在不同产业和岗位之间流动，从低效益行业流动到高效益行业，优化劳动资源配置，提高整体劳动生产率和经济效益。

2. 推动传统产业升级

高质量的人力资本能够推动传统产业的升级和优化，提高产业竞争力和附加值。[2] 高素质劳动者具备较强的技术改造能力，能够通过技术改造提升传统产业的技术水平和生产效率，通过技术改造，传统制造业可以引入先进的自动化生产线和智能制造技术，提高生产效率和产品质量。高质量的人力资本能够通过产品创新提升传统产业的竞争力，通过研发新产品和改进现有产品提升传统制造业产品的附加值，提高经济效益。

---

① 张桂文、孙亚南：《人力资本与产业结构演进耦合关系的实证研究》，《中国人口科学》2014年第6期。

② 夏智伦、李自如：《区域竞争力的内涵、本质和核心》，《求索》2005年第9期。

### 3. 推动新型行业发展

高质量的人力资本是新兴产业发展的重要推动力。通过推动新兴产业的发展，人力资本能够促进产业结构优化和升级。① 高质量的人力资本具备较强的创新能力和技术开发能力，能够推动高科技产业的发展。通过技术研发和创新，信息技术、人工智能和生物技术等高科技产业快速发展，成为经济增长的重要引擎。高素质劳动者具备较强的环保意识和技术能力，能够推动绿色产业的发展。通过研发环保技术和产品，新能源、节能环保等绿色产业可以快速发展，推动产业结构优化和可持续发展。

# 第二节　劳动力跨国流动及其对全球经济发展的影响

劳动力跨国流动，即人力资源从一个国家向另一个国家的流动，是全球化进程中出现的一个重要现象。随着经济全球化的深入发展，劳动力跨国流动在世界范围内日益频繁，并对全球经济、社会和文化产生深远影响。劳动力跨国流动不仅对输出国和输入国的劳动力分布、经济发展产生影响，还对全球劳动力市场产生一定影响。

## 一、劳动力跨国流动的现状与特点

劳动力跨国流动的历史可以追溯到古代，早期的劳动力跨国流动主要是由于战争、殖民和贸易等原因引发的，后因全球殖民扩张和工业革命推进全球劳动力跨国流动，近年来世界经济迅速恢复和发展，劳动力跨国流动则呈现发展新态势和新特点，同时产生新因素影响劳动力跨国流动。

### （一）劳动力跨国流动的现状

当前，在世界多重危机的持续影响下，劳动力市场正在发生深刻变化，全球移民数量大幅增加、劳动力跨国流动分布不均、国际学生数量增加。

---

① 林毅夫：《产业政策与我国经济的发展：新结构经济学的视角》，《复旦学报（社会科学版）》2017 年第 2 期。

1. 国际移民数量增加

根据联合国国际移民组织(IOM)发布的最新《世界移民报告 2024》,全球移民人数已达到历史新高,全球约有 2.81 亿国际移民,占全球总人口的 3.6%。这一数据比 30 年前的 1990 年移民数量 1.53 亿人增加了约 1.28 亿人,更是 1970 年移民数量 8400 万人的三倍多。

2. 跨国劳动力分布不均

国际移民主要从发展中国家流向发达国家。截至 2024 年,美国是全球第一大移民输入国,共有 5100 万移民输入。印度是全球第一大移民输出国,有近 1800 万人生活在国外。而中国是全球第四大移民输出国,共有 1000 多万移民输入世界各国。[1] 国际移民流动最大的通道是从墨西哥到美国的移民走廊,有近 1100 万人通过这一走廊流动。

此外,工作型国际移民是国际移民的主流群体,主要分布在高收入国家及新兴市场,多在服务业领域工作。2019 年约有 1.69 亿工作型国际移民,占国际移民总人数的 62%。分布地区来看,46.3% 的工作型国际移民分布在北欧、南欧和西欧、北美等发达地区。约 67% 的工作型国际移民聚集在高收入国家,19.5% 在中高收入国家。分布行业来看,约 2/3 的工作型国际移民在服务业工作。其中,女性移民在服务业工作的比例接近 80%。[2]

3. 国际学生数量增加

国际学生通常被视为"准国际人才",尽管其数量不及工作型国际移民数量,但仍受到各国的关注和争夺。联合国教科文组织(UNESCO)发布的数据显示,全球高等教育阶段国际学生规模在过去 20 年间经历了显著增长,从 2000 年的 211 万人增至 2020 年的 636 万人,增长了 2 倍多。[3] 23.7% 的国际学生在美国、英国留学。美国是第一大留学目的国,英国、澳大利亚、德国紧随其后。25% 以上的

①  The International Organization for Migration, https://worldmigrationreport.iom.int/msite/wmr-2024-interactive/, July 24, 2024.

②  全球化智库, 全球人才流动趋势与发展报告, http://www.ccg.org.cn/archives/72200, 7 月 24 日, 2024 年。

③  United Nations Educational, Scientific and Cultural Organization, https://data.uis.unesco.org/#, July 24, 2024.

国际学生来自中国、印度。美国、中国、德国、法国不仅是前十大留学目的国还是前十大留学来源国。①

### (二)劳动力跨国流动的特点

劳动力跨国流动规模不断增加,其分布不平衡。在此背景下,劳动力跨国流动也呈现较明显的新特点,即多元化、技术高度分化、流动性、政策敏感。

1. 多元化

跨国劳动力的来源和目的地日益多元化。除了传统的移民大国,越来越多的发展中国家也扮演着劳动力输出和输入的双重角色。中国、印度等国既是劳动力输出大国,也是吸引外籍劳工的目的地。

2. 技术高度分化

跨国劳动力呈现出技术水平的高度分化。高技能移民,如信息技术、医疗和工程等领域的专业人才,主要流向发达国家。而低技能劳工则多从事建筑、农业和家庭服务等工作,流向各类经济体。

3. 流动性

许多跨国劳动力以临时工或季节工的形式存在,流动性较大。这些劳工在雇佣合同到期后,可能会返回原籍国或前往其他国家寻找工作。墨西哥劳工季节性前往美国从事农业劳动,合同期满后返回墨西哥。

4. 政策敏感

各国移民政策对跨国劳动力流动有重要影响。发达国家普遍实行较为严格的移民控制政策,通过签证、工作许可和配额等手段限制劳动力输入。而一些新兴经济体则积极出台吸引外国劳工的政策,缓解本国劳动力短缺问题。

### (三)影响劳动力跨国流动的主要因素

劳动力跨国流动规模不断增加,并呈现新特点。在此背景下,需要从经济因素、政策因素、文化因素、安全因素等方面厘清并总结影响劳动力跨国流动的因素。

---

① 全球化智库,全球人才流动趋势与发展报告,http://www.ccg.org.cn/archives/72200,7 月 24 日,2024 年。

### 1. 经济因素

经济因素是推动劳动力跨国流动的主要动力之一。[1] 经济发展的不平衡、工资水平的差异以及就业机会的不同，都是劳动力跨国流动的重要原因。工资水平的巨大差异是劳动力跨国流动的直接原因。高工资国家和地区对劳动力具有强大的吸引力。来自墨西哥的劳工愿意到美国工作，因为美国的工资水平远高于墨西哥，能够显著提高其生活水平。发达国家和地区通常提供更多的就业机会，以吸引劳动力流入。硅谷的高科技产业对全球 IT 人才具有强大的吸引力，许多高技术移民选择前往硅谷就业。经济发展的不平衡导致一些发展中国家的劳动力过剩，而发达国家则面临劳动力短缺问题，加速了劳动力跨国流动。

### 2. 政策因素

除经济因素以外，各国的移民政策对劳动力跨国流动有重要影响。[2] 不同国家和地区的移民政策、签证制度和劳工法律法规，直接决定了劳动力跨国流动的规模和方向。发达国家普遍实行严格的移民控制政策，通过签证、工作许可和配额等手段调节劳动力输入。美国的 H-1B 签证政策吸引了大量高技术移民，但也对移民数量和资格进行严格限制。此外，各国的劳工法律对跨国劳动力的保护和权益保障有重要影响。欧盟国家普遍实行较为严格的劳工保护法律，吸引了许多希望获得更好工作条件和社会福利的劳工。一些地区间的自由贸易协定和劳动力流动协议，促进了劳动力跨国流动。欧盟内部的劳动力自由流动政策，使得欧盟成员国的劳动力可以自由在各国之间流动，增加了劳动力市场的灵活性。

### 3. 文化因素

社会和文化因素也对劳动力跨国流动产生了重要影响。[3] 社会网络、文化认同和语言能力等因素都会影响劳动力的流动决策和适应能力。已有的移民网络对新移民具有重要吸引力。来自同一国家或地区的劳工往往选择前往已有同乡或亲属的国家，因为这样可以获得更多的支持和帮助，减少文化和语言障碍。文化认

---

[1]　张莉、何晶、马润泓：《房价如何影响劳动力流动？》，《经济研究》2017 年第 8 期。

[2]　丁纯、范雅婷：《欧盟老成员国向新成员国开放劳动力市场浅析》，《世界经济研究》2007 年第 9 期。

[3]　周芬芬、罗光强：《文化距离对中国农村劳动力跨国流动的影响》，《湖南农业大学学报(社会科学版)》2021 年第 6 期。

同和相似性对劳动力跨国流动有重要影响。前英国殖民地国家的劳工更倾向于前往英国，因为他们与英国有较深的历史和文化联系，语言相通，适应起来相对容易。语言能力是劳动力跨国流动的重要影响因素。语言障碍会增加移民适应和融入社会的难度。英语能力较强的劳工更倾向于选择英语国家作为移民目的地，因为语言优势能够帮助他们更好地适应和融入当地社会。

4. 安全因素

政治和安全因素对劳动力跨国流动也有重要影响。[1] 政治动荡、战争和安全威胁等情况，常常促使大量人口流动，寻求更安全和稳定的生活环境。政治动荡和政权更迭会导致大量人口外流。叙利亚内战期间，数百万叙利亚难民逃离家园，前往欧洲和其他国家寻求庇护和获取工作机会。安全威胁和暴力冲突也促使人口流动。恐怖主义威胁和地区冲突迫使许多人逃离危险地区，前往安全的国家和地区谋求生存和发展。

## 二、劳动力流动对输出国的影响

劳动力跨国流动对输出国各方各面发展具有重要意义。从劳动力市场的变化到侨汇对经济的贡献，再到回流移民的作用，劳动力跨国流动对输出国的经济、社会和文化产生了多层次的影响。

### （一）劳动力市场的变化

劳动力跨国流动对输出国的劳动力市场产生了显著影响，这种影响既有积极的方面，也有消极的方面。不仅影响劳动力供给，而且可以缓解就业压力以及提升人力资源。

1. 影响劳动力供给

劳动力跨国流动直接影响输出国的劳动力供给。[2] 大量劳动力外流可能导致国内劳动力短缺，特别是在一些特定行业和领域。某些行业对工人的依赖程度较

---

① 林琳：《中国的智力回流现状与原因初探》，《华中农业大学学报(社会科学版)》2009 年第 3 期。

② 杜两省、刘士武、陈太明：《中国的劳动力跨国外流问题研究：模型、博弈与政策》，《大连理工大学学报(社会科学版)》2008 年第 4 期。

高，当大量劳动力外流时，这些行业可能面临劳动力短缺问题。例如，菲律宾大量医护人员移民海外，导致国内医疗行业人力资源紧张。劳动力外流主要集中在低技能和中等技能劳动者，但也包括高技能人才。这种技能结构的变化可能导致国内某些技能领域的劳动力短缺，影响经济发展。印度的 IT 行业大量人才外流，导致印度国内高技能 IT 人才短缺。

2. 缓解就业压力

劳动力跨国流动缓解劳动力市场压力，在一些劳动力供过于求的国家，劳动力跨国流动有助于缓解国内劳动力市场的压力，通过向国外输出劳动力，可以缓解国内就业压力，减少失业人数。劳动力外流也可能对国内工资水平产生影响。由于外流劳动力主要集中在低技能工种，这些工种的供给减少可能导致工资水平上升，提高劳动者的收入水平。

3. 提升人力资源

劳动力跨国流动促进了人力资源的开发和提升。许多输出国通过职业培训和教育提高劳动力的技能水平，以满足国际劳动力市场的需求，提高劳动力的技能水平，提升劳动力的整体素质，促进劳动力结构优化。

## （二）侨汇对经济的贡献

侨汇，即海外劳工向其本国汇回的资金，是许多劳动力输出国的重要经济来源。这些侨汇对输出国的经济发展具有重要贡献。不仅促进经济增长、提高消费和投资，而且在减少贫困等改善民生方面发挥重要作用。

1. 促进经济增长

侨汇的规模通常较为庞大，对劳动力输出国的经济发展具有显著影响。据世界银行统计，全球侨汇总额逐年增长，已成为许多发展中国家的重要经济支柱。菲律宾每年的侨汇收入占其 GDP 的 10% 以上，印度每年的侨汇收入超过 700 亿美元，对国家经济具有重要贡献，侨汇收入对经济发展起到了重要支撑作用，成为该国经济的重要组成部分[1]。

---

[1]　The International Organization for Migration，https：//worldmigrationreport.iom.int/msite/wmr-2024-interactive/，July 24，2024.

2. 提高消费和投资

侨汇对劳动力输出国的经济发展有多方面的促进作用。侨汇为家庭提供了重要的收入来源，增加了消费能力，推动了国内消费市场的发展。同时，侨汇也成为家庭和个人投资的重要资金来源，促进了小型企业的发展和经济增长，推动了地方经济发展。侨汇是劳动力输出国重要的外汇来源，增加了国家的外汇储备，提高了经济的抗风险能力。政府可以利用侨汇资金进行基础设施建设，改善国内经济环境。

3. 减少贫困

侨汇在减少贫困方面发挥了重要作用，特别是在一些发展中国家。通过侨汇，许多贫困家庭的收入显著增加，改善了生活水平。侨汇为家庭提供更多的资金用于教育和医疗，提高了整体教育水平，改善了人力资本质量。

（三）回流移民的作用

回流移民，即在国外工作一段时间后返回本国的移民，对劳动力输出国的发展具有重要作用。回流移民带回的不仅是资金，还有技能、知识和国际经验，对劳动力输出国的经济、文化和社会发展具有积极影响。

1. 技术回流

回流移民带回的技术和知识是劳动力输出国的重要资源，促进了国内技术水平和生产效率的提高。回流移民在国外学到的先进技术和管理经验，通过在国内传播国际先进知识和经验，并将先进经验应用于国内企业和行业，提升了整体人力资本水平，促进技术创新和生产效率提高。

2. 资金回流

回流移民通常具备一定的资金积累和创业经验，回国后往往成为创业和投资的积极力量。回流移民利用在国外积累的资金和经验，投资国内市场，创办企业，带动了相关产业的发展，推动了国内创业活动的发展。

3. 文化交流

回流移民不仅对经济发展产生影响，还对社会和文化产生深远影响。回流移民带回了多元的文化和思想，促进了国内文化的多样性和开放性。回流移民在国外接触到的先进社会制度和管理经验，有助于推动国内的社会变革。

## 三、劳动力流动对输入国的影响

劳动力跨国流动对输入国的经济、社会和文化产生了深远的影响。不仅影响了劳动力市场的变化，，而且对经济增长与生产率以及社会文化的融合三个方面产生了深远影响。

### （一）劳动力市场的变化

劳动力跨国流动对劳动力输入国的劳动力市场产生了显著影响，这种影响既有积极的方面，也有消极的方面。不仅可以提高劳动力供给和改变劳动力市场结构，但同样会加剧劳动力市场竞争。

1. 提高劳动力供给

劳动力跨国流动为劳动力输入国提供了大量的劳动力，特别是在劳动力短缺的行业和领域。许多发达国家由于人口老龄化和出生率下降，面临劳动力短缺问题。劳动力跨国流动可以有效填补这些国家的劳动力缺口。劳动力跨国流动为输入国带来了多样化的劳动力供给，丰富了劳动力市场的技能结构。

2. 改变劳动力市场结构

劳动力跨国流动可以优化劳动力输入国的劳动力市场结构，提高整体生产效率和经济竞争力。劳动力跨国流动带来的多样化技能供给，有助于优化劳动力市场结构，增强经济活力。外籍劳工特别是高技能移民，往往带来新的思想和创新精神，促进了劳动力输入国的技术创新和创业活动。例如，硅谷的高科技创业公司中有大量由外籍移民创办，推动了美国科技产业的发展。

3. 加剧劳动力市场竞争

劳动力跨国流动也可能导致劳动力输入国劳动力市场的竞争加剧，特别是对低技能劳动力的影响较为显著。外籍劳工通常从事低技能、低薪的工作，与本国低技能劳动者形成竞争，本地低技能劳动者的就业压力增大，导致后者的就业机会减少和工资水平下降。大量外籍劳工的涌入可能压低某些行业的工资水平，特别是低技能岗位的工资，导致工资水平长期处于较低水平。

## （二）经济增长与生产率

劳动力跨国流动对劳动力输入国的经济增长和生产率具有重要影响，这种影响既体现在宏观经济层面，也体现在微观企业层面；不仅可以提高劳动力输入国的劳动力资源，还可以促进高技能劳动力移民，同时增强劳动力市场灵活性。

1. 提高劳动力资源

劳动力跨国流动为劳动力输入国带来了大量的劳动力资源，推动了经济增长。劳动力跨国流动增加了劳动力供给，扩大了经济规模。外籍劳工的涌入增加了人口数量，增加了住房、教育和医疗等方面的需求，扩大了消费市场，促进了相关产业的发展。

2. 促进高技能劳动力移民

劳动力跨国流动对劳动力输入国的生产率也有显著影响，特别是在高技能移民的贡献方面。高技能移民带来了先进的技术和知识，促进了技术引进和创新。劳动力跨国流动使得企业能够获得多样化的劳动力资源，提升了企业的竞争力。例如，德国的汽车制造业大量雇佣外籍高技能工程师和技术工人，提高了生产效率和产品质量。

3. 增强劳动力市场灵活

劳动力跨国流动提高了劳动力输入国劳动力市场的灵活性，增强了经济的适应能力和抗风险能力。外籍劳工的引入使得劳动力市场更加灵活，企业可以根据需要调整劳动力配置，灵活应对经济周期和市场需求的变化。劳动力跨国流动缓解了输入国人口老龄化等原因带来的劳动力短缺问题，增强了经济的可持续发展能力。

## （三）社会文化的融合

劳动力跨国流动对劳动力输入国的社会文化产生了深远影响，既带来了多样性和创新，也引发了融合和适应问题。劳动力跨国流动可以促进劳动力输入国文化多元化以及创造新文化元素，但是同样会带来文化融合挑战。

1. 促进文化多元化

劳动力跨国流动为劳动力输入国带来了丰富的文化多样性，促进了社会的多元化。外籍劳工带来了不同的文化背景和生活方式，促进了文化交流和融合。各种文化相互交融，形成了丰富多彩的文化景观。多样化的文化背景为社会带来了新的思想和创意，推动了文化繁荣。以伦敦为代表的国际大都市，吸引了来自世界各地的移民，成为全球文化和创意产业的中心。

2. 创造新文化元素

劳动力跨国流动为劳动输入国输入不同文化的劳动力，丰富本国的文化元素，促进文化交流和融合。输入国的文化不再是封闭和单一的，而是在与外来文化的交流中不断演变和创新。随着不同文化背景的劳动力的加入，输入国的文化市场需求也会变得更加多样化，这可能会激发新的文化产品和服务的创造。例如，为了满足不同文化背景劳动力的需求，可能会有新的文化娱乐场所和媒体平台出现。

3. 带来文化融合挑战

劳动力跨国流动也带来了社会融合的挑战，特别是在文化认同和社会包容方面。不同文化背景的外籍劳工在适应劳动力输入国文化时，可能面临文化冲突和适应问题，面临语言、习俗和社会规范的差异，导致社会融合的难题。此外，部分劳动力输入国社会对外籍劳工存在排斥和歧视现象，引发社会争议和讨论，影响了社会和谐和稳定。

## 四、劳动力流动对全球经济的影响

劳动力跨国流动不仅对各个国家产生深远影响，对全球经济的发展也具有重要意义。劳动力的跨国流动促进了全球创新能力的提高，优化了全球劳动力市场，并推动了国际贸易流动。

### （一）提高全球创新能力

劳动力跨国流动显著提高了全球创新能力，这种提升主要体现在高技能人才的流动和多样化团队的创新协作以及对全球创业活动的影响。

1. 提高高技能人才流动

高技能人才的跨国流动是全球创新能力提升的关键因素之一。世界各国特别是发达国家通过吸引全球高技能人才，推动了技术进步和创新。许多国家通过制定吸引高技能人才的政策，增强了本国的创新能力。美国的 H-1B 签证计划和加拿大的快速通道移民项目，吸引了大量高技能移民，推动了科技和工程领域的创新。高技能人才在不同国家之间的流动，促进了知识和技术的全球传播。中国和印度的高科技人才在欧美企业工作期间，掌握了先进的技术和管理经验，回国后进一步推动了本国的技术创新。

2. 形成多样化创新团队

劳动力跨国流动带来的文化和背景多样性，有助于形成多样化的创新团队，增强创新能力。多样化的团队成员提供了不同的视角和思维方式，促进了创新。硅谷的科技公司中，有大量来自世界各地的工程师和科学家，形成了多样化的团队，推动了技术创新和产品开发。劳动力跨国流动促进了全球范围内的协作和共享，推动了创新能力的提升。国际科研合作项目中，来自不同国家的科学家共同攻关，取得了许多重要的科技突破。

3. 促进创业活动

劳动力跨国流动特别是高技能移民，往往成为创业活动的重要推动力量。高技能移民具备较强的创业精神和能力，他们在新环境中往往能够发现新的商机，推动创业活动。美国的许多科技初创企业由移民创办，移民已经成为科技创新的生力军。劳动力跨国流动带来的资本和资源整合，促进了全球创业生态系统的发展。印度的高科技创业者在美国硅谷和印度班加罗尔两地，整合全球资本和技术资源，推动了高科技产业的发展。

(二)优化全球劳动力市场

劳动力跨国流动在优化全球劳动力市场方面发挥了重要作用，主要体现在劳动力供需平衡、技能匹配和劳动力市场灵活性方面。

1. 实现劳动力供需平衡

劳动力跨国流动帮助实现了全球劳动力供需的动态平衡，缓解了劳动力短缺和过剩的问题。发达国家通过吸引外籍劳工，缓解了本国劳动力短缺的问题，解决了劳动力不足的问题。发展中国家通过输出劳动力，缓解了本国的失业压力。

2. 促进技能和岗位匹配

劳动力跨国流动促进了全球范围内技能和岗位的有效匹配，提高了整体劳动生产率。高技能人才的跨国流动使得先进技术和管理经验在全球范围内得到传播和应用，通过吸引国外高技能人才，提升技术创新能力。同时，劳动力跨国流动促进了输出国和输入国在职业培训和教育方面的合作，提高了劳动力技能水平，优化了劳动力市场。

3. 提高劳动力市场灵活性

劳动力跨国流动提高了全球劳动力市场的灵活性，增强了经济的适应能力和抗风险能力。劳动力跨国流动推动了灵活就业模式的发展，如自由职业者、远程工作和短期合同工等，增强了劳动力市场的灵活性和适应性，使得劳动力市场能够更灵活地应对经济周期和市场需求的变化。

## (三) 促进国际贸易流动

劳动力跨国流动对国际贸易的促进作用显著，主要体现在贸易关系的加强、跨国企业的发展和贸易服务的提升方面。

1. 促进两国贸易交往

劳动力跨国流动促进了劳动力输出国和劳动力输入国之间的贸易关系，增强了经济联系。外籍劳工在劳动力输入国工作期间，往往会促进两国之间的贸易往来。劳动力跨国流动有助于建立国际商业网络，促进了本国与其他国家的贸易往来，推动全球贸易的发展。

2. 提高企业跨国活动

劳动力跨国流动为跨国企业的发展提供了丰富的人力资源，推动了全球业务的拓展。跨国企业通过雇佣外籍劳工，获得了多样化的人力资源，推动了全球业务的拓展。跨国科技公司通过雇佣来自不同国家的工程师和管理人员，拓展了全球市场。此外，劳动力跨国流动使得跨国企业能够更好地实现本地化经营，增强了竞争力，提升了对本地市场的了解和适应能力。

3. 提升贸易服务效率

劳动力跨国流动促进了国际贸易服务的发展和提升，提高了全球贸易效率。

劳动力跨国流动推动了全球物流和运输服务的发展，提高了贸易效率。跨国物流公司通过雇佣外籍员工，提升了服务水平和全球运输网络的效率。同时，劳动力跨国流动促进了国际金融和法律服务的发展，跨国金融机构和法律事务所通过雇佣外籍专业人士，提升了国际业务的服务能力，为全球贸易提供了支持。

## 第三节　高端人才流动、知识网络与全球经济发展

在全球经济发展的过程中，拥有重要技能的高端人才发挥着举足轻重的作用，然而这些重要的高端人才却相当稀缺。高端人才既可以自己做出非凡的突破性创新创造和科学发现，也可以通过协调和指导他人的行动，推动人类知识前沿的拓展，进而促进经济增长。在全球化背景下，高端人才的流动性显著增强，这种人才流动不仅促进了高技能人力资本的跨国交流，还加速了全球知识网络的形成。因此，高端人才的流动问题便成为各国政府关注的焦点。本节将从高端人才流动与全球知识网络形成，人才流动如何促进创新，以及这一现象对全球经济发展带来的影响三个方面深入讨论高端人力资本联系问题。

### 一、高端人才流动与全球知识网络的形成

人类社会的进步离不开伟大的天才，例如托马斯·爱迪生、亚历山大·贝尔或尼古拉·特斯拉，他们将诸多变革性的发明引入我们的生活，极大地推动了全球经济的发展。当深入探究这些天才的想法是如何实际产生时，它们背后的研发投入只是冰山一角，发明者本人才是最关键投入。

发明者积累知识的整个过程是这些新想法产生的基础。随着时间的推移，发明者通过与他人互动和学习来积累知识。大学、公司和其他研究机构试图为这种互动创造尽可能多的机会，从非正式的普通咖啡厅聊天到正式的国际会议。当涉及创意的生产阶段时，发明家组成不同规模的研究团队，利用他们的知识创造不同品质的创意。这些想法导致技术和产品的改进，并最终转化为经济增长。[1] 高

---

[1]　Akcigit U., S. Caicedo, E. Miguelez, S. Stantcheva, and V. Sterzi. 2018. Dancing with the Stars: Innovation Through Interactions. NBER Working Paper, No. w24466.

端人才的全球流动一方面形成了高端人力资本自身的流动，另一方面也携带着他们所拥有的知识，形成了知识的全球网络。而来自高端人才自身的人力资本流动以及高端人才所带来的知识流动，共同决定了全球经济发展中的创新驱动力

## （一）高端人才与全球知识网络的基本特征

高端人才通常指的是拥有先进技能、创新能力和专业知识的个体，他们在经济发展中起着关键作用。高端人才的特征包括以下几个方面：第一，专业的知识和技能。高端人才具备高水平的专业知识和技能，通常在某一特定领域具有突出的能力和成就。第二，突出创新能力。他们往往有强大的创新能力，能够在技术、管理、科学、艺术等方面实现突破。第三，受教育水平高。高端人才通常受过高等教育和专业培训，有较高的学术背景。第四，职业流动性强。高端人才在职业生涯中往往有较高的流动性，他们会在不同国家和地区之间迁移，为不同的组织工作。第五，领导力和社会影响力突出。许多高端人才在组织中担任领导角色，能带领团队实现目标，且在社会上具有较高的影响力和声望，其见解和行动能够影响政策制定和公共舆论。

全球知识网络是指以全球范围内的专家、学者和研究机构通过合作与交流形成的知识共享体系。这种网络的基本特征包括：第一，无形性。全球知识网络的主体是无形的知识和技术，而高端人才、企业、高校研究机构等都是这种无形知识的承载者。第二，高度专业性。网络内的知识交流多集中在特定的专业领域或学科，形成了高度专业化的知识共享体系。第三，交叉性与多样性。全球知识网络中的不同知识相互之间会有很强的互相影响，不同知识的交流碰撞可以产生全新的知识，进而丰富全球知识的维度，进一步促进新的知识生产。第四，高度开放性：全球知识网络具有开放性的特征，非正式成员和新成员可以比较容易地加入网络，参与知识共享和创新活动。第五，信息流动快。信息和知识在网络中流动速度快，且并不依赖于特定的传播渠道，从互联网到口口相传在内的各种途径，都可以让新的研究成果和创新理念迅速传开。

可以看到，高端人才和全球知识网络虽然是两个不同的概念，但其特征有一些相似之处。第一，知识和创新的核心地位。高端人才和全球知识网络都以知识

和创新作为核心要素。高端人才通过其专长和创造性思维推动知识创造和技术进步，而全球知识网络通过各成员间的知识交流和协作促进创新发展。第二，国际化和全球化。高端人才通常具有较高的国际流动性，经常在不同国家和地区工作和生活，参与国际项目和合作；全球知识网络则通过跨国界的合作和信息交流实现知识的全球化。第三，多样性和跨学科。两者都涉及多样化的背景和跨学科的合作。高端人才中包含来自不同文化和领域的专业人士，而全球知识网络亦汇集了各学科、各国的专家和研究机构。

两者的区别这体现在以下几个方面：第一，高端人才指的是个体，侧重于个人的能力、知识和创新潜力；全球知识网络则是一个集体概念，强调群体协作、知识共享和集体智慧。第二，高端人才具有较高的职业流动性，他们可能在不同国家和企业之间迁移工作；全球知识网络尽管也有动态变化的成员结构，但整体上保持相对稳定的合作和共享机制。第三，高端人才的特征更具体，涉及个人的专业背景、创新能力和职业发展等；全球知识网络的特征则更为广泛，涵盖信息流动、多样性和国际合作等宏观层面的内容。

高端人才和全球知识网络在推动知识创造和创新方面存在紧密联系。高端人才是全球知识网络的核心力量，而全球知识网络为高端人才提供了广泛的合作和交流平台。两者在知识经济时代共同构建了一个强大的创新生态系统，为全球经济和社会的发展注入了强大动力。通过对这两个概念特征的深入理解，可以更好地制定政策和措施，促进高端人才流动和全球知识网络的优化发展。

### (二)高端人才与全球知识网络的关系

高端人才和全球知识网络之间的关系密不可分，两者相互依赖、相互促进。以下几点可以概括这种关系。

第一，促进知识传播与共享。高端人才是知识的创造者和传播者，他们通过全球知识网络进行跨国交流和合作，加速了知识的传播和共享。西奥多·舒尔茨强调，高端人才教育和技能的国际化提升了全球知识存量，进而提高了人力资本积累水平，

第二，创新的驱动力。高端人才通过全球知识网络进行协作，激发创新思

维，推动技术进步和经济发展。熊彼特认为，企业家作为一种特殊的高端人才，其在全球知识网络中的互动是经济发展的关键。①他们通过全球网络的创新和合作，推动了"创造性破坏"，促进了新技术和新商业模式的产生。

第三，资源整合。全球知识网络为高端人才提供了一个集中的平台，使他们可以更高效地获取和整合全球资源，包括技术、信息和资金。查尔斯·金德尔伯格认为，全球知识网络有助于知识和技术的跨国转移，这对于全球经济的协调发展至关重要。

第四，人才流动与集聚。高端人才通过全球知识网络可以找到最适合其发展的环境和合作伙伴，这促进了人才的跨国流动和集聚。

### （三）高端人才流动与全球知识网络的演变

高端人才流动与全球知识网络的历史演变与互联网的兴起密切相关，并可以由此大致划分为以下几个阶段：

第一，初期阶段：局部交流与基础建立。在没有互联网的时期，高端人才主要依靠国际学术会议、访问学者计划和科研合作项目进行知识交流（Braun，1998）。知识和技术的流动以单向传递为主，跨国间的高端人才流动性较低。这一阶段的全球知识网络主要是学术交流网络。Crane（1972）将这种早期科学家之间松散但重要的跨国知识网络称之为"隐形学院"（Invisible Colleges）。

第二，中期阶段：互联网推动知识共享。在这一阶段，随着互联网和信息技术的发展，知识交流更加便捷，知识在互联网上的传播形成了不同于现实社会的网络社会（Network Society）（Castells，1996）。在其对互联网如何影响全球知识网络社会的研究中，高端人才的跨国流动变得频繁，促进了全球知识网络的形成和扩展。跨国企业和国际研究合作项目增多，知识传播速度加快，协作水平提高（Kogut and Zander，1992）。

第三，成熟阶段：知识网络的高度发达。进入 21 世纪后，全球知识网络已经高度发达，高端人才通过全球化的科研合作、跨国企业创新中心等多种途径进

---

①　Schumpeter J. A. 1934. The Theory of Economic Development: An Inquiry into Profits, Capital, Credit, Interest, and the Business Cycle. Cambridge, Mass.: Harvard University Press.

行互动。Saxenian(2006)讨论了硅谷与其他全球创新中心之间的联系，强调了人才流动和全球网络对创新的核心驱动作用。[1] 互联网使得知识共享的速度和广度显著提升，全球范围内的科研协作更加紧密。跨学科和跨界的创新越来越多，推动了技术前沿的发展。高端人才所形成的额"创意阶层"(Creative Class)对所在城市和区域的发展都至关重要(Florida，2005)。

## 二、高端人才流动对创新的影响路径

高端人才的全球流动是形成全球知识网络的重要途径，而这种全球人才流动究竟如何促进创新活动的产生，对于理解高端人才在全球经济发展过程中的作用至关重要。Duranton 和 Puga (2004)以及 Carlino 和 Kerr(2015)的将高端人才流动影响全球创新的路径，总结为知识生产、知识共享和知识扩散三个关键环节。[2][3]

### (一)知识生产

知识生产是创新过程的起点，也是高端人才流动最直接影响的领域。这涉及到高端人才集聚与高端人才跨国流动两个重要的方面。

第一，高端人才集中与知识生产。Carlino 和 Kerr (2015) 以及 Duranton 和 Puga(2004)都指出，高端人才的集中可以显著提升知识生产的效率和质量。[4][5]高端人才集中在某一特定区域或机构内，能够形成所谓的"人才集聚效应"(talent agglomeration effects)。这种集聚效应表现在以下几个方面：其一，智力碰撞(Intellectual Collision)。高端人才在同一地区或机构内工作，能够频繁地进行正

---

① Saxenian, A. 2006. The New Argonauts：Regional Advantage in a Global Economy. Harvard University Press，Cambridge，MA.

② Duranton G.，and D. Puga. 2004. Chapter 48-Micro-Foundations of Urban Agglomeration Economies. Handbook of Regional and Urban Economics，Elsevier：2063-2117.

③ Carlino G.，and W. R. Kerr. 2015. Chapter 6-Agglomeration and Innovation. Handbook of Regional and Urban Economics，Elsevier：349-404.

④ Carlino G.，and W. R. Kerr. 2015. Chapter 6-Agglomeration and Innovation. Handbook of Regional and Urban Economics，Elsevier：349-404.

⑤ Duranton G.，and D. Puga. 2004. Chapter 48-Micro-Foundations of Urban Agglomeration Economies. Handbook of Regional and Urban Economics，Elsevier：2063-2117.

式与非正式的交流。这种"智力碰撞"不仅有助于灵感的激发，还能够迅速验证和改进科研思路，从而提高知识生产的效率和创新质量。其二，资源共享（Resource Sharing）。高端人才集中区域通常拥有丰富的科研资源，如高水平的实验室、先进的设备和庞大的数据资源。资源共享能够使科研活动更加高效，降低知识生产的边际成本。其三，溢出效应（Spillover Effects）。高端人才相互之间的知识外溢效应显著，优秀科研人员的突破往往能够激发同事的创新灵感和研究热情，从而在较短时间内产生更多优质的科研成果。

第二，跨国流动与知识生产。在高端人才跨国流动愈发频繁的当下，人才集聚已经逐渐出现国家的地理边界，从而带来了一些全新的影响途径。其一，多样性集聚。多样化的文化和学术背景能够带来不同的思想和观点，这种多样性交互作用是创新的重要源泉。[1] 高端人才的跨国流动有助于提高研究团队的多样性，增强其创新能力。其二，全球化视野。跨国流动的高端人才通常具备广泛的全球视野，他们能够更加敏锐地捕捉到国际前沿科技的发展动态，并将这些前沿知识带回本国或所在机构，从而提升本地的知识生产能力。其三，引进先进技术和方法。高端人才在不同国家和地区之间流动，可以将先进的技术和研究方法引入新环境，从而推动当地的知识生产。Duranton 和 Puga（2004）进一步指出，这种技术和方法的引进不仅限于学术领域，还包括商业和工业领域，进一步放大了知识生产的成果。[2]

## （二）知识共享

知识共享是创新生态系统中的一个关键环节，有效的知识共享能够加速技术的推广和应用。高端人才对新知识新技能的快速学习密切相关（Mansfield，1985；Thompson，2010），而且创新活动更多依靠现有知识的再利用和再组织（Griss，1993；Majchrzak et al.，2004）。不同的知识组织方式是能够实现创新的重要隐性知识，这就内在要求广泛的知识共享。这主要体现在知识传播的网络效应，以及

① Jacobs J. 1969. The Economy of Cities. Knopf Doubleday Publishing Group.

② Duranton G., and D. Puga. 2004. Chapter 48-Micro-Foundations of Urban Agglomeration Economies. Handbook of Regional and Urban Economics, Elsevier: 2063-2117.

相应的全球知识网络的扩张。

第一,网络效应与知识共享。Carlino 和 Kerr(2015)强调,知识共享的一个关键因素是网络效应(Network Effects)。[①] 在高端人才集中区域,专业社群和科研机构之间的紧密联系使得知识分享更加频繁和高效。这种联系的方式主要有以下三个方式:其一,正式交流。高端人才流动带来的正式交流包括学术会议、研讨会和科研合作项目。这些平台提供了知识共享的正式渠道,使最新的研究成果得以及时传播。其二,非正式交流。非正式交流如学术聚会、餐会和社交活动,也为知识共享提供了重要平台。高端人才通过这些非正式渠道,能够快速分享自己的研究心得和实验结果,促进知识扩散。其三,虚拟网络。信息技术的发展使得知识共享平台更加多样化和便捷化。高端人才可以通过电子邮件、科研社交平台和在线合作系统,与全球的同行分享和交流研究成果。

第二,高端人才跨国流动与全球知识共享网络。高端人才的跨国流动会通过一下三个途径推动全球知识网络的形成,并推动全球知识共享:其一,跨国合作:高端人才在不同国家和地区的流动,促成了更多的跨国合作项目。这些项目不仅能够汇聚世界顶尖科研力量,还能有效地共享资源和信息,提高知识共享的效率。其二,知识回流:跨国流动的高端人才在国外学习和工作的经历,使他们掌握了大量前沿知识。这些人才在返回母国或流动到其他国家时,会将这些前沿知识带回来,形成知识的"回流"效应,促进全球知识共享。其三,国际学术网络:高端人才流动有助于建立和推动国际学术网络的发展。这样的网络不仅覆盖广泛,而且深度整合,使得不同国家和地区的研究者能够在同一平台上高效交流和合作。

## (三)知识扩散

知识扩散是指知识由生产者传播到使用者之间的过程,这一过程对于将创新转换为实际的技术应用至关重要,这也是创新活动最终实现经济发展的重要环节。其中,创新的地理集聚是知识扩散得以形成的重要动因,而在地理集聚的同

---

① Carlino G., and W. R. Kerr. 2015. Chapter 6-Agglomeration and Innovation. Handbook of Regional and Urban Economics, Elsevier: 349-404.

时，全球知识网络也促进了跨区域知识扩散，从而有效地带动了知识落后地区的创新发展。

第一，地理集聚与知识扩散。根据传统的 Marshall 集聚理论，经济集聚可以有效的促进知识扩散，而这主要包括以下几个方面的：其一，近距离互动：在地理集聚区，科研机构、企业和高端人才的近距离互动能够显著促进知识扩散。这种互动不仅限于同一实验室或办公区，还包括园区内不同机构之间的合作。其二，人才流动：地理集聚区内的人才流动频繁，一个高端人才从一家机构到另一家机构，将会带动其携带的知识和技术在新旧机构间扩散。这种流动性对于快速扩散新技术和应用至关重要。其三，合作共享，地理集聚促成了更多合作项目，这些项目不仅在短期内产生创新成果，还能在项目结束后与合作方共享相关的研究和应用，实现知识的持续扩散。

第二，跨区域知识扩散。在人才集聚的同时，高端人才的跨国和跨区域流动也促进了不同区域内的知识传播，推动了跨区域的知识扩散。具体而言，其方式主要包括以下三点：其一，跨国技术转移：高端人才的跨国流动带动了先进技术和管理经验的跨境转移，这些科技成果和知识在全球范围内扩散，许多发展中国家借此实现了技术进步。其二，全球技术扩散网络：高端人才跨国流动与全球知识网络的结合，形成了全球技术扩散网络。这些网络不仅使最新技术和创新在全球范围内迅速传播，还提供了一个跨国界的知识交流平台，推动各国科技水平的同步提高。其三，知识回流机制：对于高端人才曾经所在的地区，他们往往会通过继续合作和交流，将新知识和技术传回原地区，这种"回流"机制是跨区域知识扩散的重要途径。

## 三、高端人才流动对全球创新的影响

高端人才对于一国经济发展的重要性是不言而喻的，当时高端人才的高度流动性同时也对各国的经济发展带来了不同的影响，而站在全球经济发展的宏观视角下，高端人才全球流动对全球创新活动的影响却喜忧参半。

### （一）对流入国创新活动的影响

对高端人才流入国而言，高端人才的流入总体而言促进了其国内的创新活动，具体而言体现在以下三个方面。

第一，知识溢出效应。高端人才的流入通常带来显著的知识溢出效应（Knowledge Spillover Effect）。流入国的科研机构和企业能够从这些人才带来的先进知识、技术和管理经验中受益，从而提升自身的创新能力和竞争力。例如，Saxenian（2006）研究表明，硅谷能够成为全球科技创新中心，很大程度上得益于国际高端人才的聚集。[1]

第二，创新资源整合。高端人才的流入有助于整合多种创新资源，包括科研资金、设备、信息和网络。通过国际化合作，流入国能够更加有效地利用这些资源进行创新。例如，Zucker and Darby（1996）研究了诺贝尔奖获得者和生物技术领域科学家的流动，发现流入国的科研产出和科技公司数量显著增加。[2]

第三，激励本地人才。高端人才的流入不仅直接推动了创新成果的产生，还通过竞争和合作，间接激发了本地人才的创新活动。在这方面，Kerr（2008）指出，移民科学家和工程师的到来构成了对本地科学家的挑战，提升了整体科研产出。[3]

然而，不可避免地，高端人才的流入也会带来一些负面影响，这主要体现在对本地高端人才劳动力市场的影响上。虽然高端人才流入可以激励本地人才的创新活动，但本地人才面对不断加剧的劳动力市场竞争时，同样可能选择到其他国家寻找发展机会，从而导致本土人才流失。此外，高端人才的跨国流动带来的文化和社会融入问题，同样是人才流入国需要谨慎面对和处理的挑战。

## （二）对流出国创新活动的影响

对于高端人才流出国而言，重要的创新要素流失对其创新活动的影响首先是

---

[1] Saxenian, A. 2006. The New Argonauts: Regional Advantage in a Global Economy. Harvard University Press, Cambridge, MA.

[2] Zucker, L. G., & Darby, M. R. 1996. Star Scientists and Institutional Transformation: Patterns of Invention and Innovation in the Formation of the Biotechnology Industry. Proceedings of the National Academy of Sciences of the United States of America. Vol. 93, No. 23.

[3] Kerr, W. R. 2008. Ethnic Scientific Communities and International Technology Diffusion. The Review of Economics and Statistics. Vol. 90, No. 3.

一种损失。这主要体现为"知识流失"问题，(Brain Drain)即高端人才的流出导致母国科研和创新能力的降低问题。高端人才的流失，特别是在关键技术和核心创新领域的人才流失可能对国家的科技和工业发展产生不利影响。Bhagwati and Hamada(1974)早在研究发展中国家的人才外流问题时就指出，人才流失会对这些国家的经济和社会发展带来不利影响。高端人才外流之后，流出国的人力资本市场结构会出现降级，则有可能阻碍发展中国家向更高附加值产业的攀升。[1]

但与此同时，由于全球知识网络的存在，高端人才的流出可能同样为人才流出国提供了接触国际知识前沿的宝贵机会，从而最终促进人才流出国的创新发展。这包括两个重要的维度，第一，反向知识流动。随着互联网和全球化的发展，流出国也可能从高端人才的流出中受益，形成"反哺效应"。即使人才离开了母国，他们依然可以通过跨国合作和知识网络回馈母国。这种现象在Kuznetsov(2008)的研究中被称为"知识返乡"(Knowledge Remittance)。[2] 第二，网络效应。高端人才的国际流动往往会促进母国与流入国之间的科研合作，提高母国在全球知识网络中的地位和影响力。Agrawal，McHale，and Oettl(2011)研究发现，即使高端人才流出后不再回国，其在留学或工作期间积累的国际科研网络也有助于母国创新能力的提升。[3] 因此，全球知识网络的重要性是不容忽视的。

## (三)对全球创新活动的整体影响

在全球经济发展的宏观视角而言，全球人才的自由流动是促进知识前沿扩张的重要途径，无论是人才的物理移动还是全球人才的紧密交流，都有助于促进全球创新活动的产生。具体而言，第一，高端人才流动可以促进全球知识共享。高端人才的流动是一种重要的全球知识共享机制。通过跨国流动，创新知识得以迅速在全球传播，推动全球科技进步。研究表明，国际流动的高端人才在跨国专

---

[1]　Bhagwati, J. N., & Hamada, K. 1974. The Brain Drain, International Integration of Markets for Professionals and Unemployment：A Theoretical Analysis. Journal of Development Economics. Vol. 1, No. 1.

[2]　Kuznetsov, Y. 2008. Global Mobility of Talent：What it Means for Developing Countries. World Bank, Washington, DC.

[3]　Agrawal, A., McHale, J., & Oettl, A. 2011. Collaboration, Stars, and the Changing Organization of Science：Evidence from Evolutionary Biology. Research Policy. Vol. 40, No. 3.

利、科研论文协作等方面都表现出更高的产出。① 第二，高端人才全球流动可以激发全球创新竞争。高端人才的流动也激发了全球范围内的创新竞争，各国通过吸引高端人才来提升自身的创新能力，从而形成了全球创新的良性循环。Markusen(2004)提出，"人才竞赛"使得各国投入更多资源在研发和创新活动上，促进了全球科技进步。②

但高端人才的流动往往是从相对发展落后的创新后发国家向经济发达的创新领先国家转移，这就催生了对于全球发展不平等的担忧。一般而言，高端人才的流动对流入国的创新活动具有显著的积极影响，特别是通过知识溢出和资源整合提升了流入国的创新产出。但对于人才流出国而言，人才流失的影响却并未达成一致。一些研究也指出高端人才流动损害了流出国的创新能力，降低了流出国的创新能力。③ 但也有研究表明，通过反哺效应和网络效应，认为流出国的创新也能够受益。对于人才流出国影响的分歧，主要在于对"反哺效应"和"脑流失"严重程度的看法。部分学者认为，长远来看，流出国通过全球知识网络和人才反哺能够获得持续的创新驱动，而另一些学者则更关注短期内的负面影响，如科研力量削弱和创新产出下降。

总体而言，高端人才流动对全球创新活动的影响是复杂且多面的，需要在不同背景下综合分析其长期和短期效应。同时，制定针对性的政策，优化高端人才的流动机制，可以最大限度地发挥其对全球创新的积极作用，并减轻可能的负面影响。

## 四、全球知识网络扩张对全球经济发展的影响

全球知识网络的扩张对全球经济发展产生了广泛而深远的影响，从贸易和投资、劳动生产率、区域不平等到各国创新政策，均体现出知识网络的重要作用。

---

① Miguélez, E., & Moreno, R. 2015. Knowledge Flows and the Absorptive Capacity of Regions. Research Policy. Vol. 44, No. 4.

② Markusen, J. R. 2004. Multinational Firms and the Theory of International Trade. MIT Press, Cambridge, MA.

③ Docquier, F., & Rapoport, H. 2012. Globalization, Brain Drain, and Development. Journal of Economic Literature. Vol. 50, No. 3.

通过对现有学术研究的详细分析与综合,我们可以更加清晰地理解全球知识网络是如何推动经济发展和创新进步的。

## (一)对贸易和投资的影响

全球知识网络的扩张奠定了新的全球经济基础,极大地影响了贸易和投资的格局。全球知识网络影响国际贸易和投资的途径主要包括以下几个方面。

第一,技术转移与产品升级。技术转移是全球知识网络对国际贸易和投资产生影响的核心途径之一。在全球知识网络中,各国之间通过科研合作、知识共享等方式,实现了技术的迅速传播和应用。例如,Sachwald(2008)指出,发达国家通过直接投资和技术许可等途径,将先进技术转移到发展中国家,促进了后者的工业化和产品升级。① 技术转移不仅带来了新的生产工艺,还催生了高附加值产品的生产。高端技术和产品的大量涌现,推动了全球贸易的结构升级,尤其是高科技产品的贸易量显著增加。Lall(2001)研究表明,发展中国家通过吸收先进技术,很快建立起了自己的高科技产业链,使其产品更具国际竞争力,进而加速了全球贸易的增长。②

第二,投资模式的转变。全球知识网络还显著改变了传统的投资模式。知识网络使得企业更容易获取全球范围内的创新资源和市场信息,优化了投资决策过程。Dunning(1998)的理论指出,知识网络使得跨国公司能够更加精准地选择投资地点,通过整合全球研发资源,持续提升自身的创新能力。③ 此外,知识网络的扩张促使跨国公司越来越多地采取创新驱动模式进行海外投资。例如,许多跨国公司在全球创新中心(如硅谷、剑桥等地)纷纷设立研发中心,以便紧密连接全球知识网络,获取最新的科研成果。这些研发中心不仅为公司本身带来收益,还有效促进了当地经济的发展和全球知识的进一步传播。

---

① Sachwald, F. 2008. Global innovation networks and competitiveness of regions: The role of the new forms of organisation and cooperation. Regional Innovation and Governance in Europe and the USA, 51-78.

② Lall, S. 2001. Competitiveness, Technology and Skills. Books Published by Edward Elgar Publishing, 1-24.

③ Dunning, J. H. 1998. Location and the multinational enterprise: A neglected factor? Journal of International Business Studies. Vol. 29, No. 1.

第三，无形资产投资的增长，与传统的实物资产投资相比，无形资产投资正在成为知识网络时代的重要趋势。Hall(2001)指出，在全球知识网络的推动下，无形资产(如研发投入、品牌价值、软件和数据库等)在企业总投资中的比重迅速上升。[①] 这类投资通常具有高风险、高回报的特点，对企业的长期竞争力至关重要。这种无形资产投资的增长，促使各国政府和企业不断增加对教育、科研和创新环境的投入，进一步巩固和扩展全球知识网络。这一趋势不仅优化了全球投资结构，还显著提升了全球经济的创新动力。

## (二)对劳动生产率的影响

全球知识网络不仅影响了贸易和投资，还深刻改变了劳动生产率的模式和水平。全球知识网络通过提高技术创新效率和优化生产管理，显著提升了全球各国的劳动生产率，具体而言，这种影响体现在以下三个方面。

第一，技术创新的驱动作用。全球知识网络促进了技术创新的频率和深度，从而大幅提升了劳动生产率。Romer(1990)的内生增长理论指出，知识和创新是经济长期增长的核心驱动力。通过全球知识网络，各国企业和科研机构可以更快地获取和应用新的知识和技术，持续推动生产力的提升。[②] 具体而言，知识网络使得最前沿的科研成果能够快速转化为新的生产工具和工艺。例如，在信息通信技术(ICT)领域，全球知识网络的扩展使得新技术(如云计算、大数据、人工智能等)迅速普及。这些技术不仅提升了企业的生产效率，还催生了新的商业模式及市场需求，进一步推动了劳动生产率的提高。

第二，专业技能的提升和工作效率的优化。全球知识网络还通过专业技能的提升和工作效率的优化，间接促进了劳动生产率的提高。Autor(2015)指出，随着全球知识网络的扩展，高端人才的交流和合作变得更加频繁，不同国家的劳动力能够更有效地互补和协作，从而提升整体工作效率。[③] 此外，知识网络的扩展

①　Hall, B. H. 2001. The stock market's valuation of R&D investment during the 1980's. American Economic Review. Vol. 83, No. 2.

②　Romer, P. M. 1990. Endogenous technological change. Journal of Political Economy. Vol. 98, No. 5.

③　Autor, D. H. 2015. Why are there still so many jobs? The history and future of workplace automation. Journal of Economic Perspectives. Vol. 29, No. 3.

促使各国高度重视人才培训和再教育，不断提升劳动力的专业技能和创新能力。例如，许多国家通过与国际知名学府和科研机构的合作，开展各种形式的职业培训和学术交流活动。这不仅提升了本国劳动力的技能水平，还为全球知识网络注入了新的活力。

第三，企业管理和组织创新。全球知识网络促进了企业管理和组织创新，进而提高了劳动生产率。Teece（2007）的研究表明，在知识网络的影响下，越来越多的企业采用扁平化的组织结构和灵活的管理方式，充分发挥员工的创造力和自主性。[①] 具体来说，全球知识网络使企业能够更好地整合和利用内部和外部的知识资源，通过开放式创新平台和协同工作软件，实现跨部门和跨国界的高效协作。这种组织创新不仅提高了企业的应变能力和决策效率，还显著提升了劳动生产率。

### （三）对区域不平等的影响

全球知识网络的扩展在一定程度上缓解了区域间不平等，但同时也带来了新的挑战。学术界在这一问题上存在不同观点，以下是对两方面影响的细致分析。

一方面，全球知识网络缓解了区域不平等。全球知识网络在一定程度上缓解了区域不平等，尤其在一些发展中地区发挥了积极作用。Saxenian（2006）的研究表明，通过参与全球知识网络，发展中国家和地区能够快速获取先进技术和管理经验，提升自身的经济竞争力。[②] 例如，中国和印度等新兴经济体通过积极参与全球知识网络，在高科技产业（如信息技术、生物医药等）方面取得了显著成就。这些国家吸引了大量海外留学生和高端人才回国创业，引进了先进技术和资本，推动了本国经济的快速发展，逐步缩小了与发达国家的差距。

另一方面，全球知识网络加剧了区域不平等。全球知识网络的扩展在一定程度上加剧了区域不平等。知识和资源在全球范围内的分布仍然不均衡，发达国家

---

① Teece, D. J. 2007. Explicating dynamic capabilities: The nature and microfoundations of (sustainable) enterprise performance. Strategic Management Journal. Vol. 28, No. 13.

② Saxenian, A. 2006. The New Argonauts: Regional Advantage in a Global Economy. Harvard University Press, Cambridge, MA.

和地区在全球知识网络中的核心地位更加稳固,而一些落后地区则进一步边缘化。Feldman 和 Audretsch(1999)指出,发达国家和地区集中了全球大部分的高端科研机构和创新资源,通过知识网络的扩展,这些地区获得了更多的发展机遇和经济利益。① 而一些缺乏基础设施和创新环境的落后地区,因无法有效参与全球知识网络,面临进一步被边缘化的风险。

## (四)对各国创新政策的影响

全球知识网络的扩展对各国的创新政策产生了深远的影响。各国政府需要不断调整和优化创新政策,以适应全球化的知识传播和竞争环境。

第一,鼓励国际科研合作。全球知识网络的扩展促使各国政府更加重视国际科研合作,制定了鼓励科研人员和机构参与国际合作的政策。Cohen 和 Levinthal(1990)提出的"吸收能力"理论指出,通过国际科研合作,各国能够增强对外部知识的吸收和利用能力,提高本国的科研和创新水平。② 具体而言,政府可以通过资助国际科研项目、支持跨国学术交流和设立海外研究机构等措施,鼓励本国科研人员和机构积极参与全球知识网络建设。这不仅有助于本国获取最新的科研成果,还能提高本国在国际科研领域的影响力和话语权。

第二,人才政策竞争。全球知识网络的扩展使得高端人才的竞争更加激烈,各国政府纷纷出台政策,吸引和留住高端人才。Saxenian(2006)的研究表明,通过宽松的移民政策、优厚的科研待遇和良好的创新环境,许多国家成功吸引了大量海外高端人才,推动了本国科研和创新能力的提升。③ 此外,政府还应加强本国人才的培养和激励,提升本国科研人员的素质和创新能力。例如,通过设立科研奖励基金、提供科研资助和职业发展支持等措施,激励本国科研人员积极开展创新活动。

---

① Feldman, M. P., & Audretsch, D. B. 1999. Innovation in cities: Science-based diversity, specialization and localized competition. European Economic Review. Vo. 43, No. 2.

② Cohen, W. M., & Levinthal, D. A. 1990. Absorptive capacity: A new perspective on learning and innovation. Administrative Science Quarterly. Vol. 35, No. 1.

③ Saxenian, A. 2006. The New Argonauts: Regional Advantage in a Global Economy. Harvard University Press, Cambridge, MA.

第三,知识产权保护强化。随着全球知识网络的扩展,知识产权保护的重要性日益凸显。各国政府需要不断完善知识产权法律法规,保护创新者的合法权益,促进知识的传播和应用。Mazzoleni 和 Nelson(1998)指出,强有力的知识产权保护能够激励科研人员和企业进行创新,提升经济竞争力。[1] 具体措施包括:加强知识产权法制建设,完善专利申请和审查机制;建立健全知识产权执法体系,严厉打击知识产权侵权行为;推动国际间的知识产权合作和协调,共同应对全球知识网络中的知识产权保护问题。

第四,推动开放式创新。全球知识网络的扩展促进了开放式创新的兴起。Chesbrough(2003)提出,开放式创新是一种企业通过外部合作和内部资源整合,实现创新突破的模式。[2] 各国政府需要积极推动开放式创新,鼓励企业和科研机构通过合作共享知识和资源,提升创新效率。具体政策措施包括:支持企业和科研机构建立开放式创新平台,促进跨部门和跨国界的合作;提供政策和资金支持,鼓励企业开展开放式创新项目;推动跨国界的创新联盟和合作网络的建设,提升本国在全球知识网络中的地位。

总而言之,全球知识网络的扩展对全球经济发展具有深远影响。通过促进技术转移和产品升级,优化投资模式,提升无形资产投资,全球知识网络推动了国际贸易和投资的增长;通过驱动技术创新、提升专业技能和优化企业管理,知识网络显著提升了劳动生产率;在缓解和加剧区域不平等方面,知识网络发挥了复杂的双重作用;在各国创新政策方面,知识网络促使各国政府不断调整和优化政策,鼓励国际科研合作,吸引和留住高端人才,加强知识产权保护,并推动开放式创新。

全球知识网络不仅改变了全球经济的运行机制,还深刻影响了各国的经济增长模式和发展战略。在全球化背景下,各国应积极参与和完善全球知识网络,分享全球经济增长的红利,共同推动全球经济的协同发展。

---

① Mazzoleni, R., & Nelson, R. R. 1998. Economic theories about the benefits and costs of patents. Journal of Economic Issues. Vol. 32, No. 4.

② Chesbrough, H. W. 2003. Open Innovation: The New Imperative for Creating and Profiting from Technology. Harvard Business School Press.

# 第九章

# 区域经济一体化与全球经济发展

区域经济一体化在第二次世界大战后出现在世界经济的舞台之上，并于 20 世纪 90 年代开始在全球范围内飞速发展。伴随着经济全球化的演进，区域经济一体化与全球经济发展之间的关系愈发紧密，对全球经济增长与全球经济格局变迁均产生了极其重要的影响。如今，在世界经济全球化面临深刻调整的同时，区域经济一体化仍在加速发展。理解区域经济一体化及其给全球经济发展带来的机遇与挑战具有重要意义。

## 第一节　区域经济一体化的理论基础与发展

在讨论区域经济一体化对全球经济发展的影响之前，需首先对区域经济一体化的有关理论及现实发展加以了解。从 20 世纪 50 年代的"旧区域合作"到 20 世纪 90 年代开始的"新一轮区域合作"，区域经济一体化的分析理论在不断演进。与之相应地，区域经济一体化发展的动因也逐渐超出了传统经济学的范畴。而现实世界中，全球不同区域的经济一体化发展过程也各具特色。

### 一、区域经济一体化发展的理论基础

在 20 世纪 90 年代的新一轮区域合作大规模产生之前，区域经济一体化的分析理论主要集中于经济学领域，并产生了关税同盟理论、共同市场理论等传统理论。但在新区域主义下，单纯运用经济学理论已无法全面解释区域发展的新特

征，新功能主义理论、自由政府间主义理论等非传统理论随之诞生。

## （一）关税同盟理论

第二次世界大战结束后，伴随着世界经济的重启，以及旧区域合作浪潮的出现，各种研究区域经济一体化发展的理论逐渐被学者们提出和丰富。其中，关税同盟理论是研究区域经济一体化发展最为基础和最为核心的理论。关税同盟理论最早是由英国经济学家雅各布·维纳（Jacob Viner）在 1950 年出版的《关税同盟理论》（The Customs Union Issue）一书中提出，① 后经多位著名学者丰富完善。

Viner 的关税同盟理论主要围绕两个核心概念：贸易创造效应和贸易转移效应，这两个效应是评估关税同盟福利变化的基础。Viner 强调，区域贸易并不一定只产生正向的经济效应，其将区域贸易产生的效应分为：贸易创造效应和贸易转移效应。贸易创造效应是指关税同盟的建立能够使成员国之间的商品贸易量增加，从而促进资源的有效配置，关税取消使成员国之间的商品价格下降，进而提升贸易流动性和经济福利，即贸易创造效应意味着生产从高成本的国内生产者转向低成本的成员国生产者。贸易转移效应是指关税同盟的外部统一关税可能会使成员国从原本更具成本效益的非成员国进口，转向成本较高的成员国，这种贸易转移可能降低资源配置效率，导致潜在的福利损失。

Viner 提出的关税同盟理论是建立在静态效应分析的基础上，其后多位学者对该理论进行了扩展与修正，进一步推动了关税同盟理论的发展。在区域贸易合作过程中，对经济福利产生影响的主要动态效应包括下面三个方面：第一，规模经济效应。消除关税壁垒，企业可以更加自由地进入其他成员国市场，扩大销售范围，这有助于企业以更大的规模进行生产，从而降低单位成本。第二，投资效应。关税同盟的建立促使跨国公司将更多投资布局于一体化地区，以便更好地服务整个区域市场，而不必在多个国家重复设厂，即鼓励企业将资金投向最具比较优势的国家，从而优化资本配置。第三，竞争效应。由于关税同盟带来市场的开放和扩大，成员国企业之间的竞争加剧，迫使企业提高生产效率、创新能力和产

---

① Viner, J. 1950. The Customs Union Issue. New York：Carnegie Endowment for International Peace.

品质量。

## (二)共同市场理论

关税同盟是区域经济一体化中较为基本的合作形式,共同市场是在此基础上表现得更为开放和自由的一体化合作形式。共同市场理论的提出可以追溯到欧洲经济共同体(EEC)成立之前,特别是在1948年的关税与贸易总协定(GATT)背景下,强调通过减少或消除贸易壁垒来实现区域内资源的最优配置。共同市场理论的核心观点在于,除了关税减让外,还应消除非关税壁垒,进而实现资本、劳动力和商品的自由流动。这种流动性不仅提高了资源的使用效率,还促进了技术的传播和创新,推动了区域内经济的整体增长。根据共同市场理论,成员国在整合市场的过程中,能够形成更大的经济规模,进而增强国际竞争力。

随着理论不断发展,经济学家们不断丰富共同市场的内涵。比如,保罗·克鲁格曼的"新贸易理论"强调规模经济和产品差异化对贸易模式的影响,这为共同市场理论增添了新的视角。同时,经济学家阿尔弗雷德·马歇尔和约瑟夫·斯蒂格利茨等人也指出,区域内市场的整合不仅仅是简单的贸易自由化,而且涉及生产要素的重新配置和区域经济结构的优化。

共同市场的形成通常伴随着多个步骤。初期成员国通常通过签署自由贸易协议来降低关税。随着时间推移,成员国进一步推动商品和服务的自由流通,设立统一的市场监管标准。最终成员国间可能会建立更深层次的经济合作机制,包括共同的财政政策和货币政策。这种渐进式的发展模式,不仅降低了各国之间的经济摩擦,还增强了政治互信,推动了区域稳定。从制度安排的角度看,共同市场理论还强调法律框架的重要性。有效的法律制度能够为共同市场的运作提供必要的保障,包括保护知识产权、维护竞争秩序和实施市场监管。欧洲联盟(EU)便是共同市场理论成功实施的典范,其不仅实现了成员国间的商品与服务自由流动,还建立了统一的法律框架以维护市场的公平竞争。

## (三)大市场理论

区域经济合作在关税同盟的基础上进一步深化,形成了共同市场的合作模式。共同市场理论的核心关注是劳动力和资本等生产要素的自由流动，以及其对区域经济福利的影响。大市场理论则从动态效应的视角出发，进一步分析共同市场所带来的竞争效应。

在大市场理论研究中，Scitovsky 和 Deniau 是最具代表性的两位学者。根据 Scitovsky 的观点，在形成大市场之前，从市场的角度看，各国实行贸易保护政策，导致形成了一个个彼此独立的小市场，在这些小市场中，主要行业往往形成垄断，没有竞争的环境；① 从企业的角度看，由于行业垄断，企业缺乏竞争压力，产品价格往往较高，企业因此获得丰厚利润，然而由于缺少竞争的刺激，也使得企业缺乏扩大生产、技术改良和产品创新的动力；从消费者的角度看，消费者在市场中的选择受限，且产品价格过高，导致其福利受损。因此，未形成大市场前的经济体系处于低效的恶性循环中。大市场形成之后，市场发生了显著变化。由于生产要素(如产品、劳动力、资本、服务等)在更大区域范围内自由流通，市场竞争变得更加激烈，这种竞争不仅有助于资源配置优化，还从根本上改变了市场运作模式；从企业角度来看，企业在激烈竞争的压力下，不得不进行技术革新、扩大生产规模并进行专业化生产，以实现规模经济效应，降低生产成本，从而提升竞争力并获取经济利益；从消费者的角度看，市场竞争带来了产品价格的下降，消费者的实际购买力提高，进而增加了消费者剩余，使他们从中受益。Deniau 强调市场规模扩大与生产规模增长之间的关系。② 其认为，随着市场规模的扩大，生产企业也会追求更专业、更先进的生产技术，以实现规模经济效应。当规模经济效应逐步发挥作用，产品成本下降，价格也随之降低，再加上关税的减免，产品价格将进一步下调。这一连锁反应推动了市场进入良性循环：成本下降带动价格下调，消费者购买力提升，生活水平改善，而这些消费需求的增加又反过来刺激市场活力，吸引更多投资进入。

(四)最优货币区理论

当区域内实现产品和生产要素自由流通后，统一的货币与货币政策是国家间

---

① Scitovsky, T. 1954. Economic Theory and Western European Integration. International Affairs.

② Deniau, J. F. 1962. The Common Market. New York：Frederick A. Praeger.

合作进一步深化的必然要求。西方经济学家提出过很多有关国际货币体系理论，其中最优货币区理论对于解释和分析由区域合作发展而引起的货币联盟更准确和更合理。

最优货币区理论由加拿大经济学家罗伯特·蒙代尔（Robert Mundell）在 1961年首次提出，用于探讨多个国家或地区是否应采用统一货币或保持汇率固定，从而实现货币一体化。① 该理论的核心是分析是否存在一个"最优"的区域，成员国通过共享同一货币能够获得最大化的经济福利。蒙代尔通过该理论深入分析了货币一体化的成本和收益，探讨了在何种条件下各国放弃货币政策的独立性，并通过汇率变动来实现经济调整的好处大于成本。根据该理论，货币区内各国汇率互相盯住以稳定物价和就业水平，生产要素流动和汇率调整可以相互替代。经典的最优货币区理论从单一判断标准角度分析了单一货币区形成所需要的条件，即如果试图让最优货币区发挥最佳效果，需要达到"劳动力均衡"、"资本均衡"、"财富均衡"以及"数据均衡"。

此后，多位经济学家又提出了最优货币区形成的其他判断标准，如麦金农提出的一国经济开放度标准，即经济开放度高的国家或地区更依赖外部市场，汇率波动对它们的经济影响较大，统一货币有助于降低这种不确定性；英格拉姆提出的金融市场一体化标准，即金融市场的一体化能够替代传统的汇率调节机制，帮助区域内各国在面对经济波动时保持经济稳定，并通过资本流动实现资源的最优配置；凯南提出的出口产品多样化标准，即多样化的出口结构使国家面对外部经济波动时更具弹性，从而提高了加入最优货币区的可行性；哈伯勒提出的通货膨胀相似性标准，通货膨胀相似性意味着成员国的价格水平和工资增长率在统一货币区内保持一致，有利于确保货币政策在区域内的均衡运行。

（五）非传统理论

在国际合作不断向前发展的客观事实下，国家间合作的目的、方式以及收益也在不断变化中。新区域主义在国际合作方面比传统区域主义更加开放和自由，

---

① Mundell, R. A. 1961. A Theory of Optimum Currency Areas. American Economic Review. Vol. 51, No. 4.

同时也呈现出一些新特征。因此，一些学者跳出单一研究领域，结合国际关系学或国际政治经济学等学科对新区域主义进行分析与研究。

1. 新功能主义理论

新功能主义理论最早由恩斯特·哈斯(Ernst B. Haas)在 20 世纪 50 年代提出，旨在解释区域经济整合过程中，经济合作如何通过"溢出效应"推动更深层次的政治一体化。[①] 新功能主义理论试图从经济功能合作的角度揭示区域整合的内在动力，强调经济合作的逐步深化和不可逆转性。

哈斯的理论基于欧洲煤钢共同体的经验，认为经济部门的功能性整合会产生超越单一领域的溢出效应。最初的经济合作虽然局限在某些特定领域(如煤炭和钢铁)，但由于经济活动具有高度的相互依赖性，这种合作会自然而然地扩展到其他经济部门，最终促进政治一体化。新功能主义理论认为，区域一体化的动力来源于国家之间的技术性、功能性需求，而非直接的政治动机。新功能主义特别强调区域整合过程中非国家行为体(如跨国公司、利益集团、专家团体等)的重要作用。这些行为体通过推动跨境合作、参与决策制定等方式，促使区域经济一体化不断深化。此外，区域组织(如欧盟委员会)在推动区域合作中发挥着越来越重要的超国家角色，逐渐从协调者转变为政策制定者。

2. 自由政府间主义理论

自由政府间主义理论由政治学家安德鲁·莫利夫(Andrew Moravcsik)于 1993 年提出，旨在解释区域经济一体化过程中成员国政府的主导作用及其合作模式。[②] 该理论融合了新自由主义经济学和传统的政府间主义理论，特别关注国家利益、政府间谈判和经济压力在区域合作中的作用。

自由政府间主义的第一层次是国家利益的形成。根据该理论，成员国政府是区域经济一体化的主要推动者，它们首先会根据国内的经济利益来决定其在区域合作中的政策偏好。这种偏好是国内不同利益集团(如企业、工会等)博弈的结果，国家政府通过协调和整合这些内部利益，形成国家在区域谈判中的立场。第

---

① Haas, E. B. 1958. The Challenge of Regionalism. International Organization. Vol. 12, No. 4.

② Moravcsik, A. 1993. Preferences and Power in the European Community: A Liberal Intergovernmentalist Approach. JCMS: Journal of Common Market Studies. Vol. 31, No. 4.

二个层次是政府间的战略互动和谈判，自由政府间主义强调，国家之间的合作通过谈判和妥协来实现。在区域合作的框架下，各国政府会根据其国内利益的优先级，通过谈判获取对本国最有利的条款。不同国家之间的力量对比、经济规模和政治影响力，都会影响谈判的结果和最终的一体化程度。自由政府间主义理论对超国家机构的作用持谨慎态度，认为这些机构的权力受制于成员国政府的意愿。

### 3. 非传统收益理论

非传统收益理论是当前区域经济一体化研究的重要理论之一，尤其在理解区域合作带来的多元收益方面发挥了重要作用。该理论的核心由 Fernandez 和 Portes 在 1998 年首次系统提出，在此之前，不少学者的研究成果也为该理论的形成奠定了基础。

早在 1992 年，世界银行首席经济学家 Gould 就提出了"贸易政策连贯性直接影响新区域合作效果"的观点，即政府必须提供可靠的政策支持，以获得投资者的信任，如与他国签订自由贸易协定、参与区域合作等。[1] Melo 和 Panagariya 在《区域一体化新维度》一书中指出，区域合作的范围已远远超越商品贸易、服务贸易和生产要素等传统合作种类。[2] Panagariya 强调了新型自由贸易协定带来的非传统收益，包括进入更大市场、保护本国企业免受大国掠夺以及确保货币政策改革连贯性等。[3]

Fernandez 和 Portes 的《重返区域主义：区域贸易协定的非传统收益分析》一文为非传统收益理论的形成奠定了基础，系统性的提出非传统收益的五方面内容：[4] 一是保险效应，区域贸易协定可以为成员国提供一种经济稳定的"保险"，即在全球经济波动或不确定性中，成员国通过合作可以减少面对外部冲击的脆弱性；二是提高议价能力，通过区域合作，成员国可以集体提升在国际谈判中的议

---

[1]　Gould, D. M. 1992. Free Trade Agreements and the Credibility of Trade Reforms. Economic and Financial Policy Review.

[2]　De Melo, J. and Panagariya, A. 1993. New Dimensions in Regional Integration. Cambridge：Cambridge University Press.

[3]　Panagariya, A. 1999. Free Trade Area of the Americas：Good for Latin America?. World Economy. Vol. 19, No. 5.

[4]　Fernandez, R. and Portes, J. 1998. Returns to Regionalism：An Analysis of Nontraditional Gains from Regional Trade Agreements. World Bank Economic Review. Vol. 12, No. 2.

价能力；三是政策连贯性，区域贸易协定有助于提升成员国政策的长期连贯性和稳定性；四是信号传递，签订区域贸易协定向国际社会传递了积极的信号，表明该国有意推动市场改革和经济开放；五是协调一致机制，区域合作可以促进成员国之间在政策和行动上的协调一致，减少摩擦与冲突。

## 二、区域经济一体化发展的动因

在区域经济一体化发展过程中，多重动因共同推动了国家或地区之间的深度合作。大量经济学者对区域经济一体化发展的动因进行了视角丰富的研究，大致上可以将区域经济一体化发展的动因区分为经济解释、政治解释、地理解释三个方面。

### （一）区域经济一体化发展的经济动因

经济动因方面，国际分工深化、寻求贸易与投资便利化、区域化的多米诺效应等是推动区域经济一体化发展的重要因素。

1. 国际分工的深化

第二次世界大战后，科技革命的迅速发展推动了生产力的飞跃，使得生产过程中的社会化程度不断提高。科技的进步使得各国能够更高效地进行生产，形成了以技术为核心的产业链。在这种背景下，国际分工逐渐深化，各国依据自身的技术优势及资源禀赋，专业化生产某些特定商品和服务。由此，区域经济一体化成为国家之间协调分工、提升生产效率的必然选择。随着国际分工的深化，资本、劳动力和技术等生产要素越来越多地融入全球市场，国家之间的经济联系日益紧密。这种相互依赖性使得国家不仅关注本国市场的发展，也逐渐认识到通过区域经济一体化来促进共同发展是提升经济竞争力的重要途径。区域内国家在面临全球竞争时，通过一体化可以形成合力，降低贸易壁垒，实现资源的优化配置，从而提高整体经济效益。

2. 寻求贸易与投资的便利化

在全球化的背景下，国家之间的经济竞争日益加剧，尤其是在"冷战"结束后，全球市场一体化趋势加速。通过区域经济一体化，国家能够减少关税、简化海关程序等，提高区域内部的资源配置效率，降低企业进入国际市场的成本。这种贸易和投资便利化使得成员国能够更好地融入全球市场，扩大出口机会和吸引外资，为成员国经济带来新的增长动能。此外，国际经济秩序的不均衡往往会加剧国家之间的经济摩擦，特别是发展中国家与发达国家之间的经济摩擦。通过区域经济一体化，各国可以在区域框架内协商一致，协调贸易和投资政策，减少彼此之间的政策差异和贸易摩擦。例如，区域经济一体化组织可以通过制定共同的规则和标准来调解成员国之间的经济争端，减少政策不协调带来的不确定性。同时，便利化措施能够有效避免因贸易壁垒或资本限制而导致的跨国经济矛盾，保障区域内的稳定与合作。

3. 区域化的多米诺理论

区域化的多米诺效应指的是当一个国家加入或发起区域经济一体化组织后，其他国家会感受到压力，为了不在全球竞争中落后，也会跟随加入类似的区域合作框架。其背后的推动力在于避免经济孤立、提升国家竞争力，并最大限度地享受贸易与投资便利化的红利。一方面，避免经济孤立带来的不利后果。当一个国家加入区域经济一体化组织时，其他国家若保持孤立状态，可能会面临进出口关税、非关税壁垒等不利条件，削弱其贸易竞争力。另一方面，提升国家在国际市场中的竞争力。区域经济一体化通常能够通过减少贸易壁垒、统一市场规则等方式，提高成员国的市场准入机会。在面对激烈的全球市场竞争时，国家和企业如果不参与区域合作，将错失大规模市场带来的机会。此外，区域化的多米诺效应不仅体现在经济竞争层面，还涉及政策协调与合作。当某个国家或地区实现了经济一体化之后，其他国家也希望通过加入区域经济组织，来享受统一政策框架所带来的好处。

## (二)区域经济一体化发展的政治动因

政治动因方面，地缘竞争的需要、提升国际影响力与竞争力、维护和平与稳定的政治环境等是推动区域经济一体化发展的重要因素。

1. 地缘竞争的重要手段

在当今世界，经济合作与政治权力密不可分，区域经济一体化不仅仅是经济领域的合作，也是地缘政治竞争中的关键策略。通过区域经济一体化，国家可以巩固其在特定地区的政治影响力，提升区域内的领导地位，同时遏制其他国家的扩张。在地缘竞争中，国家通过区域合作机制，能够增强其对区域内国家的控制力和影响力。例如，欧盟的建立不仅仅是为了经济上的合作，也为欧洲国家在全球政治中的集体发声提供了平台，强化了欧洲的整体战略地位。区域经济一体化不仅在内部促进合作，也通过排他性的经济圈子，将其他竞争大国排除在外。例如，美国通过北美自由贸易协定（NAFTA）以及后续的美墨加协定（USMCA），在经济上牢牢将加拿大和墨西哥绑定在自己的体系中，防止其他强国在该区域的过度影响。

2. 提升国际影响力与竞争力

随着全球化的深入，国家间的竞争不仅体现在经济层面，也在政治和外交领域逐渐升温。区域经济一体化为成员国提供了共同应对外部挑战的途径，并通过集体合作的方式提升各国在国际体系中的话语权与影响力。在全球经济和政治竞争中，单一国家的实力可能难以应对来自其他大国的挑战。通过区域经济一体化，多个国家通过统一的市场、关税政策和经济政策，形成一个更具规模和实力的经济体。在全球多边体系中，如 WTO、联合国等，国家间的谈判和合作至关重要。然而，单一国家往往在这些谈判中缺乏足够的议价能力。区域经济一体化通过形成一个集体发声的平台，让成员国能够以统一的立场进行国际谈判，从而提高其议价能力。

3. 维护和平与稳定的政治环境

区域经济一体化不仅仅是经济合作的手段，它也是确保成员国之间长期和平与稳定的重要机制。在全球化和国家间相互依存日益加深的背景下，国家通过建立紧密的经济联系和政治合作框架，有助于减少冲突的发生和创造良好的区域政治环境。区域经济一体化通过增强国家间的经济互利关系，建立起复杂的经济依存关系，降低了国家间发生冲突的可能性。区域经济一体化不仅可以促进经济上的相互依赖，还促进了国家间政治上的互信。成员国通过共同参与区域内的经济政策制定和执行，建立起了良好的政治合作关系。此类政治互信能够防止国家之间的误解和误判，从而减少了潜在的政治和军事冲突。通过推动经济发展，区域经济一体化能够为成员国提供一个更加稳定的内部环境。

## (三) 区域经济一体化发展的地理动因

地理动因方面，地理临近性、自然资源互补性、文化相似性等是推动区域经济一体化发展的重要因素。

### 1. 地理临近性

根据贸易引力模型，地理距离对贸易流量有直接影响，距离越近，国家之间的贸易潜力越大。邻近国家之间的运输成本、物流成本、时间成本都相对较低，这使得跨境贸易和投资活动变得更具经济效益。区域经济一体化通过消除关税和非关税壁垒，进一步释放了这些优势。由于国家之间距离较近，企业可以更加便捷地在区域内布局生产链和供应链，形成区域内的生产分工和协作。这种产业链分工能够有效利用各国的比较优势，增强区域内的经济协同效应。邻近国家的经济合作不仅仅体现在商品、资本和劳动力的流动上，还体现在基础设施的互联互通上。地理接近使得跨境基础设施项目更具可行性，区域经济体可以通过共同投资建设交通、能源、通信等跨境基础设施，进一步促进区域内部的经济整合。

### 2. 自然资源互补性

不同国家之间的自然资源禀赋往往存在差异，这种资源的互补性推动了国家之间的资源交换、生产合作和经济融合发展。区域经济一体化通过优化资源配置，推动了经济体之间协同效应的发挥，进而促进区域内部的整体经济发展。区域经济一体化可以消除贸易壁垒，促进资源的自由流动，使资源短缺国家能够获得必要的自然资源，而资源富集国家可以通过出口资源换取所需的产品或技术。这种互补性带动了区域内各经济体的相互依赖和合作。此外，区域经济一体化为成员国之间提供了共同开发和管理自然资源的机会，特别是在涉及跨境资源或共同利益的情况下，通过一体化机制可以加强对自然资源的有效利用和保护。同时，自然资源互补性还增强了区域内的能源安全，各国可以通过一体化平台建立稳定的资源供应渠道，减少对区域以外资源的依赖。

### 3. 文化相似性

相似的文化背景、语言和历史传统能够增强国家间的相互理解与信任，减少沟通交流中的障碍，进而促进经济合作与政策协调。如果国家之间具有相似的文化背景和语言，能够显著减少跨国贸易和投资中的交流成本和沟通障碍。文化上的共性使得区域内的市场需求更为相似，企业在进入彼此市场时能更好地理解消费者偏好和融入商业环境，从而提高经济合作的效率。文化的相似性不仅体现在经济交流上，还反映在制度和价值观的趋同上。国家在制定政策和法规时，如果文化背景相似，则更容易达成共识，有助于推进政策协调，这为区域经济一体化的制度建设奠定了坚实的基础。最后，相似的文化背景和历史联系能够加深国家之间的信任感，减少政治和经济上的不确定性，降低合作中的风险。

## 三、区域经济一体化的发展现状

区域经济一体化已经成为推动全球经济发展的重要力量。全球各个区域通过不同形式的经济合作机制，促进了区域内贸易、投资和其他生产要素的流动，形成了各具特色的发展模式。通过回溯各区域经济一体化的形成与发展过程，能够更好地理解全球经济的变迁与未来发展趋势。

### (一)欧洲区域经济一体化的形成与发展

第二次世界大战后，欧洲国家逐渐走上了经济合作与一体化的道路，这对世界经济格局产生了深远影响，也成为全球区域经济一体化的重要案例。

1. 欧洲区域经济一体化的历史形成

第二次世界大战后，欧洲面临严重的经济危机，许多国家亟需重建经济和恢复社会秩序。在这一背景下，建立区域经济合作成为实现经济复苏的重要途径。1948 年，欧洲复兴计划(Marshall Plan)为西欧国家提供了资金支持，促进了区域内经济的恢复与合作。在此基础上，1951 年《巴黎条约》的签署，标志着欧洲煤钢共同体(ECSC)的成立，这是欧洲区域经济一体化的初步尝试，旨在通过共同管理煤炭和钢铁等重要工业资源，避免战争的发生，并促进经济合作。1957 年，西欧六国签署《罗马条约》，成立欧洲经济共同体(EEC)，进一步推动了区域经济一体化的进程。欧洲经济共同体旨在逐步实现成员国之间的关税减免和建立共同市场。随着"冷战"的结束和东欧剧变，欧洲国家意识到，政治上的团结对于维护地区稳定和增强国际竞争力至关重要。1991 年,《马斯特里赫特条约》的签署,标志着欧盟的成立,这进一步深化了欧洲经济一体化,扩大了共同体的范围,推动了货币政策和外交政策的协调。

2. 欧洲区域经济一体化的重要支柱

共同市场、货币一体化以及政策协调机制是推动欧洲国家间加强经济联系和合作的关键。第一,共同市场。自 1957 年《罗马条约》签署以来,欧洲经济共同体(EEC)致力于消除关税壁垒,并逐步实现内部市场的整合。通过共同市场的建立,各成员国之间增强了经济联系,促进了区域内的投资与贸易,进而推动了经济增长和就业提升,提高了区域整体竞争力。第二,货币一体化。1999 年,欧元正式投入使用,成为欧洲 11 个国家的法定货币,随后逐步扩展到其他成员国。货币一体化通过消除汇率风险和降低交易成本,进一步促进了成员国之间的贸易往来。此外,欧元的引入增强了欧洲在国际市场上的地位,使其在全球经济中具备更强的影响力。第三,政策协调机制。为了实现经济一体化,欧洲国家建立了完善的政策协调机制。这包括贸易政策、竞争政策、环境政策等多方面的协调,以确保各国在共同市场中的公平竞争。同时,欧盟通过一系列机构(如欧洲委员会、欧洲议会和欧洲中央银行)进行有效治理。

3. 欧洲区域经济一体化发展的问题与挑战

欧洲区域经济一体化在推动成员国加强经济联系与合作的同时,也面临多方面的问题和挑战。第一,区域内经济发展不平衡。欧洲区域经济一体化的进程并未能有效解决各成员国之间的经济差距问题。南欧国家(如希腊、葡萄牙和西班牙)与北欧国家(如德国、瑞典和芬兰)之间的经济发展水平差异显著。例如,欧盟将部分补贴与法治、价值观挂钩,这引发了波兰、匈牙利等国家的不满,认为欧盟对其施加了不公平的压力。第二,政治极化与民粹主义抬头。近年来,欧洲地区的政治极化现象愈发严重,民粹主义政党的崛起对区域经济一体化构成了威胁。反对欧盟的一体化政策、拒绝移民和主张保护主义的政党逐渐获得选民支持,影响了区域政策的连续性与稳定性。例如,近年来欧洲极右翼政党和势力的兴起反映了部分民众对欧盟政策的信任程度下降。第三,主权让渡与所获政治经济利益之间的矛盾。如果成员国认为主权让渡所带来的经济和政治收益无法弥补其所付出的代价，它们可能会对一体化进程产生疑虑。这种矛盾不仅影响各国的合作意愿，也可能导致一体化进程的停滞或倒退。例如，欧盟试图利用资金分配措施推动匈牙利和波兰的法治改革，南欧国家如意大利和西班牙常因财政赤字问题面临欧盟的财政纪律要求。

### （二）美洲区域经济一体化的形成与发展

伴随着全球化进程的深入和区域合作需求的增加，美洲各国通过不同形式的经济协议和组织推动美洲大陆的经济一体化进程。

1. 北美自由贸易区的建立与发展

北美自由贸易区（NAFTA）的建立是美洲区域经济一体化进程中的重要里程碑。1994年1月1日，美国、加拿大和墨西哥三国签署的《北美自由贸易协定》正式生效。NAFTA通过削减关税、取消进口配额、保护知识产权、建立争端解决机制等措施，促进了区域内的贸易增长，加强了成员国之间的经济联系。在NAFTA的影响下，美国企业纷纷加大对墨西哥的投资，在推动墨西哥工业化进程的同时，也增强了美国和加拿大在区域生产链中的竞争力。协议实施后，关于劳工权益和环境保护的争议不断上升，导致一些国家和地区对NAFTA的批评声浪高涨。这些争议促使北美三国在2018年重新谈判，达成了《美国—墨西哥—加拿大协议》（USMCA），该协议在保留NAFTA核心原则的基础上，进一步加强了对劳动者权益和环境保护的关注。

2. 南方共同市场的建立与发展

1991年，阿根廷、巴西、巴拉圭和乌拉圭签署《亚松森条约》，宣布建立南方共同市场。南方共同市场的基本目标是通过逐步取消关税和非关税壁垒，促进成员国之间的商品和服务自由流动。通过有关措施，成员国可以更有效地整合资源，扩大市场规模。南方共同市场还设立了一系列投资保护协议和优惠政策，鼓励企业在区域内投资，并推动各国间的产业合作，通过联合生产和技术交流，提高区域内的整体产业发展水平。然而，南方共同市场在发展过程中也面临诸多挑战。成员国之间的经济发展水平和产业结构存在明显差异，导致贸易政策和产业政策协调上出现困难。此外，地区内外部的不稳定因素，例如国际经济波动和政治动荡，也进一步增加了南方共同市场的复杂性。

3. 中美洲一体化体系的建立与发展

自 20 世纪 60 年代以来，中美洲各国逐渐意识到，单靠各自的力量难以应对全球化带来的挑战，因此形成了区域合作的初步框架。1962 年，哥斯达黎加、危地马拉、洪都拉斯、尼加拉瓜、萨尔瓦多五个国家正式成立了中美洲共同市场。其宗旨是：逐步取消关税壁垒，成立中美洲自由贸易区，建立关税同盟，协调卫生、劳工、教育、运输和农业等方面的政策。1991 年 12 月中美洲国家第 11次首脑会议通过《特古西加尔巴协议》，决定成立中美洲一体化体系。该组织制定了明确的法律法规以避免成员国之间再次发生冲突。中美洲一体化体系成员国包括中美地峡七国及位于加勒比海的多米尼加。中美洲一体化体系包含中美洲议会、中美洲经济整合银行及中美洲共同市场等超国家组织。近年来，中美洲一体化体系通过多项合作框架和国际支持在推动区域经济复苏、加强移民管理、应对气候变化、巩固民主治理和提升区域安全合作方面取得显著进展。

4. 加勒比共同体的建立与发展

1973 年 8 月，巴巴多斯、牙买加、圭亚那、特立尼达和多巴哥签署了《瓜拉马斯条约》，加勒比共同体正式成立，总部设在圭亚那首都乔治敦。加勒比共同体的组织机构有共同体国家政府首脑会议、共同市场理事会、秘书处等。其宗旨是发展本地区工农业生产，加强经济贸易等方面的合作，协调成员国对外政策，加速地区一体化进程。其主要活动包括协调经济政策和发展规划、对缺乏资源国家制定发展项目、经营单一市场和处理区域贸易争端等。

(三)亚太区域经济一体化的形成与发展

亚太区域经济一体化的发展可以追溯至 20 世纪后期，自 APEC 成立以后，不同的多边和双边自由贸易协定推动了区域内国家的经济合作。

1. 亚太经济合作组织的建立与发展

亚太经济合作组织(APEC)成立于 1989 年，最初由 12 个亚太地区国家和地区组成，后续逐渐扩大至 21 个成员。亚太经济合作组织旨在促进亚太地区的经济合作与贸易自由化，以应对经济全球化的挑战。组织初期主要集中于成员国之间的对话与沟通，1993 年召开首次领导人非正式会议，提升了其国际影响力。在 1997 年亚洲金融危机期间，APEC 加强区域经济合作，推动金融安全与经济恢复。进入 21 世纪后，APEC 的活动范围不断扩大，涵盖贸易、投资、环境和科技等多个领域，并推出多项创新性合作倡议，如"布干维尔宣言"，以实现可持续发展和经济一体化。面对全球经济波动和供应链中断等问题，APEC 成员加深了贸易和投资合作，致力于构建韧性更强的区域经济网络，同时积极推动数字经济发展和技术创新。尽管 APEC 在促进区域内贸易自由化和技术合作方面取得显著成就，帮助发展中国家缩小了与发达国家的差距，但仍面临成员国经济发展不平衡、保护主义抬头及全球经济不确定性等挑战。展望未来，APEC 需要继续深化政策协调，以应对不断变化的全球经济形势。

2. 东南亚国家联盟的建立与发展

东南亚国家联盟（ASEAN）成立于 1967 年，最初由印度尼西亚、马来西亚、菲律宾、新加坡和泰国五个国家共同发起，旨在促进区域合作与经济发展，维护地区和平与稳定。随着时间推移，成员国逐渐增至 10 个，新增国家包括文莱、越南、老挝、缅甸和柬埔寨。东盟的发展历程由最初的政治安全合作逐渐扩展到经济一体化和社会文化领域。1992 年，东盟各国签署了《东盟自由贸易区协定》，标志着区域经济一体化的开始；2003 年，东盟各国通过了《东盟经济共同体蓝图》，目标是到 2015 年实现经济一体化。近年来，东盟还致力于推动区域外经济合作，先后与中国、韩国、日本等六个国家建立了自由贸易区，中国、日本、韩国、印度、俄罗斯、澳大利亚、新西兰、美国等国先后加入了《东南亚友好合作条约》，建立了围绕东盟的"10+1"、"10+3"、"10+8"机制。2012 年，东盟发起《区域全面经济伙伴关系协定》谈判，该协定于 2020 年正式签署，进一步提升了东盟的区域合作水平。尽管面临经济发展不平衡、政治局势复杂等挑战，东盟仍通过强化内部合作和外部合作，积极提升区域竞争力和凝聚力，成为了全球经济的重要参与者。

3.《区域全面经济伙伴关系协定》

《区域全面经济伙伴关系协定》（RCEP）于 2020 年 11 月 15 日正式签署，是全球最大的自由贸易协定，涵盖东南亚国家联盟（ASEAN）及其五个主要贸易伙伴：中国、日本、韩国、澳大利亚和新西兰，共 15 个成员国。该协定的签署标志着当前世界上人口最多、经贸规模最大、最具发展潜力的自由贸易区正式启航。该协定旨在通过降低关税、消除非关税壁垒、促进投资和服务贸易的便利化，推动区域经济一体化与可持续发展。RCEP 的谈判始于 2012 年，经历了多轮磋商，最终在各成员国的共同努力下达成协议。该协定不仅强化了区域内的经济联系，还为应对全球经济不确定性提供了稳定的框架。RCEP 的实施显著促进了区域内贸易流动，有助于推动各国的经济复苏和发展，并在全球经济治理中发挥积极作用。通过建立高效的贸易规则和标准，RCEP 还有助于提升区域产业链供应链的韧性，推动数字经济与创新合作，促进可持续发展目标的实现。

4.《全面与进步跨太平洋伙伴关系协定》

《全面与进步跨太平洋伙伴关系协定》（CPTPP）源于《跨太平洋伙伴关系协定》（TPP），后者于 2016 年签署，旨在促进亚太地区的经济一体化和贸易自由化。TPP 的谈判始于 2010 年，涉及了 12 个成员国，包括美国，澳大利亚、加拿大、日本、墨西哥、新西兰、越南、马来西亚、新加坡、秘鲁、智利和文莱。2017 年美国宣布退出 TPP，剩余的 11 个成员国决定继续推进协议，于 2018 年 3 月在智利重新签署了 CPTPP。CPTPP 不仅保留了 TPP 的大部分核心内容，还引入了更多现代贸易议题，包括数字贸易、环境保护和劳工权益等。该协定致力于通过高标准的贸易规则，增强区域经济的竞争力，推动可持续发展，并提高全球贸易体系的稳定性和透明度。CPTPP 的实施被视为亚太地区经济一体化的重要里程碑，标志着成员国在全球经贸格局中的积极参与和合作。

## 第二节 区域经济一体化对全球经济发展的影响

区域经济一体化对全球经济发展产生了深远影响。一方面，区域经济一体化为二战后全球经济的增长注入了新动力；另一方面，区域经济一体化推动了全球经济格局的加速演变。与此同时，区域经济一体化也给全球经济发展带来了一些新的问题与挑战。

## 一、区域经济一体化对全球经济增长的影响

区域经济一体化作为推动全球经济增长的重要引擎，正通过多种渠道深刻影响着全球经济发展。贸易方面，区域经济一体化可以减少贸易壁垒、扩大市场规模、深化价值链合作；投资方面，区域经济一体化可以促进资本流动便利化、提升监管一致性，从而增加跨境资本流动；技术发展方面，区域经济一体化有助于技术扩展与技术转移、协同创新与合作研发。

### (一)区域经济一体化对国际贸易的影响

区域经济一体化极大地推动了国际贸易的发展，主要表现在以下几个方面：

1. 贸易壁垒减少

在区域经济一体化框架下，各国通过谈判达成共识，削减或取消商品与服务的关税，这直接降低了贸易成本，提升了跨境贸易的便利性。例如，北美自由贸易区(NAFTA)和欧盟统一市场的建立，通过减少成员国之间的关税，推动了区域内贸易的快速增长。此外，非关税壁垒如配额、技术标准和许可制度等也在一定程度上得到了协调和简化，这进一步消除了贸易障碍，增加了贸易流量。通过降低贸易壁垒，各国能够更好地利用比较优势，实现资源的最优配置。某些国家可能在某一特定产品的生产上具有较强的竞争力，而其他国家则在其他产品领域具有优势。贸易壁垒的降低使得这些国家能够更加便捷地进入彼此的市场，增加商品和服务的多样性，也促进了资源的高效利用和市场的有效运作。

2. 市场规模扩大

在区域一体化框架内，成员国之间通常会降低或消除关税及非关税壁垒，并协调相关法律法规，这使得各国的商品、服务和投资能够更自由地流动，形成一个更加统一和广阔的市场。如欧盟的建立使得各个单独经济体整合为一个共同市场，这一市场涵盖了超过 5 亿的消费者，这样的市场规模为企业提供了更多的商业机会和潜在客户，鼓励企业扩大生产规模，提高产量，从而降低单位成本。当市场范围扩大后，企业不仅能够实现规模经济，还能够获得更强的市场地位。此外，在更大的市场环境中，企业面临着更多的竞争，这迫使它们提高产品和服务

357

的质量，以满足不断变化的消费者需求。企业为了保持竞争优势，通常会加大研发投入，推动技术创新与产品多样化。

3. 全球价值链合作深化

区域经济一体化有助于降低贸易成本，推动企业在全球价值链中的分工与合作。成员国之间的货物可以在区域内更加自由地流通，企业能够根据比较优势在不同国家间进行生产环节的分配，从而优化资源配置，实现更高效的生产。在区域经济一体化过程中，企业不仅在产品和服务上进行合作，还在技术和管理经验上进行交流。特别是发展中国家在参与区域经济一体化的过程中，往往能够从发达国家引入先进的技术和管理模式，从而提升其产业水平和产品附加值，实现全球价值链攀升。此外，面对全球市场需求的变化，区域内的企业可以迅速调整生产布局，以应对突发的经济冲击。在区域经济一体化的框架下，各国在技术、资金、人才等方面的合作将更为紧密，从而能够增强抵御风险的能力。

（二）区域经济一体化对资本流动的影响

区域经济一体化促进了资本自由流动与整合，加强了成员国之间资本市场的联动性，提升了资本市场效率。

1. 跨境资本流动增加

区域内成员国通常会采取措施消除或减少对外资的限制，例如降低投资门槛、简化审批程序等，这种政策环境的改善，使得国际资本能够更容易地进入区域内市场。例如，东南亚国家联盟（ASEAN）鼓励成员国之间加强直接投资和吸引区域外资本流入，增强区域内的经济联系。区域经济一体化通过消除或减少投资壁垒、提高市场透明度，提升了投资者对回报率的预期。例如，北美自由贸易区（NAFTA）使得美国、加拿大和墨西哥的市场紧密结合，吸引了大量跨国公司在区域内进行生产和投资。这种整合不仅提升了区域内的生产效率，也为投资者提供了更大的市场潜力，促进了跨境资本的流动。在全球化的背景下，资本流动的灵活性使得投资者能够在不同市场之间进行调配，从而分散风险。当某一国家经济形势不佳时，投资者可以迅速将资金转移到其他表现更好的国家。这种资本的流动性增强了区域经济的整体稳定性，使得各成员国在面对外部经济冲击时更具韧性。同时，跨境资本流动还促进了金融市场的整合，提升了区域内的资金配置效率。

### 2. 资本流动便利化程度提升

区域经济一体化显著降低了资本流动的制度性障碍。在一体化框架下，各成员国通过签署自由贸易协定（FTA）和国际投资协定，逐步消除或降低了对外资的限制。这些协议通常涉及简化审批程序、降低投资门槛和保护外资权益等方面的内容。例如，在东南亚国家联盟（ASEAN）的框架下，各国共同努力推动区域投资便利化，通过减少行政干预和提升透明度，吸引了更多的外资流入。这种制度性障碍的消除，使得跨境资本流动变得更加顺畅，从而提高了投资者的信心。在区域经济一体化的背景下，成员国之间的经济合作加深，市场间的相互依赖程度提高。在这种条件下，各国更倾向于共同制定和执行金融和投资政策，从而提升了区域内的投资吸引力。例如，北美自由贸易区（NAFTA）的建立，使得美国、加拿大和墨西哥之间的投资环境显著改善，跨国公司可以在这些国家间自由配置资源。这种合作不仅提高了资本的流动效率，还提升了投资回报率，进一步吸引外资进入区域内。随着区域内资本流动的便利化，金融市场的相互联通程度逐渐加深，形成了区域金融网络。例如，欧盟的单一市场机制，通过统一金融监管标准和市场准入条件，促进了成员国间的金融服务交易。这种整合不仅提高了资金配置效率，还增强了金融机构的竞争力，使得资本在区域内能够更加自由流动。通过这些措施，区域经济一体化有效增强了资本流动的便利程度，推动了区域内外的投资合作。

### 3. 监管规则一致性程度提高

在区域一体化框架下，成员国往往会共同制定并遵循一套统一的金融监管规则，以减少跨境资本流动中的不确定性。例如，欧盟一体化金融市场的建立要求成员国遵循共同的金融法规，包括资本充足率、流动性要求和透明度标准等。这种统一的监管框架减少了不同国家间监管标准的差异，使得资本流动更加顺畅，从而提高了区域内的投资效率。由于各国采用一致的监管规则，跨国公司在进行跨境投资时，无须针对不同国家的法规进行复杂的合规操作。这种减少合规成本的效果，不仅提高了跨国公司的运营效率，也吸引了更多的外资流入。当区域内的监管规则趋于一致时，投资者对政策风险的预期将显著降低。这种信心的提升使得投资者更加愿意在该区域内进行长期投资。

### （三）区域经济一体化对技术发展的影响

区域经济一体化对技术发展的影响主要体现在以下几个方面：

1. 技术扩散与技术转移

在区域经济一体化进程中，各成员国之间通常会建立起多层次的经济合作机制，这些机制包括自由贸易协定、国际投资协定及科技合作协议等。这些合作平台有助于不同国家之间在科技创新领域交流与合作。以欧盟为例，欧盟内部的科研项目如"地平 2020"便为各成员国的科研机构和企业提供了资金支持，鼓励跨国技术合作。这种政策推动使得先进技术可以更快地在区域内扩散，推动了整体技术水平的提升。此外，随着贸易壁垒的减少与市场准入的便利化，跨国企业在区域内进行投资的意愿显著增强。跨国公司往往将其先进的技术和管理经验转移到新市场中，从而实现技术的快速传播。例如，北美自由贸易区（NAFTA）的成立促使大量美国企业加强在墨西哥的投资，以充分利用墨西哥相对低廉的劳动力成本优势，这些企业不仅给墨西哥带来了资金，还引入了新的生产技术和管理理念，推动了墨西哥的产业升级和技术进步。

2. 协同创新与合作研发

区域经济一体化使成员国之间的市场壁垒降低，促进了企业和科研机构之间的联系与交流。成员国之间甚至可以共享科研设备、技术专利和人才资源，减少重复投资和研发成本，从而加快创新进程。以中国—东盟技术转移中心为例，该中心拥有覆盖中国和东盟国家的中国—东盟技术转移协作网络（CATTN），CATTN 得到中国和东盟国家科技主管部门支持，同时拥有灵活的运营机制，将建立及提供快速、高效的技术对接渠道。这种资源共享不仅降低了研发成本，还提高了技术转化率，使得创新成果能够更快地进入市场，实现经济效益最大化。此外，区域经济一体化有时还伴随着成员国之间的科技政策协调，包括知识产权保护、科技标准化及人才流动政策等。这种制度保障为协同创新和合作研发提供了良好的环境。成员国在科技政策上的协调，提升了跨国技术合作的安全性和稳定性，这种政策上的一致性，使得企业在进行跨国研发时能够更安心地投入资源，降低了合作风险。

## 二、区域经济一体化对全球经济格局的影响

区域经济一体化带来了多重结构性变革，正在深刻改变着全球经济格局。新兴经济体加速崛起是区域经济一体化的重要结果之一，越来越多的发展中国家通过区域合作平台融入全球市场，提升了其经济影响力。随着区域间经济合作不断加强，世界多极化趋势也愈发明显，新的经济中心逐渐形成，一定程度上改变了全球经济秩序。与此同时，产业链和供应链的重构加速推进，各国在区域合作框架下优化产业布局，推动了全球生产网络的重新配置，进一步塑造了新的经济格局。

### （一）新兴经济体加速崛起

区域经济一体化使亚洲、美洲、非洲等地区的新兴经济体加速发展和崛起。

1. 亚洲地区新兴经济体的发展

中国、印度以及部分东南亚国家作为亚洲地区新兴经济体的代表，凭借区域经济一体化加速融入全球经济体系，取得了显著发展成就。通过参与诸如《区域全面经济伙伴关系协定》（RCEP）等区域合作机制，这些国家不仅推动了区域内贸易自由化，还利用其各自的比较优势实现了在全球价值链中的攀升。2002 年11 月，中国与东盟签署自由贸易协定，标志着中国正式进入自由贸易区建设时期。在国家战略的指引下，中国逐步构建起覆盖亚洲、欧洲、美洲及大洋洲的多层级全球自由贸易区网络。中国凭借强大的制造业基础和持续的开放政策，逐渐成为全球制造业中心和供应链枢纽。印度在信息技术和制药领域通过区域经济一体化获得了长足进展。作为全球信息技术外包服务的主要提供者，印度通过与亚洲、欧洲及美洲的合作，加速了其服务出口的步伐。越南、泰国和印度尼西亚等东南亚国家，通过加入东盟和 RCEP 等区域经济合作框架，推动了外资进入和贸易自由化。越南作为新兴制造业基地，吸引了大量外资，尤其是在纺织、电子和机械制造等领域。泰国和印度尼西亚也在区域经济一体化的推动下，扩大了农产

品、工业品和服务的出口市场。

2. 美洲地区新兴经济体的发展

墨西哥通过参与北美自由贸易协定（NAFTA），成为美洲区域经济一体化的重要受益者。自 NAFTA 于 1994 年生效以来，墨西哥凭借其相对较低的劳动力成本和地理上临近的优势，成为全球制造业的重要枢纽，尤其是在汽车、电子和家电领域。NAFTA 减少了区域内的关税壁垒，推动了墨西哥与美国和加拿大的贸易和投资合作。墨西哥的出口贸易大幅增长，外资流入加速，特别是美国企业在墨西哥设立生产基地，提升了该国的工业能力。巴西作为南美洲最大经济体，通过南方共同市场（MERCOSUR）等区域合作机制，极大程度上实现了区域内的贸易自由化。巴西与阿根廷、乌拉圭和巴拉圭等国家的区域经济合作，促进了农产品、矿产和制造业产品的跨境流动。南方共同市场不仅为巴西提供了一个稳定的区域市场，还提升了其在全球市场上的竞争力。巴西依托其丰富的自然资源，扩大了对区域内外的出口市场，提高了在全球价值链中的地位。此外，巴西还通过与其他区域经济体的合作，积极寻求经济多样化和工业现代化的机会。智利凭借其开放经济政策，成为美洲区域经济一体化中的典范之一。智利积极签署自由贸易协定，其中包括与北美、亚洲和欧洲的多个国家或地区的协定。智利通过太平洋联盟（Pacific Alliance）与哥伦比亚、秘鲁和墨西哥等国建立了紧密的经济联系，进一步提升了其在区域和全球市场的整合度。作为全球领先的铜出口国，智利在区域经济合作中大力推动资源出口，并借助区域一体化吸引外资，促进了制造业发展和技术升级。

3. 非洲地区新兴经济体的发展

南非作为非洲最大的工业化经济体，通过参与南部非洲发展共同体（SADC）等区域组织，推动了区域经济一体化进程。南非不仅是该区域的经济领袖，还在推动跨境基础设施建设、贸易便利化和投资便利化方面发挥了关键作用。通过与周边国家建立更紧密的经济联系，南非推动了区域内的商品、服务和资本流动，提高了其在非洲大陆和全球供应链中的地位。此外，南非依托其先进的金融市场和工业基础，成为吸引外国直接投资的重要目的地，进一步促进了其经济增长。

尼日利亚作为非洲第一人口大国，积极推动西非国家经济共同体(ECOWAS)的区域一体化进程。尼日利亚依托其丰富的石油和天然气资源，在西非地区发挥了关键的经济引擎作用。通过参与西非国家经济共同体，尼日利亚推动了区域内的关税削减、贸易便利化和金融一体化，这不仅促进了区域内的商品和资本流动，还为尼日利亚的工业化和经济多样化提供了契机，特别是在农业、制造业和金融服务等领域，区域经济合作大幅提升了尼日利亚的经济活力和投资吸引力。肯尼亚作为东非地区的重要经济体，通过东非共同体(EAC)的推动，促进了区域内市场整合和经济合作。肯尼亚依托其相对发达的物流和港口设施，在东非地区的贸易和投资中处于中心位置。东非共同体的建立促进了肯尼亚与乌干达、坦桑尼亚、卢旺达等国的跨境贸易和投资，提升了区域经济协同效应，特别是在农业、信息技术和服务业领域，肯尼亚借助区域一体化的优势，推动了经济结构转型，并扩大了其在全球价值链中的角色。

### (二)世界多极化趋势加强

在区域经济一体化发展过程中，南南合作有所加强，一些新经济联盟得以兴起，传统大国的国际主导地位被弱化。

1. 区域经济中心弱化传统大国主导地位

区域内的经济合作和贸易机制为新兴经济体提供了发展平台，传统大国的经济霸权受到挑战。通过区域经济一体化，新兴经济体实现了工业化进程加速、生产技术升级和全球价值链攀升。例如，《区域全面经济伙伴关系协定》(RCEP)的签署，不仅强化了亚太地区的经济合作，还带动了中国、东盟等国家在全球经济中的相对优势提升。随着这些新兴市场国家的迅速崛起，传统大国在全球生产、贸易和投资领域的控制力逐渐被弱化。随着亚洲、非洲和拉丁美洲等地区的经济合作加深，区域内的贸易和投资流动显著增加，形成了新的经济重心。以东盟、非洲联盟、欧盟等为代表的区域经济体，依靠区域内国家的密切合作，提升了对全球经济的影响力。这些区域经济体不仅依赖内部市场的扩大，还通过与其他经济体建立更广泛的区域贸易协定，减少了对传统大国的依赖，从而削弱了传统大国在全球经济政策制定中的主导作用。

## 2. 新经济联盟的兴起与发展

新经济联盟的兴起加速了全球经济多极化进程。随着区域经济一体化的深入，全球经济不再仅由少数发达经济体主导，新兴经济联盟如东盟、南方共同市场以及非洲大陆自由贸易区等相继兴起。这些联盟通过建立更加紧密的经济合作关系，推动成员国之间的贸易、投资自由化，提升了区域内部的经济活力。以此为基础，新经济联盟逐渐成为全球经济格局中的重要力量，传统的经济霸权逐渐被削弱，全球经济多极化趋势明显。这些联盟不仅注重区域内部的发展，还积极与其他经济体和组织建立合作机制。比如，金砖国家(BRICS)通过设立新开发银行(NDB)和应急储备安排(CRA)，促成了不同区域的合作伙伴关系，扩大了联盟的全球影响力。这种跨区域合作模式的兴起不仅促进了全球经济资源的优化配置，还推动了国际经济规则和治理结构的改革，使得新经济联盟在全球经济格局中扮演越来越重要的角色。

## 3. 南南合作力度加大

随着全球经济格局的变化，南南合作即发展中国家之间的经济合作逐渐成为全球化的重要组成部分。过去以发达国家为核心的国际经济体系逐渐被多极化取代，南南合作在贸易、投资、技术转移等领域的迅速扩展，加速了全球经济权力的重新分配。通过加强彼此的联系，南方国家间的合作提升了区域经济的一体化程度，逐步形成了多极化格局中的重要支柱。随着南南合作力度的加大，发展中国家在国际事务中的影响力不断提升，它们在国际经济治理体系中联合发声，推动构建更加公平的国际规则体系。例如，通过 G20、金砖国家峰会等平台，南方国家能够在全球治理中提出更具包容性的议题，促进全球经济治理从西方主导向多边参与的转变。

### (三) 产业链供应链重构

区域经济一体化对全球产业链供应链重构产生了深远影响，主要表现在以下几个方面：

## 1. 产业链供应链安全性需求提升

随着全球化进程的深入，跨国企业和不同国家之间的生产协作逐渐紧密，但全球供应链的脆弱性也暴露出来，特别是在突发事件(如公共卫生事件、地缘政治冲突)的影响下，许多国家认识到依赖单一来源或特定地区的供应链存在巨大的风险。因此，在区域经济一体化框架下，各国开始更加关注产业链和供应链的安全性，通过优化生产布局、加强区域内供应链合作来降低对外部风险的依赖。一体化的经济体能够更自由地在区域内调整资源配置和促进生产要素流动。许多国家在区域合作框架下，构建多元化的供应链体系，增强本地区在关键原材料、零部件和技术方面的自主性。例如，东盟、欧盟等区域经济体已经通过一体化措施，构建了内部更加多元化的供应链，减少对外部市场的依赖，提升了区域内供应链的稳定性和安全性。

2. 区域内产业链供应链合作深化

随着全球经济一体化进程的加快，各国经济联系日益紧密，区域经济一体化成为各国提升竞争力的重要手段。在此背景下，区域内产业链供应链的合作愈发深化，形成了优势互补和资源共享的格局。通过降低贸易壁垒、简化跨境交易流程，区域内企业能够更高效地进行资源配置，优化生产链条，从而提升整体产业链的竞争力。区域经济一体化为企业提供了一个稳定的市场环境，使其能够通过建立区域内的合作伙伴关系，降低依赖单一供应商或市场的风险。更为重要的是，成员国企业通过合作共享研发成果、技术以及市场信息，能够有效降低生产成本，提升创新能力，从而提高整体效益。

3. 产业链供应链向友岸化布局转变

随着全球化进程的深入，国际贸易与投资的自由化程度逐步提高，各国及其企业为了降低风险和成本，开始重新审视其产业链和供应链的布局。友岸化是指在友好的政治和经济环境中进行生产和交易，逐渐成为企业调整供应链结构的主要方向。这种转变不仅关注成本效益，还强调地缘政治的稳定性、法律保障及人权标准，从而确保长期合作的可持续性。近年来，地缘政治紧张、贸易摩擦加剧以及公共卫生事件带来的供应链中断等因素，使得企业面临前所未有的挑战。大多企业意识到，单一依赖低成本国家的生产模式存在诸多风险，因此逐渐向那些政治环境稳定、与本国关系友好的国家转移生产。通过在友岸国家投资和布局，企业不仅可以规避潜在的贸易壁垒，还能借助当地市场的快速增长来实现自身的价值增值。

## 三、区域经济一体化给全球经济发展带来的挑战

区域经济一体化在促进世界经济增长的同时，也给全球经济发展带来了一些问题与挑战，例如经济发展不均衡、地缘政治冲突与主权争议、进一步削弱全球多边贸易体制等。这些问题与挑战对全球经济的可持续发展构成了潜在威胁，需要深入分析并加以应对。

### （一）经济发展不均衡

区域经济一体化的发展一定程度上加剧了世界经济发展不平衡。

1. 部分发展中国家从区域竞争中获取的收益有限

在区域经济一体化发展过程中，大多数发达国家和新兴市场经济体往往更能够从中受益，而部分发展中国家由于其经济结构和产业基础薄弱，难以有效参与区域内竞争并从中获益。这种不平衡现象使得一些发展中国家在全球价值链中处于边缘化的地位，无法充分享受到区域一体化所带来的经济收益。许多发展中国家仍依赖于初级产品出口和劳动密集型产业，缺乏先进技术和高附加值产品的开发能力。这导致它们在与发达国家和新兴市场经济体的竞争中处于劣势，难以吸引外资和承接技术转移。此外，由于资源禀赋有限，这些国家在参与区域合作时往往只能承接低端产业，从而限制了其经济结构的转型与升级。

2. 区域内经济体发展失衡现象明显

由于区域经济一体化通常伴随着贸易自由化和投资便利化，区域内发达国家和新兴经济体能够更好地吸引资本和技术，从而推动其高附加值产业的发展。而区域内相对落后的国家则可能因为缺乏必要的基础设施和人力资本，无法有效利用外部资源，导致其在产业升级和技术创新领域的进展缓慢。这种资源配置的不平衡加剧了区域内部的发展差距。一些区域经济一体化协议在设计时往往侧重于经济较发达国家的利益，而忽视了经济较弱国家的特殊需求和发展问题。这使得后者在政策执行过程中面临更多障碍，难以获得充分的发展支持。与此同时，区域内的经济体在法律、制度和监管框架上的差异，也使得较弱经济体在吸引外资

和参与区域合作时处于不利地位，从而加剧了整体发展不平衡。

3. 中小微企业在区域经济一体化中的竞争力不足

随着区域经济一体化的加速，市场规模不断扩大，竞争日益加剧，大型企业因其雄厚的资金、技术和管理优势，能够快速适应新的市场环境，获得更大的市场份额。而中小微企业由于资源相对匮乏，特别是在融资、技术获取和市场渠道等方面的劣势，往往难以在竞争中立足。在区域经济一体化背景下，技术和创新成为企业竞争的关键要素。大型企业通常拥有更强的研发能力和更丰富的技术资源，能够持续推出新产品和服务。而中小微企业则通常会因缺乏技术投资和人力资源，而难以进行有效的技术创新，导致其产品和服务在市场上缺乏竞争力。这一现状使得中小微企业在区域经济一体化的过程中，难以与大型企业争夺市场份额，其生存和发展也受到进一步影响。

### (二)地缘政治冲突与主权争议

在享受区域经济一体化带来的利益时，成员国的决策可能受到外部影响或干预。因此，区域经济一体化的代价之一是加剧地缘政治冲突与主权争议。

1. 区域主导权竞争加剧

随着区域经济一体化的深入，国家之间的经济依存度显著提升，各国在区域内的地位和影响力变得愈加重要。主导权的争夺不仅体现在经济层面，还扩展至政治、文化和安全等多个领域。这种竞争可能引发贸易摩擦、投资限制以及地缘政治紧张局势，影响区域稳定。如一些国家可能寻求与特定经济体建立更紧密的经济合作关系，这进一步激化了区域内的竞争。此外，随着各国在区域经济一体化中的利益诉求不断上升，传统的全球治理机制面临挑战。一些国家可能倾向于利用区域组织来强化其在国际事务中的话语权，甚至试图通过区域合作的形式对抗现有的全球治理体系。这种现象不仅加大了国际政治经济体系的复杂性，也可能使得一些国家在全球事务中更加边缘化，从而影响全球经济的稳定与发展。

2. 主权争议问题升级

区域经济一体化的进程通常涉及资源、领土和边界的跨国合作，这使得原本潜在的领土主权争议变得更加突出。例如,在东南亚地区,南海的资源开发和航运路线争端成为各国之间长期的主权矛盾。随着东盟经济共同体的深化,各国加速了资源开发合作,但在领土主权和专属经济区的划分上依旧存在争议。此外,区域经济一体化通常要求成员国让渡部分主权,以便实现经济政策的协调和统一。然而,这一过程也加剧了主权与经济决策权之间的矛盾。例如,在欧盟的货币一体化过程中,各成员国需要将货币政策的制定权交由欧洲中央银行,导致国家自主制定货币政策的能力受限。

### 3. 区域合作关系不对等

在区域经济一体化的过程中,参与国家的经济实力通常存在显著差异。例如,美国在北美地区的区域合作中占据主导地位,而墨西哥在经济实力、基础设施建设、技术能力等方面相对较弱。这种经济实力的不对等导致大国在区域合作中占据更多的利益,而小国则处于相对被动的地位。这种不对等关系使得部分小国在区域合作中获得的利益有限,甚至可能被边缘化,无法充分享受区域一体化带来的经济红利。此外,经济实力较强的国家往往掌握着规则制定的主导权,这意味着主导国可以根据自身的经济需求和战略利益,制定有利于自身的贸易、投资和金融规则。以欧盟为例,德国和法国等大国在欧盟经济政策制定中占据核心位置,而东欧或南欧国家在政策决策中的话语权相对较弱。这种不对等的制度设计可能会削弱小国在区域经济中的竞争力,甚至导致经济主权部分让渡,使得小国在区域经济一体化进程中受制于经济强国。

### (三)进一步削弱全球多边贸易体制

尽管区域经济一体化在推动区域内贸易发展方面取得了显著成效,但它也对全球多边贸易体系产生了较大冲击。

### 1. 多边贸易体制有效性降低

区域经济一体化的协议通常涵盖关税削减、市场准入等贸易政策,使得区域内成员国之间的贸易更加便利,但这也使非成员国处于不利地位。比如,《区域全面经济伙伴关系协定》(RCEP)等区域协定的建立,加剧了全球贸易中的分割效应,区域内的优惠待遇使得全球统一的多边贸易规则逐渐被区域内协议取代。

这使得世界贸易组织（WTO）等全球多边贸易机制的规则在这些区域内的适用性和有效性受到削弱，削弱了全球贸易规则的一致性和有效性。随着区域经济一体化的深入，越来越多的国家加入区域经济合作组织，这在一定程度上削弱了全球多边贸易体制的影响力。区域内的贸易谈判和协议往往在区域层面进行，而非在WTO等全球多边框架内完成。长期来看，区域经济合作的扩展会逐步削弱WTO等全球性组织的权威性和协调能力。

2. 多边贸易谈判更难取得进展

区域经济一体化导致不同地区间形成了多个贸易集团和协议，如《区域全面经济伙伴关系协定》（RCEP）和《全面与进步跨太平洋伙伴关系协定》（CPTPP），这些协议为成员国提供了区域内部的优惠政策，降低了其对全球多边贸易体系的依赖。这种分散效应削弱了多边谈判中的统一基础，不同区域经济集团在全球多边谈判中可能维护各自的协议和标准，增加了达成全球一致协议的复杂性。区域经济一体化促使成员国优先协调区域内的经济和贸易政策，而忽视全球多边框架下的利益平衡。区域经济体之间的利益分歧和优先事项往往不同，导致在全球多边贸易谈判中难以达成共识。例如，东盟成员国可能更关注与其邻近国家的贸易安排，而对全球性议题（如气候变化相关的贸易规则）重视程度较低。这种利益优先次序的变化使全球多边贸易谈判更加复杂，谈判各方的目标更加分散，不容易形成共同利益基础，最终导致谈判进程缓慢甚至陷入僵局。

3. 区域与全球之间出现规则标准差异

在区域经济一体化过程中，各成员国通常会为了更好地促进贸易往来而制定和实施统一的规则和标准。这些规则在某种程度上可以提升区域内的贸易效率，但同时也可能与全球的多边贸易体制的规范产生冲突。在这种情况下，原本应该通过多边贸易体制解决的贸易争端和问题，转而被各个区域内部的规则和标准所主导。这种碎片化使得多边贸易体制在协调全球贸易关系方面的有效性降低，影响了其处理跨国贸易摩擦的能力。企业在参与跨区域贸易时，必须适应不同的技术标准、合规要求和关税体系，这增加了贸易成本并降低了贸易便利性。以汽车行业为例，欧洲、北美、东亚等区域经济体内部的技术标准差异导致跨境企业在进入不同市场时需要调整产品设计和生产流程，增加了额外的成本。

# 第三节　区域经济一体化中的经济发展政策协调

成员国之间的经济发展政策协调是区域经济一体化进程中的关键内容。各成员国的经济发展具有不同的社会经济条件和历史文化背景，通过经济发展政策协调可以为成员国的经济发展与合作提供有力支撑，有利于实现互利共赢。区域经济一体化中的经济发展政策协调主要包括货币政策协调、贸易政策协调和产业政策协调三个方面。

## 一、区域经济一体化中的货币政策协调

区域经济一体化进程中，货币政策协调涵盖了成员国间在货币政策制定上的合作与协同，体现了成员国对区域经济稳定与可持续发展的共同追求。成员国通过建立货币合作机制和统一货币政策框架、加强金融市场监管协调等措施强化政策联动性与协调性，可以更好地应对全球经济发展中的多种挑战。

### （一）货币政策协调的内涵

货币政策协调是区域经济一体化中各国央行在制定货币政策时相互协调、互相配合的过程，旨在维护区域内经济稳定与一体化发展。这一过程不仅包括利率、货币供给、汇率政策等的同步调整，也强调在面对经济波动、通货膨胀和失业等挑战时，成员国通过信息共享与政策对话来减少政策之间的冲突。这种协调可以确保区域经济体在应对外部冲击时采取一致的行动，从而降低经济的不确定性和波动性。随着区域经济一体化的深入，各国经济的相互依存性日益加深，单一国家的货币政策决策可能会对其他国家造成显著影响。例如，若某国实施紧缩的货币政策而其他国家未能及时响应，可能会导致资本流动不平衡，增加汇率波动，进而影响区域内的贸易和投资。因此，通过货币政策协调，各国可以在经济增长、通货膨胀控制和就业促进等方面实现更高的政策一致性，增强整体经济的韧性。

## （二）货币政策协调的目标

区域经济一体化中货币政策协调的目标主要包括减小汇率波动、共同应对外部冲击、促进金融市场一体化等。

### 1. 减小汇率波动

在区域经济一体化过程中，汇率的稳定对区域内国家的经济合作至关重要。频繁且剧烈的汇率波动会增加跨国贸易和投资的风险，导致市场的不确定性增加，进而影响企业的决策和资源配置。稳定的汇率环境可以降低企业在跨国交易中的汇兑风险，提高贸易的透明度和可预测性，从而可以激励企业进行长期投资。货币政策的协调通过减少货币兑换之间的波动性，可以有效降低交易成本，推动区域内经济合作的深化。区域内的货币政策协调不仅可以应对个别国家的经济问题，还可以防止这些问题通过汇率渠道传播至其他国家。因此，货币政策的协调有助于各国保持共同的金融稳定，避免因一国货币汇率急剧贬值而引发资本外逃或通货膨胀。

### 2. 共同应对外部冲击

区域经济一体化意味着各国经济高度相互依赖，因此外部冲击可能导致区域内多个国家同时遭受不利影响。货币政策协调有助于各国共同采取应对措施，如在面对全球需求疲软或金融市场动荡时，可以通过统一的货币政策工具来调节市场，平抑外部冲击对区域经济的影响。外部冲击带来的危机往往通过汇率贬值、资本流动和贸易冲击等渠道在区域内扩散。货币政策协调可以帮助区域内国家及时采取协调一致的行动，避免个别国家的危机进一步传导至其他国家。在外部冲击下，各国可能通过贬值本国货币以提高出口竞争力，这种行为可能导致"货币竞争性贬值"，加剧区域内的经济不稳定。货币政策协调能够促进区域内国家达成共识，避免通过竞争性贬值来应对危机，而是通过更有效的政策工具，例如统一的货币干预或区域性资本调节，增强各国对外部冲击的抵御能力。

### 3. 促进金融市场一体化

在区域经济一体化的过程中，金融市场的一体化是推动经济融合的重要目标。各国通过协调金融监管标准、资本要求和法律框架，能够减少资本在不同市场间流动的障碍。比如，欧盟内部通过建立单一金融市场，采用统一的银行监管和金融服务标准，极大地促进了区域内资本的自由流动。这不仅提升了市场流动性，还增强了金融体系的稳定性，使得资本在区域内部能够更高效地配置。金融市场一体化有助于提升金融市场的效率和透明度，吸引更多的跨境资本流动。通过区域内信息共享、建立统一的金融基础设施（如结算系统和支付系统），可以提高市场透明度，减少信息不对称，降低金融交易成本。

## （三）货币政策协调的主要措施

区域经济一体化中货币政策协调的主要措施有建立货币合作机制、建立统一货币政策框架、加强金融市场监管协调、制定金融危机预警机制等。

1. 建立货币合作机制

货币合作机制是区域货币政策协调的关键手段之一，它通过促进各国央行之间的政策沟通和协调，确保区域内货币政策的一致性。例如，欧盟的欧洲中央银行（ECB）与成员国央行通过欧元体系，共同制定和执行货币政策，确保整个欧元区货币政策的一致性，维护区域内的价格稳定。类似的机制可以使各国央行在货币政策目标（如控制通胀、保持经济增长）上达成共识，并在利率调整、货币供应等关键政策工具上采取一致行动，减少各国间货币政策的不协调带来的市场不确定性。建立货币合作机制还可以有效提升区域内部对外部冲击的抵御能力。随着全球资本市场的联动性增强，区域内国家面临的外部冲击（如国际金融危机、资本外逃等）会对经济造成不利影响。通过货币互换协议和应急贷款机制，区域内国家能够互相支持，稳定各自的货币和金融市场。例如，东盟与中日韩的"清迈倡议多边化"（CMIM）货币互换协议通过提供流动性支持，可以帮助成员国在外部金融冲击下保持货币稳定。

2. 建立统一货币政策框架

在区域经济一体化过程中，各国间的经济联系日益紧密，而货币政策的不一致往往会导致市场不确定性增加和政策冲突增加。建立统一货币政策框架能够有效协调区域内各国的货币政策目标和实施策略。例如，欧元区通过建立统一的货币政策框架，确保了各成员国在货币供应、利率调整等方面采取一致行动。这样的框架不仅提高了政策透明度，使市场能够预测货币政策的走向，也减少了各国间因政策分歧产生的经济波动。统一货币政策框架还能够提升区域内部的金融稳定性，特别是在面对全球金融市场波动时，各国央行通过统一的政策协调机制可以共同应对外部冲击。以欧洲央行为例，通过统一的货币政策框架，成员国得以在全球金融危机期间采取步调一致的货币刺激政策，减缓了危机的蔓延。

3. 加强金融市场监管协调

随着区域经济一体化的深入，跨境资本流动和金融机构的跨国运营越来越普遍，这使得一国的金融问题可能迅速扩展至整个区域。如果各国的监管政策和标准存在差异，就容易形成监管漏洞，增加系统性金融风险发生的可能性。通过加强金融市场监管协调，区域内的监管机构可以更好地监控金融机构的行为，尤其是在应对跨国银行、保险公司等大型金融机构的风险时，协调一致的监管政策能有效延缓或防止金融风险的蔓延。例如，欧洲央行和欧洲系统性风险委员会（ESRB）通过联合监管来监控跨境金融活动，降低了金融风险传染的可能性。如果在区域经济一体化过程中，不同国家的金融机构面临不同的监管标准和要求，这可能导致市场竞争的失衡，甚至导致部分国家的金融机构处于不利地位。通过加强金融市场监管协调，区域内各国可以设立统一的监管框架，使金融机构在类似的规则下运作，确保公平竞争。这不仅有助于减少监管套利行为，还能提升金融机构的风险管理能力。

4. 制定金融危机预警机制

区域经济一体化意味着各国金融市场的联系更加紧密，系统性风险更容易在区域内传播。金融危机预警机制的核心在于通过对宏观经济指标、金融市场数据和国际资本流动的监测，提前发现金融体系中的脆弱环节和潜在危机。例如，欧盟通过欧洲系统性风险委员会（ESRB）监控成员国的金融稳定状况，定期发布金融风险预警报告，为成员国的政策制定提供参考。这种机制使各国能够提前采取应对措施，避免金融危机蔓延至整个区域。金融危机往往伴随着资本流动的剧烈波动和金融市场的剧烈调整。在这种情况下，如果没有预警机制，各国很难快速协调货币政策，可能导致部分国家的应对措施与其他国家相冲突，甚至加剧危机。预警机制的设立可以为区域内国家提供统一的金融风险信息，使各国能够同步调整货币政策，避免因单边行动而导致的金融市场混乱。

## 二、区域经济一体化中的贸易政策协调

贸易政策协调是区域经济一体化发展的基础与核心内容，是区域内经济利益最大化的战略选择。为了减少贸易摩擦、推进贸易自由化和提升贸易竞争力，区域内各国多采取削减关税、减少非关税壁垒、统一技术标准和产品规范、建立贸易争端解决机制等多项措施。

### （一）贸易政策协调的内涵

贸易政策协调是指在区域经济一体化进程中，各国在关税、非关税壁垒等方面进行协调与合作，以实现区域内市场的整合与开放的过程。这种协调旨在消除区域内的贸易障碍，促进商品、服务和资本的自由流动，从而提高区域经济的整体效率和竞争力。通过协调贸易政策，各国能够在遵循国际贸易规则的基础上，形成更具吸引力的市场环境，增强区域吸引外资的能力。不同国家在资源禀赋、产业结构和技术水平等方面存在差异，贸易政策的协调有助于各国利用彼此的优势，实现资源的优化配置。通过降低关税和消除非关税壁垒，区域内的产业可以形成更为紧密的合作关系，推动区域内供应链的整合与发展。这种互补性不仅增强了区域内经济的韧性，还能在全球竞争中提高区域经济体的整体实力。

### （二）贸易政策协调的目标

区域经济一体化中贸易政策协调的目标主要包括促进贸易自由化、减少贸易摩擦事件、提升国际贸易竞争力等。

#### 1. 促进贸易自由化

在区域经济一体化发展进程中，促进贸易自由化是贸易政策协调的核心目标。贸易自由化意味着贸易壁垒大幅减少，各成员国之间市场更加开放，企业能够更便捷地进入其他国家市场。这不仅能够促进区域内市场规模的扩大，还能够增强成员国之间的经济联系与依赖性，从而推动区域经济的协调发展。区域内的企业因此获得更多的出口机会，区域内消费者也能够享受到更多元的产品和服务

选择。总的来说，贸易自由化有助于降低区域内各国之间的贸易成本，这种政策协调能够让商品、服务、资本和技术在成员国之间更加自由地流动，实现资源配置的优化。

2. 减少贸易摩擦事件

贸易摩擦通常由关税壁垒、非关税壁垒或不公平的贸易政策所引发，而区域经济一体化通过协调成员国之间的贸易政策，可以消除这些贸易壁垒，减少潜在的贸易争端。贸易摩擦通常会导致额外的关税、限制措施或报复性政策，这会增加企业的贸易成本并降低区域内的贸易效率。通过贸易政策的协调，成员国可以更好地制定符合区域一体化的规则，确保市场的公平竞争，减少企业在跨境贸易中遇到的不确定性和交易成本，进而提升区域整体的市场效率和企业竞争力。

3. 提升国际贸易竞争力

区域经济一体化中贸易政策协调的重点之一是统一各成员国的贸易规则、有关标准和关税政策，形成一个更大规模的统一市场。这种资源整合可以消除各国之间的壁垒，使生产要素和技术在区域内更加自由地流动，促进区域内的经济合作与分工。通过共享资源和互补优势，成员国可以提升区域整体的生产力和竞争力，进而在国际市场上获得更多的竞争优势。在缺乏政策协调的情况下，不同国家的关税、非关税壁垒和技术标准会增加企业进行跨境贸易的难度和成本。通过贸易政策的协调，成员国可以减少这些壁垒，简化贸易程序，降低交易成本。企业能够以更低的成本、更高的效率参与国际贸易，增强其在全球市场中的竞争力。

（三）贸易政策协调的主要措施

区域经济一体化中贸易政策协调的主要措施有削减与取消关税、减少与撤除非关税壁垒、统一技术标准与产品规范、建立区域贸易争端解决机制等。

1. 削减与取消关税

关税是影响国际贸易的重要障碍之一，通过削减或取消关税，国家可以降低进口商品的价格，从而提高消费者的购买力。这种政策的实施通常伴随着各成员国间的谈判和商讨，目的是在保护本国产业的同时，增强区域内的经济互动。当区域内各国共同削减关税时，企业能够享受到更低的进口成本，这使得它们在生产和定价上具备了更大的灵活性。这样的政策环境可以鼓励企业进行创新与投资，扩大生产规模，并进一步增强其国际竞争力。

2. 减少与撤除非关税壁垒

非关税壁垒包括配额、进口许可证、标准与技术规定、卫生与植物检疫措施等，这些措施虽然不直接增加进口税负，但会通过复杂的监管要求、配额限制等手段增加贸易成本，并限制商品和服务的流动。非关税壁垒往往对国外产品设置较高的技术标准或安全要求，这些壁垒在某些情况下是合理的，但也可能被用作保护主义工具，阻止外国产品进入本地市场。通过协调各国之间的技术标准和规范，减少不合理的非关税壁垒，可以有效降低贸易成本，提高市场准入的透明度和效率，在区域内部形成更公平的竞争环境，并推动企业在一个更大的市场中进行公平竞争，从而促进成员国之间的贸易往来。

3. 统一技术标准与产品规范

技术标准与产品规范的差异常常成为各国间贸易的障碍，尤其在区域经济一体化的背景下，成员国之间的技术差异可能导致贸易成本上升，商品无法在区域内自由流通。通过统一技术标准，各国可以降低企业在跨国贸易中面临的合规成本，从而实现区域内贸易的便利化。通过标准的统一，区域内的企业和技术机构可以更容易地开展跨国合作，分享研发成果与技术创新。这种合作可以加速新技术的推广和应用，尤其是在高科技领域，例如信息通信技术、清洁能源和先进制造业领域。同时，标准的统一也有助于区域内市场对新技术的吸收，推动整个区域内产业链的升级和发展。

4. 建立区域贸易争端解决机制

在区域经济一体化进程中，各成员国之间的贸易往来越来越密切，贸易摩擦和争端也随之增加。若缺乏有效的争端解决机制，则贸易纠纷可能导致长期的贸易壁垒甚至关系恶化，破坏区域内经济合作的基础。通过建立一个专门的争端解决机制，各国能够在争端发生时依据统一的规则和程序进行处理，从而确保贸易规则的公平执行，维护区域经济一体化的稳定性。一个透明、公正、高效的争端解决机制可以让各成员国在发生争端时不至于通过单边报复或退出合作协议来解决问题。相反，依赖这个机制，国家可以在同一框架内解决分歧，进而增强成员国之间的信任，减少贸易政策不确定性，提高合作效率。

## 三、区域经济一体化中的产业政策协调

产业政策协调涵盖了成员国在产业发展方面的战略对接，旨在通过整合资源、技术与市场，充分发挥各国产业优势，提升区域产业竞争力。在全球产业链供应链加速重构的背景下，成员国之间的产业政策协调有助于增强区域经济的韧性，帮助区域经济在全球经济变革中占据有利位置。

### （一）产业政策协调的内涵

产业政策协调是区域经济一体化过程中，各成员国在促进产业发展、技术创新和优化资源配置等方面进行的政策协调与合作。其目标在于通过政策协调提升区域内产业竞争力和经济可持续发展能力。产业政策的协调不仅有助于消除区域内产业发展的差异，还能通过整合资源、优化配置，实现区域经济的协同发展。产业政策协调有助于提高区域产业链的整合效率。各成员国在产业结构、技术水平和资源禀赋上存在差异，通过协调各国的产业政策，可以有效促进区域内产业链的融合与发展。各国可以根据自身的比较优势，专注于特定产业的发展，同时通过政策协同，实现资源的优化配置。这种协调不仅提升了产业链的完整性，还增强了成员国企业在全球价值链中的竞争力。

### （二）产业政策协调的目标

区域经济一体化中产业政策协调的目标主要包括促进区域内产业分工与合作、推动产业升级与保护弱势产业、应对全球产业链供应链重构冲击等。

1. 促进区域内产业分工与合作

在全球化背景下，产业链的构建不仅依赖于单个国家的努力，更需要区域内部的合作与协同。通过产业政策的协调，区域内的企业可以在技术、资金、信息等方面进行有效的交流与合作。在区域经济一体化进程中，各成员国通常在资源

禀赋、技术水平、产业结构等方面存在差异。通过产业政策协调，各国可以明确自身的比较优势，实现产业的合理分工，提高整体生产效率，并最大限度地发挥各国的优势。通过促进区域内产业的分工与合作，各国可以在经济波动时形成合力，增强经济的抗风险能力。这种合作关系不仅能够提高区域经济的稳定性，还能推动区域内部的可持续发展，避免各国之间的恶性竞争和资源浪费。

2. 推动产业升级与保护弱势产业

产业政策协调可以引导资源向高附加值和高技术含量的产业流动，促进研发创新和先进制造业的发展。区域内国家可以通过协同投资和技术交流，形成更高效的产业链，从而提升整体竞争力。在区域经济一体化进程中，部分国家的传统产业可能因市场开放而受到冲击，面临较大竞争压力。为了防止这些产业迅速衰退和失业率上升，可以通过产业政策协调提供必要的支持措施，例如财政补贴、技术援助和职业培训等。这些措施可以帮助弱势产业实现结构调整与转型升级，确保经济的多样性和可持续发展。与此同时，保护弱势产业还有利于保障社会稳定，避免因产业变迁而引发社会问题。

3. 应对全球产业链供应链重构冲击

随着全球化的深入发展，产业链和供应链的布局正在经历深刻的变革。新冠疫情、地缘政治紧张和气候变化等因素，导致供应链的脆弱性暴露和全球产业结构的调整。在这种背景下，地区内各国需要加强合作，减少对外部供应链的依赖，提高本地区产业链的稳定性和自给自足能力。例如，东南亚国家在应对新冠疫情带来的供应链中断时，通过协调政策，共享物流和仓储资源，减轻了各自经济的冲击，提高了整体抗风险能力。在全球经济不确定性增加的背景下，企业面临着生产成本上升和市场需求波动的挑战。通过产业政策的协调，区域内各国可以共同应对外部冲击，降低风险。此外，在全球产业链重构的过程中，新兴技术和产业不断涌现，各国可以通过产业政策协调，加大对研发创新投入，推动新兴产业快速发展。

（三）产业政策协调的主要措施

区域经济一体化中产业政策协调的主要措施有构建区域内跨境产业链、建设跨境产业合作园区、鼓励区域内生产要素跨国流动等。

1. 构建区域内跨境产业链

区域经济一体化通过消除国家间的贸易和投资障碍，推动各国在产业链上紧密合作。各国可以根据自身的资源禀赋和产业优势在区域内进行合理分工，优化资源配置。区域内国家通过跨境合作，能实现技术和资本的流动，这为区域内落后国家带来技术升级的机会。例如，中国和东盟国家通过建立"中国—东盟自由贸易区"，使得越南等较低成本国家成为跨境产业链的重要组成部分。越南在这一过程中不仅获得了大量的外资，还通过技术转移推动了本国产业的升级，成为东亚电子产品产业链中的重要一环。跨境产业链的形成将区域内国家的经济紧密联系在一起，增强了区域内经济的互依性，降低了单个国家遭遇经济冲击时对整个区域的影响。例如，欧盟内部的汽车产业链通过德国、法国和东欧国家的分工合作，能够在危机情况下维持产能和就业，减少经济震荡的影响。

2. 建设跨境产业合作园区

区域经济一体化中的产业政策协调强调各国间的分工合作，跨境产业园区作为这种合作的重要载体，能够通过共享基础设施、资金和技术，提升生产效率和促进产业升级。通过集中资源和集约化生产，跨境产业园区可以降低企业的运营成本，增强竞争力。例如，中哈霍尔果斯国际边境合作中心等跨境经济合作区通过一系列政策措施，如税收减免、简化通关程序和投资激励，不仅降低了贸易成本，还简化了企业在边境地区的运营流程，极大地促进了中哈之间的贸易往来。跨境产业合作园区还通过搭建共享平台推动了区域内技术的双向流动与创新发展。例如，中韩(长春)国际合作示范区为东北亚区域经济合作的引导区、中韩全方位宽领域合作的先行区，旨在建设多个集聚集约发展的专业产业园区，包括新能源汽车和智能网联汽车、信息技术、装备制造等园区。

3. 鼓励区域内生产要素跨国流动

通过促进资本、技术、劳动力等生产要素的跨国流动，区域内各国可以更有效地应对全球市场变化、实现优势互补，并增强区域竞争力。在区域经济一体化中，资本的自由流动能够有效支持区域内企业的扩张和创新。各国通过简化投资流程、降低投资壁垒以及提供税收优惠等政策，吸引外资进入。区域经济一体化为技术创新和技术转移提供了良好的环境。各国可以通过建立技术合作机制、共享研发成果、推动跨国企业合作等方式，鼓励技术在区域内的流动。劳动力的跨国流动增强了区域内的人力资源配置效率。各国通过优化移民政策和增强劳动力市场灵活性，来促进劳动力在区域内的合理流动。这不仅可以缓解部分国家的人力资源短缺问题，还有助于推动区域内的人力资本升级。

# 第十章

# 技术进步与全球经济发展的数智转型

技术进步、数字经济和人工智能等新兴科技力量正深刻影响并重塑全球经济格局。技术进步作为推动经济发展的核心动力，涵盖了从渐进性改进到颠覆性变革的多种类型，并通过其在研发投入、创新成果和技术扩散方面的度量，展示了其对产业发展、劳动力市场和国际关系的深远影响。历史上，技术进步曾两次显著"解绑"生产与消费的空间关系，分别是蒸汽机革命和电子信息革命，引发了全球经济的重大变迁。随着数字经济的崛起，全球经济进入了一个全新的阶段，数字产业化、产业数字化、数字化治理和数据价值化成为新的经济形态，而数据支撑、融合创新和开放共享是其显著特征。数字技术的不断演进、国际数字治理的持续加强，以及全球化与数字化的深度融合，进一步推动了全球经济的发展。然而，数字经济也带来了新的挑战，如数字鸿沟的加剧。与此同时，人工智能作为技术进步的重要组成部分，凭借其渗透性、替代性和协同型特点，正在赋能全球经济增长和可持续发展，并深刻改变世界经济格局，但也带来了新的风险和挑战。

## 第一节　技术进步的分类、度量及影响

技术进步是推动社会经济发展的关键因素，其研究涉及多个层面，包括定义与分类、度量方法和实际影响等。技术进步不仅涵盖了从基础科学到应用技术的广泛领域，还涉及了创新如何改变现有的经济结构和社会模式。

## 一、技术进步的分类

技术进步是指通过新技术的发明和现有技术的改进，提高生产效率、降低生产成本和提升产品质量的过程。具体表现为，微观主体在生产工艺、生产设备、生产技能、以及中间产品投入等方面改进或者革新，提高生产要素的效率，即同样的要素投入生产出比之前更多的产品，或者说产出同样的产品所需的要素投入较之前较少，[①] 进而促进经济增长。技术进步存在多种分类方式。

### （一）根据对生产要素的影响分类

根据技术进步对生产要素（资本和劳动）边际生产率的影响，技术进步可以分为资本节约型、劳动节约型和中性技术进步。[②]

1. 资本节约型技术进步

资本节约型技术进步主要提高资本的边际生产率，而对劳动的边际生产率影响较小或没有影响。在劳动要素不变的情况下，技术进步提高资本边际生产率，从而实现更高的产出。例如，一种新的机器或者生产工艺能够使企业用更少的资本实现更高的生产效率。

2. 劳动节约型技术进步

劳动节约型技术进步主要提高劳动的边际生产率，而对资本的边际生产率影响较小或没有影响。在资本要素不变的情况下，技术进步可以提高劳动边际生产率，从而实现更高的产出。例如，自动化技术或者机器人技术的引入可以减少对人工劳动的需求，并提高生产效率。

3. 中性技术进步

中性技术进步会同时提高资本和劳动的边际生产率，且二者的比例保持不变。即中性技术进步不会改变要素之间的投入比例。[③] 例如，一种新的技术既能

---

① 武康平：《高级宏观经济学》，清华大学出版社，2006，第129页。
② Hicks, J. R. 1932. The Theory of Wages, London：Macmillan.
③ 王班班、齐绍洲：《有偏技术进步、要素替代与中国工业能源强度》，《经济研究》2014年第2期。

提高机器设备的效率，也能提高工人的生产力，从而整体提升生产效率。

### （二）根据来源和驱动因素分类

根据技术进步的来源和驱动因素，技术进步可以分为外生技术进步和内生技术进步。

#### 1. 外生技术进步

外生技术进步是指技术进步的发生是由外部力量如科学发现、外部创新等推动的，独立于经济体系内部的经济活动和决策。外生技术进步的典型代表是罗伯特·索罗（Robert Solow）的经济增长模型，在索罗模型中，技术进步是一个外生变量，以一个固定的、外生确定的速度发生，并推动长期的经济增长。[1] 由于技术进步被视为外生变量，因而经济政策对其影响有限。

#### 2. 内生技术进步

内生技术进步是指技术进步的发生是由经济内部的活动如研发投资、创新激励、知识积累等驱动的。内生技术进步的典型代表是保罗·罗默（Paul Romer）的内生增长理论，在罗默的模型中，知识是追逐利润的厂商进行投资决策的产物，因此知识是经济系统决定的内生变量，且知识具有溢出效应。[2] 在内生技术进步模型中，政策在推动技术进步和经济增长中发挥关键作用，通过激励创新和知识积累促进长期增长。

### （三）根据影响范围和程度分类

根据技术进步的影响范围和程度，技术进步可以分为渐进式技术进步和颠覆性技术变革。

#### 1. 渐进式

渐进式技术进步是指通过对现有技术的小规模、逐步改进来实现技术进步。

---

[1] Solow R M. 1956. A contribution to the theory of economic growth. The Quarterly Journal of Economics, Vol. 70, No. 1.

[2] 朱勇、吴易风：《技术进步与经济的内生增长——新增长理论发展述评》，《中国社会科学》1999 年第 1 期。

通常表现为对现有产品、工艺或服务的不断改良，提升性能和效率，但不会引发行业或市场的剧烈变革。技术改进通常是细微的、局部的，不涉及全新技术的发明，是一个连续的、逐步积累的过程，每次改进都在之前的基础上进行。由于改进幅度较小，风险相对较低，企业可以通过不断的试验和调整来优化技术。渐进式技术进步在许多传统行业中十分常见，例如，汽车行业通过不断改进发动机技术来提高燃油效率和减少排放；制药行业通过逐步改良药品配方来提高疗效和减少副作用；电子行业通过改进芯片制造工艺来提升计算机的性能和能效。

2. 颠覆性

颠覆性技术变革是指能够引发重大变革的新技术，其影响不仅局限于技术本身，还会对整个行业乃至社会产生深远影响。这种技术变革通常伴随着全新技术的发明和应用，能够彻底改变现有的生产和消费方式，创造新的市场需求和商业模式。技术变革通常是全新的，能够彻底改变现有技术体系和市场结构。由于颠覆性技术具有不确定性，企业在研发和应用过程中面临较高风险，一旦成功，回报也非常可观。经典的颠覆性技术变革包括信息技术革命、互联网的普及、智能手机的崛起以及人工智能的应用等。例如，互联网技术等应用不仅改变了信息传递和沟通方式，还催生了电子商务、社交媒体和共享经济等新兴产业；智能手机的普及彻底改变了人们的生活方式和消费行为，更推动了移动互联网的发展。

## 二、技术进步的度量

技术进步主要包含技术创新（Technological Change）和技术效率（Technological Efficiency）两个因素，根据二者的不同组合，形成不同形式的技术进步。[①] 为了有效度量技术进步，以下几个指标和方法被广泛应用。

### （一）研发经费及其投入强度

研发（Research & Development，R&D）经费及其投入强度是衡量一个国家或

---

① 苏治、徐淑丹：《中国技术进步与经济增长收敛性测度——基于创新与效率的视角》，《中国社会科学》2015 年第 7 期。

企业技术创新能力的关键指标，它反映了社会、企业、或国家对技术创新的资源投入情况。研发经费总量衡量一个国家或企业用于技术创新的总资金投入，通常它与经济总量(GDP)或企业总收入挂钩。在经济增长模型中，较高的研发投入往往与长期技术进步和生产效率的提高相关。研发投入强度即研发投入占 GDP 的比重，通常用作衡量国家对技术创新重视程度的指标。例如，研发投入强度高的国家(如韩国、美国、德国等)通常拥有较强的技术创新能力，推动经济和产业竞争力的提升。除了资金的投入，研发人员的数量和素质也构成了衡量技术创新能力的重要方面。高素质的研发人员团队意味着强大的创新潜力，能够推动更多突破性技术的产生。

### (二)专利

专利数量与质量是衡量技术创新产出的直接指标。专利数量是技术创新的直接体现。专利越多，意味着创新活动越频繁，技术进步越活跃。高专利申请量的行业往往也是技术密集型行业，如信息技术、生物制药等。专利的质量同样重要。高质量的专利通常具备较高的技术含量，并在技术领域中具有较大的影响力。通过专利引用次数、专利的国际保护范围等指标，可以评估专利的技术含金量和经济价值。

### (三)全要素生产率

全要素生产率(Total Factor Productivity，TFP)是衡量技术效率和经济增长的关键指标，代表了在既定资本和劳动投入条件下的产出增长。TFP 衡量的是资本和劳动等生产要素以外的增长来源，尤其是技术进步。它通过分解经济增长，找出无法由资本和劳动力投入解释的部分，这部分增长被认为是由于技术进步或效率提高带来的。目前，主流核算 TFP 的方法主要有三种：第一种是增长核算法，这种核算方法需要事先估计资本和劳动的份额，然后再计算全要素生产率的增长。第二种是非参数方法，这种方法适用于面板数据，并可将 TFP 分解为技术进步、技术效率以及规模效率等不同组成部分，但是这种方法计算的 TFP 在很大程度上只具有相对意义。第三种是参数法。参数方法大致可以分为三类：一是 SFA

方法；二是常用的 OLS、FE、GMM 等方法；三是半参数方法，比如 OP、LP 等方法，可以很好地解决 OLS、FE 分析中存在的选择偏差和同步偏差等问题，常用于微观个体的研究。① 全要素生产率的增长表明资源配置的优化和生产效率的提升。较高的全要素生产率意味着技术效率的提高和技术创新的有效应用。

### （四）技术扩散

技术扩散指的是新技术在不同国家、地区和行业之间的传播和应用。这一过程反映了技术进步从创新者向更广泛经济体系的渗透情况。技术扩散不仅依赖于创新本身，还受制度环境、市场条件、国际合作等因素的影响。有效的技术扩散能够显著提升整体经济的生产率水平，使得技术进步的效益在全球范围内得以共享。

## 三、技术进步对全球经济发展的影响

技术进步深刻影响了经济和社会结构，既推动了新职业的出现和产业升级，也改变了国际关系的动态。它不仅促进了生产方式和就业市场的转型，也推动了全球治理的合作与竞争，同时引发了国家间的科技竞争和文化交流。在技术变革的背景下，各国需要调整策略，以应对新兴机遇与挑战。

### （一）技术进步对劳动力市场的影响

随着变革速度、变革规模和变革深度更为强烈，技术进步对劳动者的影响也更加复杂。技术进步对劳动力市场的影响既包括创造新的就业机会，也带来了替代传统工作的风险。

1."创造效应"

技术进步如人工智能和机器人技术的广泛应用推动了新业态和新模式的涌现，创造了大量新的就业机会。人工智能、机器人技术、大数据分析、物联网等新兴技术领域带来了新的职业需求。如机器人技术的应用不仅提高了生产效率，

---

① 余泳泽：《异质性视角下中国省际全要素生产率再估算：1978—2012》，《经济学（季刊）》2017 年第 2 期。

还催生了对机器人维护、编程和操作的专业人才需求。[①] 随着人工智能、大数据和物联网等技术的应用，数据分析师、AI 工程师和可再生能源技术人员等新的职业和就业机会也在不断涌现。这些新兴职业不仅为劳动力市场提供了新的就业机会，还促进了技能的提升和职业的发展，推动了劳动力市场的结构性转型和升级。同时，这些技术领域的创新也引发了相关教育和培训体系的发展，帮助劳动者获取所需的技能，从而更好地适应新的就业形势。

2. "替代效应"

技术的进步常常导致对某些类型劳动的替代，尤其是那些重复性高、危险性大或附加值低的工作。例如，自动化技术在制造业中的应用减少了对传统手工操作工人的需求，取而代之的是由机器人和自动化设备完成的生产任务。这种技术替代不仅改变了工作岗位的性质，还带来了劳动者的职业转型压力。那些被取代的工人需要面对失业和再就业的挑战，特别是在低技能岗位和低附加值的工作中，如传统的生产线操作工、装配工等岗位，劳动者面临的风险较大。此外，技术替代效应也可能加剧收入不平等，因为拥有高技术能力和技能的劳动者能够更好地适应新环境，而技能不足的劳动者则可能面临更大的就业困境。

### (二)技术进步对产业发展的影响

在技术进步影响产业发展的过程中，新的生产方式不但会改变生产要素的边际产出和要素之间的替代比例，还有可能引入新的生产要素。因此，技术进步的这种"破坏"对于不同生产要素的影响具有非中性特征。

1. 改变生产要素的边际产出和替代比例

技术进步可以改变不同生产要素的边际产出和替代比例。具体而言，技术进步过程中技术要素或某种技术子要素的变动可以提高其他生产要素的边际生产率，进而对其他生产要素产生替代效应。例如，自动化技术的引入提高了机器设备的边际生产率，而对人工劳动的边际生产率影响较小，从而在生产过程中机器

---

① 王永钦、董雯：《机器人的兴起如何影响中国劳动力市场？——来自制造业上市公司的证据》，《经济研究》2020 年第 10 期。

和人工之间的替代比例发生变化。从诱致性技术创新理论的视角来看，技术创新是有偏向性的，技术变革的方向总是倾向于节约稀缺要素、使用充裕要素。① 在这种有偏的技术变革之下，技术对于不同生产要素边际产出的影响及其替代作用都是非中性的，不同生产要素在生产过程中的作用、重要性乃至收入分配格局都会随之发生改变。② 例如，工业 4.0 的兴起促使制造业加速采用智能机器人，这不仅提高了资本的边际生产率，也改变了对传统劳动的需求，导致生产要素配置的重新调整。

2. 引入新的生产要素

技术变革可以在生产过程中引入新的生产要素。在农业经济时代，劳动与土地是主要的生产要素，第一次产业革命后，资本在生产中的作用逐渐强化并被纳入生产要素范畴，第二次、第三次产业革命中，随着专业分工不断细化，管理和知识逐步成为新的生产要素，而在当前的新产业革命之下，数据对提高生产效率的乘数作用凸显，已经被普遍认为是新的生产要素。③ 由于新型生产要素与原有不同要素的组合方式存在很大差异，因此技术变革中新型生产要素的产生对于传统生产要素的影响也是非中性的。

3. 推动产业结构的动态变化

技术进步的非中性破坏会推动产业结构的动态变化。产业是利用要素组织生产以满足需求的载体，随着生产要素在技术变革的创造性破坏中受到非中性的影响，产业结构也会随之发生调整。在技术变革的非中性影响下，不同生产要素的供给、需求、相对价格、组织方式都会发生改变，要素会在部门内进行重新配置甚至出现跨部门流动，进而推动产业结构出现动态变化。例如，信息技术的广泛应用促进了服务业的发展，并推动了制造业向高附加值产业的转型。智能制造的兴起使得传统制造业的生产模式发生改变，促进了高科技产业的兴起和传统产业

① Acemoglu D. 2003. Labor – and capital – augmenting technical change. Journal of the European Economic Association, Vol. 1, No. 1.

② Zuleta H. 2008. Factor saving innovations and factor income shares. Review of Economic Dynamics, Vol. 11, No. 4.

③ 谢康、夏正豪、肖静华：《大数据成为现实生产要素的企业实现机制：产品创新视角》，《中国工业经济》，2020 年第 5 期。

的转型升级，从而推动了产业结构的动态调整。

### (三)技术进步对国际关系的影响

技术进步在国际关系中扮演了重要角色，它不仅促进了全球治理与国际合作，还加剧了国际经济竞争与合作。此外，技术进步推动了社会文化交流，但也带来了新的文化冲突和挑战。各国需在这一新环境中调整策略，以应对机遇与挑战。

1. 全球治理与国际合作

技术进步促进了全球治理体系的构建和国际合作的深化。信息技术和通信技术的发展使得全球数据共享和沟通变得更加高效，促进了跨国机构和国际组织在应对全球性挑战如气候变化、疫情防控和恐怖主义等方面的协作。例如，互联网和社交媒体的普及使得信息传播速度加快，帮助国际组织和政府迅速协调行动，强化了全球治理机制。然而，这也带来了数据隐私和网络安全等新问题，迫使国际社会在治理框架和规则制定上进行更多的合作和调整。

2. 国际经济竞争与合作

技术进步加剧了国际经济竞争，同时也带来了新的合作机会。科技创新，特别是在 5G 技术、人工智能和量子计算等领域，成为推动经济增长和竞争力的关键因素。国家间在技术领域的竞争，可能导致科技霸权和经济依赖关系的形成。新技术的发明会使一些国家获取优势，增强其扩张主义的倾向,[1] 技术领先的国家往往利用其技术优势对其他国家施加影响，形成技术霸权。这种技术霸权不仅体现在对技术资源的控制上，还表现为国际规则的主导地位。技术领先的国家可能通过限制技术出口、施加技术壁垒等手段，维护自身在全球科技领域的主导地位。同时，信息技术的发展也促进了全球贸易和跨国投资的增长，各国之间通过跨国公司的技术合作、国际技术标准的制定和全球产业链的优化，共享技术成果和资源。技术领域的合作可以带来资源的优化配置和产业的升级，但同时也需要各国在知识产权保护和技术转移方面达成共识。

---

[1] 罗伯特·吉尔平等：《世界政治中的战争与变革》，上海人民出版社，2007，第 65 页。

### 3. 国家安全与军事竞争

技术进步对国家安全和军事竞争产生了重要影响。军事技术的发展，如无人机、网络战和人工智能武器，使得战争模式和安全威胁发生了深刻变化。国家间在这些高科技领域的竞赛加剧了战略不确定性和安全困境，可能导致军备竞赛的升级。技术进步使得国家能够更有效地进行情报收集、监视和防御，但同时也提高了网络攻击和信息战的风险。国际社会需要在技术进步的背景下加强安全合作和制定新的国际规则，以防止技术滥用和确保全球安全。

### 4. 社会文化交流与影响力拓展

技术进步推动了全球范围内的社会文化交流和影响力扩展。数字媒体和社交平台的普及使得各国文化和价值观的传播更加广泛，增强了国家的软实力和文化影响力。例如，不同国家流行的音乐和电视剧集在全球范围内获得了极大的关注和喜爱，展示了全球文化交流的广泛影响力。社交媒体平台如 Instagram 和 TikTok 允许用户分享自己的文化和生活方式，促进了跨文化的互动和理解。技术进步使得文化交流变得更加频繁和深入，但也可能导致文化冲突和价值观的碰撞，各国在全球文化交流中需要寻找平衡点，以促进相互理解和尊重。

## 第二节 技术进步对全球经济的"大解绑"

全球经济发展的历程中，经历了两次显著的"解绑"现象，① 这些现象不仅改变了生产和消费的方式，也重塑了国际经济格局。两次"解绑"过程主要发生在货物贸易。② 第一次"解绑"主要指生产和消费在空间上的分离，推动了工业化、城市化以及全球贸易的发展。第二次"解绑"主要指生产过程国际化。跨国公司、离岸生产和全球供应链的兴起，带动了技术转移和知识扩散，改变了不同国家的工业化程度和 GDP 份额。在分析这两次"解绑"时，可以看到技术变革类型、生产方式影响以及全球经济效应的显著差异，从而更深刻地理解全球化进程中的关

---

① Baldwin, R. E. 2006. Globalisation: the great unbundling (s).

② 裴长洪、刘斌：《中国对外贸易的动能转换与国际竞争新优势的形成》，《经济研究》2019 年第 5 期。

键节点和动力。

## 一、第一次"解绑"：生产和消费在空间上分离

技术进步在工业革命期间带来了生产和消费在空间上的显著分离，这一变革深刻影响了全球经济的发展。蒸汽机革命和机械革命使生产效率大幅提升，商品流通范围扩大。不同国家之间的专业生产知识和技术分配的不均衡。生产和消费在空间上分离导致全球贸易量激增以及大分流。

### （一）生产和消费在空间上分离的背景：蒸汽机和机械革命

第一次"解绑"发生在工业革命时期，主要集中在 18 世纪末至 19 世纪末。这一时期，欧洲国家，尤其是英国，通过技术创新和工业化进程，改变了全球生产和消费模式，带来了生产方式的巨大变革。这场变革的核心动力来自于蒸汽机、机械化纺织设备和其他革命性技术的发明和应用。蒸汽机作为一种高效的动力来源，使得工厂可以不再依赖于水力资源，从而在更多的地理区域设立生产设施。蒸汽机在船只和火车上的使用以及铁路的出现降低了运输成本，使长距离的物资运输变得可行。运输技术的突破使得人们消费远距离生产的产品在经济上变得可行，生产和消费得以在空间上分离。①

### （二）生产和消费在空间上分离的表现

工业革命带动了工业化与城市化的进程，机器大规模生产取代了手工劳动，推动了农村人口向城市集中，形成工业化城市。全球贸易的兴起通过新型交通工具扩大了商品流通范围，连接了全球市场，而殖民扩张则为发达国家提供了廉价的原材料和广阔的市场，推动了国际分工与资源重组，加速了全球经济的整合与增长。

1. 工业化与城市化

蒸汽机的广泛应用使得工厂能够进行大规模生产，尤其是在纺织、钢铁和煤炭等行业中。机器生产逐渐取代了手工劳动，显著提高了生产效率。与此同时，

---

① 鲍德温：《大合流：信息技术和新全球化》，李志远等译，格致出版社，2020，76 页。

工厂在经济中占据主导地位，推动了制造业的崛起，标志着生产方式的根本转变。生产活动逐渐从农村转移到城市，城市成为工业生产的中心，而农业生产仍集中在农村地区。工厂的集中建设和生产需求的提升需要大量的劳动力，促使农村人口向城市集中，形成了前所未有的城市化浪潮。农业社会逐渐让位于工业化城市，工业成为经济的主导力量。以英国为例，工厂的建立迅速改变了生产模式，大规模的机械化生产取代了家庭作坊的手工制作，这不仅提高了生产效率，还创造了大量的城市就业机会。城市化与工业化相辅相成，推动了城市经济的快速发展。

2. 全球贸易的兴起

工业化城市生产大量商品，这些商品通过新兴的交通工具，如铁路和轮船，运送到全国甚至国际市场，极大地扩展了商品的流通范围。铁路和轮船等新型交通工具的兴起大幅降低了运输成本，并缩短了货物流通的时间。交通基础设施的完善进一步促进了货物贸易，使得生产和消费可以跨越更长的距离。这一变化使得全球范围内的经济联系得以加深，全球化初露端倪。各类商品可以在更远的地方进行消费，消费者不再局限于本地生产的物品，全球贸易网络逐渐形成，商品流通的规模和速度显著提升。欧洲国家通过远洋运输，将工业产品出口至全球各地，同时从殖民地进口原材料，形成了早期的全球贸易网络。英国作为当时全球最大的工业国，凭借先进的工业技术和强大的海运力量，将大量制造产品出口到世界各地，成为全球贸易的中心。这一时期，英国凭借其工业实力成为世界工厂，全球性市场网络逐渐成形。

3. 殖民扩张与全球资源重组

生产和消费在空间上的分离在不同国家之间表现出明显的差异，不同国家根据其资源优势开始在国际分工中扮演不同角色，一些国家成为生产中心，而其他国家则成为原材料供应地或消费市场。专业生产知识和技术在国家之间的不均衡分配，[1] 使得发达国家在知识密集型产业中占据主导地位。发达国家借助技术和工业优势，集中建立了大量工厂，进行大规模工业生产，这些国家的消费品则通

---

① 鲍德温：《大合流：信息技术和新全球化》，李志远等译，格致出版社，2020，76 页。

过发达的交通系统出口到全球各地。而发达国家的创新能力却由于极高的信息交流成本而局限在发达国家内部。① 发展中国家则在全球生产链中扮演原材料供应和劳动密集型生产的角色，同时进口发达国家的消费品。强国为了获取原材料、劳动力和市场，开始大规模殖民扩张。殖民地不仅为宗主国提供了廉价的原材料，还为工业制成品提供了新的市场。英国、法国、荷兰等国家通过殖民扩展，在全球范围内建立了庞大的贸易体系，殖民地成为西方工业化国家工业化的重要资源供应地，这种全球性的资源流动为经济增长提供了强大的动力。

### （三）生产和消费在空间上分离对全球经济发展的影响

工业革命带来了深刻的经济结构转型，推动了农业向工业的过渡，并引发了社会阶层和国际力量格局的重大变化，工业化国家凭借经济和军事优势确立了全球主导地位。

1. 经济结构的深刻变化

第一次"解绑"将社会经济结构从以农业为主的经济模式转变为工业主导的经济模式。制造业取代了农业成为主导产业，工厂制经济的出现改变了传统的生产方式，推动了全球范围内的工业化进程。这种经济结构转型不仅在西方国家发生，也通过殖民扩张和全球贸易网络影响到其他地区。

2. 社会阶层的变动

随着工业化的推进，大量农民进入工厂成为工人，新的社会阶层结构开始形成。工厂主和资本家积累了大量财富，成为新的经济精英，而工人阶级的兴起标志着社会中下层人口的集体力量增强。工业革命还推动了劳工运动的兴起，工人阶级为争取更好的工作条件和生活待遇而组织罢工和抗议活动，社会阶层结构因此发生了显著变化。

3. 国际力量对比的变化

工业革命使得工业化国家在经济和军事上都获得了巨大的优势。英国通过工业革命成为世界头号经济强国，依靠其工业和军事力量在全球范围内扩展势力，

---

① 鲍德温：《大合流：信息技术和新全球化》，李志远等译，格致出版社，2020，132页。

确立了全球霸权。与此同时，其他工业化国家如德国、法国和美国也通过工业化迅速崛起，这一时期的全球力量格局由此开始重塑，工业化程度决定了国家的国际地位。此时，欧洲成为世界经济的核心，而其他地区则逐渐融入全球贸易体系。

## 二、第二次"解绑"：生产过程的国际化

随着信息与通信技术革命的推进，生产过程国际化成为全球经济发展的新趋势。计算机和互联网的普及，使得生产过程国际化成为可能，并推动了跨国公司的兴起、离岸生产的普及，最终形成了全球供应链。这一现象对全球经济发展产生了深远影响，技术转移和知识扩散显著加快，不同国家的工业化程度和 GDP 份额也因此发生了巨大变化。

### （一）生产过程国际化的背景：信息与通信技术革命

第二次"解绑"始于 20 世纪末至 21 世纪初，全球化和信息技术革命是其核心推动力量。20 世纪 70 年代以后，全球经济逐渐走向一体化，信息通信技术的飞速发展进一步加速了这一进程。计算机、互联网、卫星通信等技术革新使得跨国企业能够通过信息网络实时连接全球各地的生产和市场。信息通信技术、物流网络的升级以及贸易壁垒的减少，使得企业能够在全球范围内配置资源、优化生产布局。生产过程逐渐从国内集中生产转向全球范围内分散布局生产，全球供应链由此形成。企业可以根据各地的资源禀赋和成本优势，将生产环节分布在不同国家和地区，以降低生产成本和提高生产效率。

### （二）生产过程国际化的表现

跨国公司通过全球化布局生产和外包，构建了复杂的全球供应链，利用各地区的成本优势和资源条件，不仅提升了生产效率，还推动了全球贸易和经济的深度融合。

1. 跨国公司的主导作用

跨国公司成为全球化浪潮中的主要推动者。它们通过全球范围内布局生产基地，根据全球各地的资源、劳动力和市场条件，利用不同地区的成本优势和市场

潜力，进行全球范围内的生产和销售活动，以最大化利润和降低生产风险。例如，跨国汽车制造公司往往在多个国家设立零部件生产基地，将组装环节集中在特定地区。这种全球化生产布局不仅增强了企业的竞争力，还进一步推动了全球贸易和资本流动。

2. 离岸生产和外包的普及

跨国公司将生产环节转移到劳动力成本较低的国家，以降低生产成本。这种离岸生产策略在20世纪末至21世纪初迅速普及，尤其是在亚洲地区，如中国、越南和印度等新兴经济体。中国通过成为全球制造业中心，迅速实现了工业化和经济快速增长。美国等发达国家则逐渐将低端制造业外包出去，转而专注于高附加值的知识密集型产业。

3. 全球供应链的复杂构建

随着信息通讯技术和物流网络的发展，企业能够在全球范围内协调生产和分销，构建起复杂的全球供应链。例如，电子产品的生产通常涉及多个国家的协作：设计可能在美国完成，零部件生产在亚洲，而组装则可能在拉丁美洲。全球供应链的存在，使得商品生产效率大大提高，也使各国经济之间的联系更加紧密。

（三）生产过程国际化对全球经济发展的影响

全球经济发展的两次"解绑"现象深刻改变了生产与消费的空间布局和生产过程的国际化，不仅推动了全球工业化进程的加速，还促使技术扩散和全球供应链的形成，最终导致全球经济重心逐渐从发达国家向新兴市场国家转移。

1. 技术转移与知识扩散

离岸生产的过程又伴随着生产知识由发达国家向发展中国家的流动。[1] 跨国公司不仅带动了资本流动，还通过在全球设立分支机构，将先进的生产技术和管理经验传递给发展中国家。技术的跨国转移大大提高了这些国家的生产力水平，促进了技术扩散与知识共享。这种技术扩散不仅改变了发展中国家的经济结构，也提升了它们在全球供应链中的位置。

---

① 鲍德温：《大合流：信息技术和新全球化》，李志远等译，格致出版社，2020，104 页。

### 2. 全球工业化进程的加速

不同国家的工业化程度发生了变化，G7 国家(美国、加拿大、英国、法国、德国、意大利和日本)渐渐去工业化，许多发展中国家通过承接发达国家的生产环节，实现了快速的工业化进程，经济结构得以优化。通过离岸生产，发展中国家获得了低成本的制造业机会，并因此在全球经济中获得了一席之地。以中国为例，它通过成为全球制造业的枢纽，带动了经济的高速增长，并成为全球工业体系中不可或缺的一部分。

### 3. 全球经济重心的转移

生产过程的国际化导致全球 GDP 的重新分配，一些新兴市场国家在全球经济中的份额不断上升，G7 国家的经济停滞不前。全球供应链的形成使得原本经济落后的国家得以参与全球分工体系，通过工业化和经济增长实现了跨越式发展。与此同时，发达国家虽然将低附加值产业外包出去，但通过控制高附加值产业和技术，继续在全球经济中占据主导地位。G7 国家与发展中国家之间贸易的性质发生了根本改变，几乎所有的发展中国家都开始大规模地采取贸易自由化措施，放松了贸易、投资、资本流动、服务和知识产权等方面的限制。①

## 三、两次"解绑"的比较

工业革命以来，全球经济经历了两次显著的"解绑"现象，即生产和消费之间的空间分离以及生产者之间的空间分离。这两次解绑不仅体现了不同类型的技术变革，还对生产方式和全球经济产生了不同的深远影响。通过对比蒸汽机和机械革命导致的第一次解绑与信息技术和通信技术革命导致的第二次解绑，可以更清晰地了解全球化进程中的关键节点和变革动力。

### (一)技术变革的类型不同

第一次"解绑"始于蒸汽机和机械革命，这些技术进步显著降低了运输成本，使得长距离的物资运输变得可行。蒸汽机的发明不仅提高了工厂的生产效率，还

---

① 鲍德温:《大合流：信息技术和新全球化》，李志远等译，格致出版社，2020，105 页。

带动了铁路和蒸汽船的发展，极大地改善了交通运输条件。相比之下，第二次"解绑"源自信息与通信技术革命，特别是计算机和互联网的普及。信息技术的进步大幅降低了信息与通信成本，使全球范围内的实时沟通和协作成为可能，彻底改变了生产和商业模式。

### (二)对生产方式的影响不同

第一次"解绑"主要体现为集中生产和本地消费的模式。蒸汽机和机械革命提高了生产效率，使得工厂成为主要的生产组织形式，而新型交通工具的出现则实现了生产和消费的空间分离。商品能够从集中生产的工厂运往更远的市场，满足不同地区的消费需求。第二次"解绑"则体现为分散生产和全球消费的模式。信息技术的进步使得企业能够在全球范围内分散生产环节，通过远程协作和全球供应链实现生产过程的高效管理。跨国公司通过离岸生产和外包，形成了高度协作的全球化生产网络。

### (三)对全球经济的影响不同

第一次"解绑"对全球经济的影响主要体现在推动工业化和城市化进程。蒸汽机和机械革命不仅促进了工厂的兴起和城市的发展，还大幅度增加了全球贸易量，促进了国际市场的形成和扩展。第二次"解绑"则带动了技术和知识的全球转移，推动了全球供应链的形成。信息技术的普及使得发达国家的先进技术和管理经验能够传递到发展中国家，促进了这些国家的工业化和经济增长。此外，全球供应链的形成增强了各国经济的相互依赖性，进一步推动了全球经济的一体化进程。

## 第三节　数字经济与全球经济发展

在当今快速发展的全球经济环境中，数字经济已经成为推动经济增长和变革的重要力量。数字经济不仅通过技术创新和应用重塑了传统产业，还引发了全球贸易和跨境合作的新模式的变革。它通过加速产业数字化转型，实现了制造业的智能化和自动化、零售业的线上销售渠道拓展，从而提升了生产效率和市场竞争力。同时，数字经济的兴起促进了全球贸易的便利化和跨境合作的深化，电子商务和数字支付的普及加速了商品与服务的全球流通，推动了经济全球化的进程。然而，数字经济的迅猛发展也带来了新的挑战，其中最显著的是国家间数字技术应用的不均衡所造成的数字鸿沟。发达国家和发展中国家在数字技术、信息获取以及市场机会等方面的差距，导致了全球经济发展中的信息和机会不对称现象。因此，数字经济不仅是全球经济发展的引擎，也是一场复杂的变革，它在创造机遇的同时，也带来了需要解决的深层次问题。

## 一、数字经济的分类及特征

随着移动数字通信技术的发展，"数字经济"的概念应运而生。数字经济的内涵界定在不同历史阶段各有侧重，早期定义侧重于涵盖数字技术生产力，强调数字技术产业及其市场化应用。随着数字技术的发展与普及，对数字经济的关注逐渐转移到数字技术对生产关系的变革上来。[①] Don Tapscott 首次提出数字经济是有关技术、智能机器的网络系统，将智能、知识及创新联系起来以促进财富及社会发展的创造性突破。[②] 经济合作与发展组织（OECD）指出，随着云计算、机器学习、远程控制、自动化系统的出现，以及物联网技术的逐渐成熟，信息通信技术（ICT）与经济之间的联系正在显著增强。数字经济迅速发展并渗透进世界经济运行的各个方面，数字化创新和新型商业模式引领了社会工作和贸易方式的转变。[③] 根据中国信息通信研究院《中国数字经济发展白皮书（2023 年）》，数字经济是以数字化的知识和信息作为关键生产要素，以数字技术为核心驱动力，以现代信息网络为重要载体，通过数字技术与实体经济深度融合，不断提高数字化、网络化、智能化水平，加速重构经济发展与治理模式的新型经济形态。[④] 数字经

---

①　陈晓红、李杨扬、宋丽洁、汪阳洁：《数字经济理论体系与研究展望》，《管理世界》2022 年第 2 期。

②　Bowman, J. P. 1996. The digital economy: promise and peril in the age of networked intelligence.

③　OECD（2017），OECD Digital Economy Outlook 2017, OECD Publishing, Paris, https://doi.org/10.1787/9789264276284-en.

④　中国社会科学院信息通信研究院，《中国数字经济发展中白皮书（2023 年）》，http://221.179.172.81/images/20230428/59511682646544744.pdf.

济已深刻地改变了社会生产、分配、交换和消费的方式。它不仅是信息技术发展的产物，也是现代经济体系中不可或缺的组成部分。

## （一）数字经济的分类

中国信息通信研究院从生产力、生产要素以及生产关系角度提出了数字经济"四化"框架，即数字产业化、产业数字化、数字化治理、数据价值化。其中，数字产业化和产业数字化重塑生产力，数字化治理引领生产关系深刻变革，数据价值化重构生产要素体系。[①]

### 1. 数字产业化

数字产业化是指数字技术作为一种独立的产业形态即信息通信产业发展起来，这包括软件开发、数字媒体、电子商务、云计算、大数据、人工智能等新兴产业，是数字经济发展的先导产业。[②] 数字产业化的核心是利用数字技术生产新的产品和服务。例如，软件开发不仅为企业提供了管理和运营工具，也为消费者带来了各种应用和娱乐产品；数字媒体通过互联网传播信息，改变了传统媒体的传播方式和商业模式；电子商务则通过网络平台进行商品和服务的交易，极大地便利了人们的购物方式。此外，云计算和大数据为企业提供了强大的计算能力和数据分析能力，帮助企业实现智能化转型。

### 2. 产业数字化

产业数字化是指传统产业在生产、管理和服务过程中引入数字技术，以提升效率和竞争力。这种数字化转型不仅涉及制造业，还涵盖了农业、服务业等各个领域。例如，在制造业中，智能制造通过物联网、人工智能和大数据技术，实现了生产过程的自动化和智能化，提高了生产效率和产品质量；在农业中，智慧农业利用传感器、无人机和大数据分析技术，实现了精准种植和智能管理，提高了农业生产的效益；在服务业中，数字化的客户管理系统、在线服务平台等工具，

---

① 中国社会科学院信息通信研究院，《中国数字经济发展中白皮书（2020 年）》，http://www. caict.ac.cn/kxyj/qwfb/bps/202007/P020200703318256637020.pdf.

② 中国社会科学院信息通信研究院，《中国数字经济发展中白皮书（2020 年）》，http://www. caict.ac.cn/kxyj/qwfb/bps/202007/P020200703318256637020.pdf.

为企业提供了更加高效和个性化的服务方式，提高了客户满意度和忠诚度。

3. 数字化治理

数字化治理涉及政府和社会组织在公共服务和管理中应用数字技术，以实现智能化、信息化的治理模式。数字化治理的目标是通过技术手段提高公共管理和服务的效率和透明度，促进政府与公众的互动和合作。例如，电子政务通过网络平台提供在线公共服务，使政府服务更加便捷和高效；智慧城市通过物联网、大数据和人工智能技术，实现了城市管理的智能化，提高了城市运行的效率和居民的生活质量；社会治理中，数字技术的应用还促进了社会组织和公众的参与，使得社会治理更加开放和透明。

4. 数据价值化

数据泛指基于测度或统计产生的可用于计算、讨论和决策的事实或信息。[1]数据价值化则是利用大数据分析挖掘数据潜在的商业价值，为企业决策和战略规划提供支持。数据价值化的核心是通过数据要素的采集、处理和分析，发现数据要素背后的规律和趋势，为企业提供科学的决策依据。例如，电子商务平台通过对用户行为数据的分析，能够精准地推荐商品和服务，提高了销售转化率；金融机构通过大数据分析，能够评估客户的信用风险，提高了贷款审批的效率和准确性；医疗行业通过对病患数据的分析，能够提供个性化的诊疗方案，提高了医疗服务的质量和效果。另外，数据要素分布的不均衡性、相对稀缺性及不同主体之间具有不同的边际收益共同决定了其投资价值，数据交易得以在不同行业内或者行业之间开展，从而催生出较为固定的数据交易市场，诸如上海数据交易中心。[2]

（二）数字经济的特征

数字经济具有数据支撑、融合创新、开放共享等特征。[3] 这些特征共同作用

---

① 陈国青、曾大军、卫强、张明月、郭迅华：《大数据环境下的决策范式转变与使能创新》，《管理世界》2020 年第 2 期。

② 金骈路、陈荣达：《数据要素价值化及其衍生的金融属性：形成逻辑与未来挑战》，《数量经济技术经济研究》2022 年第 7 期。

③ 陈晓红、李杨扬、宋丽洁、汪阳洁：《数字经济理论体系与研究展望》，《管理世界》2022 年第 2 期。

不仅塑造了数字经济的运作模式，也推动了社会的全面进步。通过数据的支撑，企业和组织能够更加科学地进行决策和运营；通过融合创新，不同技术和产业之间能够实现协同发展，创造新的经济增长点；通过开放共享，信息和资源的流动更加自由和高效，促进了知识的传播和技术的普及。这些都为经济的发展和社会的进步提供了强大的动力。

1. 数据支撑

数据支撑是数字经济的核心特征之一，数据作为生产要素在经济活动中扮演着基础性角色。随着信息技术的发展和普及，数据的采集、存储、处理和分析能力不断提升，使得数据成为企业决策和运营的重要依据。通过对数据的分析，企业能够快速了解市场需求、优化生产流程、改进产品和服务，消除信息不对称，提高产品配置效率，从而提高了竞争力和市场响应速度。例如，零售企业通过对销售数据的分析，能够精准地预测市场需求，优化库存管理，降低库存成本；制造企业通过对生产数据的分析，能够发现生产过程中的问题，及时调整生产计划，提高生产效率；互联网企业通过对用户数据的分析，能够及时了解用户的行为和偏好，提供个性化的产品和服务，提高用户满意度和忠诚度。

2. 融合创新

融合创新表现为不同技术、产业和领域之间的交叉与合作，通过创新驱动新产品、新服务和新业态的出现。数字化的核心是将与传统经济相关的组织运行、产业链条、制度管理等过程中的一系列数据实现数码化并加以分析，[①] 随着数字化在各行各业内的渗透，将打破与其他技术之间的壁垒，深度融合并发生开放式技术变革与创新。例如，人工智能技术与医疗行业的融合，推动了智能诊断和治疗的发展，提高了医疗服务的质量和效率；物联网技术与制造业的融合，推动了智能制造的发展，提高了生产的智能化和自动化水平；区块链技术与金融行业的融合，推动了数字货币和智能合约的发展，提高了金融交易的安全性和透明度。

3. 开放共享

开放共享体现了数字经济时代的协作精神，通过数字经济平台实现信息和资

---

① Berente, N., Yoo, Y. 2012. Institutional contradictions and loose coupling: Postimplementation of NASA's enterprise information system. Information systems research. Vol. 23, No2.

源的开放与共享，促进知识的传播和技术的普及。在数字经济中，开放和共享是推动创新和发展的重要动力。数字平台通过连接各方资源，使信息和服务更加高效流动。例如，开源软件平台使得更多的开发者能够参与其中，共同推动技术的发展和应用；大数据平台的开放，使得企业和研究机构能够利用海量数据进行分析和研究，发现新的商业机会和科学规律；共享经济平台通过互联网实现了资源的高效配置和利用，提高了社会资源的使用效率。

### （三）数字经济的理论基础

数字经济的蓬勃发展建立在一系列经济学理论基础上，包括长尾效应和"创造性毁灭"等。这些理论不仅解释了数字经济的运作机制，也为理解其在推动技术进步、创新商业模式以及变革传统产业方面的深远影响提供了坚实的理论框架。

1. 长尾效应

根据长尾理论，只要存储和流通渠道足够大，需求较大但品种较少的头部所占份额和需求较小但品种较多的尾部所占份额便大体相当。[①] 在数字经济环境下，通过互联网平台，消费者具有更多的选择权，小众市场和产品的总需求量可以超过传统市场的需求。企业可以实现对小众市场和产品的精准定位和高效服务，体现了数字经济对细分市场的潜力挖掘。在传统经济中，由于市场规模和渠道成本的限制，小众市场和产品难以得到充分的开发和利用；而在数字经济中，通过互联网平台，企业能够低成本地触达和服务小众市场，实现市场的全面覆盖和长尾效应。例如，电子商务平台通过精准推荐和个性化服务，实现了对小众商品的有效销售；数字内容平台通过长尾内容的提供，实现了对小众用户的全面覆盖和深度服务。

2. "创造性毁灭"

熊彼特"创造性毁灭"理论认为，每一种现存技术的改进和推广都是一种技术上的创新，新的技术会超越并替代原有的技术，缩短原有技术的生命周期。[②]

---

① 克里斯·安德森：《长尾理论》，乔江涛译，中信出版社，2006。

② Schumpeter, J. A. 2013. Capitalism, socialism and democracy. Routledge.

在数字经济中，数字信息通信技术的广泛应用催生了新产品、新业务、新服务，对部分传统行业和业态产生了巨大的冲击甚至颠覆。[①] 例如，电子商务的兴起，对传统的实体零售产生了巨大冲击；微信的普遍使用给中国电信运营商的语音和短信业务造成巨大的冲击，尤其是对短信业务造成"毁灭性"的打击。

## 二、数字经济的全球发展

随着信息技术的飞速进步和互联网的广泛普及，数字经济已经成为全球经济增长的重要引擎。数字经济不仅重塑了商业模式、推动了产业结构的优化升级，也深刻改变了全球经济的运行机制。它不仅涉及先进技术的发展与应用，还涵盖了国际数字治理的完善以及全球化与数字化的深度融合。

### (一)数字技术不断演进

数字技术的不断演进是推动数字经济发展的核心动力。近年来，随着大数据、云计算、区块链等技术的迅猛发展，数字技术的演进经历了从简单的计算工具到复杂的信息处理系统的转变，逐步实现了更高效的数据传输和存储。随着算法优化和硬件能力的不断提升，数字技术逐渐向智能化、分布式以及更高安全性的方向发展，推动其应用范围的持续扩大。

1. 数字技术的核心领域

数字技术的核心领域——大数据技术、云计算、区块链和 5G 技术——各自通过提升数据处理能力、优化资源管理、增强交易安全性和提高网络性能，共同推动了业务创新和行业转型，塑造了现代数字经济的基础。

第一，大数据技术。分布式计算框架，如 Apache Hadoop 和 Apache Spark，显著提升了处理和分析大规模数据集的能力。这些技术通过将数据分布到多台计算机上存储并进行并行处理，从而加快了计算速度和提高了处理效率。数据整合技术，如数据湖和数据仓库，使企业能够将来自不同来源的数据统一存储和管理，从而实现更全面和深刻的分析。实时数据处理技术，如 Apache Kafka 和

---

① 裴长洪、倪江飞、李越：《数字经济的政治经济学分析》，《财贸经济》2018 年第 9 期。

Apache Flink，支持即时处理和分析流数据，使企业能够迅速响应市场和客户需求。人工智能和机器学习的应用进一步推动了数据分析的智能化水平。这些技术通过高级算法和模型，能够从海量数据中自动发现模式和趋势，实现精准预测和自动化决策。目前，随着数据量的激增和数据种类的多样化，企业和组织不断探索和应用新型的数据处理和分析工具，以应对更复杂的业务挑战。数据驱动的决策和业务优化已成为行业标准，推动了客户体验的个性化、运营效率的提升以及创新的广泛应用。

第二，云计算。云计算提供弹性计算资源和存储服务，使企业能够按需扩展并优化基础设施成本。虚拟机、对象存储和数据库服务等功能支持高效的数据处理和应用部署。云计算作为一种通过互联网提供计算资源和服务的技术，已成为数字经济的重要组成部分。全球云计算市场主要由美国的科技巨头如 AWS、微软 Azure 和谷歌云服务等企业主导，提供从基础设施即服务（IaaS）、平台即服务（PaaS）到软件即服务（SaaS）等多种云服务解决方案。

第三，区块链技术。区块链技术通过去中心化的分布式账本提供了安全、透明和不可篡改的交易记录。它支持智能合约和去中心化应用（DApps），推动了加密货币和数据管理的新模式。区块链技术提高了数据的安全性和透明度，减少了中介环节，提高了交易效率和信任度，但也面临技术复杂性和扩展性等挑战。

第四，5G 技术。5G 技术提升了移动网络的速度、带宽和连接能力，支持大量设备的实时连接。它能够提供比 4G 更高的网络性能，促进物联网（IoT）和增强现实（AR）等应用的发展。5G 的高带宽和低延迟特点支持实时数据传输和高带宽需求的服务，对推动新兴技术和智能应用具有重要作用。5G 技术的出现标志着数字技术的又一重大飞跃。作为第五代移动通信技术，5G 不仅提升了数据传输速度和网络带宽，还显著降低了延迟，为数字经济的发展提供了新的可能性。截至 2023 年 9 月，全球 102 个国家及地区已有 277 家网络运营商宣称开始提供 5G 业务（含固定无线和移动服务），其中欧洲 102 家，亚洲 82 家，美洲 47 家，非洲 29 家，大洋洲 9 家。[①]

---

① 中国信息通信研究院，《全球数字经济白皮书（2023 年）》，http://www.caict.ac.cn/english/research/whitepapers/202404/P020240430470269289042.pdf.

### 2. 数字技术在不同行业的应用

数字技术在各行业的应用显著提升了业务效率、优化了运营管理，并推动了服务的个性化和智能化，展示了数字技术在现代经济中的关键作用。

第一，金融服务。在金融服务行业，数字技术的应用大大提高了运营效率和安全性。大数据分析和人工智能被用于个性化客户服务，提供定制化的金融产品和服务。风险管理得益于实时监控和自动化风险评估，防止欺诈行为。云计算可以支持高频交易和数据处理，确保金融市场的流畅运行。区块链技术则为跨境支付和智能合约提供了安全、透明的交易记录，增强了交易的可靠性。

第二，零售业。在零售行业，数字技术的应用优化了客户体验和运营管理。大数据分析驱动的个性化推荐系统提高了客户满意度和销售额，同时预测分析技术优化了库存管理，减少了缺货和过剩的情况。云计算为电子商务平台提供了灵活的资源管理和高效的数据处理能力。区块链技术在供应链管理中提升了商品追溯的透明度，确保了商品来源的真实性。

第三，医疗健康。数字技术在医疗健康领域的应用改善了诊疗服务和数据管理的质量。远程医疗得益于云计算和5G技术的支持，使得医生能够进行远程诊断并实时传输医学数据。大数据分析帮助提供个性化治疗方案，提高了治疗效果。区块链技术确保电子健康记录的安全和隐私，防止数据篡改。整体上，数字技术推动了医疗资源的优化配置和公共卫生管理的进步。

第四，智能城市。在智能城市建设中，数字技术推动了城市管理的智能化。大数据技术用于分析和优化交通流量、环境监测和公共服务，提高了城市运营效率。物联网技术和5G支持了智能基础设施的实时监控，包括智能照明和智能停车系统。数字技术的综合应用增强了城市的管理能力和居民的生活质量，推动了城市的数字化和智能化发展。

### 3. 数字技术在不同地区的发展

数字技术在不同地区的发展不仅受到各自政策和市场环境的影响，还展现了不同的技术应用重点和创新方向。美国在技术创新和市场应用方面处于领先地位，推动了大数据、云计算、区块链和5G技术的全球应用。中国展示了技术发展和市场推广的快速增长，特别是在电子商务、智能制造和5G建设方面。欧洲注重数据隐私和合规性，推动了技术在合法应用和跨境交易中的发展。印度则在技术推广和应用上呈现出快速上升的趋势，为全球技术市场带来了新的机遇和挑战。

第一，美国。美国在数字技术领域具有全球领先地位，特别是在大数据、云计算、区块链和 5G 技术的应用和创新上。美国的科技公司主导了这些技术的研发，并在全球市场上推广应用。大数据和云计算服务高度成熟，支持了金融市场和电子商务的高效运作。美国的科技巨头如 AWS、微软 Azure 和谷歌云服务在全球市场中占据领导地位，提供全面的云计算解决方案。AWS 提供了丰富的 IaaS 服务，包括弹性计算、存储、数据库和人工智能等功能，帮助企业进行数据存储、处理和分析。微软 Azure 则在云服务方面注重融合传统 IT 服务与云服务，为企业提供混合云解决方案。谷歌云服务凭借其强大的数据分析能力和机器学习平台，吸引了众多科技公司和初创企业的使用。根据 Synergy Research Group 市场报告，2023 年亚马逊、微软和谷歌云服务占据全球云计算市场 73% 的市场份额。[①] 未来，美国的云计算市场将继续保持其技术领先地位，并推动更多创新应用的落地。区块链技术在金融科技中得到广泛应用。美国在区块链技术的研发和应用方面处于全球领先地位。其技术公司，如 IBM、微软和亚马逊，已经在区块链技术的开发上投入了大量资源，特别是在金融科技（FinTech）和加密货币领域。IBM 的 Hyperledger Fabric 平台已经成为企业区块链解决方案的一个重要组成部分。5G 技术的推广也在推动着移动互联网和智能设备的发展。美国的 5G 部署侧重于商业市场和高需求区域，例如在纽约、洛杉矶和旧金山等城市中进行了广泛的 5G 网络推广。Qualcomm 等公司在 5G 技术的标准制定和芯片研发方面发挥了重要作用。美国还在探索"5G+AI"的综合应用，推动了智能制造和 5G 增强现实（AR）技术的结合。

第二，中国。中国在数字技术的应用和发展方面迅速增长。大数据和云计算技术被广泛应用于电子商务、城市管理和智能制造等领域。中国的云计算市场快

---

① Synergy Research Group, Cloud Market Gets its Mojo Back; AI Helps Push Q4 Increase in Cloud Spending to New Highs, https://www.srgresearch.com/articles/cloud-market-gets-its-mojo-back-q4-increase-in-cloud-spending-reaches-new-highs.

速崛起，由阿里云和腾讯云主导，根据中国信息通信研究院《云计算白皮书(2023年)》统计，2022年阿里云和腾讯云分别占中国公有云 IaaS 厂商市场的 25% 和 22.15%。[1] 政府推动的区块链技术主要应用于数字货币、金融交易、供应链追踪和智能合约等方面。中国人民银行(PBOC)已经推出了数字人民币(DCEP)试点，进一步推动了区块链技术在金融领域的应用。5G 技术的建设速度快，广泛支持智能制造和互联网服务的创新，显示了中国在全球技术市场中的快速崛起。中国在 5G 技术的发展和应用中处于全球领先地位。中国已建成全球规模最大的 5G 独立组网网络，5G 基站数、用户数均位居全球第一。[2] 中国移动、华为和中兴等公司在 5G 网络的建设和技术研发方面取得了显著成果。华为的 5G 设备被广泛部署在城市基站和商业应用场景中，推动了智能城市建设、自动驾驶汽车的研发、远程医疗服务的推广等多方面的应用。例如，在上海和深圳等城市，5G 网络已经支持了智慧交通系统和无人配送服务。

第三，欧洲。欧洲在数字技术应用中注重数据隐私和合规性，大数据和云计算的使用受到 GDPR 等隐私保护法规的影响，推动了技术的合法应用。区块链技术在跨境交易和供应链管理方面已经取得了显著的进展。欧洲在区块链技术的标准化和应用扩展方面走在前列。欧盟已经启动了多个与区块链技术相关的项目，旨在推动技术的跨境合作与标准制定。例如，欧洲区块链服务基础设施(EBSI)是欧盟的一个旗舰项目，旨在开发一个泛欧洲的区块链基础设施，用于支持公共服务的数字化转型。此外，欧洲各国在金融科技、供应链管理、数据隐私和数字身份等领域也积极探索区块链技术的应用。5G 技术的部署则支持了智能城市和数字化转型的实施。欧洲的技术发展兼顾了创新与合规，形成了独特的市场特点。

第四，印度。印度在数字技术的应用上呈现出快速发展的趋势。大数据和云计算技术正在支持信息技术服务和企业的数字化需求。印度的云服务公司在提供

---

[1]　中国信息通信研究院，《云计算白皮书(2023 年)》，http://www.caict.ac.cn/english/research/whitepapers/202311/P020231103312619845700.pdf.

[2]　中国信息通信研究院，《全球数字经济白皮书(2023 年)》，http://www.caict.ac.cn/english/research/whitepapers/202404/P020240430470269289042.pdf.

高性价比的云解决方案方面具有竞争优势，例如 Zoho Cloud 提供了广泛的 SaaS 产品，包括在线办公套件、CRM 系统和企业管理软件等。根据市场调研公司 IDC 的数据，2023 年上半年，印度公共云服务市场的收入达到 38 亿美元，并预计到 2027 年将增长至 178 亿美元，年均增长率（CAGR）为 22.9%。① 区块链技术的应用仍处于起步阶段，但在金融服务和政府项目中显示出潜力。5G 技术的推广正在加速，支持移动互联网和智能设备的发展，为印度的技术生态带来了新的机遇和挑战。

### （二）国际数字治理持续加强

随着数字经济的蓬勃发展，国际数字治理也显得尤为重要。各国政府、国际组织以及企业都在积极探索如何建立有效的数字治理体系，以应对网络安全、隐私保护等新兴挑战。

1. 国际法规与政策制定

国际数字治理法规和政策正经历快速演变，各国和地区正在制定和调整其数字隐私和数据保护政策，以应对不断变化的技术环境。欧洲自 2018 年 5 月起实施了《通用数据保护条例》（GDPR），这一条例被认为是全球范围内最为严格的数据隐私保护法规之一，欧洲已经在数据隐私保护领域设立了高标准。GDPR 要求企业在处理欧盟公民的数据时，必须获得明确的同意，并提供数据访问、纠正和删除的权利。该条例的影响广泛，不仅影响欧洲境内的企业，还影响全球范围内处理欧盟公民数据的公司。GDPR 不仅设定了严格的数据处理和保护标准，还赋予了用户对个人数据的全面控制权，包括数据访问、修改和删除权。此外，GDPR 还规定了严格的数据泄露报告义务和高额的罚款机制，以确保企业在数据处理过程中的合规性。通过这些措施，欧洲建立了一个透明、公正的数据治理框架，为全球数据隐私保护树立了标杆。GDPR 的实施不仅对欧洲企业产生了深远影响，还促使全球范围内的企业重新审视其数据隐私管理策略，以避免跨境数据

---

① International Data Corporation（IDC），IDC：India's Public Cloud Services Market Grew to US $ 3. 8 Billion in 1H2023, Expected to Reach US $ 17. 8 Billion by 2027. https://www.idc.com/getdoc.jsp?containerId=prAP51558023.

处理中的合规风险。此外，GDPR 还促进了其他国家和地区制定类似的数据保护法规，推动了全球数据隐私保护的标准化进程。美国加州实施的《加利福尼亚消费者隐私法》(CCPA)也对数据隐私保护提出了严格要求，强调消费者对个人信息的控制权。中国的《个人信息保护法》(PIPL)建立了较为全面的数据保护框架，进一步推动了数据保护法规的全球化进程，该法律不仅关注数据处理的透明度，还强调对个人数据的严格控制。全球范围内，多个国家和地区正在效仿这些法律，制定相关的隐私保护法规，并在不断调整和完善中。

2. 跨国数据流动与隐私保护

跨国数据流动面临越来越多的监管挑战，各国对数据隐私和数据主权的关注不断增加。欧盟与美国之间的数据流动曾由"隐私盾牌"框架管理，但该框架在 2020 年被欧盟法院裁定无效，原因是其未能有效保护欧盟公民的数据免受美国国家安全监控的影响。目前，双方正在寻求新的数据传输协议，以平衡隐私保护与数据流动的需要。中国实施的《数据安全法》和《个人信息保护法》对数据的跨境传输设定了严格的条件，要求企业在进行国际数据传输时必须进行安全评估，并可能需要获得政府批准。这些法律对全球业务运营产生了深远影响，促使企业在处理国际数据时必须更加小心，以确保符合各国的数据保护要求。随着数据保护法规的不断更新和国际数据流动的复杂性增加，各国政府和国际组织正努力推动数据治理的全球协调，以减少跨国数据流动中的法律冲突和不一致性。

3. 国际数字治理的挑战与合作

在数字治理领域，国际社会面临诸多挑战，包括技术主权、网络安全威胁和数据主权等问题。网络攻击和数据泄露事件频繁发生，促使各国政府和企业更加关注网络安全。美国在网络安全方面采取了以国家安全为核心的策略，成立了网络安全和基础设施安全局(CISA)，并通过《网络安全法》和《信息共享与分析法》加强信息共享与网络防护。欧盟在网络安全方面制定了《网络与信息系统安全指令》(NIS 指令)，加强成员国之间的网络安全合作。尽管各国在数字治理方面采取了不同的策略，但国际合作依然是应对全球数字挑战的关键。国际电信联盟(ITU)和网络安全合作组织(CISO)等国际机构正在积极推动全球网络安全合作，制定安全标准和最佳实践。此外，各国在技术主权方面的政策差异导致了国际合作的复杂性。例如，美国对中国科技公司施加了技术禁令，影响了全球技术供应链。为了应对这些挑战，国际社会正在通过多边和双边合作机制加强网络安全防护，并推进技术标准化，以提升全球数字治理水平。尽管国际合作在技术标准和安全协议方面取得了一些进展，但全球范围内的数字治理仍面临许多挑战，需要各国政府、国际组织和私营部门共同努力解决。

### （三）全球化与数字化深度融合

全球化与数字化的深度融合正在加速全球经济的互联互通，重塑全球经济格局。数字化技术的普及使得全球范围内的信息流动、资金流动与人员流动变得更加高效与便捷。不同国家在这一过程中采取了不同的策略与措施，以实现数字经济的全球化发展。

1. 全球市场与数字平台的整合

全球市场的数字平台整合已经成为全球经济的一个重要趋势。主要国际电商平台如亚马逊、阿里巴巴、eBay 等正在推动跨国电子商务的发展，这些平台提供了统一的交易接口和支付系统，极大地促进了全球贸易的便利化。电子商务平台的全球扩展不仅让消费者能够购买到全球范围内的商品，也为企业提供了进入国际市场的机会。数字支付系统，如 PayPal、支付宝和 Stripe，正在全球范围内扩展其服务网络，简化了跨境交易过程，减少了货币兑换和支付手续费的环节。数字平台的全球化使得企业可以利用大数据和人工智能技术来优化市场营销策略和客户服务，提升了全球市场的效率和竞争力。这种整合促进了市场的统一性和标准化，同时也推动了全球供应链的数字化转型。

2. 技术创新与国际合作

技术创新的国际合作日益增强，跨国公司和研究机构在多个领域展开合作，以推动技术进步。例如，微软与IBM 在云计算和人工智能技术方面的合作，促进了相关技术的创新和应用。国际科技会议，如国际人工智能大会（ICAI）和全球数字化创新大会，成为技术领域知识共享和合作的重要平台。全球范围内的技术合作还包括政府间的合作项目，如欧盟的"地平线欧洲"计划，旨在通过跨国科研合作推动科技进步。此外，国际标准化组织（ISO）和国际电工委员会（IEC）等机构也在推动技术标准的制定，以促进全球技术的兼容性和互操作性。这种跨国合作不仅加速了技术的研发和应用，也推动了全球技术生态系统的整合。

3. 全球数字经济的政策协调

全球数字经济的政策协调正处于持续发展中，各国通过国际组织和多边机制协调数字贸易政策，推动全球数字经济的健康发展。例如，世界贸易组织（WTO）正在推进数字贸易规则的制定，旨在减少贸易壁垒和促进数字产品的流通。经济合作与发展组织（OECD）也在推动数字经济政策的协调，发布了一系列关于数字经济的政策建议和研究报告。此外，各国之间的政策协调也体现在双边贸易协议中，如美中贸易协议和欧盟与英国的贸易协议，这些协议涵盖了数字经济和数据治理的相关条款。尽管国际间的政策协调有助于推动全球数字经济的发展，但在实施过程中仍面临政策不一致和监管冲突等挑战，需要各方共同努力解决。

## 三、数字经济对全球经济发展的影响

数字经济作为推动全球经济发展的重要力量，正在深刻地改变各国经济结构与发展模式。数字经济不仅推动了传统行业的变革，也催生了新的商业模式和机会，同时也带来了新的挑战和不平等现象。

### （一）加速产业数字化转型

数字化转型正在全面推动企业和行业的深刻变革，通过自动化、数据分析和智能技术提升运营效率、创新业务模式，并优化资源管理和决策能力。企业借助数字技术加快生产流程，提升客户体验，强化风险管理，进而增强市场竞争力。随着数字化转型的深入，各行业正在实现从传统模式向智能化和高效化的全面过渡，这不仅推动了全球经济的持续发展，也促进了技术的广泛应用与创新。

1. 制造业

数字化转型通过引入智能制造、数字双胞胎和供应链优化，提升了生产效率和资源管理。智能制造通过集成物联网（IoT）、人工智能（AI）和机器人技术，实现了生产过程的自动化和智能化，从而减少人为错误和停工时间。例如，智能传感器可以实时监测生产线状态，利用机器学习算法预测设备故障，从而减少停工时间并提高生产效率。数字双胞胎技术则通过创建产品或生产线的虚拟模型，使企业能够在虚拟环境中进行模拟和优化，降低实际生产中的风险和成本。此外，数字技术还在供应链管理中发挥着重要作用。通过大数据分析和区块链技术，企业能够实时跟踪和管理供应链中的每一个环节，优化物流和库存管理，从而提高整体生产效率和响应速度。

2. 零售业

零售业的数字化转型带来了个性化购物体验和全渠道零售的兴起，极大地提升了消费者体验和运营效率。数字技术在零售业的应用优化了库存管理和客户服务，大数据分析能够提供个性化的产品推荐和营销策略，零售商能够根据消费者的购买历史和行为进行精准推荐和促销，提升了客户购物体验。云计算支持了电子商务平台的高效运营，提供了弹性的资源管理和数据存储能力。全渠道零售通过整合线上和线下渠道，提供无缝的购物体验，使消费者可以自由切换渠道，从而提升了购物便利性和客户满意度。智能库存管理系统通过实时数据分析和预测算法优化库存水平，解决了缺货和过剩库存的问题。物联网技术使得零售商能够实时跟踪库存状态和需求变化，从而实现自动补货和降低库存成本。

3. 金融服务

数字化转型在金融服务领域带来了巨大的变化，尤其是在数字支付和金融科技、人工智能与风险管理、以及区块链技术应用方面。大数据技术增强了风险管理和欺诈检测能力，云计算提供了灵活的计算和存储资源，支持大规模交易处理。数字支付和金融科技的创新使得交易变得更加快捷和安全，移动支付和电子钱包的普及简化了支付过程。区块链技术通过提供透明安全的交易记录，促进了加密货币和智能合约的发展，提高了交易的透明度和安全性。人工智能在风险管理中的应用帮助金融机构分析市场趋势、识别欺诈行为，并优化投资组合。通过机器学习算法，金融机构能够处理大量数据，提取有价值的见解，支持决策和降低风险。5G技术进一步支持了高速移动支付和实时数据处理。

4. 医疗健康

数字化转型在医疗健康领域的应用正在迅速发展，主要体现在电子健康记录、远程医疗和智能诊断等方面，推动了个性化医疗和精准医疗的进展。电子健康记录系统使得患者的健康信息可以被数字化存储和管理，从而提高了医疗服务的效率和质量。这种系统不仅便于医疗服务提供者之间的信息共享，还能减少医疗错误和重复检查的情况发生。远程医疗通过视频会议和在线咨询等技术，打破了地域限制，使患者能够获得及时的医疗服务，尤其是在偏远地区。智能诊断技术利用人工智能和大数据分析，能够从医疗影像和实验数据中自动识别疾病模式，提高了诊断的准确性和效率。例如，AI 驱动的影像分析系统可以帮助放射科医生更快地发现癌症和其他疾病。

5. 智慧城市

智慧城市的建设依赖于数字技术的广泛应用，主要体现在智能交通、环境监测和公共服务优化等方面，数字技术提升了城市管理的现代化和效率。智能交通系统通过物联网和大数据分析优化交通流量，减少拥堵，并提高道路安全性。这些系统能够实时监测交通状况，调整交通信号灯，并提供智能导航服务。环境监测技术通过传感器和数据分析实时跟踪空气质量、水质等环境指标，帮助城市管理者采取及时措施应对环境问题。公共服务的优化则依赖于数字平台和大数据分析，提供更加高效的服务，例如智能照明系统可以根据实际需求调整街道照明，减少能源浪费。通过这些技术，智慧城市能够提升居民的生活质量和城市的可持续发展能力。

（二）促进全球贸易和跨境合作

数字经济的快速发展正在深刻改变全球贸易和跨境合作的方式。通过简化国际交易流程、推动全球供应链的整合以及加强国际技术合作，数字技术为全球企业创造了更多市场机会，提升了贸易效率，增强了国际间的协同创新。

1. 简化国际交易流程

全球数字平台的崛起显著推动了跨境电子商务的发展，数字平台和支付系统的普及简化了国际贸易流程。国际电商平台如亚马逊、阿里巴巴和 eBay 提供了统一的交易接口，显著降低了跨国贸易的门槛，使得消费者能够便捷地购买全球商品。企业不再需要花费大量资源建设海外基础设施，便可以通过这些平台直接触达国际市场。数字支付系统，如 PayPal、支付宝和 Stripe，支持多种货币和支付方式，简化了跨境支付流程，降低了跨境交易的复杂性和成本，解决了货币兑换、跨境转账和支付安全等问题，减少了货币兑换成本和支付时间，大大提升了交易效率。这些技术的应用使得跨国企业能够更高效地进行国际市场扩展和交易，中小企业也能够参与全球贸易，扩大了国际贸易的参与面。

2. 推动全球供应链整合

数字技术的应用推动了全球供应链的整合和优化。全球供应链通过物联网（IoT）、区块链和大数据技术实现了更加透明、高效的运营。云计算平台提供了高效、可靠的全球资源共享和计算能力，使得跨国公司可以轻松地在多个国家同步开展研发、生产和市场推广。数据分析工具能够实时跟踪全球市场趋势，帮助企业做出更精准的战略决策。物联网技术通过实时监控货物和运输工具的数据，使得企业能够实时监控供应链中的每一个环节，从生产到运输再到销售，提升了供应链的透明度和响应速度，帮助供应链管理者做出及时决策，减少了延误和损失的风险。区块链技术能够实时跟踪货物的来源、运输状态和物流路径，增强了对商品质量和流程效率的控制，通过不可篡改的记录和智能合约减少了中介环节和交易纠纷，增强了供应链的安全性和可信度，降低了合规和风险管理成本，从而推动了国际间的信任与合作。这种整合提高了供应链的效率和可靠性，促进了全球经济的协同发展。

3. 加强国际技术合作

全球范围内的技术合作日益增强，加速了技术的创新和应用。跨国公司与各国研究机构在云计算、人工智能和区块链等领域开展了深度合作，推动了新技术的研发和应用推广。例如，微软与 IBM 在云计算和人工智能领域的合作，推动了技术的进步和商业应用。此外，国际科技会议和合作项目，如欧盟的"地平线欧洲"计划，为全球科技人才和机构提供了合作平台。这种合作不仅加速了技术创新和商业模式的全球化，还促进了知识和技术的快速传播，支持了跨国的科研合作，加速了前沿技术的开发和应用，促进了技术标准的制定和技术生态系统的整合，新兴市场国家能够更快地应用和发展数字技术，从而缩小与发达国家之间的技术差距。

## （三）加剧数字鸿沟

在全球化的背景下，数字经济的迅猛发展固然为各国带来了前所未有的机遇，但它也放大了国家之间在技术能力、信息获取和市场机会方面的差距。这种差距不仅仅是技术层面的，也深刻地反映在经济、社会和政治层面的不平等中。

1. 基础设施建设不平等

一些国家如美国、中国和日本在技术基础设施、数字服务和技术应用方面处于全球前列，他们不仅拥有全球领先的数字基础设施，还在技术创新和数字经济转型方面取得了显著的成就。美国硅谷是全球科技创新的中心，推动了许多尖端技术的发展，如人工智能、大数据和云计算。中国则凭借阿里巴巴和腾讯等科技巨头在电子商务、数字支付和社交媒体等领域引领了全球潮流，政府还通过"数字中国"战略推动数字技术的普及和应用。日本则在5G技术、智能制造和数字健康领域处于国际领先地位，其企业和政府在数字经济领域的投入和创新不断推动全球技术前沿的进展。然而，许多发展中国家如印度、南非和菲律宾在数字经济的应用和发展方面仍然面临着显著的挑战。ITU数据显示，2022年，全球固定宽带用户平均每月使用的数据量为257GB，而在低收入国家仅为161GB。[1] 虽然印度的数字经济在移动支付和电子商务领域有所发展，但城乡之间的数字鸿沟依然明显。城市地区可以享受高速的互联网服务和先进的数字技术，而在广大农村地区，网络接入质量差、数字服务不普及，导致了技术应用的不平等。南非虽然在城市市场中有一定的电子商务平台和数字支付服务，但在农村地区，技术基础设施的缺乏严重制约了数字技术的普及和应用。菲律宾的数字经济市场虽然正在成长，但由于技术基础设施的薄弱和数字服务的覆盖范围有限，导致信息获取和数字服务的机会不均。

2. 教育和技能培训不平等

发达国家如美国和日本不仅拥有系统化的技术教育体系，而且从小学到大学的各级教育都注重培养学生的数字技能。美国的高等教育机构，如麻省理工学院

---

[1]　中国信息通信研究院，《全球数字经济白皮书（2023年）》，http://www.caict.ac.cn/english/research/whitepapers/202404/P020240430470269289042.pdf.

和斯坦福大学，提供了世界顶级的计算机科学、人工智能和数据科学课程，为学生提供了丰富的学习机会和实践平台。此外，这些国家还拥有完善的职业培训体系和大量的在线教育资源，如 Coursera 和 edX，支持个人在职业生涯中不断提升数字技能。相比之下，许多发展中国家的教育资源相对匮乏，技术培训机会有限，尤其在偏远和农村地区，数字技能的教育往往难以普及。这种教育资源和培训机会的不足不仅限制了个人的职业发展，也使这些国家的劳动力市场无法满足全球数字经济的需求，从而进一步加剧了全球范围内的数字鸿沟。许多发展中国家的技术教育基础设施老旧、师资力量不足，导致学生无法获得现代化的技术知识和技能培训，这种不平等的教育机会进一步加剧了发达国家与发展中国家之间的数字技术差距。

3. 信息和机会不对称

发达国家如美国和德国凭借先进的技术基础设施、成熟的市场机制和高效的信息传播渠道，能够快速获取最新的技术动态和市场机会。美国的硅谷和德国的高科技产业园区为企业提供了丰富的创新资源和商业机会，推动了数字技术的突破和应用。与此同时，发达国家的企业和个人也能够通过国际合作、技术转移和全球市场网络来扩展业务，巩固其在全球数字经济中的领导地位。与此形成鲜明对比的是，发展中国家的企业和个人在获取信息、技术和市场机会方面面临着诸多挑战。许多发展中国家由于技术基础设施薄弱、市场准入障碍和信息传播不畅，难以跟上全球数字经济的步伐。例如，印度的中小企业在拓展国际市场时常常遇到信息不对称和技术认证的难题，而南非的数字创业公司则面临着市场准入和融资困难。信息和机会的不对称不仅限制了这些国家在全球市场中的竞争力，也阻碍了全球数字经济的公平发展，从而进一步扩大了发达国家与发展中国家之间的数字鸿沟。

## 第四节　人工智能与全球经济发展

人工智能是人类发展新领域。当前，全球人工智能技术快速发展，对经济社会发展和人类文明进步产生深远影响，给世界带来巨大机遇的同时，也带来了难以预知的各种风险和复杂挑战。特别是 2023 年前后，以 ChatGPT、Sora 等为代表的大模型取得突破性发展，有关新一轮人工智能革命正在兴起、人类接近实现"通用人工智能"的讨论空前激烈。人工智能技术变革的推进及其带来的机遇挑战已经成为全球经济发展中无法忽视的重要问题。

## 一、人工智能技术变革的基本情况

历经 60 多年的演进，以生成式大模型为代表的新一代人工智能迎来爆发式增长，具有通用性和泛化能力的大模型在自然语言处理领域取得突破，多模态大模型逐渐引领技术潮流，通用世界模型和实体智能更有望引发新的发展浪潮。人工智能渗透性、协同性、创新性等的技术—经济特性不断凸显，人工智能已经成为引领这一轮科技革命和产业变革的重要驱动力量和战略性技术。

### （一）人工智能的概念与发展历程

人工智能（Artificial Intelligence）是一种使计算机和机器能够模拟人类智能和解决问题能力的技术。根据人工智能的实现方式和能力，大致可以分为以下两类：一是弱人工智能（Narrow AI），也称为狭义人工智能，专注于模仿人类如何执行基本动作并由此执行特定任务，比如语音识别、下棋等；二是强人工智能（General AI），也称为通用人工智能，具备与人类同等或超越人类的智能水平，拥有自主推理、自主学习、自主规划、自然语音沟通等能力，目前的大语言模型等生成式人工智能正在推动通用人工智能逐渐成为可能。自 1956 年美国达特茅斯会议正式提出"人工智能"概念以来，人工智能发展几经起落，既有研究一般将人工智能的发展历程划分为上升期、衰退期、突破前、重生期等多个阶段。

第一，上升期。达特茅斯会议召开后，DENDAL 化学质谱分析系统、MTCIN 疾病诊断和治疗系统、Hearsay-11 语言理解系统等专家系统的出现奠定了人工智能的实用性，1969 年国际人工智能联合会议更是标志着"人工智能"的概念得到了普遍认可。

第二，衰退期。20 世纪 70 年代，由于当时的技术限制和简单学习模型的局限性，人工智能技术并没有产生预想中的大突破，导致政府和企业对于人工智能的关注度急剧下降，美国大幅度削减人工智能的研究经费，人工智能的相关研究也一度陷入衰退。

第三，突破期。20世纪80年代，随着神经网络国际会议在美国的召开，神经网络的技术路线得到广泛认知。科学家们开始广泛地进行基于人工神经网络的人工智能算法研究，各种学习算法开始崭露头角。与此同时，人工神经网络在隐藏层计算以及反馈算法方面均取得一定的进展。[①]

第四，重生期。直到21世纪人类进入互联网和大数据时代，计算机的计算和存储能力大幅提升，万物互联和传感技术的发展提供了丰富的数据资源，从大数据中自动获取知识的机器学习成为新一代人工智能的主要机制和技术驱动力，人工智能由此进入了新的快速发展期。[②] 特别是近年来依靠先进算法、整合多模态大数据、汇聚大量算力的大模型取得重要突破，在掀起新一轮人工智能发展热潮的同时，不断推动人工智能迈向通用化的发展新阶段。

## （二）人工智能技术的变革趋势

经过60多年的演进，特别是在移动互联网、大数据、超级计算、传感网、脑科学等新理论新技术以及经济社会发展强烈需求的共同驱动下，人工智能加速发展，[③] 具有通用性和泛化能力的大模型在自然语言处理领域取得突破，多模态大模型逐渐引领技术潮流，通用世界模型和实体智能则有望引发新的发展浪潮，人工智能领域的技术范式正在以前所未有的速度加速变革。

第一，大语言模型取得突破，开启了本轮人工智能的技术范式变革。大模型通常指在海量数据上依托强大算力资源进行训练的机器学习模型，是大数据、大算力、强算法结合的产物。[④] 由于数据可得性的限制，大模型早期主要基于自然语言进行训练。随着模型参数和运算规模的"量变"带来认知能力的"质变"，以

---

① 贺倩：《人工智能技术发展研究》，《现代电信科技》2016年第2期。
② 郭毅可：《论人工智能历史、现状与未来发展战略》，《人民论坛·学术前沿》2021年第23期。
③ 中国政府网，国务院关于印发新一代人工智能发展规划的通知，https://www.gov.cn/zhengce/content/2017-07/20/content_5211996.htm，2017年7月8日。
④ 北京市人民政府网，北京市人工智能行业大模型创新应用白皮书（2023），https://www.beijing.gov.cn/ywdt/gzdt/202311/P020231129595361731511.pdf，2023年11月。

GPT-3 为代表的大语言模型开始展现涌现性和通用性特征，释放了通向通用人工智能的巨大潜能，给人工智能领域带来了巨大的范式变革，构建了以大模型为中心的人工智能新生态。①

第二，多模态大模型快速发展，正在引领人工智能的技术潮流。随着大语言模型不断取得的技术突破，OpenAI 在其 2023 年发布 GPT-4 的系统介绍中明确提出，将额外模态(如图像、音频、视频等)融入大语言模型的多模态大模型是人工智能发展的关键方向。相较于单一的大语言模型，具有更强"通感"能力的多模态大模型不但具备更强的通用性和交互性，也适用于更加广泛的使用场景。在此背景下，多模态大模型开始迅速引领新的人工智能技术潮流，几乎所有的人工智能巨头都从 2023 年开始将更多模态融入原有模型，大模型技术竞争的重点也由单一模态下参数数量的提升转向多模态信息的整合和深度挖掘。

第三，面向未来，通用世界模型和实体智能有望引发新的人工智能发展浪潮。在大模型从单一模态向多模型发展的过程中，人类迈向通用人工智能的希望不断增大。理解数字和物理规律从而模拟现实世界的通用世界模型②、依托具身实体与现实世界交互融合的实体智能③两条人工智能发展的技术路线逐渐活跃，初步具备引发下一轮人工智能发展浪潮的巨大潜力。

### (三)人工智能的"技术—经济"特性

受益于人工智能技术的快速发展，人工智能的应用场景不断丰富，"技术-经济"特性日渐清晰。既有文献普遍认为，人工智能具有渗透性、协同性、替代性、创新性等典型的"技术-经济"特性。正是这些技术"技术—经济"特性构成了人工智能对全球经济发展产生机遇和风险的基础。

第一，渗透性。作为一种兼具通用性、基础性和使能性的数字技术，人工智

---

① 舒文韬、李睿潇、孙天祥、黄萱菁、邱锡鹏：《大型语言模型：原理、实现与发展》，《计算机研究与发展》2024 年第 2 期。

② Hafner, D., Pasukonis, J., Ba, J., & Lillicrap, T. 2023. Mastering diverse domains through world models. arXiv preprint arXiv：2301.04104.

③ Miriyev A, Kovač M. 2020. Skills for physical artificial intelligence. Nature Machine Intelligence. Vol. 2, No. 11.

能具备与经济社会各行业、生产生活各环节相互融合的潜能，这种广泛应用于经济社会各领域的特征被定义为通用性技术的渗透性。在发展初期，人工智能多应用于简单场景，解决一些抽象概念性的游戏问题，但随着技术的进一步发展，人工智能被越来越多地应用于多元化、综合化场景。渗透性特征决定了人工智能具有对经济增长产生广泛性、全局性影响的能力和潜力。在可预见的未来，人工智能将更加全面地融入生产生活活动之中。

第二，协同性。在生产领域，人工智能的应用可以提升资本、劳动、技术等要素之间的匹配度，加强上游技术研发、中游工程实现、下游应用反馈等各个生产环节之间的协同，从而提高运行效率；在消费领域，人工智能可以实现对用户消费习惯与消费需求的自动画像，完成个性化需求与专业化供给的智能匹配，进一步释放消费潜力。总的来说，人工智能的协同性特征体现在对经济运行效率的提升上。

第三，替代性。需要注意的是，人工智能可以实现对劳动要素的直接替代。从简单工作到复杂工作，人工智能将持续发挥替代效应，在作为独立要素不断积累的同时，可以对其他资本要素、劳动要素进行替代，其对经济发展的支撑作用也由此不断强化。

第四，创新性。生产自动化能够实现对一些高强度、高难度的持续劳动进行替代，而人工智能之所以引起人们对就业前景的担忧，是因为其能够实现对人类脑力工作、创造性活动的替代。当下，人工智能已经被广泛应用于药物发现及筛选、材料识别及模拟等科研活动，更是在金融、数字建模、应急救援、音乐绘画等领域被广泛赋予分析决策甚至是创造创新的权利，展现出人类历史上从未有过的来自人类头脑之外的创造力量。人工智能的创新性可以生产出"额外"的知识，增加人类整体智慧总量，从而促进技术进步、提高经济效率。①

## 二、人工智能技术变革给全球经济发展带来的新机遇

早在 2018 年，习近平总书记就在致世界人工智能大会的贺信中指出，新一

---

① 郭朝先、方澳：《人工智能的技术经济特性及"活化效应"》，《经济日报(理论版)》2021 年 9 月 1 日。

代人工智能在全球范围内蓬勃兴起，为经济社会发展注入了新动能。① 人工智能作为重要的前沿引领技术和颠覆性技术，其发展可以带来相关核心产业的巨大经济收益，通过赋能千行万业催生新产业、新模式、新动能，还可以助力解决可持续发展等人类共同面对的重要问题，对全球经济发展具有重要意义。

### （一）人工智能核心产业带来巨大的经济收益

从产业链角度看，人工智能核心产业链包括上游基础层、中游技术层和下游应用层。其中，基础层主要为人工智能全产业提供算力和数据基础，包括计算机硬件、5G、芯片、云计算、云存储等计算硬件和软件技术以及数据采集、标注、分析等大数据技术；中游技术层主要涉及计算机视觉、语音识别和语言技术处理等领域；下游应用层则包括算法理论、基础开源框架等开发平台以及机器视觉等应用技术。② 人工智能复杂的产业链环节和极高的技术附加值赋予了相关核心产业巨大的市场前景。以中国为例，按照国务院《新一代人工智能发展规划》中的设计，到 2030 年，中国人工智能核心产业规模将超过 1 万亿元。③ 在可见的将来，人工智能核心产业将在各国的国民经济中扮演越来越重要的角色。

### （二）人工智能作用通用技术赋能千行百业

人工智能作为引领本轮科技革命和产业变革的战略性技术，具有强大的溢出带动性和"头雁"效应。④ 中国《新一代人工智能发展规划》提出"人工智能将进一步释放历次科技革命和产业变革积蓄的巨大能量，并创造新的强大引擎，重构生产、分配、交换、消费等经济活动各环节，形成从宏观到微观各领域的智能化新需求，催生新技术、新产品、新产业、新业态、新模式，引发经济结构重大变革，深刻改变人类生产生活方式和思维模式，实现社会生产力的整体跃升"。基

---

① 《习近平致信祝贺二〇一八世界人工智能大会开幕强调 共享数字经济发展机遇 共同推动人工智能造福人类》，《人民日报》2018 年 9 月 18 日。

② 戚聿东：《人工智能、经济发展与就业》，《国际经济评论》2024 年第 3 期。

③ 中国政府网，国务院关于印发新一代人工智能发展规划的通知，https://www.gov.cn/zhengce/content/2017-07/20/content_5211996.htm，2017 年 7 月 8 日。

④ 《习近平在中共中央政治局第九次集体学习时强调 加强领导做好规划明确任务夯实基础 推动我国新一代人工智能健康发展》，《人民日报》2018 年 11 月 1 日。

于这一判断，中国《新一代人工智能发展规划》提规划提出到 2025 年推动新一代人工智能带动相关产业规模超过 5 万亿元、2030 年带动相关产业规模超过 10 万亿元的发展目标。[①] 由此可见，人工智能的发展不仅会带来核心产业规模的快速扩张，更会对经济发展的方方面面产生重要的赋能作用，对社会经济发展形成更为强大的推动力量。

### （三）人工智能为可持续发展提供新的解决方案

人工智能技术变革对全球经济发展带来的新机遇不只体现在经济增长方面，人工智能技术的广泛应用还可以为人类解决可持续发展难题提供重要帮助。根据 Ricardo Vinuesa，Hossein Azizpour，Iolanda Leite，Madeline Balaam（2020）等十多位研究者发表在《自然》杂志的论文测算，在联合国提出的无贫穷、零饥饿、性别平等、清洁能源、应对气候变化等 17 个可持续发展目标的 169 个细分项目中，人工智能可以对其中 134 产生积极作用，占比高达到 79%（见图 10-1）。

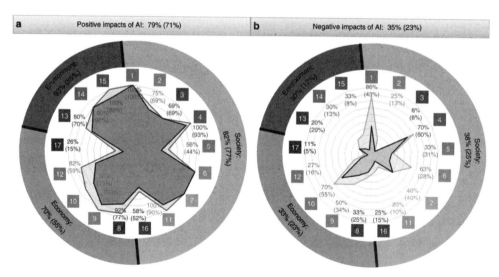

图 10-1　人工智能对联合国可持续发展目标的影响

资料来源：The role of artificial intelligence in achieving the Sustainable Development Goals[J]. Nature communications，2020

---

①　中国政府网，国务院关于印发新一代人工智能发展规划的通知，https://www.gov.cn/zhengce/content/2017-07/20/content_5211996.htm，2017 年 7 月 8 日。

在社会可持续发展方面，人工智能可以对联合国设定的 67 个可持续发展目标(在总目标中占比 77%)起到积极作用。例如，生成式人工智能可以依托自身强大的情景学习、多轮对话等能力，为学生提供针对性、个性化的辅导和帮助，从而帮助解决优质教育的可持续发展目标；人工智能可以帮助人类创建和管理循环经济和高效利用的资源系统，从而助力"清洁的水和卫生设施""可负担的清洁能源"等可持续发展目标的实现。

在经济可持续发展方面，人工智能可以对联合国设定的 42 个可持续发展目标(在总目标中 70%)起到积极作用。例如，人工智能和机器人可以代替人类从事高温、深水、高压等环境下的危险性工作，并为各类工作场所的安全提供保护，帮助人类实现"体面工作"等可持续发展目标；人工智能系统可以帮助人类设计和生产具有长寿命、可修复和可回收性的产品，最大限度地减少资源浪费，从而帮助人类实现"负责任的消费和生产"等可持续发展目标。

在环境可持续发展方面，人工智能可以对联合国设定的 25 个(在总目标中占比 85%)起到积极作用。例如，人工智能系统可以帮助人类整合多重形态的可再生能源，将电力需求与光能、风能相匹配，持续改善全球能源利用效率；可以自动识别污染物排放和潜在的石油泄漏，从而大幅减少各种海洋污染；可以通过大规模数据分析帮助人类设计最优化的共同环境保护行动方案；还可以参与气候变化影响的建模工作，增强人类应对气候变化的预警和治理能力。①

正因如此，中国在《全球人工智能治理倡议》中专门提出，"积极支持以人工智能助力可持续发展，应对气候变化、生物多样性保护等全球性挑战"，充分说明了人工智能技术变革协助人类推动全球经济可持续发展的巨大潜力。

### 三、人工智能技术变革带给全球经济发展的风险挑战

鉴于人工智能技术巨大的影响力和外部性，人工智能发展在带来各种发展收益的同时，也会给全球经济发展带来难以忽视的安全风险。对此，有学者基于技术逻辑将人工智能带来的风险挑战划分为"技术失控风险""技术非正当使用风

---

①　Vinuesa R，Azizpour H，et al. 2020. The role of artificial intelligence in achieving the Sustainable Development Goals. Nature communications. Vol. 11，No. 1.

险"和"技术社会效应风险"三类；① 有学者从分类治理的视角出发，将人工智能风险划分为关注人工智能技术、产品或服务本身的"技术风险"和关注人工智能应用过程中的关联系统、环境及行为主体所产生的"业态风险"。② 虽然不同领域的研究者基于各自研究视角对人工智能风险的分类方式有所差异，但总体上基本认同人工智能发展将从技术本身、技术使用、社会影响各个维度对个体、国家乃至人类带来不容忽视的安全威胁。

### （一）人工智能技术内生风险

由于人工智能具有通用性、涌现性、不可解释性等技术特征，人工智能技术变革可能给全球经济发展带来技术幻觉、算法歧视甚至技术失控等技术内生风险。

第一，人工智能产生不准确或误导性输出的技术幻觉风险。既有研究认为，当前的大模型尚不具备判断真假的机制和"知不知"的能力，其内容输出更接近于"重构资讯"，在不可能穷尽所有代表性数据的情况下，无法确保输出的真实性。③ 加之训练数据过度拟合、上下文理解有限、模型架构缺陷等技术问题的影响，人工智能在实际应用过程中可能输出错误信息的技术幻觉问题很难在短时间内得到解决，从而在部分对内容真实性要求较高的应用场景构成风险挑战。

第二，人工智能的算法歧视风险。目前，以深度学习等算法为代表的机器学习是人工智能领域主流的技术范式。这种算法基于"大数据集"进行自我训练、自我学习最终形成"规则集"的过程，实质上是对于过往人类社会模式特征的总结并将其用于对未来社会的感知与决策，不可避免地会复制并延续当前社会的既有格局与特征。④ 受制于人和数据天然偏见的结构性不平等，人工智能的技术发

①　陈小平：《人工智能：技术条件、风险分析和创新模式升级》，《科学与社会》2021 年第 2 期。

②　薛澜、贾开、赵静：《人工智能敏捷治理实践：分类监管思路与政策工具箱构建》，《中国行政管理》2024 年第 3 期。

③　陈小平：《大模型关联度预测的形式化和语义解释研究》，《智能系统学报》2023 年第 4 期。

④　贾开：《人工智能与算法治理研究》，《中国行政管理》2019 年第 1 期。

展阶段和发展路径决定了其在歧视面前近乎不设防的虚弱状态。① 人工智能难以消除的算法歧视又会进一步放大使用者的偏见和冲突。

第三，人工智能技术失控风险。以大模型、生成式为代表的新型人工智能需要通过机器学习特别是神经网络技术进行训练，相关技术透明性和可解释性不足的特性导致人工智能发生和涌现产生的机理目前仍是"黑箱",② 无论是用户还是研发者都不能完全控制大模型的行为。在此背景下，一旦产生自我保护、自我发展意识的未来人工智能系统脱离人类控制，很有可能对人类生存构成威胁。

### (二)人工智能技术的滥用误用风险

随着人工智能技术变革的发展，人工智能技术的普及性不断提高。人工智能作为一种重要的通用性、基础性工具，一旦遭到误用、滥用，极有可能产生数据泄露、深度伪造、恐怖主义、技术军事化等风险挑战。

第一，数据隐私和信息安全风险。人工智能海量的训练数据往往包含用户的隐私信息，在办公、医疗、教育、交通等领域的垂直应用更是涉及大量敏感数据，如果相关信息被错误或恶意调用，将对信息安全构成严重威胁。

第二，深度伪造和低成本造假风险。当前的人工智能技术可以利用多种神经网络模型实现文本、图像、音频、视频等内容的篡改、伪造和自动生成，产生以假乱真的效果。虽然这种深度伪造技术在教育、娱乐等领域释放了巨大的应用潜力，但也显著降低了造假成本，导致利用深度伪造技术仿冒他人身份实施违法犯罪行为的现象越来越常见。③

第三，恐怖主义风险。人工智能技术的发展和普及客观上增强了恐怖组织在不对称冲突中的实力、降低了恐怖分子实施恐怖袭击的成本，恐怖组织和极端势力很可能利用人工智能技术扩大行动范围，甚至创新恐怖主义的形态。④

---

① 李成：《人工智能歧视的法律治理》，《中国法学》2021 年第 2 期。
② 张海柱：《行动者网络理论视域下的算法黑箱与风险治理》，《科学学研究》2023 年第 9 期。
③ 龙俊、王天禹：《人工智能深度伪造技术的法律风险防控》，《行政管理改革》2024 年第 3 期。
④ 谢磊：《人工智能时代的恐怖主义：挑战与应对》，《和平与发展》2021 年第 2 期。

第四，技术军事化风险。人工智能是军事变革的潜在推动者和力量倍增器，以致命性自主武器系统为代表的军用人工智能技术的发展将严重冲击既有的国际军备控制体系，引发新一轮全球性军备竞赛，从而对全球经济的稳定发展构成严峻挑战。[1]

### （三）经济社会领域的冲击风险

除了人工智能技术和应用产生的直接风险，人工智能技术变革的颠覆性影响正在引发劳动力结构调整、社会不平等加剧等一系列冲击，进而对全球经济的发展和安全构成挑战。

第一，对劳动力市场造成冲击。有研究认为，人工智能不同于以往历次科技革命和产业变革中的技术创新，其发展不仅可以拓展人类的生产能力、取代简单重复性的常规工作，还可以通过学习执行越来越多的认知性工作，在一定程度上超越人类改造世界的工具和手段的范畴，具有以全新方式替代人类劳动的潜质。[2] 在人工智能通过替代效应、创造效应和生产率效应影响劳动力需求和工资水平的过程中，替代效应暂时占据主导地位，大量经济学领域的实证研究为这一判断提供了经验证据。

第二，加剧社会不平等。从市场结构的角度看，人工智能通过改变市场与行业结构降低了劳动收入份额；从技能结构的角度看，人工智能通过推动就业极化拉大了高收入群体和中低收入群体之间的收入差距。总体来看，人工智能技术进步具有扩大收入不平等的张力，在缺少有效公共政策的情况下将导致就业率下降、就业与工资极化、收入与财富不平等加剧等一系列问题，从而造成严重的社会不公平现象。[3]

除此之外，还有研究者认为，人工智能将改变人类社会的发展进程，重新建

---

[1]　张煌、杜雁芸：《人工智能军事化发展态势及其安全影响》，《外交评论（外交学院学报）》2022 年第 3 期。

[2]　李磊、王小霞、包群：《机器人的就业效应：机制与中国经验》，《管理世界》2021 年第 9 期。

[3]　陈斌开、徐翔：《人工智能与社会公平：国际经验、影响机制与公共政策》，《国际经济评论》2024 年第 3 期。

构和形塑人与自然、人与技术以及个体与国家、个体与社会的关系,[1] 在推动社会形态演变的过程中还有可能对全球经济安全和社会稳定产生一系列目前难以预知的冲突与风险。

① 侯利文、李亚璇:《人工智能发展限度与社会可能》,《科技进步与对策》2021 年第 9 期。

# 第十一章

# 可持续发展与全球经济发展的绿色转型

在全球可持续发展的背景下，绿色转型已成为应对经济、环境和社会多重挑战的核心路径。这一转型不仅要求经济增长模式的革新，还涉及资源利用、生态保护与社会公平之间的平衡。随着气候变化、资源枯竭和生态压力的加剧，全球经济必须向低碳、循环和绿色方向转型，以确保长期可持续发展。各国逐渐意识到，经济繁荣不应以牺牲环境为代价，而应通过绿色经济模式实现增长与环境保护的兼顾。通过技术创新、政策调整和市场需求的变化，绿色技术和政策在全球范围内得到推广，成为推动经济结构转型的关键动力。各国在绿色转型过程中展现出多样化的实践路径，共同为实现全球可持续发展目标作出贡献。

## 第一节　全球经济可持续发展的内涵与理论基础

可持续发展强调在经济增长、社会进步和环境保护之间找到平衡，这一理念不仅是对人类当前生存和发展的要求，更是对未来世代生存和发展的责任。

### 一、可持续发展的基本概念和内涵

1987 年，世界环境与发展委员会发布了《我们共同的未来》报告，首次将可持续发展定义为"既能满足当代人的需求，又不损害后代人满足其需求的能力"。这一理念在全球范围内引发了广泛关注，成为未来发展的重要指导方针。① 1992 年 6 月，联合国在里约热内卢召开了"环境与发展大会"，并通过了以可持续发展为核心的《里约环境与发展宣言》和《21 世纪议程》等关键文件，进一步明确了全球可持续发展的行动框架与目标。这些文件为各国制定环境保护和发展政策提供了重要依据，推动了全球可持续发展的进程。②③

可持续发展理念的核心在于综合考虑人类社会的短期与长期需求，寻求发展模式的根本转变。其不仅是对当前社会经济运行方式的挑战，也是在经济全球化背景下，提出了更为普遍适用的发展准则。在这一过程中，经济效益的最大化不再是唯一目标，如何有效配置资源，实现社会公平以及保障生态系统的健康成为了新的关键议题。为了更好地理解可持续发展的本质，有必要将其分为更具体的维度，从而揭示各个要素间的互动关系，这将为后续关于如何实现平衡的讨论提供清晰的框架。

## （一）三大支柱：经济、社会和环境

可持续发展的核心概念是要在经济、社会和环境三大支柱之间实现平衡，这不仅满足当代人的需求，还要为后代人保留满足其需求的能力。这一综合性的方法，要求我们在制定和实施政策时，必须同时考虑这三个维度的相互影响和整体效应。

第一，经济支柱强调通过合理管理资源和经济活动，实现长期的经济繁荣。经济可持续性不仅仅是追求 GDP 增长，更重要的是在经济发展过程中减少资源浪费，提高资源利用效率，推动绿色技术和循环经济的发展。例如，通过鼓励使用可再生能源和提高能源效率的政策，可以显著减少对自然资源的依赖，同时降低对环境的污染。这不仅能促进经济增长，还能为未来的经济活动提供可持续的资源基础。

第二，社会支柱关注的是提升社会公平和人民福祉。社会可持续性要求我们在发展过程中减少不平等，确保所有社会成员都能公平地享有资源和机会。这包

---

① Keeble, B. R., 1988. The Brundtland report: 'Our common future'. Medicine and War. Vol. 4, No. 1.

② Declaration, R., 1992. Rio declaration on environment and development.

③ United Nations Conference on Environment and Development, 1992. Agenda 21: Programme of Action for Sustainable Development. United Nations.

括提供优质的教育和医疗服务，改善生活质量，促进社会包容和性别平等。例如，通过实施包容性教育政策，确保所有人都能获得基础教育，不仅有助于个人发展，也能提升社会的整体素质和创新能力。此外，社会支柱还强调尊重人权和完善社会保障体系，以确保社会的稳定与和谐。

第三，环境支柱旨在保护和改善自然环境，以确保自然资源的可持续利用和生态系统的健康。环境可持续性强调减少污染、保护生物多样性和推动可持续的资源管理。具体措施包括减少温室气体排放、推广可再生能源、实施生态保护政策等。这些措施不仅有助于应对气候变化，还能维护生态系统的稳定，为人类社会提供健康的生活环境。例如，通过减少化石燃料的使用和增加绿色能源的比重，可以显著降低温室气体排放，从而减缓全球变暖的速度。[1]

经济、社会和环境三大支柱是相互依存、相互影响的整体。例如，经济发展如果不考虑环境保护，可能会导致资源枯竭和环境恶化，从而影响长期经济增长。同样，社会的不公平和排斥现象如果得不到有效解决，不仅会削弱社会凝聚力，还可能导致经济发展的停滞。因此，在制定和实施可持续发展政策时，必须综合考虑这三大支柱的协调发展，通过创新和系统性变革，推动社会的全面可持续发展。[2]

总之，可持续发展的目标是通过经济增长、社会公平和环境保护的综合推进，实现人类社会的长期繁荣和健康发展。这一理念要求我们在政策和实践中，始终保持对经济、社会和环境三大支柱的关注和协调，确保在满足当代人需求的同时，不损害后代人的福祉和生存环境。

## （二）可持续发展的目标

可持续发展的目标旨在平衡经济、社会和环境三大支柱，实现现今与未来需

---

[1]　Polasky, S., C. L. Kling, S. A. Levin, S. R. Carpenter, G. C. Daily, P. R. Ehrlich, G. M. Heal, and J. Lubchenco. 2019. Role of Economics in Analyzing the Environment and Sustainable Development. Proceedings of the National Academy of Sciences. Vol. 116, No. 12.

[2]　Da Silva, J., Fernandes, V., Limont, M. and Rauen, W. B., 2020. Sustainable development assessment from a capitals perspective: Analytical structure and indicator selection criteria. Journal of Environmental Management. Vol. 260. p. 110147.

求的协调满足。17 个可持续发展目标可分为三类：社会发展、经济发展和环境保护，以全面阐述其实现路径。

第一，社会发展目标。目标 1：消除贫困——到 2030 年消除极端贫困，减少生活在贫困线以下人口的比例。目标 2：消除饥饿，确保粮食安全，改善营养——发展可持续的农业和食品系统，确保人人获得充足的营养食物。目标 3：确保健康生活，促进各年龄段人群的福祉——加强基础医疗服务，减少疾病传播，提升全球健康水平。目标 4：提供优质教育，促进终身学习机会——提升教育质量，促进教育公平，确保人人享有基本教育和终身学习机会。目标 5：实现性别平等，增强所有妇女和女童的权能——消除性别歧视，确保妇女平等参与经济、社会和政治生活。目标 10：减少国家内部和国家之间的不平等——通过政策干预，缩小贫富差距，促进社会包容性。目标 16：促进和平、公正与强大的机构，建立包容性社会——减少暴力和腐败，促进社会和平与公平，建设有效、问责和包容性的机构。

第二，经济发展目标。目标 7：确保所有人获得负担得起的、可靠和可持续的现代能源——通过增加可再生能源和提高能源效率，确保全球都能获得可持续的能源。目标 8：促进包容性和可持续的经济增长，促进就业和体面工作——推动经济增长，提高劳动生产率，创造更多的体面工作机会。目标 9：建设有韧性的基础设施，促进包容性和可持续的工业化，推动创新——改善基础设施，推动工业现代化，促进科技创新。目标 11：建设包容、安全、有弹性和可持续的城市和人类住区——通过合理的城市规划和管理，提高城市的宜居性和抗灾能力。目标 17：通过全球伙伴关系促进可持续发展，实现目标——通过全球合作，增强资源动员能力，促进可持续发展目标的实现。

第三，环境保护目标类。目标 6：确保可持续的水资源管理和卫生设施——改善水资源管理和污水处理，确保所有人都能获得清洁的水和卫生设施。目标 12：确保可持续的消费和生产模式——减少废物产生，推动资源高效利用，实现循环经济。目标 13：采取紧急行动应对气候变化及其影响——在全球范围内应对气候变化，促进减排和适应措施。目标 14：保护和可持续利用海洋和海洋资源——保护海洋生态系统，减少海洋污染，促进海洋资源的可持续利用。目标

15：保护、恢复和促进陆地生态系统的可持续利用，管理森林，防治荒漠化，遏制土地退化和生物多样性的丧失——通过森林保护、荒漠化防治和生物多样性保护措施，实现陆地生态系统的可持续管理。

总体而言，可持续发展的目标不仅关注经济增长和社会进步，还强调环境保护和资源管理的可持续性。通过国际合作和本地行动，共同推动这些目标的实现，可以确保全球可持续发展与人类的长期福祉。

### （三）可持续发展的指标体系

可持续发展的指标体系是评估和推动可持续发展的重要工具，通过一系列定量和定性指标来监测和衡量社会、经济和环境三个维度的可持续性进展。这些指标不仅为政策制定和评估提供了科学依据，也有助于公众理解和参与可持续发展进程。

第一，环境指标包括温室气体排放量、空气质量和水资源利用率。温室气体排放量是衡量一个国家或地区对气候变化影响的重要指标，减少温室气体排放有助于缓解全球变暖和气候变化带来的不利影响。空气质量指标主要包括 PM2.5 和 PM10 等颗粒物的浓度，良好的空气质量对人类健康和生态系统的稳定具有重要意义。水资源利用率评估水资源的使用效率和可持续性，确保水资源的合理利用和保护。[①]

第二，社会指标涵盖健康和福祉、教育水平和社会公平等方面。健康和福祉指标包括人均寿命、婴儿死亡率和医疗服务可及性等，反映了社会整体的健康水平和医疗保障情况。教育水平通过识字率、入学率和教育资源的分配来衡量，高水平的教育有助于提高社会整体素质和经济发展能力。社会公平指标包括收入分配公平性、性别平等和社会包容性等，有助于评估一个社会是否实现了公平和正义。

第三，经济指标主要包括 GDP 增长率、资源利用效率和创新能力。尽管

---

① Polasky, S., C. L. Kling, S. A. Levin, S. R. Carpenter, G. C. Daily, P. R. Ehrlich, G. M. Heal, and J. Lubchenco. 2019. Role of Economics in Analyzing the Environment and Sustainable Development. Proceedings of the National Academy of Sciences. Vol. 116, No. 12.

GDP 并不是唯一的衡量标准，但它仍是评估经济健康状况的重要指标之一。资源利用效率包括能源消耗效率和材料使用效率等，高效的资源利用有助于实现经济的可持续发展。创新能力通过研发投入和科技成果转化率等指标来反映，一个国家或地区的创新能力和未来发展潜力对其经济可持续性至关重要。[①]

指标的选择应遵循多维度性、可测量性、相关性与有效性等原则。第一，可持续发展涉及环境、社会和经济三个维度，指标体系需要综合反映这些维度的相互关系和综合影响。例如，环境指标不仅要考虑生态系统的健康，还要评估其对社会福祉和经济活动的影响。第二，选择的指标必须是可量化和可操作的，数据的获取需要具备可行性和经济性。指标的数据来源应该可靠，并能够定期更新，以便进行连续的监测和评估。第三，指标应能够准确反映可持续发展的关键问题和目标，具有较高的政策相关性。这些指标应有助于政策制定者和公众了解和评估可持续发展的进展和挑战。[②]

国际上，有许多成熟的可持续发展指标体系实践。联合国在 2015 年提出了 17 个可持续发展目标，这些目标涵盖了从消除贫困到气候行动等广泛的可持续发展议题。各国政府和组织通过这些指标来制定和评估其可持续发展政策和措施。经合组织（OECD）也制定了一系列环境指标和综合指标，用于评估成员国在环境保护和可持续发展方面的表现，这些指标包括资源利用效率、环境保护措施和绿色经济转型等方面。此外，各国根据自身的国情和发展阶段，制定了符合本国实际的可持续发展指标体系。例如，中国的生态文明建设指标体系和欧洲的可持续发展监测体系，都在推动各自国家和地区的可持续发展方面发挥了重要作用。

通过这些指标体系，各国和国际组织能够有效监测和评估可持续发展进程，制定更具针对性的政策和措施，推动全球的可持续发展。

①　Polasky, S., C. L. Kling, S. A. Levin, S. R. Carpenter, G. C. Daily, P. R. Ehrlich, G. M. Heal, and J. Lubchenco. 2019. Role of Economics in Analyzing the Environment and Sustainable Development. Proceedings of the National Academy of Sciences. Vol. 116, No. 12.

②　D'Adamo, I., Gastaldi, M. and Morone, P., 2022. Economic sustainable development goals: Assessments and perspectives in Europe. Journal of Cleaner Production, 354, p. 131730.

## 二、可持续发展经济理论

在分析可持续发展经济理论时，理解不同经济学派对资源配置、增长模式及环境影响的基本假设与观点是非常重要的。传统经济理论，尤其是在工业革命后发展起来的主流经济学，通常集中于市场效率与资源的最优配置，而较少深入考虑生态系统的有限性及其对长期经济增长的影响。随着环境危机的加剧，资源稀缺性问题日益突出，新的理论框架开始逐步形成，这些理论不仅试图弥补传统经济学在环境保护与社会公平方面的不足，还提出了更为包容、长期的经济增长模式。在这种转变中，如何将环境成本纳入经济核算，以及如何通过创新机制调动社会力量实现可持续发展，成为核心议题。

### （一）新古典经济学与可持续发展

新古典经济学作为经济学的主流理论，通过市场机制和价格信号来分配资源，强调经济增长和效率。然而，在可持续发展的背景下，新古典经济学的局限性也逐渐显现。新古典经济学通常假设资源是无限的，技术进步可以解决资源匮乏和环境污染问题，但这种观点忽视了生态系统的脆弱性和自然资源的有限性。

新古典经济学强调市场在资源配置中的核心作用。市场价格反映了资源的稀缺性，价格信号引导资源的最优分配。当资源变得稀缺时，价格上涨会促使消费者减少使用，并激励生产者寻找替代资源或提高资源利用效率。例如，石油价格上涨会促使市场开发可再生能源技术，如太阳能、风能。[①]

然而，新古典经济学的这种市场导向方法在处理环境问题时存在显著不足。环境问题如空气污染、水污染和气候变化，其外部性往往没有被市场价格所反映。新古典经济学倾向于忽视环境成本，认为环境问题可以通过技术进步和市场机制来解决。这种观点未能充分考虑环境系统的复杂性和不可逆性。例如，过度依赖化石燃料不仅导致气候变化，还可能引发生态系统的不可恢复损害。[②]

---

① Goodland, R., and G. Ledec. 1987. Neoclassical Economics and Principles of Sustainable Development. Ecological Modelling. Vol. 38, No. 1-2.

② Jakhanwal, M. and Mishra, M. K., 2020. The Economics of Environment and Ecology for Sustainable Development.

为了弥补这些不足，新古典经济学引入了一些概念，如环境经济学和资源经济学。这些分支学科尝试将环境成本内部化，通过制定环境政策和规制，如碳税、排放交易系统等，以纠正市场失灵。例如，碳税通过对二氧化碳排放定价，使得污染者承担环境成本，从而激励减少排放和开发清洁能源。[1]

然而，尽管有这些改进，新古典经济学在实现可持续发展目标方面仍面临挑战。其根本问题在于过度依赖经济增长作为解决一切问题的手段。新古典经济学认为，经济增长可以带来收入增加，从而有更多资金用于环境保护和社会福利，但实际上，经济增长往往伴随着资源的过度消耗和环境的进一步恶化。例如，GDP 增长并没有考虑自然资源的消耗和环境退化的成本，导致经济活动对环境的负面影响被忽视。[2]

总的来说，新古典经济学提供了理解和管理资源的一些重要工具，但其在处理可持续发展问题时的局限性也显而易见。要实现真正的可持续发展，需要在经济学理论和实践中更加重视生态系统的有限性和环境保护的重要性。综合考虑经济、社会和环境三大支柱，制定全面和协调的政策，以实现长远的可持续发展目标。

## （二）生态经济学与可持续发展

生态经济学作为一门跨学科的学科，融合了生态学和经济学的理论和方法，旨在实现经济活动与生态系统之间的平衡与可持续性。与新古典经济学不同，生态经济学强调经济系统作为生态系统子系统的概念，认识到自然资源的有限性和生态系统服务的关键性。

第一，生态经济学关注自然资源的可持续性利用，强调"自然资本"的概念。自然资本包括土地、水、大气和生物多样性等，提供了人类赖以生存的基础资源。生态经济学认为，自然资本的消耗应被纳入经济活动的成本中，不能简单地被忽视或外部化。例如，通过实施生态补偿机制和支付生态服务费用，可以确保

---

[1]　Jakhanwal, M. and Mishra, M. K., 2020. The Economics of Environment and Ecology for Sustainable Development.

[2]　Goodland, R., and G. Ledec. 1987. Neoclassical Economics and Principles of Sustainable Development. Ecological Modelling. Vol. 38, No. 1-2.

资源的可持续利用和生态系统的长期健康。

第二，生态经济学提出了"内生增长"的概念，强调经济增长应基于资源的可持续利用和环境保护，而不是无限制的资源消耗。传统的经济增长模式往往忽视环境代价，而生态经济学则倡导一种更加协调的增长模式，即在经济发展的同时，保持生态系统的健康和稳定。例如，推动绿色技术创新和可再生能源的利用，可以实现经济增长与环境保护的双赢。①

第三，生态经济学重视生态系统服务的价值评估。生态系统服务包括气候调节、水净化、土壤形成和生物多样性维护等，这些服务对人类福祉至关重要，但往往没有在市场价格中得到体现。生态经济学通过多种方法，如成本替代法、市场价格法和意愿支付法，对生态系统服务进行经济评估，从而提高公众和决策者对生态系统价值的认识。例如，通过对森林的碳汇功能进行评估，可以为森林保护提供经济激励。②

总的来说，生态经济学为实现可持续发展提供了理论基础和实践路径。它强调经济活动必须尊重自然规律，合理利用资源，保护生态系统，从而实现经济、社会和环境的协调发展。在政策层面，生态经济学主张通过综合政策工具来实现可持续发展。这些工具包括生态税收、环境规制、绿色金融等。生态税收，如碳税和污染税，通过对环境污染行为进行征税，内部化环境成本，减少污染排放。环境规制则通过法律法规的制定，强制企业遵守环境标准，保护生态环境。绿色金融通过引导资金流向环保产业和绿色项目，支持生态经济的发展。例如，绿色债券作为一种重要的金融工具，已在全球范围内广泛应用，用于资助可再生能源、节能减排和环保项目。综合运用生态经济学的理论和方法，为应对全球环境挑战和推动可持续发展提供有效的解决方案。

## （三）制度经济学与可持续发展

制度经济学关注经济行为的制度基础，通过研究规则、法律、规范和组织来

---

① Bakardjieva, R. 2016. Sustainable Development and Corporate Social Responsibility: Linking Goals to Standards. Journal of Innovations and Sustainability. Vol. 2, No. 4.

② Bakardjieva, R. 2016. Sustainable Development and Corporate Social Responsibility: Linking Goals to Standards. Journal of Innovations and Sustainability. Vol. 2, No. 4.

解释经济活动和社会行为。与新古典经济学不同，制度经济学强调制度在经济发展和可持续性中的核心作用，认为经济活动不仅仅受市场机制驱动，还深受制度安排的影响。因此，在推动可持续发展方面，制度经济学提供了独特的视角和方法。

第一，制度经济学强调制度的设计和实施对环境和经济可持续发展的重要性。良好的制度设计可以创造激励机制，促进可持续行为，反之，不良的制度设计可能导致资源浪费和环境退化。例如，环境规制和政策，如碳税和排放交易系统，通过内部化环境成本，鼓励企业和个人减少污染和资源消耗。

第二，制度经济学关注公共物品和外部性的管理。环境问题如空气污染和水污染，本质上是外部性问题，传统的市场机制难以有效解决。制度经济学通过研究公共物品的供给和外部性的内部化，提出了诸如公共合作、政府干预和私人合作等解决方案。例如，公共合作模式下，社区共同管理和保护自然资源，通过制订和执行共同规则，减少过度开采和环境破坏。

第三，制度经济学强调多层次治理结构在可持续发展中的作用。全球环境问题如气候变化和生物多样性丧失，往往需要跨越国家和地区的合作与协调。制度经济学通过研究国际协定和组织，如《巴黎协定》和联合国可持续发展目标，探讨了全球治理结构在促进可持续发展中的作用。这些国际协定和组织通过制定全球标准和目标，协调各国政策，推动全球范围内的环境保护和可持续发展。

总的来说，制度经济学为实现可持续发展提供了理论基础和实践路径。在具体政策方面，制度经济学提出了多种促进可持续发展的政策工具。例如，支付生态系统服务费用，通过对生态系统服务进行经济评估和支付，激励土地所有者和管理者保护生态系统功能；绿色金融，通过引导资金流向绿色产业和项目，支持可持续经济转型；环境教育，通过提高公众的环境意识和知识，促进可持续消费和生产行为。它强调经济活动必须在有效的制度框架下进行，通过合理的制度设计和实施，促进资源的可持续利用和环境保护。综合运用制度经济学的理论和方法，可以为应对全球环境挑战和推动可持续发展提供有效的解决方案。

## 三、绿色转型的经济逻辑及其与生态经济的关系

绿色转型不仅涉及技术的革新和经济模式的转变，更关乎如何重新定义发展

与环境之间的平衡。随着全球面临的资源枯竭、环境恶化及气候变化等挑战日益加剧，传统的高碳、资源密集型增长模式显然已经无法适应未来发展的需要。在这一背景下，全球各国逐步认识到，经济增长不应再以牺牲环境为代价，而必须依赖于清洁能源的推广、资源利用效率的提升以及可持续的生产消费模式。这种转变反映了全球对低碳化、循环经济和可再生能源的重视，以及对经济结构深度调整的迫切需求。因此，绿色经济模式的探讨为未来经济增长和环境保护的融合提供了重要的理论基础，将成为接下来绿色转型路径的重要切入点。

## （一）绿色经济与低碳经济

绿色经济与低碳经济是实现可持续发展的重要路径，旨在通过经济活动的绿色转型和低碳化，减少资源消耗和环境污染，从而实现经济增长与环境保护的双赢。

绿色经济是一种以可持续发展为核心的经济模式，它强调在经济活动中充分考虑环境影响，通过推动清洁能源和绿色技术的应用，减少污染排放和资源浪费。绿色经济不仅关注 GDP 的增长，更强调经济增长的质量和可持续性。例如，通过支持可再生能源的发展和提高能效，可以减少对化石燃料的依赖，降低温室气体排放，从而促进生态环境的改善。[1]

低碳经济则是绿色经济的重要组成部分，专注于减少二氧化碳等温室气体的排放，缓解气候变化的影响。低碳经济通过推广低碳技术和政策措施，实现经济增长与碳排放脱钩。例如，推广电动汽车、太阳能光伏和风能等低碳技术，可以有效减少交通和电力行业的碳排放。与此同时，通过碳税和碳交易等市场机制，激励企业和个人减少碳足迹，推动经济向低碳化方向转型。

绿色经济与低碳经济在政策层面也有着紧密的联系。政府通过制定和实施一系列绿色政策和法规，如环境税收、补贴政策和环保标准，推动绿色技术创新和绿色产业发展。例如，许多国家通过实施严格的排放标准和提供绿色能源补贴，鼓励企业和消费者选择低碳和环保产品，从而加速绿色经济和低碳经济的实现。[2]

---

① Cato, M. S., 2012. Green economics: an introduction to theory, policy and practice. Routledge.

② Timmons, D., J. M. Harris, and B. Roach. 2014. The Economics of Renewable Energy. Global Development and Environment Institute, Tufts University. Vol. 52.

在实践中，绿色经济与低碳经济的融合不仅需要技术创新和政策支持，还需要社会各界的广泛参与和合作。企业需要承担更多的社会责任，积极采用绿色生产方式，以减少环境影响。消费者则可以通过绿色消费选择，支持可持续发展的产品和服务。此外，国际合作也是实现绿色经济与低碳经济的重要途径，通过全球性的环境协定和合作机制，共同应对气候变化和环境挑战，推动全球经济向绿色和低碳方向转型。

总之，绿色经济与低碳经济是实现可持续发展的必由之路。通过绿色技术创新、政策支持和社会合作，可以实现经济增长与环境保护的有机结合，为子孙后代创造一个更加美好的未来。

### (二) 循环经济

循环经济(Circular Economy)是一种通过闭环系统来减少资源消耗和废物产生的经济模式。它旨在通过资源的循环利用和延长产品生命周期，达到经济效益与环境效益的双赢。循环经济不同于传统的线性经济模式，它强调"减少、再利用、再循环"的原则，推动资源在经济系统内不断循环使用。

第一，循环经济的核心理念是减少资源消耗和废物排放。通过提高资源利用效率和减少生产过程中的浪费，企业可以降低生产成本，同时减少对环境的负面影响。例如，通过采用精益生产技术和优化生产流程，可以显著降低原材料和能源的消耗。

第二，循环经济强调产品的再利用和再制造。产品在其使用寿命结束后，不是简单地被废弃，而是通过维修、翻新和再制造等方式，使其重新进入市场。这不仅延长了产品的生命周期，还减少了对新资源的需求。例如，一些电子产品制造商通过回收和再制造旧设备，减少了对原材料的依赖，并降低了生产成本。

第三，循环经济还注重废物的再循环利用。通过将废弃物转化为新产品的原材料，可以降低废物的处理成本和环境污染。例如，塑料瓶可以被回收制成新的塑料制品，建筑废料可以被再利用用于道路建设，这些措施不仅节约了资源，还减少了垃圾填埋的压力。循环经济的成功实施需要全社会的共同努力，包括政府、企业和消费者。政府可以通过制定和实施相关政策和法规，鼓励和支持循环经济的发展。例如，通过提供税收优惠和财政补贴，激励企业投资于循环经济项目。企业需要创新商业模式，积极探索资源循环利用的新途径，并通过技术创新提高资源利用效率。消费者也需要转变消费观念，支持和购买循环经济产品，推动市场对循环经济产品的需求。

在全球范围内，许多国家和地区已经开始实施循环经济战略。例如，欧盟提出了"从废弃到资源"的行动计划，旨在推动循环经济的发展，提高资源效率和减少废物排放。中国也在积极推进循环经济，制定了《中华人民共和国循环经济促进法》，通过一系列政策和措施，推动资源的循环利用和绿色发展。

总的来说，循环经济作为一种可持续发展模式，通过提高资源利用效率和减少废物排放，实现了经济效益和环境效益的双赢。未来，随着技术进步和政策支持的不断加强，循环经济将为全球可持续发展作出更大的贡献。

### （三）可再生能源经济

可再生能源经济是指通过发展和利用可再生能源来推动经济增长，同时减少对环境的负面影响。这种经济模式不仅有助于实现能源结构的转型，还能促进绿色技术的创新和就业机会的创造。

第一，可再生能源经济的核心在于利用太阳能、风能、水能等可再生资源，替代传统的化石燃料。通过发展这些清洁能源，可以大幅减少温室气体的排放，缓解气候变化的影响。例如，太阳能光伏技术和风力发电技术的不断进步，使得这些能源形式在全球范围内迅速普及，成本也在逐年下降。

第二，可再生能源经济强调能源效率和技术创新。提高能源利用效率不仅可以节约资源，还可以降低能源生产和消费的成本。例如，智能电网技术和储能技术的发展，可以更有效地管理和分配可再生能源，提高电力系统的可靠性和稳定性。

第三，可再生能源经济还推动了新型商业模式的发展。例如，分布式能源系统允许用户自己生产和消费能源，减少了对传统电力公司的依赖。此类系统不仅提高了能源利用效率，还促进了能源市场的多样化和竞争力。

在政策和法规方面，各国政府通过制定和实施一系列支持可再生能源的政策，如补贴、税收优惠和强制性可再生能源配额，来促进可再生能源的应用和发展。例如，许多国家设立了可再生能源目标，要求在未来若干年内，显著提高可再生能源在能源结构中的比重。

总的来说，可再生能源经济为实现可持续发展提供了一条有效的路径。通过发展和利用清洁能源，可以减少对环境的负面影响，提高能源安全性和经济的可持续性。推动可再生能源经济的发展，不仅需要技术创新和政策支持，还需要社会各界的广泛参与和合作，共同致力于绿色未来的建设。

# 第二节　全球发展绿色转型的影响因素

全球发展绿色转型是一个复杂而系统的过程，涉及经济、社会和环境各个方面。为了推动这一转型，必须识别并应对一系列关键因素和挑战。这不仅需要各国政府、企业和社会的共同努力，还需要通过技术创新和政策支持，来应对气候变化、环境危机等全球性问题。

## 一、气候变化与环境危机

在当前全球环境挑战中，气候变化已成为最具紧迫性的问题之一，其影响远超越单一生态系统或区域的发展范畴。气候变化不仅改变了地球的物理和生物系统，还对全球经济、社会稳定和公共健康产生了深远影响。随着温室气体排放量的持续增加，全球气温升高、极端天气频发等现象日益突出，气候变化的后果逐步显现。

### （一）全球气候变化的科学分析

全球气候变化的科学基础源于对地球气候系统的长期观测和对复杂模型的分析。科学家们普遍认为，人类活动，尤其是温室气体的排放，是导致全球气候变暖的主要原因。

第一，全球表面温度自工业化以来已经上升了大约 1℃。根据联合国政府间气候变化专门委员会（IPCC）的报告，这一升温趋势在过去几十年中尤为明显。每一个连续的十年都比前一个十年更温暖，自 1850 年以来的记录显示，最近的十几年是有记录以来较热的年份之一。①

第二，温室气体(如二氧化碳、甲烷和氧化亚氮)的增加是导致全球变暖的主要因素。二氧化碳是最主要的温室气体，占人类排放总量的 75% 左右。化石燃料的燃烧(如煤、石油和天然气)是二氧化碳排放的主要来源。研究表明，自工业革命以来，大气中二氧化碳的浓度显著增加，从 280ppm(百万分之一浓度)上升到现在的超过 410ppm。②

第三，温室效应是气候变化的根本机制。太阳辐射穿过大气层，到达地球表面后被吸收，然后以红外辐射的形式重新辐射回大气层。温室气体可以吸收这些红外辐射并重新发射，使得地球表面和大气层下部变得更暖。这种效应在一定程度上是自然的和必要的，因为没有温室气体，地球的平均温度将会低很多。然而，当温室气体浓度增加时，这种效应会增强，从而导致全球变暖。③

总的来说，全球气候变化的科学基础已经非常明确。人类活动，特别是温室气体的排放，是气候变暖的主要驱动力。理解这些科学基础有助于制定有效的气候政策和应对措施，以减缓气候变化的影响并适应已经不可避免的变化。

## (二)环境危机的经济影响

环境危机对经济的影响是深远且多方面的。它不仅直接影响生产力和公共健康，还通过多种途径影响经济增长和社会稳定。

第一，环境危机导致资源的枯竭和环境退化，进而对生产力产生负面影响。例如，土地退化和水资源短缺直接减少了农业产量，影响食品供应和价格稳定。渔业资源的过度开发导致渔业产量下降，影响了依赖渔业为生的社区。此外，工业污染和空气质量下降导致的健康问题，增加了医疗成本并降低了劳动生产率。

第二，环境危机通过引发自然灾害对经济产生重大影响。全球气候变化导致

①　Dobes, L., F. Jotzo, and D. I. Stern. 2014. The Economics of Global Climate Change: A Historical Literature Review. Review of Economics. Vol. 65, No. 3.

②　Breckenfelder, J., Maćkowiak, B., Marques-Ibanez, D., Olovsson, C., Popov, A. A., Porcellacchia, D. and Schepens, G., 2023. The climate and the economy.

③　Stern, N. 2008. The Economics of Climate Change. American Economic Review. Vol. 98, No. 2, pp. 1-37.

的极端天气事件，如洪水、干旱和飓风，不仅造成大量的财产损失，还对基础设施和公共服务系统造成严重破坏。例如，洪水会破坏道路、桥梁和供电系统，增加政府的救灾和重建成本。这些灾害还可能导致大量人口迁移，加剧社会不稳定和冲突。

第三，环境危机对全球经济增长产生长期影响。研究表明，气候变化可能导致全球 GDP 下降。根据 IPCC 的报告，如果全球平均气温上升 4℃，全球 GDP 可能减少 1% 到 5%。[1] 一些经济学家预测，气候变化对不同地区的影响是不均衡的，发展中国家将受到更严重的影响。例如，预计到 2100 年，撒哈拉以南非洲的人均 GDP 将下降 80%，而欧洲则可能增长 70%。这种不均衡的影响将加剧全球经济的不平等，并可能导致更多的经济和社会问题。

总的来说，环境危机对经济的影响是多方面的，涉及资源、健康、灾害和经济增长等各个方面。为了应对环境危机对经济的影响，各国政府采取了一系列政策措施。例如，通过实施碳税和碳交易制度，内部化碳排放的外部成本，激励企业减少碳排放。同时，通过发展绿色技术和可再生能源，减少对化石燃料的依赖，推动经济的绿色转型。此外，国际社会通过签订环境协议和协定，如《巴黎协定》，共同应对全球气候变化挑战，促进可持续发展。

## 二、国际环境合作

在全球范围内应对气候变化和环境危机的过程中，国际合作与政策框架的建立显得尤为重要。单一国家的努力难以应对这一跨国界的挑战，因此各国需要通过协定与协议的形式，达成共识并协调行动。国际环境协议不仅在约束各国的碳排放和环境保护行动方面发挥了关键作用，还为技术转让、资金支持和能力建设提供了重要机制。这些协议的核心在于推动全球范围内的共同努力，确保可持续发展目标的实现。随着气候危机加剧，全球治理机制的作用愈发突出，国际环境协议成为各国在面对气候变化、资源枯竭等问题时的共同应对工具。

---

[1]　Polasky, S., C. L. Kling, S. A. Levin, S. R. Carpenter, G. C. Daily, P. R. Ehrlich, G. M. Heal, and J. Lubchenco. 2019. Role of Economics in Analyzing the Environment and Sustainable Development. Proceedings of the National Academy of Sciences. Vol. 116, No. 12.

## (一)国际环境协议与协定(如《巴黎协定》)

国际环境协议和协定在全球应对气候变化和环境危机中发挥了重要作用。这些协议不仅为各国制定了具体的减排目标和措施,还提供了技术和资金支持,帮助各国特别是发展中国家,适应和减缓气候变化的影响。其中,《巴黎协定》是近年来最具影响力的国际气候协议之一。

《巴黎协定》于 2015 年在第 21 届联合国气候变化大会(COP21)上通过,并于 2016 年正式生效。协定的核心目标是将全球平均气温升幅控制在工业化前水平以上 2 摄氏度以内,并努力将升幅限制在 1.5 摄氏度以内。为实现这一目标,协定要求各缔约方每五年提交并更新其国家自主贡献(NDCs),逐步提高减排目标。[①]《巴黎协定》的另一个重要特点是强调透明度和问责制。各国需要定期提交温室气体排放清单和减排进展报告,接受国际专家团队的审查。这一机制确保了各国减排承诺的透明性,并通过"同侪压力"促使各国加大减排力度。《巴黎协定》还特别关注发展中国家的需求。协定规定,发达国家每年提供 1000 亿美元的资金,支持发展中国家应对气候变化带来的挑战。这些资金主要用于气候适应、减缓和绿色技术的开发与应用。协定还包含"损失与损害"条款,承认发展中国家在应对气候变化中所遭受的不可避免的损失和损害,并提供相关支持。

除了《巴黎协定》,其他重要的国际环境协议还包括《京都议定书》和《联合国气候变化框架公约》(UNFCCC)。《京都议定书》于 1997 年在第三次缔约方会议(COP3)上通过,是世界上第一个具有法律约束力的温室气体减排协议。该议定书要求工业化国家在 2008 年至 2012 年期间将温室气体排放量比 1990 年水平减少约 5%。虽然《京都议定书》在实施过程中面临诸多挑战,但它为后续的国际气候谈判奠定了基础。

总的来说,国际环境协议和协定在全球应对气候变化中起到了关键作用。通过制定具体的减排目标和措施,提供资金和技术支持,这些协议帮助各国协调行动,共同应对全球气候变化的挑战。未来需要进一步加强国际合作,确保这些协

---

① Harris, J. M., Roach, B. and Environmental, J. M. H., 2007. The economics of global climate change.

议的有效实施，以实现全球气候目标，保护地球环境。

### （二）各国对全球气候变化的态度

在全球应对气候变化的努力中，各国政府纷纷制定和实施了一系列绿色政策和法规，以减少温室气体排放，促进可持续发展。这些政策和法规包括碳税、碳交易、能源效率标准和可再生能源支持政策等，体现了各国在绿色经济转型中的多样化路径。

欧盟作为全球气候领导者，制定了一系列严格的环保法规。欧盟的《欧洲绿色协议》目标是到 2050 年实现碳中和，并为此设立了一系列具体措施。该协议要求成员国大幅减少温室气体排放，推动能源转型和绿色技术创新。例如，欧盟的排放交易系统（EU ETS）覆盖了超过 11000 家大型排放企业，通过市场机制减少排放量。

德国在绿色政策方面也走在前列。其能源转型政策（Energiewende）强调减少核能和煤炭依赖，增加可再生能源的比例。德国实施了广泛的补贴政策，支持风能、太阳能等可再生能源的发展，并通过法律规定逐步淘汰煤炭发电。例如，德国的《可再生能源法》要求电网优先接纳可再生能源发电，保障可再生能源项目的经济收益[1]。

美国在绿色政策方面的实践主要体现在联邦和州政府的多层次合作上。拜登政府上台后，重新加入《巴黎协定》，并推出了"绿色新政"，旨在到 2035 年实现电力部门的碳中和。具体措施包括对清洁能源的投资、强化车辆燃效标准以及对传统能源产业的严格监管。此外，加利福尼亚州作为环保先锋，实施了严格的排放标准和碳交易制度，鼓励企业减少碳排放并投资绿色技术。

中国在绿色政策和法规方面也取得了显著进展。中国政府制定了"双碳"目标，即 2030 年前实现碳达峰，2060 年前实现碳中和。为实现这些目标，中国实施了一系列政策措施，包括全国碳排放交易市场、可再生能源发展规划和能源效率提升计划。例如，中国的《国家适应气候变化战略 2035》提出，通过提高能效

---

[1]　Cato, M. S. 2012. Green Economics: An Introduction to Theory, Policy and Practice. London: Routledge.

和增加可再生能源使用，逐步减少对化石燃料的依赖①。

在国际合作方面，各国通过多边环境协议共同应对气候变化。《巴黎协定》作为全球最具影响力的气候协议之一，明确了各国的减排承诺和透明度机制，促进了全球范围内的气候行动协调。协定要求缔约方定期提交国家自主贡献（NDCs），并通过国际合作和资金支持，帮助发展中国家应对气候变化的挑战。

总的来说，各国通过多样化的绿色政策和法规，不仅推动了本国的可持续发展，也为全球应对气候变化贡献了重要力量。这些政策和法规在推动能源转型、减少温室气体排放、促进绿色技术创新等方面发挥了关键作用，为实现全球气候目标提供了有力保障。

## 三、推动全球可持续发展的技术创新与绿色技术

在绿色转型的进程中，技术创新被视为推动经济与环境协调发展的核心动力。尤其是在面对日益加剧的能源需求和环境压力时，传统的化石燃料能源显然已经难以维持长期的可持续性。因此，全球各国和企业开始加大对清洁能源和绿色技术的投入，试图通过科技的进步来减少对环境的破坏，实现经济增长与环境保护的双赢。技术创新不仅体现在新型能源的开发上，还涵盖了生产流程的优化、资源利用效率的提升等方面，涉及广泛的技术领域。在这种背景下，重点探讨正在颠覆传统能源格局的技术，特别是如何利用可再生资源来应对当前能源结构中的挑战，将为推动全球绿色经济转型提供重要的技术支撑。

### （一）可再生能源技术

可再生能源技术是推动绿色经济和实现可持续发展的重要手段。这些技术包括太阳能、风能、水能、地热能和生物质能等，它们通过利用自然界可再生的资源，提供清洁的能源，减少对环境的负面影响。

太阳能技术是可再生能源技术中最具潜力的一种。太阳能光伏（PV）系统通

---

① Harris, J. M., Roach, B. and Environmental, J. M. H., 2007. The economics of global climate change.

过将太阳光直接转化为电能，为家庭、商业和工业用途提供电力。近年来，太阳能光伏技术的效率和成本都有了显著提高。光伏电池的效率不断提高，从最初的10%左右提高到现在的20%以上，同时生产成本也大幅下降，太阳能成为一种经济可行的能源选择。①

风能技术通过风力发电机将风能转化为电能。风能具有高效、清洁和可再生的特点，特别适合在风力资源丰富的地区应用。近年来，随着技术的进步，风力发电机的设计更加高效，发电成本显著降低。例如，现代风力发电机的容量从最初的几十千瓦增加到现在的数兆瓦，使得风力发电成为大规模电力供应的可行方案。②

水能技术利用河流和水坝的势能发电，是一种历史悠久的可再生能源。水力发电具有稳定性好、能量密度高的特点，在全球电力供应中占有重要地位。特别是在水资源丰富的地区，水力发电可以提供大规模、稳定的电力供应，支持经济发展和社会稳定。③

地热能技术利用地下热能发电或供暖，是一种具有巨大潜力的可再生能源。地热能的优势在于其稳定性和全天候可用性，不受天气和季节变化的影响。地热能发电厂通过利用地热资源，提供清洁的电力和热能，广泛应用于供暖、制冷和工业生产中。

生物质能技术通过利用有机废弃物和生物质材料，如农作物残渣、林业废料和城市固体废物，生产生物燃料和发电。生物质能具有广泛的原料来源和较低的碳排放，是替代化石燃料的有效途径之一。生物质能技术的发展有助于实现资源循环利用，减少环境污染，促进农村经济发展。

总的来说，可再生能源技术的发展为实现绿色经济和可持续发展提供了重要支撑。这些技术不仅帮助减少对化石燃料的依赖，降低温室气体排放，还推动了技术创新和经济增长。在未来，各国需要进一步加大对可再生能源技术的研发和

---

① Barde, A., U. V. Agbogo, and A. I. Lawal. 2022. Advances in the Research and Development of $TiO_2$-based Photocatalysts for Hydrogen Production via Water Splitting.

② Timmons, D., J. M. Harris, and B. Roach. 2014. The Economics of Renewable Energy. Global Development and Environment Institute, Tufts University. Vol. 52.

③ Silvast, A. 2017. Energy, Economics, and Performativity: Reviewing Theoretical Advances in Social Studies of Markets and Energy. Energy Research & Social Science. Vol. 34.

推广力度，通过政策支持和国际合作，共同推动全球能源结构的绿色转型。

### （二）节能环保技术

节能环保技术在当今全球应对气候变化和实现可持续发展中起着至关重要的作用。这些技术包括能源效率提高技术、污染控制技术以及资源循环利用技术，它们共同致力于减少能源消耗、降低污染排放和提高资源利用率。

能源效率提高技术旨在通过技术创新和优化管理，减少单位产品或服务的能源消耗。例如，现代建筑中广泛应用的节能技术包括高效的隔热材料、节能窗户和智能控温系统等。这些技术可以显著降低建筑物的能耗，提高能源利用效率。工业领域的节能技术则包括高效电机、余热回收系统和先进的生产工艺，这些技术不仅降低了生产成本，还减少了碳排放。

污染控制技术通过减少有害物质的排放，保护环境和人类健康。例如，烟气脱硫和脱硝技术被广泛应用于燃煤电厂，可以有效去除燃烧过程中产生的二氧化硫和氮氧化物，减少酸雨和空气污染的危害。水处理技术则包括物理、化学和生物方法，用于去除污水中的有害物质，保护水资源和生态系统。

资源循环利用技术通过将废弃物转化为有用资源，实现资源的再利用和循环利用。例如，垃圾焚烧发电技术不仅处理了固体废物，还通过焚烧过程产生电能。生物质能技术利用农业废弃物和林业废料生产生物燃料，不仅减少了废物处理的压力，还提供了清洁能源。再生塑料和再生金属技术则通过回收利用废旧塑料和金属，减少了对原材料的需求和降低了环境污染。[1]

在政策和法规方面，各国政府积极推动节能环保技术的应用。通过制定严格的能效标准和排放限值，鼓励企业采用先进的节能和污染控制技术。例如，中国政府推行了"十三五"节能减排综合工作方案，要求重点行业实施节能改造和技术升级，提高能源利用效率。欧盟则通过《能源效率指令》，规定成员国必须制定国家节能计划，并实现每年 1.5% 的节能目标。[2]

---

[1] Barde, A., U. V. Agbogo, and A. I. Lawal. 2022. Advances in the Research and Development of $TiO_2$-based Photocatalysts for Hydrogen Production via Water Splitting.

[2] Breckenfelder, J., Maćkowiak, B., Marques-Ibanez, D., Olovsson, C., Popov, A. A., Porcellacchia, D. and Schepens, G., 2023. The climate and the economy.

总的来说，节能环保技术是实现可持续发展的重要手段。通过技术创新和政策支持，可以大幅提高能源利用效率，减少污染排放，推动资源的循环利用。这不仅有助于保护环境和改善人类健康，还为经济增长和社会进步提供了新的动力。在未来，各国需要继续加大对节能环保技术的研发和推广力度，推动全球绿色转型，共同应对气候变化和环境挑战。

## 四、全球绿色转型下的社会与市场需求变化

在全球经济向绿色转型的过程中，市场需求的变化成为驱动可持续发展的重要力量。随着环境问题的日益突出，社会各界逐渐意识到传统消费模式对资源和生态环境的过度消耗，绿色消费理念因此应运而生。这一趋势不仅反映了公众环保意识的提升，也促使企业重新评估其生产和营销策略，以适应这一转变。消费者的偏好正从传统的价格导向转向对产品环保属性的重视，绿色产品和服务市场应声崛起。与此同时，这一需求变化也对企业的供应链管理，产品设计以及市场竞争格局产生了深远影响。

### （一）消费者绿色偏好

随着全球环境问题的日益严峻，消费者的绿色偏好逐渐成为推动市场变革和技术创新的重要力量。绿色消费不仅体现了消费者对环境保护的责任感，也在很大程度上影响了企业的生产方式和产品开发方向。

消费者对绿色产品的需求在不断增长。根据欧洲的一项调查，88%的企业提到市场对绿色产品需求的增加是其创新的一个重要驱动力。[1] 此外，研究显示，消费者愿意为环保产品支付更高的价格。例如，丹麦消费者愿意为带有"天鹅标志"的环保纸张支付高达13%到18%的溢价。[2] 这种绿色消费偏好的增加，促使企业加大对环保技术和产品的投入，以满足市场需求。

---

[1]　Bezin, E. 2019. The Economics of Green Consumption, Cultural Transmission and Sustainable Technological Change. Journal of Economic Theory. Vol. 181.

[2]　Del Río, P., C. Peñasco, and D. Romero-Jordán. 2016. What Drives Eco-Innovators? A Critical Review of the Empirical Literature Based on Econometric Methods. Journal of Cleaner Production. Vol. 112.

消费者的绿色偏好不仅体现在对产品的选择上，还反映在其生活方式的改变上。例如，越来越多的消费者选择低碳饮食，减少肉类消费，以降低温室气体排放。[①] 研究表明，饮食偏好的改变可以显著减少温室气体排放，例如，食用反刍动物肉类产生的温室气体排放量是豆类的 250 倍。[②] 这种生活方式的转变，不仅有助于环境保护，还对个人健康有积极影响。

绿色偏好的传递不仅限于个体行为，还通过家庭和社会文化传播。研究发现，环境友好态度在很大程度上是在儿童时期通过家庭和社会化过程形成的。例如，父母通过带孩子去农贸市场，让他们了解食物的来源，从而培养他们的环境责任感。这种代际传递的绿色偏好，进一步巩固了社会对绿色消费的支持。

技术创新也受到绿色偏好的影响。随着消费者对环保产品需求的增加，企业在清洁技术和绿色产品上的投入也在增加。例如，一项研究发现，20 世纪 90 年代无氯纸技术的迅速发展主要归因于消费者对纸张中氯含量的关注。[③] 这种需求驱动的创新，不仅推动了环保技术的发展，还促进了市场的绿色转型。

总的来说，消费者的绿色偏好在推动市场变革和技术创新方面发挥着重要作用。通过支持环保产品和采用绿色生活方式，消费者可以有效减少环境负担，促进可持续发展。未来，各国政府和企业需要继续推动绿色消费，提升公众的环境意识，共同应对全球环境挑战。

## （二）绿色投资与金融市场

绿色投资与金融市场在推动全球可持续发展和应对气候变化方面扮演着关键角色。绿色金融通过引导资金流向环保项目和绿色企业，促进经济的绿色转型，减少环境负担。

绿色债券是绿色投资的一个重要工具。绿色债券是专门用于资助具有环境效

---

① Doelman, J. C., E. Stehfest, A. Tabeau, and H. van Meijl. 2019. Making the Paris Agreement Climate Targets Consistent with Food Security Objectives. Global Food Security. Vol. 23.

② Tilman, D., and M. Clark. 2014. Global Diets Link Environmental Sustainability and Human Health. Nature. Vol. 515, No. 7528.

③ Popp, J., K. Petö, and J. Nagy. 2013. Pesticide Productivity and Food Security: A Review. Agronomy for Sustainable Development. Vol. 33.

益的项目的债务工具，如可再生能源项目、节能项目和污染控制项目等。根据《环境、社会和经济可持续性》报告，绿色债券市场的迅速增长反映了投资者对环境责任的重视和对绿色项目的需求。例如，世界银行和其他国际金融机构通过发行绿色债券，以筹集资金用于全球范围内的可持续发展项目。

银行业在绿色金融中也发挥了重要作用。银行通过绿色贷款和绿色信贷政策，支持企业实施环保项目和技术改造。例如，欧洲的银行积极参与净零银行联盟(Net-Zero Banking Alliance)，承诺通过调整信贷政策，减少对高碳排放企业的贷款，增加对绿色企业的融资。这种信贷重组有助于推动高排放行业向低碳经济转型，同时促进绿色产业的发展。

绿色投资基金和资产管理公司也在绿色金融市场中占据重要地位。大型机构投资者和资产管理公司通过调整投资组合，增加对绿色公司的投资，推动企业减少碳排放。例如，许多基金公司现在将环境、社会和治理(ESG)标准纳入投资决策中，以吸引关注环保的投资者。研究表明，具有较高 ESG 评级的公司往往在市场中表现更好，吸引了更多投资者的关注。

政策方面，各国政府也在积极推动绿色金融的发展。中国政府设立了国家绿色发展基金，用于支持绿色项目和低碳技术的开发。美国则通过《气候相关金融风险行政命令》，加强对金融机构的监管，推动金融市场的绿色转型。这些政策措施不仅有助于提升绿色投资的规模，还提高了金融市场对环境风险的敏感性，促进了绿色经济的发展。

总的来说，绿色投资与金融市场在推动全球可持续发展中具有重要意义。通过绿色债券、绿色贷款和 ESG 投资，金融市场可以有效引导资金流向环保项目和绿色企业，减少环境负担，促进经济的绿色转型。未来，各国需要继续加强绿色金融政策的实施，通过国际合作和技术创新，共同推动全球绿色经济的发展。

## 第三节　全球绿色转型的产业发展与政策安排

在全球绿色转型的背景下，产业发展与政策安排成为实现这一宏伟目标的关键驱动力。绿色产业的发展不仅可以促进经济增长，还能有效减少环境污染，保护自然资源,实现可持续发展。同时,科学合理的政策安排则为绿色产业的发展提供了坚实的保障和引导。通过政策与产业的双重推进,各国可以在全球绿色转型中占据有利位置,推动绿色经济的全面实现。

## 一、全球绿色转型下的产业发展

随着全球可持续发展目标的推进,绿色产业作为经济转型的重要引擎,开始在各国经济中占据关键地位。绿色产业不仅涵盖了技术革新和资源优化利用的广泛领域,更是解决环境危机与经济发展矛盾的重要手段。在这一框架下,可再生能源产业成为绿色经济中较具活力的组成部分之一。其发展不仅代表着对传统高污染、高能耗产业的替代,还通过清洁能源的推广应用,为全球减排目标的实现提供了有力支持。与此同时,可再生能源产业的快速扩展也带动了相关技术研发、制造业创新以及新兴市场的崛起。接下来的讨论将深入探讨这一产业如何在绿色经济中扮演重要角色,并分析其在推动全球能源结构转型中的核心作用。

### (一)可再生能源产业

可再生能源产业是实现全球绿色转型的关键组成部分。该产业通过利用自然界中可再生的能源资源,如太阳能、风能、水能、地热能和生物质能,提供清洁能源,减少对环境的负面影响,并推动经济的可持续发展。

太阳能产业在过去几年中取得了显著进展。太阳能光伏(PV)系统将太阳光直接转化为电能,为家庭、商业和工业用途提供电力。近年来,太阳能光伏技术的效率和成本都有了显著改善。光伏电池的效率不断提高,从最初的10%左右提高到现在的20%以上,同时生产成本也大幅下降,使得太阳能成为一种经济可行的能源选择。[1]

风能产业也得到了迅速发展,风力发电机通过将风能转化为电能,为电网提供稳定的电力供应。风能具有高效、清洁和可再生的特点,特别适合在风力资源丰富的地区应用。近年来,随着技术的进步,风力发电机的设计更加高效,发电

---

[1] Barde, A., Agbogo, U. V. and Lawal, A. I., 2022. Advances in the Research and Development of TiO2-based Photocatalysts for Hydrogen Production via Water Splitting.

成本显著降低。例如，现代风力发电机的容量从最初的几十千瓦增加到现在的数兆瓦，使得风力发电成为大规模电力供应的可行方案。

水能产业通过利用河流和水坝的势能发电，是一种历史悠久的可再生能源。水力发电具有稳定性好、能量密度高的特点，在全球电力供应中占有重要地位。特别是在水资源丰富的地区，水力发电可以提供大规模、稳定的电力供应，支持经济发展和社会稳定。

地热能产业利用地下热能发电或供暖，是一种具有巨大潜力的可再生能源。地热能的优势在于其稳定性和全天候可用性，其不受天气和季节变化的影响。地热能发电厂通过利用地热资源，提供清洁的电力和热能，广泛应用于供暖、制冷和工业生产中。

生物质能产业通过利用有机废弃物和生物质材料，如农作物残渣、林业废料和城市固体废物，生产生物燃料和发电。生物质能具有广泛的原料来源和较低的碳排放，是替代化石燃料的有效途径之一。生物质能技术的发展有助于实现资源循环利用，减少环境污染，促进农村经济发展。

总体而言，可再生能源产业的发展为实现绿色经济和可持续发展提供了重要支撑。这些产业不仅帮助减少对化石燃料的依赖，降低温室气体排放，还推动了技术创新和经济增长。在未来，各国需要进一步加大对可再生能源技术的研发和推广力度，通过政策支持和国际合作，共同推动全球能源结构的绿色转型。

## （二）环保产业

环保产业是推动绿色经济和可持续发展的关键领域之一。它包括一系列旨在减少环境污染、保护自然资源和改善生态环境的活动和技术。环保产业的主要组成部分包括废物管理、污染控制、环境监测和环境修复等。[1]

废物管理是环保产业的重要组成部分之一。废物管理涉及废物的收集、运输、处理和处置等环节。通过采用先进的废物处理技术，如垃圾焚烧、堆肥和垃

---

[1]　Sen, P. K., S. K. Bohidar, Y. Shrivas, C. Sharma, and V. Modi. 2015. Study on Innovation, Research, and Recent Development in Technology for Green Manufacturing. International Journal of Mechanical Engineering and Robotics Research. Vol. 4, No. 1.

坂填埋气体回收，可以有效减少废物对环境的影响，降低温室气体排放，同时回收有价值的资源。例如，近年来，中国在城市固体废物管理方面取得了显著进展，通过推广垃圾分类和回收利用，大幅减少了垃圾填埋量，改善了城市环境质量。

污染控制技术是环保产业的另一个重要方面。这些技术包括空气污染控制、水污染治理和土壤污染修复等。空气污染控制技术如烟气脱硫、脱硝和除尘等，可以有效减少工业排放的有害物质，改善空气质量。水污染治理技术如污水处理、废水回用和水体生态修复，可以保护水资源，确保饮用水安全。[1] 土壤污染修复技术如生物修复、化学修复和物理修复等，可以恢复被污染的土壤，保护农业生产和生态系统。

环境监测技术在环保产业中也发挥着重要作用。通过使用先进的传感器和数据分析技术，可以实时监测空气、水和土壤的污染状况，为环境保护决策提供科学依据。例如，利用无人机和卫星遥感技术，可以对大面积区域的环境变化进行快速、准确的监测，提高环境管理的效率和精度。

环境修复是环保产业的重要组成部分之一。环境修复技术包括生态恢复、植被恢复和生物多样性保护等。这些技术通过恢复受损的生态系统，增加生物多样性，提高生态系统的稳定性和韧性。例如，湿地恢复项目通过修复湿地生态系统，不仅可以改善水质，提供栖息地，还能增强区域的抗洪能力。

总之，环保产业通过一系列技术和措施，有效减少了人类活动对环境的负面影响，推动了经济和环境的协调发展。在未来，各国需要进一步加强环保产业的发展，通过政策支持、技术创新和国际合作，共同应对全球环境挑战，推动可持续发展。

（三）绿色制造业

绿色制造业是实现可持续发展的关键环节之一。它不仅关注生产过程中的环境影响，还致力于通过技术创新和高效管理，实现资源节约和环境保护。绿色制

---

① Bivar, V. 2022. Historicizing Economic Growth: An Overview of Recent Works. The Historical Journal. Vol. 65, No. 5.

造业在全球范围内得到了广泛推广，并逐渐成为制造业发展的重要方向。

绿色制造业通过采用环保技术和可再生能源，减少了生产过程中的污染排放和资源消耗。例如，许多企业在制造过程中引入了节能设备和清洁生产技术，如高效电机、余热回收系统和先进的废水处理技术。这些技术不仅能够显著降低能源和水资源的消耗，还能减少废气、废水和固体废物的排放。[1]

绿色制造业强调产品的全生命周期管理。通过对产品从设计、生产、使用到报废整个生命周期的管理，最大限度地减少对环境的负面影响。例如，在产品设计阶段，采用可回收材料和环保设计，减少资源浪费。在生产过程中，实施严格的污染控制措施和资源回收利用，提高生产效率和资源利用率。

绿色制造业还包括绿色供应链管理。通过与供应链上下游企业合作，推动绿色采购、绿色物流和绿色包装，全面提升供应链的环境绩效。例如，汽车制造行业通过推行绿色供应链管理，有效降低了车辆制造过程中的能源消耗和污染排放。这种合作模式不仅有助于企业自身的可持续发展，也为整个行业的绿色转型提供了有力支持。

在政策层面，许多国家都出台了支持绿色制造业的政策和法规。例如，美国通过一系列政策激励措施，并提供资金支持和税收优惠，推动企业采用绿色制造技术。中国也在国家层面提出了绿色制造战略，鼓励企业通过技术创新和管理提升，实现绿色转型。这些政策的实施，为绿色制造业的发展提供了有力保障。

绿色制造业的推广不仅有助于环境保护，还能带来显著的经济效益。通过提高资源利用效率和减少污染排放，企业能够降低生产成本，提升市场竞争力。同时，绿色制造业的发展还创造了大量的就业机会，促进了经济增长。例如，绿色技术和绿色产品的研发和生产需要大量高技能人才，从而带动了相关领域的就业。

总之，绿色制造业作为可持续发展的重要组成部分，通过技术创新和高效管理，推动了资源节约和环境保护。各国政府和企业需要继续加大对绿色制造业的

---

[1] Sen, P. K., S. K. Bohidar, Y. Shrivas, C. Sharma, and V. Modi. 2015. Study on Innovation, Research, and Recent Development in Technology for Green Manufacturing. International Journal of Mechanical Engineering and Robotics Research. Vol. 4, No. 1.

投入和支持，推动全球制造业的绿色转型，实现经济与环境的双赢。

## 二、各国绿色转型政策及比较

全球范围内应对气候变化的努力，不仅体现为国际间的合作与协定，也体现在各国国内政策的制定与实施上。不同国家或地区根据其自身的经济结构、资源条件及社会需求，设计出各具特色的绿色转型策略，这些策略既要回应全球气候治理的共同目标，又需兼顾本国的可持续发展进程。因此，各国在推动绿色经济的过程中，通常会采用多样化的政策工具，包括法律法规，财政激励以及技术支持等手段。这不仅促进了各国对可再生能源、绿色产业等领域的投资，也推动了技术创新与市场发展。在此背景下，各国的绿色政策展现出不同的发展路径和侧重点。

### （一）欧盟的绿色发展政策

欧盟的绿色新政（European Green Deal）是其应对气候变化和推动可持续发展的核心政策框架。该政策旨在到 2050 年实现气候中和，并在 2030 年前将温室气体排放量较 1990 年水平减少至少 55%。[1] 绿色新政包括一系列政策和措施，覆盖能源、交通、建筑、农业等多个领域，通过全方位的绿色转型推动欧盟经济和社会的可持续发展。

绿色新政强调能源系统的脱碳。欧盟计划大力推动可再生能源的发展，提高能源效率，并逐步淘汰煤炭等高碳能源。根据欧盟的《气候法案》，成员国必须提交国家能源和气候计划，明确各自的减排目标和实施路径。此外，欧盟还制定了能源税收改革计划，通过对碳排放征税和实施碳边境调节机制，激励企业减少碳排放。[2]

绿色新政注重交通部门的绿色转型。欧盟提出要大幅增加电动汽车的使用，

---

① Hainsch, K., K. Löffler, T. Burandt, H. Auer, P. C. del Granado, P. Pisciella, and S. Zwickl-Bernhard. 2022. Energy Transition Scenarios: What Policies, Societal Attitudes, and Technology Developments Will Realize the EU Green Deal? Energy. Vol. 239.

② Köppl, A., and M. Schratzenstaller. 2024. Macroeconomic Effects of Green Recovery Programs. Eurasian Economic Review. Vol. 14, No. 1.

推动公共交通和非机动车交通的发展。为此，欧盟制定了包括汽车排放标准、电动汽车充电基础设施建设等在内的政策措施。例如，欧盟的 Fit for 55 计划要求到 2030 年新销售的汽车必须实现零排放。[①]

建筑领域的绿色改造也是绿色新政的重要组成部分。欧盟提出了建筑能效改造的目标，通过提高建筑物的能效标准和推动旧建筑的节能改造，减少建筑物的能源消耗和碳排放。欧盟设立了"建筑浪潮"倡议，计划在未来十年内对数百万栋建筑进行能效改造，从而实现大规模的节能减排。[②]

农业和林业也是绿色新政关注的重点。欧盟推动可持续农业实践，减少农业活动对环境的负面影响，例如减少化肥和农药的使用，保护生物多样性。同时，欧盟还提出了林业战略，通过增加森林覆盖面积和提高森林管理水平，增强森林碳汇能力。

为了支持绿色新政的实施，欧盟还制定了一系列财政政策。例如，欧盟的《多年度财政框架》和《下一代欧盟》计划提供了大量资金支持绿色项目和可持续发展。此外，欧盟还通过发行绿色债券筹集资金，支持绿色投资和基础设施建设。

总的来说，欧盟的绿色新政通过综合性的政策和措施，推动经济和社会的绿色转型。通过能源系统脱碳、交通绿色转型、建筑能效改造以及可持续农业和林业实践，欧盟致力于实现气候中和目标，推动全球气候行动。

### (二)中国的绿色发展政策

中国的绿色发展战略以实现经济增长、社会进步和环境保护的协调统一为目标，注重在多个层面推进可持续发展。从政策导向到技术创新，从产业结构调整到国际合作，中国的绿色发展战略正全面铺开。

中国的绿色发展政策始于对环境保护和可持续发展的高度重视。自 2007 年

---

① Hainsch, K., K. Löffler, T. Burandt, H. Auer, P. C. del Granado, P. Pisciella, and S. Zwickl-Bernhard. 2022. Energy Transition Scenarios: What Policies, Societal Attitudes, and Technology Developments Will Realize the EU Green Deal? Energy. Vol. 239.

② Vandeplas, A., I. Vanyolos, M. Vigani, and L. Vogel. 2022. The Possible Implications of the Green Transition for the EU Labour Market. Publications Office of the European Union.

胡锦涛首次提出"生态文明"理念以来，中国不断深化绿色发展思想，并将其纳入国家发展战略。2013年，生态文明建设被纳入党的十八大报告，并成为中国特色社会主义事业"五位一体"总体布局的重要内容。习近平总书记更是在多个国际场合强调中国在气候变化与绿色发展的承诺，提出了一系列宏伟目标，如"碳达峰"和"碳中和"。

在具体政策方面，中国通过"五年规划"来推动绿色发展。第十二个五年规划首次全面提出了绿色发展理念，强调低碳经济和资源效率的提升。规划中明确了节能减排、污染防治、生态保护等一系列具体目标和措施。此外，中国还制定了多项与绿色发展相关的法律法规，如《循环经济促进法》和《清洁生产促进法》，以法律手段保障绿色发展目标的实现。

在产业层面，中国大力推动可再生能源产业的发展。中国已成为全球最大的可再生能源市场，其光伏和风电装机容量均居世界首位。中国通过政策激励和资金支持，推动了光伏、风电等产业的快速发展，为全球能源转型做出了重要贡献。2015年，中国可再生能源发电量占全球总发电量的比重超过20%，显示出中国在绿色能源领域的巨大潜力和发展空间。

技术创新是推动绿色发展的关键动力。中国通过加大科研投入和政策支持，推动绿色技术的研发和应用。例如，中国在光伏发电技术方面取得了显著进展，单位千瓦光伏发电成本大幅下降，并提高了光伏发电的经济可行性和市场竞争力。此外，中国还积极推广节能环保技术，如高效能建筑、节能电器和工业节能技术，全面提升资源利用效率和环保水平。

在国际合作方面，中国积极参与全球气候治理，在多个国际平台上提出了中国的绿色发展方案。中国与多个国家和国际组织签署了合作协议，共同推进绿色低碳发展。例如，中国与欧盟在可再生能源、节能环保和绿色金融等领域展开了深入合作，为全球绿色转型提供了新的思路和模式。

总体而言，中国的绿色发展战略通过政策引导、技术创新和国际合作，全面推进了经济、社会和环境的协调发展。未来，中国将继续深化绿色发展理念，完善政策体系，推动绿色技术创新，强化国际合作，为实现全球可持续发展目标作出更大贡献。

### (三)美国的绿色发展政策

美国的绿色新政(Green New Deal, GND)是一个旨在应对气候变化和减少经济不平等的综合性政策框架。该计划由众议员亚历山德里亚·奥卡西奥-科尔特斯(Alexandria Ocasio-Cortez)和参议员埃德·马基(Ed Markey)提出,旨在通过大规模的经济和社会动员,实现到2030年美国经济的脱碳,并显著减少经济不平等。

GND强调通过凯恩斯主义的需求侧经济学来推动经济转型。这种方法类似于罗斯福总统在20世纪30年代大萧条期间实施的新政(New Deal),通过政府支出刺激经济增长,并通过税收和发债来控制通货膨胀。与传统的碳税和排放交易计划不同,GND强调通过直接的经济和社会改革来实现气候变化的缓解和经济平等。

GND提出了全面的经济和社会政策措施,以应对结构性不平等和贫困问题。这些措施包括为所有美国人提供高质量的医疗保健、经济保障、可负担的住房、清洁的水和空气、健康和可负担的食物以及与自然的接触。这些政策不仅旨在减少温室气体排放,还旨在提高弱势群体的生活质量,确保经济转型的公正性。

GND计划通过大规模的公共投资来推动可再生能源和绿色技术的发展。例如,该计划强调发展太阳能、风能和其他清洁能源技术,以取代化石燃料,并通过绿色基础设施项目创造数百万个高薪工作岗位。这些措施不仅有助于减少碳排放,还有效地促进经济增长和技术创新,为未来的绿色经济打下坚实基础(7)。

GND的一个关键特点是其对现代货币理论(Modern Monetary Theory, MMT)的应用。MMT认为,主权国家可以通过发行货币来资助政府支出,只要这种支出不引发过度的通货膨胀。这一理论为GND提供了经济上的可行性,使得大规模的绿色投资和社会改革成为可能。

总的来说,美国的绿色新政通过将气候变化缓解与社会经济公平紧密结合,提出了一种全新的政策框架。这一框架不仅旨在实现环境目标,还旨在通过经济和社会改革,促进整个社会的公平与繁荣。在未来,GND的实施需要政策制定者、政府和公众的共同努力,通过政策支持和国际合作,推动全球绿色转型的实现。①

---

① Georgeson, L. 2024. Green Economy Definitions: Recent Trends and Developments. Research Handbook on the Green Economy. Cheltenham: Edward Elgar Publishing.

## 三、全球企业的绿色转型实践

在全球绿色转型的过程中，企业的角色愈发关键。随着环境问题的加剧和公众环保意识的增强，企业不仅是经济增长的推动者，也被期望在可持续发展中承担更多责任。现代企业不再仅仅追求短期利润，而是开始将环境、社会责任纳入长期发展战略。绿色转型要求企业在生产、供应链、资源利用等方面做出系统性调整，以减少环境影响，推动经济与自然的协调发展。这一转型过程涉及企业的商业模式、运营流程以及对社会和环境的综合贡献。因此，探讨企业如何在其责任框架内实现可持续发展，并通过创新推动绿色变革，将为进一步理解企业在绿色经济中的重要作用提供基础。

### （一）企业社会责任与可持续发展

企业社会责任（Corporate Social Responsibility，CSR）在现代商业环境中扮演着重要角色，不仅促进企业的经济效益，同时推动社会和环境的可持续发展。企业社会责任涉及企业在经营过程中，对其员工、社区、环境等方面的责任和贡献，是企业实现可持续发展的重要途径。

企业社会责任强调企业在追求经济利益的同时，必须考虑社会效益和环境效益。企业通过开展公益活动、环境保护和社区服务等方式，履行社会责任，提升企业形象和品牌价值。例如，一些企业在生产过程中采用绿色技术和环保材料，减少污染和资源浪费，从而实现环境的可持续性。

企业社会责任有助于提升员工的工作满意度和企业的内部凝聚力。通过提供良好的工作环境、公平的薪酬待遇和职业发展机会，企业可以增强员工的归属感和忠诚度，从而提高工作效率和企业的整体竞争力。此外，企业在实施社会责任时，可以通过员工志愿者活动和公益项目，增强员工的社会责任感和团队合作精神。

企业社会责任在推动社会公平和减少贫富差距方面也发挥着重要作用。企业通过捐赠、资助教育和医疗项目，帮助弱势群体改善生活条件，促进社会和谐。例如，一些跨国公司在发展中国家开展扶贫项目，帮助当地社区提高教育水平和医疗条件，促进经济发展和社会进步。

在实践中，企业社会责任的实施需要制度化和规范化。许多国家已经出台相关法律法规，要求企业在年报中披露社会责任报告，详细说明企业在环境保护、社会公益和员工福利等方面的措施和成效。例如，中国的《公司法》和《环境保护法》对企业的社会责任作出了明确规定，要求企业在经营活动中遵守环境保护法律法规，履行社会责任。

企业社会责任还涉及企业在全球供应链中的行为规范。企业在选择供应商和合作伙伴时，应考虑其社会责任表现，确保整个供应链的可持续性。例如，一些跨国公司通过制定供应链管理政策，要求供应商遵守劳工标准和环境保护要求，促进全球供应链的绿色转型。

总的来说，企业社会责任是实现可持续发展的重要途径，企业通过积极履行社会责任，不仅可以提升自身的竞争力和品牌价值，还能为社会和环境的可持续发展作出贡献。未来，随着社会和环境问题的日益突出，企业社会责任将成为企业发展的重要战略之一，各企业需要进一步加强对社会责任的认识和实践，推动经济、社会和环境的协调发展。

### （二）绿色供应链管理

绿色供应链管理（Green Supply Chain Management，GSCM）是指在供应链的各个环节中，通过采用环保技术和管理方法，减少资源消耗和环境污染，实现经济效益与环境效益的平衡。GSCM 不仅有助于企业的可持续发展，还能提升其市场竞争力和品牌价值。

绿色采购是绿色供应链管理的起点。企业在选择供应商时，不仅要考虑成本和质量，还要评估供应商的环保表现。例如，供应商是否采用环保材料、是否符合环保法规、是否有完善的环境管理体系等。这种绿色采购策略有助于推动整个供应链的绿色转型。①

---

① Judijanto, L., E. Y. Utami, and I. Harsono. 2024. Green Supply Chain Finance: A Bibliometric Review of Financing Instruments, Challenges, and Opportunities. West Science Interdisciplinary Studies. Vol. 2, No. 3.

生产环节的绿色管理是 GSCM 的重要组成部分。企业可以通过引入绿色制造技术和工艺，减少能源消耗和污染排放。例如，采用清洁生产技术、节能设备和环保材料，优化生产流程，提高资源利用效率。同时，企业还可以通过废弃物回收和再利用，实现生产环节的循环经济。

运输和物流环节的绿色化也是 GSCM 的关键环节之一。通过优化运输路线、采用低排放运输工具和绿色包装材料，企业可以显著减少碳排放和环境污染。例如，采用电动卡车和混合动力车辆，减少运输过程中的温室气体排放；使用可回收和可降解的包装材料，减少包装废弃物。

绿色供应链管理还强调产品生命周期管理。企业应在产品设计阶段就考虑其环境影响，通过设计可持续产品，延长产品使用寿命，减少资源浪费。例如，设计可拆卸和易维修的产品，便于回收和再利用；使用环保材料，减少对环境的负面影响。

绿色供应链管理的实施还需要信息技术的支持。通过建立绿色供应链管理信息系统，企业可以实时监控和管理供应链各环节的环保表现。例如，利用物联网和大数据技术，跟踪产品的生产、运输和回收过程，确保整个供应链的透明度和可追溯性。

总的来说，绿色供应链管理不仅帮助企业实现环境保护目标，还能提高企业的运营效率和市场竞争力。在未来，随着环境法规的日益严格和消费者环保意识的提高，绿色供应链管理将成为企业可持续发展的必然选择。各企业需要加强对 GSCM 的认识和实践，通过创新和合作，共同推动全球供应链的绿色转型。

（三）绿色创新与产品设计

绿色创新与产品设计是推动绿色经济和实现可持续发展的关键要素。绿色创新指的是通过改进或开发新产品、技术、工艺和管理系统，以减少对环境的负面影响并实现特定生态目标的所有措施。这些创新不仅有助于环保，还可以提高企业的竞争力和经济效益。

绿色产品创新是绿色创新的重要组成部分。绿色产品创新包括与节能、污染预防、废物回收、绿色产品设计或企业环境管理相关的软件或硬件创新。例如，许多企业通过设计更易于拆卸和回收利用的产品来减少环境影响，并通过选择适合生命周期设计的材料来优化资源使用。

绿色工艺创新涉及采用更环保的生产工艺，以减少资源消耗和环境污染。例如，企业通过使用清洁生产技术和闭环制造系统来减少废物和排放，同时提高生产效率和产品质量。这种方法不仅有助于实现环境保护，还能通过降低生产成本来提高企业的经济效益。

绿色管理创新也在推动企业的可持续发展方面发挥着重要作用。绿色管理创新包括对环境影响进行全面评估和管理，如通过环境管理工具来平衡输入和输出，以确定过程的有效性和废物的减少。企业还可以通过实施全成本核算来考虑材料、能源、劳动力、废物处置等成本，从而优化生产过程并减少环境负担。

总的来说，绿色创新与产品设计的发展为实现绿色经济和可持续发展提供了重要支撑。这些创新不仅帮助减少对化石燃料的依赖，降低温室气体排放，还推动了技术创新和经济增长。在未来，各国需要进一步加大对绿色创新的研发和推广力度，通过政策支持和国际合作，共同推动全球经济的绿色转型。

# 第十二章

# 全球经济发展中的不平等、贫困与援助

不平等、贫困与国际援助已成为影响全球经济发展与社会进步的关键因素。随着全球贸易与资本流动的加速，经济活动的日益国际化不仅促进了经济增长，也加剧了不同国家和地区间的发展差距，使得不平等问题愈加凸显。贫困，作为制约经济发展的瓶颈，其多维性和复杂性对全球稳定与可持续发展构成了严峻挑战。同时，国际援助作为缓解贫困、促进全球包容性增长的重要手段之一，其角色和效果也日益受到关注。从全球经济发展中的不平等、贫困现象及其成因出发，深入探讨这些挑战对经济增长、社会稳定及可持续发展的影响，并评估国际援助在应对这些问题上的作用与前景，为构建更加公平、包容和可持续的世界经济体系奠定了基础。

## 第一节　全球经济发展中的不平等

不平等问题一直是经济学研究的重点。社会贫富悬殊带来的最直接后果是社会分裂。这种分裂先是表现为收入和财富分配上的差距，然后是不同人力资本上的差异，接着是生活方式的不同，最后是价值观的差异。19世纪马克思就提出了无产阶级绝对贫困化问题，20世纪50年代库兹涅茨比较了20世纪前半期部分发达国家的收入差距数据，提出经济增长与收入不平等之间倒"U型"关系假说。随着20世纪90年代以来经济全球化加速，全球视角下不平等问题引起了越来越多的关注。

## 一、不平等的内涵与测度

联合国开发计划署从 2010 年开始关注不平等的影响因素，制定了经过不平等修正后的人类发展指数。皮凯蒂讨论了全球收入和财富不平等的历史和现状，认为 20 世纪下半叶以后自由市场经济加剧了财富分配不平等，指出资本回报率高于经济增长率导致财富集中在少数人手中，引起了普遍关注。阿马蒂亚·森和玛莎·努斯鲍姆等学者的"能力方法"（Capability Approach）强调机会平等的重要性，指出资源和机会的分配对个人和社会的发展具有决定性影响。保罗·克鲁格曼和约瑟夫·斯蒂格利茨等人在其研究中分析了全球经济体系中的结构性不平衡，指出产业分工和资本流动的不均衡导致全球经济中的不平等现象。对于当前全球不平等的具体涵义，各方的认知也并非完全一致，全球不平等到底意味着什么以及是否有必要主动做出改变，都是值得讨论的问题（Ravallion，2018）[1]。

### （一）全球经济发展不平等的内涵

通过对现有研究和文献的分析，可以看出全球经济发展中的不平等是一个多层次、多维度的问题，其定义需要涵盖收入、财富、机会、地区和结构等各个方面。因此，全球经济发展中的不平衡是指在全球化进程中，不同国家、地区及人群在收入、财富、机会、资源和发展水平等方面存在显著差距和不均衡的现象。这种不平等不仅体现在经济指标上，还涉及社会、文化、教育等多个领域，并且由历史、结构性因素、政策以及市场机制共同作用。它反映了全球经济体系中资源分配和利益分享的失衡，对全球经济的可持续发展和社会的公平正义构成重大挑战。

1. 收入不平等

财富不平等是指在一个社会或国家内部，个人或家庭之间在财富（包括金融资产、不动产和其他形式的财产）分配上存在显著差距的现象。财富不平等比收入不平等更加显著和持久，因为财富积累具有跨代传递的特点，且对个人和家庭

---

[1]　Ravallion, M. 2018. Inequality and globalization: A review essay. Journal of Economic Literature. Vol. 56, No. 2.

的经济安全、社会地位和机会获取有深远影响。人均收入及收入的分布极大地决定了一国居民的福利水平，经济增长与发展理论认为，一国人均收入的高低取决于该国的长期经济增长。同样，增长理论与各国发展的历史经验表明长期经济增长关键是实现经济的转型，即实现从传统马尔萨斯陷阱向现代持续经济增长的转变。长期经济增长的进程必然经历经济成果的分配过程，该过程是收入分配理论研究的主要内容。不同的收入分配必然造成收入的不同分布，并进而影响一国的经济福利。因此，收入不平等是衡量收入分布福利水平的重要指标。第一，从规范性角度进行观察，收入分配不平等带来了社会公正与社会福利的问题。对于给定的人均收入水平，收入分配越不平等，经济中处于贫困的人口比例就更大。第二，经济中个体的收入决定其社会地位。从而收入不平等通过影响个体的社会地位而影响其福利水准。第三，收入不均等包括努力不均等与机会不平等两个成分，前者往往是可以接受的，而后者预期会减少幸福，因为人们真正在意的是收入差距中不公平的成分。

2. 财富不平等

财富不平等是指在一个社会或国家内部，个人或家庭之间在财富（包括金融资产、不动产和其他形式的财产）分配上存在显著差距的现象。财富不平等比收入不平等更加显著和持久，因为财富积累具有跨代传递的特点，而且对个人和家庭的经济安全、社会地位和机会获取有深远影响。

3. 资源分配不平等

资源分配不平等指的是在全球化的背景下，因历史、政治、经济、社会、文化等多种因素的影响，导致资源在全球范围内的分配呈现出不均衡的状态。这种不均衡不仅体现在不同国家和地区之间，还体现在同一国家内部的不同地区、不同社会群体之间。资源包括但不限于经济财富、教育机会、医疗服务、土地、住房、工作机会和政治权力等。当资源分配不平等时，一部分人或群体能够享有更多的资源和机会，而另一部分人或群体则受到限制或剥夺。

（二）不平等的度量

世界不平等研究机构（World inequality Lab）专注于不平等研究，其发布的

《2018 年世界不平等报告》中指出最近几十年来世界上几乎所有地区的不平等水
平都在上升，但是不同地区不平等水平及其上升的速度有着巨大差异。[1] 可见，
传统研究衡量全球不平等主要是通过对不同国家的国内不平等予以计算，然后从
各国国内趋势中看出全球不平等的整体趋势。

1. 基尼系数

著名经济学家 Albert Otto Hirschman（1945）在《国家权力和对外贸易的结构》
一书中通过计算了多国的收入分配情况，并使用了"基尼系数"这个概念。[2] 基尼
系数是衡量不平等时使用最广泛的系数，用于衡量一个国家或地区居民收入差距
的大小。基尼系数用洛伦兹曲线定义进行解释，其含义表示累加的人口所占的累
加的收入或者消费支出比例。具体来说，基尼系数最大值为 1，最小值为 0。基
尼系数的值越接近于 0，表明收入分配越平等。通用规则是，基尼系数在 0.2 以
下为绝对平均；基尼系数在 0.2 至 0.3 为收入比较平均；基尼系数在 0.3 至 0.4
为收入相对合理；基尼系数在 0.4 至 0.5 为收入差距较大；基尼系数在 0.5 以上
为收入悬殊。基尼系数之所以如此普及是因为它具有数据上的直观性，并且它符
合庇古-道尔顿变换原理和人口不变性原理，使得该数据可用于在不同人口水平
和收入分配水平下进行比较。但是该数据也存在不能同时衡量国与国之间和国家
内部两个维度的不平等的缺点。

2. 泰尔系数

泰尔系数作为衡量个人或者地区之间收入差距（或者称不平等度）的指标，
可以分解为国与国之间的不平等和国内不平等。泰尔系数也被称为 MLD 指数（平
均对数偏差指数、泰尔熵）。泰尔指数表示平均收入偏差的对数的平均值，泰尔
指数值越大代表不平等程度越高。基尼系数和泰尔系数都满足标度不变性原理，
即当所有人收入同比例上升或下降时两个指数值不变，不平等程度不改变。它们
属于相对不平等指数。同时泰尔系数和基尼系数具有一定互补性，通常来说基尼
系数对中等收入群体的不平等情况更具有解释力，而泰尔指数对上层收入和底层

① World inequality Lab. 2018. World Inequality Report 2018. Harvard University Press.

② Albert O. Hirschmann. 1945. National Power and the Structure of Foreign Trade, University of
California Press.

收入的不平等变化更加敏感。

3. 洛伦兹曲线

为了研究国民收入在国民之间的分配，美国统计学家洛伦兹提出了著名的洛伦兹曲线。洛伦兹首先将一国总人口按收入由低到高排队，然后考虑收入最低的任意百分比人口所得到的收入百分比，例如，收入最低的20%人口、40%人口等所得到的收入比例分别为3%、7.5%等(见表12-1)。最后，将这样得到的人口累计百分比和收入累计百分比的对应关系描绘在图形上，即得到洛伦兹曲线。图中横轴 OH 表示人口(按收入由低到高分组)的累计百分比，纵轴 OM 表示收入的累计百分比，ODL 为该图的洛伦兹曲线(见图12-1)。

表 12-1　收入分配资料

| 人口累计 | 收入累计 |
| --- | --- |
| 0% | 0% |
| 20% | 3% |
| 40% | 7.5% |
| 60% | 29% |
| 80% | 49% |
| 100% | 100% |

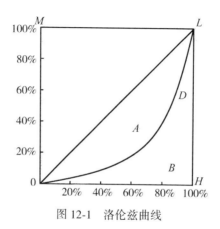

图 12-1　洛伦兹曲线

洛伦兹曲线的弯曲程度具有重要意义。一般来说，它反映了收入分配的不平等程度。弯曲程度越大，收入分配程度越不平等；反之亦然。特别是，如果所有收入都集中在某一个人手中，而其余人口均一无所获时，收入分配达到完全不平等，洛伦兹曲线成为折线 $OHL$；另一方面，如果任一人口百分比均等于其收入百分比，从而人口累计百分比等于收入累计百分比，则收入分配就是完全平等的，洛伦兹曲线成为通过原点的 45°线 $OL$。

一般来说，一个国家的收入分配，既不是完全不平等，也不是完全平等，而是介于两者之间。相应的洛伦兹曲线，既不是折线 $OHL$，也不是 45°线 $OL$，而是像 $ODL$ 那样向横轴凸出，尽管凸出的程度有所不同。收入分配越不平等，洛伦兹曲线就越是向横轴凸出，从而它与完全平等线 $OL$，之间的面积就越大。因此，可以将洛伦兹曲线与 45°线之间的部分 $A$ 叫做"不平等面积"；当收入分配达到完全不平等时，洛伦兹曲线成为折线 $OHL$，$OHL$ 与 45°线之间的面积 $A+B$ 就是"完全不平等面积"。不平等面积与完全不平等面积之比，称为基尼系数，是衡量一个国家贫富差距的标准。若设 $G$ 为基尼系数，则：

$$G = \frac{A}{A+B}$$

显然，基尼系数不会大于 1，也不会小于 0，即有 $0 \leqslant G \leqslant 1$。

4. 帕累托分布

19 世纪末期，意大利经济学家帕累托认为，贫与富的存在，既是经济问题，也有政治原因。帕累托在研究英国人的收入分配问题时发现，绝大部分社会财富最终总会流向少数人群；他还发现，某一部分人口占总人口的比例，与这一部分人所拥有的财富的份额具有比较确定的计量经济关系；进一步的研究证实，这种不平衡模式可以重复出现，甚至可以预测。经济学将这一社会财富的分布状态，称为"帕累托分布"。

帕累托分布可以归纳为一个非常简洁的表述：通过市场交易，20%的人将占有 80%的社会财富，如果交易可以不断进行下去，那么，"在因和果、努力和收获之间，普遍存在着不平衡关系，典型的情况是：80%的收获来自 20%的努力；其他 80%的力气只带来 20%的结果"。丹尼尔在《帕累托分布与收入最大化》中进一步叙述："如果待分配的财富总量是 100 万元，人数为 100 人，那么我们会有这样一组对应的分配比例：排在前面的 20 个人，分得 80 万元；同理，这 20 人中的 4 个人，分得 64 万元；4 个人中的 1 个人，分得 50 万元。"如果我们把这些数据用数学公式简单处理一下，就会显示一条收缩中的"财富曲线"以及一条发散中的"贫困曲线"。它的最终走向，是必然会"清零"的，也只有如此，"财富"中所包含的生产力因子才能重新释放出来。

帕累托分布从经济学角度论证得出，社会分配的"绝对的失衡"必然导致"绝对的贫困"，甚至导致"宗教末日审判"的来临，除非我们可以通过政治手段，人为地阻止财富向高端不断聚集，否则，贫富双方的利益冲突是不可避免的。

## 二、全球不平等问题的现状和原因

当前，全球不平等现状严峻，收入与财富分配高度不均衡，地区间差异显著。造成全球经济发展中的不平等问题的原因复杂，其中全球化降低国家间不平等的同时却加剧了国内差距，技术进步影响收入分配从而加剧不平等问题，政策因素如政治动员、制度变革和再分配政策也对全球经济发展中的不平等问题产生重要影响。

### （一）全球各地区收入与财富的分布情况

Chancel et al(2021)① 在《世界不平等报告 2022》中指出，全球人均 GDP 和人均财富掩盖了国家之间和国家内部的巨大差异。2021 年，全球收入最高的顶层 1% 人口获得全球收入的 19%，收入最高的顶层 10% 人口获得全球收入的 52%，而收入最低的一半人口（底层 50%）只获得全球收入的 8.5%。更有甚者，2021 年，全球最富有的顶层 1% 人口占有全球财富的 38%，最富有的顶层 10% 人口占有全球财富的 76%，而最贫穷的一半人口（底层 50%）只占有全球财富的 2%。

从表 12-2 中可以看出，收入最低的地区是撒哈拉以南非洲，其平均收入只有全球平均收入的 31%，而收入最高的北美地区平均收入是全球的 3.15 倍。撒哈拉以南非洲的平均财富也是最低的，只有全球平均水平的 17%，北美地区平均财富也是最高的，是全球的 3.9 倍。欧洲和东亚无论在收入还是财富方面，都和北美有明显差距。

---

① Chancel, L., Piketty, T., Saez, E., & Zucman, G. (Eds.). (2022). World inequality report 2022. Harvard University Press.

表 12-2　2021 年全球各地区平均收入和财富

| 对应地区平均收入(财富)与全球平均收入(财富)的比值 | 撒哈拉以南非洲 | 南亚和东南亚 | 拉丁美洲 | 俄罗斯和中亚 | 中东北非 | 东亚 | 欧洲 | 北美 |
|---|---|---|---|---|---|---|---|---|
| 收入 | 31% | 50% | 82% | 104% | 112% | 117% | 215% | 315% |
| 财富 | 17% | 40% | 51% | 54% | 54% | 142% | 230% | 390% |

数据来源：wir2022.wid.world/methodology① 和 Chancel et al.（2021）②

根据表 12-3 可以看出，在收入分配层面，最平等的是欧洲，最贫穷的底层 50%人口获得总收入的 19%，最富有的顶层 10%获得总收入的 36%。东亚、北美、俄罗斯和中亚的收入水平差别不大。收入分配最不平等的是中东北非和撒哈拉以南非洲，最贫穷的底层 50%人口只获得总收入的 9%。在财富分配层面，欧洲、东亚和北美最贫穷的底层 50%人口占有的总财富比重接近(4%或 5%)，但是东亚和北美最富有的顶层 10%占有的总财富比重明显大于欧洲。财富分配最不平等的是中东北非和撒哈拉以南非洲，最贫穷的底层 50%人口只占有总财富的 1%，最富有的顶层 10%人口占有总财富的 77%。

表 12-3　2021 年全球各地区收入和财富分布

| 对应分组占总收入(财富)的比重 | | 欧洲 | 东亚 | 北美 | 俄罗斯和中亚 | 南亚和东南亚 | 拉丁美洲 | 撒哈拉以南非洲 | 中东北非 |
|---|---|---|---|---|---|---|---|---|---|
| 收入 | 底层 50% | 19% | 14% | 13% | 15% | 12% | 10% | 9% | 9% |
| | 中间 40% | 45% | 43% | 41% | 39% | 33% | 34% | 35% | 33% |
| | 顶层 10% | 36% | 43% | 46% | 47% | 55% | 55% | 56% | 58% |
| 财富 | 底层 50% | 4% | 5% | 5% | 2% | 1% | 3% | 1% | 1% |
| | 中间 40% | 37% | 28% | 26% | 28% | 26% | 24% | 22% | 22% |
| | 顶层 10% | 59% | 67% | 69% | 70% | 73% | 73% | 77% | 77% |

数据来源：wir2022.wid.world/methodology③ 和 Chancel et al.（2021）④

①　World Inequality Lab, https://wir2022.wid.world/methodology/，2022.

②　Chancel, L., Piketty, T., Saez, E., & Zucman, G.（Eds.）.（2022）. World inequality report 2022. Harvard University Press.

③　World Inequality Lab, https://wir2022.wid.world/methodology/，2022.

④　Chancel, L., Piketty, T., Saez, E., & Zucman, G.（Eds.）.（2022）. World inequality report 2022. Harvard University Press.

### (二)全球收入不平等情况

#### 1. 全球贫富差距日益扩大

从图 12-2 可以看出,全球前 10% 人口的平均收入是底层 50% 人口平均收入的 18 倍。该比值的最大值是 1980 年的 53 倍,2020 年已经下降到 38 倍。该曲线呈现出明显的趋势性,即从 1820 年至 1910 年的不断上升以及随后的持续保持在高位。利用同期全球收入基尼系数,可以得到相同结果。全球基尼系数从 1820 年的约 0.6 上升到 1910 年的约 0.7,然后在 1910 年至 2020 年期间一直稳定在 0.7 左右的水平(Chancel and Piketty, 2021)。[1]

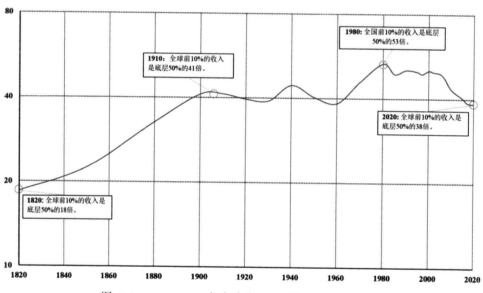

图 12-2　1820—2020 年全球收入不平等:T10/B50 比率

注:T10/B50 比率表示全球最富有的顶层 10% 人口的平均收入与全球最贫穷的底层 50% 人口的平均收入的比值,该比值越大,表明全球不平等程度越严重。

数据来源:wir2022.wid.world/methodology[2] 和 Chancel et al. (2021)[3]。

①　Chancel, L., & Piketty, T. 2021. Global income inequality, 1820-2020: the persistence and mutation of extreme inequality. Journal of the European Economic Association. Vol. 19, No. 6.

②　World Inequality Lab, https://wir2022.wid.world/methodology/, 2022.

③　Chancel, L., Piketty, T., Saez, E., & Zucman, G. (Eds.). (2022). World inequality report 2022. Harvard University Press.

### 2. 全球不平等日益被国家间不平等主导

图 12-3 将全球收入不平等分解为两部分，一部分是国家内部的不平等，另一部分是国家之间的不平等。国家内部的不平等在 200 年里经历了三个阶段：1820 年至 1910 年是轻微上涨或者一直维持在高位的阶段；1910 年至 1980 年是显著下降阶段；1980 年之后又开始明显上升。国家之间的不平等在 200 年里经历了两个阶段：1820 年至 1980 年的一路上涨；1980 年之后开始的快速下降。两次世界大战和第二次世界大战后很多后发国家的经济崛起，并没有迅速扭转国家间的不平等趋势，一直要到 1980 年后才开始出现具有全球意义的国家间经济增长的"趋同"。[1]

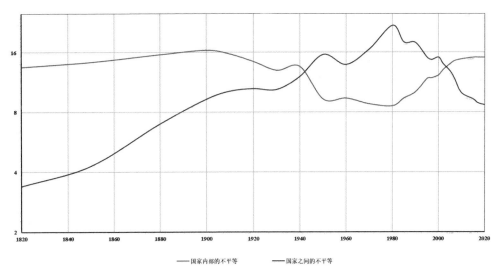

图 12-3　1820—2020 年全球收入不平等：国家间与国内不平等（T10/B50 比率）

数据来源：wir2022.wid.world/methodology[2] 和 Chancel et al.（2021）[3]。

从图 12-4 可以看出，在经济现代化初期的 1820 年，全球不平等主要体现为

---

[1]　汤铎铎：《全球不平等与中国共同富裕》，《宁夏党校学报》2022 年第 6 期。

[2]　World Inequality Lab, https://wir2022.wid.world/methodology/, 2022.

[3]　Chancel, L., Piketty, T., Saez, E., & Zucman, G.（Eds.）.（2022）. World inequality report 2022. Harvard University Press.

国内不平等，国家间的不平等只占 11%。然后，经过 160 年的全球化和现代化，国家间的不平等大幅上升，到 1980 年国家间的不平等占全球不平等的 57%。此后，国家间的不平等开始减少，目前占全球不平等的 32%。

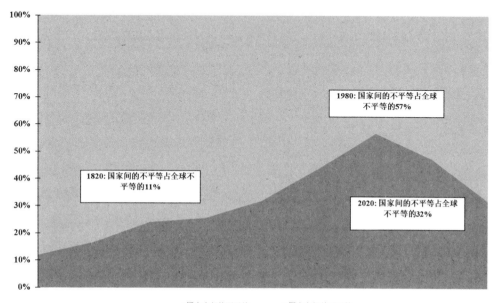

图 12-4　1820—2020 年全球收入不平等：国家间与国内不平等(泰尔指数)

数据来源：wir2022.wid.world/methodology① 和 Chancel et al.（2021）②。

## (三) 全球不平等问题的形成原因

造成全球不平等的原因是多方面的，米兰诺维奇( Milanovic，2016)指出影响贫富差距演变的有三种力量，即技术、开放(或全球化)和政策(或政治)，这三种力量的首字母缩写可以组合为"TOP"。③

---

①　World Inequality Lab, https://wir2022.wid.world/methodology/, 2022.

②　Chancel, L., Piketty, T., Saez, E., & Zucman, G. (Eds.). (2022). World inequality report 2022. Harvard University Press.

③　Milanovic, B. 2016. Global inequality: A new approach for the age of globalization. Harvard University Press.

1. 全球化引起的不平等

从前文可知,1980 年至 2020 年全球不平等虽然略有下降,但是仍然维持在高位,其中国家之间的不平等和国家内部的不平等都发生了明显逆转,二者一涨一跌,对全球不平等的影响很大程度上相互抵消。然而,这种相互抵消掩盖了全球经济增长的重要结构变化。如图 12-5 所示,图中曲线被称作全球增长发生曲线,曲线右端有些像扬起的象鼻,所以也被称作大象曲线(Chancel and Piketty,2021[1];Milanovic,2016)。这张曲线图揭示了经济全球化已经将相对低技能的工作从富裕国家转移到劳动力充足的低工资国家,它一方面降低了国家间的不平等,另一方面则加剧了国内不平等(Ravallion,2018)。[2]

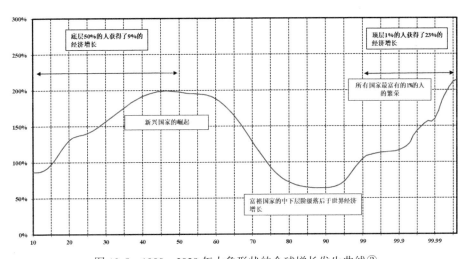

图 12-5 1980—2020 年大象形状的全球增长发生曲线[3]

数据来源:wir2022.wid.world/methodology[4] 和 Chancel et al. (2021)[5]。

① Chancel, L., & Piketty, T. 2021. Global income inequality, 1820-2020: the persistence and mutation of extreme inequality. Journal of the European Economic Association. Vol. 19, No. 6.

② Ravallion, M. 2018. Inequality and globalization: A review essay. Journal of Economic Literature. Vol. 56, No. 2.

③ 横轴表示全球人均实际收入分配的百分位,纵轴表示 1980 年至 2020 年人均实际收入的累计增长。

④ World Inequality Lab, https://wir2022.wid.world/methodology/, 2022.

⑤ Chancel, L., Piketty, T., Saez, E., & Zucman, G. (Eds.). (2022). World inequality report 2022. Harvard University Press.

从绝对量来看，在 1980 年至 2020 年期间，最富有的 1% 人口获得世界经济增长总量的 23%，而最贫穷的 50% 人口仅获得 9%（Chancel and Piketty, 2021）。[1] 这就导致一部分学者认为全球化破坏了发达国家的国内就业机会，从而让除了富人之外所有人的生活水平停滞或下降，而富人拥有金融资本和高人力资本，可以从中受益。另一部分学者则认为，发展中国家的穷人也从全球化中获益，因为新转移和创造的就业机会。

2. 技术因素引起的不平等

库兹涅茨（Kuznets, 1955）在其经典理论中，从技术层面的角度深刻剖析了发达国家工业化进程中收入不平等先扩大再缩小的现象。[2] 他认为在工业化早期阶段，技术进步如同一把双刃剑，既推动了经济的快速增长，同时也加剧了收入的不平等。这是因为新技术的出现往往伴随着高昂的研发成本和复杂的应用门槛，使得只有少数人，如拥有充足资本、专业技能或先进知识的企业家、科学家及高级工程师等，能够率先掌握并应用这些技术，从而享受到由此带来的巨大经济收益。这些"技术先锋"与广大劳动者之间的收入差距因此迅速拉大，形成了收入不平等扩大的初期阶段。

库兹涅茨在后续的研究中进一步强调，技术的传播与普及是改变这一局面的关键。随着工业化进程的深入，教育体系的完善、技术培训的普及以及市场机制的成熟，越来越多的人获得了接触和学习新技术的机会。技术的广泛应用不仅提高了生产效率，还创造了更多的就业机会，使得原本处于收入低端的人群也能通过掌握新技术而提升自己的经济地位。这一转变促使收入不平等在达到峰值后开始逐渐缩小，形成了"倒 U 型"曲线的后半段。前文所展示的 1820 年至 1980 年间国内不平等曲线的形状，似乎能为库兹涅茨的"倒 U 型"理论提供有力的历史佐证。然而，1980 年之后发达国家收入不平等的再次上升，却对这一理论提出了挑战。

---

[1] Chancel, L., & Piketty, T. 2021. Global income inequality, 1820-2020: the persistence and mutation of extreme inequality. Journal of the European Economic Association. Vol. 19,

[2] Kuznets, Simon. "Economic Growth and Income Inequality". American Economic Review. Vol. 45, No. 1.

米兰诺维奇（Milanovic，2016）[1]从技术浪潮的周期性出发，提出了"库兹涅茨波"假说，为这一现象提供了新的解释。米兰诺维奇认为，每一次重大技术浪潮的来临，都会引发一轮收入不平等的变化周期。在新技术的初创期，由于其高度的专业性和稀缺性，往往只有少数人能够掌握并获利，从而加剧了收入的不平等。但随着技术的不断成熟与扩散，更多的人群得以接触到这些新技术，并通过学习、应用和创新来提升自己的竞争力。这一过程中，技术的普及不仅推动了经济的持续增长，还促进了收入分配的更加均衡，从而迎来了收入不平等下降的阶段。因此，1980年以来发达国家收入不平等的恶化，在米兰诺维奇看来，正是新一轮技术浪潮冲击下的暂时现象。他坚信，随着技术的持续传播、教育体系的不断完善以及市场机制的进一步成熟，收入不平等终将迎来下降的趋势，再次验证"库兹涅茨波"所揭示的技术与收入不平等之间的动态关系。

3. 政策因素引起的不平等

1910年至1980年这一历史时期，是资本主义不平等的上升过程中一次大规模不同寻常的下降阶段。皮凯蒂（Piketty，2014）[2]认为这一独特现象并非偶然，而是由一系列深刻的政策冲击和重大历史事件共同作用的结果。这些政策和事件相互交织，共同推动了社会结构的变革，进而影响了收入与财富的分配格局。

皮凯蒂与钱塞尔（Chancel and Piketty，2021）[3]在最新的研究中明确指出，1910年至1980年期间国内不平等现象的大幅减少，是大规模政治动员和制度变革的直接产物。在这一时期，资本与劳动之间的力量平衡发生了根本性的转变。工人的组织动员，特别是工会的兴起和壮大，为劳动者争取到了更多的权益和更高的工资水平，从而在一定程度上缩小了与资本家之间的收入差距。

两次世界大战，大萧条以及一系列革命性事件的发生，也对社会结构和经济关系产生了深远影响，为政策变革提供了契机。在这一背景下，各国政府纷纷实

---

①　Milanovic，B. 2016. Global inequality: A new approach for the age of globalization. Harvard University Press.

②　Piketty，T. 2014. Capital in the twenty-first century. Trans. Arthur Goldhammer/Belknap.

③　Chancel，L.，& Piketty，T. 2021. Global income inequality, 1820-2020: the persistence and mutation of extreme inequality. Journal of the European Economic Association. Vol. 19, No. 6.

施了一系列旨在减少不平等的再分配政策。其中，福利国家的兴起无疑是一个重要的里程碑。通过提供广泛的社会保障、医疗、教育等公共服务，福利国家有效缓解了社会底层民众的生活压力，提高了他们的生活水平，进而缩小了贫富差距。此外，对收入和财富征收累进税也是减少不平等的重要手段之一。累进税制使得高收入者承担更多的税收负担，从而有助于实现社会财富的更加公平分配。

从 20 世纪 80 年代开始，全球政治气候和制度变革发生了显著的转向。这一转变对之前所取得的减少不平等的成果构成了严峻挑战。具体来说，累进税制度遭受了严重削弱，许多国家为了吸引投资、促进经济增长，纷纷降低了最高边际税率，导致税收对收入分配的调节作用大大减弱。同时，工会权力也遭受了严重打击，工人的议价能力大幅下降，劳动收入在总收入中的占比不断降低。此外，最低工资制度的削弱进一步加剧了不平等现象，使得低收入群体的生活状况日益艰难。

总之，导致全球不平等发展演变的原因非常复杂。全球不平等是经济全球化进程所塑造的全球生产和分配关系的直接后果，全球化同时影响国内不平等和国家间的不平等；在技术进步和经济增长的不同阶段，全球不平等会有不同表现；政治和制度因素以及相互竞争的国家权力和社会阶层之间的意识形态对抗在全球不平等的演变中也发挥着重要作用，不平等在很大程度上是一种政治选择，而不是一种必然。

## 三、不平等问题对全球经济发展的影响

不平等问题对全球经济发展构成严峻挑战。它会导致消费需求失衡，抑制经济增长，削弱人力资本投资，限制技术创新与产业升级，并可能引发金融危机，威胁经济稳定。同时，不平等还会加剧阶层固化，降低社会创新能力，影响个体社会认同与归属感，破坏社会凝聚力。并且还会损害个体心理健康，降低工作效率与创造力。此外，不平等问题加剧国际政治经济冲突，阻碍全球治理体系改革，破坏国际合作与协调，增加全球经济与政治的风险与不确定性，严重威胁全球经济的可持续发展。

### （一）不平等影响全球经济发展的稳定性与增长潜力

不平等问题对全球经济稳定性与增长潜力具有深远影响。它不仅会导致消费

需求的失衡、人力资本投资的不足，还可能引发金融危机，对经济稳定性与增长潜力构成严重威胁。

第一，不平等问题会导致消费需求失衡，这是影响全球经济稳定性的关键因素之一。根据边际消费倾向递减的原理，随着收入的增加，消费者的消费倾向会逐渐降低。因此，高收入群体的消费倾向相对较低，而低收入群体的消费倾向则较高（Alesina and Rodrik，1994）。① 当不平等加剧时，高收入群体虽然拥有更多的财富，但其消费增长却相对有限，而低收入群体由于收入限制，消费能力受到严重抑制。这种消费需求的失衡会导致社会总需求不足，进而抑制经济增长。此外，不平等还可能引发寻租行为，即高收入群体通过非生产性活动（如游说政府、操纵市场等）来获取更多利益（Krueger，1974）。② 这些行为不仅会扭曲资源配置，降低经济效率，还会进一步加剧不平等问题，形成恶性循环。

第二，不平等问题会对人力资本的投资产生负面影响，从而削弱全球经济的增长潜力。教育是提升人力资本的重要途径，而教育机会的不平等会限制低收入群体的人力资本积累（Becker and Tomes，1979）。③ 当教育资源集中在少数富裕家庭手中时，低收入家庭的孩子往往无法获得优质的教育资源，这会导致他们未来的就业能力和收入水平受到限制。从长期来看，这种人力资本投资的不足会削弱经济的增长潜力，因为缺乏高素质的人才会限制技术创新和产业升级（Lucas，1988）。④ 此外，教育不平等还可能导致社会流动性的降低，使得低收入群体难以通过自身努力改变命运，进一步加剧不平等问题（Goldin and Katz，2008）。⑤

第三，不平等问题还可能引发金融危机，对全球经济稳定性构成严重威胁。

---

① Alesina，A.，& Rodrik，D. 1994. Distributive politics and economic growth. The quarterly journal of economics. Vol. 109，No. 2.

② Krueger，A. O. 1974. Appendices and Index to "Foreign Trade Regimes and Economic Development：Turkey". In Foreign Trade Regimes and Economic Development：Turkey. NBER.

③ Becker，G. S.，& Tomes，N. 1979. An equilibrium theory of the distribution of income and intergenerational mobility. Journal of political Economy. Vol. 87，No. 6.

④ Lucas Jr，R. E. 1988. On the mechanics of economic development. Journal of monetary economics，Vol. 22，No. 1.

⑤ Goldin，C.，& Katz，L. F. 2008. Transitions：Career and family life cycles of the educational elite. American Economic Review，Vol. 98，No. 2.

当不平等加剧时，政府为了缓解社会矛盾，可能会采取扩张性的财政政策，如增加转移支付和公共服务支出（Stiglitz，2002）。[1] 然而，这些措施往往需要依靠举债来融资，从而增加政府的债务负担。一旦债务水平过高，政府可能面临偿债困难，甚至引发债务危机。同时，高收入群体可能更倾向于将资金投向高风险、高回报的金融市场，这会增加金融市场的波动性（Shiller，2013）。[2] 一旦金融市场出现动荡，可能会引发连锁反应，导致金融危机爆发。金融危机不仅会对国内经济造成巨大冲击，还可能通过国际贸易和金融渠道传染到其他国家，对全球经济稳定构成威胁（Reinhart and Rogoff，2009）。[3]

## （二）不平等影响全球社会结构与流动性

不平等问题对社会结构与流动性的影响主要在阶层固化、社会认同与归属感、以及个体心理健康与幸福感三个维度。它不仅会加剧阶层固化，还会降低社会的创新能力和活力。还会影响个体的社会认同和归属感，破坏社会的凝聚力和向心力。这种行为不仅会影响个体的心理健康和幸福感，还会降低其工作效率和创造力。

第一，不平等问题会加剧阶层固化，导致社会结构的僵化。当财富和收入高度集中在少数富裕阶层手中时，这些阶层往往会利用自身的资源和影响力来维护自身的地位，形成所谓的"精英阶层固化"（Piketty，2014）。[4] 他们会通过制定教育、就业、社会保障等方面的政策来限制低收入群体的上升通道，确保自身的优势地位得以延续。这种阶层固化不仅加剧了社会不公平，还降低了社会的创新能力和活力。当社会流动性受阻时，优秀的人才难以从低收入群体脱颖而出，社会的整体进步和创新能力也会受到限制（Putnam，2000）。[5]

---

[1] Stiglitz, J. E. 2002. Information and the Change in the Paradigm in Economics. American economic review. Vol. 92, No. 3.

[2] Shiller, R. J. 2013. Finance and the good society. Princeton University Press.

[3] Reinhart, C. M., & Rogoff, K. S. 2009. The aftermath of financial crises. American Economic Revie. Vol. 99, No. 2.

[4] Piketty, T. 2014. Capital in the twenty-first century: a multidimensional approach to the history of capital and social classes. British Journal of Sociology. Vol. 65, No. 4.

[5] Putnam, R. D. 2000. Bowling alone: America's declining social capital. In Culture and politics: A reader. New York: Palgrave Macmillan US.

第二，不平等问题会影响个体的社会认同和归属感。社会认同是指个体对自己所属社会群体的认识和归属感。当个体感受到严重的不平等时，他们可能会对社会制度产生怀疑和不满，进而产生相对剥夺感和愤怒情绪（Stouffer et al.，1949）。① 这种情绪可能会导致社会矛盾的激化，甚至引发社会动荡和冲突。同时，不平等还可能破坏社会的凝聚力和向心力，使个体对社会的认同感和归属感降低。当个体感到自身无法在社会中获得应有的地位和尊重时，他们可能会选择离开或反抗，从而对社会稳定构成威胁（Tilly，2003）。②

第三，不平等问题还会影响个体的心理健康和幸福感。根据心理学的研究，不平等会导致个体的心理压力增加，从而降低其生活满意度和幸福感（Oswald，2015）。③ 当个体感受到自身在社会中的地位受到威胁时，他们可能会产生焦虑和抑郁等心理问题。这些问题不仅会影响个体的身心健康，还会降低其工作效率和创造力，从而对经济发展产生负面影响。因为心理健康的个体更有可能积极参与社会活动，创造更多的社会价值（Frey and Stutzer，2002）。④ 而不平等的加剧则可能导致个体对社会的不满和疏离感增加，进而抑制其积极性和创造力。

## （三）不平等加剧全球经济治理赤字

不平等问题不仅会加剧国际政治经济冲突，破坏全球经济的稳定增长与国际政治秩序的稳定，还会影响全球治理体系的改革和完善，破坏全球治理体系的公正性和有效性，更会影响国际社会的合作与协调，破坏国际社会的团结和合作。

第一，不平等问题会加剧国际政治经济冲突，破坏全球经济的稳定增长与国际政治秩序的稳定。随着全球化的深入发展，各国之间的经济联系日益紧密，但财富和资源的分配却呈现出高度不均的状态。这种不平等不仅体现在国家之间，也体现在国内的不同阶层之间。当国内不平等加剧时，一些国家可能会采取贸易

---

① Stouffer, S. 1949. A study of attitudes. Scientific American. Vol. 180, No. 5.

② Tilly, C. 2003. The politics of collective violence. Cambridge University Press.

③ Oswald, A. J., Proto, E., & Sgroi, D. 2015. Happiness and productivity. Journal of labor economics. Vol. 33, No. 4.

④ Frey, B. S., & Stutzer, A. 2002. What can economists learn from happiness research?. Journal of Economic literature. Vol. 40, No. 2.

保护主义、资源掠夺等短视政策来维护自身利益,从而引发与其他国家的贸易争端和地缘政治冲突(Krugman,1994)。① 此外,国家间的不平等也可能导致强国对弱国的剥削和压制,进一步加剧国际紧张局势。这种冲突不仅会影响全球经济的稳定增长,还可能破坏国际政治秩序的稳定,威胁世界和平与安全(Gilpin,1981)。②

第二,不平等问题会影响全球治理体系的改革和完善,破坏全球治理体系的公正性和有效性。全球治理体系是维护全球经济秩序和稳定的重要保障,但其在应对不平等问题上却面临着诸多挑战。一方面,一些发达国家利用其经济实力和影响力在全球治理体系中占据主导地位,试图维护自身的利益而阻碍改革。他们可能会通过游说、施压等手段来阻挠对不平等问题的有效应对,从而破坏全球治理体系的公正性(Held and McGrew,2003)。③ 另一方面,由于不平等问题的复杂性和跨国性,全球治理体系在应对不平等问题时往往难以形成有效的国际合作和协调机制。这种滞后和失效不仅会导致全球治理体系的滞后和失效,还会加剧全球经济的不稳定性和风险(Ruggie,2002)。④

第三,不平等问题还会影响国际社会的合作与协调,破坏国际社会的团结和合作。在全球化时代,各国之间的合作与协调是应对全球性挑战的重要途径。然而,当不平等加剧时,一些国家可能会因为利益分歧而拒绝参与国际合作与协调。他们可能会采取单边主义、孤立主义等策略来维护自身利益,从而破坏国际社会的团结和合作(Keohane and Nye,2001)。⑤ 这种破坏不仅会影响全球经济的稳定增长,还会加剧全球政治经济格局的动荡和不稳定。因为缺乏国际合作和协调,各国在面对全球性挑战时将难以形成有效的应对策略,从而增加全球经济和

---

① Krugman, P. 1994. Competitiveness: a dangerous obsession. Foreign Aff. Vol. 73, No. 28.

② Gilpin, R. 1981. War and Change in World Politics. Cambridge UP.

③ Held, D., & McGrew, A. 2003. The great globalization debate: An introduction (Vol. 4). Polity Press, Cambridge.

④ Ruggie, J. G. 2002. Constructing the world polity: Essays on international institutionalisation. Routledge.

⑤ Keohane, R., & Nye Jr, J. S. 2001. Between centralization and fragmentation: The club model of multilateral cooperation and problems of democratic legitimacy. Available at SSRN 262175.

政治的风险和不确定性(Stiglitz，2006)。①

## 四、应对不平等问题的政策措施

在全球经济高速发展的背景下，经济不平等的问题日益凸显，成为制约社会进步与经济发展的重大障碍。因此，采取切实可行的政策措施以有效解决经济不平等问题，其重要性不言而喻。这些政策措施不仅是维护社会公平正义、促进社会和谐稳定的基石，更是推动世界经济可持续健康发展的关键动力。在全球化的今天，解决经济不平等问题不仅是各国政府的重要职责，也是国际社会的共同使命。

### (一)收入分配政策

在全球范围内，各国通过实施一系列收入分配政策，有效缓解了收入不平等问题。以下政策在提升低收入群体收入、缩小收入差距方面发挥了关键作用。

第一，提高最低工资标准与社会保障。为保障低收入群体的基本生活，多国不断提升最低工资标准。美国和欧洲国家通过定期调整最低工资，以应对通货膨胀，确保工人生活质量。同时，再分配政策如增加社会保障支出和扩大社会安全网，有效提高了低收入家庭的收入。以北欧国家为代表的高福利政策，通过提供全面的医疗、教育和养老保障，显著缩小了收入差距。

第二，实施累进税率制度。累进税率制度的推行，通过对高收入群体征收更高税率，并将税收用于社会福利和公共服务，其有助于减少收入不平等。法国和德国通过累进税制和财富税，增加了财政收入，并将这些资金用于社会福利支出，从而缩小了收入差距。

第三，积极的就业政策与职业教育。积极的就业政策旨在创造更多就业机会，支持中小企业发展和产业升级，从而增加劳动者收入。例如，德国的"工业4.0"计划和美国的基建计划，均为创造就业和提升收入提供了重要支撑。此外，通过职业培训和技能提升，提高劳动者的就业竞争力，也是提高收入的有效途

---

① Stiglitz, J. E. 2006. Making globalisation work. Esri.

径。澳大利亚和加拿大提供了广泛的职业教育和培训项目，帮助劳动者适应劳动市场的快速变化，从而获得更高收入。

### (二) 教育政策

为解决教育不平等问题，全球各国采取了多项教育政策，旨在确保每个孩子都能享有公平的教育机会。

第一，加大教育财政投入，改善基础设施建设。各国纷纷增加对教育的财政投入，尤其是农村和贫困地区，以改善教育基础设施。芬兰和挪威等国的公共教育投入水平较高，确保了教育资源公平分配。同时，通过提高教师待遇和提供住房补贴，吸引优秀教师到贫困地区任教，从而提升教育质量。

第二，创新教育模式，提高学生学习能力。推广探究式和合作式等新型教育方法，以提高学生的学习兴趣和能力。美国和英国的 STEM 教育计划就是一个典型例子，它推动了科学、技术、工程和数学教育的发展，培养了学生的创新能力。

第三，发展职业教育，提高就业能力。重视职业教育的发展，提供多样化的职业培训课程，以满足不同学生的需求。德国的双元制职业教育体系将学校教育与企业实践相结合，有效提高了学生的就业能力。

第四，建立终身教育体系，满足多样化学习需求。建立健全终身教育体系，提供多样化学习资源，以满足不同年龄段和职业群体的学习需求。丹麦和瑞典的终身学习政策，通过在线教育和成人教育中心，为公民提供了持续学习的机会。

第五，完善学生资助体系，保障贫困学生教育权益。通过助学贷款、奖学金等方式，完善学生资助体系，帮助贫困学生解决学费和生活费问题，确保他们能顺利完成学业。日本和韩国的国家资助体系有效地帮助了家庭经济困难的学生完成高等教育。

### (三) 国际合作政策

全球各国通过建立国际发展援助机制、推动自由贸易与改善投资环境、参与多边合作机制等国际合作举措，有效地解决了不平等问题。这些措施不仅促进了发展中国家的经济增长和社会进步，也为全球治理体系的完善和全球性问题的解决做出了贡献。

第一，建立和完善国际发展援助机制。国际社会通过建立和完善发展援助机制，向发展中国家提供资金、技术和知识支持。联合国、世界银行等国际组织通过援助项目，重点帮助非洲和亚洲的发展中国家改善基础设施和社会服务能力。这些援助不仅促进了受援国的基础设施建设，还提升了公共服务水平，为减少不平等奠定了基础。

第二，推动自由贸易并改善投资环境。各国通过签订和实施自由贸易协定，减少贸易壁垒，促进国际贸易和投资。欧盟、东盟等区域组织通过建立自由贸易区，加强了成员国之间的经济合作与发展。同时，各国还通过提供优惠政策和简化审批程序来改善投资环境，吸引外资流入，从而促进经济增长，增加就业机会，进一步缓解不平等问题。

第三，参与多边合作机制，推动全球治理。参与多边合作机制是解决全球性不平等问题的关键。各国通过参与国际会议、签署国际公约，加强国际合作，共同应对全球性挑战。此外，各国还通过国际论坛、专家团等渠道分享本国发展经验，推动其他国家的发展，从而在全球范围内减少不平等。

## 五、解决不平等问题的中国经验

在全球化的今天，不平等问题已成为制约各国经济发展与社会进步的重要障碍。面对这一全球性挑战，中国作为世界第二大经济体，在解决不平等问题上积累了丰富的经验，为国际社会提供了宝贵的借鉴。中国经验的核心在于通过积极推动城乡融合发展、完善收入分配和就业制度，健全社会保障体系，增强基本公共服务均衡性和可及性，推动人的全面发展、全体人民共同富裕以实现有效增进人民福祉，促进社会公平正义，稳步提升人权保障水平。这更为全球范围内解决不平等问题、推动包容性增长提供了中国方案和中国智慧。

### （一）统筹城乡融合发展

中国在面对城乡发展过程中长期存在的差距与不平等问题，通过新型城镇化体制机制、农村基本经营制度、强农惠农富农支持制度以及土地制度改革的深入推进，中国不仅促进了城乡的均衡发展，还有效缩小了城乡差距，为实现共同富裕奠定了坚实基础。

第一，建立新型城镇化体制机制。中国构建了产业升级、人口集聚、城镇发展的良性互动机制，推动城乡均衡发展。推行常住地登记户口制度，保障农业转移人口享有基本公共服务，加快其市民化进程。同时，保障进城落户农民的土地权益，探索自愿有偿退出机制，维护农民利益，促进社会公平。

第二，农村基本经营制度改革。中国推进土地承包期延长试点，稳定农民土地承包关系。通过"三权"分置改革，发展适度规模经营，提高农业生产效率。完善农业经营体系，促进农民合作经营，挂钩扶持政策与农户增收。健全农业社会化服务体系，提供优质服务。发展新型农村集体经济，明晰产权，合理分配，缩小农村内部贫富差距。

第三，强农惠农富农支持制度。中国实施强农惠农富农政策，保障乡村振兴。完善农业经营体系和经营权流转价格机制，促进农民增收。健全社会化服务体系，提升服务质量。发展新型农村集体经济，赋予农民更多财产权益，提高生活水平。

第四，土地制度改革。改革耕地占补平衡制度，确保耕地总量与质量平衡。统一管理耕地占用，严格质量验收，保护耕地资源。提升农田质量，完善高标准农田建设与管护。健全耕地种植管理体系，保障基本农作物种植。鼓励农民盘活住房资源，以增加经济收益。推进农村集体经营性建设用地入市改革，健全土地增值收益分配机制，确保农民在土地流转中获得公平收益。

### （二）完善社会保障体系

中国秉持"在发展中保障"的理念，通过完善收入分配制度、实施就业优先政策、构建社会保障体系等措施，有效缓解了不平等问题，促进了社会的公平与和谐。

第一，收入分配制度的完善。中国致力于构建公平合理的收入分配体系。首先，提高居民收入在国民收入分配中的比重，确保劳动报酬在初次分配中的合理地位，使劳动者能够共享经济增长成果。其次，改革工资决定机制，推动工资合理增长，并建立支付保障机制，保护劳动者合法权益。此外，通过税收、社会保障、转移支付等再分配调节机制，优化资源分配，促进社会财富公平分配。在第三次分配中，鼓励公益慈善事业发展，促进财富合理流动与再分配，进一步缩小收入差距。

第二，就业优先政策的实施。中国坚持就业优先政策，健全高质量充分就业促进机制，提供公平就业机会。特别关注高校毕业生、农民工、退役军人等重点群体就业，完善就业支持体系，提升就业能力。打破城乡壁垒，促进劳动力自由流动和合理配置，优化创业环境，支持新兴就业形态发展。这些措施保障了平等就业机会和职业发展通道，为缓解不平等问题提供坚实基础。

第三，社会保障体系的构建。中国不断完善社会保障体系，提高社保服务便捷性和可及性。首先，加强基本养老保险全国统筹，保障社保基金安全和有效运用。其次，健全筹资和待遇调整机制，提高养老、医疗保险水平。针对灵活就业人员、农民工等群体，完善社保制度，扩大覆盖面，取消参保户籍限制，促进社保关系顺畅转移。此外，发展多层次多支柱养老保险体系，提供多元化养老保障选择。在医疗保障方面，通过改革提升服务水平。同时，健全社会救助体系，保障妇女儿童合法权益，完善残疾人社会保障和关爱服务体系，为弱势群体提供全面细致保障服务。

## (三)推进公共服务均等化

为了缩小城乡、区域和不同社会群体之间的基本公共服务差距，中国致力于构建一个更加公平、包容、可持续的公共服务体系，通过深化公共服务体系改革，让每个人都能享受到更加公平、优质、可持续的公共服务。

第一，深化教育综合改革。教育被视为改变命运的关键和缓解不平等的重要途径。中国推进教育综合改革，旨在构建高质量教育体系，确保每个孩子享有公平而有质量的教育。改革重点包括优化教育资源配置，均衡城乡、区域教育资源分配，完善义务教育制度，扩大免费教育范围，减轻家庭教育负担，让更多孩子无忧上学。

第二，深化医药卫生体制改革。中国实施健康优先发展战略，通过医药卫生体制改革，旨在让每个人都能享有高质量医疗服务。改革举措包括加强公共卫生体系建设，提升医疗救治能力，确保及时有效救治；推动医疗、医保、医药三医联动，下沉优质医疗资源至基层，便利城乡居民就医；推进公立医院改革，规范民营医院发展，促进创新药和医疗器械研发推广，传承创新中医药，使医疗服务更加公平、可及。

第三，完善人口发展支持和服务体系。中国完善人口发展支持和服务体系，致力于构建生育友好型社会。措施包括完善生育支持政策，提供生育休假、补贴等激励，降低生育、养育、教育成本；加强普惠育幼服务体系建设，提供多样化托育服务；关注人口流动带来的服务需求变化，推动公共服务随人流动，确保均等化服务。

# 第二节　全球经济发展中的贫困

贫困是社会生活中的普遍经济现象，自人类社会产生以来就持续存在，消除贫困是人类的共同使命。随着全球化的不断发展，全球互联互通加强，贫困现象开始跨越国界，成为一个全球性的问题。一方面，尽管当前经济增长的机遇不断涌现，但是由于资源分配不均衡所引起的一国内部的贫富差距也越来越突出，贫困人口的公共卫生条件、受教育程度、健康状况、就业机会都与其他人群有较大差距，尤其是贫困人口获取收入和获得体面生活的能力受到限制。另一方面，发达国家与发展中国家之间的贫富差距也在日益扩大。由于发达国家在全球公共产品的供给中占据主导地位，而发展中国家则往往处于被动接受的位置，这种供需不平衡使得贫困问题在全球范围内难以得到有效解决。

## 一、贫困的内涵与测度

全球贸易和经济一体化的发展带来了经济增长的机遇，但也加剧了资源分配的不均衡。而全球经济发展中的贫困问题不再仅仅是一国内的贫富差距问题、更涉及国家间的发展不平衡问题。因此，全球经济发展中贫困问题的内涵也由原来单一的物质资源的匮乏，扩展为一个涉及健康、教育、住房、社会参与等多个维度的综合性社会现象。

### （一）贫困的内涵

贫困是社会生活中的经济现象，传统意义上的贫困指的是物质生活的匮乏，是个人或家庭收入难以负担一定数量的货物和服务以维持个人或家庭的生活必需的一种状态。英国学者奥本海默（Carey Oppenheim）认为："贫困是指物质上的、社会上的和情感上的匮乏，它意味着在食物、保暖和衣着方面的开支比平均水平要少……贫困使人们失去构建未来的机会，夺去了人们享有生命不受疾病侵害、拥有良好的教育、安全的住所和长时间的退休生涯的机会。"[1]人们最初对贫困的研究主要是基于物质层面的，认为贫困是缺乏生活资料，是物质水平难以维持基本生存的一种状态。

随着人类社会分工的日益发展，社会化大生产取代了自给自足的小生产，生产力不断提高，大部分人口已经摆脱了缺衣少食的极端贫困，但贫困现象依然广泛存在。此时，贫困已不仅仅是一个经济概念，而是一种物质生活和精神生活匮乏的综合现象，是某一特定人群没有能力积极参与社会生活的现象。诺贝尔经济学奖获得者阿玛蒂亚·森（Amartya Sen）认为："贫困的真正含义是贫困人口缺乏创造收入和机会的能力；贫困意味着贫困人口缺少获取和享有正常生活的能力。"[2]意即贫困人口之所以贫困，并不是单纯因为个人因素或者自然因素导致，而是因为他们获取收入的能力受到剥夺且机会不平等，是一个社会性的问题。联合国开发计划署在《1997 年人类发展报告》中第一次提出了"人类贫困"的概念，认为"'人类贫困'超越了'收入贫困'的范畴，它反映的是健康、教育、知识获取、人权和政治权利、尊严、获取体面生活的能力等多个维度的匮乏。"可见联合国对贫困的定义非常宽泛，是从人的全面发展、生活质量、获取生活资料的能力和人的权利等多个角度来分析贫困问题的。

---

[1]　Marsh, A., Barker, K., Ayrton, C., Treanor, M., & Haddad, M. (2017). Poverty: the facts. Child Poverty Action Group.

[2]　[印度]阿玛蒂亚·森. 王宇，王文玉译. 贫困与饥荒. 商务印书馆，2011.

### (二) 贫困的度量

随着社会的发展，人类对于贫困的认识从最初的饥饿、营养不良，到收入贫困，再到能力贫困、权力贫困、社会排斥等。因此，衡量贫困的标准也就各不相同。但世界上广泛接受的贫困标准还是基于消费或收入的贫困线。贫困一般可分为绝对贫困和相对贫困，但这两个界定方法都存在一定局限，认识到它们的不足后，研究贫困的学者设计出了根据人的能力进行界定的贫困指标体系，从多个维度来考察，更加科学地度量贫困。

1. 绝对贫困

绝对贫困称为极端贫困，是指人们获得物质生活资料和服务不能满足人的最基本的衣食住行的需要。英国学者彼特·阿尔柯克(Pete Alcock)在《认识贫困》一书中认为："绝对贫困被认为是一个客观的定义，它建立在维持生存这个概念的基础上。维持生存是延续生命的最低需求，一旦低于维持生存的水平就会遭受绝对贫困。"[1]对于绝对贫困，目前，从事国际贫困问题研究的学者倾向于采用各国货币购买力平价(PPP)来制定国际统一的贫困线的估计方法。先利用购买力平价将各国人均收入换算成按某一年度的美元值衡量的购买力平价收入，确定国际统一的贫困线，并以此来估计各国贫困人口的规模。1990 年，世界银行采用370 美元作为衡量各国贫困状况的国际通用标准，简化为"1 天 1 美元"的贫困标准被广泛接受。2005 年，世界银行进行了新一轮更大规模的国际可比性价格数据收集，并根据新的购买力平价数据和当时 15 个最贫穷国家贫困线的平均值，将国际贫困线上调到人日均1. 25 美元。2015 年，国际贫困线调整到人日均 1. 9 美元。

2. 相对贫困

绝对贫困的界定方法比较简单直观，利于统计，但对于许多研究者而言，采用绝对贫困的界定方式显得过于简单了，很多与贫穷有关的复杂的指标并未计算在内，而且也没有兼顾不同国家和地区的不同情况。

研究者开始在针对某个区域、特定人群资源考量的基础上，建立特定程度的

---

[1]  Pete Alcock. Understanding Poverty ($2^{nd}$ ed). [M]. New York：Palgrave, 2007：68.

衡量标准，判断出依靠个人或家庭劳动力所得或其他合法收入虽能维持其食物保障，但无法满足在当地条件下被认为是最基本的其他生活需求的状态。衡量标准主要是个人可支配收入（满足基本生存需要以外的收入），以此来判断此人是否贫困。按照国际通行标准，基本采用人均国民生产总值（GNP）这个指标。例如，世界银行据此划出了工业化国家的贫困线，为每天 14.4PPP 美元，远远高于发展中国家 1PPP 美元的标准。[①]

但相对贫困的界定方法也有其缺陷，因为贫困不仅仅是人们通常所认为的收入不足的问题，而是某一特定人群缺少发展和选择的权利，没有能力积极参与社会生活，享受体面的生活和他人的尊重，且每个国家的收入和消费水平不同，导致完成同一件任务时，在富裕国家和在贫穷国家的成本也不同。

为了评估这种类型的贫困，世界银行引入了"社会贫困线（the societal poverty line，SPL）"的概念作为补充，它是基于极端贫困和依各国消费中位数而确定的福利水平的结合，随着平均收入的增长而增长，社会贫困线可以更全面地反映增长成果分配的信息。

3. 贫困发生率

贫困发生率又称"贫困人口指数"，指国家或地区生活在贫困线以下的贫困人口数量占总人口之比。由于贫困发生率对于一个国家或地区的贫困状况的表述较为直观，因此不仅有助于考察国家或地区贫困状况，而且是检验减贫政策有效性的重要指标。其计算方式为：贫困发生率＝贫困人数（户）÷统计全人数（户）×100%。根据世界银行估计的贫困发生率和各国官方贫困发生率，会发现一个基本规律，相对富裕的国家贫困标准较高，相对贫穷的国家贫困标准较低。

4. 人文发展指数

仅仅使用贫困线作为度量标准可能过于简化，因为贫困不仅仅是收入或消费水平的问题，还涉及到教育、健康、社会保障等多个方面。阿玛蒂亚·森认为，贫困不仅仅是收入水平的低下，更是能力遭到剥夺，如严重的营养不良、慢性流行病和文盲等。理论将贫困的概念从收入贫困扩展到能力贫困和人类贫困，是贫

---

① ［美］史蒂芬·M. 博杜安著，杜鹃译. 世界历史上的贫困［M］. 北京：商务印书馆，2015：5.

困理论研究的一座里程碑。为了进一步完善贫困的界定，研究者又扩大了贫困定义的外延，认为要根据人的能力进行界定，这是对绝对贫困和相对贫困的综合考量。

1990 年，联合国开发计划署发布的《1990 年度人文发展报告》认为"人文发展不能只用收入尺度来衡量，而要用更综合的指数——人文发展指数来衡量。它综合地反映人们的平均预期寿命、文化程度以及通过合理使用资源过像样的生活水平。"由此创立的人类发展指数（Human Development Index，HDI），以预期寿命、教育水平和生活质量三项基础变量，按照一定的计算方法，得出综合指标。

人类发展指数（HDI）有别于传统的 GNP 指标，突破了收入导向的指标模式，是一个有关于人的多方面选择的近似值，更加全面客观。从 1990 年开始，联合国每年都会通过《人类发展报告》来公布各国的 HDI 指数，衡量各个国家的人类发展水平，为发展中国家制定相应的发展战略发挥了重要的作用。

5. 物质生活质量指数与多维贫困

世界银行则采用 1975 年由美国海外发展委员会（ODC）的莫瑞斯（M. D. Morris）等提出的旨在衡量一个国家或地区居民物质生活质量的：物质生活质量指数（Physical Quality of Life Index，PQLI）来表示贫困水平，采用平均预期寿命、婴儿死亡率、识字率等指标。

后续由 Alkire 和 Foster 提出 A-F 多维贫困测量方法，其作为多维贫困测量的主流方法，集贫困识别、加总和分解于一体，被国际组织和政府广泛认可及采纳。联合国开发计划署在后续的人类发展报告中，也正式提出了"多维贫困"的概念，并由联合国与牛津贫困和人类发展研究中心共同提出多维贫困指数（MPI），采用"三维十指标"的方法衡量贫困水平。三维分别是健康、教育和生活条件，十个指标包括营养、儿童死亡率、入学年限、儿童入学率、烹饪燃料、卫生间、水、电、地板以及资产等。目前，全球多维贫困的研究大多按 A-F 多维贫困测度方法展开。

## 二、全球贫困问题的现状和原因

贫困问题既为一个国家的内部治理问题，也属于全球性公共问题。贫困问题与其他社会问题广泛牵连，例如贫困与权利、贫困与教育、贫困与土地、贫困与收入等都存在紧密联系，因此消除贫困是促使社会进步的重要动力。

## (一)全球贫困问题的现状

当前全球贫困问题仍然十分严重，全球约有 7 亿人生活在极端贫困中，每天生活费不足 2.15 美元。随着全球经济陷入衰退，除了传统的发展中国家的贫困愈发严重以外，发达国家的贫困率逐渐上升。另外政治冲突、难民流动、粮食不安全、传染病和气候问题等不确定因素也容易使得贫困率攀升，例如 COVID-19 的全球性爆发，导致失业、汇款损失、价格上涨以及教育和医疗保健等服务中断，造成贫困广泛发生。

在世界银行发布的《贫困、繁荣与地球》报告中显示，目前全球有近 7 亿人每天生活费不足 2.15 美元，占全球总人口的 8.5%，全球贫困率在 2020—2030 年放缓。《2024 年世界社会报告》中指出，受新冠疫情、经济增长放缓等因素影响，极端贫困率 20 年来首次上升。由此可见，贫困问题仍是制约全球经济发展的重要因素，必须将消除贫困摆在突出位置，以实现全球经济的可持续发展。

为划分世界各经济体收入水平，世界银行于 1978 年在世界发展报告中首次发布了国家收入分类标准①以及人均国民总收入(GNI)指标的国家排序数据，并依据人均 GNI 将各经济体划分为低收入、② 中等偏下收入、③ 中等偏上收入④和

---

① 根据 2024 年 7 月 1 日世界银行公布的国家收入水平划分标准，2024 年低收入经济体人均 GNI 上限由去年的 1135 美元上调至 1145 美元；下中等收入经济体人均 GNI 区间由去年的 1136—4465 美元上调至 1146—4515 美元；上中等收入经济体人均 GNI 区间由去年的 4466—13845 美元上调至 4516—14005 美元；高收入经济体的人均 GNI 下限调至 14005 美元。

② 按照新划分标准，高收入国家包括沙特、新加坡、阿联酋、美国、日本等国。保加利亚、帕劳、俄罗斯等国也从中等偏上收入国家转变为高收入国家。

③ 按照新划分标准，中等偏上收入国家包括中国、马来西亚、印度尼西亚、墨西哥、巴西、古巴、阿根廷、秘鲁、哥伦比亚、南非、阿塞拜疆、白俄罗斯、泰国、哈萨克斯坦、土耳其、塞尔维亚在内的发展中国家。阿尔及利亚、伊朗、蒙古、乌克兰等国也从中等偏下收入国家，上升到中等偏上收入国家群列。

④ 按照新划分标准，中等偏下收入国家包括印度、巴基斯坦、越南、老挝、菲律宾、安哥拉、尼日利亚、柬埔寨、埃及等国。

高收入①四类。其中，中等偏下收入国家和中等偏上收入国家合称为中等收入国家。此划分标准于 1989 年开始使用，并伴随着经济的发展在进行不断地调整。

根据世界银行发布的《世界银行 2024 年度报告》的数据统计，全球贫困状况（按地区分）如表 12-4 所示。在报告研究的七个区域中，东亚和太平洋地区的减贫成绩最为突出，贫困人口的比例从 2000 年的 39.5% 下降到 2024 年的 1%，将近 7 亿的人口脱贫，而非洲东部及南部的贫困人口比例仅下降了约 13.6%，2024 年该地区贫困人口比例为 42.8%，并且相较于 2012 年上升了 0.6%，，贫困人口数量增加了约 5000 万人，贫困状况依然非常严峻。欧洲和中亚地区贫困人口比例最低，2024 年为 0.5%，贫困人口数量约为 230 万人。中东和北非地区则出现了一定的返贫现象，贫困人口比例和贫困人口数量均呈现"U"形，可能与地区持续冲突、经济不稳定和气候相关冲击有关。

**表 12-4　全球各地区贫困人口比例及人口数量**

|  | 贫困人口比例(%)② | | | 贫困人口数量(百万人)③ | | |
|---|---|---|---|---|---|---|
|  | 2000 年 | 2012 年 | 2024 年 | 2000 年 | 2012 年 | 2024 年 |
| 非洲东部和南部 | 56.4 | 42.2 | 42.8 | 226.3 | 233.4 | 277.9 |
| 非洲中部和西部 | 53.7c④ | 36.1 | 27.3 | 148.9c | 136.2 | 123.9 |
| 东亚和太平洋 | 39.5 | 8.8 | 1 | 716.9 | 176.1 | 22.4 |
| 欧洲和中亚 | 9.2 | 0.9 | 0.5 | 43.3 | 4.2 | 2.3 |
| 拉美和加勒比 | 13.8 | 5.1 | 3.5 | 71.3 | 30.6 | 22.6 |
| 中东和北非 | 3.4 | 2.3 | 4.7 | 9.7 | 8.2 | 19.1 |
| 南亚 | 40.4b | 19.9 | 9.7 | 590.3b | 339.4 | 186.9 |

数据来源：《世界银行 2024 年度报告》，https://www.worldbank.org/en/about/annual-report.

---

① 按照新划分标准，低收入国家包括缅甸、卢旺达、南苏丹、冈比亚、利比里亚、朝鲜、刚果(金)、阿富汗、乌干达、也门、叙利亚、马达加斯加等国。
② 贫困人口比例(日均生活费不足 2.15 美元人口所占百分比，2017 年 PPP)
③ 贫困人口数量：日均生活费不足 2.15 美元的人口(百万人)
④ c.2001 年数据，b.2002 年数据

### （二）全球贫困问题的形成原因

随着全球化的进一步推进和世界市场的完全形成，没有一个国家能独立于全球贸易网之外，贫困的成因变得更加复杂，贫困的性质也从缺乏食物、住所等生活必需品转变为贫困人口没有能力参与到社会生活中去，不能有效地进入消费市场的模式，也就是绝对贫困向相对贫困转变。总体而言，现代社会中主要存在以下几种致贫原因。

1. 经济发展因素造成的贫困

经济增长与贫困率密切相关。一方面，经济衰退可能导致贫困率上升。一国的经济发展水平和国民收入与贫困率紧密关联，经济增长可能通过增加就业和工资收入来直接减少贫困，也可能通过增加税收收入来更多地用于卫生、教育、基础设施建设等公共开支来间接减少贫困。另一方面，经济的高速增长也会带动贫困率的快速下降。中国自改革开放以来，经济增速一直保持高位，国民经济年均增速高达9%，从1978年到2014年，中国人均收入增加了16倍，使中国的极端贫困率（1.9美元PPP）从1981年的88.3%下降到2013年的1.9%，超过8.5亿中国人摆脱贫困。

2. 自然灾害因素造成的贫困

在前现代社会，自然灾害是造成贫困的最主要原因，如今，随着科技的发展和生活水平的提高，人类抵御自然灾害的能力总体上有很大的提升，但贫困人口抵御自然灾害的能力依然很弱。根据世界银行2016年的报告《坚不可摧：加强贫困人口面对自然灾害的韧性》显示，极端自然灾害的影响相当于全球年消费损失5200亿美元，每年迫使2600万人陷入贫困。由于贫困人口的抗灾能力较弱，遭受的损失也更大。对于如何解决因自然灾害引发的贫困，政府应该完善早期预警系统，完善社会保障体系和保险体系，在灾后实行一定的转移支付以帮助民众更好地应对灾害和灾后重建。

3. 战争、治理等国家因素造成的贫困

自第二次世界大战以来，尽管未发生大规模战争，但局部冲突和地区战争仍频繁发生，特别是在中东和撒哈拉以南非洲地区。这些战争和冲突对个人、家庭和国家造成了深远的影响，加剧了贫困问题。战争对个人和家庭的影响体现在破坏生产性资料，如房屋、土地和劳力，从而剥夺了他们的生计来源，降低了生产能力和社会地位。在国家层面，战争破坏了制度和稳定的政治、经济环境，影响了就业、营商环境和信贷市场。战争与贫困形成了恶性循环，战争导致的破坏引发贫困，而贫困引发的不公正和非正义又可能激起新的冲突。战争还导致难民问题，流离失所的平民失去了生产资料，成为新的贫困群体。这对生态环境和接收国的管理构成了巨大压力。此外，国家的治理方式和水平与贫困问题密切相关。治理涉及政策供给、法治体系建设和服务监管等方面。最不发达国家的治理通常脆弱、不完善，公共组织资源匮乏，政府工作人员缺乏训练和积极性，领导层可能存在腐败，公民难以有效参与政治。这些因素都是贫困难以根除的重要原因。

4. 贸易全球化因素造成的贫困

自欧洲人发现美洲新大陆开始，世界贸易网络便开始形成，伴随着世界经济发展的是奴隶制和殖民统治的扩散，构筑了新的生产和权利体系。根据沃勒斯坦（Immanuel. M. Wallerstein）的"世界体系论"，世界被划分为中心地区、半边缘地区、边缘地区和外围地区。中心地区是经济发达地区，是全球贸易的最大收益者。半边缘地区通过与边缘地区的商贸活动向中心地区传递财富，并在此过程中积累自身财富，但并没有将财富转化为本国制造业。边缘地区处于中心地区控制的贸易体系之中，主要向中心地区提供自然资源和初级产品。外围国家则依靠自身强大的中央政府，维持相对独立的经济体系，游离于世界贸易体系之外。在这一过程中，中心地区积累的财富使资产阶级从传统的封建经济中脱离开来，中心和边缘的不等价交换保证了资本主义的运行和扩张，边缘地区为了保证利益最大化，衍生出了强制劳动，越来越多的人依靠工资和市场过活，当市场萧条时，这些人就会陷入偶发性贫困或结构性贫困。

## 三、贫困问题对全球经济发展的影响

贫困问题作为制约全球经济发展的重要因素，其对经济增长、社会稳定及可持续发展的负面影响日益凸显。在经济层面，贫困显著限制了贫困人口的消费能力，导致市场需求不足，进而制约了经济增长的潜力。贫困人群由于收入匮乏，难以支撑高水平消费，使得市场需求扩张受限，而消费作为经济增长的关键驱动力之一，其受限直接影响了全球经济的增长动力。同时，贫困还限制了贫困人群参与全球经济的机会，使他们无法享受全球化红利，加剧了贫困问题的严重性，并制约了贫困地区的投资潜力和经济增长点的形成。此外，贫困还影响了贫困地区的创新能力，难以适应经济全球化的挑战，进一步制约了全球经济的持续健康发展。

（一）贫困问题阻碍全球经济增长

贫困问题不仅是个人和家庭的困境，而且也是制约全球经济持续健康发展的重大障碍。联合国《2030年可持续发展议程》承诺不让任何一个人掉队和首先帮助那些落在最后面的人。要落实这一宏伟的发展议程，需要制定有远见的政策来实现可持续、包容、持久和公平的经济增长。然而，长期的贫困（包括极端贫困）仍然是非洲、最不发达国家、小岛屿发展中国家、一些中等收入国家以及冲突中和冲突后国家的主要关切。具体而言，贫困导致市场需求不足，制约了经济增长；同时，贫困人群难以分享全球化红利，与全球经济脱节，加剧了贫困的严重性。此外，贫困还制约了贫困地区的投资潜力和创新能力，使得经济发展滞后，形成恶性循环。因此，解决贫困问题，对于促进全球经济持续健康发展具有重要意义。

第一，贫困抑制了贫困人口的消费能力，导致市场需求不足，制约了经济增长的潜力。贫困人群由于收入不足，无法支持高水平的消费，使得市场需求难以有效扩大。消费作为拉动经济增长的三大引擎之一，对于促进经济增长至关重要。贫困问题的存在，使得贫困人口的消费能力受到限制，从而制约了全球经济的增长潜力。

第二，贫困限制了贫困人群参与全球经济的机会，使得他们无法分享全球化带来的好处，进一步加剧了贫困问题的严重性。在全球化的背景下，各国之间的经济联系日益紧密，贫困人群由于缺乏技术和资本，往往难以从全球化中受益。这导致了贫困人群与全球经济的脱节，加剧了贫困问题的严重性。贫困地区由于基础设施落后、教育水平低下、市场潜力有限，使得投资回报率低，投资者望而却步。这导致了贫困地区的经济发展滞后，无法形成有效的经济增长点。贫困地区投资的不足，使得贫困地区的经济发展缺乏动力，进一步加剧了贫困问题的严重性。

第三，贫困问题还影响了贫困地区的创新能力。贫困限制了对教育和科技的投资，从而制约了创新。贫困人群由于缺乏教育机会和接触先进技术的条件，他们的创新能力有限，难以适应经济全球化的挑战。这进一步加剧了贫困问题的严重性，制约了全球经济的持续健康发展。

### （二）贫困问题加剧了全球经济发展中的不平等

全球范围内不同国家和地区之间存在巨大的经济发展差距，这导致了贫富差距的加剧和经济发展中的不平等问题。作为社会发展的一大障碍，贫困的影响深远且广泛。解决贫困问题，对于促进社会稳定与发展具有重要意义。

第一，资源分配不均与贫富差距扩大。全球范围内不同国家和地区之间存在着巨大的经济发展差距，全球约三分之二以上的财富由发达国家掌握，发展中国家手中的财富则不足三分之一。这种现象导致了贫富差距的加剧和贫困问题的持续存在。全球经济不平等导致资源分配不均，使得一些地区和人群更容易陷入贫困。贸易壁垒、不公平的贸易协定以及国际金融机构不平等的决策制度等都限制了发展中国家的经济发展，导致发展中国家贫困加剧。

第二，教育与技能发展不平等。贫困家庭往往缺乏足够的资源投资于教育和技能培训，这限制了他们提高生产力和获得更好就业机会的能力。教育不平等进一步加剧了收入不平等，因为受过更好教育的个体更有可能获得高薪工作。这种教育和技能发展上的不平等，导致贫困群体在劳动力市场中的竞争力下降，进一步加剧了经济发展中的不平等。总而言之，由于贫困人群缺乏资源，他们在教育、医疗、住房等基本权利和服务方面往往处于劣势地位。这种资源分配的不公加剧了社会不平等，使得贫困人群更加难以摆脱贫困的束缚。

第三，创新潜力与经济增长的不平等。贫困率对地区的创新潜力具有显著的负向影响，而人力资本、中央及地方科教财政拨付、市场化程度等创新潜力指标与人均 GDP 正相关。贫困率的变化对人力资本的影响最大，而且由此对经济产生的作用力是最为猛烈的，而对中央及地方财政投入以及由此对经济产生的间接影响则较小，但彼此之间也还是存在细微的差距。这意味着贫困问题通过影响创新潜力，间接地影响了经济增长，加剧了经济发展中的不平等。

## （三）贫困问题影响了全球经济发展中金融的稳定性

贫困问题加剧了全球不平等，特别是在低收入和中低收入国家，甚至出现"主权违约"现象。这增加了金融脆弱性，折射出当前国际金融体系的不平等与不稳定。

第一，债务负担问题。贫困问题加剧了发展中国家的债务脆弱性，许多国家面临严重的债务问题和极其昂贵的市场融资。偿债负担的增加减少了各国投资于可持续发展目标所需的财政空间，并且全球货币政策的收紧可能加剧许多发展中国家的债务可持续性挑战。这种现象可能导致债务积压并造成长期的经济创伤，从而加剧贫困。

第二，经济增长速度问题。经济增长速度降低，意味着人均收入、尤其是穷人收入的增速下降，导致贫困人口摆脱贫困的步伐减缓和增加一些家庭陷入贫困的可能。经济增长与贫困人口收入之间的正向关系在广大发展中国家都得到了检验[1]，并且更快的经济增长会在更大程度上减缓贫困，甚至于 1∶1 的比例提高贫困人口的收入[2]。

第三，进出口贸易问题。进出口贸易是国际金融对发展中国家经济的最直接冲击。贫困问题对进出口贸易的影响是多方面的。贫困问题使得发展中国家人口就业率降低，致使出口以及与其相关的投资等经济活动的减少，并制约依靠初级产品出口的贫困地区发展。此外，一些过分依赖外需的经济体需要重新设计并转变其外贸增长模式，实现外贸平衡发展，但在这种情境下往往致使贫困人口的生

---

① Fields, Gary, "Changes in Poverty and Inequality in Developing Countries" The World Bank Research Observer, 1989, 4-2, pp. 167-182.

② Michael Roemer, Mary Kay Gugerty, "Dose Economic Growth Reduce Poverty? USAID under the Consulting Assistance on Economic Reform, CAER) II project, contract PCE-0405-Q-00-5016-00, 1997.

活无法得到保障。

## 四、应对全球经济发展中贫困问题的政策措施

"贫困是制约一个国家发展壮大的重要因素，消除贫困关乎全人类的民生福祉。"当代世界贫困治理通常采用两种扶贫模式，第一种是大多数发展中国家采用的由政府所主导的行政手段扶贫，第二种是欧美发达国家采用的政府非直接参与的市场化扶贫。由于政府掌握着大量的扶贫资源，在解决集中性贫困问题方面，行政手段扶贫往往卓有成效。而市场机制使得资源的流动性增强，在贫困治理的精准性和效率上具有先天优势，能够使参与主体各方获利。由政府主导的行政手段扶贫无偿性的资源分配，极易导致贫困群体出现不思进取、"等、靠、要"的依赖心理，使得脱贫成效大打折扣。而政府非直接参与的市场化扶贫，虽有利于调动脱贫主体的积极性，但对于贫困群体来说，他们是市场博弈的弱者，常处于不利地位。

### (一)政府主导推动政策

以政府为主导的贫困治理模式多见于发展中国家，如中国、印度、非洲地区。发展中国家的贫困群体大、致贫因素复杂多样，贫困治理的挑战性自然更强，单纯依靠政府进行反贫困难以为继，同时由于经济发展的落后性，试图像发达国家那样通过社会反贫困组织的参与贫困治理并达到显著效果的可能性也相对较低。只有以强大的行政力量来对贫困治理进行统一规划、统一组织，才能更高效、更充分地进行贫困治理。这种治理模式通常强调政府在贫困治理中的主导作用，政府负责制定政策和规划，组织实施各项工作，监督和评估成果。全世界通过一系列政府主导推动政策来解决贫困问题。

第一，开发式扶贫政策。开发式扶贫是中国政府扶贫政策的核心和基础，它强调以经济建设为中心，鼓励和支持贫困地区的干部和群众开发当地资源、发展商品生产、改善生产条件，从而增强自我积累和自我发展的能力。这种扶贫方式不仅仅关注于提供短期的资金援助，而是通过构建有利于农村产业发展的基础条件，引导贫困人口参与其中，使他们在经济和社会层面上摆脱贫困。同时注重调

动扶贫对象的积极性、主动性和创造性，提升其自身发展能力。

第二，完善基础设施建设。基础设施建设和公共服务提升是发展中国家政府主导扶贫的重要手段之一。通过加强贫困地区基础设施建设，如农田建设、生产性基础设施建设、人居环境整治等，来提升贫困地区的基本生产生活条件。这些措施包括改善道路、供水、用电、通信等基础设施这些都是产业发展的重要支撑。此外，政府还注重改善教育、卫生等公共服务，提高贫困人口的生活质量和综合素质，促进经济社会的协调发展和全面进步。

第三，激发贫困人口内生动力。激发贫困人口内生动力是扶贫工作中的关键。政府通过对贫困人口思想方面进行建设，深挖内生动力的源泉，帮助贫困人口走上脱贫的道路。同时，政府帮助改善基础设施条件，提供内生动力的支撑，让贫困人口拥有直接的获得感，激发致富动力。政府还注重促进转变发展观念，培养和增强贫困人口的发展意愿，实现从"要我脱贫"到"我要脱贫"的观念转变通过智力扶持，加强对贫困人口的职业教育和培训，帮助他们获得市场需要的生产能力，提升人力资本水平。这些措施旨在增强贫困人口自我发展的能力，实现可持续发展。

第四，教育扶贫。政府主导的教育扶贫即利用教育制度设计和教育资源共享克服贫困地区的贫困群体受教育权利缺失的现象，利用国家力量改变因教育制度设计和教育资源不平衡所产生的贫困现象。在教育资源配置方面，政府遵守的原则是从"教育公平"逐渐转向"教育平等"。现在教育公平的尺度和标准是按照社会需要制定的，每个人在规则面前是平等的，但教育平等的尺度和标准追寻的是个人需要。为此，政府应更好地发挥作用，使得贫困者在享受平等的受教育权利方面不受限制，保障贫困主体平等地享受教育资源，这对于巩固脱贫成果、防止返贫，阻隔贫困代际传递而言，具有重要作用。

(二)市场经济激励政策

市场主导的贫困治理模式通常是在经济改革的背景下形成的。在这种情况下，政府减少了对经济的干预，允许市场自由运作，鼓励企业发展和创新，从而带动经济增长和就业机会增加，降低贫困率。因此，在市场经济发达的地区，政府在制定扶贫政策时，也更加倾向于采用市场主导的方式。这种方式可以更好地调动市场主体的积极性，减少政府财政负担。此外，科技进步和信息技术的发展，使得市场更加透明和高效。市场主导的贫困治理模式能够帮助贫困人口更好地接受市场信息，了解市场机会，更好地融入市场经济。以市场为主导的贫困治理模式多见于欧美等发达国家，这些国家通过多年的实践，已经形成了一套相对成熟的模式。政府制定一系列救助制度和就业政策，在保障基本生存的情况下，鼓励贫困群体进入劳动市场，通过自身劳动摆脱贫困。同时社会福利机构和慈善组织在消除贫困的过程中也起着重要的作用，通过公共机构与非公共机构合作，以补充政府政策的不足。

第一，市场配置优化政策。市场的资源配置作用与政府作用具有统一性，以为人民提供越来越多的平等发展的条件与机会。市场经济通过利益差别的方式激励劳动，利用自由竞争机制激发贫困者的内生动力，最终实现经济水平的显著提高，不断满足人民对美好生活的需要。

第二，就业保护政策。由于失业与贫困问题之间有着密切的联系，欧洲各国严重的失业问题导致了其贫困率的大幅上升。因此欧盟在解决失业问题、增加就业方面制定了大量政策、采取了大量措施。欧盟国家的就业制度是以市场体制为根本特点的，劳动力市场较为完善，劳动力供求双方通过自由选择、相互竞争和契约形式实现就业的市场机制是其基础。欧盟各国均拥有强大而完备的就业体系。例如法国，现已形成了以职业介绍、职业培训和失业保险为三大支柱的就业服务网络体系。在就业政策方面，从总体上讲，欧洲国家原有的就业政策偏重于采取被动的失业治理对策，即通过强化失业保障制度体系来对应失业。

第三，异地搬迁政策。异地搬迁在中国反贫困过程中发挥了重要作用。仅在"十二五"期间，在中央财政和地方财政支持下，就有1171万人通过异地搬迁的方式改善了生活条件。在"十三五"期间，计划有近1000万的农村贫困人口通过异地搬迁实现脱贫。异地搬迁对于实现精准扶贫的目标意义重大，充分体现了中国在反贫困中的制度优势。在异地搬迁的过程中，建立城乡统一高流动性的要素市场，尤其是劳动市场，让贫困人口通过市场实现与有效率的市场要素相结合，同时政府在扶贫中发挥积极作用，促进建立城乡统一高流动的要素市场。

## 五、解决贫困问题的中国经验

面对区域与城乡发展不均衡、收入分配差距较大等问题，中国的精准扶贫战略，将脱贫攻坚纳入国家发展总体布局。这一时期反贫困实践的突出特征是，深入开展产业、教育、健康、生态和文化领域的扶贫工作，注重扶贫同扶志、扶智相结合，激发脱贫内生动力。

### （一）推动外部援助与内生建设相结合

中国的贫困治理依托于制度优势和强大的国家能力，通过内外结合的反贫困策略，特别是内源扶贫，激发了贫困地区的内生动力。政府的政策倾斜和教育投资对于提升贫困群体的自我发展能力至关重要，是实现可持续减贫和共同富裕的关键。

第一，制度优势与国家能力。自改革开放以来，尤其是党的十八大以后，中国公有制经济的基础地位，使国家具备强大的宏观调控能力。政府可以通过行政手段调配经济资源，对贫困地区和人口进行针对性扶助。按劳分配为主体的分配制度和社会公平保障制度，为消除贫困、满足低收入阶层基本生活需求提供了多渠道支持。

第二，生产力发展与贫困治理。高速发展的生产力使中国政府具有足够的财政力量全面消除绝对贫困。社会经济发展水平能够以较低的社会财富满足贫困群体的基本生活需求。然而，贫困不仅是收入不足，还包括在经济社会、教育、文化、社会制度等领域的权力缺失，是物质、社会和情感的多重匮乏。

第三，内外结合的反贫困策略。内源扶贫强调依托区域文化自然资源，调动贫困群体的积极性和创造性，鼓励他们成为发展主体，共享成果。转变传统救助模式，发挥地区优势，挖掘潜在发展能力，是实现可持续性发展的关键。

第四，政府支持与教育投资。贫困地区需要政府的教育支出扶持，以提升人力资本。通过强化财政扶贫资金管理，引导地方政府的教育支出，可以促进贫困地区的发展。

### （二）完善绿色减贫与生态补偿机制

绿色减贫具有双重内涵，一是指"减贫的绿色化"，即在扶贫开发中注重生态环境保护和自然资源的可持续利用；另一方面要做到"绿色的减贫"，即结合地区自身的生态资源禀赋，实现绿色资源的经济价值转化，经济效益与环境保护并进[①]。可见，绿色减贫所代表的不仅是对生态环境的保护，更是益贫式的可持续发展之路。中国通过增加自然资产投资、发展可再生能源、推动绿色产业发展，在保护生态环境的同时，为贫困地区提供可持续的经济发展模式，实现减贫目标。这些措施有助于构建一个更加公平、和谐的社会，实现共同富裕。

第一，自然资产投资与生态补偿。中国党的十九大报告提出创新生态补偿机制，通过市场化手段拓宽生态补偿资金来源。2019 年，国家发展和改革委员会推出生态综合补偿试点，发展生态优势特色产业，转化的生态保护人员，助力贫困人口脱贫。中西部地区通过生态护林员项目，帮助数百万人脱贫致富。

第二，可再生能源与能源贫困缓解。利用可再生能源技术和发展支持性能源政策，如生物质清洁能源和太阳能光伏发电，有助于解决能源贫困。这些清洁、便捷、低成本的能源解决方案，减少了贫困家庭的能源成本，提高了生活质量。

第三，绿色产业发展与减贫。在保护生态环境的前提下，鼓励和支持贫困地区发展绿色产业实现减贫。贫困地区通过提高资源配置效率，发挥当地资源禀赋优势和特色，实现减贫与环保共赢。旅行和旅游业是人力资源密集型产业，其从业人数大约占全球总劳动力的 8%[②]。提升核心旅游产业的单位经济效益，能够同时带动更多与旅游相关的额外或间接经济效益。这就意味着，利用贫困地区的自然资源开展生态旅游，仅能够为当地人口提供庞大的就业名额，其带动效用也能促进当地旅游产业链的发展，从而有利于当地发展经济、减少贫困。

---

①　冯丹萌、张琦：《我国贫困地区绿色减贫振兴之路的探索》，《环境保护》2019 年第 19 期。

②　Bolwell, Dain. & Weinz, Wolfgang., 2008. "Guide for Social Dialogue in the Tourism Industry." ILO Working Papers 994246583402676, International Labour Organization.

### （三）加强消费扶贫力度

2016 年，中国政府在国家层面确认了"消费扶贫"理念，旨在通过电商等手段促进精准扶贫。2018 年，国务院出台指导意见，通过政府引导和社会协作，推动消费贫困地区产品与服务，助力脱贫攻坚。消费扶贫是中国特色反贫困道路的重要组成部分，通过政府引导、社会协作和市场机制，有效提升了贫困地区的收入水平，促进了内需市场的拓展。这一模式不仅适合中国国情，也为全球减贫事业提供了成功经验。一方面，发挥政府的引导和指导作用。《关于促进电商精准扶贫指导意见》的出台，标志着消费扶贫正式成为国家战略。政府通过多种方式，如国有企事业单位带头，引导社会各界消费贫困地区产品，增加销售渠道，帮助贫困地区增收。另一方面，发挥市场的作用。消费扶贫将市场机制引入扶贫事业，解决贫困地区产品滞销的问题。通过提升农产品供应水平和产品质量，优化供给结构，将消费潜力转化为脱贫内生动力。消费扶贫营造了"人人皆可参与扶贫"的社会氛围，发挥社会主义集中力量办大事的优势，加快脱贫进程。

2020 年年底，中国实现全部农村贫困人口脱贫，从贫困发生率高达 97.5%的农业国成为全面消除绝对贫困的世界第二大经济体。这一成就证明了中国特色反贫困道路的成功。

## 第三节　全球经济发展中的对外援助

处于全球化时代，世界各国之间的相互依存度日益增强，对外援助作为国际合作的核心组成部分，对于促进全球经济发展、减少贫困人口、提高社会福利具有重要意义。

### 一、对外援助的内涵与类型

对外援助不仅是国际合作的重要桥梁，也是推动全球经济发展的关键因素。OECD 发展援助委员会以官方发展援助为核心，将对外援助界定为由援助国官方机构在卫生、教育、基础设施等领域向受援国提供援助资金的活动，并且鼓励无偿赠款，若对外援助是优惠贷款形式，则要求无偿赠与的成分占 25% 以上。

中国国家国际发展合作署在以上基础之上，将对外援助定义为使用政府对外援助资金向受援方提供经济、技术、物资、人才、管理等支持的活动。其中，对外援助的受援方主要包括与中国已经建立外交关系且有接受援助需要的发展中国家，以及以发展中国家为主的国际组织。在人道主义援助等紧急或者特殊情况下，发达国家或者与中国无外交关系的发展中国家也可以作为受援方。

一般而言，对外援助可以按照目的、方式以及资金类型进行划分。

### （一）以对外援助的目的作为划分标准

根据对外援助的目的，可以将对外援助划分为战略性援助、发展性援助以及人道主义援助三种类型。

第一，战略性援助是指援助国从自身政治、经济、安全等战略利益出发，提供有显性条件或者隐含条件的对外援助。

第二，发展性援助是指援助国为推动受援国经济社会发展而提供的对外援助，通常不附带直接的政治或经济要求，目的在于解决受援国在经济社会发展的过程中遇到的各种问题，从而提高受援国的自给自足能力，并改善受援国公民的生活居住条件。

第三，人道主义援助是指援助国为帮助受援国解决人道主义危机而提供的对外援助，其中，狭义的人道主义援助，是在受援国遭遇自然灾害或者人为灾害的情况下提供的对外援助，而广义的人道主义援助，是在此基础之上，还包括为提高受援国社会福利水平而提供医疗、教育、卫生等方面的对外援助。

### （二）以对外援助的方式作为划分标准

对外援助的方式主要包括成套项目、技术援助项目、物资项目、援外医疗队项目、债务减免等。

第一，成套项目是指由援助国负责项目建造的所有环节，当项目全部完成之后再交给受援国，即"交钥匙"工程，保障受援国能够立即投入使用该项目。

第二，技术援助项目是指援助国帮助受援国建设成套项目之后，为确保受援国能够顺利掌握项目的生产、维护、治理等方面的技术而提供后续指导，有利于传授关键技术，培育当地技术型人才。

第三，物资项目是指援助国利用资金向受援国提供基础生活物资、技术性产品以及单项设备，旨在直接满足受援国的紧迫需求。

第四，援外医疗队项目是指援助国向受援国提供医疗卫生服务，不仅派遣医疗卫生人员，而且提供所需医疗设备和药品，以此改善受援国的医疗卫生服务质量，提高受援国居民的健康水平。

第五，债务减免是指援助国通过减少或者免除相关国家债务的方式来降低受援国的财政负担，使受援国能够将财政资源更多用于经济社会发展项目，促进可持续发展。

### (三) 以对外援助的资金类型作为划分标准

对外援助的资金类型主要包括无偿援助、无息贷款以及优惠贷款。

第一，无偿援助是指援助国向受援国提供无需偿还的资金援助，具体通过财政直接拨款的方式来帮助受援国，主要用于受援国在减少贫困、管理灾害、改善民生、提高社会福利、增强公共服务、人道主义等方面的援助需求。

第二，与无偿援助类似，无息贷款同样由财政直接拨款来支出，但是无息贷款需要在指定的年限以内如约偿还，主要用于受援国在公共基础设施、工农业生产等方面的援助需求。

第三，优惠贷款是指援助国向受援国提供低于市场利率的贷款，优惠贷款利率与市场利率的差额由援助国政府承担，主要用于受援国在具有经济效益的生产型项目、资源利用开发项目、大规模基础设施建设项目等方面的援助需求。

## 二、对外援助对全球经济发展的影响

对外援助通过改善基础设施、加强能力建设以及促进贸易发展，对全球经济发展产生积极影响，有助于世界各国的共同繁荣与可持续发展。

### (一) 改善基础设施

基础设施建设是促进区域经济发展和达成国际商务合作的重要基石。通过援建基础设施，有利于受援国实现区域互联互通、提升能源供给能力以及推动信息社会发展。

1. 促进区域互联互通

通过援建公路、桥梁、隧道、机场、港口等交通基础设施，帮助受援国提高交通运输网络的运行效率。例如，中国援建的肯尼亚西卡高速公路第三标段，实现首都内罗毕到经济重镇西卡的全线贯通，有助于肯尼亚、埃塞俄比亚、坦桑尼亚等东非国家的区域互联互通。此外，中国援建的斯里兰卡汉班托塔国际机场，进一步完善斯里兰卡的立体化交通网络，对于推动斯里兰卡与周边地区的经贸往来发挥积极作用。

2. 提升能源供给能力

通过援建水电站、热电站、输变电和配电网、地热钻井工程等能源项目，帮助受援国提升能源供应的稳定性和储蓄量。例如，中国援建的加纳布维水电站，具备水力发电、农业灌溉、渔业发展、观光旅游等多重功能，建成之后不仅直接促进加纳经济社会发展，而且惠及非洲西部地区。此外，中国援建的塞内加尔达喀尔市输变电和配电网项目，覆盖数十万居民，有效解决困扰该地区的电网设备老化、频繁大面积停电等问题。

3. 推动信息社会发展

通过援建光缆电信传输网、电子政务网、广播电视调频发射台等信息化项目，帮助受援国提高通信质量和信息处理能力。例如，中国在土库曼斯坦、多哥、厄立特里亚等国援建的电信项目，为上述国家提供高质量通信系统，使用户容量大幅提升。此外，中国在喀麦隆、坦桑尼亚等国援建的光纤骨干传输网项目，有利于促进光缆在非洲国家的广泛应用，为当地居民提供更快捷、更稳定的通信服务。

（二）加强能力建设

以人为本、人才优先，加强能力建设对于经济社会发展具有深远影响。通过提供人力资源培训、科学技术合作以及志愿者服务，有利于强化国家间的友谊与合作。

1. 人力资源培训

人力资源培训是对外援助的重要组成部分，旨在深化国际合作伙伴关系，搭建各国交流合作、互学互鉴、互利共赢的平台。第一，中国举办官员研修班，邀请其他发展中国家政府部门官员来华研修，内容涉及多边贸易谈判、数字经济时代财务转型、国际税收发展趋势、国际会计准则、自贸区建设等领域。第二，中国举办技术人员培训班，为其他发展中国家培训专业技术人员，涵盖生物安全、核酸提取、第二代 DNA 测序技术、生物信息学分析、病原体检测等领域。第三，中国举办在职学历教育项目，以此满足其他发展中国家提升公共部门中高级管理人员能力的需要，并且为顺利完成项目的发展中国家的政府官员颁发国际关系、民商法学、海洋事务、环境管理等硕士学位。

2. 科学技术合作

向其他发展中国家派遣技术专家，在水稻种植、农产品加工、畜禽养殖、肥料生产等领域广泛开展技术合作，转让适用技术，提高受援国技术管理水平。此外，还可以向其他发展中国家派遣高级规划咨询专家，与受援国共同制订土地开发利用、清洁能源利用、空气污染治理、经济技术合作等规划。例如，中国专家在利比里亚开展竹藤编技术合作项目，向当地居民传授竹藤编织技能，不仅有助于利比里亚民众增加收入、扩大就业、摆脱贫困，而且促进利比里亚竹藤产业的快速发展。

3. 志愿者服务

向其他发展中国家派遣志愿者团队，服务领域涉及汉语教学、医疗卫生、土木工程、经济管理、信息技术等学科，服务对象包括中小学校、公立医院、政府机构、科研院所等主体。例如，援利比里亚志愿者成功救治一名严重腹裂畸形新生儿，荣获"非洲之星"勋章。此外，援埃塞俄比亚志愿者改良甜瓜种植法，促使农业丰收，同时传授沼气池修建方法，帮助当地居民有效利用清洁能源。

（三）促进贸易发展

对外贸易是经济增长的驱动力量。通过对外援助，协助受援国完善配套设施、提高生产能力以及促进产品出口，助力发展中国家贸易发展。

### 1. 完善配套设施

援建的大中型基础设施项目，不仅有效改善受援国的贸易运输条件，而且扩大受援国与其他国家和地区的互联互通。例如，中国向柬埔寨、老挝、缅甸、埃塞俄比亚等国家积极提供商品检测设备、交通运输工具等物资设备，为提升上述国家贸易产品检验水平和通关能力、有效打击走私行为发挥重要作用。

### 2. 提高生产能力

援建的生产性项目，在一定程度上提高受援国相关产业的生产能力，满足市场需求，优化进出口商品结构。例如，中国在世界贸易组织第八届部长级会议期间，与贝宁、马里、乍得以及布基纳法索"棉花四国"达成合作共识，通过提供优良棉种、推广种植技术、开展人员培训、支持企业技术升级、拓展产业链上下游等方式，正向推动四国的贸易发展。

### 3. 促进产品出口

为有效增进发展中国家的产品出口，不断扩大零关税待遇受惠面。2005年，中国首度对非洲二十五个最不发达国家一百九十个税目的商品实施零关税。2012年，最不发达国家对华出口近五千个税目商品已享受零关税待遇。2021年，在第八届中非合作论坛部长级会议上，中国将"力争未来三年从非洲进口总额达到三千亿美元"列为对非洲的"九项工程"之一。

## 三、全球对外援助的政策措施

作为老牌发达国家，美国、欧盟国家和日本的对外援助政策各有特色，美国的援助历史悠久，注重法律和组织架构，欧盟以政府开发援助为主，强调协调和效率，日本的援助从数量转向质量，注重受援国需求。这些援助项目不仅体现了各国的国际责任，也为全球发展做出了重要贡献。

### （一）美国

美国对外援助的历史源远流长。最早可以追溯到1812年，美国向委内瑞拉提供赈灾粮食援助，此举不仅能够缓解地震对委内瑞拉首都加拉加斯的负面影响，而且能够维持美国与委内瑞拉的经济贸易互惠关系。最为出名的当属马歇尔计划，在 1948 年至 1952 年，美国累计向西欧经济体援助 133 亿美元，此举为西欧经济体的战后重建提供强有力的支持，有利于交通运输网络的修复、农业生产设备的改造、工业现代化的实现、贸易壁垒的破除等。在 2023 联邦财政年度期间，即 2022 年 10 月 1 日至 2023 年 9 月 30 日，接受美国对外援助资金最多的五个国家依次为乌克兰(112 亿美元)、以色列(33 亿美元)、阿富汗(19 亿美元)、埃塞俄比亚(17 亿美元)、埃及(14 亿美元)，上述对外援助的资金均已投入到维护世界和平、消除传染病、可持续发展等用途。

　　面对如此大金额大规模的对外援助项目，美国政府主要依据法律体系和组织架构来进行管控。其中，美国对外援助的法律体系由国会经立法程序通过的对外援助法案、总统签署并颁布的行政指令所构成，而美国对外援助的组织架构则由国务院、国防部、财政部、农业部、国际开发署、千年挑战集团和其他独立执行机构所构成。上述对外援助的管控机制使美国对外援助项目在各个时期都能维持其连贯性，并且不同时期通过的法案、出台的指令、设立的机构都能保留其灵活应变的特征。

### (二)欧盟

　　在气候变化、生物多样性衰减、地缘政治冲突加剧等多重挑战的时代背景下，政府开发援助是发展中国家获取资金支持的重要来源。根据欧盟理事会第十三次年度报告所显示，2023 年欧盟的政府开发援助金额高达 959 亿欧元，相较于前两个年度的 716 亿欧元和 933 亿欧元呈现增长趋势，在全球总额中的占比约为 42%，维持最大政府开发援助提供者的地位。并且，该报告还强调，欧盟到 2030 年将会把 0.70% 的国民总收入用作政府开发援助，其中 0.20% 投入最不发达国家。

　　目前欧盟的对外援助项目由欧共体管控。因为欧共体是发展援助委员会中唯一既对发展中国家直接提供援助，又对其他机构和欧盟成员国起联合作用的组织，所以，欧共体对外援助的政策措施也更加复杂。对于其自身，欧共体对外援助的主要战略是明确目标、加大强度、提高效率；对于其他机构和成员国，欧共体需要担当联合的职责，协调内部机构与各成员国形成清晰统一的对外援助政策。

### （三）日本

日本政府的对外援助项目由来已久。1954 年，日本正式加入由英联邦国家发起的科伦坡计划，从此开始向受援国提供资金和技术支持。随着对外援助规模逐渐扩大，日本在 20 世纪 90 年代就已经成为世界上最大的援助国。

相较于 20 世纪 90 年代时只追求对外援助数量，近年来，日本政府更注重对外援助质量，将本国主导优势和受援国的经济发展需求相融合，以此提高对外援助项目的实施效果。从对外援助的受惠领域来看，日本对外援助项目大多分布在基础设施建设、教育医疗体系、能源开采设备等领域；从对外援助的开展形式来看，日本对外援助项目包括双边援助与多边援助，例如日本向亚洲开发银行、联合国儿童基金会、联合国开发计划署等国际组织提供资金，由此对中亚国家实施对外援助。

## 四、中国对外援助的政策措施

中国对外援助的政策措施呈现多元化特征，包括商务援助、战略援助以及公共产品性质的援助，这种多元化的援助模式彰显出中国在国际合作中的灵活性和战略思维。

### （一）商务援助

商务援助是指遵循国际市场标准并基于互惠互利原则向发展中国家提供的经济技术援助。商务援助注重经济效益和市场回报，同时在贷款利率、还款期限、还款方式等方面给予诸多优惠，有助于降低受援国的财政压力，使其能够更加灵活地利用资金进行经济社会发展。中国在世界各国参与的公路桥梁、港口码头、机场道路等公共基础设施建设项目，大部分都是采取商务援助的方式，不仅帮助受援国改善交通运输条件，而且为中国企业"走出去"提供机遇，实现双方的互利共赢。

### （二）战略援助

战略援助包含基于意识形态目标或者政治考虑提供的援助，以及基于国防军事和国际安全考虑提供的援助。前者的代表性项目包括 20 世纪六七十年代援建的坦赞铁路，向阿尔巴尼亚、朝鲜、越南等社会主义国家提供的经济技术援助和人才培训，这些援助项目有助于提升受援国的自主发展能力，同时也巩固援助国的国际影响力。后者的代表性项目包括派遣维和部队、外国军官和警察培训项目等，这类援助项目旨在维护国际和平与安全，防止战争冲突的爆发，援助国可以展示其对国际法和国际秩序的尊重，同时也能提升其国际地位。

（三）公共产品援助

虽然这一类援助占比较小，但是逐渐呈现出增长态势。当前中国对外援助既有物资设备、基础设施等物质层面的援助，也有技术转移、派遣高级顾问等知识层面的合作，还有"一带一路"倡议、亚洲基础设施投资银行、全球发展倡议等观念层面的方案与制度性供给。伴随区域经济一体化的不断深入，公共产品性质的援助在促进国际合作方面发挥越来越重要的作用，不仅能够加强中国与受援国的友好关系，而且能够促进全球治理体系的完善和国际秩序的稳定。

# 第十三章

# 全球经济发展中的突发事件与经济安全

近年来，全球经济发展中的突发事件如突发性公共卫生事件、地缘政治事件、自然灾害事件等，都对经济安全构成严峻挑战，也对全球经济发展产生深远影响。加强对突发事件的预防和应对，建立更加健全的风险管理机制，成为维护全球经济发展与经济安全的当务之急。

## 第一节　全球经济发展中的突发性公共卫生事件

突发性公共卫生事件是指由自然因素或人为因素引发的，对公众健康和生命安全造成严重威胁的突发事件。这类事件通常由传染病疫情、食品安全事故、环境污染事故、辐射事故和生物安全事故等因素引发，其特点是危害范围广泛、影响持续时间长和应对难度大。具体而言，突发性公共卫生事件是通过疾病的国际传播对其他经济体构成公共卫生风险，且需要协调一致的国际应对措施的特殊事件，并符合以下情况：严重、突然、不寻常或出乎意料；对受影响经济体国界以外的公共卫生产生影响；可能需要立即采取国际行动。①

---

① World Health Organization, Emergencies: International health regulations and emergency committees, https://www.who.int/news-room/questions-and-answers/item/emergencies-international-health-regulations-and-emergency-committees, December 19, 2019.

## 一、全球突发性公共卫生事件的主要形式

突发性公共卫生事件主要有传染病疫情、食品安全事故、环境污染事故、辐射事故和生物安全事故等五种形式。[①]

第一，传染病疫情通常由病毒、细菌、真菌等病原体的传播所引发，可以在人群中迅速传播，造成大规模的感染和疾病。例如，2009 年的甲型 H1N1 流感（猪流感）和 2012 年的中东呼吸综合征冠状病毒（MERS-CoV）都是传染病疫情的典型例子。

第二，食品安全事故通常由食品中的细菌、病毒、毒素等污染物质或违禁物质所引发，导致大量的食物中毒和健康问题。例如，2022 年的瑞典沙门氏菌疫情与比利时生产的巧克力有关，且相关巧克力产品已销往全球，从而引发了全球性的食品安全事故。

第三，环境污染事故通常由工业排放、化学品泄漏等引发，导致环境中的污染物质超过安全标准，对人类健康产生直接或间接的影响。例如，1943 年，美国洛杉矶因汽车尾气产生的碳氢化合物在紫外线照射下形成光化学烟雾，致使大量市民患病。

第四，辐射事故通常由核泄漏、放射性物质泄露等引发，使得环境中的辐射水平超过安全标准，导致人体极易患上癌症、遗传变异等相关疾病。例如，1986 年的切尔诺贝利核事故对周围地区的人们造成了巨大伤害。

第五，生物安全事故通常由生物实验室泄露、生物武器泄露等引发，导致病原体或有害生物的扩散，对人类健康和生态系统产生严重影响。例如，2001 年美国发生的炭疽事件是将炭疽病菌用作生物武器，从而导致数人死亡。

## 二、全球突发性公共卫生事件的现状分析

突发性公共卫生事件范围广泛，涉及传染病、食品安全、环境污染等多个领域。据图 13-1 所示，近几年全球突发性公共卫生事件发生数量呈明显的上升趋

---

① 国务院公报，《突发公共卫生事件应急条例》，https://www.gov.cn/gongbao/content/2011/content_1860801.htm，2011 年 1 月 8 日。

势。其发生频率的提高会对公众健康和社会稳定造成严重威胁，其影响范围的扩大会波及全球，造成严重的经济损失甚至带来社会动荡。各经济体针对这类事件的预防和应对能力的提升，都需要各方面的协调配合。因此，为了应对突发性公共卫生事件的挑战，政府、企业和公众需要共同参与，建立健全预防和应急机制，不断提高公众的安全意识和自我保护能力，切实维护公众的生命健康和社会稳定。

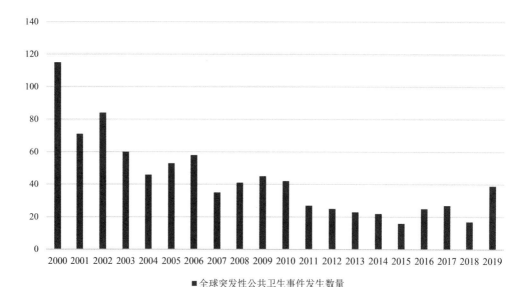

图 13-1　全球突发性公共卫生事件发生数量

资料来源：The International Disaster Database，https://www.emdat.be/.

第一，H1N1 流感、埃博拉病毒病等新发传染病不断出现。上述疫情不仅造成大量人员感染和死亡，还给社会经济发展带来严重损失。据世界卫生组织统计，2019 年全球共发生 39 起公共卫生紧急事件，其中 37 起为传染病疫情。[①] 例如，埃博拉病毒病(EVD)是一种影响人类和其他灵长类动物的严重且通常致命的疾病，2013 年至 2016 年在西非地区爆发，导致大规模的疾病和死亡，且在以往

---

① The International Disaster Database，https://www.emdat.be/.

的疫情暴发中，病死率从 25% 到 90% 不等。[1]

第二，食品添加剂滥用、农药残留超标、病原微生物污染等问题频繁发生。世界卫生组织（WHO）和联合国粮食及农业组织（FAO）表示每天约有 160 万人因食用受污染的食物而生病，每年造成 42 万人死亡。[2] 例如，2022 年 3 月，瑞典爆发了沙门氏菌疫情，经调查这与来自比利时的巧克力产品有关，且这些巧克力产品已经销往世卫组织所有区域的 113 个国家和地区，共计报告了 151 例沙门氏菌疫情。[3]

第三，工业排放、化学品泄漏等导致的环境污染事故经常发生，使得空气、水体、土壤等环境遭受严重污染。据联合国环境规划署统计，2019 年全球共发生 13 起重大环境污染事故，造成严重的环境破坏和公众健康影响。[4] 例如，气载污染物是目前最大的直接环境污染事故，全球 99% 的人都呼吸着不安全的空气，且空气污染会大幅增加罹患中风、心肺疾病、癌症等疾病的风险，每年导致 670 万人以上过早死亡。[5]

### 三、突发性公共卫生事件对全球经济发展的影响

突发性公共卫生事件不仅影响短期内的经济活动，还对长期的经济增长和结构造成影响。这些影响涉及劳动力市场、投资行为、生产供给、消费者信心等多个方面，需要全球各经济体共同努力，通过有效的公共卫生措施和经济政策来减轻这些影响。

---

① World Health Organization, Ebola virus disease, https://www.who.int/news-room/questions-and-answers/item/ebola-virus-disease, June 19, 2019.

② United Nations, World Food Safety Day: 'Nobody should die from eating food', https://news.un.org/en/story/2023/06/1137402, June 6, 2023.

③ World Health Organization, Multi-country outbreak of Salmonella Typhimurium linked to chocolate products—Europe and the United States of America, https://www.who.int/zh/emergencies/disease-outbreak-news/item/2022-DON369, April 27, 2022.

④ United Nations Environment Programme, https://www.unenvironment.org/explore-topics/disasters-and-conflicts.

⑤ United Nations Environment Programm, World must band together to combat air pollution, which kills 7 million a year, https://www.unep.org/zh-hans/xinwenyuziyuan/gushi-14, September 6, 2023.

　　第一，突发性公共卫生事件对全球劳动力市场产生了深远影响，主要表现在劳动力供应降低和需求收缩，进而影响了全球经济发展。突发性公共卫生事件发生以后，死亡率、感染引起的发病率以及因照顾感染者而导致的发病率持续上升，导致一部分现有和潜在的劳动力因感染而死亡，另一部分劳动力因被感染而无法工作，还有一部分因照顾受感染者而不能工作，造成劳动力供应大量减少。① 同时，突发性公共卫生事件也导致许多国家和地区的劳动力市场需求出现历史性的收缩，感染人数的不断增加导致全球就业和收入持续下降，而且感染较多的国家和地区的企业往往面临地方政府更严格的商业活动限制，进而导致劳动力需求下降。② 2020 年 4 月，美国的失业率攀升至 14.7%，创下第二次世界大战后的纪录，超过 2000 万美国人失去了工作，而且根据美国劳工部 5 月 14 日发布的数据，近一周内新增 290 万美国人申请失业救济，使得两个月内申请失业救济的人数超过 3600 万。③

　　第二，突发性公共卫生事件重塑了全球供应链和生产活动，从而对全球经济发展产生巨大影响。突发性公共卫生事件直接冲击了全球企业的生产决策，导致劳动力、原材料等资源无法及时到位，造成企业开工不足甚至不能开工，继而冲击了全球供应链体系，也推动了国际大宗商品价格明显上涨，阻碍了整个经济系统的正常运转。据美国供应链管理研究所的分析，75%的公司报告称其供应链发生中断，这是由于突发性公共卫生事件暴露了全球供应链缺乏灵活性以及采购战略缺乏多元化所引发的危机。此外，全球疫情也导致全球经济活动受到限制，截至 2020 年 3 月，全球贸易收缩 4%以上，这是自 1980 年代中期以来的第二次收缩。④

---

　　① McKibbin, W., and Ranil A. F. 2023. The global economic impacts of the COVID-19 pandemic. Economic Modelling. Vol. 129, No. 106551.

　　② World Economic Forum, The economic effects of COVID-19 around the world, https://www.weforum.org/stories/2020/02/coronavirus-economic-effects-global-economy-trade-travel/, February 17, 2020.

　　③ Rothwell, J. T., Cojocaru, A., Srinivasan, R., and Kim, Y. S. 2024. Global evidence on the economic effects of disease suppression during COVID-19. Humanities and Social Sciences Communications. Vol. 11, No. 78.

　　④ Joseph E. G., Steven B. K., John K. 2023. The impact of the COVID-19 pandemic on global GDP growth. Journal of the Japanese and International Economies. Vol. 68, No. 101258.

第三，突发性公共卫生事件也影响投资者信心和消费者信心。突发性公共卫生事件可能导致全球投资行为处于悲观状态，影响投资者情绪和整个经济体的经济信心，而且如果危机事件一直没有得到有效控制，投资巨幅下挫，极易造成金融市场震荡，增加金融系统性风险。突发性公共卫生事件对全球市场造成了重大冲击，导致股票市场价值暴跌甚至股票发行受阻或停止，使大部分公司难以维持其股本。此外，突发性公共卫生事件造成未来就业和收入的不确定性增加，挫伤了消费者信心。突发性公共卫生事件发生以后，全球消费模式的变化既源于外部经济活动受到阻碍，也源自于消费者对未来收入和当前财富的感知变化。消费者的某些消费行为受到限制，这可能是为了避免感染，也可能是被强制性的社交距离和封锁措施所阻碍，而且全球疫情对消费者收入和财富的影响是长期的，也促使其调整当前的消费模式，争取最大限度地发挥预期的终身效用。[1]

## 四、应对全球突发性公共卫生事件的国际合作

从 H1N1 流感、埃博拉病毒病再到全球疫情，这些突发性公共卫生事件不仅对人类健康和生命构成严重威胁，也对全球经济发展产生深远影响。在此背景下，国际合作至关重要，只有加强国际合作，才能更有效地应对突发性公共卫生事件的挑战，缓解各经济体经济发展低效甚至停滞的问题。

### （一）信息共享与协调

国际合作中的信息共享与协调是应对突发性公共卫生事件的重要手段，会帮助各经济体及时获取有关疾病传播和防控的信息，协调国际援助和资源，减少疾病传播和维护全球公共卫生安全，从而推动全球经济的进一步发展。目前，世界卫生组织正通过发布指南、提供技术支持等方式，帮助各经济体共同应对突发性公共卫生事件，但各经济体之间的国际合作仍存在一些亟待解决的问题，如各经

---

[1]　Ibn-Mohammed, T., Mustapha, K. B., Godsell, J., Adamu, Z., Babatunde, K. A., Akintade, D. D., Acquaye, A., Fujii, H., Ndiaye, M. M., Yamoah, F. A., et al. 2021. A critical review of the impacts of COVID-19 on the Global Economy and Ecosystems and Opportunities for Circular Economy Strategies. Resources, Conservation and Recycling. Vol. 164, No. 105169.

济体之间的信息交流效率偏低、疾病防控和疫苗研发等国际合作项目较少等。

第一，建立一个由世界卫生组织领导的全球性平台。通过协助各经济体收集、整合和分析疫情数据，并在全球范围内发布相关信息，用于实时共享突发性公共卫生事件的数据、研究成果以及最佳实践，大幅降低突发性公共卫生事件对全球经济发展的影响。

第二，建立全球公共卫生紧急事件协调机制。促进各经济体在资源调配、医疗援助、边境控制等方面的协调与合作，共同制定应对突发性公共卫生事件的国际标准和指南，协调全球疫苗和医疗物资的供应和分配，共同开展疫情防控技术培训和经验交流，缓解突发性公共卫生事件对全球经济发展的影响。

第三，修订和完善《国际卫生条例》。明确各经济体在突发性公共卫生事件中的责任和义务，以及确保数据和样本共享的透明度和公平性，保证突发性公共卫生事件发生期间，医疗物资和设备的国际贸易不受不必要的限制，并通过国际合作确保物资的公平分配，保障全球经济稳定发展。

### （二）资源支持与援助

面对疾病暴发、流行病传播或其他突发性公共卫生事件时，国际社会需共同努力，共享资源，提高应对突发性公共卫生事件的能力和水平，以保障全球经济稳定发展。经济全球化背景下，各经济体可以在全球范围内进行资源调配支持和经济援助，通过国际合作促进疫苗研发、疾病防控、医疗援助等领域的合作，共同应对公共卫生挑战，以推动全球经济发展进程。

第一，积极开展跨国界的研究合作。鼓励和资助国际研究合作，包括疫苗和治疗方法的研发、对新出现疾病的研究合作等，并建立多边资金支持机制，设立专门基金用于支持突发性公共卫生事件的预防、准备和响应工作，包括对低收入经济体的支持等，以保障全球经济均衡发展。

第二，加强公共卫生教育和培训。不断提高全球公共卫生教育和培训水平，培养出更多的公共卫生专业人员，并通过联合国、G20 等国际平台推动公共卫生资源的国际援助，促进全球经济复苏。

第三，推动世界卫生组织负责协调国际合作、提供技术支持和指导以及监测和评估突发性公共卫生事件的风险。保障各经济体均可共享世卫组织提供的资源和援助，以促进全球经济稳定发展，并鼓励跨国企业和私人基金会凭借丰富的资源，积极提供资金援助、医疗设备和药品支持等，以帮助各经济体共同抗击疫情。

### （三）技术支持与合作

国际社会需进一步加强技术支持和合作，共同应对突发性公共卫生事件，保障全球经济稳定发展。通过全球范围内的技术支持与合作，不仅可以应对突发性公共卫生事件的挑战，还能为全球经济复苏和持续性发展提供动力。

第一，充分利用最新的技术和方法。利用基因编辑、生物信息学、人工智能等，加速疾病预防、治疗和管理的研究，并积极开展国际多中心临床试验，增加样本多样性，提高研究结果的全球适用性。

第二，推动不同经济体的研究团队联合开展研究项目。共同探索疾病的预防、治疗和管理模式，鼓励建立国际数据共享平台，促进研究数据和临床试验结果的共享，加速新疗法和疫苗的开发，共同应对突发性公共卫生事件挑战，以保障全球经济稳定发展。

第三，推动发达经济体和国际组织向资源不足的经济体提供技术支持和能力建设。积极通过国际会议、研讨会和在线教育平台，及时分享最前沿的技术研究成果和实践成果，促进全球卫生资源的平等分配，重点帮助欠发达国家提高疾病预防和治疗的能力，确保所有经济体都能获得必要的医疗资源和技术支持，以降低突发性公共卫生事件对全球经济发展的影响。

## 第二节 全球经济发展中的地缘政治事件

地缘政治事件是在国际关系中，由于经济体之间的地理位置、资源分配、领土争端、政治意识形态等因素所引发的事件，通常涉及经济体之间的地缘战略、领土争端、资源争夺、政治竞争等问题，导致区域性乃至全球性的政治动荡和冲突，从而对全球经济发展产生重大影响。

## 一、全球地缘政治事件的主要形式

在国际关系中，不同经济体之间的利益冲突、资源争夺等因素都会引发地缘政治事件，主要有地理空间的控制、关键地理要素的争夺以及地域安全体系的建立三种形式，上述地缘政治事件通常涉及经济体之间的关系稳定性，对全球政治、经济和安全格局产生重大影响。[①]

第一，地理空间的控制。通过对地理空间的控制，谋求霸权或国际关系主导权。某些国家通过对地理空间的控制来在国际事务中发挥更大的政治影响力，包括在国际组织中推进自身议程、影响其他国家的政策决策以及在冲突和危机中扮演关键角色。例如，英国通过对海外殖民地的控制，使其在全球范围内拥有了广泛的势力范围，自身的全球政治和经济影响力也得以增强。

第二，关键地理要素的争夺。通过对资源、贸易、市场、运输线、领土、海洋等关键地理要素的占有或控制，既加强国际政治权力，又获得现实利益，增强国力。某些国家通过建立联盟、经济援助、军事存在和外交手段来在特定地区或全球范围内获得主导或优势地位，从而带来对资源、贸易路线和战略要地等关键地理要素的控制，进一步增强综合国力和获取经济利益。例如，长期以来，中东地区的石油资源一直是大国争夺的焦点，尤其是美国在伊拉克和海湾战争中的军事干预。

第三，地域安全体系的建立。通过建立地域安全体系，谋求有利于自身安全的地缘环境。某些国家利用或建立缓冲区来减少与潜在对手的直接接触，降低冲突风险，也通过平衡各方势力，在局部地区或全球范围内维持一种均势状态，以防止任何一个国家或联盟变得过于强大，从而维护自身利益和安全。例如，美国提出的"印太战略"旨在加强与印度洋-太平洋地区的盟友和伙伴的合作，确保其在亚洲的地缘政治利益。

## 二、全球地缘政治事件的现状分析

目前，全球地缘政治事件主要表现为地理空间控制权的争夺频发、关键地理

---

① 孔小惠：《地缘政治的涵义、主要理论及其影响国家安全战略的途径分析》，《世界地理研究》2010 年第 2 期。

要素的抢夺不断以及部分大国建立地域安全体系，进而对全球经济发展产生深远影响。

第一，地理空间控制权的争夺频发。例如，2023 年 10 月 7 日，哈马斯对以色列发动了大规模进攻。① 随后，以色列与黎巴嫩真主党的冲突再次升级，以色列指责真主党对加沙地带的哈马斯提供支持，并在黎巴嫩南部进行了空袭，由此引发了全球对中东局势更广泛升级的担忧。

第二，关键地理要素的抢夺不断。例如，中东地区战乱不断的深层原因就是中东地区石油探明储量为 8359 亿桶，占全球总储量的近一半，天然气探明储量达 75.8 万亿立方米，超过全球天然气总探明储量的 40%，而且随着全球经济的发展，对新能源、低碳贸易、信息网络等新型关键要素的控制也将成为未来地缘政治事件的新焦点。②

第三，部分大国不断建立势力范围、缓冲地带等，或做出均势格局安排，谋求有利于自身安全的地缘环境。例如，2024 年，美国借机强化地区军事存在，推动亚太盟友与北约勾连，计划首次在亚太部署陆基中程导弹，北约则着手讨论在东京设立联络处，强化了美国在西太平洋地区的军事部署和军事同盟体系建设。③

## 三、地缘政治事件对全球经济发展的影响

在当今全球化背景下，各经济体之间的经济联系日益紧密，地缘政治事件导致全球经济制裁增加、通胀压力上升、关键资源的供应链中断以及全球贸易流动受到限制，从而影响全球经济发展进程。

第一，加剧了全球不稳定局势。地缘政治事件诱发了一系列的经济制裁措施，对全球经济、政治和安全格局产生了深远影响。2022 年 2 月 24 日，俄罗斯

---

① United Nations, UN rights chief adds voice to urgent calls for Middle East de-escalation, https://news.un.org/en/story/2024/10/1155251, October 2, 2024.

② Energy Institute, Statistical Review of World Energy, https://www.energyinst.org/statistical-review, October, 2024.

③ 中国社会科学网，《2024 年世界局势展望与分析》，https://www.cssn.cn/skgz/bwyc/202402/t20240219_5733357.shtml，2 月 19 日，2024 年。

和乌克兰之间爆发军事冲突，导致以美国为首的西方国家实施一系列制裁，这些制裁扰乱了俄罗斯的能源出口。2022年3月8日，时任美国总统拜登宣布停止进口俄罗斯的能源产品，包括石油、天然气和煤炭，日本紧随其后，宣布禁止向俄罗斯出口炼油设备和技术。2022年4月，欧盟启动了对俄罗斯的第五轮制裁，其中包括禁止俄罗斯船只进入欧盟成员经济体港口、限制欧盟成员经济体对俄罗斯能源领域的新投资以及禁止向俄罗斯销售、供应、转让或出口特定炼油产品和技术等措施。2022年6月3日，欧盟披露了作为对俄罗斯第六轮制裁的一部分的额外措施，其中包括对特定石油产品实施禁运，以及对俄罗斯油轮和相关金融机构实施制裁。[1]

第二，带来巨大通胀压力。地缘政治事件发生以后，地缘政治紧张局势的局部升级有望推高全球原油价格，推高全球能源价格，增加各经济体的能源支出，加剧企业的成本负担，从而影响全球经济发展。不断上涨的能源成本也大大增加了家庭支出。欧盟统计局的统计数据显示，欧元区的通货膨胀率在2022年3月飙升至8.5%。由此产生的高生活成本给民众带来了巨大的负担，导致多个欧洲经济体发生广泛的不满和抗议活动。发展中经济体也未能幸免。严重依赖能源进口的斯里兰卡经历了严重的燃料和电力短缺，导致价格飙升并加剧了经济危机，这种情况引发了公众的强烈不满和抗议，导致了国内政治的不稳定。[2]

第三，导致关键资源的供应链中断。俄罗斯是全球天然气和其他自然资源的主要出口国，俄乌冲突的发生扰乱了全球货物流动，导致石油和煤炭等大宗商品价格上涨，增加了生产成本，从而严重影响了全球供应链。全球供应链的中断也导致制造、生产、运输和贸易等行业的中断，阻碍了全球经济发展进程。[3] 欧盟

---

① Mingsong S., Xinyuan C., Xuan L., Tingting C., and Qirong Z. 2024. The Russia-Ukraine conflict, soaring international energy prices, and implications for global economic policies. Heliyon. Vol. 10, No. 16.

② Mingsong S., Xinyuan C., Xuan L., Tingting C., and Qirong Z. 2024. The Russia-Ukraine conflict, soaring international energy prices, and implications for global economic policies. Heliyon. Vol. 10, No. 16.

③ Tsang, Y. P., Youqing F., Feng Z. P., and Yanlin L. 2024. Examining supply chain vulnerability via an analysis of ESG-Prioritized firms amid the Russian-Ukrainian conflict. Journal of Cleaner Production. Vol. 434, No. 139754.

是俄罗斯能源的重要进口国。由于供应限制，欧洲现有的能源结构面临重大挑战，如从其他国家或地区获得匹配的能源供应。许多欧盟成员国面临着受多种政治和经济因素影响的能源供应安全挑战。全球能源市场的中断会给政府带来巨大压力。此外，与俄罗斯和乌克兰有密切贸易、金融和移民联系的国家将受到直接和实质性的影响。

第四，限制全球贸易流动。2022 年 2 月至 8 月期间，俄罗斯从乌克兰进口的货物比预期水平减少 194 亿美元，降低了 47.3%。但在此期间，俄罗斯矿产出口额增加了 612 亿美元以上，推动了贸易增长，俄罗斯主要通过与亚洲经济体来实现上述贸易收益，还从亚洲额外进口了超过 411 亿美元的产品。俄乌冲突不仅对直接参与的经济体产生了重大的贸易影响，也产生了对南美、北美、欧洲和非洲的贸易转移，尤其是农产品和矿产品方面最为明显。[①]

## 四、应对全球地缘政治事件的国际合作

地缘政治事件的发生频率和影响力日益增加，给全球经济发展带来严峻挑战。在此背景下，国际合作已经成为应对全球地缘政治事件的主要途径。通过国际合作，加强各经济体之间的联系与互信，推动相关经济体共同制定政策和采取行动，维护全球范围内的和平与稳定，缓解地缘政治事件所带来的经济影响。

### （一）多边对话与协商

通过多边对话与协商，国际社会需要加强沟通与理解，形成共识和合作，并协调行动，寻求共同的解决方案，降低地缘政治事件所带来的经济影响，促进国际社会的团结与稳定，从而保障全球经济稳定发展。第一，推动建立多边对话机制。利用 G20、东盟地区论坛、上海合作组织等，为各经济体提供对话和协商的平台，增进相互理解，找到共同点和化解分歧，降低地缘政治事件对全球经济发展的影响。第二，充分发挥联合国等国际组织的作用。支持联合国在维护国际和

---

① Sandro S. 2023. The Russia-Ukraine war and global trade reallocations. Economics Letters. Vol. 226，No. 111075.

平与安全方面的中心作用，并积极参与制定和执行国际政策，通过多边对话与协商，找到共同的利益点，形成紧密的合作，共同应对地缘政治事件给全球经济发展所带来的挑战。第三，加强文化交流与教育合作。增进彼此之间的理解和尊重，缓解各经济体之间复杂的历史、文化和地缘关系，并通过军事透明度和联合军事演习等建立信任措施，推动地区安全合作，减少误解和冲突，保障全球经济稳定发展。

## （二）外交斡旋与调解

地缘政治事件频发给全球经济发展带来诸多挑战，面对国际冲突和紧张局势，外交斡旋与调解已成为缓解紧张局势、解决争端和促进和平与稳定的重要手段。通过外交斡旋与调解，可以减少冲突升级、建立各方之间的信任以及推动地区合作与发展，缓解地缘政治事件给全球经济发展所带来的影响。第一，建立外交斡旋与调解机制。充分利用联合国、区域组织等多边平台，为各经济体提供交流和解决问题的机会，以便各经济体直接沟通和表达立场，减少误解和误判，增进相互了解，及时解决矛盾和分歧，尽快达成共识，保障全球经济稳定发展。第二，充分发挥联合国、红十字会、非政府组织等在冲突调解中的作用。倡导和平解决争端，并发挥非盟、东盟等地区组织的作用，支持其在解决地区冲突中的作用，大幅降低地缘政治事件对全球经济发展的影响。第三，提升外交斡旋能力。加强外交官的培训和交流，提高其在斡旋和调解中的专业能力和沟通技巧，并积极实施预防性外交，在冲突和危机初期进行外交干预，遏制冲突的升级和扩散，预防事态失控，为各经济体应对地缘政治事件所带来的经济影响争取时间和空间。

## （三）国际法律制裁

国际法律制裁也是应对地缘政治事件的重要手段，通过惩罚违规行为、打击非传统安全威胁、制定国际法律规则、平衡国家利益与国际合作等途径，共同应对地缘政治事件，推动全球经济发展进程。第一，建立多边法律制裁机制。各国合作共同制定法律制裁措施，增强法律制裁的有效性和影响力，并通过国际法庭对违反国际法的行为进行裁决，制裁违规经济体，促使各经济体遵守国际规则，以保障全球经济稳定发展；第二，建立国际情报共享机制。共享情报信息，更有效地识别和打击违反国际法的行为，打击恐怖主义、跨国犯罪等非传统安全威胁，促进国际安全合作，以维护全球经济稳定发展；第三，不断加强国际法律监督机制。提高各经济体对国际法律的认识和理解，确保法律制裁措施得到正确实施，以保障全球经济稳定发展。

# 第三节　全球经济发展中的自然灾害事件

自然灾害事件是由地质、气象、水文、生物等自然力量所引起的，像地震、飓风、洪水、干旱、火灾等对人类和社会造成严重影响的事件。重大的自然灾害事件都会导致大量人员伤亡、财产损失、社会秩序混乱等严重后果，从而对全球经济发展造成较大的负面影响。

## 一、全球自然灾害事件的主要形式

自然灾害事件是由自然力量引起的对人类和社会造成严重影响的事件，主要包括地质灾害、气象灾害、水文灾害、生物灾害四种形式。第一，地质灾害有地震、火山喷发、山体滑坡、泥石流、地面沉降等多种类型。根据美国地质调查局的数据，全球每年平均发生约 500 万次地震，其中有数百次地震会对人类和社会造成严重影响。[1] 第二，气象灾害有飓风、台风、龙卷风、暴雨、暴雪等多种类型。根据世界气象组织的数据，全球每年平均发生约 100 次的热带风暴和台风，造成 70 亿美元左右的经济损失和近 2 万人丧生。[2] 第三，水文灾害有洪水、干旱、泥石流、冰雹等多种类型。根据联合国粮农组织的数据，全球每年平均有数百次洪水和干旱事件，其中有数十次洪水和干旱给经济的可持续发展带来严重影响。[3]

---

① United States Geological Survey, Earthquake Hazards Program, https://earthquake.usgs.gov/.

② World Meteorological Organization, Severe Weather Information Centre, https://public.wmo.int/en/our-mandate/weather.

③ Food and Agriculture Organization of the United Nations, Natural Disasters and Agriculture, http://www.fao.org/nr/natural-disasters/en/.

第四，生物灾害有疫病、害虫、病毒等多种类型。根据世界卫生组织的数据，全球每年平均爆发数十次大规模疫病，其中有数次疫病对全球经济发展产生严重影响。①

## 二、全球自然灾害事件的现状分析

近年来，地震、台风、洪水和干旱等自然灾害事件频繁发生，这既是全球气候变化和人类活动的结果，又会对全球经济发展带来巨大影响。

第一，全球自然灾害事件频发。由图 13-2 所示，2023 年，全球自然灾害事件高达 410 起，其中洪水灾害最频繁，共发生 152 次，受灾人口达 3239.28 万。同时，2000—2023 年期间，全球报告的自然灾害事件数量平均每年约为 390 起，自然灾害事件数量一直居高不下。

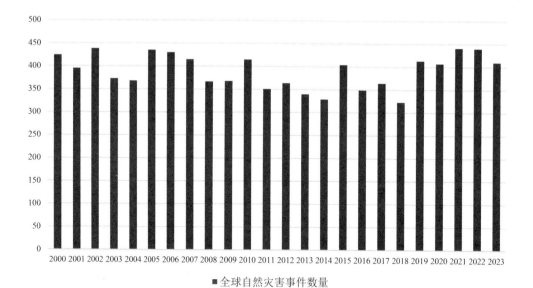

■全球自然灾害事件数量

图 13-2　全球自然灾害事件数量

资料来源：The International Disaster Database，https://www.emdat.be/.

① World Health Organization, Emergency and Humanitarian Action, https://www.who.int/emergencies/en/.

第二，自然灾害事件所导致的全球经济损失持续上升。据图 13-3 所示，2000 年，自然灾害事件所导致的全球经济损失约为 470 亿美元，而 2023 年，全球自然灾害事件所造成的经济损失已高达 2033 亿美元左右，其中风暴灾害造成的直接经济损失最大，约 1008.45 亿美元。

图 13-3 自然灾害事件所导致的全球经济损失

资料来源：The International Disaster Database，https：//www.emdat.be/.

第三，全球自然灾害事件所造成的人员伤亡呈上升趋势。由图 13-4 可知，全球超过 200 人死亡的自然灾害事件数量从 2000 年的 9 起上升至 2023 年的 12 起。全球自然灾害事件平均每年会导致大约 4 万至 5 万人死亡，如 2023 年 9 月，利比亚遭遇飓风"丹尼尔"引发的洪水，受灾严重的德尔纳市在这场灾害中的遇难人数已达 11300 人，另有 10100 人失踪。[1]

---

[1]　新华社，《利比亚洪灾已致逾 1.1 万人丧生》，http://www.news.cn/world/2023-09/15/c_1212268550.htm，9 月 15 日，2023 年。

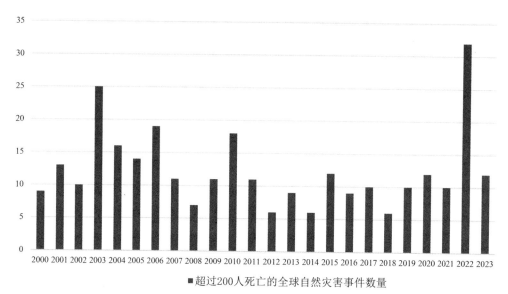

图 13-4　全球超过 200 人死亡的自然灾害事件数量

资料来源：The International Disaster Database，https://www.emdat.be/.

### 三、自然灾害事件对全球经济发展的影响

　　自然灾害事件对全球经济发展的影响不容小觑。从地震、飓风再到洪水和干旱，这些灾害不仅影响了全球供应链稳定性和企业绩效，还导致了后续灾害的连锁反应和政府财政赤字的扩大，进而影响全球经济的稳定性和长期发展。

　　第一，自然灾害事件对全球供应链稳定构成了严重威胁。2011 年日本地震对全球价值链产生深远影响，特别是在汽车和电子行业，通过供应链的传播和放大影响了受灾企业的直接和间接供应商和客户，导致日本在地震发生后一年的实际 GDP 增长率下降了 0.47 个百分点。同时，自然灾害事件也会导致对外直接投资暂时但急剧减少，这主要归因于制造业供应链上游行业的中断，反映出除直接地理影响区之外，自然灾害事件对经济发展的影响范围更为广泛。[1]

---

　　[1]　Aksoy, C. G., Chupilkin, M., Koczan, Z., and Plekhanov, A. 2024. Unearthing the impact of earthquakes: A review of economic and social consequences. Journal of Policy Analysis and Management. pp. 1-22.

　　第二，自然灾害事件造成的大规模破坏对受灾地区的企业绩效产生了重大的负面影响。2011 年 4 月至 2012 年 3 月，日本受灾最严重的四个县的实际 GDP 增长率比上一年度低了 2.2 个百分点，其中一部分公司也受到了巨大影响。地震导致拥有受灾供应商的企业增长率下降了 3.8 个百分点，而拥有受灾客户的企业增长率下降了 3.1 个百分点，这表明地震造成的破坏导致了显著的间接传播，不仅影响了被破坏公司的直接交易伙伴，还影响了他们客户的客户、他们的供应商的供应商等，也证明了地震不仅导致灾区企业的直接下游客户和上游供应商的增长率下降，还传播到仅与受灾企业间接相关的企业。[1]

　　第三，自然灾害事件不仅直接打击当地经济，还存在后续灾害的连锁反应。2011 年 3 月 11 日及随后的一周，日本遭受了多场灾难，地震和随后的海啸对东北地区产生了直接的负面生产影响，也对该国其他地区产生连锁效应。地震直接影响了日本东北部的企业，并通过企业之间的投入产出供应联系，蔓延到日本全国。海啸反过来又影响了福岛核电站，使反应堆经历了不受控制的熔化，导致爆炸并在大气和水中释放出高放射性物质，对日本电网造成了实质性的负面和持续的供应冲击。受灾地区的贸易指标表明贸易出现重大损失，而一些未受灾地区的反应表明商品进出口已转向未受灾地区。工业生产在全国范围内受到负面影响，在受影响区域的影响则更大、更持久。此外，电力供应的持续短缺通过延迟和减缓受灾地区的恢复，这加剧了自然灾害事件引起的国民经济生产冲击，导致日本地方经济确实因长期停电而遭受了生产和贸易的损失。[2]

　　第四，自然灾害事件促使政府需要增加公共债务来资助重建活动，加剧了对有限预算资源的影响，从而导致政府的财政赤字扩大。2011 年，日本政府为地震灾害通过了总计 2210 亿美元的补充预算，包括公共部门的活动（自卫队、警察等）、稳定的能源供应、就业措施等。高达 90% 的恢复费用由政府承担，并用于基础设施损坏。这些补充预算将主要通过增税和政府债券来筹集资金，导致从

　　① Vasco M C., Makoto N., Yukiko U. S., Alireza T. 2021. Supply Chain Disruptions: Evidence from the Great East Japan Earthquake. The Quarterly Journal of Economics. Vol. 136, No. 2, pp. 1255-1321.

　　② Anastasios E., Masashige H., and Wessel N. V. 2021. Economic consequences of follow-up disasters: Lessons from the 2011 Great East Japan Earthquake. Energy Economics. Vol. 104, No. 105559.

2013 年 1 月到 2022 年 12 月的所得税增加了 2.1%，从 2012 年 4 月到 2014 年 3 月，公司税也将增加 10%。日本政府出台了各种类型损失的基本赔偿计划，如疏散费用、限制海空行动、限制运输农产品、有害谣言造成的损害、间接损失以及因暴露于辐射而造成的健康问题，要赔偿的人数和区域范围不断扩大。例如，2011 年 12 月 16 日，23 个城镇自愿撤离的人被添加到补偿计划中，2012 年 3 月 16 日又增加了 9 个城镇。截至 2012 年 3 月 23 日，东京电力公司支付的总金额为 4911 亿日元，但这可能不到最终支付的赔偿金总额的一半。①

## 四、应对全球自然灾害事件的国际合作

自然灾害是全球面临的共同挑战，其对人类社会和环境造成的破坏是不容忽视的。在过去的几十年里，地震、飓风、洪水、干旱等自然灾害事件给公众生命财产和全球设施资源都带来巨大损失。国际社会需要进一步加强合作，建立更加紧密的应对自然灾害的国际合作机制，也需要加强国际组织和机构的协调和合作，制定更加完善的灾害风险管理和减灾政策，还需要加强跨国合作和技术交流，提高各经济体在自然灾害应对和减灾方面的能力，推动环境可持续发展，保障全球经济稳定发展。

### （一）信息共享与预警系统建设

自然灾害事件的影响通常跨越国界，因此需各经济体之间建立起信息共享和预警系统的合作机制，以便在灾害发生时能够及时有效地协作，保障全球经济活动的稳定运行。国际合作帮助各经济体共享灾害监测数据、预警信息和救援资源，促进各经济体在技术、经验和资源方面的共享，提高整全球自然灾害预警和救援水平，推动全球经济发展进程。

第一，建立跨国界的信息共享平台。及时分享有关灾害的数据和信息，包括地质、气象、水文等方面的监测数据以及灾害风险评估、应急救援资源等重要信息，确保各经济体在灾害发生时能够及时了解灾情和协同救援，包括人员疏散、

---

① Yoshio K., Stephanie E. C., Hirokazu T. 2013. Economic Impacts of the 2011 Tohoku-Oki Earthquake and Tsunami. Earthquake Spectra. Vol. 29, pp. 457-478.

伤员救治、物资调配等，促进各经济体在救援方面的资源共享和协调，提高全球救援行动的效率和效果，推动全球经济复苏进程。

第二，建立信息预警系统。实现地震预警、飓风追踪、洪水预测等，并建立跨国界的预警信号发布和传播渠道，促进预警系统的互联互通，使得各经济体的预警系统能够相互配合，提高预警效果，确保各经济体在灾害发生时能够及时发布预警信息，预防自然灾害事件对全球经济发展的影响。

（二）应急救援与人道主义援助

自然灾害事件给受灾地区带来严重的人员伤亡和财产损失，需要及时有效的应急救援措施，且受灾地区的人道主义援助也至关重要，可以帮助受灾群众渡过难关，重建家园。通过国际合作，各经济体可以在应急救援与人道主义援助方面提供更多的资源和支持，不断加强受灾地区的救援和重建工作，尽快恢复当地的正常经济活动。

第一，迅速展开救援行动。通过签订合作协议、建立联合工作机制等方式加强救援与援助工作，推动联合国、世界银行等国际组织提供资源和技术支持，协调救援行动，也推动跨国企业提供物资和资金支持，参与救援和重建工作，还推动红十字会、国际救援组织等民间组织提供志愿者和援助物资，支持受灾地区的救援工作。

第二，建立跨国界的救援资源共享机制。便于在全球范围内共享救援物资、救援人员和救援设备，确保各经济体在灾害发生时能够及时协同救援，并建立救援行动协调机制，包括联合救援行动的协调组织和跨国界的救援行动指挥中心，确保各经济体在灾害发生时能够及时协作，推动全球经济复苏进程。

（三）长期发展与减灾规划制定

通过长期发展与减灾规划制定，各经济体可以增强减灾能力，积极参与全球范围内的灾害管理和救援行动，共同应对自然灾害事件挑战，以便更好地预防和减少自然灾害事件所带来的破坏和伤害，保障全球经济稳定发展。

第一，共同制订城市规划、基础设施建设等长期发展规划。在城市规划中，充分考虑地质灾害和洪水的风险，采取相应的建设措施来减少灾害发生的可能性；在基础设施建设中，充分考虑地震和飓风的风险，采取相应的设计标准来减少灾害发生所造成的经济影响。

第二，共同制定灾害风险评估、社区防灾建设等减灾规划。通过灾害风险评估，确定灾害高发区域和易受影响人群，建立健全的政府机构和决策体系，加强政府在减灾工作中的引导和监督，以制定相应的防灾措施和救援计划；通过社区防灾建设，充分发挥公众、社会组织和企业的作用，形成多方合作、共同参与的减灾格局，提高社区居民的灾害意识和自救能力，以减少灾害给全球经济发展所造成的损失。

## 第四节　全球经济发展中的经济安全

经济安全是一国在经济领域内保持稳定、持续发展和不受外部威胁的状态。[①] 随着全球经济一体化的加深，各经济体的相互依赖性持续增加，这也使得全球经济发展更容易受到国际危机和冲击的影响，全球经济发展已与经济安全息息相关。经济安全是全球经济增长和稳定的重要保障，需要国际社会共同努力，通过合作和多边机制来维护全球经济稳定和持续增长。

### 一、全球经济安全的主要维度

经济安全是一国经济稳定发展的重要保障，涵盖供应链安全、金融安全、能源安全、粮食安全四个维度，每一维度都对全球经济长期繁荣和社会福利至关重要。

第一，供应链安全是一国在关键物资和服务的供应上不遭受中断的风险，包括对供应链中潜在的风险进行识别、评估和缓解，以确保在面对突发性公共卫生事件、地缘政治事件、自然灾害事件时，关键物资和服务能够持续供应。[②] 供应

---

① 江勇、章奇、郭守润：《经济安全及其评估》，《统计研究》1999 年第 9 期。
② Fischer, R. J., Halibozek, E. P., and Walters, D. C. 2019. Introduction to Security, 10th ed. Butterworth-Heinemann.

链韧性和经济安全是相互关联的，具有韧性的供应链能够在面对冲击时快速恢复，甚至达到优于以前的状态。

第二，金融安全是金融体系能够促进而不是阻碍经济的表现，并消除内生性或由于重大不利和意外事件而产生的金融失衡，涉及银行系统、资本市场、支付系统等多个方面。① 金融安全的目标是防范和化解系统性金融风险，保护投资者和消费者的利益，维护金融市场的稳定和公平，对于预防金融危机、维护全球经济秩序、促进全球经济增长具有十分重要的作用。

第三，能源安全是以可承受的价格获得足够的供应，聚焦于能源供应的稳定性和可靠性，美国国会预算办公室也将能源安全定义为美国家庭和企业适应能源市场供应中断的能力。②③ 能源安全对于保障国家经济运行和社会生活至关重要，涉及能源的勘探、生产、运输、储存和分配等各个环节以及能源的多样性和替代性。

第四，粮食安全是一国能够持续地为所有公民提供足够、安全和营养的食物，涉及粮食的生产、储存、加工、分配和消费等各个环节，其安全策略包括提高农业生产效率、保障粮食储备、加强食品安全监管等。④ 粮食安全对于保障人民的基本生活需求、维护社会稳定和促进全球经济发展具有重要意义。

## 二、全球经济安全的影响因素

随着国际关系中的紧张和冲突不断升级，如贸易冲突、领土争端等，都会对全球经济安全构成巨大威胁，从而影响全球经济发展。全球气候变化和环境退化也会对农业生产、水资源供应、自然灾害风险等产生不利影响，进而阻碍全球经济稳定发展。

第一，全球产业链供应链的稳定性受到国际政治经济格局变化、贸易保护主义、自然灾害事件和技术变革等因素的共同影响。例如，2011 年的泰国洪水事

① Schinasi, G. J. 2004. Defining Financial Stability. IMF Working Paper, No. 04187.

② Yergin, D. 2006. Ensuring Energy Security. Foreign Affairs. Vol. 85, pp. 69-82.

③ Congressional Budget Office. 2012. Energy Security in the United States. Washington, DC：CBO.

④ World Food Programme. 2009. Hunger and Markets（World Hunger Series）. Rome：WFP.

件的冲击在全球范围内产生了巨大影响，因为洪水集中在湄南河流域下游地区的关键工业走廊，这些走廊在全球供应链中发挥着关键作用，估计有 19% 的泰国制造公司参与全球生产，该国供应了全球约四分之一的硬盘驱动器，洪水严重影响了 Western Digital 等主要生产商的产量，导致全球价格几乎翻了一番，泰国也是许多日本汽车制造商和制造商的主要枢纽，这场灾难对丰田等公司的产出和收入造成了直接打击。①

第二，全球金融市场波动、金融风险的积累和传播也对经济安全造成威胁，包括银行体系的稳定性、资本市场的波动、金融监管的有效性以及对非法金融活动的打击等。例如，2010 年的欧洲主权债务危机，希腊向 IMF、欧盟和欧洲央行举债共计约 2400 亿欧元，希腊等国的债务问题引发了全球金融市场对欧元区金融稳定的广泛担忧。②

第三，能源安全也受到多种因素影响，包括供需关系、地缘政治事件、气候变化等，对能源价格的关注源于能源需求的弹性很低，再加上供应的短期价格弹性较低，供需的微小波动就会对价格产生较大影响。③ 例如，2021 年全球能源危机中，天然气和煤炭价格的大幅上涨，部分原因是由于极端天气事件频发和能源转型政策所导致的供需紧张，且价格波动会增加企业和消费者的不确定性，对全球经济发展产生深远影响。④

第四，粮食安全是经济安全的重要组成部分，受气候变化、耕地资源限制、农业生产效率和国际市场波动等因素的共同影响。例如，2011 年，泰国政府曾预计当年稻米产量能达到 2500 万吨，但洪水灾害会导致泰米减产 20%~25%，导

---

①　Swiss Re Group Logo, A decade on, learning from Thailand's devastating 2011 floods, https://www. swissre. com/risk-knowledge/mitigating-climate-risk/decade-on-thailand-devastating-2011-floods. html, Oct. 25, 2021.

②　James, H. 2024. The IMF and the European Debt Crisis. International Monetary Fund.

③　Smith, J. L. 2009. World Oil: Market or Mayhem? Journal of Economic Perspectives. Vol. 23, pp. 145-164.

④　Metcalf, G. E. 2014. The Economics of Energy Security. Annual Review of Resource Economics. Vol. 6, pp. 155-174.

致东南亚多国遭遇"严重的食品短缺"，不利于全球经济稳定发展。[①]

### 三、经济安全对全球经济发展的影响

随着经济全球化进程加快，经济安全不仅关乎一国的生存与发展，还涉及全球供应链风险、金融市场稳定性、贸易和投资决策以及科技创新和安全发展等多个方面。面对日益复杂的地缘政治环境、网络安全威胁和气候变化等全球性挑战，各经济体亟需制定有效的政策，应对经济安全问题，以推动全球经济发展进程。

第一，经济安全问题增加了全球供应链中断风险。特别是在美国安全供应链和制造业战略新布局调整的背景下，全球供应链格局极易被塑造为以美国供应链安全为中心的新格局，可能会阻碍了全球供应链区域内和区域间的融合。

第二，经济安全问题加剧了全球金融市场的波动性。经济安全议题的争端，可能导致信贷供给收紧，延迟了个人和企业的消费和投资决策，从而影响了全球金融稳定和主权债务。全球疫情爆发后，各经济体为应对疫情推出财政刺激政策，导致财政赤字和债务水平持续上升，2020 年全球债务总额同比大幅上涨28%，已达 226 万亿美元，债务率也由 2019 年的 228%上升至 257%。[②]经济安全问题也增加了境外金融风险，导致全球需求下行，从而影响全球贸易条件，引发全球贸易增速下滑。自 2018 年以来，全球贸易限制措施激增，全球货物出口量增长显著放缓，2020 年至 2024 年的复合增速为 1.6%，将创 1990 年以来新低。[③]

第三，经济安全问题导致贸易和投资政策更加地缘政治化。在世界经济论坛的《2023 年全球风险报告》中就有提到，地缘经济对抗是未来两年内第三大严重

---

①　The World Bank. 2012. Thai flood 2011: rapid assessment for resilient recovery and reconstruction planning. Working Paper, No. 69822.

②　International Monetary Fund, Global Financial Stability Report: Preempting a Legacy of Vulnerabilities, https://www. imf. org/zh/Publications/GFSR/Issues/2021/04/06/global-financial-stability-report-april-2021, April 6, 2021.

③　Kose, M. A., and Mulabdic, A. Global trade has nearly flatlined, https://blogs.worldbank.org/en/voices/global-trade-has-nearly-flatlined-populism-taking-toll-growth, February 22, 2024.

风险，包括制裁、贸易战和投资筛选。① 一国可能采取制裁、贸易战和投资筛选等手段来实现地缘政治目标，从而加剧了全球贸易关系的紧张性。经济安全问题导致全球贸易格局发生巨大变化，产业链供应链本土化、区域化趋势也会进一步拖累全球贸易增长。同一地区内的国际商品贸易占全球总贸易的比例已从 2001 年的 51% 下降到 2012 年的 45%，但近年来这一趋势正在逆转，区域内贸易占全球商品贸易总量的比例在逐步提高，且 2022 年全球贸易增速较 2021 年的 26.6%，下降超过 15 个百分点。②

第四，经济安全问题导致原有国际秩序的失效与重构。随着经济全球化的深入发展，各经济体之间的高度依赖，特别是在技术进步方面，这种依赖性逐渐集中在产业链和供应链上，而技术的不对称依赖则会增加经济体之间的冲突，从而激化了科技与安全的矛盾。关键核心技术一直是大国竞争的焦点，其受制于人会引发产业链断裂、经济产值下降的风险，如半导体产业链中高端芯片严重依赖进口，一旦受到限制，将直接影响相关产业的产值、利润、进出口贸易及就业等，引发经济安全问题。经济安全问题使得许多经济体加强了对外国投资的筛选和对敏感技术的出口控制，这种趋势限制了资本和技术的自由流动，从而影响了全球创新资源的有效配置。例如，美国在 2018 年实施了《外国投资风险审查现代化法案》，扩大了外国投资委员会（CFIUS）的权力，以国家安全为由审查和阻止外国投资，导致一些涉及关键技术和基础设施的投资项目被叫停。③ 随着人工智能、生命科学等领域的科技创新的快速发展和广泛应用，新技术已深度介入到生产生活之中，并对收入分配、社会公平、就业形态等方面造成巨大冲击，也给全球安全治理体系带来新挑战。例如，人工智能在给生产生活带来诸多便利的同时，也会触发泄露个人隐私、冲击就业格局、危害公共安全等一系列安全问题，从而对全球安全治理体系构成严重威胁。

---

① World Economic Forum, Global Risks Report 2023, https://www. weforum. org/publications/global-risks-report-2023/in-full/1-global-risks-2023-today-s-crisis/, January 11, 2023.

② 易小准、史蒂文·艾伦·巴奈特、金兴钟等：《全球产业链新趋势：机遇与挑战》，《国际经济评论》2023 年第 6 期。

③ 君合，《美国投资法律新动向——FIRRMA 最终法规出台，赴美投资机遇与挑战并存》，https://www.junhe.com/legal-updates/1118，3 月 2 日，2020 年。

### 四、应对全球经济安全的国际合作

在全球化日益加深的背景下，单一国家的经济安全不仅受到自身政策的影响，更与全球经济发展紧密相连。在应对贸易摩擦升级、金融风险加剧和气候变化等全球性挑战时，各经济体需要通过国际合作，促进全球资源的优化配置和风险的有效防范，这不仅有助于保障各经济体的经济安全，还能促进全球经济的持续性发展，为未来的经济繁荣奠定坚实基础。

#### （一）政策沟通与协调

政策沟通与协调不仅能够增进各经济体之间的理解与信任，还能促进信息共享，避免误判与冲突。通过协调经济政策，各经济体能够共同应对贸易壁垒、金融风险和资源短缺等问题，从而建立一个更加稳定和可预测的国际经济环境。

第一，用好国际组织的沟通平台。积极通过 G20、联合国、世界银行、国际货币基金组织（IMF）等多边平台，在经济政策、贸易、投资、金融监管等方面进行沟通，尽量减少政策分歧，共同应对全球经济挑战，保障自身经济安全，以促进全球经济发展。

第二，建立跨国界的政策协调机制。例如，构建"一带一路"倡议下的多边合作机制，促进成员经济体在基础设施建设、贸易、投资等多领域的政策沟通，推动全球经济发展进程。

第三，建立全球或区域性的经济危机应对和预防机制。例如，建立金融稳定委员会（FSB）、欧洲稳定机制（ESM）等，加强在经济危机情况下的政策协调，推动国际货币基金组织、世界银行等国际金融机构提供政策建议、技术援助和金融支持，帮助成员经济体进行宏观经济政策的协调，维护经济安全，以保障全球经济稳定发展。

#### （二）供应链安全合作

近年来，突发性公共卫生事件、地缘政治事件和自然灾害事件等正不断冲击全球供应链，导致各经济体意识到单一供应链的脆弱性，只有通过加强供应链安全合作，才能共享信息、优化资源配置，共同应对潜在风险，这不仅有助于提升全球供应链韧性，减少对特定国家或地区的依赖，还能促进全球经济的持续性发展。

第一，倡导建立供应链安全公共平台。借助多边协议和合作机制，促进信息共享，提高供应链的透明度和可追溯性，共同维护关键产业和资源的供应链安全，以确保供应链的稳定性和韧性。

第二，推动供应链的规范化和法制化。积极参与或引领国际供应链相关的标准和规则制定，并设立专项基金，支持供应链相关的技术研发和产业升级，以保障全球供应链的稳定发展。

第三，建立产业链供应链安全风险评估和应对机制。通过多元化供应来源和备选方案，减少对单一供应商或地区的依赖，不断提高自身供应链的抗风险能力，并对潜在的风险进行识别、评估和控制。

（三）可持续发展合作

可持续发展合作不仅关注经济增长的短期利益，还强调环境保护和社会福祉的长期平衡。通过国际合作，各经济体能够共同制定绿色政策、推动清洁技术创新，加强资源的高效利用，这有助于减少对化石燃料的依赖，降低环境风险，从而增强经济韧性，促进全球经济增长。

第一，开展可持续发展领域的国际合作。充分利用联合国可持续发展目标（SDGs）等框架，共同推动减贫、教育、卫生、环境保护等领域的国际合作，并在全球框架下制定政策，考虑地方的具体情况和需求，确保可持续发展措施的有效性和适应性，以促进全球经济的可持续发展。

第二，不断加强科技创新合作。通过新技术和创新方法来解决可持续发展中的具体问题，如气候变化、资源管理和社会公平等，并通过技术转让和知识共享，不断增强应对可持续发展问题的能力，以保障全球经济稳定发展。

第三，不断加强资金与投资合作。通过公共和私人部门的投资，尤其是绿色金融，大力支持可持续发展项目，并建立健全金融机制和激励措施，吸引更多的资金流入可持续发展领域，推动全球经济发展进程。

# 第十四章

# 中国开放发展与全球发展倡议

中国开放发展与全球发展倡议密切相关，共同推动全球经济的包容性和可持续性。中国的开放发展战略强调通过扩大对外开放、推动创新和深化国际合作来促进经济增长，支持全球化进程，并为国际社会提供中国经验和方案。在此背景下，全球发展倡议旨在通过推动绿色发展、加强基础设施建设和促进国际合作应对全球性挑战，如气候变化和贫困。中国的开放政策与全球发展倡议的核心理念相契合，推动了科技创新、数字经济和产业升级，并加强了与其他国家在经济、科技和环保领域的合作。通过深化全球合作和促进开放交流，中国不仅为全球经济复苏注入动力，也为国际社会提供了更多公共产品和发展机遇，进一步促进了全球经济的稳定与繁荣。

## 第一节　中国开放发展的理论基础

市场经济是开放型经济，既需要对内开放，也需要对外开放。市场经济的对外开放理论是关于市场经济对外开放的必要性、内容和方式的理论，实质上是如何正确处理国际经济关系的理论。社会主义市场经济的对外开放理论以马克思主义政治经济学的资本主义国际经济关系理论和社会主义对外经济关系思想为基础，参考借鉴了西方经济学的国际经济关系和市场经济开放理论。社会主义市场经济的对外开放理论是社会主义市场经济理论的重要组成部分，对中国在新时代、新发展阶段实行高水平对外开放具有重要指导意义。

## 一、开放经济与经济开放的概念

在经济全球化的背景下，发展开放经济已成为世界各国的基本共识，各国的经济开放程度也有了显著提升。开放经济是指一国与世界其他国家有着经济往来，本国经济与外国经济之间存在着密切关系的经济体系。开放经济强调将本国经济与世界市场相联系，尽可能充分地参与国际分工，在国际分工中发挥本国的比较优势。具体而言，开放经济主要有三个层次，分别是产品市场开放、资本市场开放与要素市场开放。在开放经济中，一国同世界其他国家参与国际贸易、国际投资与劳动力跨境流动等对外经济活动，生产要素、商品与服务能较为自由地跨境流动，从而优化资源配置与提升市场效率。

如果说开放经济偏向于回答"一国是否与其他国家有对外经济活动"的问题，那么经济开放则着重于回答"一国如何与其他国家开展对外经济活动"的问题。当前，学术界对于经济开放的内涵普遍达成共识，认为经济开放主要表现在贸易开放与投资开放两个方面。具体而言，贸易开放主要包括跨境货物贸易与跨境服务贸易；投资开放则主要包括跨境直接投资与跨境证券投资。根据开放领域与程度的不同，经济开放可以分为流动型开放和制度型开放两类。

流动型开放是指商品和要素在全球范围内的跨境自由流动，重在简化"边境上"监管措施、降低外资市场准入门槛，例如降低关税、减少非关税壁垒等举措。从世界经济的发展历程来看，流动型开放的主要内容随着经济全球化的深入发展有所变化。第一次工业革命后，资本主义国家开始对外扩张的步伐，商品、劳动力开始跨境流动。但是这种流动多为"殖民扩张"、"强权抢占"、"不平等交易"的结果，并非真正意义上的流动型开放。随后，第一次世界大战与1929年的经济大萧条使得贸易保护主义开始抬头，多国采取"以邻为壑"的对外贸易政策，再加上第二次世界大战与"冷战"对世界经济的冲击，全球经济增长缓慢。面对持续低迷的经济形势，多国开始改变经济发展战略，积极参与关税及贸易总协定（General Agreement on Tariffs and Trade，GATT）的谈判，纷纷降低关税并减少非关税壁垒，贸易和投资自由化逐渐成为全球趋势，以减少"边境上"贸易与投资限制为主要内容的流动型开放程度不断提升。世界贸易组织（World Trade

Organization，WTO)成立后，逐渐建立涉及货物贸易、服务贸易、投资的多边贸易规则体系，进一步明确了商品和要素流动型开放的具体内容与要求。

制度型开放是以规则、规制、管理、标准开放为主的开放，主要包括知识产权、技术标准、环境保护、竞争中性等边境后的国内制度开放，形成与高标准国际经贸规则相衔接的国内规则和制度体系。随着一国对外经济发展水平的提高，商品和要素流动型开放的边际收益逐渐减少，以规则、标准等为主的制度型开放成为一国经济开放的更高要求。具体而言，制度型开放所涉及的内容十分广泛。从广度来看，制度型开放是范围更广、领域更宽的开放，包括世界规则体系、国家治理体系、产业标准体系、信用评级体系等内容。从深度来看，制度型开放是更深层次的开放，旨在实现规则的引进来与走出去，以规则、规制、管理、标准等国内政策举措实现与国际制度的对接。从质量来看，制度型开放强调制度政策的协调性、一致性。其中，政策协调是制度型开放的核心。

## 二、西方经济理论与对外开放

关于对外开放对经济发展影响的研究一直是学术界讨论的焦点，学者们通过不同的理论视角论证了对外开放的促进或是抑制作用。西方理论界关于对外开放对经济发展影响的研究始于 15 世纪至 16 世纪的重商主义，重商主义理论的代表是托马斯·孟，他在 1630 年提出"国际贸易差额论"，认为金银作为财富的代表可以通过出口这一手段来实现，出口贸易能促进经济增长，因此国家应该尽可能多地鼓励出口来增加货币流入，进而促进本国经济发展增长和社会财富的不断积累。自 18 世纪起，欧洲国家纷纷完成工业革命。英国率先完成工业革命并开始全球扩张，形成了具有世界主义特征的经济学。

### （一）贸易开放与自由贸易理论

1776 年，英国经济学家亚当·斯密发表其经济学代表作《国民财富的性质和原因的研究》，理论要点为以下三个方面：第一，分工和专业化是经济增长的主因。斯密认为增加国民财富和促进经济增长的主要途径是增加劳动者数目、增加资本投入、加强分工和改良机器以提高生产率。在这三种因素中，斯密特别推崇分工和专业化，甚至认为此乃经济进步的主要原因。① 第二，生产力是价值创造的唯一来源。与以魁奈为代表的重农学派类似，斯密将生产力视为国民财富的源泉。第三，重视贸易的作用。在斯密看来，基于国家生产力的绝对优势能够解释国家间贸易的形成。通过贸易，穷国能够进口设备和工具以提高生产效率，从而实现生产力的提高，进而增加国家财富。

大卫·李嘉图对斯密的国际贸易理论进行了更加深入的分析，提出了比较优势理论。该理论认为：第一，比较优势是两国贸易形成的原因。即便是两国同时拥有在某类商品上的绝对优势，两国仍然可以按照比较优势组织生产，并通过国际贸易交换以实现两国收益的提高。李嘉图认为，"在交易完全自由的体制下，按照自然趋势，各国都把资本劳动投在最有利的用途上。个人利益的贪图，极有关于全体幸福。"②第二，认可劳动是价值创造的来源，鼓励一国提高生产力。第三，贸易可以提高生产力，从而增进国家财富。开放市场和自由贸易对于国家财富的积累和人民生活水平的提高至关重要。比较优势原理因此成为经济循环理论的重要理论逻辑——任何一个经济体，其发展的最终动力源于其自身生产要素质量效率的提升，否则不可持续。③

在斯密和李嘉图研究的基础上，新古典经济学的代表人物英国经济学家阿尔弗雷德·马歇尔(Alfred Marshall，1842—1924 年)于 1890 年出版了其著作《经济学原理》。在该书中，马歇尔认为规模效应可以产生竞争优势，"大规模生产的主要利益，是技术的经济、机械的经济和原料的经济。"④规模经济所带来的内部经济将显著降低成本，同时有助于形成设备改良、学习成本降低和创新等外部经济。这揭示出大国市场的重要性，国内市场的规模效应不仅有助于国家竞争力的提升，也能够形成国家间贸易的比较优势。

---

①　约瑟夫·熊彼特：《经济分析史(第一卷)》，朱泱，孙鸿敬，李宏译，商务印书馆，1991，第 285 页。

②　大卫·李嘉图：《政治经济学及税赋原理》，郭大力，王亚南译，译林出版社，2011。

③　杨英杰：《"双循环"新发展格局的历史逻辑、理论逻辑和实践逻辑》，《长白学刊》，2021 年第 2 期。

④　阿尔弗雷德·马歇尔：《经济学原理》，朱志泰译，商务印书馆，1964，第 291 页。

### （二）贸易开放与保护贸易理论

不同于英国率先完成工业化并开启全球贸易，以德国为代表的后起资本主义国家的工业化发展缓慢。德国的古典经济学家面临的社会背景有以下三点：其一，德国国内市场的统一进程较曲折，完成较晚。19 世纪初的德国仍然是一个封建的农奴制国家，而且邦国林立，国内市场分割严重。19 世纪 50 年代，在加速统一进程和自上而下地进行资本主义改革之后，德国才逐渐开始资本主义工业化转型。其二，德国在全球扩张进程中后发劣势明显。由于统一进程较波折，国内市场形成较晚，德国作为海外市场的后来者，与英法等国殖民地的竞争极为激烈，且竞争成本高昂。其三，德国形成了强有力的中央政府权力。在统一德国的过程中，普鲁士采取了强硬的中央权力，消灭地方反对势力，同时在海外扩张的过程中，德国强力支持国内产业出海。在此背景下，[1] 不同于斯密等人关注国家的一般特征，德国古典经济学代表人弗里德里希·李斯特更加关注不同国家的特殊性，即一种"如何使某一特定国家在世界当前形势下，让农工商业取得富强、文化和力量的那种科学"。[2] 基于此，李斯特更加关注国内市场以及国内国际市场的相互作用。

德国经济学家李斯特吸收了当时与英国对立的美国学派的经济发展理论，建立了一套以国家为分析核心的"国民经济学"。第一，生产力是一国经济发展的关键。在其著作《政治经济学的国民体系》中，李斯特重点强调了国家财富经济问题研究的核心是"生产率"而非"价值"，拥有财富创造能力的生产力才是一国长久繁荣的根本保证，国家发展的精力全都应该放在提高国家的"生产力"上，而提高生产力的方式包括教育和科技等人力资本投入、政治经济法律制度等的影响、产业部间的协调关系、民族精神等。[3] 第二，工业是一国经济发展中最重

---

① 贾根良（2011）指出，美国学派是指导美国工业化发展和经济崛起的重要经济学说，其理论核心是生产率立国，保护性关税，国内市场，利益和谐与国民银行。很大程度上，李斯特的理论主张与第一代美国学派是一致的。

② 弗雷德里希·李斯特：《政治经济学的国民体系》，陈万煦译，商务印书馆，1961。

③ 郭冠清：《构建双循环新发展格局的理论、历史和实践》，《扬州大学学报（人文社会科学版）》，2021 年第 1 期。

要的产业。李斯特强调工业是一国富强的重要基础，工业发展是其他行业发展的必要保证，也是实现国家生产力提高的决定因素。同时，促进工业发展也是一国产业结构升级的必然结果。第三，一国的对外贸易政策应该与国家的发展阶段相适应。李斯特详细考察了国际经贸关系在一国发展的三个阶段：第一阶段，全面自由贸易。这是为了尽快摆脱国家落后状态，通过农业发展引进新技术，促进国内工业起步。第二阶段，分部门的产业保护。目的在于保护国内尚未成熟的工业部门的发展，免于因外国同行业竞争者的冲击导致国内工业部门的死亡。但对于其他行业，则可以实施较低水平的保护。第三阶段，取消保护，重回自由贸易。经过保护时期的发展，此时工业部门已足够壮大，可以重新进入国际市场进行市场竞争。①

### （三）金融开放与国际金融合作理论

20 世纪 30 年代，凯恩斯主张国家直接或者全面干预金融市场，以增加社会有效需求。该理论认为财政政策是主要的，而货币政策处于从属位置，主张银行应该是非竞争性的，利率不应该市场化，而应该被国家管制。实践证明，凯恩斯的主张在一定程度上刺激了总需求，但却带来了滞胀。西方主要发达国家陷入滞胀的泥潭，在一定程度上也促成了自由主义经济思想的回归。20 世纪 70 年代，麦金农和肖分别出版了《经济发展中的货币与资本》和《经济发展中的金融深化》，标志着金融抑制和金融深化理论的形成，从而为发展中国家金融自由化提供了理论支持。金融抑制理论认为，金融变量与金融制度对于经济成长和经济发展既可能有促进作用，也可能有阻碍作用，关键是政府政策和制度选择。很多发展中国家为了快速推进工业化，对金融活动进行了过多干预，压低了利率和汇率，由此产生了很多负面效应，包括负收入效应、负储蓄效应、负投资效应和负就业效应。金融深化理论则主张政府应该放弃对金融领域的过分干预，进而使利率和汇率能够充分反映资金和外汇的供求状况。

随着金融活动日益国际化，国家之间开展金融合作也日益常见，包括信息交

---

① 刘帅帅：《德国历史学派经济思想研究》，东北财经大学，2017，第 36 页。

流、政策协调和制度建设等方式。各国开展金融合作的目的在于提升金融效率、培育金融市场、防范金融风险。这些金融合作按照范围可以分为全球金融合作、区域金融合作以及次区域金融合作等。合作内容包括国家间的汇率协调与联动、统一货币安排、货币互换合作、支付结算系统的互通、金融市场的结合、金融机构的准入、金融信息的共享、金融危机的管理等。其中，货币合作是最核心的内容，最优货币区理论是国际金融合作最重大的理论之一。

随着欧洲货币一体化的逐渐推进，西方经济学界提出了"最优货币区"理论，即在不同国家或地区共同组成货币联盟，在区域内实行统一货币，假如有多种货币，则会形成货币兑换市场，货币经由兑换就能在区域内流通。汇率在对内交易时一般能达到某种平衡，汇率的高低由成员相互影响，汇率在对外交易时会有浮动，但通常是比较统一的浮动。在此情况下，可以使宏观调控达到最佳效果，稳定物价的同时提高就业率，促进经济增长，让国际经济达到平衡。最优货币区是货币交易成本(微观效率)和货币政策调控(宏观效率)下的产物，而货币区是否达到最佳效果可以用"帕累托"来衡量。经济学家蒙代尔提出用生产要素的流动性作为划分最优货币区的具体标准，他认为区域经济内部的生产要素具有流动性，区域经济以外的生产要素存在流动性障碍。所以，最优货币区内的生产要素可以充分发挥作用，使利益最大化。

（四）资本开放与国际资本流动理论

第二次世界大战之后，以国际直接投资为主要形式的国际资本流动快速发展，有力地推动了世界主要国家的对外开放进程，并促成了国际投资理论以及跨国公司理论的快速发展。海默、金德尔伯格等的垄断优势理论，弗农的产品生命周期理论，巴克利、卡森等的内部化理论，以及邓宁的国际生产折衷理论等从多个角度研究了国际直接投资的动因、方式和影响。一般而言，资本的跨国流动会对资本流出国和流入国产生不同影响。对于资本流入国而言，外国直接投资会增进其国内的资本积累，资本附带的先进技术和管理经验也会在一定程度上促成其国内的技术进步以及经济结构升级，这些都会增加其新兴工业部门和第三产业部门的就业机会，提升高技能人群的收入水平，增加出口创汇能力。对于资本输出国而言，对外直接投资有利于其占领更为广阔的世界市场，促进商品出口，获取国内经济发展所需的原材料、能源以及其他资源。由此可见，国际资本流动可以使资本流入国和流出国之间实现"共赢"的结果。

古典经济学理论分别关注了国际市场和国内市场对经济发展的重要作用，为理解国内国际两个市场如何作用于一国的经济发展提供了理论基础。无论是以斯密、李嘉图和马歇尔为代表的"国家经济学"，还是以李斯特为代表的"国民经济学"，都强调了国家内部市场的重要性，并且也都重视国家间贸易对于国民财富增加的贡献，他们所支持的市场对资源配置的作用不仅体现在国内市场之上，也体现在对国际贸易的分析之中。当然，两者侧重点也有所不同。国家经济学更加侧重研究经济循环的一般条件，强调国家在世界市场中的一般性质，鼓励自由贸易，从而具有静态均衡分析的特点。国民经济学则更加强调将对外贸易作为提高国内生产力的因素之一，要根据国内工业的发展而在不同阶段采取不同的策略，更具有动态分析的特点。

### (五)经济开放与国际区域经济合作理论

参与国际区域经济合作的国家采取合作共同推动区域内部的自由贸易，主要是希望通过合作的方式消除贸易壁垒，深化彼此之间的分工，从而获得更多的福利。区域内部贸易量增长只是这个福利的表现形式，最根本的福利来源应该是由于区域内部贸易壁垒消除后产生的专业化分工经济。所谓的分工经济(Economics of Division of Labor)，也被称为"一加一大于二的效果"，即两人分工合作能够取得的产出水平比不分工简单相加的产出水平更高。

根据国际区域经济合作理论，一国参与区域经济合作可以获得静态利益和动态利益。静态利益主要指的是在关税取消之后，贸易量的增大，包括贸易流效应和贸易条件效应。贸易流效应主要指区域成员之间贸易壁垒消除之后贸易量的增长，即所谓贸易创造效应。区域经济合作组织成立之后，成员之间的关税壁垒将被取消，引起同盟内一个成员国国内较高成本产品的消费向同盟内伙伴国国内较低成本产品的转移。这种转移具有两个方面的内容，一是减少或取消与国外产品同类的成员国国内商品的生产，成员国国内所需产品转而从伙伴国进口；二是增加消费伙伴国的产品以替代成本较高的成员国国内产品。前一种情况相对于成员国国内生产是一种成本的减少，这产生了一种生产效应（Production Effects）。后一种情况使成员国对这种产品的消费需求增加，进一步增加了该国消费者剩余，这是一种消费效应（Consumption Effects）。贸易条件效应主要指国际区域经济合作带来成员贸易条件的改变。自20世纪50年代，普雷维什和辛格提出了著名的"普雷维什—辛格命题"，即发展中国家在与发达国家进行不等价交换中，贸易条件不断恶化，与发达国家的收入差距也将不断拉大。大量的实证分析已经表明，对于发展中国家而言，参与国际区域经济合作确实有利于改善一国的贸易条件。

动态利益则指的是关税及非关税壁垒的削减，使商品、资本交易的成本降低，为深化分工创造市场条件，从而推动经济增长。国际区域经济合作通过一体化程度的提高，改善一国宏观经济政策质量，引进、模仿和吸收一体化伙伴国的先进技术等，使得一体化通过影响本国要素使用效率，最终促进经济增长。国际区域经济合作还会对区域投资水平产生影响，进而增强其长期增长。一般认为，国际区域经济合作促进投资主要源于两大因素，一是伴随商品、资本及其他要素流动障碍的消除所激发的区域成员相互投资的增加；二是增加区外企业的对内投资。

此外，国际区域经济合作还可以给成员国带来非传统收益，包括：发布经济稳定信号，通过一体化对外显示出经济稳定、对外开放的信号，有利于吸引外部投资；展现具有信用的形象，即加入一体化组织可以使一些发展中小国对外更具有信用形象，增强外部投资信心；增加谈判筹码，建立国际区域经济合作组织可以使区内成员国与区域外国家或地区谈判时更有讨价还价的优势；获得保险，对于发展中成员小国而言，加入国际区域经济合作组织犹如购买了强有力的后备保险，尤其是当与发达成员国经济一体化时，保险效果更加明显；最后，国际区域经济合作组织还可以作为协调成员国关系和政策的工具和机制。

## 三、马克思主义经济学与对外开放

马克思在充分批判继承前人成果的基础上，形成了"世界市场"相关的精辟论述。关于世界市场的形成原因，马克思认为，集市的兴起与城市的发展是世界市场形成的基本前提；新航路的开辟是世界市场形成的历史条件；工业革命是世界市场形成的主要原因；交通运输、通讯的发展是世界市场形成的技术条件。十月革命后，在马克思、恩格斯关于"世界市场"的理论基础和俄国成为第一个社会主义国家的实践基础上，列宁第一次系统地提出了社会主义国家对外开放的理论。产业革命使资本主义生产方式在西欧确立起来，并以英国为中心逐步形成和扩张成一个资本主义的世界经济体系。马克思和恩格斯的"世界历史"理论、列宁的"利用西方资本主义的"思想，揭示了人类社会从封闭走向开放的必然趋势，阐述了马克思主义最初的对外开放思想，从某种意义上甚至开创了全球化思想的先河。

（一）对外开放是生产力发展的必然结果

马克思和恩格斯在批判地继承了黑格尔"世界历史"思想的基础上，以西欧为具体对象，阐述了历史向世界历史转变的过程，认为这种转变是完全物质的且可通过经验证明的。随着欧洲中世纪城乡的分离、城市中生产和交往的分离、各城市间生产上的新分工，最初的地域局限性开始逐渐消失。到 17 世纪中叶，工场手工业和新兴商业集中于英国，为其创造了一个世界性的大市场，形成了传统工场手工业所无法满足的多样化产品需求，最终在 18 世纪催生了资本主义的"大工业"，将自然力用于工业目的，实行最广泛的分工，采用机器生产。经过一段时间的发展，各国以往自然形成的闭关自守的状态得以消失，每个文明国家和每一个人都依赖于整个世界，首次开创了世界历史。

（二）对外开放对资本主义有着双重影响

马克思和恩格斯认为资本主义生产方式区别于以往的显著特征，就是其具有的国际性质。资产阶级的真实任务就是建立世界市场，并以此为基础展开生产。资本主义制度的扩张将一切民族都卷到现代文明中来，世界结成了一个以国际分工为基础的商品生产体系。当然，这一经济体系是一个不平等的体系，是"未开化和半开化的国家从属于文明国家"、"农民的民族从属于资产阶级的民族"、

"东方从属于西方"的体系。这一体系的形成和扩张给后进国家造成了巨大的痛苦。但同时，这一体系把物质生产转变为在科学帮助下对自然力的统治，创造的生产力比以往一切时代的全部还要多、还要大，造成了以全球互相依存为基础的国际交往，产生了世界历史意义上的无产阶级，为新世界的诞生奠定了物质基础。①

### （三）世界经济是一个相互联系、相互依存的整体

列宁在苏俄社会主义实践中具体地探索了对外开放，极大地丰富和发展了马克思和恩格斯的对外开放思想。他认为在大工业时代，世界经济已经是一个相互联系的整体，世界各国无论实行哪种政治制度，都不可避免的相互依赖。欧洲没有俄国，便不能恢复元气。而欧洲衰弱又会使美国危急。同样，俄国的经济建设也只有在与世界经济的广泛联系中才能实现，社会主义国家不同世界其他国家联系是无法生存的，必须把自己的生存和发展与资本主义关联起来。

### （四）吸取西方资本主义的一切文明成果

列宁认为社会主义必须建立在资本主义所创造的经济文化高度发达的基础之上。随着社会主义制度在经济、文化落后的俄国确立，苏维埃政府就必须通过一切途径获得社会主义制度赖以生存和发展的物质基础，也就必须实行对外开放，学习西方资本主义国家的文明成果。列宁认为社会主义国家的对外开放是全面的对外开放，他曾形象地做出比喻，认为"苏维埃政权+普鲁士的铁路秩序+美国的技术和托拉斯组织+美国的国民教育+……＝社会主义"。在开放内容上，社会主义国家的对外开放涉及经济、政治、文化等各个方面。列宁还创造性地提出了社会主义俄国实行对外开放的具体方式，即租让制和对外贸易。同时，列宁也充分认识到实行对外开放会给苏维埃俄国带来消极影响，要求谨慎地实施对外开放。②

① 马克思、恩格斯：《马克思恩格斯全集》第29卷，人民出版社，1972。
② 列宁：《列宁全集》第34卷，人民出版社，1984。

### 四、中国特色社会主义理论与对外开放

在马克思主义理论的指导下，中国将马克思主义基本原理与中国的具体实践相结合，形成了中国共产党对外开放思想和理论。中国经济发展的成功经验得自于贸易增长、技术进步和制度完善的"三位一体"的收益，而在这三种收益获得的过程中，对外开放无论在逻辑上还是实践上都扮演了先行者角色。中国特色对外开放理论和政策体系是党的集体智慧的结晶，以毛泽东、邓小平、习近平等为代表的各个时期党的主要领导人对开放思想和重大决策的形成发挥了重要作用。毛泽东同志提出了对外开放的思想和理论构架，并进行了认真的探索和实践，为我国对外开放事业的发展迈出了宝贵的第一步。邓小平同志从我国实际出发，设计了我国新时期对外开放的宏伟蓝图，使得我国全方位，多层次的开放格局得以形成。江泽民同志根据国际、国内经济发展趋势和要求，推动我国在更高水平上全面融入世界经济体系。胡锦涛同志站在历史高点和时代前沿，提出了构建和谐社会，进而构建和谐世界的卓越理念，把中国共产党对外开放思想提升到了一个新的历史高度。中国共产党人将马克思主义基本原理同中国具体实际相结合，始终坚持独立自主、互利共赢的原则，不断探索有中国特色的对外开放道路，实现了由传统封闭社会向现代开放社会的根本性转变，也为丰富发展马克思主义对外开放理论做出了特色鲜明的"中国贡献"。

### （一）中国的发展离不开世界，对外开放是长期的基本政策

事物之间的相互联系是事物存在的普遍方式。唯物辩证法认为，宇宙间的任何事物都同周围的事物互相联系、互相依存、互相制约、互相作用，各种事物和现象，从巨大的星系到微观粒子，从无机界到有机界，无不处于普遍联系之中。世界上绝对孤立存在的事物是没有的，也不可能存在。世界普遍联系的客观性决定了对外开放的必然性。

"世界是普遍联系的统一整体"的世界观，是毛泽东对外开放思想的起源。毛泽东同志在1935年写的《论反对日本帝国主义的策略》一文中指出："自从帝国主义这个怪物出世之后，世界的事物就连成一气了，要想割开也就不可能了。"

同篇，他还指出：“我们中华民族有同自己的敌人血战到底的气概，有在自力更生的基础上光复旧物的决心，有自立于世界民族之林的能力。但是这不是说我们可以不需要国际援助；不，国际援助对于现代一切国家一切民族的革命斗争都是必要的。”①帝国主义对劳动人民的剥削和奴役是世界性的。因此，在革命斗争中各个国家的人民总是相互支持的，在经济建设中各个国家的经济活动是互惠互利的，各国之间开展国际经济、文化、科技的交流与合作也是必需的。

### （二）坚持独立自主、平等互利的开放原则

独立自主、自力更生是中国革命胜利的根本保证，是争取外援的出发点和归宿。依据辩证唯物主义关于"外因是变化的条件，内因是变化的根据"的原理，革命和建设取得胜利的根据虽然在国家内部，但是假如缺少一定的外部条件，革命和建设也要受到挫折甚至遭到失败。而对外开放能够充分利用有助于革命和建设的外部条件，将自力更生和争取外援有机地结合起来，不仅为中国人民指明了夺取革命胜利的正确道路，而且为中国人民提供了中华人民共和国成立后进行社会主义建设的重要指导原则。

对于"以我为主"和"外援为辅"的辩证关系，毛泽东同志有着十分精辟的分析。他认为中国的革命和建设，主要根据自身实际情况和现实条件，以发挥中国人民自身力量为主，以争取外国援助为辅。外援是中国革命胜利的必要条件之一，我们应尽力争取之，但决不可过分依赖，更不能拿原则做交易去换取外援。因此，我们要有计划、有选择地引进资本主义国家的先进技术和其他对我们有益的东西。② 尽管由于种种历史条件的限制，毛泽东同志关于对外开放的初步设想当时在实践中难以充分实现，但是对于国际反法西斯统一战线的形成，抗日民族统一战线的巩固和发展，以及陕甘宁边区的经济建设起到重要的推动作用。

### （三）要实行全方位、多层次、多种方式的对外开放

随着中华人民共和国的成立和社会主义建设的蓬勃开展，为毛泽东对外开放

---

①  毛泽东：《毛泽东选集》第 1 卷，人民出版社，1991。

②  吴黎平：《毛泽东一九三六年同斯诺的谈话》，人民出版社，1979。

思想的进一步完善提供了有利条件。1956 年，毛泽东同志在《论十大关系》中，初步总结了中国社会主义建设的经验，专门论述了中国和外国的关系，提出了较完整的对外开放思想和有关方针、原则。

为了把国内外一切积极因素调动起来，为社会主义事业服务，就必须将外国的先进经验与中国的实际情况相结合。我们向外国学习，在时间上，不是一时的权宜之计，而是必须长期坚持的战略方针；在空间上，要向一切国家学习，博采众家之长，以补自己之短；在内容上，包括从经济基础到上层建筑的各个领域。但是，对待外国的科学、技术、文化不加分析地一概排斥或一概照搬，这都不是马克思主义的态度，正确的态度应该是有分析有批判地学，一定要与中国实际相结合。

### （四）要不断提高对外开放水平，提高开放型经济的质量

在 20 世纪 90 年代中期以前，中国对外开放工作的重点实际上是放在数量的增加、规模的扩大、领域的扩展方面，对开放的水平、质量和长远的效益等重要问题较少顾及。进入 20 世纪 90 年代中期以后，中国对外开放事业的健康发展从客观上要求必须改变以往的许多做法。在这种情况下，江泽民同志在党的十四届五中全会上发表讲话，首次提出提高对外开放水平的思想，明确指出："我们必须坚定不移地继续扩大对外开放。同时要看到，在发展对外经济关系中也存在着一些问题。要认真总结经验，以国家的法律和政策为依据，正确引导，加强管理，维护国家的根本利益，把对外开放工作做得更好。"[1]

其中，实施"走出去"战略，是在深刻分析国内国际形势的基础上作出的重大战略决策，是对外开放思想的重大发展。中国需要鼓励和支持具有比较优势的各种所有制企业进行对外投资，带动商品和劳务出口，形成一批拥有雄厚实力的跨国企业和著名品牌。实施"走出去"战略，是更好地利用国内外两个市场、两种资源的必然选择，是逐步形成大型企业和跨国公司的重要途径。[2] 对于中国参与国际经济技术合作、在更广阔的空间进行经济结构调整和资源优化配置、提高

---

[1]　江泽民：《江泽民文选》第 2 卷，人民出版社，2006。
[2]　江泽民：《江泽民文选》第 2 卷，人民出版社，2006。

技术开发和自主创新能力、促进中国经济的长远发展等方面都具有非常重要的战略意义。

### （五）开放合作、互利共赢，共建和谐世界

当今世界正在发生前所未有的历史性变革，我们所处的时代是一个充满机遇和挑战的时代。随着经济全球化的不断深化，世界各国已经成为一个有机互动的整体，国与国之间应该客观认识和正确对待对方的发展，相互视为合作双赢的伙伴，而不是"零和"竞争的对手，相互支持对方和平发展。

妥善应对全球性重大挑战和威胁，是世界各国的共同责任。胡锦涛同志认为，各国应该从人类生存和发展的高度，用相互联系的眼光看待和应对全球性重大挑战和威胁，树立共同责任意识，携手应对一切危机。中国的发展离不开世界，世界的发展也需要中国。① 当然，全球性挑战和威胁从根本上是发展问题，要兼顾发达国家和发展中国家的利益和需求，加强和完善全球经济治理，促进世界经济协调持续发展，倡导包容性增长，推动平衡增长。中国应该坚定不移地走和平发展道路，既充分利用世界和平发展带来的机遇发展自己，又以自身的发展更好地维护世界和平、促进共同发展。立足中国国情，顺应时代潮流，是实现中华民族伟大复兴的必由之路。

## 五、习近平新时代中国特色社会主义思想与对外开放

党的二十大报告提出，中国坚持对外开放的基本国策，坚定奉行互利共赢的开放战略，不断以中国新发展为世界提供新机遇，推动建设开放型世界经济，更好惠及各国人民。坚定不移全面扩大开放，是中国经济发展的重要法宝。党的十八大以来，习近平同志统筹中华民族伟大复兴战略全局和世界百年未有之大变局，在深刻总结新中国成立以来特别是改革开放以来对外开放实践经验的基础上，鲜明指出"中国开放的大门不会关闭，只会越开越大"，明确回答了新时代为什么要全面扩大开放和如何全面扩大开放的问题，系统阐释了全面扩大开放的

---

① 胡锦涛：《在纪念党的十一届三中全会召开 30 周年大会上的讲话》，《求是》2008 年第 24 期。

重大意义、基础条件、重点任务等。

## （一）中国开放的大门越开越大

习近平同志指出，对外开放是中国的基本国策，中国越发展，就越开放，中国开放的大门只会越开越大。对外开放是推动中国经济社会发展的重要动力，以开放促改革、促发展是中国发展不断取得新成就的重要法宝。从国内看，全面扩大开放为经济发展提供重要动力。改革开放以来，我们坚持对外开放基本国策，打开国门搞建设，实现了全方位开放的伟大历史转折，成长为全球第二大经济体、货物贸易第一大国。新发展阶段，构建新发展格局、推动高质量发展，要推动国内国际双循环相互促进，更好发挥高水平开放促改革促发展的重要作用。从国际看，全面扩大开放为推动建设开放型世界经济、推动构建人类命运共同体贡献中国力量。改革开放以来，中国在对外开放中不断壮大，不仅发展了自己，也造福了世界。当前，世界进入新的动荡变革期，经济全球化遭遇逆流。在此形势下，中国秉持开放、合作、团结、共赢的信念，坚定不移全面扩大开放，通过促进内需和外需、进口和出口、引进外资和对外投资协调发展，将更有效率地实现内外市场联通、要素资源共享，让中国市场成为世界的市场、共享的市场、大家的市场，为国际社会注入更多正能量。

## （二）推进高水平对外开放解决发展内外联动问题

在党的十八届五中全会上，习近平同志提出了创新、协调、绿色、开放、共享的发展理念，强调创新发展注重的是解决发展动力问题，协调发展注重的是解决发展不平衡问题，绿色发展注重的是解决人与自然和谐问题，开放发展注重的是解决发展内外联动问题，共享发展注重的是解决社会公平正义问题，强调坚持新发展理念是关系全局的一场深刻变革。2013 年 4 月，习近平同志提出中国将在更大范围、更宽领域、更深层次上提高开放型经济水平。2013 年 10 月，习近平同志进一步指出要完善互利共赢、多元平衡、安全高效的开放型经济体系。2013 年 11 月，党的十八届三中全会《决定》提出"构建开放型经济新体制"。党的二十大报告正式提出推进高水平对外开放，具体表述为：依托中国超大规模市场优势，以国内大循环吸引全球资源要素，增强国内国际两个市场两种资源联动效应，提升贸易投资合作质量和水平。稳步扩大规则、规制、管理、标准等制度型开放。推动货物贸易优化升级，创新服务贸易发展机制，发展数字贸易，加快建设贸易强国。合理缩减外资准入负面清单，依法保护外商投资权益，营造市场化、法治化、国际化一流营商环境。推动共建"一带一路"高质量发展。优化区域开放布局，巩固东部沿海地区开放先导地位，提高中西部和东北地区开放水平。加快建设西部陆海新通道。加快建设海南自由贸易港，实施自由贸易试验区提升战略，扩大面向全球的高标准自由贸易区网络。有序推进人民币国际化。深度参与全球产业分工和合作，维护多元稳定的国际经济格局和经贸关系。

### （三）建设开放型世界经济与经济全球化新理念

2013 年习近平同志第一次提出"共同维护和发展开放型世界经济"的新理念，党的二十大报告更明确提出，中国坚持对外开放的基本国策，坚定奉行互利共赢的开放战略，不断以中国新发展为世界提供新机遇，推动建设开放型世界经济，更好地惠及各国人民。中国坚持经济全球化正确方向，推动贸易和投资自由化便利化，推进双边、区域和多边合作，促进国际宏观经济政策协调，共同营造有利于发展的国际环境，共同培育全球发展新动能，反对保护主义，反对"筑墙设垒"、"脱钩断链"，反对单边制裁、极限施压。中国愿加大对全球发展合作的资源投入，致力于缩小南北差距，坚定支持和帮助广大发展中国家加快发展。针对近些年国际社会掀起的一股逆全球化思潮，习近平同志发表了一系列重要论述。他指出："总体而言，经济全球化符合经济规律，符合各方利益。同时，经济全球化是一把双刃剑，既为全球发展提供强劲动能，也带来一些新情况新挑战，需要认真面对。我们要积极引导经济全球化发展方向，着力解决公平公正问题，让经济全球化进程更有活力、更加包容、更可持续。"

### （四）改革全球经济治理体系

2013 年 4 月，习近平同志指出，要稳步推进国际经济金融体系改革，完善全球治理机制。2015 年 7 月，习近平同志提出全球经济治理改革的主要目标是：

"完善全球经济治理，加强新兴市场国家和发展中国家在国际经济金融事务中的代表性和话语权，让世界银行、国际货币基金组织等传统国际金融机构取得新进展，焕发新活力。"此后，习近平同志在许多国际场合都发表了有关论述和演讲。党的二十大报告把习近平同志十八大以来所形成的全球经济治理新思想凝练为"中国积极参与全球治理体系改革和建设，践行共商共建共享的全球治理观，坚持真正的多边主义，推进国际关系民主化，推动全球治理朝着更加公正合理的方向发展"。

### （五）构建人类命运共同体

构建人类命运共同体是习近平同志最先提出的一个新理念。2013 年 3 月 23 日，习近平同志担任国家主席后首次出访的第一站，便提出"人类生活在同一个地球村里，生活在历史和现实交汇的同一个时空里，越来越成为你中有我、我中有你的命运共同体。"此后，习近平同志在各种场合反复提及和阐述该概念。2015 年 9 月 28 日，在第七十届联合国大会一般性辩论时的讲话中，习近平同志倡导："和平、发展、公平、正义、民主、自由，是全人类的共同价值，也是联合国的崇高目标。……构建以合作共赢为核心的新型国际关系，打造人类命运共同体。"习近平同志关于人类命运共同体的新理念在党的二十大报告中得到进一步丰富和完善，具体表述为：构建人类命运共同体是世界各国人民前途所在。为了进一步推动构建人类命运共同体，习近平同志在党的二十大报告中还提出了全球发展倡议和全球安全倡议，并表示中国愿同国际社会一道努力落实，坚持对话协商，推动建设一个持久和平的世界；坚持共建共享，推动建设一个普遍安全的世界；坚持合作共赢，推动建设一个共同繁荣的世界；坚持交流互鉴，推动建设一个开放包容的世界；坚持绿色低碳，推动建设一个清洁美丽的世界。

### （六）高效统筹开放和安全

习近平同志指出，要把握好开放和安全的关系，织密织牢开放安全网，增强在对外开放环境中动态维护国家安全的本领。世界大变局正在加速演变，全球动荡源和风险点增多，中国外部环境复杂严峻，防范化解重大风险、维护经济安全，比以往任何时候都更加重要也更加迫切。应增强忧患意识、坚持底线思维，加快完善与更高水平开放相匹配的监管和风险防控体系，健全外商投资国家安全审查、反垄断审查、国家技术安全清单管理、不可靠实体清单等制度，着力维护重要资源和产品供给安全、产业链供应链安全、金融安全等，将发展的主动权牢牢掌握在自己手里。习近平同志在党的二十大报告中专门指出，要加强重点领域安全能力建设，确保粮食、能源资源、重要产业链供应链安全，加强海外安全保障能力建设，维护我国公民、法人在海外合法权益，维护海洋权益，坚定捍卫国家主权、安全、发展利益。

# 第二节　中国开放战略的实践演变及经济发展

回顾中华人民共和国成立 70 多年、改革开放 40 多年的历史，中国开放发展战略历经对外开放探索期、对外开放扩大期、对外开放深化期、对外开放新时期四个重要的历史时期，取得了区域开放稳步推进、货物贸易量质齐升、服务贸易创新发展、利用外资快速增长、对外投资持续提升、国际经济合作屡开新局、全球经济治理深度参与等一系列伟大成就。在为中国经济发展提供重要支撑的同时，也积累了顺应全球趋势、立足本国国情、结合发展阶段、树立底线思维等一系列宝贵的"中国经验"。

## 一、中国开放战略的发展历程

中华人民共和国成立初期，党和政府领导人民迅速开展经济建设，在几年时间内在全国绝大部分地区完成了对生产资料私有制的社会主义改造，在借鉴苏联发展模式的基础上，通过独立自主的实践，逐步建立起全国集中统一的计划经济体制。直到改革开放之前，中国经济建设取得了巨大成就，建立起独立的比较完整的工业体系和国民经济体系，正如党的十九届六中全会通过的《中共中央关于党的百年奋斗重大成就和历史经验的决议》所指出："从新中国成立到改革开放前夕，党领导人民完成社会主义革命，消灭一切剥削制度，实现了中华民族有史以来最为广泛而深刻的社会变革，实现了一穷二白、人口众多的东方大国大步迈进社会主义社会的伟大飞跃。"1978年12月，党的十一届三中全会决定实施改革开放的伟大决策，中国主动向世界敞开了大门。中国对外开放40多年的历程，从引进资金和技术开始，到设立经济特区，开放沿海、沿江、内陆城市，到加入世界贸易组织，再到"一带一路"建设、自由贸易区建设，构建人类命运共同体，经过1978—1991年以试点为特征的探索期，1992—2000年以政策引导为特征的扩大期，2001年"入世"后以体制性开放为特征的深化期，2012年党的十八大以来对外开放新时期，中国实现了从封闭、半封闭经济到全方位开放的伟大历史性转折，中华民族也实现了从站起来、富起来到强起来的伟大历史性飞跃。

（一）对外开放探索期（1978—1991年）

1978年12月，党的十一届三中全会确立以经济建设为中心，实行改革开放，从此拉开了中国对外开放战略的大幕。1982年，党的十二大提出："实行对外开放，按照平等互利的原则扩大对外经济技术交流，是我国坚定不移的战略方针。"1984年，党的十二届三中全会出台的《中共中央关于经济体制改革的决定》提出："十一届三中全会以来，我们把对外开放作为长期的基本国策，作为加快社会主义现代化建设的战略措施。今后必须继续放宽政策。"在此后的十多年里，中国对外开放在探索中不断前进。

第一，以经济特区为突破口，打造吸引外商投资的环境。1979年7月15日，中共中央、国务院批转广东省委、福建省委关于对外经济活动实行特殊政策和灵活措施的报告，决定在深圳、珠海、汕头和厦门试办特区。1980年8月26日，第五届全国人民代表大会常务委员会第十五次会议批准并公布了《广东省经济特区条例》。《条例》规定："特区鼓励外国公民、华侨、港澳同胞及其公司、企业，投资设厂或者与我方合资设厂，兴办企业和其他事业，并依法保护其资产、应得利润和其他合法收益。"经济特区在贸易自由化、便利化等方面实行了特殊政策，做了大量探索性工作，包括对在特区设立的外商投资企业给予优惠和便利，企业所得税按照15%征收；简化外商出入特区手续；用工实行劳动合同制；特区的行政管理机构按照精简、高效的原则设置等。特区建设过程中，注重建立与完善外贸法律体系。1979年至1988年《中华人民共和国中外合资经营企业法》《中华人民共和国外资企业法》《中华人民共和国中外合作经营企业法》先后出台,构成了中国利用外资的基本法律体系。

第二,吸引出口型外商投资,大力发展加工贸易。改革开放之初,中国外汇十分紧张,主要依靠出口初级产品换取有限的外汇。中国劳动力资源丰富,且工资水平低下。中国充分利用劳动力和土地低廉的优势,发展"三来一补"(来料加工、来样加工、来件装配和补偿贸易)企业,增加就业和出口创汇。"三来"贸易中,合作外商提供机器设备、原材料、零部件和样品等,合作中方提供土地、厂房、劳动力,加工组装后的产品由合作的外方负责出口外销,中方收取工缴费。补偿贸易中外商提供生产设备和技术,再由中方企业进行生产,后以返销其生产的产品给外方的形式偿还技术和设备价款或信贷本息。"三来一补"的好处在于中方前期投入少,只负责加工组装,不承担进口中间投入品的费用,也不承担出口风险。其不利之处在于,原材料、零部件和外销均由合作外商控制,出口规模也取决于合作外商的能力,收取的工缴费也比较有限。

第三,推进外贸管理体制改革,增强本土企业出口创汇能力。计划经济体制下,中国对外贸经营权实行严格管理,全国仅有十来家国有外贸企业具有外贸经营权,同时对外贸企业经营实行计划管理。只有这些国有外贸企业才能开展对外贸易。外贸经营权管制虽有利于国家计划用汇,保证外汇用于国家发展最需要的地方,但是客观上也切断了国内生产企业与国际市场的联系,不利于生产企业了解国际市场和对接国际市场。1978 年 10 月,第一机械工业部成立了中国机械设备出口公司(后改为进出口公司),为本部门工业企业提供外贸服务,拉开了中国工贸结合、放松外贸经营权管制的序幕。为了进一步调动外贸企业的积极性,1988 年国务院决定在全国范围内全面推行外贸承包经营责任制,朝着"自负盈亏、放开经营、工贸结合、推行代理制"等方向推进改革。

第四,推进外汇管理体制改革,实行汇率双轨制。1953 年至 1972 年间,中国采用单一固定汇率制。随着计划经济体制的逐步健全,中国汇率长期保持基本稳定。1973 年布雷顿森林体系瓦解,西方国家普遍实行浮动汇率制度,人民币汇率则采用以一篮子货币计价的单一浮动汇率制,并进入一个升值周期,一直持续到 1980 年左右。当时人民币兑美元汇率为 1.5∶1,汇率被严重高估。此外,对于外贸企业而言，除了留成自用的外汇之外，也出现了调剂余缺的需求。为了鼓励外贸企业出口的积极性，中国于 1981 年至 1984 年间实行官方汇率与贸易外汇内部结算价并行的双重汇率制度，并对外贸企业采取外汇留成制。外汇留成制指的是外贸企业必须将全部收汇按官方价格售给政府指定的银行，同时按照留成比例拿到一个凭证，即外汇额度。当企业需要使用外汇的时候，可持外汇凭证到银行按外汇内部结算价购买外汇。在该时期，官方人民币兑美元汇率为 1.5，贸易外汇内部结算价则高于官方汇率，为 2.8。这主要是为了调动外贸企业出口创汇的积极性。从 1985 年至 1993 年，中国实行的是官方汇率与外汇调剂结算价并行的双轨制。其中的官方汇率，是在 1985 年 1 月 1 日宣布取消贸易外汇内部结算价，并将官方外汇牌价统一到贸易外汇内部结算价水平后所形成的单一汇率。而外汇调剂结算价则始于 1985 年 11 月外汇调剂市场的建立，允许外资企业和深圳、珠海、厦门和汕头四个经济特区内的中国企业在调剂中心根据双方商定的汇率买卖留成外汇。在实行汇率双轨制的阶段中，国内的宏观经济形势，特别是通货膨胀形势，对人民币汇率水平产生了显著影响。同时，汇率水平调整对资源配置的影响力也显著上升，与外贸差额变化的相关度提高。人民币的名义和实际有效汇率水平逐步回落，汇率高估的状况逐步得到修正。

（二）对外开放扩大期（1992—2001 年）

1991 年底苏联解体，东欧剧变，全球经济与政治格局经历了第二次世界大战之后最大的变化。面对国内外复杂的形势，邓小平同志于 1992 年发表南方谈话，指出："改革开放胆子要更大一些，敢于实验，不能像小脚女人一样。看准了的，就大胆地试，大胆地闯。"党的十四大确立了社会主义市场经济体制的改革目标，以开放促改革，全面推进社会主义市场经济体制建设，中国对外开放进入全面发展新阶段。随后，党的十四届三中全会通过的《中共中央关于建立社会主义市场经济体制若干问题的决定》提出："要积极参与国际经济合作与竞争，进一步发展开放型经济，运用中国经济的比较优势，提高竞争能力，更好地与国际经济互接互补。"在此阶段，中国对外开放的重点在以下几个方面。

第一，着力打造全方位开放格局。1992 年邓小平南方谈话和十四大提出社会主义市场经济体制改革目标之后，中国开始加快对外开放的步伐。党的十四届三中全会通过的《中共中央关于建立社会主义市场经济体制若干问题的决定》指出，"继续推进经济特区、沿海开放城市、沿海开放地带，以及沿边、沿江和内陆中心城市的对外开放，充分发挥开放地区的辐射和带动作用；加快主要交通干线沿线地带的开放开发；鼓励中、西部地区吸收外资开发和利用自然资源，促进经济振兴；统筹规划，认真办好经济技术开发区、保税区，形成既有层次又各具特点的全方位开放格局。"按照中央开放战略部署，中国对外开放以上海浦东为龙头，开放芜湖、九江、黄石、武汉、岳阳、重庆6个沿江城市和三峡库区，同时开放哈尔滨、长春、呼和浩特、石家庄4个边境和沿海地区省会城市，开放珲春、绥芬河、黑河、满洲里、二连浩特、伊宁、塔城、博乐、瑞丽、畹町、河口、凭祥、兴东13个沿边城市，开放太原、合肥、南昌、郑州、长沙、成都、贵阳、西安、兰州、西宁、银川等11个内陆省会城市；2000年，伴随着西部大开发战略的实施，对外开放进一步扩大到广大的西部地区。经过多年的对外开放实践，不断总结经验和完善政策，中国对外开放由南到北、由东到西层层推进，基本上形成了一个宽领域、多层次、有重点、点线面结合的全方位对外开放新格局。

第二，深化外贸体制改革。为了解决中国经贸体制与世贸组织多边贸易体制的相容性问题，中国的经济体制不断向市场化方面推进，外贸宏观管理体制改革的方向朝着强化经济手段、加强立法手段和改革行政管理手段方向迈进。一是加速转换各类企业的对外经营机制，按照现代企业制度改组国有对外经贸企业，赋予具备条件的生产和科技企业对外经营权，发展一批国际化、实业化、集团化的综合贸易公司。二是国家主要使用汇率、关税、利率等经济杠杆和法律手段调节外贸经营活动，改革进出口管理制度，取消指令性计划，减少行政干预。三是完善出口退税制度，把出口退税改为由中央财政统一退还出口产品所含增值税和消费税。四是积极推进以质取胜和市场多元化战略，设立出口商品发展基金和风险基金，成立进出口银行，对出口贸易提供信贷支持和保险服务。

第三，实行汇率并轨和经常账户可兑换。外汇双轨制虽有利于刺激出口，但是也带来了一系列不规范现象。1994年1月1日，中国人民银行取消了过去长期实行的汇率双轨制，实现汇率并轨，同时开始公布人民币兑美元等货币的参考汇率，并将人民币兑美元的日内波动幅度限制在±0.3%以内。与之配套，还推出了有关银行间外汇市场和结售汇的一系列制度安排。1994 年的汇改在当年就取得了明显效果：进出口扭转上年逆差的局面，实现顺差 53.9 亿美元；吸引外商直接投资规模扩大到 337 亿美元，同比上升 22.5%。此后的三年，经常账户加直接投资顺差与 GDP 之比分别为 4.8%、5.3% 和 8.2%，外汇储备余额由 1993 年年末的 212 亿美元上升到 1997 年末的 1050 亿美元。1996 年 12 月 1 日，中国正式宣布接受国际货币基金组织协定第八条第 2、3、4 款义务，实现了人民币经常账户下的自由兑换。中国逐步参与国际金融活动，不仅于 1980 年恢复在国际货币基金组织的地位，而且采取多种优惠政策吸引大量外国直接投资流入，中国外汇储备也不断增加，1996 年末达到 1050 亿美元，中国成为当时世界上第二大外汇储备国。这些都为中国成功应对 1997 年亚洲金融危机的冲击以及 2001 年成功加入世界贸易组织提供了有力地支持。

第四，在强调"引进来"的同时推动"走出去"。中国市场经济体制的深化使中国外商投资环境发生了根本性的改变，为外资的大规模涌入奠定了坚实的基础。1992 年至 1995 年，进入中国的外商直接投资高速增长，规模空前扩大。利用外商直接投资项目数达 216761 个，合同利用外商直接投资金额达 3435.22 亿美元，实际利用外商直接投资达 1098.11 亿美元。且自 1993 年起中国成为发展中国家利用外商直接投资流量最多的国家和全球仅次于美国的第二大外商直接投资流入国。党的十四大首次提出"积极扩大中国企业对外投资和跨国经营"的战略构想。1997 年 12 月，江泽民在接见全国外资工作会议代表时的讲话中首次提出了"走出去"一词："我们不仅要积极吸收外国企业到中国来投资办厂，也要积极引导和组织国内有实力的企业走出去，到国外去投资办厂，利用当地市场和资源。""引进来"和"走出去"，是我们对外开放方针的两个紧密联系、相互促进的方面，缺一不可。

（三）对外开放深化期（2002—2012 年）

2001 年 11 月 10 日在卡塔尔首都多哈举行的世界贸易组织（WTO）第四届部长级会议以全体协商一致的方式，审议并通过了中国加入 WTO 的决定，标志着中国的对外开放正式步入深化发展的新阶段。这一时期，中国紧紧抓住加入WTO的历史性机遇，在互利共赢开放战略思想指导下，更好统筹国内发展与对外开放，更好统筹中国的发展与世界的发展，实施制度性开放战略，不断完善内外联动、互利共赢、安全高效的开放型经济体系。

第一，实施国内体制与国际接轨的制度性开放战略。WTO作为当今最大的全球多边经济贸易组织，有"经济联合国"之称，极大地推进了国际贸易规则的体系化、制度化和规范化，是经济全球化的制度性标志。加入WTO是中国推动制度性开放的契机，意味着中国对外开放由已试点为主的政策性开放向法律框架下制度性开放的转变，是中国对外开放步入法制化轨道的开始。按照"入世"承诺和世界贸易组织的规则，中国修订了2300多项法律法规，清理了数十万份政府相关文件，废止了不符合世界贸易组织规定的政府文件。中国加入WTO推动了经济体制与国际规则对接，有利于中国社会主义市场经济体制的成功转型，也有利于中国更快融入世界贸易体系，成为了以开放促改革的经典案例。

第二，货物贸易与服务贸易并举，贸易大国地位确立。加入WTO之后，中国通过推进贸易投资自由化便利化、深度参与贸易政策审议、反对单边和保护主义，支持全球多边贸易体制发展，在推动本国对外贸易蓬勃发展的同时，也为世界经济贸易发展做出了重大贡献。从具体数据来看，该阶段中国对外贸易总量进一步高速增长，对外贸易年均增长率超过26%，货物进出口总额于2012年达到24.41万亿元人民币，首次成为全球货物贸易第一大国。随着中国经济的高速发展和对全球贸易体系的深度融入，2002年到2012年间，中国对世界经济增长的平均贡献率接近30%，逐渐成为推动世界经济复苏和发展的重要动力。

第三，引进来与走出去相结合，跨境投资大国地位初步形成。在加入WTO之后，中国对外资准入大幅开放，营商环境的市场化、法治化和国际化水平不断提升，加上中国经济再次步入增长的"黄金十年"，对外商投资的吸引力大幅提高，跨国公司掀起了对华投资的热潮。随着中国对外开放的扩大以及发展阶段的变化，在重视"引进来"的同时，中国也开始积极推动相关企业走出去。

第四，启动区域经济合作，提出自由贸易区战略。自由贸易区是比多边贸易体制更高水平的开放。自由贸易区是世贸组织最惠国待遇的一种例外，指一些国家和地区在多边承诺基础上，进一步相互开放市场，实现贸易和投资自由化。自由贸易区已成为大国开展战略合作与竞争的重要手段，正在加速改变世界经济和政治格局。这是因为自由贸易区已经超越了经济范畴，兼有外交、政治方面的战略意义。它通过更加优惠的贸易和投资条件，将成员的经济利益紧密联系在一起。经济利益的融合又加强了成员之间的政治、外交关系，形成各种利益共同体。这一趋势使国家之间的竞争演变为各个利益集团之间的竞争。自由贸易区的大发展，对世界经济、政治格局产生了重大影响，也使中国和平发展面临更多的机遇和挑战。在世界各国特别是大国竞相发展自由贸易区的形势下，如果置身局外或落于人后，中国的发展空间就会受到挤压，在日趋激烈的国际竞争中就可能处于不利境地。2007 年，党的十七大把自贸区战略上升为国家战略。

（四）对外开放新时期（2012 年至今）

在 2012 年党的十八大召开之际，对外开放站到了新的历史起点。党的十八大报告指出，要"完善开放型经济体系"，"着力培育开放型经济发展新优势"，"全面提高开放型经济水平"。党的十八届三中全会明确提出"构建开放型经济新体制"，"放宽投资准入、加快自由贸易区建设、扩大内陆沿边开放"，进一步释放了深化对外开放的动力。2015 年 5 月，面对全球化持续深入、国际局势深刻变化和更加明显的创新引领发展趋势，中央印发《关于构建开放型经济新体制的若干意见》，提出要"加快构建开放型经济新体制，进一步破除体制机制障碍，使对内对外开放相互促进，引进来与走出去更好结合，以对外开放的主动赢得经济发展和国际竞争的主动，以开放促改革、促发展、促创新，建设开放型经济强国"。进入中国特色社会主义新时代，党的十九大报告指出要"主动参与和推动经济全球化进程，发展更高层次的开放型经济"，"推动形成全面开放新格局"。"十四五"规划进一步提出，要"实行高水平对外开放"，"建设更高水平开放型经济新体制"。党的二十大报告提出，推进高水平对外开放，稳步扩大规则、规制、管理、标准等制度型开放，加快建设贸易强国，推动共建"一带一路"高质量发展，维护多元稳定的国际经济格局和经贸关系。以习近平同志为核心的党中央深刻认识到，开放带来进步，封闭必然落后；过去中国经济发展是在开放条件下取得的，未来中国经济发展也必须在更加开放的条件下进行；中国发展要赢得优势、赢得主动、赢得未来，必须顺应经济全球化，依托中国超大规模市场优势，实行更加积极主动的开放战略。

第一，坚定实施对外开放基本国策。习近平总书记指出："中国开放的大门不会关闭，只会越开越大！"这是中国基于发展需要做出的战略抉择，也是在以实际行动推动经济全球化以造福世界各国人民。对外开放是推动中国经济社会发展的重要动力，以开放促改革、促发展是中国发展不断取得新成就的重要法宝。开放已成为当代中国的鲜明标识，必须坚定实施对外开放的基本国策。

第二，建设更高水平开放型经济新体制。当前，中国经济发展的内外部环境日趋复杂，国际经济、科技、文化、安全、政治等格局都在发生深刻调整，要求中国坚持实施更大范围、更宽领域、更深层次的对外开放，更好地吸引全球资源要素，打造参与国际经济合作和竞争的新优势，建设更高水平开放型经济新体制，为加快发展更高层次开放型经济提供坚实制度保障。开放型经济新体制，主要包括创新外商投资管理体制、构建外贸可持续发展新机制、建立促进走出去战略的新体制、加快实施"一带一路"建设、优化对外开放区域布局、拓展国际经济合作新空间、构建开放安全的金融体系、建设稳定、公平、透明、可预期的营商环境、加强支持保障机制建设、建立健全开放型经济安全保障体系等。建设更高水平开放型经济新体制，其核心目标是要着眼于"质"的提升，即推动中国开放型经济发展迈向更高层次、更高水平和更高质量。

第三，推动共建"一带一路"高质量发展。2013年秋，习近平总书记提出共建丝绸之路经济带和21世纪海上丝绸之路的重大倡议，把中国发展同"一带一路"沿线国家和世界其他国家发展结合起来，把中国梦同沿线国家和世界其他国家人民的梦想结合起来，赋予古代丝绸之路以全新的时代内涵，得到沿线国家和世界其他国家的热烈响应。中国坚持共商共建共享原则，积极促成沿线各国合作，推进一大批关系沿线国家经济发展、民生改善的合作项目，努力实现沿线国家政策沟通、设施联通、贸易畅通、资金融通、民心相通，着力建设和平之路、繁荣之路、开放之路、绿色之路、创新之路、文明之路，使共建"一带一路"成为当今世界深受欢迎的国际公共产品和国际合作平台，把中国的开放型经济拓展到了新的广度和深度。

第四，推动经济全球化朝着更加开放、包容、普惠、平衡、共赢的方向发展。习近平同志指出："经济全球化是不可逆转的历史大势，为世界经济发展提供了强劲动力。说其是历史大势，就是其发展是不依人的意志为转移的。人类可以认识、顺应、运用历史规律，但无法阻止历史规律发生作用。历史大势必将浩荡前行。"近年来，经济全球化遭遇逆流，新冠疫情进一步加剧了这种趋势，单边主义、保护主义、孤立主义上升，世界经济低迷，国际贸易和投资大幅度萎缩，给世界各国都带来了前所未有的挑战和考验。但是世界绝不会退回到相互封闭、彼此分割的状态，开放合作仍然是历史潮流。中国始终支持经济全球化，坚定实施对外开放基本国策，着力促进贸易和投资自由化便利化，着力推动规则、规制、管理、标准等制度型开放，持续打造市场化、法治化、国际化营商环境，发挥超大市场优势和内需潜力，为各国合作提供更多机遇，为世界经济复苏和增长注入更多动力。

第五，积极参与全球经济治理。当前，世界经济格局的演变对全球经济治理体系提出了更高要求，全球经济治理体系面临深刻调整。要秉持共商共建共享原则，坚持真正的多边主义，维护以联合国为核心的国际体系，维护以国际法为基础的国际秩序，维护以世界贸易组织为核心的多边贸易体制，积极参与全球经济治理，推动全球治理体系朝着更加公正合理的方向发展。2021 年 11 月，习近平同志在第四届中国国际进口博览会开幕式上发表了题为《让开放的春风温暖世界》的主旨演讲，并表示："中国将积极参与联合国、世界贸易组织、二十国集团、亚太经合组织、上海合作组织等机制合作，推动加强贸易和投资、数字经济、绿色低碳等领域议题探讨，支持疫苗等关键医疗物资在全球范围内公平分配和贸易畅通，推动高质量共建"一带一路"。中国将积极参与应对气候变化、维护全球粮食安全和能源安全，在南南合作框架内继续向其他发展中国家提供更多援助。"

## 二、中国开放发展战略的主要成就

改革开放后的 40 多年里，中国经济发生了翻天覆地的变化。对外开放战略作为中国经济高速发展的重要引擎，推动中国在区域开放、货物贸易、服务贸易、利用外资、对外投资、国际区域经济合作、全球经济治理等多个领域取得了举世瞩目的成就。

### （一）区域开放稳步推进，助推中国经济发展形成新布局

作为一个国土面积辽阔、不同区域差异巨大的发展中国家，中国对外开放的首要特征是具有区域渐进性。党的十八大以来，中国的对外开放逐渐由"经济特区—沿海开放城市—沿海经济开发区—沿江沿边经济开发区—内地中心城市"的渐进式区域开放布局向"陆海内外联动、东西双向互济"的新开放格局转变，全方位、多层次、宽领域的对外开放区域格局正在成型。以中国对外开放口岸为例，截至 2020 年 5 月，全国共有国家一类对外开放口岸 310 个，相比于 1978 年的 51 个国家一类口岸增长了 5 倍以上。时至今日，从区域分布来看，大陆 31 个省级行政区均已设有口岸，中国已经实现了对外开放口岸在省级层面的全覆盖。随着区域开放的不断发展，中西部地区逐渐走向开放前沿，不同区域间对外开放水平的差距也正不断缩小。随着中西部内陆地区在国家区域开放格局中的重要性不断上升，全方位、多层次的对外开放区域格局正在成型。

### （二）货物贸易量质齐升，为中国经济发展注入新动能

货物贸易是对外开放最基础也最重要的内容之一，中国对外货物贸易规模和质量的提升不仅对中国经济结构调整、产业转型升级、经济体制改革和创新、国内就业和收入水平提高等起到了重要的促进作用，也向全球市场提供了丰富商品，为各国提供了更广阔的中国市场发展机遇。党的十八大以来，中国货物贸易快速增长，贸易规模在 2021 年连续跨过 5 万亿美元、6 万亿美元两大台阶。中国货物进出口占国际市场份额从 2012 年的 10.4% 提升到 2021 年的 13.5%，2017 年至 2021 年连续五年保持全球货物贸易第一大国的地位。与此同时，中国货物贸易结构调整和转型升级持续推进，一般贸易方式进出口占比不断提升；贸易经营主体活力不断增强，民营企业于 2019 年首次成为第一大外贸主体；国际市场布局均衡发展，对"一带一路"沿线国家的进出口保持快速增长，对外货物贸易质

量实现稳步提升。

### （三）服务贸易创新发展，为中国经济发展提供新引擎

随着经济全球化深入推进，服务贸易日益成为国际贸易的重要组成部分和各国经贸合作的重要领域，为世界经济增长注入了新的动力。党的十八大以来，中国持续深入推进服务业改革开放，加快推进服务业供给侧结构性改革，服务贸易体制机制不断完善，服务贸易发展水平不断提升。服务贸易对中国经济增长贡献度逐步提高，正在成为中国经济转型升级的重要支撑。从服务贸易规模上看，中国服务进出口规模持续扩大，2014 年至 2021 年连续八年稳居全球第二。特别是随着中国服务出口竞争力不断增强，中国服务贸易逆差大幅收窄。2021 年，中国服务出口增速快于进口 26.6%，服务贸易逆差同比下降 69.5%，创 2011 年以来的新低。从服务贸易质量上看，中国服务业开放不断推进，知识密集型等新兴服务贸易发展强劲。2013 年至 2021 年，中国知识密集型服务进出口年均增长 9.3%，占服务贸易进出口总额的比重由 2012 年的 33.6% 提升至 2021 年的 43.9%，知识产权使用费、电信计算机和信息服务、金融服务等领域的贸易增长尤为靠前。

### （四）利用外资快速增长，释放中国经济发展新活力

随着经济全球化的深度发展，国际资本流动在全球经济中的作用日益突出，这种重要性不仅体现在对各国经济增长速度的影响，更体现在对各国经济增长方式和质量的影响。党的十八大以来，中国全面实行准入前国民待遇加负面清单管理制度，大幅度放宽市场准入，扩大服务业对外开放，保护外商投资合法权益，利用外资更加注重结构升级和协调发展，对接国际先进经贸规则的制度性开放成为吸引外资的重要优势。从数量上看，中国利用外资规模连续多年居发展中国家首位，2021 年实际使用外资金额达到 11493.6 亿元人民币的历史新高，较 2012 年增长 55.3%，年均增长 5%。从质量上看，中国不断引导投资更多向高新技术产业、战略性新兴产业、现代服务业等产业倾斜，2021 年，服务业实际使用外资 9065 亿元，占当年利用外资总额的 78.9%，比 2012 年提高了 30.7%。

### （五）对外投资持续提升，培育中国经济发展新优势

对外投资作为资本流动的重要形式，是企业降低成本、促进创新、提高生产率进步的重要途径，对一个国家的全球产业链布局及产业链结构完善具有重要意义。党的十八大以来，中国围绕构建开放型经济新体制，实行更加积极主动的开放战略，对外直接投资管理模式由核准制转向备案制，跨国企业数量持续增加。2013 年至 2021 年，中国对外直接投资流量累计达 1.4 万亿美元，年均增长 8.2%，稳居世界前列。新冠疫情发生后，中国统筹安排境外企业项目人员疫情防控和对外投资发展，2021 年对外直接投资流量同比增长 16.3%，占当期全球对外直接投资流量的 10.5%，排名世界第 2 位。截至目前，中国对外投资范围遍及全球 189 个国家和地区，涵盖国民经济的 18 个行业大类，设立对外直接投资企业超过 4.5 万家，为中国经济转型升级和东道国经济发展作出了积极贡献。

### （六）国际经济合作屡开新局，为中国经济的发展打造新平台

在国际经贸规则重构的过程中，以世界贸易组织（WTO）为代表的全球多边体系陷入困境，区域、双边层面的国际经济合作迅速发展。党的十八大以来，中国充分发挥自贸试验区先行先试作用，制定实施对接高水平经贸规则，自贸"朋友圈"不断扩大，自贸协定内容日益丰富，多领域开放水平已超过加入世贸组织时的承诺。过去十年，中国立足周边、辐射"一带一路"，初步构建起面向全球的高标准自贸区网络。2022 年 1 月 1 日，区域全面经济伙伴关系协定（RCEP）正式生效实施，全球人口最多、经贸规模最大的自贸区正式落地。此外，中国还积极参与数字经济、环境保护等新议题自贸谈判，推进加入全面与进步跨太平洋伙伴关系协定（CPTPP）、数字经济伙伴关系协定（DEPA），不断完善对外经济交往的整体布局。

### （七）积极参与全球经济治理，为中国经济发展塑造新环境

随着全球治理体系进入加速变革的关键期，中国积极参与全球经济治理体系改革，推动全球治理体系朝着更加公正合理的方向发展，既是推动中国经济高质

量发展的必然要求，也是中国担当大国责任的题中应有之义。党的十八大以来，中国遵循问题导向、需求导向、趋势导向的规律，在双边、多边场合提出"人类命运共同体"、"全球发展倡议"等独创性的倡议和主张，全面阐释了完善全球经济治理的中国方案；全面落实"一带一路"倡议，为促进世界发展提供了高质量的公共产品；不断总结自身在经济体制改革、基础设施建设、宏观政策调控、扶贫减贫、绿色金融等方面的成功实践，为发展中国家解决发展问题提供了模式借鉴和新的思路。

### 三、中国实施开放发展战略的经验总结

在以开放促发展的四十年来的对外开放中，中国主动根据本国的发展阶段、发展目标和国际环境等有序地实行对外开放，充分利用国内国际两个市场、国内国外两种资源，积累了顺应全球趋势、立足本国国情、结合发展阶段、树立底线思维等一系列宝贵经验。

### （一）顺应全球趋势，对外开放的大门越开越大

在信息技术革命、全球范围内的市场化改革和跨国公司的快速发展三大动力的推动下，经济全球化在未来也将会长期是世界经济发展的基本方向。顺应世界经济全球化趋势，继续深化对外开放是中国经济发展的重要经验。自 20 世纪 80 年代开始，世界经济格局进入经济全球化的新阶段，这一发展趋势一直延续到今天。"文革"结束后中国经济指导思想转向"以经济建设为中心"就是基于中央对世界经济趋势的判断。2008 年全球金融危机之后，世界经济发生了复杂而深刻的变化，原本的经济增长模式和经济结构进入调整期，新一轮科技创新和产业转型在快速发展，世界经济治理体制在加快变革，全球化"退潮"的问题越来越突出。在此背景下，中国认为虽然世界正处于大发展大变革大调整时期，但和平与发展仍然是时代主题，[①] 应统筹短期应对和中长期发展，在防范风险的同时，坚持扩大开放。

---

① 习近平：《决胜全面建成小康社会　夺取新时代中国特色社会主义伟大胜利》，《人民日报》，2017 年 10 月 28 日。

### (二)立足本国国情，促进开放与改革良性互动

立足本国国情，坚持实事求是，是中国共产党百年奋斗的重要经验，也是中国共产党的宝贵理论成果。坚持立足国情，选择符合中国国情的发展道路，统筹对内改革和对外开放，是中国经济取得丰硕成果的保证。中华人民共和国成立初期，快速推动社会主义工业化建设是中国经济发展的核心任务，在这一时期，中国更加侧重国内市场的改革，采取了较为有限的对外开放，开展以国内大循环为主的经济循环模式，以举国之力优先发展重工业，在短期内建立了独立、完整的工业体系。改革开放后，中国成功抓住新一轮全球化的浪潮，成功制定了"依赖国际大循环开启国内市场化改革，构建内部市场化大循环"的外向型发展战略，通过对外开放保证工业化进程的创新动力和经济效率，促进产业结构不断升级的同时，积极推动国内市场改革，保证社会变革与经济发展相协调,① 最终促使中国经济在改革开放后取得了跨越式发展。

### (三)结合发展阶段，动态调整开放重点和策略

回顾中国百年来的经济循环发展历史，在不同的历史发展阶段，中国所面临的国内国外局势都有巨大的变化。因此，紧密联系当时的国内国际环境，灵活调整开放发展策略至关重要。改革开放之后，坚定地走上开放发展的道路，积极融入国际大循环，推动国内市场化改革，并且取得了举世瞩目的增长奇迹。从优先发展重工业到改革开放，从"两头在外，大进大出"到双循环发展新格局的提出，都是基于对中国面对的国内、国际形势的正确认识，合理统筹国内、国际两个市场在不同经济发展阶段对经济发展的不同作用，而形成的实事求是的战略选择和判断。在科学认识、全面把握工业化进程的基本规律的基础上，正确处理工业化进程中各类生产要素之间、企业之间、产业之间、区域之间、经济和社会之间的复杂关系,② 及时调整对外开放政策，是中国保持长期经济稳定发展的重要

---

① 黄群慧:《中国共产党领导社会主义工业化建设及其历史经验》,《中国社会科学》,2021 年第 7 期。

② 黄群慧:《中国共产党领导社会主义工业化建设及其历史经验》,《中国社会科学》,2021 年第 7 期。

经验。

### （四）树立底线思维，主动防范开放的各种风险

经济安全观总是与特定的历史阶段、时代背景联系在一起，因时因地而异，但其中自有脉络可循。中国开放发展的另一个重要的经验就是树立底线思维，防范各种开放风险，牢牢把握经济主权，坚持独立自主的开放道路。改革开放后，中国采取"增量改革"的方式逐步推动对外开放，积极管控改革开放过程中的种种风险，牢牢掌握经济发展的主动权。进入新时代，中国面对"百年未有之大变局"，统筹发展和安全、开放和安全，在更大范围、更广领域和更高层次上开展国际经济合作，充分发挥自身超大规模市场优势，充分利用国内、国际两个市场两种资源，集聚全球优质资源，着力打造"你中有我、我中有你"的经济安全格局。

## 第三节 新发展阶段中国高水平开放战略与体制改革

当前，国内外形势日益复杂，客观上给中国经济发展带来了挑战和机遇。对于中国而言，开放不仅是对外的经济关联，而且也是推动内部改革的重要动力。党的二十大报告指出，未来五年是全面建设社会主义现代化国家开局起步的关键时期，更高水平开放型经济新体制基本形成是主要目标任务之一。开放带来进步，封闭必然落后。要赢得优势、赢得主动、赢得未来，中国必须顺应经济全球化趋势，依托超大规模市场优势，实行更加积极主动的开放战略。当前，中国经济已经步入新发展阶段，逐渐从"商品和要素流动型开放"转向"更高水平制度型开放"，亟需扩大高水平对外开放，加快构建顺应全球贸易投资新走向、适应全球经贸新规则、引领全球经济治理新体系改革的更高水平开放型经济新体制，以更深层次的制度开放促进经济领域更深层次改革，为构建以国内大循环为主体、国内国际双循环相互促进的新发展格局提供强大动力。

### 一、新发展阶段中国构建更高水平开放型经济新体制的主要任务

回顾改革开放 40 多年的发展历程，中国早期涉外经济体制呈现以下特点：

以货物贸易规则为主的国际贸易制度；以"边境"领域为主的贸易、投资政策体系；受制于综合国力，在全球经济治理体系中参与度不高、制度性话语权不强。如今，国内外环境深刻变化，中国要聚焦科技革命和产业革命催生出的新领域，深化服务贸易、数字贸易领域的对外体制建设；对标高水平自由贸易协定规则，推进"边境内"制度体系建设；参与全球经济治理体系改革，增强国际制度话语权。

### （一）以服务业开放和服务贸易为重点

现代经济是服务经济。① 从全球来看，服务贸易逐渐成为全球贸易的重点领域和全球经贸规则制定的难点。2010 年至 2019 年，全球服务贸易总额增速持续上涨，2020 年受疫情影响增速下降，2021 年已恢复到疫情前水平。此外，由于服务贸易对于经济发展的巨大潜力，其成为双边、区域贸易协定谈判的新博弈点；且与货物贸易相比，服务贸易具有无形性和非数量性，壁垒更加隐蔽和难以消除，给谈判和协商增加了难度。从中国来看，服务贸易成为中国产业转型升级的重要动力。2021 年，中国服务贸易总额约达 5.3 亿元，同比增长 16.1%，贸易逆差逐渐收窄，其中，知识密集型服务贸易总额约达 2.3 万亿元，增长 14.1%，加速了中国人才、技术的积累，促进产业优化升级。更值得注意的是，当前，世界正处于数字革命与服务贸易发展的历史交汇期，数字贸易快速兴起。有学者估计，在未来 10—15 年内，全球货物贸易的年增长率预计为 2%，服务贸易为 15%，而数字贸易高达 25%。② 这一新兴贸易领域的兴起不仅将改变贸易内容与途径，更会改变全球服务价值链和创新链，有关这一领域的规则制定也将成为世界各国的利益争夺点。由此看来，依托中国巨大市场优势和数字服务贸易的发展潜力，以服务业开放为重点构建开放型经济新体制将助力中国在人工智能、物联网、大数据核心产业等领域形成国际竞争新优势，增强中国在数字服务贸易国际规则制定中的话语权。

---

① ［英］伯纳德·霍克曼、迈克尔·考斯泰基：《世界贸易体制的政治经济学》，刘平、洪晓东、许明德等译，法律出版社，1999 年版，第 123 页。

② 黄奇帆：《在长三角地区协同推进建设开放新高地》，《中国经济周刊》，2019 年第 4 期。

## （二）更强调"边境内"制度建设

当今，全球开放的关注重点逐渐由关税、非关税壁垒等"边境"领域转向知识产权保护、国内产业政策、环境保护等"边境内"领域。[①] 从 USMCA、CPTPP 等自由贸易协定的谈判内容来看，"边境内"政策条款数量增加，甚至超过"边境"政策数量。例如，在环境方面，USMCA 达成史上最严的环境保护条款，包括禁止特定情况下的渔业补贴；在劳工方面，CPTPP 要求缔约国承认劳工的结社自由、有效废除童工、消除就业和职业歧视。从主要经济体的博弈内容来看，以"边境内"政策为由挑起国际事端的比例大幅增加。中国若能由"边境"开放拓展至"边境内"开放，将有利于中国对标国际经贸标准，维护市场公平竞争，提高市场运行效率，减少国际贸易摩擦，实现更高水平开放。

## （三）深度参与全球经济治理体系改革

在国际经济治理体系呈碎片化、价值取向多元化的背景下，作为一个新兴大国，中国主动参与全球经济治理的必要性凸显。从历史经验来看，欧美等发达国家都曾在其崛起后为国际社会提供"国际公共产品"，具体包括国际安全体制、国际金融体制、开放贸易体制以及行之有效的国际援助体系。[②] 例如，第二次世界大战后，美国凭借超强国力，构建布雷顿森林体系，形成以美元为中心的国际货币体系，维护其对全球经贸规则的主导权和利益诉求。从现实情况来看，中国已成为世界第二大经济体，全球第一的制造业大国和贸易大国。经济实力的快速提升为中国参与国际经贸规则的制定、提高对外开放水平提供了坚实的基础。此外，中国成为世界经济增长引擎，对国际社会的影响力逐渐提升。自 2002 年以来，中国对全球经济增长的贡献平均接近 30%，自 2006 年以来，中国对世界经济增长的贡献率稳居世界第一位。[③] 可见，主动参与全球经济治理体系改革是中

---

① 戴翔、金碚：《构建双循环新发展格局的理论逻辑——基于全球分工演进视角》，《开放导报》，2021 年第 5 期。

② 隆国强：《构建开放型经济新体制——中国对外开放 40 年》，广东经济出版社 2017 年版，第 368—369 页。

③ 国务院新闻办公室：《中国与世界贸易组织》白皮书，2018 年 6 月。

国综合实力跃升的客观要求，也是实现更高水平开放、进一步融入全球化、满足国际社会期待的必然选择。

## 二、新发展阶段中国构建更高水平开放型经济新体制的外部条件

当前，世界百年未有之大变局加速演进，新一轮科技革命和产业革命方兴未艾，以人工智能、数字技术、移动通信、区块链为代表的新一代科学技术持续取得突破，推动不同产业深度融合和全球价值链重构，[①] 催生出具有数字化智能化的新兴产业，全球主要经济体针对新领域的国际标准规则之争日益激烈。同时，新冠疫情席卷全球，经济全球化在曲折中发展，全球经济治理体系也呈现出新特点。

### （一）新兴科技和产业领域的国际规则与标准制定之争加剧

新一代信息技术是新一轮产业革命的主要技术组群，[②] 其全球治理机制的构建已成为世界各国科技战争中的重要内容。在新技术的国际规则制定上，美国等发达国家密切关注同中国的国际规则之争，并借助国际规则制定机构的影响力。美国标准与技术研究所发布信息请求书，要求美国的机构就中国在制订国际标准时所采取的政策以及这些政策如何影响新技术国际标准制定提供相关信息。美国还对中国的"数字威权主义"进行了攻击，企图以意识形态划分科技信任标准。在新技术资源的流通标准上，主要经济体加强了对跨境数据等新型资源的管制力度，严格限制其自由流动。比如，在"隐私盾"失效之后，欧盟相继颁布了《控制者和处理者数据使用标准合同条款》和《国际数据转移标准合同条款》，继续加强对本土数据的保护和管理，导致了业务数据的流量持续受到限制，跨国公司的运营费用不断增加。同时，美国修改《外国公司问责法案》，收紧审计制度，试图用"保护投资者利益"的名义迫使中国公司交出敏感数据。

---

① Gereffi, G. and Fernandez-Stark, K. 2019. Global Value Chain Analysis: A Prime (Second Edition), New York: Elgarblog.

② 白雪洁、庞瑞芝：《全球产业变革新趋势及对中国科技发展的影响》，《国家治理》，2021 年第 13 期。

（二）逆全球化趋势向纵深发展，影响规模逐渐扩大，实践领域由"边境"制度拓展至"边境内"制度

自 2013 年，从英国提出脱欧公投并通过"脱欧"法案、美国宣布退出 TPP 到美国发起中美贸易战，逆全球化浪潮从国家扩大到多国经济区域，最终席卷全球，影响广泛而深远。当前，实行逆全球化的领域也由传统的贸易体制、外商管理体制等"边境"领域逐渐转向知识产权保护制度、数字贸易壁垒、国有企业改革、国家安全体系等"边境内"领域。在中美贸易摩擦中，2018 年，美国对中国发起"301"调查，其中涉及中国是否侵犯美国知识产权、强制美国进行技术转让等"边境内"领域。2020 年特朗普签署行政令，以移动应用程序 TikTok 和微信对美国国家安全构成威胁为由，禁止任何美国个人或实体与二者及其母公司交易。这些案例都表明，逆全球化的相关争端已经不断向"边境内"蔓延。

（三）全球经济治理体系遭到削弱

近年来，国际经济格局发生重大变化，新一轮科技革命和产业变革催生出新领域，原有的全球经济治理体系难以满足现实需求，面临三大困境。一是"碎片化"。全球经济治理体系的演变受制于世界经济发展格局的变化。随着美国退出TPP、《巴黎协定》、世卫组织以及英国脱欧等逆全球化事件的发生，再加上WTO 主导的多哈回合谈判受阻，多边贸易体制面临巨大压力，全球范围内的经济合作难以推进。在此背景下，区域贸易协定成为各国合作的主要途径。这类协定会导致区域化的经济治理体系，进而消解全球经济治理体系的弱化。二是"价值取向多元化"。受疫情影响，以高科技企业为代表的跨国企业在全球范围内迅速兴起，各国加强了对这些企业的管制。社会裂缝的不断扩大也使得政府对人类与自然保护的重视程度越来越高，环境、社会与治理（ESG）标准受到越来越多的关注。这一趋势表明，在全球经济治理中，不能只把效率最大化作为唯一目的，而应该更多地考虑安全、环境和社会公平等问题。三是"领域缺失"。现有的全球经济治理机制是建立在布雷顿森林体系之上，但其治理领域有限，缺失气候变化、碳中和、可持续发展、公共卫生、网络安全、数字经济、平台经济和全球金

融科技监管等领域。

## 三、新发展阶段中国构建更高水平开放型经济新体制的内部基础

当前，"十四五"规划开局之际，以新发展理念为指导，加快构建以国内市场为主体，国内国际市场双循环的新发展格局成为中国新发展阶段的发展方向，全面系统地推进经济高质量发展成为中国经济的首要目标。随着中国进入新发展阶段，工业体系、需求结构、科技创新实力、对外开放质量和国际影响力呈现向好趋势，这也为中国构建更高水平开放型经济新体制提供了坚实的内部基础。完整的工业体系和对外开放质量提升能为数字、服务贸易等新领域的体制创新提供物质基础；以内需为主的需求结构能缓冲涉外经济体制创新的现实风险；稳步提升的科技创新实力和国际影响力能增强中国在新兴科技领域的国际规则制定话语权。

### (一)中国工业体系更具韧性、质量效益提高、新动能支撑作用强劲

从韧性来看，中国制造业抗风险能力较强。目前，中国是全世界唯一拥有联合国产业分类中所列全部工业门类的国家，且在 500 种主要工业产品中，中国有 40% 以上的产品产量位居世界第一。完整的工业体系和齐全的产业门类使得中国制造业能有效应对疫情和逆全球化导致的产业链供应链断裂等国内外多重挑战。从质量效益来看，工业产能利用率稳步提升。2021 年，全国工业产能利用率为 77.5%，较 2020 年增长 3%，较 2019 年增长 0.9%。[1] 从新动能来看，以医药制造业、电子及通信设备制造业为代表的高技术制造业成为工业增长新动能，且增长势头迅猛。2021 年，高技术制造业增加值较上年增长 18.2%，对规模以上工业增长的贡献率达到 28.6%。[2]

### (二)中国国内需求在经济发展格局中的地位逐渐提升

从国内来看，中国超大市场优势进一步凸显，内循环地位提升。根据国家统

---

[1]　中华人民共和国国家发展和改革委员会：《工业生产稳中求进 企业效益持续提升》，2022 年 1 月。

[2]　中华人民共和国国家发展和改革委员会：《工业生产稳中求进 企业效益持续提升》，2022 年 1 月。

计局发布的《2021 年国民经济和社会发展统计公报》,① 2021 年内需为中国经济增长贡献了 79.1%。同时,中国正处于新型工业化、信息化、城镇化、农业现代化的快速发展阶段,2021 年中国城镇化率高达 63.89%,② 人口已达 14 亿,其中中等收入人群已超过 4 亿,具有超大规模市场优势,内需潜力旺盛。从国际来看,外循环的地位逐渐下降且趋于稳定。近年来,中国外贸依存度持续下降,变化幅度逐渐收窄,由加入 WTO 后的 64% 下降到 2019 年的 35.68% 以及 2020 年的 31.5%。

### (三)中国科技自立自强不断得到强化,技术创新产业化也将加快步伐

从创新投入来看,研发投入再创新高。2021 年,中国研发投入约达 2.79 万亿元,同比增长 14.2%。其中,被称为"自主创新之源"的基础研究投入高达 1696 亿元,同比增长 15.6%。2021 年,中国科技创新能力在全球 132 个经济体中位居第 12 位,较上年前进 2 位,稳居中等收入经济体首位。③

### (四)中国对外开放质量持续提升

改革开放以来,中国始终坚持对外开放的基本国策,不断推动高水平开放,提升对外开放质量。其一,进出口结构优化。从产品来看,高新技术产品的进出口稳步增长,芯片和机电产品成为进口和出口的最主要产品。从产业来看,制造业出口势头强劲,中国"世界市场"地位进一步巩固;服务贸易持续增长,其中运输服务贸易增幅最大,知识密集型服务贸易增长稳定。其二,贸易伙伴多元化。2021 年,中国前五大贸易伙伴依次为东盟、欧盟、美国、日本和韩国。此外,根据海关统计,中国对非洲、拉丁美洲出口增速高达 20% 和 40%,对"一带一路"沿线国家进出口增长 23.6%,高于整体增速 2.2%。其三,国际分工地位提升的潜力较大。近年来,中国制造业低成本的比较优势逐渐削弱,以雄厚资

---

①　国家统计局:《中华人民共和国 2021 年国民经济和社会发展统计公报》,2022 年 2 月。
②　国家统计局:《第七次全国人口普查公报(第七号)》,2021 年 5 月。
③　World Intellectual Property Organization:《Global Innovation Index 2021》,2021.

金、完备工业体系、人力资本为代表的新优势正在涌现。此外，全球新一轮科技革命推动全球价值链重构。这一背景使得中国嵌入全球价值链的方式不再仅限于国际产业转移，而是凭借完备的工业体系、参与国际合作的新优势逐渐向全球价值链的高端环节延伸。其四，"引进来"和"走出去"平稳增长，在合作对象、合作行业、合作导向上展现新变化。从合作对象来看，"一带一路"沿线国家和东盟是中国"引进来"和"走出去"战略的主要合作对象，引进外资和对外投资的增速均高于全国平均水平。从行业来看，中国高技术产业和服务业引进外资增长较快，而对外投资多集中于基础设施建设等制造业。从合作导向来看，得益于中国巨大市场规模，"引进来"由成本和产业导向转向市场导向，"走出去"多为政策和自由贸易协定导向。

（五）中国在国际格局中地位提升，由"被动融入"转向"主动引领"

从中国国际影响力来看，中国对世界经济的影响不断增强。2021年，中国经济总量达到17.7万亿美元，占世界经济总量的18%以上，对全球经济增长贡献了约25%。[①] 从开放战略来看，中国逐渐从"商品和要素流动型开放"转向"更高水平制度型开放"。改革开放初期，中国主要通过扩大外贸外资数量和规模来提高开放度。近年来，中国以商品和要素流动为主的开放型经济达到一定规模，发展空间不足。同时，全球贸易摩擦不断，引进外资竞争激烈，国际经贸规则调整需求加剧，全球经济治理体系亟需改革。为应对国内外经济形势的深刻变化，中国将开放战略转向"更高水平开放"，"构建更高水平开放型经济新体制"也成为"十四五"时期的主要目标之一。中国开始探索制度创新，积极推动WTO改革，加入并主动提倡签订自由贸易协定，建设自由贸易试验区，用自身力量推动世界发展，主动拥抱世界。

## 四、新发展阶段中国构建更高水平开放型经济新体制的主要举措

党的二十大报告强调，未来五年是中国全面建设社会主义现代化国家开局起

---

① 国家统计局：《中华人民共和国2021年国民经济和社会发展统计公报》，2022年2月。

步的关键时期，更高水平开放型经济新体制基本形成则是该时期的主要目标任务之一。具体而言，中国要以服务贸易发展为开放重点，加快建设贸易强国；要以自由贸易试验区试点为实践路径，扩大面向全球的高标准自由贸易区网络；要以多边合作组织为重要平台，维护多元稳定的国际经济格局和经贸关系。

## （一）以服务贸易发展为开放重点，加快建设贸易强国

服务贸易开放是中国建设贸易强国、实现高水平开放与高质量发展的重要指标，也是加快培育中国在新兴贸易领域的国际新优势、参与服务贸易国际经贸规则制定的关键所在。

第一，深入推进服务贸易和服务业开放。一是要建立健全服务业开放的体制机制。依据不同行业的特殊属性，分类放宽涉及国家安全、隐私的敏感行业和其他行业的外资准入限制，健全外资准入负面清单管理制度；还要完善外商准入前后的国民待遇制度，彻底消除"准入不准营"的制度壁垒。二是要对标服务业的国际通行标准和国际先进规则。采用"渐进式"开放，实现资格互认后，在部分地区率先引进对标 OECD 平均水平、对标发达经济体有关医疗用品、养老等重点生活性服务业的管理标准，再逐渐扩大到生产性服务业领域。三是要建立服务业开放的保障机制。针对外资准入负面清单管理制度，建立相应的政策监管体系，动态监测行业发展动向，及时调整外资准入限制条件；同时进一步健全服务业的外商投资安全审查、反垄断审查、国家技术安全清单管理制度。

第二，形成数字贸易国际合作和竞争新优势。一是要推动数字贸易高质量发展。既要优化数字贸易营商环境，进一步降低准入门槛，推动跨境数据流动规则接轨国际高标准贸易协定，形成公平规范的数字贸易治理制度；也要健全数字贸易人才培养保障机制，开展数字贸易工作人员专业资格认定工作，并组织数字贸易企业协会和专家智库团队积极开展数字贸易人才定向培养，提高企业的数字技术人才比例以加快形成数字贸易出口的优势，深度参与全球价值链。[①] 二是主动

---

① Lanz, R., Lundquist, K. et al. 2018. E-commerce and Developing Country-SME Participation in Global Value Chains. WTO Staff Working Papers.

参与全球数字贸易规则的制定。在 WTO 多边贸易体制和区域贸易协定的框架下，积极参与有关数据跨境流动、数字贸易税、数字技术知识产权等关键领域的国际规则制定，为全球数字经贸规则制度提供"中国方案"。三是深化数字贸易领域的合作机制。以"周边国家"为起点，辐射"一带一路"和东盟等国，实行数字基础设施、服务贸易等领域的自由贸易政策；同时，以"现有数字贸易规则相似度"为标准寻找数字贸易规则谈判对象，同这些对象在数据跨境流动关键领域达成协议，并与协定国共同建立跨境数据审核和监管部门①。

第三，在自由贸易试验区做好高水平服务业开放压力测试。一是在自由贸易试验区和自由贸易港全面实行跨境服务贸易负面清单管理制度，提升服务贸易的开放度、透明度和可预期性。② 二是推动服务贸易的公平竞争。要在自由贸易试验区和自由贸易港加大有关"竞争中性"的压力测试；加强服务业的公平竞争审查。三是扩大自由贸易试验区和自由贸易港在制度创新和改革上的自主权。对标国际最新的服务贸易标准，开启服务业制度型开放的自我探索，推动服务业领域内外标准一体化。例如，允许在自由贸易试验区和自由贸易港内暂停实施与其服务贸易发展相冲突的行政法规等，实现服务贸易的更大开放。

## （二）以自由贸易试验区试点为实践路径，扩大面向全球的高标准自由贸易区网络

自由贸易试验区是中国对标国际先进规则，持续深化改革的"试验田"，也是形成与服务、数字产业发展相适应的政策体系和制度环境、做好加入双边、多边自由贸易协定压力测试的重要平台。

第一，搭建服务于金融、商务等第三产业的制度体系。一是要为境内企业、境外投资者建立高效的融资体系。争取在自由贸易试验区设立投资银行、证券投资咨询等融资性金融机构，支持企业直接融资，为重点产业的企业提供"信保+

---

① 余振：《全球数字贸易政策：国别特征、立场分野与发展趋势》，《国外社会科学》2020 年第 4 期。

② 迟福林：《对标国际高水平经贸规则　构建新发展格局下的服务贸易创新发展》，《财经界》2022 年第 1 期。

担保"融资服务。① 此外，依据"非金融企业外债项下完全可兑换"政策，为"一带一路"沿线和东盟国家建立区域性人民币债券融资平台，支持境外投资者以人民币债券方式在自由贸易试验区开展投资。二是加快引进会计、审计、资产评估等专业的高端人才和机构。要突破执业资格单向认可制度，允许具备国际执业资格的相关人员在自由贸易试验区有关部门备案后，直接参与企业的记账报税、资产评估、审计验资等事项。三是要建立国际金融研究中心，为自由贸易试验区的企业提供政策咨询、研究报告、金融法律培训等各类服务。

第二，稳步进行《数字经济伙伴关系协定》（以下简称"DEPA"）压力测试。2021 年 11 月 1 日，中国商务部部长王文涛正式提出申请加入 DEPA。要加快在相对封闭的自由贸易试验区实施相关的压力测试，防止风险蔓延。一是维护自由贸易试验区内人员对国外数据库、网站的访问权。变通《网络安全法》和《国际通信出入口局管理办法》相关内容，在人员和企业实名备案后，允许相关人员无屏蔽访问国外数据库、网站等。二是推动跨境数据有序流动。对于涉及国家安全、个人隐私保护等敏感数据流动加以监管，对不涉及公共安全的一般性数据实行跨境自由流动。三是加快同东南亚国家或地区达成实质性的数字领域信任协定和争端解决机制协定等，利用中国数字经济应用市场的巨大优势，以人工智能、互联网、数字贸易等领域为突破口，就数字领域经贸规则、数据跨境流动认证机制达成协议，打通区域间的数字贸易和数据流通壁垒。

第三，对标 CPTPP 推进高水平制度型开放。一是明确竞争中性的监管原则。将竞争中性原则作为制定监管条款的指导思想，参照 CPTPP 的监管规则制度，在知识产权、劳工标准、数据流动、环境保护、国企改革等方面加以规范，为自由贸易试验区的制度创新提供法律依据。二是尽快形成与 CPTPP 接轨的服务贸易规则体系。要进一步缩减跨境服务贸易负面清单，相较新加坡在 CPTPP 中设立的 29 项特别管理措施，中国的 70 项限制措施仍然偏多。同时，要形成跨境服务贸易监管新模式，对跨境资金流动和境外人员入境实行监管，利用大数据等现

---

① 迟福林、郭达、郭文芹：《构建新发展格局下的海南自由贸易港》，《行政管理改革》2022 年第 1 期。

代科技手段，强化对不合理的资金外流行为和境外人员资格的监管力度。三是同CPTPP 缔约国进行高等教育学历学位互认。在疫情反复暴发的背景下，可率先推动医师执业资格、医疗学历学位的单向认可，简化远程诊疗流程，实现外籍医生参与远程诊疗的审批模式由注册制向临床交流备案制转变。

（三）以多边合作组织为重要平台，维护多元稳定的国际经济格局和经贸关系

面临单边主义、贸易保护主义、逆全球化思潮盛行的严峻挑战，国际组织、"一带一路"倡议、双边和多边自由贸易协定成为了引领新一轮经济全球化的重要载体。同时，利用这三大载体构建更高水平开放型经济新体制，不仅能捍卫双边、多边贸易体制，也将进一步提升中国参与全球经济治理的影响力和制度性话语权，进而维护中国与其他国家或地区多元稳定的国际经济格局和经贸关系。

第一，维护多边合作机制的权威性和有效性，积极参与全球治理体系改革和建设。一是积极参与联合国改革。在维护《联合国宪章》宗旨和原则的前提下，联合国改革要将存量制度与增量制度有机统一，例如，以落实联合国 2030 年可持续发展议程为重点，实现 G20 机制化并推进世贸组织改革；① 为加强发展中国家在全球经济中的参与度，要大力推动亚太经合组织、亚洲基础设施投资银行、RCEP 等合作机制建设。二是维护以国际法为基础的国际秩序。世界各国要携手变革国际法体系和全球经济治理体制中不公正、不合理的安排，提升国际法的权威性。三是完善 G20 全球经济治理机制。推行"G20+正式国际机制"，让更多正式国际组织通过 G20 发挥其在执行力上的优势。例如，加快推进联合国、世界银行、国际货币基金组织、WTO、国际劳工组织、经济合作与发展组织、金融稳定理事会这 7 个正式国际组织与 G20 的合作，形成全球统一、目标一致、领域全面的全球治理体系。

第二，以"周边国家"为起点，以"一带一路"为路径，形成面向全球的高标准自贸区网络。一是提升现有自贸协定的数字贸易自由化、便利化水平。要争取

---

① 迟福林：《新型开放大国 共建开放型世界经济的中国选择》，《中国工人出版社》2019 年版，第 92-93 页。

到 2025 年，以"负面清单"和"规则制定"为主要模式实现自由贸易协定升级，且将包含跨境电子商务和金融服务等数字贸易议题的自由贸易协定比例提升至 50% 以上。二是加强各协定国在制度体制方面的对接。具体而言，要将"一带一路"的具体领域与现行的国际制度进行衔接。例如，在贸易畅通和资金融通方面，"一带一路"的实践要与环印联盟、环孟加拉湾经济合作组织的制度衔接；在基础设施互联互通方面，要与亚洲开放银行、联合国亚太经社理事会的制度衔接。三是尽快形成"陆海内陆联动、东西双向开放"的全面开放新格局。要将国内"城市群"、"长三角一体化"、"粤港澳大湾区"等国家战略与"一带一路"倡议对接，统筹国内区域经济一体化与周边区域合作进程。例如，通过与东北亚地区合作促进东北振兴，支持广西和云南分别建设面向东盟和南亚东南亚地区的开放合作高地。

第三，实现中日韩、亚太、中欧美经贸合作的新突破。一是深化中日韩经贸合作的议题。日本、韩国在环境治理、新能源利用等领域有着丰富的技术和经验，中国则有资金、市场规模等方面的优势。为实现三国互补性正面效应，要推动谈判议题由"边境"政策向"边境内"政策深化，加快在新能源技术、知识产权等领域展开合作；参照《巴黎气候变化协定》、USMCA、CPTPP，在环境治理方面达成制度层面的协定。二是在亚太自贸区建立多层次的自贸协定。由于亚太自贸区的全球覆盖面积最广、纳入成员最多，成员国之间的开放水平差异较大。要建立不同层次的开放标准，使成员国根据其经济发展水平和开放程度自由选择，并明确各层级的过渡期，加快协商议程。三是推动中欧美经贸合作机制多元化。面对大国博弈加剧、俄乌冲突走向不明等多重风险叠加的局面，要以"聚焦合作，管控分歧"为基本原则，持续推进中美、中欧双边经贸协定谈判，深化在基础设施、金融服务、医疗健康、气候变化等双边优势互补领域的合作；同时也要加快启动中美、中欧各层级合作对话机制，及时就世界局势走向、全球供应链稳定、国际投资金融风险等重要话题进行沟通。通过多方位、多领域、多层级的经贸合作机制，缓冲国际局势动荡所造成的潜在风险，为中欧美经贸合作迈上新台阶"保驾护航"。

# 第四节　全球发展倡议与人类命运共同体

2021 年 9 月 21 日，国家主席习近平在出席第七十六届联合国大会时提出全球发展倡议的概念。该倡议将中国智慧与联合国可持续发展倡议相结合，为疫情过后全球经济发展以及解决全球性问题提供了相对完整的解决方案。

## 一、全球发展倡议的主要内容

习近平主席结合国内外发展现状，针对全球可持续发展路径所提出的全球发展倡议，其主要内容包括六个方面，分别是坚持发展优先、坚持以人民为中心、坚持普惠包容、坚持创新驱动、坚持人与自然和谐共生以及坚持行动导向。

### （一）坚持发展优先

经济发展作为一个国家宏观政策的主要导向，应该置于国家战略规划的首要地位。面对新冠疫情以及地区紧张局势对于全球经济发展的冲击，各区域应该更加注重协同发展，构建更加平等、合理的区域伙伴发展关系，推动多边经贸合作框架进一步落实，为区域经济发展打下坚实基础。

### （二）坚持以人民为中心

发展的最终目的还是为了让人民能够更好地生活，因此在制定国家发展战略地过程中，人民的中心地位不能改变。要以人民的生活水平、幸福感、安全感作为发展成效的重要衡量指标，发展成果由人民共享，将保障民生、保护人权贯穿于发展的各个阶段，最终实现人的全面发展。

### （三）坚持创新驱动

创新是一个国家经济发展的活力源泉，坚持创新驱动，呼吁所有国家抓住新一轮科技革命和产业革命的重要机遇，为经济发展量质齐升提供充足动力。我们国家以战略性新兴产业以及未来产业作为发展先导，大力推进产业结构调整以及技术创新，以应对目前全球产业链供应链变革的新形势。

### （四）坚持人与自然和谐共生

坚持人与自然和谐共生是针对目前全球日益严重的环境问题所提出的倡议，完善全球环境治理，积极应对气候变化，构建人与自然生命共同体。加快绿色低碳转型，实现绿色复苏发展。经济发展模式应当顺应全球环境变化的需要进行调整，只有坚持绿色环保的发展理念才能够让目前全球气候逐渐恶化、生物多样性逐渐丧失的现状得到改善。

### （五）坚持普惠包容

坚持普惠包容指的是在推动全球化发展的进程当中能够深度融合各个国家的发展模式，充分尊重不同国家的文化信仰、发展道路，站在多边主义的角度充分探讨合作共赢、共同发展的可能性。当前全球地区局势动荡不断，巴以冲突、俄乌冲突、红海危机等问题仍然深深阻碍区域内部实现合作发展的进程，未来中国也将继续致力于帮助有关国家和平解决地区争端问题，在现有框架中继续拓展经贸合作的范围，以经济合作带动文化认同，推动构建人类命运共同体。

### （六）坚持行动导向

坚持行动导向旨在倡导国际社会对于可持续发展议题的相关措施要落实到位，充分利用国际组织的影响力以及目前国际公共物品供给体系重点推进发展中国家减少贫困、粮食安全、抗疫与疫苗、发展筹资、应对气候变化、绿色发展、工业化、数字经济、互联互通等领域的发展。

## 二、全球发展倡议与可持续发展议程

《2030 年可持续发展议程》是 2015 年在联合国大会上通过的，针对未来 15 年全球可持续发展提出的行动纲要以及主要目标。该议程当中主要包含 17 个可持续发展目标，涉及减贫、气候变化、资源开发、基础设施建设等多个方面。全球发展倡议与可持续发展议程都是未来全球发展的主要行动纲领，也是各国在可持续发展领域深入拓展的重要指南。

## （一）全球发展倡议与可持续发展议程的相同点

全球发展倡议与可持续发展议程在核心理念选择、可持续发展领域选择以及可持续发展目标制定方面都有一定的共通之处。二者都以可持续发展作为发展的主要理念，并将基础设施建设、创新发展和高科技领域、绿色发展作为可持续发展的重点关注领域，并将消除贫困、气候问题、普惠发展作为发展目标。但二者的提出背景不同，也导致其聚焦的重点有所差异，同时提出者的不同也引致了实现路径的不同。

1. 核心理念选择

二者都以可持续发展作为未来全球发展的主要路径。并且将可持续发展的内涵不断拓宽，不仅仅是指经济发展方式能够满足一个国家、一个地区未来几代人的生存需求，还要满足全球发展环境变化的需要，确保资源使用和分配的合理性，使之发挥更大的效能。发展的平等性也是二者共同支持的理念，可持续发展议程更加侧重于微观个体的平等，例如性别平等、受教育机会平等、资源获取平等。全球发展倡议更侧重于国家之间发展机会的平等，建立普惠包容的发展平台，让广大发展中国家能够充分发挥自身优势，准确找到在可持续发展进程当中的定位。

2. 可持续发展重点领域选择

二者为所有国家共同订立了符合可持续发展要求的基本范围。首先是在基础设施建设方面要更加具有包容性，符合新一轮产业革命的要求，具备能应对全球气候变化等环境问题的能力。可持续发展议程还进一步提出在城市化的进程当中也要遵循包容、安全、有抵御灾害能力以及可持续的原则。其次是在创新发展以及高科技领域方面，可持续发展议程对于现代工业化进一步提出了具有包容性、持续创新性的要求，全球发展倡议致力于在疫情过后打造更加平等的科学发展环境，在数字经济等新兴领域开展经济合作，共同挖掘经济增长的新动能。最后是在绿色发展的相关领域上，二者都侧重于绿色低碳的发展方式，可持续发展议程在资源的合理利用方面做出了诸多规定，例如海洋资源、森林资源、土地资源等，都要进行合理开发利用，遏制目前生物多样性的快速丧失。全球发展倡议更侧重于采取更加积极的方法应对气候变化，加快生产方式的绿色化转型，完善全球环境治理框架，最终实现绿色复苏发展。

3. 可持续发展目标制定

二者都明确了未来全球可持续发展框架下各国应该树立的发展目标。第一是降低贫困率，可持续发展议程明确将消除一切形式的贫困列入文件当中，并且提出要降低国家内部的不平等，收入更加平等、贫富差距更小才能保证国家的全面发展，人民的幸福指数也会提高。全球发展倡议则呼吁广大发展中国家加大对于减贫事业的资源投入，制定完善的脱贫政策。第二是在绿色发展方面，二者都将资源利用的合理性以及产业发展的绿色低碳化列入了可持续发展的主要目标当中，以应对目前全球气候恶化以及生态破坏等问题。第三是对于发展合作的包容性，联合国作为目前国际秩序的主要维持者，主动担当起南北合作的推动方，促进发达国家和发展中国家共同应对全球发展问题。全球发展倡议中也将坚持普惠包容的原则作为主要内容，开展范围更广的经济发展合作，能够有效做到优势互补，提升发展质量。

## （二）全球发展倡议与可持续发展议程的不同点

### 1. 时代背景

全球发展倡议立足于新冠疫情治理的特殊时期，而可持续发展议程立足金融危机后的经济恢复期。全球发展倡议于 2021 年 9 月提出，当时虽然许多国家开始接种疫苗，但新的病毒变种的出现导致感染率在某些地区再次上升，这继续对全球经济复苏构成威胁，发达国家的疫苗接种率普遍较高，而许多发展中国家则面临疫苗供应不足的问题，这加剧了全球经济复苏的不平衡。同时由于疫情导致的生产中断和运输限制，全球供应链面临挑战，进而影响了全球贸易和生产，经济面临衰退风险。而可持续发展议程则于 2015 年在联合国大会第七十届会议上通过，当时全球经济正从 2008 年的金融危机中缓慢复苏，发达国家与发展中国家增长差距扩大，作为世界第二大经济体的中国经济增速放缓对全球经济产生了显著影响，同时，数字化转型、互联网经济和创新成为推动经济增长的关键因素，气候问题成为世界新的关注点。

2. 聚焦重点

全球发展倡议聚焦当下热点，可持续发展议程聚焦长期问题。全球发展倡议更加聚焦于近年国际社会面临的紧迫问题，如抗疫和疫苗合作、数字经济等，尤其强调在疫情下的经济复苏问题和国家合作问题，更具有针对性。而可持续发展议程关注的是从 2015 年至 2030 年的 15 年跨度间的经济社会整体发展，而具有全面性。涵盖时间范围更广，包含了更为全面的目标，涵盖了教育、性别平等、清洁水源等多个层面。其不仅关注经济发展，还强调社会进步和环境保护，旨在通过 17 个整体的、不可分割的可持续发展目标来推动发展，并兼顾了可持续发展的三个方面：经济、社会和环境。

3. 实现路径

全球发展倡议是中国提出的国际合作新方案，更侧重于通过国际合作和多边机制来推动发展，因此在全球发展倡议中，特别强调要"践行相互尊重、合作共赢的国际关系理念"以及"完善全球治理，践行真正的多边主义"。而可持续发展议程通过资源开放、技术转让、能力建设以及伙伴关系来实现。

### 三、全球发展倡议的重要意义

全球发展倡议以统揽全局的战略性思维，精准聚焦目前新的全球发展局势下的核心问题，为带动未来区域以及全球新一轮发展合作指明了方向。同时，在面对疫情后经济复苏的关键时期以及国际局势不稳定因素快速增长期，全球发展倡议坚持践行真正的多边主义，以共商共建共享的原则倡导发展中国家和发达国家建立协同发展的合作机制，为共同构建人类命运共同体的宏伟目标作出贡献。

#### （一）为推动多边发展合作提供理论支持

面对疫情后经济重建的新形势以及逆全球化思潮的兴起，推动区域内多边经济发展合作成为新路径。我国始终坚持拓展对外合作的空间，做到高水平对外开放，截至 2024 年 4 月，我国已经同 29 个国家和地区签署 22 个自贸协定，持续释放经贸发展合作的红利。全球发展倡议深刻总结了我国对外经济合作的经验，提炼出适合发展中国家以高水平开放带动国内经济发展的中国经验。

1. 在构建发展伙伴关系时更加注重平等性与均衡性

合作共赢才是未来持久发展的核心理念。发达国家在合作的过程中要做到权利与义务相对等，发展中国家更要抓住南北合作的机遇深化合作空间，南北双方相向而行，共同构建平等和谐的区域发展伙伴关系。不仅仅是在经济发展的机会均等方面要更加注重平等性，在面对全球性问题时也要注重权利与义务的均衡性，例如在面对全球日益严峻的气候变化局势时，所有国家都应该在经济发展模式上进行调整，而发达国家在转型的过程中也不应将落后产能随意输出到发展中国家，造成其生态环境的破坏，双方应该共同协商在面对此类问题时如何分配所承担的义务，建立起可持续的发展合作机制。

2. 充分运用马克思主义世界观和方法论来解决当今世界的发展问题

全球发展倡议充分运用马克思主义基本原理来指导各国之间在发展问题上的合作，坚持把握历史与现实、理论与实践、国内与国外相结合之间的关系，倡导以人为本，以人民作为经济社会发展的中心，坚持以行动为导向，在实践当中探寻适合本国国情的发展之路。并且全球发展倡议还是我国在充分运用辩证唯物主义和历史唯物主义的方法处理国际合作事务中逐渐形成的，以中国实际发展问题的解决方案来解读时代课题，为广大发展中国家提供发展实践指导的中国智慧和中国方案。

3. 为共同构建人类命运共同体的伟大愿景提供实践指导

人类命运共同体理念是我国在 2012 年 11 月提出的在面对世界经济复杂形势和全球性问题时，需要所有国家齐心协力共同建设更美好人类社会的宏伟理想。而全球发展理念则是在总结近些年来我国高质量对外开放经验的前提下，从六个不同维度来细化构建人类命运共同体所需要的具体实践，为团结发展中国家实现共同发展注入了思想动力，弘扬了全人类共同的价值观念。

(二) 为解决全球性问题提供了新思路

气候变化、生态环境破坏、贫困率上升等全球性问题对于全球经济发展产生了较大的负面影响。过去一段时间发达国家和发展中国家在应对全球性问题的立场上曾产生较大的分歧，但随着可持续发展倡议的提出，双方又重新审视了自身在全球可持续发展当中的角色。全球发展倡议则是更加明确提出了应对全球性问题新的路径。

1. 在和平发展的基础上汇聚强大合力来应对全球性问题

历史经验表明，单边主义和霸权主义不可能实现可持续发展的，只会带来全球发展鸿沟的不断扩大以及全球发展赤字的不断加深。全球发展倡议以中国对外开放经验为依据，引导各方携手合作，紧密团结在以联合国为中心的国际秩序下，通过有效协商明确自身责任与义务，为解决全球性问题建立良好的合作机制。同时为国际公共物品的供给搭建一个完善的平台，倡导有能力大国承担起区域经济发展的责任，为发展中国家提供相应的援助或协助完成大型基础设施项目的建设。

2. 支持发展中国家加快向绿色低碳发展模式转型

过往发展中国家在经历快速发展期时，难免会需要以重工业作为经济增长的基石，从而忽视经济增长对环境的负面影响。而经历几次产业革命以及科技革命之后，这种发展模式已经显露出较大的弊端。全球发展倡议以中国发展模式为经验，提出在经济发展的过程中要兼顾生态环境的保护，既要金山银山，也要绿水青山，坚持人与自然和谐共生的原则。我国在"十四五"时期进入了促进经济社会发展全面绿色转型、实现生态环境质量改善由量变到质变的关键时期，生态文明建设取得了诸多成效。我国也在始终致力于支持以"一带一路"沿线国家为核心的广大发展中国家完成绿色化转型，并将我国在清洁能源等领域的先进技术推广到更多国家。

3. 坚持以人为本、发展为人民的核心原则

人民是发展的主体，全球性问题的负面影响最终还是要各国人民共同承担，因此在解决全球性问题的过程中要充分考虑到人民的利益以及主观能动性。一方面，要以前瞻性的眼光来看待发展问题，以牺牲生态环境为代价加快经济发展的速度，最终只能由下一代来承担相应的后果，只有创造出受益更加长远的发展模式，才是一个国家人民真正幸福的必要因素。另一方面，要充分发挥人民在解决全球性问题当中的主观能动性，政府在制定政策时要充分引导广大人民和市场微

观主体形成正确的价值观念，从个人做起，营造整个社会保护生态环境的良好氛围，同时引导企业完成绿色化转型，淘汰落后产能，为延长企业的生命周期打下良好基础。

### （三）为拓展新的合作领域提供了新路径

充分聚焦重点领域、寻求新的合作方向，是未来区域发展合作的重要趋势。全球发展倡议倡导发展中国家坚持创新驱动，以积极开放的态度面对新一轮产业革命和科技革命，结合自身优势选择重点发展的领域，不断积累自身技术优势，明确自身发展定位。

1. 将传统行业与新兴技术相结合发掘新的发展方向

数字技术、人工智能、工业互联网等新兴技术的发展，使得传统行业能够重新焕发活力。例如，在基础设施建设领域，我国明确提出新基建的概念，主要包括 5G 基站建设、特高压、城际高速铁路和城市轨道交通、新能源汽车充电桩、大数据中心、人工智能、工业互联网七大领域。这些领域普遍以信息技术为基础，以技术创新作为核心，满足新一轮科技革命需求。随着"一带一路"倡议的推进，我国不断将在基建领域积累的先进经验输出到沿线发展中国家，促进沿线国家数字技术、人工智能、工业互联网等新兴领域的发展。

2. 加快科技领域的研发成果向生产领域的转化

海外科技合作园区的建设，能够更好地帮助发展中国家加快科技成果转化的进程，实现向新兴领域的拓展。近年来，第四代科技园区成为发展的主流，主要表现在官产学研多元主体的互相联动，以及科城高度融合的空间形态，能够帮助东道国快速整合区域创新资源，打造创新型、科技型城市或地区。以区域创新中心进一步带动地区经济增长，并对周边地区起到技术溢出的作用，是发展中国家实现可持续发展以及发展模式转型升级的重要路径。

3. 将合作重心向绿色环保型产业转移

全球发展倡议突出了对于环境保护和生态文明建设的要求，未来以能源消耗和牺牲环境换取经济发展的合作模式将逐渐被绿色环保型产业发展合作替代。例如，清洁能源的合作取代传统能源的合作以及成为大多数国家所选择的路径，风能、光伏、核能正在逐渐替代传统化石能源。以亚投行为代表的国际金融机构正在不断发掘具备可持续发展能力的绿色投资项目。亚投行将绿色基础设施列为企业战略的优先事项，侧重从可再生能源、低碳公共交通、水管理和卫生、污染控制，以及加强生态系统的服务等领域推进项目投资和建设，并承诺到2030年气候融资总额将达到500亿美元，这个数字是2019年首次公开该项数据时的四倍。

## 四、全球发展倡议的具体实践路径

过去十年间，我国始终坚持高水平对外开放，以"一带一路"倡议为纽带积极开展对外经贸合作，取得了显著的成果。面对新一轮产业革命以及科技革命，全球发展倡议以创新驱动为原则，倡导发展中国家的合作要进一步拓宽领域，深化在新兴科技领域的投资合作，提高产业合作的附加价值，为国家发展的战略支柱产业奠定技术创新、人才培养的基础。

### (一) 以"一带一路"倡议为纽带不断拓展与沿线国家的经贸合作

"一带一路"倡议是近十年来我国对外经贸合作最重要的平台，截至2023年10月，已有153个国家选择加入"一带一路"倡议。过去十年间，我国通过基础设施建设、贸易往来、文化交流等方面不断巩固与"一带一路"沿线国家间的合作关系。在后疫情时代"一带一路"将继续发挥发展合作平台的作用，推动沿线国家在各个领域的合作进程。

1. 继续推动在传统基础设施建设领域的合作

"一带一路"沿线大多数国家为发展中国家，在经历新冠疫情后，国内经济复苏乏力，需要进一步完善相关大型基础设施建设来带动经济增长能力的提升。例如，在传统交通运输设施建设方面，高速铁路、高速公路、港口等，都能很大程度带动国民经济的增长，我国在高速铁路建设方面具有世界领先的技术和人才，以"一带一路"为平台可以将我国的先进技术输出到沿线国家，帮助沿线国家经济建设的同时促进国内产能的有效利用。目前"一带一路"沿线标志性交通基础设施项目包括雅万铁路、中老铁路、亚吉铁路、比雷埃夫斯港等，这些项目已经建成并投入运营，帮助东道国加快经济建设步伐。

2. 深化"一带一路"沿线能源合作转型

目前"一带一路"沿线能源合作仍以传统能源为主，例如，我国与中亚、西亚地区的输气输油管道项目建设，我国与中东地区石油资源开采项目的建设等，这些传统能源基础设施项目对于东道国的生态环境产生了较大的负面影响，未来随着产业转型的推进，能源合作的转型也应该向更具有可持续性的方向发展。积极推进可再生能源项目建设，是目前建设绿色"一带一路"的主要方式，已经建成的大型项目包括巴基斯坦卡洛特水电站、阿根廷高查瑞光伏电站项目、哈萨克斯坦扎纳塔斯风电站等。疫情结束后，将会有更多清洁能源项目投资建设，亚投行、丝路基金等机构针对绿色项目已经设立专项基金，用于绿色基础设施项目的投融资，预计到 2030 年，我国参与"一带一路"沿线风电以及光伏发电项目发电潜力将达到 235.41—706.24 吉瓦（GW），每年将会为我国带来 37.15 亿美元的经济效益。

3. 继续拓展"一带一路"沿线的贸易合作

经济发展质量的提高离不开高水平的对外开放，"一带一路"倡议提出的初衷就是带动沿线的贸易往来，保障区域内产业链、供应链的完整性和安全性。过去十年间，我国与"一带一路"沿线国家累计货物贸易总额达到 19.1 万亿美元，年均增长率达到 6.4%，即使是在疫情暴发期间，"一带一路"沿线的贸易往来也在逆势增长，根据中国国家铁路集团有限公司的数据显示，2020 年，我国共计开行中欧班列达到 12400 列，同比增长 50%，累计发送集装箱达到 113.5 万标箱，同比增长 56%。除此之外，我国还依托"一带一路"平台，搭建起了立足周边、辐射"一带一路"沿线、面向全球的自贸区网络，使得贸易优惠政策的红利持续释放。结合全球发展倡议的提出，疫情过后"一带一路"沿线的贸易合作将会持续扩大范围，建设更加普惠包容的贸易合作网络，并且进一步提升进出口质量，帮助沿线国家完成国内产业转型升级。

（二）不断深化与其他国家在数字经济、高端装备制造等领域的合作

坚持创新驱动，要求各国在发展领域的选择上具有承载技术创新以及模式创

新的能力。近年来，数字经济、航空航天、高端装备制造等领域成为新一轮产业变革的大背景下引领国际合作转型升级的主要推动力。

1. 加强数字基础设施互联互通建设，弥合国家间的数字鸿沟

以"一带一路"沿线国家为例，由于沿线国家发展程度差异较大，因此存在较为明显的数字鸿沟。2017 年，习近平主席在"一带一路"国际合作高峰论坛上提出"数字丝绸之路"的概念，旨在加强沿线国家在数字经济领域的合作，弥合数字鸿沟。截至目前，"数字丝绸之路"建设已经取得了诸多成果，截至 2023 年底，我国累计参与建设 24 个国际海缆项目，建设境外通信网络节点 230 多个，5G 基站建设数量占全球 60% 以上。这些数字基础设施项目为实现区域互联互通打下了坚实基础，切实帮助东南亚地区以及西亚、南亚地区的发展中国家提升数字化、智能化、网络化程度。目前"数字丝绸之路"建设仍存在较大的发展潜力，尤其是在创新投融资机制方面，由于数字基础设施投资体量的缘故，应当引入更多的社会资本参与建设，在建设模式的选择上，政府与社会资本合作模式（PPP模式）、工程总承包融资型模式（F+EPC）等都是可行性方案。

2. 大力推动科技产业合作园区建设，集合优势资源发展高科技产业

目前我国海外合作园区大多仍以第一、二产业为主，结合东道国的要素资源禀赋，以农业、加工业、制造业合作园区带动当地经济发展和居民就业。产业附加值以及技术含量有待提高，现成的科技园区普遍存在合作主体匮乏、合作深度不足以及合作协同机制不够完善等问题。未来依托"一带一路"发展合作平台，各国应该积极参与区域协同创新体系建设，包括建立更高水平的科技产业园区，将区域内高校、龙头企业、社会资本等多方面资源进行有效整合，为高创新性、高成长性企业搭建成熟的产业孵化平台。在技术创新的同时协同推进制度创新，围绕科技园区建立配套的投融资机制、人才选拔以及评价机制、成果转化以及落地机制、政策补贴以及税收优惠机制，吸引更多优质企业入驻园区，提升整个科技园区的核心竞争力。

3. 深化国家战略性科技产业和装备制造业的合作

核能、航空航天、深海探测等战略性产业对于一个国家经济社会的发展起到十分重要的保障作用。近些年来我国开始侧重于在这些关键领域与其他新兴国家

开展技术合作，例如在航空航天领域我国与中东地区国家建立了良好的合作关系，2018 年 5 月 21 日，沙特月球小型光学成像探测仪搭载嫦娥四号中继星（鹊桥）子卫星"龙江二号"发射升空。2022 年 9 月，我国与阿联酋签署合作谅解备忘录，计划在 2026 年发射的嫦娥七号任务中搭载阿联酋"拉希德 2 号"月球车。在核能领域，我国与其他能源大国的合作也是我国国际能源合作体系的重要组成部分，2018 年 6 月，我国与俄罗斯签署了田湾核电站 7 号、8 号机组和徐大堡核电站 3 号、4 号机组等一系列核能合作项目，2021 年 5 月项目正式开工建设。未来在战略性产业和装备制造业的合作方面，发展中国家应该在现存经济合作框架的基础上，拓展合作深度，挖掘在关键领域的合作潜力，增强经济社会发展的内核动力。

### （三）提升与广大发展中国家发展战略的对接程度，实现协同发展

提升发展合作的质量，不仅要推动基础设施互联互通作为"硬连通"，更要实现规则制度的充分对接作为"软联通"。我国在推动区域经贸合作的过程中始终将战略对接为关键一环，充分结合广大发展中国家未来的经济发展愿景和产业发展现状，构建适用性更强、合作主体更加广泛、合作领域更加深入的区域以及全球发展合作体系。

1. 要明确合作国家的发展需求，在合作中实现互利共赢

各国在制定自身发展战略时，一定会充分考量自身产业以及技术优势，明确自身未来几年内的发展需要，因此在寻求发展合作以及制度对接时一定要重点考量东道国的发展需求来选择适合的合作方向。例如，哈萨克斯坦的"光明之路"计划侧重中推进国内基础设施建设以及工业、能源等领域的投资；《东盟互联互通总体规划 2025》侧重于基础设施、数字经济等领域的合作以及自贸区建设等方面；吉尔吉斯斯坦则希望借助自身地理位置的优势，以"一带一路"为平台，将自身打造为沿线物流中心及交通枢纽。因此，各国在未来寻求国际经贸合作的过程中，要充分理解东道国发展规划中的要点，对其发展需求进行全方位的分析，寻求符合双方发展特点以及未来规划的合作模式，并指定详细的合作规划。

2. 在制定合作战略的过程中充分尊重东道国的历史文化和社会风俗

"软联通"不仅在于经济发展战略的对接，还在于社会文化的相互融合。我

国在全球发展倡议中倡导坚持以人民为中心，正是体现了对于不同国家、不同民族文化以及社会风俗的尊重。一方面，提倡文明交融和文化尊重可以在发展战略对接的过程中充分吸收各国的发展智慧，各取所长，充分发挥自身的优势和潜能；另一方面，可以消除其他国家对于开展经贸合作的顾虑，使更多国家加入发展合作规划，做到真正的多边主义。以"一带一路"倡议为例，我国依托"一带一路"合作平台，积极推动中外文化交流与互学互鉴，不仅定期开展非物质文化遗产展览会，还以旅游、教育、艺术等方面为载体，不断拓宽文化交流的内涵，同时也创造出较好的经济效益。根据美国新闻与世界报道发布的"文化影响力"数据显示，"一带一路"倡议提出以来，我国文化影响力综合分值持续提升，从2016年的34.2分增长至2022年的57.2分。以文化促进合作，以文明引领发展将会成为广大发展中国家对接发展战略的核心原则之一。

3. 在发展战略的对接的过程中做到上下联动、宏微观相结合

正确处理政府与市场主体在发展合作当中的对接关系，是提升合作质量、落实合作规划的重要问题。一方面是在共同制定合作战略时要充分考虑合作各方的市场特征，统筹协调制度规则等顶层设计与基层实践探索之间的关系，充分吸收各类代表性市场主体的相关建议，再具体决定合作内容以及合作方式；另一方面是在合作中要充分发挥市场在资源配置等方面的决定性作用，充分了解市场供需关系，进一步优化市场营商环境。并且要将各类微观主体的优势进行整合，例如高校的科研能力、龙头企业的运营模式以及技术能力、金融机构提供资金的能力以及投融资渠道，充分保障各类主体的发展权益，使其能够更好地参与到国际经济合作当中，政府则更多要承担好引领方向的作用，加强制度建设，管控好在合作过程中可能会出现的外部风险。

## 五、中国式现代化与人类命运共同体

当今世界风云变幻，处于百年未有之大变局，经济格局发生深刻变化。习近平主席提出了人类命运共同体，并不断深化完善其内涵。人类命运共同体是对世界人民未来命运的蓝图，与中国式现代化互相呼应。在建设两者的过程中，应充分认识到其相通相连之处，建设好中国人民乃至世界人民的美好未来。

### （一）中国式现代化的内涵与意义

进入新时代，党的二十大报告对社会主义现代化建设的历史经验进行了总结和概括、提炼和升华，明确指出："中国式现代化是人口规模巨大的现代化，是全体人民共同富裕的现代化，是物质文明和精神文明相协调的现代化，是人与自然和谐共生的现代化，是走和平发展道路的现代化。"

1. 中国式现代化的内涵

中国式现代化致力于实现物质文明、政治文明、精神文明、社会文明、生态文明协调发展。第一，在物质文明方面，中国构建高水平社会主义市场经济体制，2023 年中国国内生产总值超过 126 万亿元，经济已由高速增长阶段转向高质量发展阶段。第二，政治文明方面，中国共产党自成立之日起就将纯洁性镌刻在自己的旗帜上，始终将清正廉洁作为党的政治本色。第三，精神文明方面，高度重视文化体育发展，不断激活文化创新，宣传弘扬文化民族优秀传统文化。第四，社会文明方面，开展"清朗"系列专项行动，整治网络虚假宣传、规范网络用语、防治电信诈骗等行为，不让网络空间成为法外之地。第五，生态文明方面，提出"双碳目标"，贯彻"绿水青山就是金山银山"。在此基础上，中国高度重视科技创新、产业转型，推动制造业高端化、智能化和绿色化发展，更瞄准对高质量发展有着强劲推动力、支撑力的新质生产力。

2. 中国式现代化的意义

中国式现代化在理论与实践中都具有深刻意义，对世界产生了深远影响。第一，中国式现代化创造人类现代化新形态。中国式现代化秉承马克思主义世界历史理论视野和世界大同思想，吸收借鉴西方现代化经验，立足中国和世界致力于构建人类命运共同体而具有鲜明的中国特色和文明意蕴。[①] 中国式现代化重构国与国之间的关系，重塑世界政治经济文化秩序，推动了世界历史理论当代发展，丰富了开放型世界经济的理论与实践形态，增进了关于世界现代化文明形态多元的认知。第二，中国式现代化有助于解决发展不均衡。中国式现代化通过国家层

---

① 沈江平，武磊：《中国式现代化的共同体意蕴探析》，《思想战线》2024 年第 6 期。

面的统筹调配，有助于解决资本主义发展面临的贫富不均、两极分化的问题。①
中国式现代化通过实施西部大开发、东北振兴、中部崛起和东部优化升级等区域
发展战略，通过政策支持和资源配置，解决地区发展不均衡问题；推动城乡一体
化发展，加强农村基础设施建设，提高农村教育、医疗等公共服务水平，促进农
村劳动力向非农产业转移，解决城乡发展不均衡问题；鼓励和支持产业从发达地
区向中西部地区转移，促进产业结构优化升级，解决产业发展不均衡问题。第
三，中国式现代化为世界其他国家带来现代化建设经验。中国式现代化是中国共
产党领导劳动人民独立自主、立足中国国情探索实践出的中国经验，给世界上那
些既希望加快发展又希望保持自身独立性的国家和民族提供了全新选择。中国式
现代化拓展了世界现代化道路的选择，为广大发展中国家提供了现代化的宝贵经
验，有助于世界经济版图的更新重塑。

## （二）开放经济下中国式现代化的实现道路

在目前阶段，要走好开放经济下的中国式现代化道路，需要统筹内外，整体
兼顾。对内来说，要进一步实现自立自强，鼓励创新，扩大内需；对外则要探索
拓新，寻找合作共赢的机会。与此同时，也要注重发展脚步的协调一致，既要奋
勇前进，也要"稳"字当先。

### 1. 坚持创新驱动，培育新质生产力

在开放经济下，尽管技术、知识等资源的获取变得更加容易，但中国想要实
现现代化，立身之本还得是自己。一方面，随着全球政治格局演变愈加复杂，中
国要想在开放经济中站稳脚跟，需要具备强大的独立创新研发能力。在中美科技
博弈愈加激烈的背景下，中国加大研发投入，设立优质产业政策、人才政策，在
成熟领域降低对外部的依赖，而在新兴产业，如无人机领域，更是实现了反向超
越。另一方面，随着全球经济陷入增长乏力阶段，世界需要新一轮产业革命带来
经济增长爆发点。科技创新能够催生新产业、新模式、新动能，是发展新质生产

---

① 顾学明：《中国式现代化是建设开放型世界经济重大机遇——在《世界开放报告 2023》发布
暨国际研讨会上的致辞》，《中国外资》2024 年第 1 期。

力的核心要素。中国通过加强科技创新特别是原创性、颠覆性科技创新，不仅可以加快实现现代化，更能以此促进世界整体经济增长和福利改善。同时，中国的14亿多人口以及庞大的中等收入群体，决定了其经济增长的巨大内需潜力。充分挖掘国内大市场，能为中国经济高增速提供稳定基础，并有助于吸引全球资源要素的进入和整合。

2. 坚持对外开放，主动构建多边关系

长期以来，中国与美国等国家具有贸易高度依存的特征，但并不意味着中国在开放经济下只能有有限的合作伙伴。一方面，中国与西方国家保持高水平合作。尽管随着美国对华贸易限制的增加，中国与美国、欧洲的产业贸易结合度有所下降，但与墨西哥的合作则在逐年加深。在制造业相关产业中，中国与墨西哥的产业内贸易指数在1以上的产业在2018年只有30个，但在2023年已经达到了46个，贸易紧密程度逐年上升。墨西哥重视与中国在高科技领域的合作，墨西哥正积极发展汽车、电子零部件组织等行业，其中大量原材料和零部件依赖中国市场供应，对华合作需求旺盛。另一方面，中国与"一带一路"沿线国家的合作也在不断加深。2023年，中国对"一带一路"沿线国家的出口总额达到了11896.58亿美元，同比增长了33.4%。同时，自2013年"一带一路"倡议提出以来，中国对沿线国家的出口首次突破了1万亿美元大关，且对"一带一路"国家的出口首次超过了从该区域的进口。中国与"一带一路"沿线国家在贸易、投资、基础设施建设、人才互通等领域都有紧密合作，在经济、政治、文化等方面都有助于中国现代化进程的加速推进。

3. 坚持全局观念，注重发展均衡安全

中国无论在国土、人口还是经济体量上都是大国，在现代化的进程中更需要把握全局观念，不能顾此失彼。现代化进程必然是全面推进的，第一，中国式现代化是人口规模巨大的现代化、是全体人民共同富裕的现代化，因此要注重各收入水平的群体共同发展，防止城乡发展不均衡问题进一步扩大。第二，在物质文明和精神文明相协调方面，在发展的过程中要促进经济、社会、文化共同发展，既要关注经济数据，也要注重文化等软实力得到了同步提升，同时更要注重社会制度的完善。第三，"人与自然和谐共生"则要求现代化的过程中重视生态环境，与全球气候变化议题相适应。第四，发展的过程中要保证国家安全，对内统筹兼顾经济、社会、文化、生态安全，对外走和平发展道路，质量、速度和安全协调发展。

## （三）以中国式现代化推动构建人类命运共同体

在建设中国式现代化和构建人类命运共同体的进程中，要充分认识到这两件事之间是相依相存的，要在建设的过程中总结二者的共通之处，如此才能事半功倍。从中国式现代化到人类命运共同体，也就是从"中国梦"到"世界梦"。中国在与世界其他国家一同建设美好未来时，要根据发展中国家与发达国家的不同，设计更有针对性的合作之路。

1. 中国式现代化与人类命运共同体的联系

中国式现代化和人类命运共同体是一体两面，二者相依相存，不可拆分，更相辅相成，互为补充。中国式现代化和人类命运共同体都有强烈的时代印记，都是时代洪流下的智慧方案，而中国式现代化是在人类命运共同体的向内实践，人类命运共同体则是中国式现代化的向外延拓。

第一，中国式现代化为人类命运共同体提供内在驱动力。中国式现代化是中国国内的实践，人类命运共同体则是全球范围的推广。作为人类命运共同体的倡导者和践行者，中国既能通过国内现代化的建设，为人类命运共同体的建设提供国内层面的经验；又可以通过国内现代化建设的技术创新突破、资源投入扩大、脱贫攻坚建设等为人类命运共同体注入活力。中国提前 10 年完成联合国 2030 年可持续发展议程减贫目标，减贫人口占全球 70% 以上；通过切实履行《联合国气候变化框架公约》和《巴黎协定》，将力争于 2030 年前，实现碳达峰，努力争取 2060 年前实现碳中和。① 推进建设"一带一路"倡议，主持召开全球发展高层对话会，创设"全球发展和南南合作基金"，为世界发展提供强大动力。

第二，人类命运共同体为中国式现代化优化外部环境。通过践行人类命运共同体理念，中国与世界上其他国家针对世界议题开展了更加深入友好的合作，建

---

① 人民网，"世界怎么了，我们怎么办"总书记指明了方向，http://politics.people.com.cn/n1/2021/1025/c1001-32263463.html，2021 年 10 月 25 日。

立了更加坚实长久的国际关系。中国深度参与世界反恐、生物安全、粮食安全等非传统安全领域的合作，通过建立以合作共赢为核心的新型国际关系，构建新型大国关系、拓展周边睦邻友好关系，不仅提高了中国在国际上的公信力，也为中国式现代化带来了丰富的外部资源和合作机会。全球发展倡议、全球安全倡议和全球文明倡议作为人类命运共同体的核心支柱，聚焦发展、安全、文明百年大变局中的突出问题①，为推动构建人类命运共同体提供可行路径与坚实的发展、安全、文明支撑，也为中国式现代化构建了更加安全稳定的外部环境。

第三，中国式现代化与人类命运共同体相互依存。一方面，中国式现代化提供高质量的经济基础、高水平的国家安全，为构建人类命运共同体对外投资、对外援助提供保障。另一方面，人类命运共同体也是站在更高的层面对社会问题的思考和对世界命运的关注。中国式现代化的世界内涵，即以构建人类命运共同体为总体目标，以全人类共同价值为精神纽带，以和平、发展、合作、共赢为基本原则，以共商、共建、共享为治理特征，以建设新型国际关系为实践路径。② 人类命运共同体是中国式现代化在世界角度统筹全局、继往开来的升华。

2. 从中国梦到世界梦——如何推进与发展中国家的合作

从中国梦到世界梦，实则是从中国式现代化到世界共同现代化的道路。在与发展中国家合作时，中国起着引导作用，与其他发展中国家相互扶持，共同探索繁荣之路。发展中国家往往受到基础设施限制，经济发展因此受到阻碍，同时教育资源匮乏，内部培养体系不完善。因此，中国可以通过提供资金、教育等资源，帮助发展中国家提振经济，但也要注意借贷和资源"双重可持续"的问题。

第一，以基础建设打通合作之路。许多发展中国家由于资金不足、地形条件极端复杂、缺乏人才等原因，基础设施投入严重不足，交通不便进一步制约了贸易往来和经济发展，形成负反馈。老挝人民民主共和国，是中南半岛北部唯一的内陆国家，是世界不发达国家之一，就存在工业基础薄弱的问题。老挝是中国的友好邻邦，自 2013 年 3 月习近平主席提出构建人类命运共同体理念后，老挝方高度认同并积极响应。2019 年 4 月 30 日，习近平主席与老挝国家主席本扬在北

---

① 丑则静：《三大全球倡议助力人类命运共同体构建》，《红旗文稿》2024 年第 6 期。

② 吴志成：《中国式现代化道路的世界内涵》，《国际问题研究》2022 年第 3 期。

京签署《中国共产党和老挝人民革命党关于构建中老命运共同体行动计划》，进一步深化两国的合作之路。2021年12月3日，全程1035千米的中老铁路正式开通。1200多名中老建设者历时4年多的艰苦奋战，攻克了高侵蚀性的岩盐低质，实现了友谊隧道"一隧通两国"。2023年12月3日，中老铁路累计发送旅客2420万人次，发送货物超2910万吨，跨境货物超600万吨，帮助老挝GDP从2013年的119.8亿美元上升至2023年的158.5亿美元，十年内，经济经历疫情冲击后仍增长了32%，实现2020年至2023年经济加速增长。

第二，可持续机制拓展合作潜力。在中国与发展中国家共同实现现代化目标的进程中，"可持续"是很重要的一个原则。其一，是经济的可持续。近年来，由于美国加息，世界债务问题愈演愈烈。2022年，硅谷银行、瑞士信贷公司等欧美金融机构相继陷入流动性危机，引发人们的恐慌。发展中国家由于经济体量小，资金需求高，债务危机问题长期存在。对此，2019年，中华人民共和国财政部发布《"一带一路"债务可持续性分析框架》（低收入国家适用），致力于提高"一带一路"参与方投融资决策的科学性。该分析框架综合对象国家的宏观经济状况、整体风险情况，针对性提出债务可持续分析，以此决定投资的金融和期限，极大程度地降低了非系统性金融风险，同时并不以歧视性标准对待低收入国家，而是尽可能提供资金帮助。① 其二，资源的可持续性也至关重要。长期以来，俄罗斯与中国在石油和天然气方面有着辉煌的合作基础，但考虑到碳化合物的合作具有自然限制，不能为了经济利益不顾环境影响。中俄将热核技术合作作为其替代合作领域，积极承担环境治理的责任。②

第三，以国际教育减贫共建未来。发展中国家中，中国无疑是建设表现最亮眼的国家之一。中国不仅积极提供自己的先进经验，更通过帮助推动发展中国家的教育事业帮助其人才培育。通过实施"中非高校20+20合作计划"、"丝绸之路"和"中非友谊"专项奖学金等项目，为"一带一路"沿线国家和发展中国家培训

---

① 中华人民共和国财政部，"一带一路"债务可持续性分析框架（市场融资国家适用），https://www.gov.cn/lianbo/bumen/202310/P020231019537946002838.pdf，2023年10月。

② 中国能源经济研究院，中俄能源领域合作堪称"成功史诗"，http://paper.people.com.cn/zgnybwap/html/2024-05/20/content_26059813.htm，2024年5月20日。

师资、提供短期进修及本硕博学历生学习机会。2018年组建的国家国际发展合作署,通过培训援外助力"一带一路"沿线国家和发展中国家人才培养。通过主动提供知识和人才,发展中国家得以拥有发展的源动力,不必一味依靠其他国家的资源输入。①

3. 从中国梦到世界梦——如何推进与发达国家的合作

在与发达国家共同合作时,要充分吸收借鉴发达国家的优势领域,共同聚焦于前沿问题,充分探索世界未来的发展之路。一方面,世界在向着更加数字化、智能化的方向前进,中国与发达国家可以立足于技术优势,充分探索数字领域发展潜力;另一方面,中国需要与发达国家一起,共同解决可持续发展问题。在此基础上,实现人员互通、信息共享,使得人才、技术等要素更加便捷地在世界舞台上充分流动,发挥出更大的价值。

第一,拓宽数字合作领域的发展新引擎。随着互联网技术和金融科技的发展,数字经济成为世界主要经济体经济新增长点,在新冠疫情期间逆势增长。2020年世界100强企业中,数字经济企业平均增速达70%,比世界100强平均增速高出近40个百分点。数字经济起源于发达国家,其具有技术优势,2022年美国数字经济规模达到17.2亿万美元,位居世界第一,中国数字经济规模达到7.5万亿美元,为世界第二,英国、德国和美国数字经济占GDP比重均超过65%。②而中国在移动互联网发展、网民拥有量、网络零售额、电子商务、移动支付、跨境支付等方面早已实现领跑,已建成全球规模最大、技术领先的网络基础设施,所有地级市全面建成光网城市,具有相对优势。2022年6月,德国西门子在上海设立在华首个智能基础设施数字化赋能中心,拓展智能基础设施领域的合作。7月,瑞士ABB集团与中国电信、华为达成合作,融合三方前沿通信和自动化配网技术,推进5G智慧配电解决方案。中国与发达国家加深数字经济领域的优质合作,可以相互学习技术借鉴经验,发展金融科技,有助于探索世界经济增长乏

---

① 求是网,教育减贫国际合作的中国实践与担当,http://www.qstheory.cn/llwx/2020-05/15/c_1125987879.htm,2020年5月15日。

② 中国信息通信研究院,全球数字经济白皮书(2023年),http://www.caict.ac.cn/english/research/whitepapers/202404/P020240430470269289042.pdf,2024年1月。

力阶段新引擎，共同应对经济复苏的时代挑战。同时，随着中国在数字经济领域的进一步发展，也可以防止部分国家技术封锁，有助于优化全球科技开放合作。

第二，聚焦气候变化新问题从而共建绿色地球。中国是世界上最大的发展中国家，与许多发达国家类似，现阶段既要关注经济发展，也要注重环境保护。生态文明建设处于全局工作的突出位置，为更好实现"双碳目标"，中国积极开展国际气候合作。中欧在绿色投资等领域合作不断加速。2022 年，宁德时代位于德国的动力电池工厂成功实现锂离子电池的量产，不仅助力当地新能源汽车产业加快发展，减少交通领域碳排放，还为当地创造了 1500 多个工作岗位。欧盟官员在交往中多次表示希望学习中方适应气候变化，包括植树造林等方面的经验。再如，2023 年，中方代表团访问法国时，法国生态环境、能源等部门官员和专家纷纷表示，中国城市交通行业减污降碳实践值得法国学习。中国与欧洲环境与气候合作不仅符合双方的利益，在全球气候危机加剧、世界经济低迷的背景下更加凸显其战略性，具有世界性意义。①

第三，主动对接高标准市场体系并积极吸引高质量外资与人才。中国可以在与发达国家的合作中进一步取长补短。一方面，中国要主动走出去开展制度创新，为高质量发展打好基础。在新时代，要更好的实现中国式现代化，需要中国积极对接高标准的国际金融市场、国际经贸规则。2023 年，国务院印发《关于在有条件的自由贸易试验区和自由贸易港试点对接国际高标准推进制度型开放的若干措施》，率先在上海、广东、天津、福建、北京等具备条件的 5 个自由贸易试验区和海南自由贸易港，试点对接相关国际高标准经贸规则。另一方面，中国要积极引进来外资和人才，更好的助力经济转型升级。2024 年 11 月，第七届中国国际进口博览会召开，进博会涵盖众多新产品、新技术、新服务，包含国家展、企业展、人文交流活动等，众多发达国家参会，既有助于中国招商引资，又能广泛吸引国际人才。②

---

① 习近平生态文明思想中心、国家节能中心、新华社研究院、中国科学院科技战略咨询研究院，中欧气候与环境合作：进展与展望，https://www.mee.gov.cn/ywdt/hjywnews/202405/W020240507328914691615.pdf，2024 年 5 月。

② 中华人民共和国中央人民政府：习近平：共同构建人类命运共同体，https://www.gov.cn/xinwen/2021-01/01/content_5576082.htm，2021 年 1 月 1 日。

# 后　记

本书是湖北省思想库课题《中国特色哲学社会科学话语体系建设研究》项目成果的一部分，也是该项目子课题《世界经济学科话语体系建设研究》的最终成果。全书章节结构的规划由我负责设计，而具体的各章节内容则是由我和我的团队成员共同协作完成。具体的分工如下所示：

第一章：余振、王净宇

第二章：余振、申庆昱

第三章：李萌、许德慧、王俊懿

第四章：余振、郑梦婷

第五章：郑梦婷、崔洁

第六章：余振、张鸿睿、崔洁

第七章：丁川浩、刘立品

第八章：李锦坡、尚玉

第九章：李晨曦

第十章：余振、王净宇、李雪

第十一章：熊宇翔

第十二章：余振、王楠、朱锦杨

第十三章：余振、崔洁、李元琨

第十四章：余振、陈永奇、王俊懿、秦宁

本书的编撰工作起始于 2020 年，然而，与之相关的思考却早在 20 年前就已开始。颇具意味的是，在这长达 20 年的岁月里，世界经济领域发生了诸多深刻的变化，但我们所关注的世界经济学理论问题却并未如预期那般产生剧烈变革。本书从全球发展的视角对世界经济学的理论架构进行重构，这是一种富有探索性的尝试，其中涵盖了"两个首次"，首次系统地从世界经济学的角度深入阐释全球发展倡议的理论内涵，首次基于全球发展的广阔视野对世界经济学的理论体系进行系统性梳理。同时，本书还努力实现"三个结合"，即结合历史与当代、结合世界与中国、结合理论与政策，通过将世界经济发展的历史规律与现代全球经济发展的方案相融合，探讨世界经济的全球视野与中国经济开放的现实问题，并进一步研究基于世界经济理论体系重塑的全球经济发展政策问题。简而言之，我们期望能够站在全球发展的制高点来阐述"中国故事"，针对全球发展赤字提出"中国方案"。在此过程中，我们衷心感谢武汉大学辜胜阻教授和沈壮海教授，两位专家在研究全球发展和中国特色哲学社会科学话语体系方面给予了我诸多极具价值的指导、鼓励与支持。我也还要特别感谢我的导师张彬教授和宫占奎教授，因为正是他们引领我踏入了世界经济理论学习的大门。

在本书的编写过程中，我们得到了湖北省社科联、武汉大学人文社会科学研究院的大力支持。与此同时，武汉大学经济与管理学院、武汉大学弘毅学堂也为我们提供了诸多帮助。湖北省社科联喻立平书记和刘爱国书记，武汉大学党委常委、组织部部长姜星莉研究员，武汉大学李振教授、方卿教授、冯果教授、宋敏教授、张发林处长、陶军处长、杜晓成书记、王丽萍书记、聂军教授、曾彦老师、王徵老师都给予了我们大量的支持与帮助。并且，武汉大学出版社的黄金涛编辑也为本书的出版付出了大量心血。在此一并向他们表达诚挚的谢意。

需要明确的是，全球发展是一个极为宏大的命题，世界经济学科话语体系的建设也绝非一朝一夕就能完成的艰巨任务。受限于个人的学识水平，书中难免存在疏漏之处，相关责任均由本人承担。

余振

2025 年 4 月于武汉大学珞珈山